Franz W. Seidler · Frauen zu den Waffen?

Franz W. Seidler

FRAUEN
zu den Waffen?

Marketenderinnen, Helferinnen,
Soldatinnen

Bernard & Graefe Verlag, Bonn

Herstellung und Layout: Walter Amann, München
Satz, Druck und Bindung: Isar-Post, Druck- und Verlagsgesellschaft mbH, Altheim
Reproduktionen: Repro GmbH, Ergolding
Printed in Germany

ISBN 3-7637-5979-4

Inhalt

Vorwort zur 2. Auflage

In allen Industriestaaten der Welt können seit einigen Jahren Frauen Soldatinnen werden. In Deutschland ist ihre Verwendung auf das Sanitätswesen und die Militärmusik beschränkt. Als das Grundgesetz 1956 für die Wiederbewaffnung novelliert wurde, war der Zweite Weltkrieg erst wenige Jahre vorbei. Der Einsatz von Frauen im Gefolge der Wehrmacht stand als abschreckendes Beispiel des Mißbrauchs des weiblichen Geschlechts allen vor Augen. Deshalb wurde der Dienst von Frauen an der Waffe untersagt.

Der erste Teil des Buches beschäftigt sich mit Deutschland. Er behandelt den Arbeitseinsatz im Ersten Weltkrieg und im Dritten Reich, als Frauen zum Reichsarbeitsdienst, für das Wehrmacht- und SS-Helferinnenkorps und für Aufgaben der Reichsverteidigung verpflichtet werden konnten. Als nach der Teilung des Deutschen Reiches in den beiden Staaten diesseits und jenseits des Eisernen Vorhangs Verteidigungsstreitkräfte aufgestellt wurden, konnten sich Frauen als Zivilangestellte, Beamtinnen und Arbeiterinnen in ihren Dienst stellen. In der Deutschen Demokratischen Republik gab es im Unterschied zur Bundesrepublik Deutschland keine verfassungsmäßigen Barrieren gegen den Eintritt als Soldatinnen. Trotzdem war die Zahl der weiblichen Angehörigen der Nationalen Volksarmee verschwindend gering. Im Westen Deutschlands gab der Verteidigungsminister den Sachzwängen der Rekrutierung und dem Druck der Frauenverbände im Jahr der Frau 1975 nach und stellte die ersten weiblichen Offiziere als Sanitätsärztinnen ein.

Im zweiten Teil des Buches wird gezeigt, in welchem Umfang und aufgrund welchen historischen Vorlaufs in den Industrieländern Frauen zum Dienst in den Streitkräften herangezogen werden, welche Positionen sie einnehmen, welchen Einfluß sie auf die Aufgabenstellung der Truppe haben und welche Probleme ihre Anwesenheit in der männerdominierten Militärorganisation schafft.

Während sich der erste Teil des Buches in seinen historischen Kapiteln vorwiegend auf Archivmaterial und die Aussagen von Zeitzeugen stützt, wurden für das Ausland die einschlägigen Buch- und Zeitschriftenpublikationen ausgewertet, die Tagespresse berücksichtigt und die Informationen eingearbeitet, die mir von den Verteidigungsministerien der einzelnen Länder zur Verfügung gestellt wurden.

An den Vorarbeiten haben sich meine Mitarbeiter Florian Ring, Stefan Hofmann und Guido Pöllmann beteiligt.

München, im November 1997   Der Autor

Einleitung

Anfang der siebziger Jahre des 20. Jahrhunderts öffnete sich den Frauen in den USA und in Kanada ein neuer Beruf. Sie konnten „Soldat" werden. Bis zur völligen Gleichberechtigung mit den männlichen Kameraden – was Einsatz- und Chancengleichheit angeht – war es aber noch ein langer Weg. Obwohl es am Ende des 20. Jahrhunderts mehr Staaten auf der Welt gab, die Frauen in die Streitkräfte aufnahmen, als Staaten, die den Dienst von Frauen im Militär ablehnten, blieben dem weiblichen Geschlecht trotz allen Drängens fast überall unmittelbare Kampfaufgaben in Infanterie, Panzertruppen und Feldartillerie vorenthalten. Auch auf die letzten Sprossen der militärischen Karriere mußten sie verzichten. Mehr als drei goldene Sterne gab es auf keiner Frauenschulter. Aber die Gerichte förderten aufgrund der UNO-Resolution von 1953, daß den Frauen die gleichen politischen Rechte und hoheitlichen Ämter zustünden wie den Männern, die Bestrebungen, den weiblichen Soldaten auch die letzten Reservate des Kriegseinsatzes und die höchsten militärischen Kommandostellen zugänglich zu machen.

Der Einzug der Frauen in die bewaffnete Macht war Ausfluß zweier sozialer Vorgänge. Zum einen übernahmen die Frauen im Verlauf der verschiedenen Industrialisierungsphasen in fast allen Bereichen des wirtschaftlichen Lebens Aufgaben, die wenige Jahre zuvor noch ausschließlich zur Domäne der Männer gehörten. Insofern kennzeichnete das Eindringen der Frauen in Militärformationen nur die generelle Teilhabe an der Arbeitswelt der Industriestaaten. Zum anderen handelte es sich bei diesem Vorgang um einen emanzipatorischen Schritt des weiblichen Geschlechts auf dem Wege zur vollen Gleichberechtigung. Die fortschreitende „ökonomische Partizipation" der Frauen und ihre rechtliche Gleichstellung mit den Männern in der Arbeitswelt erzwang die Öffnung der Soldatenlaufbahn. Seit im Ersten Weltkrieg zum erstenmal Frauen als Telefonistinnen beschäftigt wurden, war die Entwicklung unaufhaltsam. Die Übernahme immer wichtigerer und verantwortungsvollerer Funktionen in den Streitkräften galt für viele Frauen geradezu als Gradmesser der Emanzipation. Besonders in den USA, wo im Zweiten Weltkrieg die Anregung zum Dienst von Frauen als Hilfswillige der Streitkräfte von den Frauenorganisationen ausging, wertete man die Übernahme immer umfangreicherer militärischer Funktionen durch Frauen als Zeichen wachsender Anerkennung des weiblichen Geschlechts. Nach dem Golfkrieg 1991 gab es dort nur noch wenige Zweifel, daß Frauen alle militärischen Funktionen wahrnehmen können und daß sie im Kampf die gleichen Risiken für Leib und Leben ertragen wie die Männer. Die Genfer Konventionen von 1949 garantieren ihnen im Falle der Gefangenschaft den Schutz, der ihrem Geschlecht angemessen ist.

Allen weiblichen Soldaten wird der Kombattantenstatus zugestanden. Im Zweiten Weltkrieg versuchten die kriegführenden Mächte noch, die im Gefolge der Streitkräfte dienenden Frauen vorwiegend in nichtkombattanten Funktionen einzusetzen. Aber bereits damals war strittig, wo die Grenzen zwischen Kombattanten und Nichtkombattanten liegen. Während die Hilfsdienste der Flakhelferinnen und Flugmelderinnen als kombattante Funktionen galten, zählte man Funkerinnen und Telefonistinnen zu den Nichtkombattanten. Die

Unterscheidung war damals wichtig für die Gestaltung der Ausweise und für die Uniformierung. Folgerichtig war sie nicht. Heute rechnet man fast alle Dienste für die Streitkräfte zu den kombattanten Funktionen, weil sie mehr oder weniger Bezug zum Kampfauftrag der Truppe haben.

Zur Wehrpflicht für Frauen in Friedenszeiten hat sich noch kein Staat entschieden, obwohl die Frage gelegentlich öffentlich debattiert wurde, z. B. in den Niederlanden. Für den Kriegsfall sehen die Gesetze einiger Länder, z. B. Australiens, Brasiliens und Malis, vor, daß Frauen und Männer gleicherweise einberufen werden können. Dritte-Welt-Staaten argumentieren gelegentlich damit, daß Frauen bei den Unabhängigkeitskämpfen eine so große Rolle gespielt hätten, daß sie bei der Verteidigung der Unabhängigkeit nicht fehlen dürften.

Gegen Ende des 20. Jahrhunderts konnten sich in fast allen Industriestaaten die Frauen freiwillig zum Dienst in den Streitkräften entscheiden, entweder für eine Verpflichtung auf einige Jahre oder für das ganze berufliche Leben. Sie waren anfangs nicht überall sehr willkommen. Viele Männer konnten sich nicht vorstellen, unter dem Kommando einer Frau zu stehen, und wollten nicht glauben, daß sich Frauen selbst in Kampfverbänden bewähren könnten. Die geschlechtsspezifischen Sonderregelungen für Soldatinnen, z. B. bei Schwangerschaften und Niederkunft, Schwerarbeit und Sonderdienst, wurden von ihnen als Verstoß gegen die Dienstgleichheit angesehen. Außerdem fürchteten sie die Probleme, die aufkommen müßten, wenn junge Frauen und junge Männer in Gruppen zusammenleben: Paarbildung, sexuelle Anmache, Rivalitäten, Eifersüchteleien usw. Obwohl auch in den Ländern, die seit einem viertel Jahrhundert Frauen in ihre Streitkräfte einbeziehen, nicht alle Fragen ausgeräumt sind, ist der Soldatenberuf für Frauen gesellschaftlich anerkannt. Die Vorbehalte beschränken sich auf ethische Überlegungen und auf psychosoziale Fragestellungen: Steht der Auftrag zum Töten im Widerspruch zur lebensschaffenden Konstitution des weiblichen Geschlechts? Wie reagieren Soldatinnen auf die männlichen Identitätsmerkmale Stärke, Tapferkeit, Zähigkeit und Agressionsbereitschaft? Ist die Militärfähigkeit der Frauen ein Weg zur gesellschaftlichen Macht? Läßt sich das Militär feminisieren? Sind die strukturellen Barrieren der männlich geprägten Militärkultur von Frauen überwindbar?

Teil 1
Die Verwendung von Frauen
für das Militär in Deutschland

2000 Jahre Frauen bei den Soldaten

In der Geschichte des Militärs seit Christi Geburt gibt es nur ein Jahrhundert – nämlich das 19. –, in dem Frauen beim Kriegführen keine Rolle spielten. Seit der Antike findet man sie im Gefolge der Soldaten. In der Völkerwanderung waren die Familien in der Wagenburg für die germanischen Krieger noch zu schützendes Hab und Gut. Im Mittelalter und in der frühen Neuzeit wurden die Frauen ein Anhängsel des Heeres. Sie dienten als Händlerinnen, Dirnen, Marketenderinnen und Ehefrauen der individuellen Versorgung des Kriegsvolkes und wurden zu einem unentbehrlichen Bestandteil des Trosses. Lehensmänner und Landsknechte wünschten ihr Gesinde(l) zu ihrem Service bei sich zu haben. Die Troßweiber hatten zu schanzen und zu schachern, zu pflegen und zu kochen, zu flicken und zu reinigen, zu plündern und zu liebdienen. Die Heerführer schickten sich in die Umstände und versuchten durch organisatorische Maßnahmen negative Auswirkungen für die Einsatzfähigkeit des Heeres auszuschalten.

Auch die Versuche der absolutistischen Landesherren im 18. Jahrhundert, ihre stehenden Heere von Frauen freizuhalten, schlugen fehl. Der Befehl, Frauen nicht in die Kasernen zu lassen, wurde umgangen, indem die Soldaten heirateten. Heiratsverbote fruchteten nichts. Da die Ehefrauen dem Zuerwerb für das Auskommen der Familie dienten, konnte die Löhnung der Soldaten niedrig gehalten werden. Dieser Aspekt der Frage überwog schließlich.

Erst die Wehrpflichtigenarmeen des 19. Jahrhunderts entbehrten Frauen in den herkömmlichen Funktionen. Aber schon der Erste Weltkrieg brachte die Wende. Die Gründe für die Heranziehung von Frauen für Kriegsdienste lagen damals in zweierlei: Einerseits erforderte die Personalknappheit die Mobilisierung der gesamten Bevölkerung für den Krieg. Andererseits erkannten die Frauenrechtsbewegungen die Chance, die politische Gleichberechtigung der Frauen auf dem Umweg über den Kriegshilfsdienst zu erreichen. Die Rechnung ging auf. Das allgemeine Wahlrecht für Frauen war in Deutschland, Großbritannien und USA die Belohnung für den Einsatz der Frauen im Krieg.

Von der Antike bis zum stehenden Heer

In der Antike war der Kampf eine reine Männersache. Kein Bericht griechischer Schriftsteller verweist auf Frauen in irgendeiner militärischen Funktion. Den Kriegern trugen männliche Sklaven die Verpflegung hinterher. In Sparta wie in den anderen Stadtstaaten waren die Rationen genau festgelegt, die für die festgelegte Feldzugdauer mitgeführt werden mußten. Lasttiere und Pferdewagen transportierten die für das Heer nötigen Dinge: Arzneien, Schanzwerkzeug, Belagerungsinstrumente, Reparaturmittel usw. Schmiede und Zimmerleute, Sattler und andere Fachleute begleiteten den Heerzug als Gefolge. Auch im römischen Reich war Soldatsein Männersache. Seit der Heeresreform des Marius um 100 v. Chr. dienten im römischen Heer Legionäre, die aus allen Schichten des Volkes für 16 Jahre zum Kriegsdienst geworben worden waren. Die Kriegszüge dauerten Jahre und führten über Tausende von Kilometern. Der Unterhalt einer Familie war für die Legionäre während ihrer Dienstzeit praktisch unmöglich. Erst wenn sie sich als Veteranen niederließen, konnten sie eine Familie gründen. Familienleben und Soldatentum waren unvereinbare Gegensätze. Das Leben der Soldaten war hart und einfach. Das Marschgepäck war klein. Jeder Legionär führte sein Handgepäck, den sogenannten Mulus, an einer gabelförmigen Stange mit sich. Nur die großen Lasten, z.B. Zelte, Werkzeug, Verpflegung, wurden von Lasttieren befördert. Ohne Troß war eine Legion undenkbar, ohne Troß konnten keine Lager eingerichtet und kein Schanzwerk erstellt werden.

Da die Legionäre vom Staat unterhalten wurden, verfügten sie über ein regelmäßiges Bareinkommen. Das war der Grund, warum ihnen auf den Märschen Kaufleute folgten. Indem sie die vielfältigen täglichen Bedürfnisse der Soldaten stillten, zogen sie ihnen das Geld aus der Tasche. Sie hatten zwar keinen Eintritt zum Heerlager, ihre Buden lagen außerhalb der porta decumana, aber ihre Dienste waren so willkommen, daß Heer und Anhang (Gefolge) eine Einheit wurden. Unter die Händler und Krämer mischten sich Schausteller und allerhand lockeres Gesindel, darunter eine Menge Dirnen. Sie waren die einzigen Frauen im Legionsbereich.

Umso verwunderter nahmen die Römer zur Kenntnis, daß die Germanen im Familien-, Sippen- und Stammesverband kämpften und Frauen in ihrer Mitte hatten. Die Rolle der germanischen Frauen für die Männer im Gefecht beschreibt Tacitus folgendermaßen:

„Und was sie vornehmlich zur Tapferkeit anspornt, ist, daß kein blindes Ungefähr oder eine zufällige Masse ein Fähnlein oder einen Keil bildet, sondern Familien und Sippen. Und in nächster Nähe halten ihre Lieben, so daß das Jammern der Frauen, das Wimmern der Kleinen zu vernehmen ist. Diese sind für jeden die heiligsten Zeugen und die vollgültigsten Lobspender; zu den Müttern, zu den Gattinnen kommen sie mit ihren Wunden; diese zählen und untersuchen die Hiebe sonder Zagen; auch Speise und Zuspruch bringen sie den Kämpfenden. Die Überlieferung meldet, daß manche schon zum Weichen gebrachte und schwankende Schlachtordnung von den Frauen wiederhergestellt wurde durch unentwegtes Bitten, durch Entgegenhalten der Brust und durch Hinweise auf die so nahe Gefangenschaft, die sie weit ängstlicher im Hinblick auf ihre Frauen fürchten . . .“ (2)

Unter dem Einfluß der Römer übernahmen die Germanen nach der Völkerwanderung die ausschließlich männliche Zusammensetzung des Heeres ebenso, wie sie die Gliederung der Truppe in Fußvolk und Reiterei nachahmten. Mit dem Seßhaftwerden der Stämme fiel der Germanin die Sorge um Haus und Hof zu, so daß sie unabkömmlich war. Nur Männer zogen in den Krieg. Lediglich in Ausnahmefällen folgten die weiblichen Angehörigen dem Wehrbann.

Diese Arbeitsteilung zwischen Mann und Frau hatten zur Folge, daß das Dirnenwesen auch in das germanische Heer einzog und sich für die „Moral der Soldaten" ebenso bewährte wie im römischen Heer. Huren, Buben und Marketender wurden typische Wegbegleiter der europäischen Heere des Mittelalters. (3) Bis zum Beginn des stehenden Heeres gehörte zum Troß alles, was der Versorgung der Soldaten diente. Grundlage des mittelalterlichen Heerbannes war das Lehenswesen, das auf personalrechtlicher Vasallität und sachrechtlichem Benefizialwesen gegründet war. Reiterdienst und Berufskriegertum blieben Hauptmerkmale des Lehensheeres. Ein entlohnter Kriegsdienst und die Wehrpflicht des freien Mannes bestanden nebeneinander. Letztere überwog, aber die Wurzeln der spätmittelalterlichen Heeresentwicklung, des Söldnertums, reichen bis in das 8. Jahrhundert zurück.

Jeder Krieger versorgte sich selber. Die Verpflegung wurde auf Wagen und Saumtieren mitgeführt. Das Futter für die Pferde nahm man unterwegs, wo man es fand. Wenn das Aufgebot in solcher Eile geschehen war, daß sich die Soldaten nicht vorher ausreichend mit Lebensmitteln eindecken konnten, kam es vor, daß Feldzüge abgebrochen oder Teile des Heeres nach Hause entlassen wurden. (4) Besondere Schwierigkeiten traten auf, wenn die Kriege länger dauerten oder gar in weiterer Entfernung stattfanden. So waren die „Deutschen" in arger Verlegenheit, als sie 1074 in Ungarn abgebrannte Felder vorfanden. (5) Mitunter war man dann darauf angewiesen, sich Verpflegung zu kaufen oder notfalls mit Gewalt zu verschaffen, wie dies unter Heinrich IV. zur Regel wurde. Bereits Urkunden des 12. und 13. Jahrhunderts stellen den Durchmarsch eines Heeres auf die gleiche Stufe des Unheils wie Unwetter und Hagelschlag. Die Kreuzzugsheere galten wegen ihrer mangelhaften Eigenverpflegung selbst für die „befreundeten" Ostchristen als schlimmere Greuel als die Moslems. Nach siegreichen Schlachten wurde Beute gemacht. Eroberte Städte wurden geplündert. Nach Feldschlachten war der feindliche Troß der Hauptanziehungspunkt. Dort lockten besonders die Verpflegungs- und Warenkarren.

Während es in Italien schon in der römischen Kaiserzeit üblich war, daß Kaufleute hinter dem Heer dreinzogen, wurde diese Einrichtung für Frankreich erstmals 876 erwähnt. In Deutschland kamen im 12. Jahrhundert Verordnungen auf, daß Städte, durch die Heere zogen, besondere Märkte für die Soldaten abhalten mußten. Zur gleichen Zeit hört man von Marketendern, die dem Heer nachziehen. Sie werden erstmals erwähnt in der Lex pacis castrensis, einem 1158 von Kaiser Friedrich I. erlassenen Gesetz. Es stellt die Händler beim Heer unter königlichen Schutz und verlangt Wiedergutmachung, wenn sie von den Soldaten beraubt werden. Andererseits diktiert ihnen das Gesetz strenge Preiseinhaltung. (6) In der Folgezeit entwickelte sich der „Handel im Gefolge der Heere" zu einer von drei Säulen der Heeresversorgung. Die mitteleuropäischen Landsknechtsheere des Spätmittelalters wurden nämlich auf dreierlei Art verproviantiert: durch die Heeresverwaltungen, durch den Kleinhandel und durch Kontributionen und Plünderungen, d.h. organisierten und unorganisierten Raub. (7) Die erste Form war die unwirksamste. Das Problem, Heere in Kriegszeiten auf dem Verwaltungsweg zu verpflegen, wurde erst um 1700 gelöst, als die Franzosen ein Magazinsystem aufbauten. Unter diesen Umständen war die Marketenderei vor 1700 unentbehrlich. Den Marketendern oblag der Verkauf von Lebensmitteln. Fast jedes Landsknechtsfähnlein hatte seinen eigenen Marketender. Die Händler brauchten die Zulassung durch den Feldmarschall, der ihre Zahl kontrollierte. Der zuständige Profos setzte die Preise für die Waren fest. Dadurch wurden die Männer vor Ausbeutung durch die Händler geschützt. Andererseits verpflichteten sich die Heerführer, Leib und Gut der Händler zu schützen, was oft die schwierigere Aufgabe war. Die Marketender lebten riskant. Zahlreiche Strafandrohungen gegen Soldaten zum Schutz der

Marketender zeigen, wie häufig ihre Lager ausgeplündert und wie oft sie verletzt oder getötet wurden. (8) Frauen, die das Geschäft des Marketenders wahrnahmen, hatten den Vorteil, daß sie es mit Prostitution kombinieren konnten. Daß das nicht selten vorkam, wird aus Grimmelshausens Roman „Trutz Simplex oder ausführliche und wunderseltsame Beschreibung der Ertzbetrügerin und Landstörtzerin Courasche" deutlich.

Der zweite wichtige Bestandteil des Trosses waren die Angehörigen der Landsknechte im weiteren Sinne. Für die Verheirateten waren das in der Regel Weib und Kinder, für die Unverheirateten ihr „schönes Fräulein". (9) Ehefrau und Fräulein (Heerfrau) hatten zu kochen und zu waschen und den Soldaten zu pflegen, wenn er krank oder verwundet war. (10) Ein Flugblatt aus dem 16. Jahrhundert läßt erkennen, daß es dem einzelnen gleichgültig war, wer ihn umsorgte, wenn er nur gut versorgt war. Um ganz sicher zu sein, besaßen kluge Landsknechte beides: eine Ehefrau und ein Fräulein. Um deren Eifersüchtereien und Zänkereien scherten sie sich wenig.

Der Chronist Leonhard Fronsperger beschreibt die Funktion der Frauen und Buben, die von den Landsknechten mitgebracht wurden, folgendermaßen:

„Aber mit dem allen, streckt sich ihr Ampt dahin, dass sie getreuwlich auff jhre Herrn warten, sie nach notturfft versehen, die gemeinen Weiber mit kochen, fegen, weschen, sonderlich die Krancken damit zu warten, sich dess nicht wegen, sonst wo man zu Feld vor oder in Besatzungen ligt, mit behendigkeit, lauffen, rennen, einschencken, Futterung, essende und trinckende Speiss zu holen, neben anderer notturfft sich bescheidenlich wissen zu halten, auff der reyen oder sonst nach ordnung zu stehen, gelegener Märckt sich gebrauchen und halten." (13)

Je mehr Frauen ein Landsknecht zu seiner Versorgung bei sich hatte, desto eher war ihm „ein fröhliches Soldatenleben garantiert". Was Wunder, daß in den meisten Fällen der Troß größer war als das Landsknechtsheer.

„Wenn man heutiges Tags ein Regiment Teutsches Kriegsvolck wirbt, hastu 3000 Mann, so wirstu gewiss 4000 Huren und Jungen finden, unnd das abgefeimte leichtlosest Gesindlein, das niergends in Landen und Stätten bleiben will, das laufft dem Krieg zu, ist alles gut genug."(14)

Für viele Handwerksgesellen, die nie an Heirat denken konnten, bot das Landsknechtsheer die einzige Möglichkeit, mit einer Frau zusammen zu leben.

„Wohlauf du schönes Urschelein,
in Friaul wöllen wir hinein.
Schuh machen will ich lassen liegen,
ich hab zuvor in manchen Kriegen
gewonnen Ehr und großes Gut,
wer weiß, wem's noch glücken thut!"

„Mein Hans, so will ich mit dir laufen,
in Friaul zu dem hellen Haufen,
vielleicht mag ich soviel gewinnen,
als ich die Weile nit möcht erspinnen
an dem Nähgarn oder Zwirn
wie wohl thut eine Schusters Dirn!" (15)

Die Troßweiber genossen zwar bei der Führung der Heere kein großes Ansehen, aber sie waren nicht rechtlos. Obwohl sie eine große Belastung für die Beweglichkeit der Truppen darstellten, anerkannte man ihre Bedeutung für die Versorgung und die Moral der Soldaten. Damit eine einheitliche Gerichtsbarkeit im ganzen Heer garantiert war, wurden sie der Feldgerichtsbarkeit unterstellt. Sie konnten sich beim Schultheißen beschweren und wurden bei Verstößen bestraft.

Insgesamt gesehen, war das Leben der Troßweiber jedoch kein Honigschlecken. Die Abbildungen von Landsknechtstrossen zeigen die heimatlosen Frauen unterwegs, über und über bepackt mit Bündeln, Pfannen, Töpfen, Lederflaschen und Nahrungsmitteln, zerlumpt und gehetzt. Der Hurenweibel im Rang eines Obersten hatte die Befehlsgewalt

Des Lantzknecht weib.

Du pald du selst mir nie erpflihen
Wolstu mit meinem Man hin ziehen
Du muft den plunder hinder dir lassen
Wil dir darzu abschneiden dein nasen
Vnd was bist du für ein loser Man
Vnd nimpst ein andern schlepfsack an
Weil ich doch hab in krieg vnd friedes
Vbel vnd gut mit dir erlieden.

Die heerfraw.

Laß mich zu frid du alt faldübel
Laß mich gehn schmach mich nie so übel
Hestu deinem Man gut gethan
Er het mich nicht genommen an
O hilff du mir mein lieber Clas
Das mich dein Wub zu freiden las
Vnd mich nit mach alse zu schand
So wil ich mit dir ins Welschlandt.

Der Lantzknecht.

Was plage jr baid ich laß g'schehen
Thu euch durch die finger zu sehen
Jr seit prater böß alle baid
Ich hilff keiner bey meinem aid
Welche unter euch in dem sanck
Oblige/der selben sag ich danck
Vnd jr auch aim günstig en bin
Die ander wird ftampa dahin.

Streit eines eifersüchtigen Landsknechtsweibes mit einer Heerfrau. Fliegendes Blatt aus dem 16. Jahrhundert.

Lagerleben eines Landsknechtshaufens. Holzschnitt nach H. Beham aus dem 16. Jahrhundert.

über sie. Seine Aufgabe war es, dem Troß vor Gefechten seinen Platz anzuweisen und zu verhindern, daß Troßmitglieder in irgendeiner Weise den Ablauf der Schlacht störten. Auf dem Marsch war er für die Marschordnung im Troß und für den Schutz des Troßgutes zuständig. Neben dem Schultheißen war er die gefürchtetste Figur. Er hatte das Recht, Störenfriede aus dem Troß auszuschließen. (17)

In kritischen Situationen wurden die Troßangehörigen – Marketender, Frauen und Kinder – zum Schanzen eingesetzt. Leonhard Fronsperger zählt zu den Regeln der Kriegskunst folgende Verwendung des Trosses:

„Solcher Huren und Buben Ampt ist weiter, wo man in Läger ein zeitlang verharret, dass sie, mit gunst zu melden, die Mumplätz (Latrinen), sampt andern, wo es not ist, säubern unnd fegen . . . Darzu wo es vonnöten, Gräben, Theich oder Gruben, auszufüllen, da werden die Huren und Buben, neben verordneten Personen, Reiss, Wellen, Büsschel Holtz zu machen, binden und tragen, genötiget, gedachte Graben auss und einzufüllen. Was sonst mehr vonnöten, darüber man etwan stürmet, und dergleichen sich auch gebrauchen lassen, Gleicher gestalt, was weg und steg zubessern, oder ebenen, oder etwan daz Geschütz versüncke oder stecken blieb, so sie ersucht, solches helffen zu bessern und ziehen bis es wieder fort gebracht, oder was dergleichen dem Hauffen am nützten durch sie geschafft mag werden, das keins wegs zu widern, bey ernstlicher straff, so jhnen aufferlegt wirdt." (19)

Und trotz dieser wenig schönen Arbeit muß der Zudrang zum Troß erheblich gewesen sein, denn Fronsperger bemerkt, die Huren und Buben mußten „für wol essen und trink-

Schuldthos.

Im feldt man mich den Schulthos nent
Vnder der Landtzknecht regiment
Wo man im feldt helt ein gericht
So palt klag vnd antwurt geschicht

Red vnd wider red witt gehört
So beschleuß ich dañ an dem ort
So es aber den todt drifft an
Vrteil ich piß auff den gemeinen man

Beschwerdeführende Landsknechtsfrau beim Feldschultheißen. Holzschnitt von H. Guldenmundt aus dem 16. Jahrhundert.

ken mechtig ubel geschlagen werden, ehe sie solches jhres Ampts recht gewonnen", denn sonst würde ihre Zahl ins Übermaß anwachsen.

Von besonderer Wichtigkeit konnten die den Landsknecht begleitenden Frauen werden, wenn sich die Heere auflösten oder wenn der Sold ausblieb. Dann war es ihre Sache, den Lebensunterhalt für die „Familie" zu verdienen und dem Landsknecht sein gewohntes Leben mit Spielen, Saufen und Zanken zu erhalten.

„Denn etliche nahmen (und sollten es auch versoffene Huren gewesen sein) in solchem Elend keiner andern Ursache halber Weiber, als daß sie durch solche entweder mit Arbeiten als Nähen Wäschen Spinnen oder mit Krämpeln und Schachern oder wohl gar mit Stehlen ernährt werden sollen; da war eine Fähnrichin unter den Weibern, die hatte ihre Gage wie ein Gefreiter; eine andre war Hebamme und brachte dadurch sich selbsten und ihren Mann manchen guten Schmaus zuwege; andre konnten stärken und wäschen, diese wuschen den ledigen Officieren und Soldaten Hemde Strümpfe Schlafhosen und ich weiß nicht was als mehr, davon sie ihren sonder Namen kriegten; andre verkauften Tobak und versahen der Kerl ihre Pfeifen, die dessen Mangel hatten; andre handelten mit Brannewein und waren im Ruf, daß sie ihn mit Wasser, so sich von ihnen selbsten destilliert, verfälschten, davon es doch seine Probe nicht verlor; eine andre war eine Näherin und konnte allerhand Stich und Mödel machen, damit sie Geld erwarb; eine andre wußte sich blößlich aus dem Feld zu ernähren, im Winter grub sie Schnecken, im Frühling grasete sie Salat, im Sommer nahm sie Vogelnester aus, und im Herbst wußte sie sonst tausenderlei Schnabelweide zu kriegen; etliche trugen Holz zu verkaufen wie die Esel; und andere handelten auch mit etwas anders." (20)

Noch wichtiger waren die Frauen, wenn die Männer als Krüppel auf dem Schlachtfeld zurückblieben. Im Heer waren sie abgeschrieben. Die treuen Frauen pflegten ihre Männer und kümmerten sich um den Lebensunterhalt, z.B. als Sängerin oder Schaustellerin oder schlimmstenfalls durch Bettelei. Auf Landsknechte, die in dieser Situation von ihren Frauen verlassen werden, wartete das Elend.

Mit dem 30jährigen Krieg verschob sich der Schwerpunkt der Truppenverpflegung von der Marketenderei auf organisierten Raub. An den Plünderungen hatte der Troß in einem doppelten Sinne Anteil. Zum einen beteiligten sich auch die Troßbuben und Troßweiber an Diebstahl und Plünderung. Zum anderen kauften die Marketender das geplünderte Gut auf, um es wieder in Verkehr zu bringen, oder sie erhielten es von den Landsknechten zur Abzahlung von Krediten, die ihnen die Marketender vorher gewährt hatten. (22)

Von einem geplünderten Troßanhang berichtet Wallhausen aus dem Jahre 1621:

„Hab ichs nicht mit meinen Augen vor wenig Monathen Zeit ahngesehen und wegen böses Regiments hatt sich nicht wöllen lassen enderen: ... Besiehe, wann ein Regiment heutiges Tags einem Herren durch sein Land ziehet, welcher auch Freundt, und offt kaum 3000 Mann sind, so findt, am zum allerwenigsten 2000 Huren und Jungen darbey: So sie ins Quartier kommen, da tribulieren sie die Underthanen, so baldt er zum Bauren eingehet: Hola Baur, scheppe auff, strax jhr gewehr niedergelegt, die Huren jhren Pack, und gestohlen Sachen in des Bauren Stuben werffen: Las dann mit Brügeln hinder den Hünern her, da erschlagen sie alle mit einander, welches manchen Mann ein gantzes Jahr sein Auffenthalt ist ... da heißt es: Baur gib Schincken, Gelt, Fleisch heraus, wo ists, lange herfür oder ich suche es ... Wann sie dann mit Träworten den armen Mann aus dem Haus geiagt, da gehet es ahn ein mausen und durchsuchen, da brechen sie alle Thüren, alle Kisten, Kasten, Keller, Schlösser auff ... Jn Summa: wie es der Baur aus seinem Vermögen hergibt, so soll er das jenige, so er nicht bekommen kan, herr schaffen, oder stracks mit einem Brügel oder Rappier über den armen Mann herschlagen und stossen, dass mancher auch (und viel so ich mit Augen gesehen) von solchem tractiren gestorben ... Ja die Kesselen, und was mehr sie nicht mit tragen können, alles entzwei und trettens ein (habe vor wenig Monathen Zeit mit meinen Augen also angesehen und rede die Wahrheit) under dessen die Hur alles entzwei schlägt, ist einer hinder dem Baurn her: Sah Baur, Jch muss für mein Hur, Jungen und Pagaie ein Wagen bis ins andere Quartir haben, als geschwindt,

Troß im Gefolge Maximilians I. Holzschnitt von H. Burgmair um 1500.

21

oder ich ziehe dir nicht aus dem Losament . . . da setzen sich die Huren und Kinder in die Deckbette und suchen gestohlen Sachen, dass jhnen ja der Hinder nit erfriere; welches noch bestialischer, viele, nachdem sie vom Bette die Leilachen darinnen sie gelegen, abgenommen und der Baur jhnen nit gar wohl gewartet hatt, legen sie jhm auffs Underbette das Bettgeld etc (Pfui hodierna militaris disciplina) . . . und dann eines Soldaten Ehefraw nit hatt können auff den Wagen zu sitzen kommen, und zu Fuss gehen soll, da heists: Ey du Hur, ey du schandt Hur, soltu dich führen lassen und ich bin eine Ehefrauwe und soll zu Fuß gehen . . . da die huren und weiber über einander her, einander mit Brügeln, Kott und Stein einander werffende . . . da wischt dann der Soldat ahn die hur, will sie herunder und sein Frawe herauff haben, da kompt dann der huren jhr Soldat auch darzu, der sagt, lass mir mein hur mit Frieden, sie ist mir so gutt als dir dein Ehefrawe, da wüschen die Soldaten hinder einander her, mit den Dägen heraus, hawen, stechen einander offt zu Todt . . .
Und ist der heutige Gebrauch, dass kein Regiment von 3000 Mann zum wenigsten offtmahl 300 Wagen weniger haben kann, offt 30, 40 Wagen vor ein Fähnlein Knecht . . .
Dannen hero kommen dann die grossen Meutereien, Rebelliren under die Soldaten, aus keiner andern Ursachen als eben wegen der huren und Weibern. Dann die Weiber und huren verfredssen, verkleiden mehr ahn jhren Leib, als der Soldat selbst. Dann manchem Soldat all sein Soldt, und was er ertappen kann, alles seiner huren ahn Leib hanget . . .“ (23)

In der Zeit des höfischen Absolutismus nach dem Dreißigjährigen Krieg wurden die in Sold genommenen auf Zeit dienenden Landsknechtsheere durch stehende Heere abgelöst.

Die Soldaten wurden auf dem Lande einquartiert und dort verköstigt. Marketender wurden überflüssig. Heiraten war den Soldaten verboten. 1701 erließ der preußische König ein „Edikt wider das Verhejrathen der Soldaten ohne Consens ihres Capitains“, um zu verhindern, daß Landsknechtssitten im preußischen Heer einrissen. (24)

„Wir Friderich von Gottes Gnaden etc. Uhrkunden und bekennen hiermit für Jedermänniglichen, denen es zu wissen nöthig ist: Demnach Wir eine Zeithero mit Mißfallen wahrgenommen, wasgestalt bey Unserer Milice fast gemein zu werden beginnet, daß die Soldaten sich heimlich verloben und nachhero in fremde Territoria sich begeben, allwo sie sich ohne Vorwissen ihrer Officiere oder sonsten Jemandes, so wohl von Evangelischen als Catholischen Predigern copuliren lassen; Dahero dann zum öftern geschiehet, daß ein Soldat etliche Monate ein Weib hat, ehe es der Officierer erfährt, und Wir dann dergleichen denen Regimentern und Guarnisonen höchst-nachtheiligen Beginnen um so vielweniger nachsehen können, weiln auf diese Weise wider Unsere deßhalb zum öfftern ergangene Verordnungen die meisten Soldaten bey denen Corps beweibet seyn würden, anderer dahero entstehenden inconvenientien nicht zu gedencken; Als haben Wir nöthig befunden, nachstehendes Matrimonial-Edict publiciren zu lassen; Und zwar ist Unser eigentlicher ernstlicher Befehl und Wille, daß hinführo weder Unter-Officierer noch gemeiner Soldat sich gelüsten lassen soll, ohne Vorwissen und Consens seines Capitains, worunter er stehet, mit einer Weibes Person, sie sey auch wer sie wolle, sich Ehelich zu versprechen, und noch weniger copuliren zu lassen; Da auch ein Unter-Officierer oder Gemeiner sich dessen unterstehen würde, so soll die Zusage der Ehe von keinen Kräften, sondern an sich selbsten null und nichtig seyn, darzu beyde Theile ohnnachlässig, und zwar der Mann mit Ein-Jähriger Vestungs-Arbeit, das Weibesstück aber mit dem Spinn-Hause auf ein Jahr abgestrafet werden; Wobey dann der Weibes-Person nicht helffen soll, sie sey gleich geschwängert, oder die Zusage noch so verbindlich, ja auch Eydlichen geschehen; Würde aber ein Unter-Officierer oder Gemeiner sich gar unterstehen, entweder in oder außerhalb Landes heimlich ohne Consens seines Capitains sich copuliren zu lassen, so soll auf solchen fall die obige Straffe sowol wider den Mann als wider das Weib verdoppelt werden.
Wornach sich also Jedermänniglich und in specie unser jetziger General Auditeur Katsch, bey dergleichen sowol in Guarnisonen als im Felde, und also bey der gantzen Königlichen Armee vorkommenden Matrimonial-Sachen zu achten auch darnach zu sprechen hat: Damit auch niemand und sonderlich die Weibes-Personen sich mit der Unwissenheit zu entschuldigen, so haben Wir dieses Unser Edict durch öffentlichen Druck publiciren zu lassen nöthig gefunden. Und soll daneben das-

Landsknechtskrüppel mit Frau. Holzschnitt von H. Guldenmundt aus dem 16. Jahrhundert.

selbe nicht nur bey jedweder Companie publiciret, sondern auch an Unserer sämtliche Königliche Consistoria reskribiret werden, solches an jeder Kirch-Thüre affigiren, und ein vor allemahl von den Cantzlen publiciren zu lassen; Wie es dann auch in denen Guarnison-Kirchen quartaliter, und bey jedweder Compagnie zum Überfluß abgelesen werden soll.

Uhrkundlich unter Unserer eigenhändigen Unterschrift und aufgedruckten Königlichen Jnsiegel. So geschehen und gegeben zu Cölln an der Spree, den 18. Junii Anno 1701. Friderich."

Die Auswirkungen des strikten Heiratsverbots für Soldaten in Preußen wurde umgehend sichtbar. Soldaten, die ihren Schatz heiraten wollten, desertierten. Besonders groß war die Gefahr in der Nähe der Landesgrenzen. Bei der Größe der Territorialherrschaften der damaligen Zeit gab es nur wenige Garnisonen, die mehr als einen Tagesmarsch von irgendeiner Grenze entfernt waren. Kein Wunder, daß die Regimentskommandeure oft ein Auge zudrückten. Sie wählten von zwei Übeln das kleinere: Heirat statt Dezimierung der Truppe. Deshalb war oft die Hälfte der Mannschaft verheiratet. Im brandenburgischen Heer um 1700 rechnete man auf ein Regiment von 1000 Mann 500 Kinder. Während die Mütter ihrem Nebenerwerb nachgingen, wuchsen die Kinder ohne Zucht und Unterricht auf. (25)

Was half es, daß 30 Jahre später der preußische König Klage darüber führte, daß zu viele Soldaten verheiratet seien, obwohl die „Regimenter den Enrollierten ohne Trauscheine zu heiraten nicht erlauben". Die Ehe gestatte er nur „denjenigen, welche zu Kriegsdiensten nicht tüchtig, noch in welchem einiges Wachstum mehr vorhanden ist ... auch die Untertanen, wann die das 24. Jahr passiert und kein Wachstum mehr zu hoffen ist". (26) Zwar ging es dem preußischen König in erster Linie um die Erhaltung der Mobilität seiner Truppen, aber das schwerwiegendere Ergebnis der Verheiratung von Soldaten war die Verelendung der Familien. Am Ende des 17. Jahrhunderts bekam der brandenburgische Soldat nach Abzügen für Brot und Uniform einen Taler und 8 Groschen Löhnung ausgezahlt. Unter Friedrich Wilhelm I. betrug sie zwei Taler monatlich. Die meisten Soldatenfamilien waren deshalb in unerquicklichen Verhältnissen. Deshalb trieben auch zu dieser Zeit viele Soldatenweiber Hökerei und Hurerei.

Die gleiche Abneigung wie gegen die Heirat von Soldaten hatten die preußischen Könige auch gegen die Heirat der Offiziere. Sie erblickten darin eine Ablenkung von dienstlichen Aufgaben. „Wenn Husaren Weiber nehmen, so sind sie selten noch einen Schuß Pulver wert", meinte Friedrich II. (27)

In Kriegszeiten kam auch für das stehende Heer das Marketenderwesen zu seinem Recht. Deutsche, dänische, schwedische und Schweizer Kriegsartikel aus dem 18. Jahrhundert zeigen, daß die Soldaten während der Feldzüge Wein, Bier und Branntwein in den Marketendereien kauften. Geschmuggeltes Bier und verbotener Tabak waren besonders gewinnbringende Waren. Nur aus der Brotverteilung waren die Marketender völlig ausgeschaltet. Sie lag fast überall in den Händen der Militärverwaltungen, die eigene Bäckereien unterhielten. (28) Friedrich der Große förderte nach den beiden Schlesischen Kriegen die Marketenderei, weil diese „Fachleute" nach den Schlachten ausgesandt werden konnten, um die zurückgelassenen Lebensmittel einzusammeln und für das Heer nutzbar zu machen. (29)

So politisch die Funktion war, die die preußischen Könige dem Marketenderwesen zuwiesen, so schlecht blieb der Ruf der Marketender im Volk. Sie waren sowohl in den Augen der Soldaten Betrüger wie in den Augen der Zivilbevölkerung, deren geraubtes Eigentum sie schätzten. Beide Seiten fühlten sich übervorteilt.

Vielfach traten die Marketender auch in der Funktion von Zuhältern auf. Neben Marketenderwaren verkauften sie Dirnen an die Soldaten. Offiziell wurden diese Frauen als Mitarbeiterinnen in den Marketenderläden deklariert.

Als die absolutistischen Kleinstaaten Soldaten für den Krieg in Amerika verkauften, wurden gelegentlich Prostituierte mitgeschickt, die unter dem Decknamen Marketenderinnen liefen. Dem 1770 für englische Dienste aufgestellten Zerbster Regiment mit 614 Mann wurden z.B. 34 Marketenderinnen unter dem Kommando einer Unteroffizierfrau beigegeben. (30)

Im Unterschied zu den Troßweibern der Landsknechtsheere fühlten sich die Frauen im Gefolge der stehenden Heere nicht mehr für die Verwundeten- und Krankenpflege zuständig. Ihr Geschäft war ausschließlich die Prostitution. Deshalb blieb das Los verwundeter und kranker Soldaten ohne familiären Anhang bis in die Mitte des 19. Jahrhunderts erbarmungslos.

19. Jahrhundert und Erster Weltkrieg

Nach der Einführung der Wehrpflicht in den europäischen Staaten als Folge der Französischen Revolution blieb der Krieg im gesamten 19. Jahrhundert eine Angelegenheit der Männer. Der Anteil der Frauen an Kriegen bestand darin, daß sie den Männern im Sinne der nationalen Sache den Rücken stärkten und daß sie sich in den sozialen Verbänden der Fürsorge für die Soldaten in Form von Postsendungen, Krankenpflege und Lazarettdienst widmeten. An der Ausrüstung und Versorgung der Massenheere des 19. Jahrhundert hatten sie keinen Anteil, es sei denn als Uniformschneiderinnen und Arbeiterinnen der Rüstungsindustrie. Die Mobilisierung von Frauen war undenkbar.

Allerdings veränderte sich als Folge der industriellen Revolution im 19. Jahrhundert das Bild der Frau. Ihre berufliche Leistungsfähigkeit wurde offenbar. Frauen arbeiteten in der Landwirtschaft und in der Industrie wie Männer, wenn sie auch weniger bezahlt kriegten. Sie wirkten mit beim Lebensunterhalt der Familien. Zusammen mit der Arbeiterbewegung entwickelte sich die Frauenbewegung. Das Ziel war, die politische und gesellschaftliche Stellung der Frau zu verbessern. Nirgendwo wurde die Gleichberechtigung der Frau jedoch so entschieden verfochten wie in der sozialistischen Bewegung. Frauen, die unter den gleichen Belastungen wie die Männer arbeiteten, sollten Anspruch haben auf den gleichen Lohn, die gleiche Urlaubszeit und die gleichen versicherungsrechtlichen Bedingungen. Darüber hinaus gebührte ihnen Schutz bei Schwangerschaft und Mutterschaft. (31)

Zu sichtbaren Erfolgen kam die deutsche Frauenbewegung jedoch erst während des Ersten Weltkriegs. Die von der Obersten Heeresleitung 1916 geforderte Rüstungskonzentration bezog zum erstenmal die Mobilisierung der Frauen ein. Zwar übernahmen die Frauen schon in den ersten beiden Kriegsjahren zahlreiche Arbeitsplätze von Männern, aber die Mobilmachung aller männlichen Kräfte nach den verlustreichen Materialschlachten an der Somme machte in den Augen des Generalstabs die allgemeine Erfassung der Frauen erforderlich. Hindenburg und Ludendorff forderten ein Kriegsleistungsgesetz, das der gesamten Bevölkerung die Kriegsdienstpflicht auferlegte. Die Frauen sollten nicht ausgenommen sein. Der Reichskanzler Bethmann Hollweg lehnte diese radikale Lösung ab. Er hielt den praktischen Nutzeffekt einer weiblichen Arbeitsdienstpflicht für geringer als die zu erwartenden negativen Propagandaauswirkungen. Die Gewerkschaften und die Frauenorganisationen schlossen sich diesem Votum an. Das Gesetz über den vaterländischen Hilfsdienst, das schließlich am 5.12.1916 vom Reichstag verabschiedet wurde, beschränkte sich im wesentlichen auf die Arbeitsdienstpflicht aller nicht wehrpflichtigen Männer zwischen dem 17. und 60. Lebensjahr. Die Frauen wurden durch das Gesetz nicht erfaßt. (32) Trotzdem richtete das Kriegsamt am 1.11.1916 eine Frauenarbeitszentrale ein, um die Verteilung der in der Rüstungswirtschaft benötigten weiblichen Arbeitskräfte durchzuführen und für soziale Maßnahmen zugunsten der arbeitenden Frauen, z.B. für Gesundheitsschutzmaßnahmen, angemessene Berufskleidung, Verbesserung der Verkehrsmittel, Neuorganisation der Nahrungsmittelverteilung udgl. zu sorgen. Im nachgeordneten Bereich wurde die Betreuung der Frauen den sogenannten Frauenarbeitshauptstellen, Frauenarbeitsnebenstellen und Fürsorgevermittlungsstellen anvertraut.

1918 arbeiteten in den wichtigsten Zweigen der Rüstungsindustrie etwa 700 000 Frauen.

Nach dem Scheitern des Hilfsdienstgesetzes in der von der OHL erstrebten Form entstanden im Generalstab im Frühjahr 1917 Pläne, Soldaten der Etappe durch Frauen zu ersetzen. Die Werbung begann, obwohl Bestimmungen über Anstellung, Besoldung, Unterbringung und Betreuung fehlten. Es meldeten sich mehr Frauen, als benötigt wurden. Sie wurden dienstverpflichtet und in die Etappengarnisonen entsandt. Dort brachte man sie in Wohngemeinschaften unter. Ihre Uniformierung scheiterte an der Textilknappheit. Die Frauen bekamen lediglich eine schwarz-weiß-rote Armbinde. Sie arbeiteten in den Geschäftszimmern, bei den Kraftwagenparks, in den Munitions- und Gerätedepots, in Pferdelazaretten udgl. Sie wirkten mit im Straßenbau, beim Ausheben von Unterständen, bei der Errichtung von Bunkern, bei der Anlage von Feldflugplätzen und bei Hafenarbeiten. (33) Aufgrund der guten Erfahrungen mit diesen „Etappenhelferinnen" entschloß sich die Oberste Heeresleitung im Juni 1918 schließlich zu einem weiteren Schritt. Sie befürwortete den Einsatz von Frauen im Nachrichtenverbindungswesen der höheren Dienststellen der kaiserlichen Armee. Ludendorff wollte auf diese Weise 100 000 Soldaten für den Frontkrieg freibekommen. Als Termin für den Austausch setzte er den 1.1.1919 fest. Auch dieses Mal hatte die Werbung des Kriegsamtes in Zusammenarbeit mit der Inspektion der Nachrichtentruppen und des Kriegspresseamtes großen Erfolg. Angesprochen wurden vor allem Frauen mit höherer Schulbildung. Der erste Fernmeldelehrgang für Frauen begann am 1.5.1918 mit 120 Freiwilligen. Ihre Zahl stieg bis zum Kriegsende auf 500. Die Ausführungsbestimmungen zu dem Erlaß des Kriegsministeriums vom 27.7.1918 besagten:

„Um Unteroffiziere und Mannschaften für die Front freizumachen, werden zur Verwendung in allen Stellen des Nachrichtendienstes zunächst in der Heimat, in den Generalgouvernements, den Gebieten der Oberost und in der Etappe soweit als irgendmöglich Hilfskräfte eingestellt. Sie bilden gemeinsam mit den notwendigen Fürsorgebeamtinnen, dem sonstigen nichttechnischen Hilfs- und dem Sanitätspersonal in ihrer Gesamtheit das 'Weibliche Nachrichtenkorps'. Die im Betriebsdienst verwendeten Frauen heißen Nachrichtlerinnen." (34)

Das Kriegsende verhinderte den Einsatz dieser Frauen.

Im Rahmen der freiwilligen Krankenpflege arbeiteten im kaiserlichen Heer zwischen 1914 und 1918 etwa 100 000 Frauen. Neun Zehntel der Krankenschwestern stellte das Deutsche Rote Kreuz. Der Rest waren Diakonissinnen und katholische Ordensschwestern. (35)

Bei der Rückführung der deutschen Truppen aus den besetzten Gebieten ab 11.11.1918 wurde in vielen Fällen auf die Helferinnen in der Etappe keine Rücksicht genommen. Ihre Demobilisierung verlief nur wegen der Fürsorge der Beauftragten des Kriegsamtes problemlos. Sie stellten Transporte zur Heimführung der Frauen in die Heimat zusammen und besorgten die erforderlichen Transportmittel. (36)

Ob die Frauen während des Ersten Weltkrieges ihre „nationale Bewährungsprobe" bestanden haben oder nicht, ist schwer zu beurteilen. Als im Januar 1918 400 000 Munitionsarbeiter, die meisten von ihnen Frauen, in den Streik traten, fühlten sich viele bestätigt, die vor dem Einsatz von Frauen an kriegsentscheidender Stelle gewarnt hatten. Auf der anderen Seite wäre die Steigerung der Rüstungsproduktion ohne Frauen unmöglich gewesen. Im Dienste der Streitkräfte haben die Helferinnen in der Etappe bei allen organisatorischen Mängeln mehr guten Willen offenbart als die Etappenoffiziere, denen sie zugewiesen wurden. Die Bewährungsprobe der Nachrichtlerinnen fiel aus.

Die kriegsbedingten Einsätze von weiblichen Arbeitskräften in Männerberufen wurden am Kriegsende zum überwiegenden Teil rückgängig gemacht, weil die heimkehrenden Männer die Plätze wieder einnahmen. Daran änderte wenig, daß die Arbeiter- und Soldatenräte an verschiedenen Orten mit den Frauenvereinen zusammenarbeiteten. Das staatsbürgerliche und emanzipatorische Bewußtsein der weiblichen Arbeitskräfte war nicht in dem Maße entwickelt, daß sie die Rolle, die ihnen zu spielen aufgetragen wurde, völlig durchschauten.

Immerhin hatte der Erste Weltkrieg gezeigt, daß die Staatsführung in militärisch schwierigen Situationen durchaus bereit war, auf das Kräftepotential der Frauen zurückzugreifen. Daß dazu keine autoritäre Staatsstruktur erforderlich war, bewies das englische und amerikanische Beispiel. (37)

Belegstellen

(1) Max Jähns, Handbuch der Geschichte des Kriegswesens von der Urzeit bis zur Renaissance, Leipzig 1880, S. 230
(2) Cornelius Tacitus, Germania, hrsg. von Georg Ammon, Bamberg 1927, S. 11
(3) Luise Heß, Die deutschen Frauenberufe des Mittelalters, München 1940, S. 145
(4) Vgl. Max Jähns, a.a.O., S. 567
(5) Ebenda
(6) Vgl. Max Jähns, a.a.O., S. 569
(7) Fritz Redlich, Der Marketender, in: Vierteljahresschrift für Sozial- und Wirtschaftsgeschichte 1954, S. 227ff.
(8) Fritz Redlich, a.a.O., S. 238
(9) Georg Liebe, Soldat und Waffenhandwerk, Neudruck, Düsseldorf und Köln 1976, S. 21
(10) Vgl. Eugen von Frauenholz, Lazerus von Schwendi, Neudruck, München 1939, S. 225
(11) Georg Liebe, a.a.O., S. 38
(12) Georg Liebe, a.a.O., S. 23
(13) Leonhard Fronsperger, Von kaiserlichen Kriegsrechten, zitiert nach Eugen von Frauenholz, Entwicklungsgeschichte des Deutschen Heerwesens, Band 3, München 1937, S. 59
(14) Wallhausen, Kriegskunst zu Fuß, zitiert nach Eugen von Frauenholz, Deutsches Heerwesen, a.a.O., S. 46; vgl. auch Fritz Redlich, a.a.O., S. 240
(15) Georg Liebe, a.a.O., S. 25
(16) Georg Liebe, a.a.O., S. 34

(17) Vgl. P. Dufour, Geschichte der Prostitution, Band 3, Berlin 1910, S. 5. Die Bezeichnung „Huren" für die Troßweiber besagt nicht, daß sie ausschließlich zum Zwecke der Prostitution im Troß waren. Im 17. Jahrhundert schwang in dem Wort noch die ethymologische Bedeutung „Liebchen" mit, die in lat. cara enthalten ist.

(18) Georg Liebe, a.a.O., S. 29

(19) Leonhard Fronsperger, Von kaiserlichen Kriegsrechten, zitiert nach Eugen von Frauenholz, Deutsches Heerwesen, a.a.O., S. 59f.

(20) Hans Jakob Christoph von Grimmelshausen, Abenteurlicher Simplicius Simplizissimus, zitiert nach Georg Liebe, a.a.O., S. 79

(21) Georg Liebe, a.a.O., S. 34

(22) Fritz Redlich, a.a.O., S. 243

(23) Wallhausen, Landrettung, in: Eugen von Frauenholz, Deutsches Heerwesen, Bd. 3, a.a.O., S. 99

(24) Vgl. Eugen von Frauenholz, Deutsches Heerwesen, Band 3, a.a.O., S. 165f.

(25) Georg Liebe, a.a.O., S. 112

(26) Ordre an die Regimenter über Ausstellung von Trauscheinen und Entlassung untauglicher Enrollirter vom 28.2.1736, in: Eugen von Frauenholz, Deutsches Heerwesen, a.a.O., S. 251

(27) Georg Liebe, a.a.O., S. 143

(28) Fritz Redlich, a.a.O., S. 246

(29) Fritz Redlich, a.a.O., S. 249

(30) Friedrich Kapp, Der Soldatenhandel deutscher Fürsten nach Amerika, Berlin 1874, S. 146

(31) Zur Frauenbewegung im 19. Jahrhundert vgl. Elisabeth Helmig, Die Geschichte der bürgerlichen Frauenbewegung, München 1977; M. Juchacz, Sie lebten für eine bessere Welt. Lebensbilder führender Frauen des 19. und 20. Jahrhunderts, Berlin-Hannover 1955; René König, Soziologie der Frau, in: A. Gehlen – H. Schelsky, Soziologie, Düsseldorf 1955; W. Thönnessen, Frauenemanzipation. Politik und Literatur der deutschen Sozialdemokratie zur Frauenbewegung 1963-1933, Frankfurt 1969; Margit Twellmann-Schepp, Die deutsche Frauenbewegung. Ihre Anfänge und erste Entwicklung 1943 – 1889, Meisenheim 1972; Agnes von Zahn-Harnack, 80 Jahre Frauenbewegung. 1848 – 1928, Berlin 1937; Clara Zetkin, Zur Geschichte der proletarischen Frauenbewegung Deutschlands, Berlin-Ost 1958

(32) Vgl. RGBl. I, S. 1333ff.

(33) Vgl. Margarete Schickedanz, Deutsche Frau und deutsche Not im Weltkrieg, Leipzig 1938, S. 46ff.

(34) Vgl. Ursula von Gersdorff, Frauen im Kriegsdienst 1914-1945, Stuttgart 1969, S. 32

(35) Vgl. Werner Winterstein, Die Beschäftigung von Frauen in den deutschen Streitkräften von 1914 bis 1945, in: Bundeswehrverwaltung 1976, S. 130

(36) Vgl. B. Delbrück, Die Demobilmachung der Frau, in: Europäische Staats- und Wirtschaftszeitung 1919, S. 83ff.

(37) Vgl. S. 249 und 292f. dieses Buches

Der Fraueneinsatz im Dritten Reich

Hand in Hand mit der Gleichschaltung der Deutschen 1933–1939 gingen die legislativen Vorbereitungen zur Erfassung aller zum Arbeitseinsatz für den Staat. Das Wehrdienstgesetz des Jahres 1935 verpflichtete die Deutschen beiderlei Geschlechts zur Mitwirkung im Krieg. Für politische Notstände und was immer man darunter verstand wurde die Möglichkeit der ,,Dienstverpflichtung" aller Erwachsenen geschaffen. Für den Luftschutz wurde Personal rekrutiert. Der Reichsarbeitsdienst erfaßte neben den männlichen die weiblichen Heranwachsenden ab 17 zum Einsatz in der Landwirtschaft und Familienhilfe.

Nach dieser gründlichen Vorbereitung auf die personelle Erfassung aller Deutschen war das Erstaunliche, daß die nationalsozialistische Regierung während des Zweiten Weltkrieges von einer allgemeinen Dienstpflicht für Frauen absah.

Im wesentlichen waren es zwei Gründe, aus denen die Frauen geschont wurden: Der eine bestand darin, daß in der nationalsozialistischen Ideologie die Frau in erster Linie als Eheweib und als Mutter gewürdigt wurde – und nicht als Arbeitskraft. Ihre nationale Aufgabe war der Nachwuchs.

Der zweite Grund für die Rücksichtnahme gegenüber dem weiblichen Geschlecht bestand darin, daß Hitler davon ausging, daß sich alle Frauen, die dazu in der Lage waren, aufgrund ihrer nationalsozialistischen Erziehung zum freiwilligen Dienst zur Verfügung stellen würden. Die Wirklichkeit sah allerdings anders aus. Der Gesundheitszustand der Frauen nahm aufgrund der unzulänglichen Ernährung so rapide ab, daß ärztliche Atteste zur Freistellung leicht erreichbar waren.

Während des Zweiten Weltkriegs gab es zwei Gruppen von Frauen: Von den im Erwerbsleben Stehenden wurden Höchstleistungen verlangt. Die Angehörigen der besseren Gesellschaftsschichten konnten sich ohne besondere Anstrengungen von jedem Einsatz drücken. Alle Maßnahmen der Regierung zur Erfassung dieser Personenkreise erfolgten halbherzig. Hitlers Hinweise auf die Schonung der biologischen Volkskraft erdrückten eine konsequente Durchführung der Frauendienstpflicht im nationalsozialistischen Deutschland. Trotz des eklatanten Arbeitskräftemangels blieben 948 000 ledige Frauen ohne Kinder und 5,4 Millionen Ehefrauen ohne Kinder bis gegen Schluß des Krieges ungeschoren.

Der Arbeitsdienst für Frauen

In der Weimarer Republik wurde die Idee eines militärisch nützlichen Fraueneinsatzes aus zwei Quellen gespeist. Zum einen ließ die Beschränkung der Heeresstärke im Versailler Vertrag die Verwendung von Frauen in zivilen Stellen der Reichswehr sinnvoll erscheinen. Zum anderen erfaßte der Ruf nach einem allgemeinen Pflichtarbeitsdienst mit strengem Reglement auch die weiblichen Arbeitslosen.

1919 waren die Truppenstärken im Heere auf 100 000 Mann und in der Marine auf 15 000 Mann festgelegt worden. Diese Beschränkungen führten dazu, daß die Reichswehrführung alle Funktionen, die nicht eindeutig militärischer Natur waren, in die Hände von zivilen Arbeitnehmern legte. Frauen arbeiteten in der Rechtsstellung von Beamtinnen, Angestellten und Arbeiterinnen in den Büros und Fernsprechvermittlungen, in den Registraturen und Lagern der Reichswehr. Sogar als Flugmeldehelferinnen in den geheimen Flugwachkommandos waren sie eingesetzt. Nur in der Truppe und in den unteren Stäben waren Frauen unerwünscht. Dort beeinträchtigten sie die Mobilität der Einheiten. (1)

Der Gedanke einer Arbeitsdienstpflicht nach dem Vorbild des vaterländischen Hilfsdienstes 1917–1918 wurde von all denen verfochten, die sich mit der gesellschaftlichen und wirtschaftlichen Entwicklung nach 1918 nicht abfinden konnten. Man erhoffte sich auf diese Weise nicht nur den Abbau der Arbeitslosigkeit, sondern auch eine nationale Schulung der eingezogenen Arbeitsdienstpflichtigen. Das Beispiel Bulgariens stand bei diesen Debatten Pate. Dort war im Dezember 1920 ein staatlicher Arbeitsdienst gegründet worden. 1924 forderte die Deutsche Soziale Partei, das Arbeitsdienstjahr offiziell im Reich einzuführen. Auch der bayerische Generalstaatskommissar Kahr sprach sich für ein solches Gesetz aus. Die Leitung des Stahlhelm, die sich gleichfalls für einen obligatorischen Arbeitsdienst einsetzte, sah im Arbeitsdienst eine Art vormilitärischer Ausbildung der Männer und damit einen kleinen Ersatz für die abgeschaffte Wehrpflicht.

Die Reichsregierung interessierte sich jedoch erst 1931 angesichts der steigenden Arbeitslosenziffern ernsthaft für die Idee des Arbeitsdienstes. Zur gleichen Zeit institutionalisierte sich in Bayern der „Volksbund für Arbeitsdienst" auf überparteilicher und interkonfessioneller Grundlage. Die Parteien der Rechten gründeten die „Reichsgemeinschaft für deutsche Arbeitsdienstpflicht" (RADA). Die Reichsregierung entschied sich jedoch lediglich für die Einrichtung eines freiwilligen Arbeitsdienstes. Am 5.6.1931 erschien die Zweite Verordnung des Reichspräsidenten zur Sicherung von Wirtschaft und Finanzen. Die Förderung des freiwilligen Arbeitsdienstes wurde in die Kompetenz der Reichsanstalt für Arbeitsvermittlung und Arbeitslosenversicherung gelegt. Ihr Präsident erhielt die Funktion des „Reichskommissars für den Freiwilligen Arbeitsdienst". Er konnte Mittel der Arbeitslosenversicherung und der Krisenfürsorge für den Arbeitsdienst auswerfen. Als Träger des Arbeitsdienstes waren Körperschaften des öffentlichen Rechts oder Vereinigungen zugelassen, die gemeinnützige Ziele verfolgten, oder Organisationen, die bereit waren, Arbeitsdienstwillige zu organisieren. Als Ziel des freiwilligen Arbeitsdienstes wurde statuiert, daß junge Deutsche die Möglichkeit erhalten sollten, „zum Nutzen der Gesamtheit im gemeinsamen Dienste freiwillig ernste Arbeit zu leisten und zugleich sich körperlich und geistig-sittlich zu ertüchtigen". (2)

Aufgrund dieser Rechtsgrundlagen und Finanzierungsmöglichkeiten schritten fast alle legitimierten Gruppierungen an die Gründung von Arbeitsdienstlagern. Im Juni 1932 standen 7 517 Frauen und Männer im freiwilligen Arbeitsdienst, im September des gleichen Jahres bereits 144 098 und zu Beginn des Jahres 1933 waren es dann 200 000. (3) Im

Gegensatz zu den Kirchen und den Gewerkschaften, die mit der gegebenen Rechtslage zufrieden waren, plädierten die Nationalsozialisten für die Arbeitsdienstpflicht. Hitler ernannte 1931 Konstantin Hierl zum „Beauftragten des Führers für den Arbeitsdienst". Die NSDAP schwankte lange, ob sie sich am freiwilligen Arbeitsdienst beteiligen oder auf die Machtergreifung warten sollte, um dann die Arbeitsdienstpflicht einzuführen. Mit dem Argument, Erfahrungen für die Zukunft sammeln zu wollen und ein Führungskader auszubilden, genehmigte Hierl die Errichtung einzelner Lager der NSDAP. Diese Maßnahmen wurden von der SA abgelehnt, da man den parteieigenen Arbeitsdienst als Konkurrenz empfand. (4)

Nach der Machtergreifung Hitlers erwartete man allgemein die schnelle Einführung eines obligatorischen Reichsarbeitsdienstes. In seiner Regierungserklärung vom 1.2.1933 hatte Hitler ausgeführt: „Zu den Grundpfeilern unseres Programms gehört der Gedanke der Arbeitsdienstpflicht." Aber die Realisierung ließ auf sich warten. In seiner Funktion als Reichskommissar für den FAD zentralisierte der Reichsarbeitsminister Seldte zwar die Organisationen des freiwilligen Arbeitsdienstes in einem „Reichsverband Deutscher Arbeitsdienstvereine", aber die allgemeine Arbeitsdienstpflicht wurde zurückgestellt. Am 1.4.1933 wurde Hierl, der im Januar leer ausgegangen war, Staatssekretär im Reichsarbeitsministerium mit dem Auftrag, den nationalsozialistischen Arbeitsdienst vorzubereiten, die nicht-nationalsozialistischen Arbeitslager aufzulösen und die Gleichschaltung der Arbeitslager durchzuführen. Mit Unterstützung Hitlers, der am 1.5.1933 verkündete, jeden einzelnen Deutschen zur Handarbeit führen zu wollen, begann Hierl auch die Neuorganisation des weiblichen Arbeitsdienstes. Er bekam am 19.12.1933 den neuen Namen „Deutscher Frauenarbeitsdienst" und das Motto: „Arbeit für dein Volk adelt dich selbst", dann ein neues Abzeichen, das ein Hakenkreuz im Ährenkranz darstellte. (5) Ausgangspunkt war der bereits in der Weimarer Republik in den Ostgebieten gepflegte Arbeitseinsatz von Frauen. Am 14.6.1933 ordnete Hierl an: „Die geschlossenen weiblichen Arbeitsdienstlager, die in unmittelbarer Beziehung zur Siedlung, zur Umschulung von der Industrie zum Land und zur Vorbereitung für die Bauernhilfe stehen, bleiben vorerst erhalten. Neue Maßnahmen können, soweit sie diesen Zielen entsprechen, weiterhin genehmigt werden." In den nächsten Monaten entstanden die ersten nationalsozialistischen „Siedlungshilfsgruppen des weiblichen Arbeitsdienstes" mit einer Belegschaft von je 15–40 Freiwilligen. Im August gründete Hierl 30 Arbeitsgauleitungen als Mittelinstanzen unter den 13 Bezirksleitungen des DFAD, die sich mit den Landesarbeitsamtsbezirken deckten. Bereits im Sommer 1934 existierten in jedem Gau Frauenarbeitsdienstlager. Der kleinste Gau hatte 28 Lager, der größte 75. Insgesamt standen in den 220 verfügbaren Lagern 10 000 Plätze zur Verfügung. Die Leitung des DFAD lag seit 1.1.1934 in den Händen von Frau Scholtz-Klink. (6)

Hierl selbst wurde am 6.7.1934 von Hitler zum Reichskommissar ernannt und als Staatssekretär in das Reichsinnenministerium übernommen. Das dokumentierte die innenpolitische Bedeutung des „Nationalsozialistischen Arbeitsdienstes" (NSAD), wie die Bewegung von jetzt an hieß. Die nationalsozialistische Ideologie hielt Einzug in die Arbeitsdienstlager.

Die körperliche Ertüchtigung der Mädchen stand unter den neuen Gesichtspunkten der nationalsozialistischen Rassen- und Erblehre, von der die geistig-seelische Schulung der Mädchen auszugehen hatte.

Zur Siedlungshilfe traten Mitte 1934 zwei weitere Aufgaben des weiblichen Arbeitsdienstes: die Ausbildung von Mädchen in der Hauswirtschaft und für die Sozialarbeit und die Umschulung von Mädchen für landwirtschaftliche Tätigkeiten. (7)

Der offizielle „Reichsarbeitsdienst", der bis 1945 Pflichtdienst aller 17jähriger war, wurde erst einen Monat nach dem Wehrpflichtgesetz eingeführt. Das Reichsarbeitsdienstgesetz vom 29. Juni 1935 trat bereits einen Tag später in Kraft. (8) Ebenso wie die Wehrpflicht wurde der Reichsarbeitsdienst als „Ehrendienst am deutschen Volk" apostrophiert. Nach § 1 Abs. 2 des Gesetzes waren „alle jungen Deutschen beiderlei Geschlechts" zum Reichsarbeitsdienst verpflichtet. Die Arbeitsdienstpflicht der weiblichen Jugend blieb jedoch besonderer gesetzlicher Regelung vorbehalten. Der Reichsarbeitsdienst hatte den politischen Auftrag, „die deutsche Jugend im Geiste des Nationalsozialismus zur Volksgemeinschaft und zur wahren Arbeitsauffassung, vor allem zur gebührenden Achtung der Handarbeit (zu) erziehen". Die Durchführung gemeinnütziger Arbeiten stand im Vordergrund. Die Zugehörigkeit zum Reichsarbeitsdienst begründete jedoch kein Arbeits- oder Dienstverhältnis im arbeitsrechtlichen Sinne.

Während 1935 unmittelbar nach dem Inkrafttreten des Gesetzes der erste männliche Jahrgang gemustert und eingezogen wurde, arbeitete der Reichsarbeitsdienst der weiblichen Jugend bis 1939 auf der Basis der Freiwilligkeit. Die Zahl der RAD-Maiden überschritt vor Beginn des Zweiten Weltkriegs nie die Zahl 40 000. Allerdings wurde ab 1935 von allen Abiturientinnen, die eine Hochschule besuchen wollten, vor der Immatrikulation ein halbes Jahr Dienst im RAD verlangt, damit sie den „Segen der Handarbeit" kennenlernen konnten.

Als „Einrichtung zur sozialen Erziehung der Jugend und zum gemeinnützigen Einsatz" wirkte der RADwJ hauptsächlich auf dem Lande. Die Mädchen wurden für Land- und Gartenarbeit, für Hilfeleistungen im Haushalt, zur Kinderbetreuung, zur Unterstützung kinderreicher Mütter, alter und kranker Personen eingesetzt. Unter dem Leitwort „Wo ihr seid, da soll die Sonne scheinen!" stand die Erziehung zum sozialen Empfinden, die richtige Einstellung zum Leben und die praktische Vorbereitung auf die Erfüllung der Pflichten der Frau in Familie und Volk im Vordergrund. Die Lager für die Arbeitsmaiden hatten eine Stärke von 40–50 Mädchen, die in mehrere Kameradschaften gegliedert waren. Lager mit 60 Maiden nannte man bereits Großlager. Weit schwieriger als die infrastrukturelle Frage, z.B. die Errichtung ortfester Baulichkeiten aus Stein oder Holz, war für den Reichsarbeitsführer Hierl und seinen Stellvertreter und Beauftragten für den RADwJ, Dr. Decker, die Führerinnenfrage. Der Aufbau einer weiblichen Führerschaft auf Dauer wurde durch den Weggang der meisten Frauen bei ihrer Heirat sehr erschwert. 80 % aller Führerinnen schieden vor dem 28. Lebensjahr aus dem Stammpersonal des RAD aus. Hierl ging jedoch nicht von dem Grundsatz ab, daß die Lagerführerin und ihre Gehilfinnen unverheiratet sein müßten. (9)

Für die Leitung und Überwachung des Gesundheitsdienstes stand in den 17 Bezirken des RAD jeweils eine Bezirksärztin zur Verfügung.

Während seines gesamten Bestehens blieb der RAD ein Zwitter zwischen einer staatlichen Institution und einem Verband der NSDAP. Hitler lehnte seine Anerkennung als selbständige Reichsorganisation ab und befahl, daß die Hakenkreuzarmbinde der Partei zur Uniform des RAD zu tragen sei. Als Hierl 1936 zum Reichsleiter ernannt wurde, war deutlich, daß der RAD als Bindeglied zwischen Volk, Staat und Partei fungieren sollte. (10) Deshalb hatte der RAD auch kein eigenes Ministerium, sondern gehörte zum Reichsministerium des Innern. Er besaß jedoch eine eigene Dienststrafordnung mit besonderen Arbeitsdienstgerichten, was eine gewisse Unabhängigkeit von Wehrmacht und Partei dokumentierte.

Die Dienststrafordnung für die weiblichen Angehörigen des RAD ahndete Verstöße von RAD-Maiden, die „die Ehre der Gemeinschaft oder das öffentliche Ansehen des

Reichsarbeitsdienstes oder die Kameradschaft im Reichsarbeitsdienst verletzen oder gefährden oder gegen Zucht und Ordnung im Reichsarbeitsdienst verstoßen". Als Dienststrafen waren einfacher Verweis, strenger Verweis, Lagerarrest bis zu 30 Tagen, leichter Zellenarrest bis zu 42 Tagen und verschärfter Zellenarrest bis zu 90 Tagen vorgesehen. Zum geschärften Arrest konnten als Ehrenstrafen Entfernung aus dem RAD oder Ausstoßung aus dem RAD hinzutreten. Die Strafen wurden in der Regel von den unmittelbaren Dienststrafvorgesetzten verhängt. Die Strafgewalt der Lagerführerinnen reichte bis zu maximal 14 Tagen Lagerarrest. (11) Die Verordnung zum Schutz des Reichsarbeitsdienstes vom 12.3.1940 (12) stellte einige Vergehen unter besonders harte Strafen. Die Aufforderung zur Verweigerung der RAD-Pflicht, die Untergrabung der Dienstfreudigkeit, die Vortäuschung von Krankheiten und die Selbstverstümmelung wurden mit Zuchthausstrafen, in minder schweren Fällen mit Gefängnis bedroht – bei Frauen nur mit Gefängnis. Fahnenflucht galt beim RADwJ als Dienstflucht und zog ebenso Gefängnis nach sich wie die Verleitung zur Dienstflucht.

Die Tatsache, daß Frauen im RAD Dienststrafgewalt besaßen, wurde Ausländerinnen gegenüber als Merkmal der neuen nationalsozialistischen Ordnung herausgestellt, die der Frau einen gebührenden Platz in der Gesellschaft zuschrieb. Viele von ihnen hätten „mit Befriedigung davon Kenntnis genommen". Besucherinnen aus dem Ausland sollen auch die Tatsache beruhigend empfunden haben, „daß durch die neue Gemeinschaftserziehung das für Frauen so wesentliche äußere Erscheinungsbild nicht nachhaltig verändert" wurde. (13)

Für die weibliche Jugend wurde die Arbeitsdienstpflicht erst zum Kriegsbeginn eingeführt. Praktisch verwirklicht wurde sie nie. Am 4.9.1939 erschien die „Verordnung über die Durchführung der Reichsarbeitsdienstpflicht für die weibliche Jugend", in der die Stärke des weiblichen Reichsarbeitsdienstes auf 100 000 festgelegt wurde. Alle ledigen Mädchen im Alter von 17–25 Jahren, die nicht voll berufstätig waren, sich nicht in schulischer oder beruflicher Ausbildung befanden und nicht als mithelfende Familienangehörige in der Landwirtschaft dringend benötigt wurden, sollten als erste zur Erfüllung der Reichsarbeitsdienstpflicht herangezogen werden. (14) Die zwischen 1935 und 1939 gebildeten Lager des Freiwilligen weiblichen Reichsarbeitsdienstes nahmen als ersten Pflichtjahrgang die 1920 und 1921 Geborenen auf, die sich bei den RAD-Meldeämtern der Musterung unterzogen und für arbeitsdiensttauglich befunden wurden. Außerdem standen dem ersten Jahrgang zahlreiche Lager des männlichen RAD zur Verfügung, deren Insassen in den eroberten Gebieten Polens stationiert oder zum Bau des Westwalls eingesetzt waren. Die Zahl von 100 000 RAD-Maiden wurde erstmals am 1.4.1940 erreicht, als der neue Halbjahresjahrgang eingezogen wurde. Er wurde auf insgesamt 2 035 Lager verteilt. (15)

90 % der Maiden waren in der Landarbeit eingesetzt. Ihre tägliche Dienstzeit betrug 13 Stunden. Dazu zählte neben dem siebenstündigen Außendienst der Sport, der politische Unterricht, das Singen und der Innendienst. Heimaturlaub als Wochenendurlaub gab es einmal im Monat.

Etwa einen Monat nach der Einziehung wurden die Maiden vereidigt. Sie hatten dem Führer (Adolf Hitler) Treue zu schwören und den Führerinnen Gehorsam. Sie verpflichteten sich, den Dienst gewissenhaft zu erfüllen und sich gegen alle RAD-Angehörigen kameradschaftlich zu verhalten.

Die Fahne des RAD der weiblichen Jugend trug ein in Ähren eingefaßtes Hakenkreuz. Der Blut- und Bodenmythos des Dritten Reiches war selten so sinnfällig wie in dieser Symbolkombination.

Die Arbeit als Einsatz für das Reich und das Wachstum des Volkes wurde als politischer Auftrag interpretiert, der RAD als Erziehungsanstalt:

„Der gesetzlichen Regelung der nationalsozialistischen Arbeitsdienstidee entsprechend soll auch die deutsche Frau eine politische Erziehung, eine innere Bindung an Volk und Staat erhalten. Es steht die Arbeit im Mittelpunkt des Lebens auch bei der Frau. Aber die Arbeit soll durch die Frau zuerst zu einem sinnvollen, volkswirtschaftlich wertvollen und dadurch erzieherischen Einsatz umgestaltet und dann höher gewertet werden. Die Frau soll also in der Arbeit nicht nur an sich und ihren Nutzen denken, sondern sie soll die Arbeit, zu der sie die weibliche Natur bestimmt hat, freudig tun und sich dem Dienst an der Volksgemeinschaft, somit dem ganzen Volke widmen. Darum wurde diese Pflichtauffassung auch für die weibliche Jugend durch ihren Arbeitsdienst im Dienst der nationalsozialistischen Volksgemeinschaft zu einer ursprünglichen Forderung des Reichsarbeitsführers. Er sagte einst unter anderem: 'Die Erziehung im nationalsozialistischen Geist zur Volksgemeinschaft und Kameradschaft und zu einer hohen sittlichen Arbeitsauffassung ist für die weibliche Jugend nicht weniger notwendig als für die männliche. Arbeitsdienstpflicht nur für die männliche Jugend wäre auf die Dauer ebenso unsinnig wie etwa eine allgemeine Schulpflicht nur für die Knaben. Der Arbeitsdienst der beiden Geschlechter ist seinem Sinn und Zweck nach etwas einheitlich Ganzes. Der Arbeitsdienst der weiblichen Jugend ist daher nicht etwa eine reine Frauenangelegenheit, sondern eine Volks- und Staatsangelegenheit.' ... Die Wertung des Einzelnen geht hier nicht nach Herkunft oder Wissen vor sich, sondern der Maßstab der Wertung ist das Sicheinfügen in die Gemeinschaft. Denn nicht das Ich, sondern das Wir bestimmt heute Inhalt, Ziel und Richtung der nationalsozialistischen Erziehung. Jeden Tag lernt das Mädchen im 'Wir' zu denken und beginnt damit auch ihr Handeln einzustellen auf das große Ganze.

Neben diese Erziehungsmittel: Kameradschaft und Lagergemeinschaft tritt als stärkste erzieherische Kraft die Arbeit selbst. Diese Arbeit muß notwendig sein für das Volksganze, sie muß Werte schaffen und muß der besonderen fraulichen Art entsprechen, nur so hat sie erzieherischen Erfolg. Die männliche Jugend des ganzen Reiches wurde im RAD bei den großen gemeinnützigen Arbeitsvorhaben am Boden, in Forst und Feld eingesetzt. Die Mädel können nicht Moore entwässern und Ödland urbar machen, sondern müssen eine Arbeit tun, die ihrer Eigenart als Frau entspricht und die doch auch einen unmittelbaren volkswirtschaftlichen Wert für das Volksganze hat. Die der Wesensart der Frau entsprechende Arbeit des deutschen weiblichen Arbeitsdienstes wird nach zwei Richtungen hin durchgeführt; einerseits besteht die Arbeit in einem praktischen Dienst in Bauern- und Siedlerfamilien und in städtischen kinderreichen Arbeiterfamilien, andererseits umfaßt sie durch ihre Werkarbeit eine planmäßige hauswirtschaftliche Schulung mit Kochen, Waschen, Bügeln, Nähen, Gartenarbeit, Kleintierzucht usw. Auch der staatspolitische Unterricht, die Leibeserziehung und die Freizeitgestaltung gehören zur täglichen Arbeit. Durch dieses Gemeinschaftsleben und die vielseitigen Erziehungsmittel des Arbeitsdienstes haben auch die Mädel mit den Männern in neuer Weise Verbindung. Wenn die Mädel, die einmal durch den Arbeitsdienst gegangen sind, später heiraten, dann werden sie ihre Männer besser in ihrem politischen Wollen und in ihrer Haltung verstehen, weil sie auch schon einmal im Dienst für das Volk gearbeitet haben und dadurch das kameradschaftliche Lagerleben erfahren haben. (16)

Wie alle Gliederungen des Nationalsozialismus hatte der Reichsarbeitsdienst der weiblichen Jugend eine hierarchische Struktur. Die Eigenverantwortlichkeit der einzelnen Führungsebenen war durch das Gehorsamsprinzip eingeschränkt. Die nationalsozialistische Führungsordnung gestattete den Vorgesetzten Eingriffe in allen Bereichen. In diesem Sinne konnte Hierl als Reichsarbeitsführer alle Befehle der Bezirksführerinnen, Lagergruppenführerinnen und Lagerführerinnen aufheben. Relative Selbständigkeit genossen die Leiter der Hauptmeldeämter und Meldeämter und die Bezirksverwalter, deren Managementprinzipien Hierl nicht durchschaute. Umso abhängiger waren die nachgeordneten Dienststellen des Schulungs- und Einsatzbereichs.

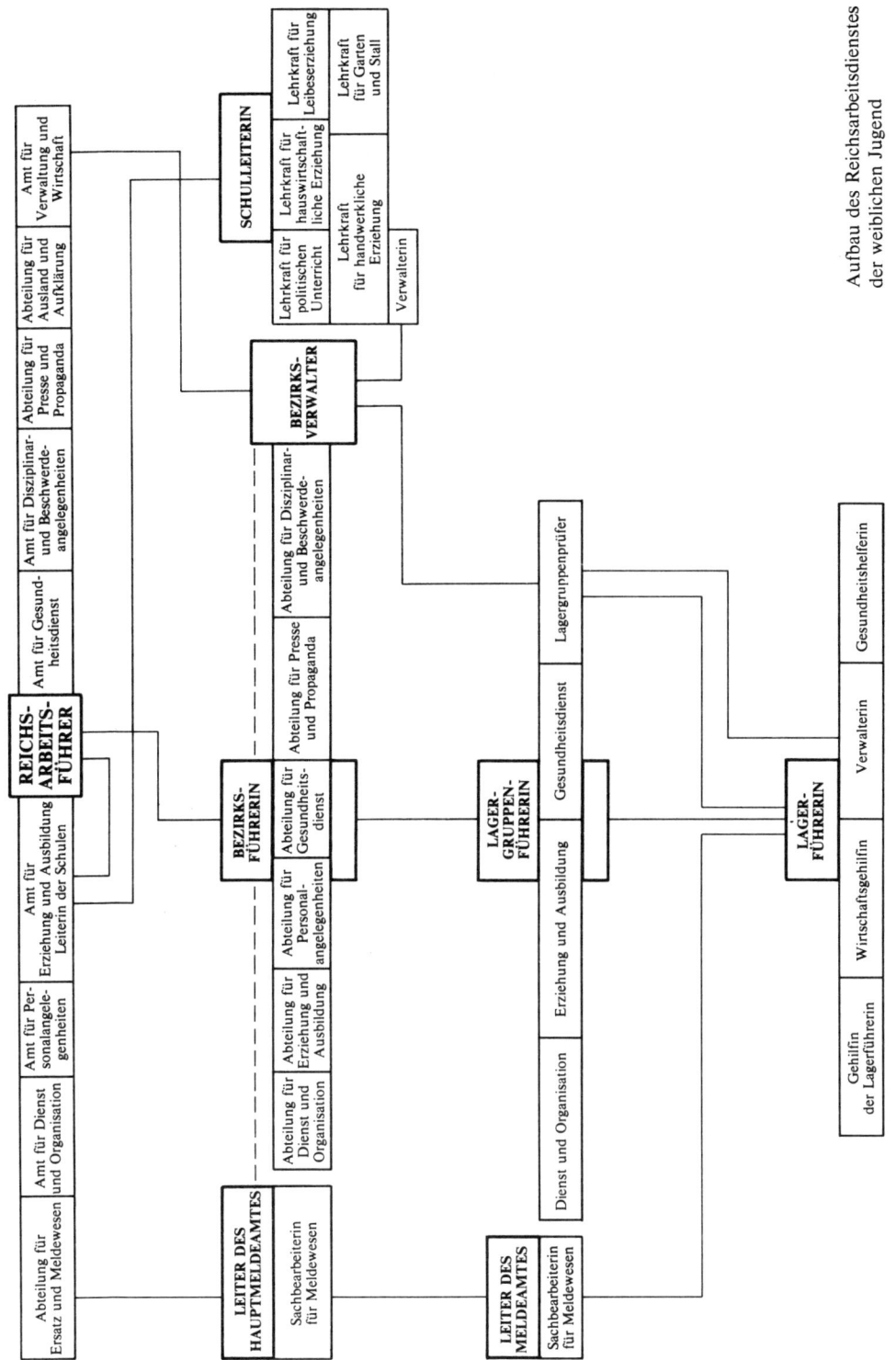

Aufbau des Reichsarbeitsdienstes der weiblichen Jugend

35

Das Reichsgebiet wurde organisatorisch in folgende Bezirke aufgeteilt:

Ostpreußen	Westfalen
Pommern-West	Rheinland
Mecklenburg	Hessen
Mark Brandenburg	Württemberg
Schlesien-Mähren	Altbayern
Mitteldeutschland	Pommern-Ost
Sachsen	Nordmark
Hannover-Magdeburg	Niederschlesien
Weser-Ems	Südmark
Baden-Saarpfalz	Sudetenland-West
Franken	Danzig-Westpreußen
Alpenland	Wartheland
Donauland	Brandenburg-Ost.

Die jeweilige Bezirksführerin, die dem Reichsarbeitsführer unmittelbar unterstellt war, trug die Verantwortung für die ihr untergeordneten Dienststellen in der erzieherischen und persönlichen Führung, in der Planung und Einrichtung neuer Lager und in der Ordnung und Instandhaltung der Unterkünfte. Die Bezirke waren in Lagergruppen eingeteilt, denen eine Lagergruppenführerin vorstand. Die Lagergruppenführerin faßte unter persönlicher Führung 15 bis 20 Lager zusammen. Sie förderte u.a. mit Unterstützung von Gruppensachbearbeiterinnen die Ausbildung der Führerinnen. Jedes Lager enthielt vier Kameradschaften von je 11 Arbeitsmaiden. Es wurde von Lagerführerinnen geleitet. Das Meldewesen oblag den Hauptmeldeämtern und Meldeämtern des RAD, die über das Reichsgebiet verteilt waren.

Die Bedeutung des RAD wurde der deutschen Öffentlichkeit durch die Wandbildzeitung „Spaten und Gewehr" und die monatlich erscheinenden RAD-Filmberichte vorgeführt. In der zweiten Phase des Krieges wurde der Reichsarbeitsdienst immer stärker „als Propagandaträger und als Stimmungsträger für den Glauben an den Führer" eingespannt. 1943/44 stand die politische Aufklärungsarbeit unter dem Motto „Weder Zeit noch Waffengewalt werden das deutsche Volk jemals niederzwingen". Hierl befahl allen weiblichen Angehörigen des RAD, daß „die Aufsätze des Reichspropagandaleiters innerhalb der Nachrichtenbesprechungen gemeinsam im Rundfunk gehört, vorgelesen oder besprochen (und) die Sonderdrucke der Reichspropagandaleitung nicht nur in der Belegschaft, sondern auch in den Einsatzdörfern in Umlauf gebracht werden". (17) In den Einsatzdienststellen sollten die Maiden eine siegesbewußte Haltung zur Schau stellen. Die „Aufgabe des RAD, durch Mundpropaganda über den Bereich der ihm unterstellten Arbeitsmaiden hinaus aufklärend zu wirken", wurde dem RAD-Führer Hierl von Goebbels abgenötigt, als dieser seine Hilfe in Auseinandersetzungen mit der Wehrmacht brauchte. So geriet der RAD ab 1944 immer tiefer in die Diadochenintrigen der Umgebung Hitlers hinein.

Obwohl die für den RAD gemusterten Jahrgänge jeweils rund 600 000 Mädchen umfaßten, wurde mit Rücksicht auf die Industrie – besonders auf die Rüstungsindustrie – jeweils nur ein Sechstel erfaßt. Dreimal soviele Mädchen mußten sich dem Mädel-Pflichtjahr unterziehen, das für Schulabgängerinnen, die Angestellte oder Arbeiterinnen werden wollten, obligatorisch war. Aber dieser Mobilisierungsbereich lag außerhalb der Kompetenzen Hierls.

Das nationalsozialistische Frauenbild

Unmittelbar nach der Machtergreifung war die nationalsozialistische Presse voll von Polemiken gegen die marxistische und liberalistische Einstellung der Regierungen der Weimarer Republik, die die Frauen zu Intelligenzlertum, Emanzipation und internationaler Solidarität angeregt hätten. Nun wurde die Rolle der Frauen in der Gesellschaft neu definiert. Mit der Hypothese, daß „eine berufliche Tätigkeit außerhalb des Hauses stets mit Nachteilen verbunden ist", wurde die Frauenarbeit zurückgedrängt, wenn die Frau nicht alleinstehend war oder eine Familie zu versorgen hatte. Innenminister Wilhelm Frick steckte das Ziel ab: „Die Mutter soll sich ganz ihren Kindern und ihrer Familie, die Frau dem Manne widmen können und das unverheiratete Mädchen soll nur auf solche Berufe angewiesen sein, die der weiblichen Wesensart entsprechen." Die ideologische Orientierung des weiblichen Geschlechts auf die Lebensinhalte Familie und Kinder verpflichtete den Staat, dafür zu sorgen, daß jedes deutsche Mädchen im heiratsfähigen Alter hinreichend für ihre eigentlichen Aufgaben, nämlich die der Hausfrau und Mutter, vorbereitet war. Pflichtjahr, Reichsarbeitsdienst, Bund Deutscher Mädel dienten u.a. diesem Zweck. (18)

Der These vom „Volk ohne Raum" entsprechend, bemühte sich die Reichsregierung, Wege zu finden, um „dem Aufbau der deutschen kinderreichen erbgesunden Familie die Bahn frei zu machen und ihre wirtschaftliche Not (zu) lindern". Das Ideal der Mutterkreuzträgerin wurde programmiert. „Lebensraum im Osten" zu benötigen, ließ sich nur begründen, wenn die Geburtensteigerung offensichtlich war.

Auf dem Deutschen Frauenkongreß in Nürnberg am 8.9.1934 hielt Hitler seine erste programmatische Rede als Reichskanzler über Frauenfragen. Darin charakterisierte er die Frau als „Gehilfin des Mannes" und als seine „treueste Freundin". Er definierte die Zuständigkeiten der Frau in der „kleineren Welt" und die des Mannes für die „größere Welt". Die kleinere Welt der Frau waren „ihr Mann, ihre Familie, ihre Kinder, ihr Haus". Hier schaffe die Frau für den Mann die Voraussetzungen, in der größeren Welt (Beruf, Politik, Staat) erfolgreich tätig zu werden. Hitler fuhr fort:

„Wir finden es nicht als richtig, wenn das Weib in die Welt des Mannes, in sein Hauptgebiet eindringt, sondern wir empfinden es als natürlich, wenn diese beiden Welten geschieden bleiben. In die eine gehört die Kraft des Gemüts, die Kraft der Seele! Zur anderen gehört die Kraft des Sehens, die Kraft der Härte, der Entschlüsse und die Einsatzwilligkeit. In einem Fall erfordert diese Kraft die Willigkeit des Einsatzes des Lebens der Frau, um diese wichtige Zelle zu erhalten und zu vermehren, und im anderen Fall erfordert sie die Bereitwilligkeit, das Leben zu sichern, vom Manne. Was der Mann an Opfern bringt im Ringen seines Volkes, bringt die Frau an Opfern im Ringen um die Erhaltung dieses Volkes in den einzelnen Zellen. Was der Mann einsetzt an Heldenmut auf dem Schlachtfeld, setzt die Frau ein in ewig geduldiger Hingabe, in ewig geduldigem Leiden und Ertragen. Jedes Kind, das sie zur Welt bringt, ist eine Schlacht, die sie besteht für Sein oder Nichtsein ihres Volkes. (19)

Das nationalsozialistische Frauenprogramm konzentrierte sich für Hitler auf einen einzigen Punkt: das Kind. In seiner Geburt und Erziehung liegt das verdienstvolle Wirken der Frau. Denn, so Hitler, „für was würden wir kämpfen und ringen, wenn nicht nach uns etwas käme, das das, was wir heute erwerben, zu seinem Nutz und Frommen anwenden und wieder weitervererben kann? Wofür ist der ganze menschliche Kampf denn sonst?" Diese Definition der „völkischen Sendung der Frau", verbunden mit dem Appell an ihr nationalsozialistisches Gewissen taucht in allen NS-Schriften, die sich mit dem neuen Frauenbild beschäftigen, auf. Im Reichsarbeitsdienst der weiblichen Jugend wurde den Mädchen die biologische Funktion der Frau und ihre politische Aufgabe und damit der erzieherische Zweck des RAD folgendermaßen erklärt:

„Die Frau ist die Mutter, die dem Volk die neue Generation bringt. Sie hält die Familie zusammen. Ihre höchste Aufgabe besteht in Aufzucht und Erziehung der Kinder . . . Über allem anderen steht die Sorge der Nation um gesunde, tüchtige, leistungsfähige Kinder, die das Leben des Volkes in die Zukunft tragen. Diese anscheinend biologische Bestimmung der Frau enthält aber im Kern ein geistiges Moment. Soweit die Familie die bleibende Grundlage zu jeder späteren Lebensbewältigung der jungen Generation legt, soweit werden die geistigen Kräfte der Frau verlangt. Wenn aber die Frau, um Hüterin der Familie zu sein, mehr sein muß als bloß Hüterin, dann stellt sich mit dieser großen und volkstragenden Aufgabe die Frage nach der Erziehung der Frau zu dieser Aufgabe." (20)

Dieses Leitbild blieb bis zum Kriegsbeginn unangetastet. Erst die Zwänge des Krieges machten neue Definitionen erforderlich.

Legislative Maßnahmen zur Mobilisierung der weiblichen Arbeitskräfte 1935-1939

Das Wehrgesetz vom 21.5.1935 verpflichtete im Krieg jeden deutschen Mann und jede deutsche Frau „zur Dienstleistung für das Vaterland". (21) Auf der Basis dieser Ermächtigung organisierte die Reichsführung bereits vier Jahre vor dem Beginn des Zweiten Weltkriegs die Mobilisierung der Frauen. Die entscheidenden Rechtsverordnungen lagen auf dem Tisch, als der Krieg begann. Es ist eine andere Frage, warum sie nicht voll genutzt wurden.

Am 29.6.1935, am gleichen Tag wie das Reichsarbeitsdienstgesetz, wurde das Luftschutzgesetz verabschiedet. (22) Nach § 2 dieses Gesetzes waren alle Deutschen „zu Dienst- und Sachleistungen sowie zu sonstigen Handlungen, Duldungen und Unterlassungen verpflichtet, die zur Durchführung des Luftschutzes erforderlich sind". Der Reichsminister der Luftfahrt erhielt das Recht, durch polizeiliche Verfügung deutsche Staatsangehörige zur Luftschutzpflicht heranzuziehen. Zu diesem Zeitpunkt ahnte kaum jemand, wie bedeutungsvoll dieses Gesetz für einen großen Kreis junger Frauen während des Krieges werden sollte. Als Göring 1936 Beauftragter des Vierjahresplans wurde und das Recht erhielt, alle „zur Erfüllung der ihm gestellten Aufgabe erforderlichen Maßnahmen" zu treffen und „die Befugnis zum Erlaß von Rechtsvorschriften und allgemeinen Verwaltungsvorschriften" bekam, war deutlicher, welche Machtfülle in seiner Hand lag. (23)

Ab 1.9.1936 wurde im Deutschen Reich die Führung eines Arbeitsbuches obligatorisch. (24) Es wurde von den Arbeitsämtern ausgestellt. Wer einen Arbeiter oder Angestellten ohne Arbeitsbuch beschäftigte, mußte mit Geldstrafen bis zu 150 Reichsmark oder mit Haftstrafen rechnen. (25) Diese wichtige Maßnahme zur Arbeitslenkung wurde ab Mitte 1938 ergänzt, als der Beauftragte für den Vierjahresplan innerhalb von sieben Monaten drei Verordnungen herausgab, die die zwangsweise Heranziehung von Arbeitskräften für Aufgaben „von besonderer staatspolitischer Bedeutung" ermöglichten. Darunter war damals in erster Linie der Bau des Westwalls gemeint. Aber die Zielsetzungen ließen sich verändern. Mit der „Verordnung zur Sicherstellung des Kräftbedarfs für Aufgaben von besonderer staatspolitischer Bedeutung" vom 22.6.1938 ermächtigte er den Präsidenten der Reichsanstalt für Arbeitsvermittlung und Arbeitslosenversicherung, deutsche Staatsangehörige „für eine begrenzte Zeit" zur Arbeit zu verpflichten und ihnen einen Arbeitsplatz bzw. einen Ausbildungsplatz zuzuweisen. (26) Der Reichsarbeitsminister hatte die Maßnahmen zu treffen, die auf dem Gebiet der Reichsversicherung hierfür notwendig waren. (27) Die Richtlinien für die Beschäftigung von Frauen im Notfall machten deutlich, daß die nationalsozialistische Arbeitspolitik die Frau als Mutter und „Lebensquell der Nation" respektierte, ihre Fähigkeiten als Arbeitskraft aber recht gering einschätzte:

„Im Kriege müssen in weitestem Umfange Frauen in Wirtschaft und Verwaltung eingesetzt werden, um wehrfähige Männer für den Kampf mit der Waffe freizustellen. Dabei müssen im Dienst der Reichsverteidigung Gewohnheiten der Friedenszeit aufgegeben und Rücksichten, die unter anderen Verhältnissen den Einsatz von Frauen verbieten, entschlossen zurückgestellt werden. Doch muß auch im Kriege die Frauenarbeit dort ihre Grenzen finden, wo sie den Lebensquell der Nation bedrohen würde. Frauen dürfen deshalb auch im Kriege nicht Gesundheitsschädigungen ausgesetzt werden, durch welche früher oder später die Erfüllung der Aufgabe der Mutterschaft gefährdet würde. Beim Einsatz weiblicher Arbeitskräfte muß ferner berücksichtigt werden, daß Frauen nach ihrer geistigen und körperlichen Veranlagung nicht zu allen von Männern verrichteten Arbeiten fähig sind und daß ein falscher Einsatz sich auch im Arbeitsergebnis nachteilig auswirken würde. Der Einsatz von Frauen bedarf daher besonders sorgfältiger Vorbereitung und sachkundiger Leitung und muß in enger Zusammenarbeit von Betrieb, Gewerbeaufsichtsamt und Arbeitsamt erfolgen ...
1. Frauen dürfen nicht mit Arbeiten beschäftigt werden, die ernsthafte Gesundheitsschädigungen mit sich bringen (ätzende, giftige und stark reizende Stoffe und Gase, gesundheitsgefährliche Dämpfe und Stäube, große Hitze und Erschütterungen).
2. Frauen dürfen keine schweren Arbeiten übertragen werden, für die sie körperlich nicht geeignet sind.
3. Frauen sollen nicht mit Arbeiten beschäftigt werden, die besondere Geistesgegenwart, Entschlußkraft und schnelles Handeln erfordern.
4. Frauen sollen im allgemeinen nicht mit Arbeiten betraut werden, die besonderes technisches Verständnis und technische Kenntnisse erfordern. Der Einsatz ist aber auch hier möglich:
   a) bei Frauen mit guter Auffassungsgabe nach besonderer technischer Ausbildung,
   b) bei verstärkter fachkundiger Überwachung.
Die Beschäftigung von Frauen wird häufig erreicht werden können durch Änderung der Betriebseinrichtungen oder Arbeitsverfahren (Hebe- und Fördereinrichtungen für schwere Teile, Transportbänder, selbsttätige Werkstoffzuführung, Erleichterung des Einspannens, leichte und gefahrlose Einrückung von Maschinen, Einführung von Automaten, Aufteilung der Arbeit in einzelne einfache Verrichtungen, Bereitstellung von Vorrichtungen und Schablonen für die Massenfertigung, fachliche Unterweisung, verstärkte Überwachung) ..." (28)

Angehörige des öffentlichen Dienstes sollten nur mit Zustimmung der vorgesetzten oder aufsichtführenden Dienststellen arbeitsverpflichtet werden. (29)

Mitte Februar 1939 legte Göring noch einmal fest, daß „die Durchführung unaufschiebbarer Aufgaben von besonderer staatspolitischer Bedeutung" nicht durch einen Mangel an Arbeitskräften gefährdet werden dürfe. Für Aufgaben, die der Beauftragte für den Vierjahresplan als „besonders bedeutsam und unaufschiebbar bezeichnet", sollten die Arbeitsämter Dienstleistungspflichtige festlegen und privaten und öffentlichen Betrieben und Verwaltungen die Abgabe von Arbeitskräften auferlegen können. Bei zeitlich begrenzten Verpflichtungen galt der Beschäftigte als beurlaubt und die Zeit der Dienstverpflichtung zählte als Beschäftigungszeit in der bisherigen Arbeitsstelle. Nur bei Verpflichtungen auf uneingeschränkte Dauer sollte das bisherige Beschäftigungsverhältnis erlöschen. (30) Die Dienstpflicht-Durchführungsanordnung vom 2.3.1939 bestimmte, daß sich die Verpflichtung „auf die Leistung von Diensten aller Art erstrecken" konnte, daß die Arbeitskräfte jedoch entsprechend ihren Kenntnissen und Fähigkeiten so zweckvoll wie möglich eingesetzt werden sollten. Die Verpflichtungsbescheide wurden vom Arbeitsamt ausgegeben. Ins Arbeitsbuch wurde bei zeitlich begrenzter Verpflichtung lediglich eingetragen „beurlaubt zur Dienstleistung" und bei zeitlich unbegrenzter Verpflichtung „entlassen zur Dienstleistung". (31)

Wichtiger als die Kräftebedarfsverordnung vom 22.6.1938 und ihre Durchführungsbestimmungen wurde die Notdienstverordnung, die der Beauftragte für den Vierjahresplan am 15.10.1938 erließ. Sie sollte die Bedürfnisse der öffentlich-rechtlichen Körperschaften stillen, von denen Notdienstverpflichtete „zur Erfüllung hoheitlicher Aufgaben" angefordert werden konnten, und legte fest, daß auch zur „Bekämpfung öffentlicher Notstände sowie zur Vorbereitung ihrer Bekämpfung" Bewohner des Reichsgebiets für eine begrenzte Zeit zu Notdienstleistungen herangezogen werden konnten, und zwar zu langfristigen Notdiensten (länger als 3 Tage) oder kurzfristigen Notdiensten (drei Tage und weniger). Interessant waren die steuerrechtlichen Regelungen: Zu langfristigen Notdiensten konnten die Betroffenen ohne Begründung eines einem Arbeitsvertrag entsprechenden Arbeitsverhältnisses einberufen werden oder mit Begründung eines einem Arbeitsvertrag entsprechenden Arbeitsverhältnisses. Im ersten Fall brauchte keine Lohnsteuer abgeführt zu werden, im zweiten war Lohnsteuer zu zahlen. Das Recht, zu Notdienstleistungen – kurzfristige und langfristige – einzuberufen, erhielten die Behörden der Arbeitseinsatzverwaltung, d.h. alle Polizeibehörden sowie die Bürgermeister- und Landratsämter. (32) Wer zum Notdienst aus einem anderen Beschäftigungsverhältnis gerissen wurde, war für die Dauer des Notdienstes zu beurlauben. Ihm konnte nicht gekündigt werden.

Zu Beginn des Krieges übernahm Göring den Vorsitz im Reichsverteidigungsrat, der mit Führererlaß vom 30.8.1939 aufgestellt wurde. Der Reichsverteidigungsrat, dem auch der Chef des Oberkommandos der Wehrmacht angehörte, hatte das Recht, Verordnungen mit Gesetzeskraft zu erlassen. Er stellte eine Art Kriegskabinett dar. Einen Teil der Vollmachten des Reichsverteidigungsrates übernahmen die Reichsverteidigungskommissare. Ihnen wurde die Verantwortung übertragen für die zivile Rechtsordnung ihres Bereichs, die Abstimmung aller Maßnahmen von Verwaltung und Wirtschaft und die Zusammenarbeit mit den zuständigen Wehrmachtsdienststellen. In Anlehnung an die Einrichtung der Reichsverteidigungskommissare ernannte Himmler am 13.9.1939 15 Höhere SS- und Polizeiführer, deren Befehlsbereiche sich gleichfalls mit den Wehrkreisen deckten. (33)

Trotz all der genannten vorbereitenden Maßnahmen zur Verpflichtung von Frauen ging die Reichsführung „mit gebremster Kraft" an die Ausschöpfung der weiblichen Arbeitskraft. Im Gegensatz zu Großbritannien war an eine allgemeine Mobilisierung der Frauen nicht gedacht. Die Besetzung Österreichs und der Tschechoslowakei hatten Hitler in dem Glauben bestärkt, daß ein Krieg – wenn er überhaupt käme – von kurzer Dauer sein würde. Selbst die Maßnahmen zur Arbeitskräftedeckung in den ersten beiden Kriegsjahren waren noch recht zurückhaltend, auch wenn sie in den ersten Kriegswochen Schlag auf Schlag folgten. Der Grund lag in ideologischen Barrieren.

Am ersten Kriegstag erließ Göring die erste Durchführungsverordnung zum Luftschutzgesetz vom 26.6.1935. Darin wurden die Polizeidienststellen ermächtigt, „luftschutzpflichtige Personen durch polizeiliche Verfügung heranzuziehen". (34) Wehrpflichtige und Vorbestrafte, denen die bürgerlichen Ehrenrechte aberkannt waren, waren vom Luftschutzdienst befreit. Die Frauen waren die eigentlich Betroffenen. Drei Tage später, am 4.9.1939, wurde die Stärke des Reichsarbeitsdienstes der weiblichen Jugend auf

100 000 Maiden festgelegt. Die „Verordnung über den allgemeinen Entlassungstag im RADwJ" vom 5.9.1939 bestimmte, daß die Ende September 1939 fällige Entlassung von Maiden bis auf weiteres verschoben würde, weil die Hackfruchternte mit ihrer Hilfe eingebracht werden sollte. (35) Für Körperschäden infolge des Dienstes wurden die Fürsorge- und Versorgungsbestimmungen erweitert. Sie sahen Eingliederungshilfen für den Zivilberuf, bevorzugte Berücksichtigung bei Einstellungen, Heilfürsorge, Versehrtengeld, Betreuung, Übergangsunterstützung, Renten, Pflegezulagen und Härteausgleiche vor. (36) Die erste Durchführungsverordnung zur Notdienstverordnung vom 15.9.1939 legte fest, daß alle Deutschen beiderlei Geschlechts notdienstpflichtig waren, wenn sie nicht unter 15 oder über 70 Jahren waren, wenn sie als Mütter keine Kinder unter 15 Jahren im eigenen Haushalt hatten, wenn sie nicht mindestens im 6. Monat schwanger waren oder wenn sie nicht generell arbeitsunfähig waren. Befreit waren auch Mitarbeiter in medizinischen und anderen kriegswichtigen Betrieben. Die Vergütungssätze für Notdienstpflichtige sollten vom Reichsinnenministerium festgelegt werden. Familienunterstützung nach Maßgabe der Familienunterstützung-Durchführungsverordnung vom 11.7.1939 (37) wurde ebenso zugesagt wie Fürsorge und Versorgung von Notdienstbeschädigten entsprechend der Personenschädenverordnung vom 1.9.1939 (38). Wer sich der Notdienstpflicht entzog, wurde mit Haft oder mit Geldstrafe bis 150.– RM bedroht. „Über die bei Inanspruchnahme oder in Erfüllung der Notdienstpflicht in Erfahrung gebrachten Angelegenheiten, deren Bekanntwerden das Wohl des Reichs gefährden oder deren Geheimhaltung vorgeschrieben ist", hatten sowohl die Notdienstpflichtigen wie auch die Empfänger von Notdienstleistungen Verschwiegenheit zu beobachten. (39)

Am 22. September 1939 wurden die Schüler der höheren und mittleren Schulen, die das 16. Lebensjahr vollendet hatten, zum „Einsatz als landwirtschaftliche Hilfskräfte" verpflichtet. Schülerinnen sollten „hauswirtschaftliche Hilfe in Land und Stadt oder Tätigkeit auf dem Gebiet des Gesundheitswesen und der Wohlfahrtspflege" leisten. Sogar Kinder vom 10. bis 16. Lebensjahr, die eine allgemeinbildende Schule besuchten, konnten innerhalb des Standorts zu leichter Arbeit herangezogen werden. Zu diesem Zweck durften die Schulverwaltungen die Ferien bis zu sechs Monaten ausdehnen. (40)

Der Kriegshilfsdienst der weiblichen Jugend des RAD

Zu Beginn des Rußlandfeldzuges im Sommer 1941 wurde die Dienstzeit der für 6 Monate zum Reichsarbeitsdienst eingezogenen Mädchen und Frauen um weitere sechs Monate verlängert. Dieses zusätzliche halbe Jahr war der sogenannte „Kriegshilfsdienst". Er mußte innerhalb des Reiches abgeleistet werden, entweder im Bürobetrieb bei Behörden des öffentlichen Dienstes, besonders der Wehrmacht, oder in Krankenhäusern und anderen sozialen Einrichtungen oder durch Hilfsdienste bei Hilfsbedürftigen, insbesondere in kinderreichen Familien. Während dieser Zeit blieben die Mädchen der Aufsicht, Betreuung und Dienststrafgewalt des Reichsarbeitsführers unterstellt. Zugleich sollte durch zusätzliche Einberufungen die Stärke des Reichsarbeitsdienstes für die weibliche Jugend zum 1. Oktober 1941 auf 130 000 Arbeitsmaiden erhöht werden. Vorbereitungen für eine Erhöhung der Quote auf 150 000 Maiden wurden angeordnet. (41)

Von den neuen Bestimmungen über den verstärkten Kriegseinsatz des Reichsarbeitsdienstes der weiblichen Jugend erfuhr die Öffentlichkeit Anfang August durch eine Meldung des deutschen Nachrichtenbüros. Die Schriftleitungen der deutschen Presseorgane wurden vom Reichspropagandaministerium angewiesen, die Bedeutung dieses Erlasses durch eigene Kommentare zu erläutern. Den Familien mit Angehörigen, die davon betroffen waren, sollte klargemacht werden, daß die Berufspläne des einzelnen Mädchens jetzt ebenso wie die der Männer 1935 bei der Verkündigung der zweijährigen Wehrdienstpflicht hinter den Notwendigkeiten des Ganzen zurückzustehen hätten. „Der Soldat kämpft draußen – das deutsche Mädchen stellt sich drinnen den Aufgaben der Zeit, um der kämpfenden Front zu helfen und mitbeteiligt zu sein an der Erringung des Sieges." Alle Pressekommentare sollten vor dem Hintergrund der Rede Hitlers am 4.5.1941 im Reichstag geschrieben werden, in der der Führer an den Arbeitswillen der Frauen mit folgenden Worten appellierte:

„. . . wir alle sind verpflichtet, dafür zu sorgen, daß der Vorsprung (in der Rüstung), den wir besitzen, sich nicht verkleinert, sondern daß er ständig größer wird. Dies ist kein Problem des Kapitals, sondern ausschließlich ein Problem der Arbeit und damit unseres Willens und unserer Fähigkeiten. Ich glaube, daß dabei vor allem auch das deutsche Mädchen und die deutsche Frau noch einen zusätzlichen Beitrag leisten können. Denn Millionen deutscher Frauen und Mädchen arbeiten in Fabriken, Werkstätten und Büros und stellen auch dort ihren Mann. Es ist nicht unrecht, wenn wir verlangen, daß sich diese Millionen deutsche schaffende Volksgenossinnen noch viele Hunderttausende andere zum Vorbild nehmen. Denn wenn wir auch heute in der Lage sind, mehr als die Hälfte Europas arbeitsmäßig für diesen Kampf zu mobilisieren, dann steht aber als wertvollste Substanz in diesem Arbeitsprozeß weitaus an der Spitze unser eigenes Volk." (42)

Die Eltern sollten damit beruhigt werden, daß ihre Töchter auch im Kriegshilfsdienst unter fester Führung stünden und daß ihnen keine Aufgaben übertragen würden, die nicht ihren Kräften entsprächen. Es werde sichergestellt werden, daß die Einsatzorte möglichst nahe bei den bisherigen Lagern liegen, daß die Kriegshilfsdienstverpflichteten in Unterkunftgruppen zusammengeschlossen werden und die Aufsicht über die Unterkunftgruppen durch Reichsarbeitsdienstführerinnen wahrgenommen würde. Der Arbeitspaß sowie die Brosche für den abgeschlossenen RAD sollte den Maiden jedoch erst nach Ableistung des Kriegshilfsdienstes ausgehändigt werden. (43)

Der Kriegshilfsdienst (44) des Arbeitsdienstes der weiblichen Jugend ging auf eine persönliche Anordnung Hitlers vom 17.6.1941 zurück. An diesem Tag verlangte Dr.ing. Todt, Reichsminister für Bewaffnung und Munition, von Hitler die Freigabe von 20 000–30 000 technischen Spezialisten aus der Wehrmacht zur Ankurbelung der Rüstungsforschung und -industrie für den geplanten Rußlandkrieg. Reichsarbeitsminister Hierl machte in diesem Zusammenhang das Angebot, die 75 000 zur Entlassung anstehenden Arbeitsmaiden für ein halbes Jahr der Wehrmacht zur Verfügung zu stellen, damit sie dort Funktionen übernähmen, die zu diesem Zeitpunkt noch in den Händen von Männern lagen, z.B. Arbeiten des Büro- und Nachrichtenübermittlungsdienstes. Dieser Einsatz wurde in einer Besprechung zwischen Hierl, Todt und General Olbricht am 23.6.1941 festgelegt. Da die Wehrmacht nicht alle Arbeitsmaiden benötigte, wurden zwei weitere Verwendungen vorgesehen: der Hilfsdienst in Krankenhäusern bzw. entsprechenden Sozialeinrichtungen und der Hilfsdienst in kinderreichen Familien. Hierl stellte für alle Einsatzarten die Bedingung, daß die Betreuung der Mädchen weiterhin in den Händen des RAD bleiben müsse. (45) Deshalb weigerte er sich, RAD-Maiden für die Rüstung oder für den Einsatz in der Luftwaffe zur Verfügung zu stellen. Weder die in den Fabriken noch die auf Flugplätzen eingesetzten Mädchen könnten so beaufsichtigt und betreut werden, wie es Hitler befohlen habe. Dem Druck Todts mußte er sich jedoch Ende September insofern beugen, als er am 29.9.1941 in die Entlassung aller Maiden einwilligte, die vor dem Eintritt in den RAD in der Rüstingsindustrie tätig waren oder während ihrer RAD-Dienstzeit einen Arbeitsvertrag mit einer Rüstungsfirma abgeschlossen hatten oder die sich am Ende ihrer RAD-Dienstzeit – Ende September 1941 – freiwillig für eine Verwendung in der Rüstungsindustrie entschieden. (46)

Die gesetzes- und erlaßmäßigen Vorbereitungen für den Kriegshilfsdienst wurden vom Reichsinnenministerium in wenigen Wochen getroffen. Mehrere mußten später revidiert werden, weil sie sich nicht bewährten. Der Familieneinsatz der kriegshilfsdienstpflichtigen Maiden wurde z.B. fallen gelassen, weil die Betreuung der einzeln eingesetzten Maiden vom RAD nicht gewährleistet war. (47) Auch die Entgeltregelung wurde zurückgenommen. Den Maiden war ein tägliches Taschengeld von RM 0,50 und eine Bekleidungsentschädigung von täglich RM 1.– beides unversteuert – zugestanden worden. Das rief bei den zivilen Angestellten der Behörden, in denen Kriegshilfsdienstpflichtige eingesetzt waren, Unruhe hervor, weil das mehr war als die Vergütung nach der Tarifordnung A IX. Zahlreiche Familien, denen kriegshilfsdienstpflichtige Maiden angeboten wurden, lehnten ab, weil die festgelegte Abfindung dem dreifachen Lohn einer Hausgehilfin entsprach, wie sie von den Arbeitsämtern vermittelt wurde. (48)

Alle Kosten des Kriegshilfsdienstes hatten die Einsatzdienststellen zu tragen. Dazu gehörten neben Barvergütung und Kleidergeld auch Unterkunft, Verpflegung und die Fahrtkosten zum Einsatzort. (49) Außerdem hatten die Maiden Anspruch auf freie Heilfürsorge. (50) An der Verpflegung der militärischen Einsatzdienststellen durften sie jedoch nicht teilnehmen, da ihre Sätze nach den Lebensmittelkarten für Normalverbraucher berechnet wurden und nicht nach den höheren Sätzen für Soldaten. Wenn in den Einsatzdienststellen Zivilangestellte tätig waren, für die besondere Kantinen eingerichtet waren, aßen die KHD-Maiden mit diesen. (51) Der RAD trug lediglich die Kosten für Dienstaufsicht, Dienststrafgewalt und Betreuung. Die vordergründigste Betreuungsmaßnahme bestand darin, daß die einzelnen Unterkunftgruppen mit Zeitungen, Zeitschriften, Spielen und Musikinstrumenten versorgt wurden. (52) Mehr ins Gewicht fielen beim RAD die Kosten für neu einzustellende Führerinnen, in deren Händen die Betreuung der Kriegshilfsdienst-Maiden liegen sollte. Eine Werbeaktion lief an, um ehemalige RAD-Führerinnen zum Wiedereintritt zu bewegen. Als das nichts half, griff man zum Mittel der Notdienstverpflichtung.

Die Führerinnen für Kriegshilfsdienstpflichtige wurden nach der Tarifordnung A VIb bezahlt, wenn sie als ehemalige Angehörige des öffentlichen Dienstes nicht vorher mehr verdient hatten. Die Beschäftigung galt als „Verwendung im öffentlichen Dienst", was die Führerinnen der Sozialversicherungspflicht enthob. (53) Alle Führerinnen hatten Anspruch auf freie Heilfürsorge. Sie wurden meistens bei den Unterkunftgruppen an den Einsatzdienststellen untergebracht und verpflegt. Den Dienststellen durften dadurch jedoch keine zusätzlichen Kosten entstehen. (54)

Durch die Weiterverpflichtung der Maiden für den Kriegshilfsdienst änderte sich an ihren zivilen Arbeitsverhältnissen nichts. Die Arbeitsbücher blieben bei ihrem früheren Arbeitgeber, der sie nur kurzfristig am Ende der KHD-Zeit zur Eintragung der Dienstzeiten herauszugeben hatte. (55) Anträge von Dienststellen, die die Maiden nach Ablauf des KHD behalten und ihre weitere Heranziehung durch eine Notdienstverpflichtung erreichen wollten, wurden grundsätzlich abgelehnt, weil „die Maiden bereits ein Jahr Ehrendienst geleistet" hätten und ihre berufliche Aus- und Weiterbildung nunmehr Vorrang genösse. (56)

Mädchen, die während des Kriegshilfsdienstes heirateten, durften – im Unterschied zum normalen halbjährigen RAD – nicht entlassen werden. Nur Schwangerschaften und besondere wirtschaftliche Gründe, z.B. Mithilfe im Geschäft des Ehemannes, galten neben gesundheitlichen Argumenten als Entlassungsgründe aus dem Kriegshilfsdienst. (57)

Mit dem Ausscheiden aus dem unmittelbaren RAD gaben die Maiden ihre RAD-Kleidung ab. Während des Kriegshilfsdienstes trugen sie ihre eigene Zivilkleidung, allerdings innerhalb und außerhalb des Diensts mit dem besonderen Abzeichen des KHD, eine altsilberfarbene Metallbrosche mit dem Hakenkreuz zwischen den Ähren und der Aufschrift RADwJ. (58)

Am ersten Kriegshilfsdienst von Oktober 1941 bis März 1942 beteiligten sich insgesamt 47 000 Maiden. 28 000 Maiden – der Unterschiedsbetrag zum 75 000 Mädchen starken RAD-Jahrgang – hatten ihre Entlassung beantragt. Mit einem Arbeitsplatz in der Rüstungsindustrie am Heimatort gelang es den meisten, das Lagerleben mit dem Elternhaus zu tauschen. Von den 47 000 KHD-Maiden arbeiteten 61 % in Dienststellen der Wehrmacht, 35 % in Krankenhäusern, bei der NSV oder in der Kinderlandverschickung und 4 % in Familien. (59) Bei der Einsatzeinteilung für den zweiten KHD-Jahrgang von April – Oktober 1942 mußte Hierl gegenüber den immer drängender werdenden Forderungen der Rüstungsindustrie nachgeben. 60 % des Jahrgangs – etwa 27 000 Maiden – wurden in Fabriken eingesetzt, allerdings in größeren Einsatzgruppen und unter der Betreuung von RAD-Führerinnen. Von diesem Jahrgang kamen nur 13 % zur Wehrmacht. 11 % füllten Lücken in den Krankenhäusern, 5 % arbeiteten in der NSV und 11 % wurden bei öffentlichen Behörden eingesetzt, die meisten bei Bahn und Post. Es war nicht zu übersehen, daß die Maiden überall dort angefordert wurden, wo durch Einberufungen von wehrpflichtigen Männern Vakanzen entstanden waren. (60)

Der Einsatz von Frauen für Aufgaben der Reichsverteidigung ab 1943

Der umfassende Einsatz von Männern und Frauen für Aufgaben der Reichsverteidigung wurde im Januar 1943 organisiert. Die riesigen Verluste der deutschen Wehrmacht im Zusammenhang mit dem Untergang der 6. Armee in Stalingrad machten erforderlich, alle wehrfähigen Männer für den Fronteinsatz freizumachen und Frauen und ältere Männer auf ihre Plätze zu setzen. Die Träume der Blitzkriegsideologen zerrissen, die geglaubt hatten, den Krieg ohne totale Mobilisierung der Bevölkerung zu gewinnen. In der Sportpalastrede vom 18.2.1943 versprach Propagandaminister Goebbels, daß beim Arbeitseinsatz in Zukunft „kein Unterschied zwischen hoch und niedrig, zwischen arm und reich" gemacht werde, sondern daß nunmehr alle mithelfen müßten, den Sieg zu erringen. Hitlers Erlaß vom 13.1.1943 formulierte: „Der totale Krieg stellt uns vor Aufgaben, die im Interesse eines möglichst baldigen siegreichen Friedens unverzüglich gemeistert werden müssen. Ihre Lösung ist von kriegsentscheidender Bedeutung. Alle geeigneten Maßnahmen dafür zu treffen, ist das Gebot der Stunde." (61) Der Chef des Oberkommandos der Wehrmacht wurde beauftragt, alle uk-Stellungen schärfstens zu überprüfen. Die obersten Reichsbehörden wurden verpflichtet, „alle nicht im Sinne dieses Auftrags liegenden Arbeiten in den einzelnen Zweigen der Verwaltung einstellen zu lassen". Die NSDAP, ihre Gliederungen und angeschlossenen Verbände mußten „alle nicht für kriegswichtige

Zwecke eingesetzten Kräfte" freimachen. Der Reichswirtschaftsminister wurde angewiesen, die Stillegung von Betrieben und Unternehmungen anzuordnen, die nicht ganz oder überwiegend Aufgaben der Kriegswirtschaft oder der Sicherung des lebenswichtigen Bedarfs dienten. Wegen der Wichtigkeit dieser Maßnahmen wünschte Hitler, vom Chef des Oberkommandos der Wehrmacht (Keitel), vom Reichsminister und Chef der Reichskanzlei (Lammers) und vom Leiter der Parteikanzlei (Bormann) über die getroffenen Entscheidungen laufend unterrichtet zu werden und zu erfahren, „ob weitere Maßnahmen zur Freimachung von Kräften für die Reichsverteidigung möglich sind".

In den Erläuterungen und Durchführungsbestimmungen zum Führererlaß über den Einsatz von Männern und Frauen für Aufgaben der Reichsverteidigung wurde das Ziel betont, „die jüngeren volltauglichen Männer an der Front, die älteren und minderkriegsbrauchbaren für Kriegsaufgaben hinter der Front und in der Heimat einzusetzen und jede Frau und jeden Mann an den Platz zu stellen, an dem sie nach Fähigkeit und Kenntnissen am zweckmäßigsten Verwendung finden". Für die „größtmögliche Freistellung von Kräften, in erster Linie für die Kriegsführung, sodann für die Kriegswirtschaft, die Sicherung des lebenswichtigen Bedarfs und für sonstige Aufgaben der Reichsverteidigung" waren im einzelnen die Reichsverteidigungskommissare zuständig. Die obersten Reichsbehörden waren ermächtigt, „von entgegenstehenden gesetzlichen Bestimmungen abzuweichen", wenn eine beschleunigte Durchführung der notwendigen Maßnahmen dadurch erreicht werden könnte, und Verwaltungsanordnungen zu verfügen in Bereichen, die nach dem geltenden Recht im Gesetzes- oder Verordnungsweg zu regeln wären. Als nichtkriegswichtige Maßnahmen im Sinne des Erlasses galten auch Bauarbeiten jeder Art und Vorbereitungen und Planungen für künftige Friedensaufgaben. Die Errichtung neuer Dienststellen war grundsätzlich untersagt. (62)

Die einschlägige Verordnung des Generalbevollmächtigten für Aufgaben der Reichsverteidigung (Göring) vom 27.1.1943 bezeichnete die Kräftemobilisierung als eine „Aktion des nationalen Willens zur höchstmöglichen Entfaltung". Er verordnete, daß alle Männer vom 16. bis 65. Lebensjahr und alle Frauen vom 17. bis zum vollendeten 45. Lebensjahr sich beim zuständigen Arbeitsamt zum Arbeitseinsatz zu melden hätten. Von der Meldung befreit waren Ausländer, Männer und Frauen in öffentlich-rechtlichen Dienstverhältnissen, Beschäftigte mit einer Arbeitszeit von mehr als 48 Stunden in der Woche, selbständige Berufstätige mit mehr als 5 Beschäftigten, in der Landwirtschaft und im Gesundheitswesen Tätige, Geistliche, Schüler und Schülerinnen allgemeinbildender Schulen, erwerbsunfähige Anstaltspfleglinge und werdende Mütter sowie Frauen mit einem noch nicht schulpflichtigen Kind oder mindestens zwei Kindern unter 14 Jahren. Die Arbeitsämter konnten die Meldung durch Zwangsgeld bis zu 1000 Reichsmark erzwingen.

Die Einzelbestimmungen für die Frauen als die zahlenmäßig bedeutendste Gruppe betonten, daß ihre Mobilisierung stimmungsmäßig vorbereitet werden müsse. Für diesen Personenkreis seien deshalb in den Arbeitsämtern Warteräume mit ausreichenden Sitzgelegenheiten zur Verfügung zu stellen und Einwendungen gegen den Einsatz besonders sorgfältig zu prüfen. Außerdem sollte den Frauen vom Zeitpunkt der Zuweisung einer Arbeit bis zum Tag des Arbeitsantritts eine ausreichende Zeit verbleiben, damit sie ihre persönlichen und häuslichen Verhältnisse regeln könnten. Mit besonderem Entgegenkommen seien Kriegerwitwen und „durch Feindeinwirkungen besonders in Mitleidenschaft gezogene Personen" zu behandeln. Der unnachsichtigen Überprüfung wurden die Fälle zugewiesen, „in denen weibliche Angehörige von Erwerbstätigen sich durch Vorschützung einer vollen oder erheblichen Mitarbeit bei der Erwerbstätigkeit des Mannes oder sonstiger Familienangehöriger der Meldepflicht oder dem Einsatz zu entziehen versuchen". (63)

Der Reichswirtschaftsminister wies die Landeswirtschaftsämter an, in Zusammenarbeit mit den Arbeitsämtern und unter Mitwirkung der Parteidienststellen bei der Auswahl der zu schließenden Betriebe darauf bedacht zu sein, „daß ein möglichst großer Gewinn von einsatzfähigen Arbeitskräften erzielt wird". Wer nicht in der Rüstungsindustrie verwendbar war, sollte im Lebensmitteleinzelhandel eingesetzt werden, um das „Schlangestehen zu verringern und eine schnellere Abwicklung des Verkaufs zu ermöglichen". Bei der Stillegung von Betrieben sollte nach folgenden Gesichtspunkten vorgegangen werden: im Lebensmittelhandel sollten lediglich die Süßwarengeschäfte geschlossen werden; beim Haushaltgeräte-, Textil- und Papierwarenhandel durfte die verbrauchernahe Versorgung der Bevölkerung nicht gefährdet werden; für Reparaturen mußten genügend Uhren-, Fahrrad- und Schuhgeschäfte erhalten bleiben; bei Gardinen-, Tapeten-, Musikalien-, Blumen- und ähnlichen Geschäften war „eine beschränkte Zahl der unbedingt versorgungswichtigen Betriebe aufrecht zu erhalten". (64)

Aufgrund der Bestimmungen dieser Erlasse begann in den darauffolgenden Wochen die Erfassung der meldepflichtigen Frauen und Männer im Reichsgebiet.

Von der Befugnis, „Anordnungen zur Stillegung oder Zusammenlegung von Betrieben und zur Unterlassung von bestimmten Tätigkeiten" zu erlassen, machten die Reichsbehörden ausgiebig Gebrauch. (65) Bereits Ende Juni 1943 wurden von den 3,5 Millionen meldepflichtigen Männern und Frauen 1,57 Millionen eingesetzt, davon in der Kriegswirtschaft 1,36 Millionen. (66) Im Laufe des Jahres 1943 wurde die Zahl der Arbeitskräfte in den Rüstungsbetrieben von 21,1 Millionen auf 31,3 Millionen gesteigert. Da in diesem Zeitraum 1,1 Millionen Männer zum Wehrdienst einberufen wurden, mußten insgesamt 12,3 Millionen Menschen neu verpflichtet werden. Von diesen waren 1,9 Millionen Deutsche, der Rest Ausländer: Zwangsverpflichtete und Kriegsgefangene. (67) Der Frauenanteil an der arbeitenden Bevölkerung stieg von 27 % im Jahre 1942 auf 32 % im Jahre 1943. Ende 1943 waren insgesamt 7,85 Millionen Frauen in der Rüstungsindustrie beschäftigt. Der Generalbevollmächtigte für den Arbeitseinsatz, seit 21.3.1942 Gauleiter Fritz Sauckel, hatte den Auftrag, „nach seinem Ermessen im Großdeutschen Reich einschließlich des Protektorats und des Generalgouvernements und in den besetzten Gebieten alle Maßnahmen zu treffen, die den geordneten Arbeitseinsatz für die deutsche Kriegswirtschaft unter allen Umständen gewährleisten". (68)

Die erhoffte psychologische Wirkung bei den Arbeiterinnen der Rüstungsindustrie wurde jedoch nicht erreicht. Der breite Ermessensspielraum, den die Behörden bei der Mobilisierung der Frauen hatten, wurde zugunsten der nichterwerbstätigen Frauen der besseren Kreise ausgelegt. Die höheren Beamten, Offiziere und Unternehmer wehrten sich gegen eine Beschäftigung ihrer Ehefrauen in Fabriken und sprachen von bolschewistischen Praktiken. Auch die Betriebsleitungen bevorzugten Fremdarbeiter anstelle der branchenfremden und arbeitsungewohnten Damen. Den Mehrbedarf an qualifizierten Arbeitern zum Anlernen der Neueingestellten glaubten sie nicht aufbringen zu können. Die schlechte Arbeitsmoral der dienstverpflichteten Frauen war ihnen bekannt: Unpünktlichkeiten, Erkrankungen, Drückebergereien, Aufsässigkeiten. Auch bei den Organen der NSDAP fanden die Maßnahmen zur Mobilisierung von Arbeitskräften nicht die entsprechende Resonanz. Hitler mußte am 16.5.1943 besonders anordnen, daß die Angehörigen der Parteiführung beim Kriegseinsatz eine vorbildliche Haltung zu zeigen hätten und daß Drückebergereien auf alle Fälle vermieden werden müßten. Es sollte nichts an die Öffentlichkeit treten, „was den Anschein erwecken könnte, als ob unter Berufung auf die führende Stellung des Mannes oder Vaters leichtere oder gar Scheinarbeitsverhältnisse erstrebt würden". (69) Zahlreiche Angehörige von Parteiführern suchten im sogenannten Werkehrendienst der Arbeitsfront unterzukommen, was durchaus nicht der Ansicht Hitlers entsprach, der glaubte, daß er sich „auf die vom nationalsozialistischen Geist durchdrungene Führerschicht des deutschen Volkes verlassen" könne. Der Werkehrendienst bezweckte nämlich die vorübergehende Arbeitsplatzvertretung von Arbeiterinnen, die dringend Urlaub benötigten. Er wurde ohne Bezahlung durchgeführt. Die Zeit des Einsatzes schwankte zwischen 1–4 Wochen.

Reichsleiter Bormann hatte wenig Interesse, die Qualität der Parteiorganisation durch die Freistellung von Funktionären zu schwächen. Ganz im Gegenteil: Zahlreiche Frauen fanden Unterschlupf in den Parteibüros. Erst am 17.10.1944 gestattete er, daß Leiterinnen in den Parteistellen zum „kriegswichtigen Spezialeinsatz" freigegeben würden. Er sprach jedoch den Kreis- und Gauleitern das Recht zu, über Zurückstellungen zu entscheiden. (70)

Die Maßnahmen des Jahres 1943, so umfassend sie auch scheinen, reichten nicht aus, um den Arbeitskräftebedarf des Reiches zu decken. Der größte Bedarfsträger, die Rüstungsindustrie, kam in der Phase ihrer wachsenden Produktionszahlen besonders kurz. Die Gründe waren vielfältig. Zum einen deckten sich die Interessen der Wehrmachtsführung nicht mit denen des Reichsministers für Rüstung und Munition. Zweitens war die Familienunterstützung im Zweiten Weltkrieg so ausreichend, daß die Frauen von Soldaten ohne Nebenverdienste auskamen; der Wunsch nach Arbeit war bei ihnen nicht groß. Drittens waren die regionalen Unterschiedlichkeiten in der Erfassung von Frauen erheblich; es gab keine einheitliche Steuerung. Nur bei einer obligatorischen Dienstverpflichtung von Frauen ohne Unterschied hätten Ungerechtigkeiten und Drückebergereien vermieden und ein überregionaler Ausgleich erreicht werden können. Schließlich stand die nationalsozialistische Ideologie der totalen Arbeitsverpflichtung von Frauen im Wege. Sauckel beugte sich der Einsicht des Führers, „dessen größte Sorge der Gesundheit der deutschen Frauen und Mädchen und damit der zukünftigen Mütter unseres Volkes gilt". (71) Angesichts von Tausenden von Frauen, die in den Fabriken und in der Landwirtschaft unter enormen Kräfteverschleiß arbeiteten, lag dieser Aussage die Auffassung zugrunde, daß Ackergäule dazu da seien, Pflüge zu ziehen, Rassenpferde aber der Zucht dienten und nicht zum Ziehen von Pflügen taugten. (72)

Da die Maßnahmen des Jahres 1943 nicht ausreichten, um den Kräftebedarf von Wehrmacht und Industrie zu befriedigen, ernannte Hitler zwei Tage nach dem erfolglosen Attentat gegen ihn den Reichsminister Goebbels zum „Sonderbevollmächtigten für den totalen Kriegseinsatz" und präzisierte in dem Erlaß für den totalen Kriegseinsatz vom 25.7.1944 dessen Auftrag, „durch einen restlosen rationellen Einsatz von Menschen und Mitteln das Höchstmaß von Kräften für Wehrmacht und Rüstung freizumachen". (73) Lediglich Geistliche, Ordensangehörige und hauptamtliche Kirchenbedienstete waren ausgenommen. (74) Die Erfassung der Frauen – jetzt bis zum 50. Lebensjahr – war Aufgabe des Generalbevollmächtigten für den Arbeitseinsatz in Verbindung mit den Dienststellen der Partei. Ein Aufbringungsplan legte den Gauen feste Kontingente auf. Die Arbeitsämter erwarteten von der NS-Frauenschaft und vom Bund Deutscher Mädel namentliche Listen von Frauen, die kriegsdienstverpflichtet werden sollten. (75)

Durch die Einbeziehung der Parteistellen war der Subjektivität Tür und Tor geöffnet. Es lag im wesentlichen bei den örtlichen Organen der NSDAP, wer nominiert wurde und wer davonkam. Die Ortsprominenz wurde mit Glacéhandschuhen angefaßt. Man wollte jede politisch unerwünschte Beunruhigung der Bevölkerung vermeiden und hatte Angst vor den Einsprüchen und Beschwerden der örtlichen Hautevolée bei den Gauleitern oder der DAF.

Auch die Rüstungsindustrie zog trotz des Ausbleibens von Fremdarbeitern nicht mit. Einige Betriebe lehnten die ihnen von den Arbeitsämtern zugewiesenen weiblichen Arbeitskräfte schlichtweg ab. Die Ausgabe von Heimarbeit war den meisten Unternehmungen unmöglich. Der Anlernprozeß schien ihnen zu arbeitsaufwendig. Betriebsorganisatorische Fragen sprachen dagegen. Und schließlich merkten die Rüstungsbetriebe, daß an eine konsequente Beschäftigung der Frauen angesichts der Rohstoffschwierigkeiten, der Bombardements und der Transportwegezerstörungen nicht zu denken war. (76)

Nur die Wehrmacht war noch aufnahmefähig. Sie verfügte über Funktionen in ihrer Maschinerie, die nach kurzer Ausübung beherrschbar waren.

Im August 1944 stellte der Reichsminister für Wissenschaft, Erziehung und Volksbildung dem Reichsbevollmächtigten für den totalen Kriegseinsatz die Schüler und Lehrer seines Geschäftsbereichs – insgesamt 200 000 Arbeitskräfte – mit zwei Einschränkungen zur Verfügung:

1. Die Lehrausbildung dürfe wegen des Aufbaus des zukünftigen Schulwesens nicht unterbrochen werden;
2. Schüler unter 15 Jahren sollten nicht erfaßt werden. (77)

Mit der bereits Ende 1943 gegebenen Zustimmung des Reichsjugendführers der NSDAP und Jugendführers des Deutschen Reiches Baldur von Schirach zur „Verwendung der jugenddienstpflichtigen Jugendlichen für zusätzliche Kriegsaufgaben neben Schule und Beruf" konnten jetzt die Luftwaffen- und Marinehelfereinheiten aufgestellt werden, in denen die Schüler entsprechend den Kriegserfordernissen im Fernsprech-, Flugmelde-, Geschäftszimmer- oder Flakwaffendienst eingesetzt wurden. (78)

Ab Oktober 1944 legte der Reichsbevollmächtigte für den totalen Kriegseinsatz die wöchentliche Arbeitszeit auf 60 Stunden fest. In der öffentlichen Verwaltung sollte so lange gearbeitet werden, bis die anfallende Arbeit erledigt war. Notfalls sollten die Sonntage zur Aufarbeitung benutzt werden. Der Erlaß fährt fort: „Der durch eine solche Erhöhung der Arbeitszeit eingesparte Teil der Gefolgschaft ist sofort für Wehrmacht und Rüstung freizustellen." Ausländische Arbeitskräfte mußten 10 % mehr arbeiten als deutsche, weil sie als Lagerinsassen kürzere Anmarschwege und keinerlei häusliche Arbeiten oder ehrenamtliche Pflichten hatten. (79)

Die einschneidendste Maßnahme zur Erfassung der Frauen erfolgte ein halbes Jahr vor Kriegsende. Mit der Zweiten Anordnung zur Durchführung des totalen Kriegseinsatzes vom 29.11. 1944 sollten 150 000 Mädchen und Frauen zur Freimachung von kv-Soldaten aus militärischen Dienststellen des Ersatzheers für das Feldheer bereitgestellt werden. Die vorherige Ableistung des Reichsarbeitsdienstes war nicht erforderlich. Die Erfassung der Frauen war wiederum im wesentlichen Sache der Parteidienststellen. Ohne Begründung eines einem Arbeitsvertrag entsprechenden Beschäftigungsverhältnisses sollten die Frauen und Mädchen nach den Notdienstgesetz vom 15.10.1938 verpflichtet und in ein Wehrmachthelferinnenkorps eingegliedert werden. Diese Organisationsform war erforderlich, weil ihr Dienst im militärischen Bereich Einschränkungen der persönlichen Freiheit unabdingbar machte. „In der Propaganda ist der Dienst in dem Wehrmachthelferinnenkorps, im Gegensatz zu der früheren Auffassung über den truppenmäßigen Einsatz von Frauen in der Wehrmacht, als ein besonderer Ehrendienst der deutschen Frauen im Kriege herauszustellen", ließ die NSDAP verlauten.

Gleichzeitig mit der Mobilisierung der Frauen für das Wehrmachthelferinnenkorps sollten gemeinsame Kommissionen von Partei und Wehrmacht alle Wehrmachtseinrichtungen und Wehrmachtsdienststellen überprüfen, in welchem Umfang dort „Soldaten und besonders Frauen unrationell eingesetzt" waren. Die Wehrmacht fügte sich diesem unerhörten Eingriff der Partei in ihre Struktur. (80)

Belegstellen

(1) Vgl. F. W. Steffen, Der Einsatz von Frauen in den Streitkräften, in: Zeitschrift für Militärmedizin 1974, S. 160
(2) RGBl. 1932 I, S. 392
(3) Vgl. Wolfgang Benz, Vom freiwilligen Arbeitsdienst zur Arbeitsdienstpflicht, in: Vierteljahreshefte für Zeitgeschichte 4/1968
(4) Vgl. Benz, a.a.O., S. 329
(5) Vgl. Sonderausgabe Deutscher Arbeitsdienst, Bundesarchiv Sammlung Schumacher 262, pag. 292
(6) Frieda Sopp, Der Arbeitsdienst der deutschen Mädchen, Berlin 1940, S. 24; Maria Burgstaller, Der Deutsche Frauenarbeitsdienst, in: N.S. Frauenbuch, hrsg. von Ellen Semmelroth und Renate von Stieda, München 1934
(7) Vgl. Arbeitsdienst, hrsg. von der Reichspropagandaleitung, Bundesarchiv Sammlung Schumacher 262
(8) Vgl. RGBl. 1935 I, S. 769ff.
(9) Vgl. Konstantin Hierl, Im Dienst für Deutschland 1918–1945, Heidelberg 1954, S. 95ff.
(10) Vgl. Wolfgang Benz, a.a.O., S. 345
(11) Vgl. Dienststrafordnung für die weiblichen Angehörigen des Reichsarbeitsdienstes vom 30.1.1940, RGBl I, S. 243
(12) RGBl. 1940 I, S. 485
(13) Vgl. Luise Rutta, Der Arbeitsdienst der weiblichen Jugend im Blickfeld der Frauen Europas, in: Jahrbuch des RAD 1942, S. 64ff.
(14) RGBl. 1939 I, S. 1693
(15) Vgl. Thea Iffland, Organisation und Gliederung des RADwJ in: Jahrbuch des RAD 1941, S. 59ff.
(16) Jeh-Sheng Tsay, der Reichsarbeitsdienst, Würzburg 1940, S. 209ff.; vgl. zum RADwJ auch Gertrud Bäumer, Der Freiwillige Arbeitsdienst der Frauen, Leipzig 1933; Gertrud Scholtz-Klink, Aufgaben des Deutschen Frauenarbeitsdienstes, Leipzig 1934; Gertrud Zypries, Der Arbeitsdienst für die weibliche Jugend, Berlin 1938; Frieda Sopp, Der Arbeitsdienst der deutschen Mädchen, Berlin 1940; Lilli Marawske-Birkner, Der weibliche Arbeitsdienst, Leipzig 1942; Karoly Kampmann, . . . schaffen für Deutschland, Berlin und Amsterdam 1943
(17) VBl. RAD 1944, S. 2. Zum Einsatz der mündlichen Propagierungsformen im Sinne des Nationalsozialismus vgl. besonders V. R. Berghahn, Meinungsforschung im Dritten Reich. Die Mundpropaganda-Aktion der Wehrmacht im letzten Kriegshalbjahr, in: Militärgeschichtliche Mitteilungen 1/1967, S. 83ff.
(18) Wilhelm Frick, Die deutsche Frau im nationalsozialistischen Staate, in: Schriften zur politischen Bildung, Reihe Erziehung, Heft 6 (1934), S. 10f.
(19) N. S. Frauenbuch, hrsg. von Ellen Semmelroth und Renate von Stieda, München 1934, S. 11
(20) Frieda Sopp, a.a.O., S. 7; vgl. auch Karl Beyer, Die Ebenbürtigkeit der Frau im nationalsozialistischen Deutschland, Leipzig 1933; Gertrud Scholtz-Klink, Verpflichtung und Aufgabe der Frau im nationalsozialistischen Staat, in: Schriften der Hochschule für Politik, Heft 23, Berlin 1936. Eine etwas überpointierte Darstellung über die „Deutsche Frau und Mutter" findet sich bei Joachim Fest, Das Gesicht des Dritten Reiches, – Profile einer totalitären Herrschaft, München – Zürich 1977, S. 356ff.

(21) Vgl. § 1, Abs. 2 des Wehrgesetzes vom 21.5.1935, RGBl. I, S. 609
(22) RGBl. 1935 I, S. 827
(23) Verordnung zur Durchführung des Vierjahresplanes vom 18.10.1936, RGBl. I, S. 887
(24) 5. Verordnung zur Durchführung des Gesetzes über die Einführung eines Arbeitsbuches vom 7.8.1936, RGBl. I, S. 632
(25) Gesetz über die Einführung eines Arbeitsbuches vom 26.2.1935, RGBl. I, S. 311
(26) RGBl. 1938 I, S. 652
(27) 2. Verordnung zur Sicherstellung des Kräftebedarfs für Aufgaben von besonderer staatspolitischer Bedeutung vom 30.6.1938, RGBl. I, S. 710
(28) Der Reichsarbeitsminister vom 16.9.1938, Anlage IIc 565/38g, in: Ursula von Gersdorff, Frauen im Kriegsdienst, Stuttgart 1969, S. 286f.
(29) 3. Verordnung zur Sicherstellung des Kräftebedarfs für Aufgaben von besonderer staatspolitischer Bedeutung vom 15.10.1938, RGBl. I, S. 1441
(30) Verordnung zur Sicherstellung des Kräftebedarfs für Aufgaben von besonderer staatspolitischer Bedeutung vom 13.2.1939, RGBl. I, S. 206
(31) RGBl. 1939 I, S. 403; vgl. auch Heeresverordnungsblatt 1939, S. 79ff.
(32) Bekanntmachung der Behörden, die Notdienstleistungen fordern können, vom 8.7.1939, RGBl I, S. 1204
(33) Verordnung über die Bestellung von Reichsverteidigungskommissaren vom 1.9.1939, RGBl. I, S. 1565, in Verbindung mit Erlaß des Führers über die Bildung eines Ministerrates für die Reichsverteidigung vom 30.8.1939, RGBl. I, S. 1539
(34) RGBl. 1939 I, S. 1631
(35) RGBl. 1939 I, S. 168 i.V. mit RGBl. 1939 I, S. 1693
(36) Verordnung über die vorläufige Fürsorge und Versorgung der weiblichen Angehörigen des RAD und ihrer Hinterbliebenen vom 11.11.1939, RGBl. I, S. 2183
(37) RGBl. I, S. 1225
(38) RGBl. I, S. 1623
(39) Vgl. RGBl. 1939 I, S. 1775
(40) Verordnung über den Einsatz der älteren Schuljugend vom 22.9.1939, RGBl. I, S. 1867
(41) Erlaß des Führers und Reichskanzlers über den weiteren Kriegseinsatz des Reichsarbeitsdienstes für die weibliche Jugend vom 29.7.1941, RGBl. I, S. 463
(42) Rede Adolf Hitlers vor dem Deutschen Reichstag am 4.5.1941, in: Der großdeutsche Freiheitskampf, 3. Band (Reden Adolf Hitlers), München 1943, S. 45f.
(43) Vertrauliche Information für die Presse, in: Ursula von Gersdorff, a.a.O., S. 339
(44) Der Ausdruck „Kriegshilfsdienst" war bereits zu Beginn des Krieges eingeführt worden, als die Reichsfrauenführung mit Rundschreiben FW 118/39 vom 11.10.1939 verfügte, daß den Abiturientinnen das Reifezeugnis erst ausgehändigt werden sollte, nachdem sie einen 3–4wöchigen Arbeitsdienst im Rahmen der NSV, z.B. in Kindertagesstätten, bei kinderreichen Familien, in der Landwirtschft oder zur Arbeitsplatzablösung von kinderreichen Müttern in Fabriken abgeleistet hätten. Dieser Kriegshilfsdienst war ehrenamtlich und ohne Bezahlung. Vgl. Bundesarchiv NS 37/1030.
(45) Vgl. Bundesarchiv R 2/4535 pag. 19 und 45ff.
(46) Vgl. Bundesarchiv R 2/4535 pag. 91
(47) Vgl. Eberbach, Der Kriegshilfsdienst des RADwJ, in: Jahrbuch des RAD 1943, S. 44ff.
(48) Vgl. Bundesarchiv R 2/4535 pag. 159ff.
(49) VBl. RAD 1941 Nr. 337
(50) VBl. RAD 1942 Nr. 10
(51) VBl. RAD 1941 Nr. 335
(52) VBl. RAD 1941 Nr. 352
(53) Vgl. VBl. RAD 1941 Nr. 362
(54) VBl. RAD 1941 Nr. 392
(55) VBl. RAD 1942 Nr. 122
(56) VBl. RAD 1942 Nr. 31

(57) VBl. RAD 1942 Nr. 223

(58) VBl. RAD 1941 Nr. 335

(59) Eberbach, a.a.O., S. 45

(60) Ebenda

(61) Der Reichsminister und Chef der Reichskanzlei Az. RK 413 C vom 15.1.1943, in: Gersdorff. a.a.O., S. 375; vgl. zur Kräftebedarfsdeckung im Dritten Reich besonders Dietmar Petzina, Die Mobilisierung deutscher Arbeitskräfte vor und während des Zweiten Weltkriegs, in: Vierteljahreshefte für Zeitgeschichte 4/1970; Jutta Sywottek, Mobilmachung für den totalen Krieg, Opladen 1976; Dörte Winkler, Frauenarbeit im Dritten Reich, Hamburg 1977

(62) Der Reichsminister und Chef der Reichskanzlei Az. RK 655 C vom 17.1.1943, in: Gersdorff, a.a.O., S. 379; vgl. auch Der Reichswirtschaftsminister Az. S 20273/43 vom 30.1.1943, Bundesarchiv R 22/2744

(63) Verordnung über die Meldung von Männern und Frauen für Aufgaben der Reichsverteidigung, RGBl. 1943, S. 67

(64) Der Reichswirtschaftsminister Az. S 20273/43 vom 20.1.1943, Bundesarchiv R 22/2744

(65) Verordnung zur Freimachung von Arbeitskräften für den kriegswichtigen Einsatz vom 29.1.1943, RGBl. I, S. 75

(66) Bericht der Reichskanzlei 9169 C vom 12.8.1943, Bundesarchiv R 43 II/654 b. Allerdings waren unter den eingesetzten Frauen 0,7 Millionen Halbtagsbeschäftigte. Im Laufe des Jahres mußten außerdem 500 000 Frauen aufgrund von ärztlichen Attesten wieder entlassen werden. Insgesamt war die Aktion also kein Erfolg. Vgl. Aktennotiz des Generalbevollmächtigten für den Arbeitseinsatz vom 21.11.1943, in: Gersdorff, a.a.O., S. 423

(67) Laurenz Demps, Zahlen über den Einsatz ausländischer Zwangsarbeiter in Deutschland im Jahre 1943, in: Zeitschrift für Geschichtswissenschaft 7/1943, S. 835

(68) Hans Pfahlmann, Fremdarbeiter und Kriegsgefangene in der deutschen Kriegswirtschaft 1939–1945, Darmstadt 1968, S. 17

(69) Der Reichsminister und Chef der Reichskanzlei 4728 E. vom 16.5.1943, Bundesarchiv R 43 II/654

(70) Der Leiter der Parteikanzlei, Rundschreiben 33/44 vom 15.10.1944, Bundesarchiv Koblenz NS 6/vorl. 348. Der Einsatz von Frauen für Aufgaben der Reichsverteidigung wurde von der Parteikanzlei als Grund genommen, den Frauen das Tragen von Hosen mit Männerschnitt zuzugestehen und sie gegen den Vorwurf der äußeren Vermännlichung in Schutz zu nehmen. Bormann nutzte diese Klarstellung für einen Hieb gegen die konfessionellen Kreise, die das als „schamlos und anstößig" bezeichnet hatten. Er beschimpfte sie als „Moralapostel", die ihre althergebrachten moralischen Anschauungen über das Gebot der Stunde stellten und außerdem die kriegsbedingte Textilknappheit außer acht ließen. Vgl. Rundschreiben Leiter der Parteikanzlei 99/1943 vom 5.7.1943, Bundesarchiv NS 6/vorl. 342

(71) Vgl. Dörte Winkler, Frauenarbeit im Dritten Reich, Hamburg 1977, S. 121

(72) Vgl. Dörte Winkler, a.a.O., S. 114ff.

(73) RGBl. 1944 I, S. 161

(74) Vgl. Rundschreiben der Parteikanzlei 216/44 vom 4.9.1944, Bundesarchiv NS 6/vorl. 348

(75) 1. Anordnung für die Durchführung des totalen Kriegseinsatzes vom 29.9.1944, Bundesarchiv/Militärarchiv RW 4/v. 499

(76) Dörte Winkler, a.a.O., S. 134ff.

(77) Persönliches Schreiben des Reichsministers Az. RV 310 II/44 vom 3.8.1944, Bundesarchiv R 43 II/651

(78) Vgl. Verordnung über die Heranziehung der deutschen Jugend zur Erfüllung von Kriegsaufgaben vom 2.12.1943, RGBl. I, S. 664; Sammlung wehrrechtlicher Gutachten und Vorschriften, hrsg. von Bundesarchiv, Heft 13, Kornelimünster 1975

(79) Der Reichsbevollmächtigte für den totalen Kriegseinsatz vom 19.8.1944, Bundesarchiv R 43 II/666 pag. 27

(80) Rundschreiben des Leiters der Parteikanzlei vom 30.11.1944, Bundesarchiv NS 6/vorl. 349

Das weibliche Gefolge der deutschen Wehrmacht

Am Ende des Zweiten Weltkriegs waren etwa 450 000 Frauen – ohne die im Krankenpflegedienst Tätigen – in der Wehrmacht beschäftigt. Auf je 20 Soldaten kam eine Helferin. Obwohl sie in mehr als einem Dutzend von Hilfsfunktionen eingesetzt waren und etwa 300 000 Männer zum Dienst mit der Waffe freistellten, blieben sie bis zum Kriegsende bloße ,,Helferinnen''. Ihre Zweitrangigkeit im militärischen Bereich stand außer Frage.

Die Rekrutierung von Helferinnen in den Wehrmachtsteilen während des Zweiten Weltkriegs kennt vier Phasen:

1. 1940 hatte die deutsche Wehrmacht Polen, die Beneluxstaaten, Dänemark, Norwegen und Frankreich besetzt. 1941 kamen die Balkanstaaten dazu. Die Ausdehnung der Besatzungsgebiete über mehr als die Hälfte Europas erforderte einen erheblichen personellen Aufwand. In den Dienststellen der Militärverwaltungen kam man ohne weibliches Personal nicht aus. In erster Linie zog man Frauen aus den Wehrmachtsdienststellen des Reiches ins Ausland, die sich freiwillig zum Dienst in den besetzten Gebieten meldeten. Soweit die Kriegsstärkenachweisungen der Wehrmachtsteile es erlaubten, konnten auch Neueinstellungen vorgenommen werden. Wie im Reichsgebiet arbeiteten diese Frauen in den Büros der Wehrmacht, in den Fernmeldezentralen, im Flugmeldedienst, im Luftschutzwarndienst und im Wetterdienst. Soweit sie dafür nicht bereits in ihren bisherigen Funktionen vorbereitet waren, erfolgte die Ausbildung im Reichsgebiet, z.B. in den Nachrichtenschulen der Wehrmachtsteile, bevor sie ins Ausland kommandiert wurden.

Um ihren Zusammenhalt zu dokumentieren und ihre Betreuung zu erleichtern, wurden die im Ausland tätigen Frauen uniformiert und in Helferinnenkorps organisiert. Die Uniform sollte die Frauen verpflichten, sich dem Ansehen der deutschen Frauen entsprechend zu verhalten. Die Helferinnen wohnten in Wohngemeinschaften außerhalb der Kasernen, nahmen an der Truppenverpflegung teil und hatten Anspruch auf freie Heilfürsorge. Um die Kompetenz ihrer Betreuung (Unterricht, nationalsozialistische Schulung, Sport, Unterhaltung) stritten die Deutsche Arbeitsfront, die NS-Frauenschaft und der Reichsarbeitsdienst der weiblichen Jugend. Gegen Ende des Krieges obsiegte unter dem Druck der Parteikanzlei die NS-Frauenschaft.

2. Die zweite Phase der Rekrutierung begann, als nach dem verlustreichen Winter 1941/42 im Rußlandfeldzug die Wehrmacht zum erstenmal mit einem erheblichen Personalmangel zu kämpfen hatte. Reserven waren knapp. In dieser Situation entschlossen sich die Führungsstäbe dazu, die in den Wehrmachtsdienststellen tätigen Nachrichtenmänner und die im Betriebsdienst tätigen Soldaten (Schreibstubenpersonal) zur Frontverwendung freizugeben und an ihre Stellen Frauen zu setzen. Soweit die 29 000 Maiden des Reichsarbeitsdienstes der weiblichen Jugend nicht ausreichten, deren Dienstzeit um ein halbes Jahr verlängert wurde, mußten von den Arbeitsämtern Frauen dienstverpflichtet werden. Da genügend Freiwillige vorhanden waren, war es nicht schwer, etwa 30 000 Frauen zu gewinnen.

3. Die dritte Phase wurde mit der Katastrophe von Stalingrad im Januar 1943 eingeleitet. Hitler proklamierte am 13.1.1943 den ,,umfassenden Einsatz von Männern und Frauen für Aufgaben der Reichsverteidigung''. Alle Frauen vom 17. bis zum 45. Lebensjahr, die keine kleinen

Kinder hatten, sollten sich für den Arbeitseinsatz melden. Die deutsche Rüstungsindustrie, die erst zu dieser Zeit auf Touren kam, benötigte als Ersatz für die zur Wehrmacht einberufenen Männer neben zahlreichen Kriegsgefangenen und Zwangsarbeitern zuverlässige Kräfte für Kontroll- und Schlüsselpositionen. Am 17. Juli 1943 entschied Hitler, daß Frauen auch am Kommandogerät, an den Scheinwerfern und an den Luftsperrmitteln der Flakabwehrabteilungen der Luftwaffe eingesetzt werden sollten, um Männer für den Fronteinsatz freizumachen. Wiederum war es der Reichsarbeitsdienst der weiblichen Jugend, der mit 45 000 Mädchen das Hauptkontingent des Ersatzpersonals stellte. Von der NS-Frauenschaft wurden etwa 10 000 Mädchen geworben und durch Umsetzungen innerhalb der Helferinnenschaft der Luftwaffe kamen noch einmal 10 000 hinzu.

4. Die vierte Phase des Einsatzes von Frauen im Rahmen der Wehrmacht begann Mitte 1944 mit der Ausrufung des totalen Krieges durch den neuen Reichsverteidigungskommissar Josef Goebbels. Hitler ordnete an, daß aus der Luftwaffe 100 000 Mann zur Aufstellung von Luftwaffenfelddivisionen herausgezogen werden sollten. Ihre Plätze sollten Frauen einnehmen. Nicht nur, daß jetzt die Luftverteidigung fast völlig in die Hände der Frauen gelegt wurde (ein Einsatzlager bestand aus 130 Frauen mit einem Offizier und drei Unteroffizieren), auch im technischen Dienst der Luftwaffe wurden Frauen eingesetzt: als flugtechnisches Personal, als Werfthelferinnen, als Kraftfahrerinnen und dergleichen. Der Öffentlichkeit wurde es als Triumph der deutschen Frau vorgestellt, wie sie mit der Technik zurecht kam.

Zur Vereinheitlichung der Stellung der Helferinnen in den Wehrmachtsteilen, was Besoldung, Uniformierung, Dienstgrade, Straforordnung usw. angeht, wurde zum 1.2.1945 ein „Wehrmachthelferinnenkorps" gegründet, dessen Dienstordnung einen Monat vor Kriegsende, am 5.4.1945, mit bürokratischer Akribie fertig gestellt wurde. Bis im November 1944 war unklar, ob die Wehrmachthelferinnen auch zum Dienst mit der Waffe herangezogen werden würden. Erst dann entschied Hitler, daß die Frauen weder zum Volkssturm eingezogen werden noch Handfeuerwaffen (außer zu ihrem eigenen Schutz in ländlichen Ortsgruppen) ausgehändigt bekommen durften. Er wollte keine Flintenweiber.

Bedarfsdeckung

Niemand im Deutschen Reich bezweifelte zu Beginn des Krieges, daß die erforderlichen Arbeitskräfte in der Wirtschaft ebenso wie in den Streitkräften leicht aufzubringen sein würden. Erstens dachte man, daß der Krieg kurz sein werde. Zweitens vertraute man auf das Ergebnis nationalsozialistischer Schulung in den vergangenen sechs Jahren, auf die Einsatzbereitschaft der Bevölkerung und auf die positiven Aspekte der Bildung wirtschaftlicher Schwerpunkte mit der damit verbundenen Freisetzung von Arbeitskräften in nicht-kriegswichtigen Zweigen. Der Reichsarbeitsminister argumentierte in seiner ersten Anordnung über den Fraueneinsatz im Krieg, „daß im Kriege dem vermehrten Kräftebedarf bestimmter Wirtschaftszweige und Berufe (z.B. Landwirtschaft, Metallgewerbe, chemische Industrie, Verkehrswesen, Krankenpflege, soziale Arbeit) erhebliche Einschränkungen anderer Wirtschaftszweige (z.B. Spinnstoff- und Bekleidungsgewerbe, Lederindustrie, Einzelhandelsindustrie, Gastwirtsgewerbe) gegenüberstehen, durch die Arbeitskräfte freigesetzt oder entbehrlich werden". (1) Er nahm als sicher an, daß sich zahlreiche bisher nicht oder nur vorübergehend erwerbstätige Mädchen und Frauen, deren männliche Angehörige zum Wehrdienst einberufen wurden, nunmehr der Erwerbsarbeit zuwenden würden. Auch hoffte er, „daß sich laufend Volksgenossinnen, die nicht auf Erwerbsarbeit angewiesen sind, freiwillig zur Arbeitsaufnahme zur Verfügung stellen" würden. Dementsprechend sollte der Bedarf an weiblichen Arbeitskräften von den Arbeitsämtern in erster Linie auf dem Wege der normalen Vermittlung befriedigt werden. Bevorzugt werden sollten diejenigen Frauen, „die wesentlich zum Unterhalt von Familienangehörigen beizutragen" hatten. Für Arbeiten, die bisher von Männern verrichtet wurden, durften Mädchen und Frauen allerdings nur eingesetzt werden, wenn mänliche Arbeitskräfte nicht zur Verfügung standen. (2)

Einen vermehrten Bedarf an weiblichem Hilfspersonal meldeten die Wehrmachtsteile *erstmals* Mitte 1940 an, als nach der Besetzung Polens, Dänemarks, Norwegens, Hollands, Belgiens und Frankreichs die Militärstützpunkte ausgebaut und die Militärverwaltung aufgebaut wurden.

Einen besonders großen Bedarf hatte das *Heer,* das die Besatzungsaufgaben durchführte und die Militärverwaltung organisierte. Für die Bedarfsdeckung waren die Wehrkreisverwaltungen zuständig und zwar für die Dienststellen des Heeres in Dänemark und Norwegen die Wehrkreisverwaltung X, für die Dienststellen in Holland die Wehrkreisverwaltung VI, für die Dienststellen in Belgien die Wehrkreisverwaltung IX und für die Dienststellen in Luxemburg und Frankreich die Wehrkreisverwaltung XII. Soweit die militärischen Kommandobehörden den Bedarf nicht durch die Abordnung geeigneter Hilfskräfte aus ihrem Bereich zu decken in der Lage waren, ließen sich die Wehrkreisverwaltungen durch die Arbeitsämter Frauen für den Dienst in den außerdeutschen Gebieten vermitteln. (3)

1940 und 1941 mußte die Beschäftigung von Zivilkräften im Heer jedoch auf Einheiten und Dienststellen beschränkt bleiben, für die die Verwendung von Soldaten nach der Art der Tätigkeit nicht in Frage kam. Außerdem mußte die Beschäftigung von weiblichen Gefolgschaftsmitgliedern durch die Stärkenachweisungen der Einheiten oder durch Einzelerlasse des OKH angeordnet sein. Anstelle von Soldaten durften weibliche Kräfte nur beschäftigt werden, wenn die Kriegsstärkenachweisung den Ersatz durch nicht wehrpflichtige Personen ausdrücklich vorsah. (4) Soweit in den besetzten Gebieten die Beschäftigung von Zivilkräften über die Planstellen hinaus unbedingt erforderlich war, wurden die

Dienstposten von den zuständigen Armeeintendanten bzw. den Intendanten bei den Militärbefehlshabern in den besetzten Gebieten auf Antrag freigegeben.

Bei dem Personenkreis, der 1940 aus dem Reichsgebiet in die besetzten Gebiete gerufen wurde, handelte es sich zum einen um Bürohilfskräfte, zum anderen um Nachrichtenhelferinnen.

Die Bürohilfskräfte waren entweder Frauen, die im Reichsgebiet in Heeresdienststellen tätig waren, oder Frauen, die von den Arbeitsämtern vermittelt wurden. Dabei wurde in der ersten Zeit ein strenger Maßstab angelegt. Die Bestimmungen besagten:

„Bei der Auswahl der abzuordnenden Kräfte haben alle Stellen darauf zu achten, daß diese sowohl den dienstlichen als auch charakterlichen und gesundheitlichen Anforderungen in jeder Weise entsprechen. Bewerbungen aus den Reihen der Gefolgschaftsmitglieder des Heeres um Bewerbung in den besetzten Gebieten sind an die vermittelnden W.B. nur weiterzugeben, wenn sich die Bewerber dafür eignen." (5)

Frauen, die bisher noch nicht in der Wehrmacht gearbeitet hatten, wurden von den Standortlohnstellen ihres Wohnortes auf ihre Leistungen in Kurzschrift und Maschinenschreiben überprüft und im Falle ihrer Eignung dort eingestellt. Erst nach der abwehrmäßigen Freigabe konnten sie zu den Bedarfsdienststellen im Ausland kommandiert werden. (6)

Im besetzten Teil Frankreichs waren Mitte 1942 rund 1500 Stabshelferinnen im Einsatz. (7) In den anderen besetzten Gebieten könnte die Zahl der Stabshelferinnen des Heeres zu diesem Zeitpunkt etwa doppelt so hoch gewesen sein.

Die Ausdehnung der Nachrichtenverbindungen des Heeres vom Atlantik bis zum Polarkreis machte auch einen zusätzlichen Bedarf an Nachrichtenpersonal erklärlich. Mit Zustimmung des Reichsministers des Innern lieh das Heer sich nach dem Frankreichfeldzug vom Deutschen Roten Kreuz mehrere hundert junge Frauen aus, die dort als Schwesternhelferinnen der Freiwilligen Krankenpflege ausgebildet waren, aber wegen des geringen Anfalls von Verwundeten nicht benötigt wurden. Sie wurden umgeschult, um im Nachrichtenbetrieb als Fernsprecherinnen, Fernschreiberinnen und Funkerinnen eingesetzt zu werden. Vorrangiger Einsatzort waren die Vermittlungen der höheren Kommandostellen in den besetzten Gebieten. Im Reichsgebiet durften sie nur ausnahmsweise dort Verwendung finden, wo Angestellte aus besonderen Gründen, z.B. wegen Geheimhaltungsvorschriften, nicht eingesetzt werden konnten. (8) Anforderungen von den Dienststellen des Feldheeres wurden im OKH vom Chef des Heeresnachrichtenwesens und Anforderungen aus dem Bereich des Ersatzheeres vom Chef der Heeresrüstung und Befehlshaber des Ersatzheeres im Allgemeinen Heeresamt bearbeitet. (9)

In der Presse waren Berichte und Artikel über die Nachrichtenhelferinnen des Heeres, insbesondere die Erwähnung, daß sie sich aus den Reihen des Deutschen Roten Kreuzes rekrutierten, verboten. (10) Werbeanzeigen in der Presse, wie sie gelegentlich vorkamen, z.B. im Hamburger Fremdenblatt vom 28.6.1941, waren unerwünscht.

Die Organisationsform der Nachrichtenhelferinnen überließ man einem späteren Zeitpunkt. (11)

Im Unterschied zur Luftwaffe, wo es Sanitätshelferinnen gab, verbot der Heeressanitätsinspekteur den Einsatz von Helferinnen im Pflegedienst der Lazarette. Davon ausgenommen waren nur Mädchen, die die Absicht hatten, Medizin zu studieren. Gegen die Tätigkeit von Helferinnen im Wirtschafts- und Bürodienst der Lazarette als Stabshelferinnen hatte er nichts einzuwenden. Auch in den Sanitätsparks durften Helferinnen eingesetzt werden. (12)

Die *Luftwaffe* rekrutierte das bei der Erweiterung ihres Aktionsradius erforderliche weibliche Personal bis zum Frühling 1942 vorwiegend aus freiwilligen Meldungen und aus Versetzungen von Zivilangestellten der Luftwaffendienststellen aus dem Reichsgebiet. Die für die besetzten Gebiete bzw. die Operationsgebiete benötigten Luftwaffenhelferinnen wurden den Luftgauen außerhalb des Reiches von den betreuenden zuständigen Heimatluftgauen entsandt. Zuständig war

– das Luftgaukommando IV für das Luftgaukommando II
– das Luftgaukommando III für das Luftgaukommando Norwegen
– das Luftgaukommando VI für das Luftgaukommando Holland/Belgien/Nordfrankreich
– das Luftgaukommando VIII für das Generalgouvernement
– das Luftgaukommando XII/XIII für das Luftgaukommando Westfrankreich
– das Luftgaukommando XVII für das Protektorat Böhmen/Mähren und die Deutsche Luftwaffenmission in Rumänien (13)

Konnte der Bedarf des Auslands auf diese Weise nicht gedeckt werden, so mußte der Chef des Nachrichtenverbindungswesens im Benehmen mit dem Reichsarbeitsminister das erforderliche weibliche Personal beschaffen.

Im Unterschied zum Heer verwendete die Luftwaffe auch in den Dienststellen des Reiches Luftwaffenhelferinnen. Begründet wurde das mit dem Aufbau eines Luftwarnsystems gegen feindliche Flugzeuge. Das Personal wurde von den Luftgaukommandos über die Arbeitsvermittlungen gewonnen. Ende 1941 verfügte die Luftwaffe im Reichsgebiet bereits über 34 600 Helferinnen. (14) Etwa drei Viertel aller im Reichsgebiet eingesetzten Luftwaffenhelferinnen waren ortsgebunden. Meistens handelte es sich um Mütter von Kindern. Sie waren nicht versetzbar oder austauschbar. (15) Viele von ihnen waren dienstverpflichtet, denn für die Aufgaben des Flugmeldedienstes im Reichsgebiet (Feststellung, Beobachtung und Meldung feindlicher Flugzeuge) und für die Tätigkeiten des Luftschutzwarndienstes zogen die örtlichen Polizeibehörden Frauen in der Regel aufgrund der Dienstpflichtverordnung vom 13.2.1939 heran. (16)

Für alle im Rahmen der Luftwaffe eingesetzten Helferinnen im Reichsgebiet und in den besetzten Gebieten wurde am 10.3.1941 eine gemeinsame Organisation, die „Luftwaffenhelferinnenschaft", gegründet. (17)

Die *Kriegsmarine* lehnte sich in allen Regelungen für die Helferinnen ihres Bereichs an die Bestimmungen der Luftwaffe an. Die Marinedienststellen außerhalb des Reichsgebietes forderten ihren Bedarf an Marinehelferinnen bei den Stationskommandos an. Das Kommando der Marinestation Nordsee war für den Westen und Süden, das Kommando der Marienstation Ostsee für den Norden, Osten und Südosten zuständig. Im April 1941 gründete auch die Kriegsmarine eine „Flugmeldehelferinnenschaft der Kriegsmarine". Sie umfaßte alle im Flugmeldedienst der Kriegsmarine eingesetzten weiblichen Hilfskräfte, die in den Flugwachkommandos, bei Ausbildungsstätten und in den Kommandostellen tätig waren. (18)

Einen *zweiten* Schub erfuhr der Einsatz von Frauen in den deutschen Streitkräften bei den Planungen für den Rußlandfeldzug 1941. Zu diesem Zeitpunkt wurde erstmals erwogen, durch Frauen Soldaten freizumachen, die für den Fronteinsatz geeignet waren. Im besonderen sollten die im Betriebsdienst (Büro- und Verwaltungsdienst) eingesetzten Soldaten abgelöst werden.

Die Luftwaffe sah vor, jeweils 2 Planstellen für Soldaten in 3 Planstellen für Luftwaffenhelferinnen im Betriebsdienst in den Einheiten umzuwandeln, deren Kriegsstärkenachweisung keine weiblichen Planstellen für Bürokräfte vorsah. (19) Davon betroffen waren die meisten Kommandostellen und Schulen der Luftwaffe im Reich.

Die personelle Bedarfsdeckung im Reichsgebiet erfolgte aufgrund des Führererlasses vom 29.7.1941 über den Kriegshilfsdienst des Reichsarbeitsdienstes der weiblichen Jugend. Die Arbeitsmaiden, die am 1.10.1941 entlassen werden sollten, wurden für ein weiteres halbes Jahr in Pflicht genommen und in den Dienststellen der Wehrmacht, die männliches Personal abzugeben hatten, beschäftigt. Die Einsatzorte sollten nahe an den bisherigen Lagern liegen. (20) Die Verantwortung für die Einsatzplanung hatten die Wehrkreisverwaltungen. (21)

Um den Bedarf der Kommandobehörden und bodenständigen Dienststellen des Heeres in den besetzten Gebieten zu befriedigen, mußten alle Heeresdienststellen des Heimatgebietes 1942 10 % der bei ihnen beschäftigten weiblichen Bürohilfskräfte zur Verwendung im Ausland freistellen. Für Boten- und ähnliche Hilfsdienste konnten auch jüngere Mädchen, die in den Heeresbetrieben als Arbeiterinnen beschäftigt waren, zur Auslandsverwendung genannt werden. (22) Die ins Ausland Entsandten sollten in den Büros der Heeresdienststellen „alle bisher von feldverwendungsfähigen Soldaten wahrgenommenen Aufgaben . . . übernehmen, um weitgehend Soldaten für den Dienst in der Truppe freizumachen". (23) Die Ablösung der Soldaten durch Stabshelferinnen erfolgte im Verhältnis 2 : 3. Die Aktion war am 1.6.1942 abgeschlossen. (24)

Die Anforderungen an die Stabshelferinnen wurden weniger fachlich als ideologisch definiert:

„Der Dienst der Stabshelferinnen ist ein nationaler Ehrendienst. Er stellte hohe Anforderungen an Charakterstärke und an die Bereitschaft zu willigem Einordnen in die straffe Organisation des Heeres. Pflichterfüllung ohne Rücksicht auf Arbeitszeit und Bürostunden muß gefordert werden. Die Stabshelferin muß das Ansehen der deutschen Frau im besetzten Gebiet vertreten. Hiernach hat sich ihr außerdienstliches Verhalten zu richten." (25)

Am 1.5.1942 wurden alle in den Geschäftszimmern der Heeresdienststellen des Auslands beschäftigten Frauen in eine gemeinsame Organisation, die Stabshelferinnenschaft, eingegliedert, gleich ob es sich um ehemalige Zivilangestellte oder um Helferinnen handelte. Frauen, die die Übernahme in die Stabshelferinnenschaft verweigerten und die Rückführung in die Heimat beantragten, wurden im Einvernehmen mit den zuständigen Wehrkreisverwaltungen notdienstverpflichtet. (26) Nicht bodenständige Kommandobehörden und Dienststellen durften weder Stabshelferinnen noch sonstige weibliche Zivilpersonen beschäftigen. Die in den Genuß des Befehls kommenden Heeresdienststellen in Frankreich, Belgien, im Generalgouvernement, beim Wehrmachtsbefehlshaber Südost, in den Niederlanden und in Norwegen richteten ihre Anforderungen für Stabshelferinnen an den Intendanten bei den jeweiligen Heeresbefehlshabern. Mit deren Prüfungsvermerk gingen sie an das OKH weiter. Um die Anforderungen nicht in die Höhe schnellen zu lassen, wurde den Dienststellen befohlen, alle untergeordneten Tätigkeiten von ausländischen Arbeitskräften ausführen zu lassen.

Im besetzten Frankreich wurde Mitte 1942 das erste Revirement der Stabshelferinnen durchgeführt. Es erfaßte alle Frauen, die am 1.1.1942 länger als 12 Monate bei ein und derselben Dienststelle tätig gewesen waren. Der Wechsel sollte zwischen gleichgearteten Dienststellen im Land durchgeführt werden, um die Einarbeitung in neue Arbeitsgebiete zu vermeiden. Er sollte jedoch einen Ortswechsel der Frauen beinhalten. (27) Ende 1942 wurde eine weitere Austauschaktion in Frankreich, Belgien und den Niederlanden durchgeführt. Alle Stabshelferinnen, die am 1.10.1942 länger als ein Jahr in den genannten Gebieten tätig waren, mußten ihren Platz räumen zugunsten von Stabshelferinnen aus dem Reichsgebiet und den besetzten Ostgebieten. (28)

Hitlers Erlaß über den umfassenden Einsatz von Männern und Frauen für Aufgaben der Reichsverteidigung vom 13.1.1943 in Verbindung mit der Verordnung über die Meldung von Männern und Frauen für Aufgaben der Reichsverteidigung vom 27.1.1943 (29) kennzeichnet den *dritten* Schritt in der Verwendung von Frauen in der Wehrmacht. Er war nach den Verlusten im Winter 1942/43, z.B. den Untergang der 6. Armee bei Stalingrad, notwendig geworden. Der Generalbevollmächtigte für den Arbeitseinsatz wies die Präsidenten der Landesarbeitsämter am 15.1.1943 in einem Schnellbrief an, der Wehrmacht beim Austausch von Soldaten durch weibliche Kräfte behilflich zu sein. Die Steuerung wurde von den Wehrmachtsteilen auf das OKW übertragen. Dieses teilte dem Generalbevollmächtigten für den Arbeitseinsatz den monatlichen Kräftebedarf zur Aufteilung auf die einzelnen Landesarbeitsämter mit. Der GBA gab die Anforderungen an die Arbeitsverwaltungen weiter: „Die Kräfte müssen trotz aller arbeitseinsatzmäßigen Schwierigkeiten auf jeden Fall – und zwar neben den vordringlichsten Auflagen für die Rüstungsindustrie – notfalls im Wege der Dienstverpflichtung (nur bei Nachrichtenhelferinnen des Heeres bis auf weiteres nach wie vor im Wege der Notdienstverpflichtung) – gestellt werden." (30) Den Arbeitsämtern wurde nahegelegt, „weitgehend auch Angehörige der Angestelltenberufe" zum Einsatz in der Wehrmacht zu bringen. Dabei war besonders an die Verkäuferinnen gedacht, die durch die Schließung von Einzelhandelsgeschäften frei wurden. Lediglich landwirtschaftliche Kräfte, Hausgehilfinnen, Angehörige pflegerischer, sozialer, sozialpädagogischer und erzieherischer Berufe und Frauen, die auf Arbeitsplätzen von besonderer Wichtigkeit eingesetzt waren, sollten nicht herangezogen werden. Die Rüstungskommandos und Landeswirtschaftsämter sollten auf Wunsch des Reichsministers für Bewaffnung und Munition und des Reichswirtschaftsministers bei der Beibringung von Helferinnen beigezogen werden, um „Schwierigkeiten bei den Abgabebetrieben nach Möglichkeit" zu vermeiden.

Der Heeresführungsstab beabsichtigte Anfang 1943, durch die anzuwerbenden Stabshelferinnen alle Soldaten in den Stäben für den Frontdienst freizumachen, deren Funktionen von Frauen wahrgenommen werden konnten. Anstelle von drei Soldaten durften die Dienststellen jetzt vier Helferinnen einstellen. (31) Die freiwerdenden Soldaten mußten „spätestens 14 Tage nach Eintreffen der als Ersatz bestimmten Gefolgschaftsmitglieder" zum Frontdienst abgegeben werden. Die zuständigen Heeresgruppen bzw. Militärbefehlshaber erwarteten die Meldung der Dienststellen über die Durchführung des Tauschs und die Abkommandierung. (32)

In der ersten Hälfte des Jahres 1943 verließen die meisten Schreibstubensoldaten, Rechnungsführer, Sachbearbeiter, Dolmetscher usw. ihren Dienstplatz. Auch die Bereiter bei den Remonteschulen wurden durch Helferinnen ausgewechselt. (33) Die Verwendung von Helferinnen im Kasino-, Küchen- oder Reinigungsdienst war jedoch untersagt.

In der Nacht vom 16. zum 17.7.1943 wurde der Einsatzbereich der Frauen in der Wehrmacht, der sich bisher fast ausschließlich auf den Büro- und Nachrichtendienst beschränkt hatte, erweitert. Bei einer Besprechung im Führerhauptquartier zwischen Hitler, Bormann, Generaloberst Jeschonneck und General Bodenschatz erklärte sich Hitler „sofort einverstanden", Frauen auch in den Flakabwehrabteilungen am Kommandogerät, am Scheinwerfer und an den Luftsperrmitteln einzusetzen. Auf diese Weise sollten „Tausende von Flaksoldaten" für den Fronteinsatz frei werden. Dem Bericht über diese Sitzung fügte Bormann den Befehl Hitlers für die Luftwaffe an: „Über den Einsatz selbst ist nicht mehr zu diskutieren, sondern beschleunigt sind tragbare, wirklich den praktischen Notwendigkeiten entsprechende Vorschläge über den Fraueneinsatz vorzulegen". (34) Erst drei Wochen später informierte Bormann die Gauleiter darüber, daß Hitler „die Verwendung von weiblichen Kräften als Flakhelferinnen genehmigt" habe. Sie sollten der Öffentlichkeit klarmachen, daß den Frauen die Bedienung der Geschütze untersagt war. (35)

Das erforderliche Kontingent sollte aus drei Quellen kommen: dem RADwJ, dem bisherigen Luftwaffenhelferinnenkorps und der NS-Frauenschaft.

Am 1. August 1943 ordnete Hitler an, „daß die männlichen und weiblichen Angehörigen des RAD zur mittel- und unmittelbaren Luftverteidigung einzusetzen sind". (36) Der Reichsarbeitsführer gab am 12. August 1943 bekannt, daß auch weibliche RAD-Angehörige „in begrenztem Umfang im Rahmen der Luftwaffe" eingesetzt werden würden. Den Schwerpunkt ihrer Tätigkeit sah er im Fliegerwarn- und Luftnachrichtendienst. Zu diesem Zweck wurden bei den Stäben der Jagddivisionen 1, 2, 4 und 5 Verbindungsführerinnen des RAD zur Beratung der Kommandeure eingesetzt. Arbeitsmaiden aus dem Elsaß, aus Lothringen, aus Luxemburg, aus der Steiermark und Oberkrain mußten vor ihrem Einsatz von der Geheimen Staatspolizei freigegeben werden. Die technische Ausbildung der RAD-Angehörigen im Fliegerwarn- und Nachrichtendienst übernahm die Luftwaffe. Sie sollte in 4–6 Wochen in der Einsatzstelle selbst durchgeführt werden. Besondere Ausbildungslager sollten eine Ausnahme sein. (37) Für die wirtschaftliche Betreuung der Maiden waren die Dienststellen der Luftwaffe ebenso verantwortlich wie für „alle durch den Einsatz entstehenden Ausgaben". Die Unterbringung erfolgte in Unterkünften der Luftwaffe an den Einsatzstellen. Die zur RAD-Kleidung erforderliche Sonderausstattung (Schutzbekleidung, Gasmaske usw.) wurde von der Luftwaffe gestellt. (38)

Bereits im März 1944 gab es 350 RAD-Scheinwerferbatterien. Die Bedienung bestand überwiegend aus aktiven Angehörigen des RAD (Flakwaffenhelferinnen I), der Rest waren Frauen, die für den Wehrmachtseinsatz des RADwJ besonders verpflichtet worden waren (Flakwaffenhelferinnen II). Die aktiv Dienenden waren größtenteils aus dem ländlichen Einsatz herausgezogen worden. (39) In den Scheinwerferbatterien dienten jeweils 44 Helferinnen: 1 Batterieführerin, 1 Gehilfin, 2 Wirtschaftsgehilfinnen, 2 Verwaltungsgehilfinnen, 2 Gesundheitshelferinnen, 4 Zugführerinnen, 16 Scheinwerferführerinnen, 16 Kameradschaftsälteste. Der Personalbedarf des RADwJ für den Einsatz an Scheinwerferbatterien betrug Ende 1944 dementsprechend 350 Hauptführerinnen, 875 Oberführerinnen, 875 Führerinnen, 2800 Sonderführerinnen. Hierl beantragte noch im März 1945 für diese Verwendung des RADwJ insgesamt 6000 Führerinnenplanstellen beim Reichsfinanzminister. (40) Gleichzeitig mit dem Einsatz von RAD-Maiden in der Luftabwehrorganisation der Luftwaffe stellte Hierl 300 selbständige RAD-Flakbatterien mit männlichen RAD-Angehörigen auf: 250 Abteilungen für den Bereich des Luftwaffenbefehlshabers Mitte und 50 im Bereich des Luftkommandos 3. Einsatz und Ausbildung der Wehrmänner erfolgte „unter Aufrechterhaltung der Organisation des Reichsarbeitsdienstes". (41)

Von der Parteikanzlei wurde die NS-Frauenschaft am 24.8.1943 beauftragt, innerhalb von 40 Tagen 5000 Frauen für den Flakwaffendienst zu benennen. Da die Werbung in der Presse untersagt war, sollte das Kontingent auf dem Wege der Mundpropaganda „aus den Reihen der Mitglieder der NS-Frauenschaft und des Deutschen Frauenwerks aufgebracht werden". (42) Zur Unterscheidung von den aus dem aktiven Dienst des RAD kommenden Flakwaffenhelferinnen wurden sie Flakwaffenhelferinnen II genannt.

Göring war überzeugt, daß die Meldung eigener Gefolgschaftsmitglieder der Luftwaffe am ehesten Gewähr biete, „daß das Flakwaffenhelferinnenkorps termingemäß steht und seine besonders kriegswichtigen Aufgaben rechtzeitig erfüllt". In allen Luftwaffendienststellen mit weiblichem Personal wurden Aushänge folgenden Inhalts an die schwarzen Bretter geheftet: (43)

„Gefolgschaftsmitglieder der Luftwaffe!
Der Reichsmarschall hat die Aufstellung eines Flakwaffenhelferinnenkorps angeordnet. Die Flakwaffenhelferinnen werden bei der Flakwaffe im Heimatkriegsgebiet an Hilfsgeräten (Funkmeß-, Horch- und Kommandogerät), Luftsperrgeräten und an Scheinwerfern eingesetzt. Eine Verwendung bei Maschinenwaffen oder Geschützen ist ausgenommen.
Die Flakwaffenhelferinnen übernehmen eine große und entscheidende Aufgabe: Sie ermöglichen die weitere Ablösung von frontverwendungsfähigen Flaksoldaten und stehen selbst auf wichtigstem Posten ihren Mann in der Verteidigung der Heimat gegen Bomben und Terror aus der Luft.
Das erfordert körperlich gesunde und leistungsfähige, darüber hinaus aber besonders verantwortungsbewußte, von ihren Aufgaben und Pflichten voll erfüllte Frauen und Mädchen, die sich durch ihre männlichen Kameraden in nichts übertreffen lassen wollen. Daß von diesen genügend Frauen und Mädchen gerade unter den weiblichen Gefolgschaftsmitgliedern der Luftwaffe zu finden sind, weiß ich. Sie alle – gleich, ob z.Zt. Luftnachrichtenhelferinnen oder Lohnempfängerinnen in einem Zeugamt oder einer Munitionsanstalt – rufe ich auf:
Meldet Euch freiwillig als Flakwaffenhelferin!
Eure Dienststellen werden Euch beim Vorliegen der Voraussetzungen, soweit Ihr nicht ausgesprochene und unentbehrliche Fachkräfte seid, freistellen. Eure Vorkenntnisse und Eure jetzige dienstliche Stellung werden bei der Einstellung als Flakwaffenhelferin nach Möglichkeit berücksichtigt, sie bilden darüber hinaus die Gewähr für erfolgreichen raschen Aufstieg. Innerhalb des Flakwaffenhelferinnenkorps ist bei Leistung und Bewährung der Aufstieg zu sämtlichen Unterführerinnen- und Führerinnendienstgraden möglich.
Die Flakwaffenhelferinnen sind Angestellte. Ihre Abfindung ist besonders günstig. Sie erhalten Gebührnisse, wie in der Anlage angegeben, daneben freie Dienstbekleidung, freie Unterkunft und in der Batterie freie Truppenverpflegung nach dem gleichen Satz wie die Flaksoldaten im Heimatkriegsgebiet. Ferner wird wie den Soldaten freie Heilfürsorge gewährt.
Die Einstellung als Flakwaffenhelferin setzt die Vollendung des 20. Lebensjahres, gesundheitliche Eignung aufgrund truppenärztlicher Untersuchung, Kinderlosigkeit und Nichtschwangerschaft, im übrigen eine natürliche Auffassungsgabe und gute körperliche und geistige Beweglichkeit voraus.
Wer Flakwaffenhelferin werden will, melde sich baldigst bei seinem nächsten Disziplinarvorgesetzten!"

Der Werbeerfolg dieses Aufrufs war nicht groß. Erst aufgrund einer Arbeitsplatzüberprüfung durch den Personalleiter des Luftfahrtministeriums wurde aus dem Bereich der Luftwaffe eine größere Zahl Luftwaffenhelferinnen für den Flakwaffeneinsatz freigestellt.
Die Hauptlast für die personelle Bedarfsdeckung der Flakabwehrabteilungen trug bis zum Kriegsende der RADwJ. 1943 wurden zwischen 40 000 und 50 000 Arbeitsmaiden zur Verstärkung der Luftverteidigung im Heimatkriegsgebiet (Reichsgebiet) vom RAD zugeführt. Die Schrumpfung des RAD durch den Weggang dieser Maiden veranlaßte den Reichsarbeitsführer Hierl, den RADwJ auf 150 000 Arbeitsmaiden zu verstärken. Anstelle der bisherigen 155 Lagergruppen sollten 220 Lagergruppen, anstelle von 1437 Normallagern 2316, anstelle von 11 Bezirksschulen 18, anstelle von 17 Lagerschulen 25 und anstelle von 20 Bezirksheilstuben 31 eingerichtet werden. (44) Während 1943 in einem Einsatzlehrlager 140 Soldaten und nur 30 Maiden arbeiteten, waren es im Herbst 1944 130 Maiden zusammen mit 1 Offizier und 3 Unteroffizieren.
Trotzdem wurde bis zum Herbst 1944 nicht einmal ein Viertel eines Jahrgangs zum RADwJ eingezogen. Es war leicht, freigestellt zu werden. Der Jahrgang 1923 umfaßte 638 449 Mädchen, der Jahrgang 1924 635 548, der Jahrgang 1925 643 484 und der Jahrgang 1926 610 754 Mädchen. (45) Die Heranziehung weiterer Mädchen scheiterte am

Mangel an Ausbildungslagern und Führerinnen. Die vom RAD beantragten Planstellen für 2600 Führerinnen und 1300 Sonderführerinnen für zusätzliche 879 RAD-Lager wurden nicht genehmigt. (46)

Die *vierte* Phase in der Verwendung von Frauen in der Wehrmacht begann Mitte 1944, als Hitler die verstärkte Aufstellung von Luftwaffenfelddivisionen befahl. Die Plätze der herausgelösten Luftwaffenangehörigen sollten von Frauen eingenommen werden.

Zum Beginn dieser Aktion dienten in der Luftwaffe bereits etwa 170 000 Luftwaffenhelferinnen. 1942 und 1943 wurden vierteljährlich jeweils 10 000 Anwärterinnen rekrutiert. (47)

Der Gesamtumfang aller Helferinnen in den Wehrmachtsteilen wurde von der NSDAP zu diesem Zeitpunkt mit 300 000 angegeben. (48) Die Fluktuation scheint erheblich gewesen zu sein. Allein der Chef des Nachrichtenverbindungswesens der Luftwaffe unterhielt zu diesem Zeitpunkt einen Etat z.b.V. von 5 000 Luftwaffenhelferinnen, die die durch Krankheit, Alter und Schwangerschaft ausscheidenden Kolleginnen zu ersetzen hatten. Der Ausfall an Luftwaffenhelferinnen betrug faktisch im Jahr 1944 12 000 Frauen. (49)

Im Zusammenhang mit der Herauslösung von 100 000 kriegsverwendungsfähigen Soldaten aus der Luftwaffe zum Fronteinsatz in Heereseinheiten und ihre Ersetzung durch 150 000 Frauen wurde erstmals die Frage eines obligatorischen weiblichen Wehrhilfsdienstes aufgeworfen. Am 5. September 1944 diskutierten die Staatssekretäre den Plan. Er beruhte auf einer Idee des Reichsbevollmächtigten für den totalen Kriegseinsatz Dr. Goebbels. Am 19. Oktober 1944 war der Gesetzesentwurf fertig und am 23.10.1944 erarbeiteten der Chef des OKW und der Reichsarbeitsführer Durchführungsbestimmungen. In seinem Brief an den Reichsminister Dr. Lammers vom 19.10.1944 argumentiert Goebbels, daß für die 250 000 – 300 000 weiblichen Angehörigen, die im Rahmen des Wehrmachtsersatzprogramms zur Ablösung von Luftwaffenangehörigen eingezogen werden würden, die Verantwortlichkeit für den Gesamteinsatz, die Regelung der Kommandogewalt und die notwendigen Strafbestimmungen vereinheitlicht werden müßten. Den Nutzen aus einer solchen Regelung zögen nicht nur die RAD-Maiden, die zur Inbetriebnahme stillgelegter Scheinwerferbatterien eingezogen seien, sondern alle Anfang November eintreffenden weiblichen Kräfte für den Luftnachrichtendienst. Im weiteren Verlauf sei die Übernahme der Nebelkompanien, Sperrbatterien, Funkmeßeinrichtungen bei den schießenden Flakeinheiten und anderes mehr durch Frauen vorgesehen. Ein Teil des „schweren und verantwortungsvollen Einsatzes" würde in Erdbunkern und eventuell unter feindlichem Beschuß stattfinden. (50) Dem Charakter der Tätigkeiten sollte auch der Charakter des Dienstes entsprechen: Frauen im militärischen Einsatz im Rahmen der Wehrhilfe.

Während Goebbels in seiner Funktion als Reichsminister für Volksaufklärung und Propaganda zusicherte, das Gesetz dem Volk verkaufen zu können, erhob der Generalbevollmächtigte für den Arbeitseinsatz erhebliche Bedenken. Die wichtigsten Argumente seiner Stellungnahme vom 31.10.1944 lauteten:

„Die in Aussicht genommene Regelung für den Wehrhilfsdienst der weiblichen Jugend halte ich für vollkommen unmöglich, da sie mit den elementaren Notwendigkeiten des Arbeitseinsatzes nicht vereinbar ist. Durch die weitgehende Inanspruchnahme der leistungsfähigen Jahrgänge der weiblichen Jugend würde sowohl in der Rüstungswirtschaft als auch in der Landwirtschaft sowie bei allen kriegswichtigen politischen, staatlichen und sonstigen Einrichtungen ein planmäßiger und rationeller Arbeitseinsatz der weiblichen Kräfte unmöglich gemacht. Außerdem würden sich bei der Aufstellung und der laufenden Ergänzung des Wehrhilfsdienstes für die weibliche Jugend durch die Musterung ganzer Jahrgänge an Millionen von Arbeitsplätzen uneinbringliche Zeit- und Leistungsverluste ergeben.

Im übrigen ist die Bereitstellung der wirklich erforderlichen Kräfte für den weiblichen Wehrhilfsdienst, soweit solche Kräfte überhaupt noch für diesen Zweck in den geeigneten Altersklassen verfügbar sind, auch mit Hilfe der bereits vorhandenen gesetzlichen Bestimmungen möglich. Es bedarf dazu weder einer neuen gesetzlichen Ermächtigung noch eines neuen Verwaltungsapparates. Selbstverständlich muß mit Rücksicht auf die Eigenart des Einsatzes für eine ausreichende Betreuung der weiblichen Kräfte gesorgt werden. Inwieweit die Wehrmacht hier die Hilfe und die Erfahrungen des Reichsarbeitsdienstes in Anspruch nehmen will, muß der besonderen Vereinbarung der beiden Stellen überlassen bleiben." (51)

Auch Reichsleiter Martin Bormann lehnte nach Rücksprache mit Hitler am 3.11.1944 das Wehrhilfsdienstgesetz ab. Daraufhin gab Goebbels am 6.11.1944 den Gedanken auf. (52)

Damit die Luftwaffenmänner auch ohne Wehrhilfsdienstgesetz termingemäß abgezogen werden konnten, setzte sich Bormann für die Wiedereinziehung von 100 000 ehemaligen RAD-Maiden ein. Mit ihrer Hilfe sollten sämtliche Scheinwerferbatterien einsatzfähig gehalten werden. Speer als der zuständige Rüstungsminister weigerte sich jedoch, die in der Rüstungsindustrie tätigen Frauen hierfür freizugeben. (53) Auch die Möglichkeit eines Ringtausches von weiblichen Arbeitskräften innerhalb der Wirtschaft, um Flakwaffenhelferinnen der Jahrgänge 1920 – 1927 herauszulösen, hielt er nicht für praktikabel. Er glaubte, daß die entstehenden Löcher auch nicht durch Kräfte gefüllt werden könnten, die aufgrund der Maßnahmen des totalen Kriegseinsatzes frei würden. (54) Auch die Gauleiter sträubten sich gegen die Herausziehung von 80 000 Frauen zum Einsatz für die Scheinwerferbatterien. Selbst als die Verhandlungen mit dem RAD die niedrigere Quote von 52 000 Frauen ergab – der RAD sagte zu, statt 20 000 Maiden 33 000 Maiden aus dem aktiven Dienst zur Verfügung zu stellen –, beharrten die Gauleiter auf ihrer ablehnenden Haltung. Sie begründeten sie damit, daß die Helferinnen der Wehrmachtsteile vielfach „unzulänglich" eingesetzt seien und die Wehrmacht durch eine Umsetzung ihres Personals – insbesondere der durch die Rückzüge funktionslos werdenden Frauen – alle Lücken stopfen könnte. Bormann teilte dies dem Reichsbevollmächtigten für den totalen Kriegseinsatz am 16.11.1944 mit: „Wie mir die Gauleiter immer wieder berichten, kann bisher von einer rationellen Verwendung der Arbeitskräfte bei der Wehrmacht kaum gesprochen werden." (55)

Die Luftwaffe wehrte sich energisch gegen diesen Vorwurf. Aufgrund zahlreicher Arbeitsplatzüberprüfungen führte sie den Nachweis, daß die in der Luftwaffe tätigen Frauen voll ausgelastet waren und keine Vergünstigungen gegenüber den Rüstungsarbeiterinnen erhielten. (56)

Beim Heer war man zurückhaltender. Im OKW wußte man zu diesem Zeitpunkt bereits deutlich, daß die Auflösung der Militärverwaltungen in den ehemals besetzten Gebieten zahlreiche Helferinnen dieses Wehrmachtsteils freigesetzt hatte, die der Luftwaffe jedoch wegen der getrennten Personalkompetenz der Wehrmachtsteile nicht zur Verfügung standen. Ein einheitliches Wehrmachthelferinnenkorps für alle Wehrmachtsteile war unabdingbar.

Ende November 1944 wurden zur Herauslösung von weiteren 112 000 Soldaten der Luftwaffe nochmals 150 000 Frauen benötigt. Zu ihrer Erfassung erließ Hitler die zweite Anordnung zur Durchführung des totalen Kriegseinsatzes vom 29.11.1944. Danach sollte „durch einen restlosen rationellen Einsatz von Menschen und Mitteln das Höchstmaß von Kräften für Wehrmacht und Rüstung" freigemacht werden. Für die Erfassung der

Frauen war der Generalbevollmächtigte für den Arbeitseinsatz in Verbindung mit den Dienststellen der Partei verantwortlich. Man hoffte nach wie vor auf eine ausreichende Zahl freiwilliger Meldungen. Die Einsatzordnung sah deshalb auch vor, „jede unnötige, durch die Kriegsverhältnisse nicht bedingte Härte" zu vermeiden. (58)

Die Werbung war Angelegenheit der NSDAP. Am 4. Dezember 1944 erließen die Reichsreferentin des Bundes Deutsche Mädel Dr. Jutta Rüdiger und die Reichsfrauenführerin Gertrud Scholtz-Klink einen Aufruf zur Wehrhilfe der deutschen Frauen:

> „Deutsche Frauen und Mädel! Der Haß der Feinde will unser deutsches Volk auslöschen. Ihr wißt, der Gegner steht nicht nur vor den Toren des Reiches, er hat bereits an mehreren Stellen die Grenzen überschritten. Frauen und Kinder wurden aus ihrer Heimat vertrieben, viele von ihnen haben Unsägliches gelitten. Sie sind hart geworden in dieser Zeit, sie ertragen nicht nur tapfer ihr Schicksal, sondern dienen noch täglich und stündlich mit ihrer Arbeit und ihrer Treue unserem Vaterland. Je enger der Kreis um uns herum wurde, desto lauter wuchs der Wunsch vieler Frauen und Mädchen, an der aktiven Verteidigung unseres Reiches teilhaben zu können. Viele Tausende stehen bereits im Dienst der Wehrmacht und mit dem Flak-Waffenhelferinnenkorps haben wir den ersten geschlossenen direkten Einsatz in der Landesverteidigung geschaffen. Heute nun, wo jeder wehrfähige deutsche Mann sich seinem Vaterland stellt, wollen wir Frauen und Mädel alles tun, um Soldaten des Heimatgebietes restlos den Fronteinsatz zu ermöglichen. Wir ergänzen deshalb in diesen Tagen die schon bestehenden Fraueneinsätze zu einem Wehrmachthelferinnenkorps, in dem jede wehrwillige deutsche Frau ab 18. Lebensjahr an Stelle eines Soldaten jeglichen Dienst leisten kann, der ihr in diesem Korps nach ihrer Eignung zugewiesen wird. So wie wir uns noch nie in diesem Krieg vergeblich an euch gewandt haben, so rufen wir in entscheidender Stunde allen, die nicht in einem kriegswichtigen Spezialeinsatz stehen, zu: Freiwillige vor! Meldepflichtige und noch nicht Eingesetzte schließt euch an! Alle aber, die zu diesem Korps eingezogen werden, sollen wissen: Wir treten an zur Wehrhilfe der deutschen Frauen und Mädel für die kämpfende Front. Unsere Parole heißt: Hilf dir selbst, so hilft dir Gott!"

Im Sudetenland wurde mit einem Plakat des Gaupropagandaamtes Reichenberg geworben: (59) (siehe gegenüberliegende Seite)

Daß sich zu diesem Zeitpunkt des Krieges Frauen freiwillig zum Dienst in der Wehrmacht zur Verfügung stellten, schien vielen Deutschen unbegreiflich. In einem Tagebuch der damaligen Zeit finden sich folgende Sätze:

> „Diese neueste Heranziehung der Frauen zur Wehrmacht wird eigentlich überall mißbilligt, nicht nur bei uns im Werk, sondern wohin ich höre, bei Mann und Frau, Alt und Jung, Reich und Arm. Freiwillig wird es keine große Truppe werden, aber es heißt, daß die Freiwilligkeit nur auf dem Papier stünde und Betriebe systematisch dafür ausgekämmt würden. Ich glaube es auch. Den Zustand, daß viele Tausende von Frauen untätig in den Fabriken herumsitzen, wird man nicht lange dulden. Die Industrie hat keine Arbeit für sie, an Soldaten fehlt es. Was liegt näher, als aus den Frauen Soldaten zu machen! Wenn man sie nicht gerade in den vordersten Graben stellen will, so gibt es doch unzählige Tätigkeiten hinter der Hauptkampflinie, die durchaus militärischen Charakter haben. Gott sei Dank bin ich über die Altersgrenze dafür hinaus. Aber viele meiner Kameradinnen fürchten ihre Einberufung." (60)

Die Mehrzahl der Frauen kam aus der Industrie und aus den Dienststellen der Partei, des Staates und der Wehrmacht. Auch Studierende und Fachschülerinnen, die nicht für andere Einsätze vorgesehen waren, waren zu verpflichten. Freigestellt waren Mädchen in der Rüstungsproduktion und in kriegswichtigem Spezialeinsatz, z.B. Fahrdienstleiterinnen, Lehrerinnen, Kindergärtnerinnen udgl. Auch die Führerinnen der NS-Frauenschaft und des BDM blieben ungeschoren. Die Abgrenzung zu den Heranziehungen des Reichsarbeitsdienstes der weiblichen Jugend bestand darin, daß die weiblichen Angehörigen des

Merksätze des Wehrmachtshelferinnenkorps

Deutsche Frauen und Mädel!

Die Geschichte lehrt, daß in allen schicksalhaften Notzeiten unseres Volkes die Frauen und Mädel der kämpfenden Front Wehrhilfe geleistet haben. Weil es jetzt um Sein und Nichtsein unseres Volkes und damit um die Zukunft unserer Familien und unserer Kinder geht, seid Ihr, Frauen und Mädel aufgerufen, im Wehrmachtshelferinnenkorps Dienst zu tun.

1. **Wehrhilfe** macht Soldaten für die Front frei. Auch Du hilfst mit, daß neue Divisionen an die Front abgehen können.

2. **Wehrhilfe** bringt rascheren Sieg. Nur im Endsieg können alle Wunden dieses Krieges geheilt werden.

3. **Wehrhilfe** der Frauen, Mädel sowie Wehrmacht und Volkssturm der Männer machen unser Volk unüberwindlich stark. Weil wir dadurch zur wehrhaften Volksgemeinschaft werden, muß der Sieg unser sein.

4. **Wehrhilfe** ist auch eine neue Waffe in der Hand des Führers, weil sie eine Ablöse von Zehntausenden von Männern für den Fronteinsatz bedeutet. Auch Du hilfst dem Führer.

5. **Wehrhilfe** ist ein Volksgesetz des totalen Krieges. Auch Du wirst einmal sagen können, Du hast am Endsieg unmittelbar mitgeholfen.

6. **Wehrhilfe** ist der höchste Ehrendienst der Frauen und Mädel im Freiheitskampf unseres Volkes. Kinder und Kindeskinder werden Deiner dankbar gedenken.

7. **Wehrhilfe** ist Dienst im Wehrmachtshelferinnenkorps. Fürsorge, Versorgung, Ausrüstung und gesundheitliche Betreuung sichert die Wehrmacht.

Deutsche Frau! Deutsches Mädel!

Was die Not der Zeit heute von Dir verlangt, soll Dir einmal im Glück des deutschen Friedens vergolten werden. Das Wort ist wieder wahr geworden: Den Deutschen kann nur durch Deutsche geholfen werden. Auch Du hilfst mit: Mit Adolf Hitler wird der Sieg sein!

Melde Dich freiwillig zum Wehrmachtshelferinnenkorps!

gemusterten Geburtsjahrgangs 1927 dem RAD zugeteilt wurden. In der Regel hatten sie das 18. Lebensjahr noch nicht vollendet. (61)

Es wurden zwar in allen Gauen und Kreisen die vorgeschriebenen Kommissionen zur Erfassung des weiblichen Potentials gegründet, aber die Einziehungen zum Wehrmachthelferinnenkorps erfolgten außerordentlich schleppend. Bormann mußte die Gauleiter mahnen, „mit allen ihnen zur Verfügung stehenden Mitteln für die tatkräftige Durchführung der Aktion" zu sorgen. Organisatorische Mängel seien keine Entschuldigung. (62) Den Wunsch des OKW, von der zwangsweisen Heranziehung von Frauen mit Kindern abzusehen und nur auf alleinstehende weibliche Angehörige der Geburtsjahrgänge 1914 und jünger zurückzugreifen, teilte er jedoch.

Vom männlichen Luftwaffenpersonal wurde durch diese Aktion insbesondere der technische Dienst erfaßt. Es waren die kv-Techniker des Werftpersonals und die Instandsetzungscrews, die zum Fronteinsatz kommen sollten.

Bereits Mitte 1944 hatte die Luftwaffe 2 000 Luftwaffenhelferinnen, die als Flugmeldehelferinnen (Luftschutzwarnhelferinnen) in den ehemals besetzten Westgebieten freigeworden waren, zu fliegertechnischem Personal ausgebildet. Von den Arbeitsämtern wurden im Herbst 1944 7 000 Frauen zur Ausbildung verpflichtet. Ende November standen weitere 20 000 Frauen aus der Totalen-Kriegs-Aktion zur Verfügung. Sie waren vom General der Fliegerausbildung durch Ingenieure und Auswahlkommissionen aus 150 000 dienstverpflichteten Frauen ausgesucht worden. Vor ihrem Einsatz im technischen Dienst erhielten sie eine mindestens sechswöchige Grundausbildung. In den Schulgeschwadern und Fliegerschulen sollten auf diese Weise 50 % der Flugzeugmechaniker und 30 % der Flugmotorenschlosser durch Frauen abgelöst werden. Nur die ersten Warte wurden vom Austausch nicht betroffen. Zur Einarbeitung wurde den Frauen eine Frist von 2–3 Monaten gegeben. (63) Die Verteilung der ausgebildeten Frauen auf die Schulen sollte so aussehen: für die fliegertechnischen Schulen 3 700 Helferinnen, für die Fliegerschulen 2 800, für den Chef des Nachschubwesens 50. Über den Rest durfte das Luftwaffenwehramt II verfügen.

Das für die Schulen vorgesehene Behelfspersonal wurde als Wartungspersonal ausgebildet. Für die Luftwaffenhelferinnen des Wetterdienstes suchte man zeichnerisch begabte Frauen aus. Die 50 für den Chef des Nachschubwesens ausgewählten Helferinnen wurden als Hilfschemotechnikerinnen bei den Lufttankanlagen beschäftigt. Durch den Einsatz von Frauen im Werftbereich sollten zum 1.3.1945 1 200 Luftwaffensoldaten für die Front freigestellt werden. (64)

Die Verwendung von Frauen im technischen Bereich der Streitkräfte gab dem Reichspropagandaministerium Anlaß, die Eignung der deutschen Frau für technische Arbeiten zu unterstreichen.

„Die Erfahrung hat gezeigt, daß die deutsche Frau auch für technische Arbeiten begabt und anstellig ist. Wenn mit dem notwendigen Optimismus und entsprechender Feinfühligkeit unter Berücksichtigung der Eigenart der deutschen Frauen an die neue Aufgabe gegangen wird, kann das Ziel erreicht werden, das die Führung festgelegt hat: Es sollen möglichst bald und möglichst viel kv-Soldaten für die kämpfende Front freigemacht werden." (65)

Nach bestandenen technischen Prüfungen durften die Frauen in den Illustrierten sagen: „Es war nicht so schlimm. Man muß nur fleißig sein, obachtgeben und seinen Verstand gebrauchen." (66)

Um die Jahreswende 1944/45 erkannte die Luftwaffe, daß genügend Wehrmachthelferinnen in ihrem Bereich vorhanden waren, um alle Bedürfnisse zu befriedigen. Die stän-

Anlage 1 zu OKH/GenStdH/Org.Abt. Nr. II/70665/45 geh. vom 27.2.45

Planstellen-Bezeichnung	
1. Truppenhelferinnen	
Kraftwagenfahrerinnen Pferdehalterinnen	Ausbildung läuft.
Fahrerinnen vom Dock	Bedarf kann gedeckt werden.
Motorenschlosserinnen Schweißerinnen Mechanikerinnen	Anforderungen an OKH/GenStdH/Gen Qu/IVa (III)
Fernsprecherinnen für Betriebsdienst Fernsprecherinnen im Verstärker-Trupp Fernsprecherinnen für Tf-Telefonie Fernsprecherinnen für Tf-Verstärker Fernsprecherinnen als Motoren-Warte Fernschreiberinnen für Wechselstrom-Mehrfachtelegraphie Funkfernschreiberinnen Betriebsfunkerinnen Auswerterinnen Schlüsslerinnen Kabellöterinnen	Austauschverhältnis 3 : 4 Ausbildung läuft. Bedarf kann gedeckt werden. Anforderung an OKH/ObdE/AHA/Ag.N Gr.N.H.
2. Stabshelferinnen	Anforderungen an OKH/GenStdH/GenQu IV a (III)
Stenotypistinnen Maschinenschreiberinnen Registraturkräfte Rechnungsführerinnen	unbegrenzt zur Verfügung.
Schirrmeisterinnen (K)	Ausbildung läuft.
Geräteverwalterinnen Lagerverwalterinnen	unbegrenzt zur Verfügung.
Zeichnerinnen aller Art	Bedarf kann gedeckt werden.
Technische Assistentinnen aller Art Laborantinnen Fotografinnen Filmvorführerinnen Feldposthelferinnen für Feldpostdienst	unbegrenzt zur Verfügung.
Dolmetscherinnen	Bedarf kann gedeckt werden.
3. Wirtschaftshelferinnen	
Köchinnen Küchenpersonal Schneiderinnen Ordonnanzen Serviererinnen	unbegrenzt zur Verfügung.

Verfügbarkeit von Wehrmachthelferinnen im Heer zwei Monate vor Kriegsende dige Zurücknahme der Fronten hatte zahlreiche Luftwaffenhelferinnen freigesetzt. Gleichzeitig kamen die neu verpflichteten Frauen hinzu.

Trotzdem lief – vor allem für den Heeresbedarf – die Einziehungsaktion bei den Arbeitsämtern weiter. Die Freiwilligenwerbung wurde noch Anfang Februar den Gauleitern ans Herz gelegt. (67) Aber bereits Ende Februar war auch das Heer saturiert. Den nachgeordneten Dienststellen teilte das OKH mit, daß in fast allen Funktionen der Bedarf gedeckt werden könnte. In einigen standen Helferinnen sogar „unbegrenzt" zur Verfügung: (68)

Um den Einsatz von einer halben Million Frauen in der Wehrmacht steuern zu können und eine einheitliche Führung und Betreuung zu gewährleisten, wurden zwei organisatorische Maßnahmen in die Wege geleitet. Die eine war die Errichtung eines einheitlichen Wehrmachthelferinnenkorps zum 1.2.1945, in dem die Helferinnenkorps der Wehrmachtsteile und die weiblichen Angehörigen des RAD bzw. des Kriegshilfsdienstes zusammengefaßt wurden. Die zweite bestand darin, daß die Wehrmachtsteile ermächtigt wurden, Soldatenplanstellen in Planstellen für weibliche Gefolgschaftsmitglieder umzuwandeln und umgekehrt. Aufgrund dieser Ermächtigung befahl das Oberkommando des Heeres, zuerst Soldaten der Jahrgänge 1914 und jünger kv. und b. kv., dann die Jahrgänge 1906 und jünger und 1906–1900 kv. und b. kv. herauszulösen und zur Verfügung der Heeresgruppen zu stellen. Von allen bodenständigen Kommandobehörden, Stäben und Einheiten des Feldheeres wurde erwartet, daß 85 % des Schreiber- und Registraturpersonals, der Rechnungsführer, Dolmetscher, Zeichner, Laboranten, technischen Assistenten aller Art und der im allgemeinen Verwaltungs- und Wirtschaftsdienst eingesetzten Soldaten von Wehrmachthelferinnen ersetzt würden und bei allen anderen Kommandobehörden, Stäben, Dienststellen und Einheiten des Feldheeres 50 % des männlichen Personals dieser Funktionen. (69)

Bei der Heeresgruppe C erfolgte die Herauslösung von Männern und ihr Ersatz durch Wehrmachthelferinnen im März 1945 unter dem Stichwort „Kirschblüte". Bis zu 85 % der für Frauen vorgesehenen Stellen wurden von Wehrmachthelferinnen übernommen. Als vorderste Einsatzgrenze für sie wurde die Po-Linie festgelegt. (70)

Die im Februar und März an die Einsatzstellen kommandierten Wehrmachthelferinnen gerieten in fast allen Fällen unmittelbar nach ihrer Ankunft in den Strudel der Rückzüge. Trotzdem war das die Zeit, als die weiblichen Hilfskräfte der Wehrmacht den größten Umfang hatten. Das hatte im wesentlichen zwei Gründe: Einerseits liefen die Werbeaktionen für das Wehrmachthelferinnenkorps noch auf vollen Touren. Der Völkische Beobachter sprach z.B. noch am 14.3.1945 von einem Bedarf bei Feldheer und Ersatzheer. Auf der anderen Seite wurden zur gleichen Zeit zahlreiche Helferinnen aus den ehemals besetzten Gebieten frei, die im Reich zum Einsatz zur Verfügung standen. Bei einer Personalstärke der Wehrmacht von rund 10 Millionen Soldaten gab es fast 500 000 Wehrmachthelferinnen. In den folgenden Monaten schrumpfte die Zahl, weil mehr Helferinnen entlassen als eingestellt wurden. Es gehört zum Widersinn dieses Krieges, daß Einstellungen und Entlassungen, Anforderungen und Rückführungen, Einkleidung und Auskleidung parallel liefen.

Belegstellen

(1) Reichsarbeitsblatt 31 vom 5.11.1939, S. 502
(2) Vgl. Heeresverordnungsblatt C 1939, S. 448

(3) Vgl. Heeresverordnungsblatt C 1940, S. 241
(4) Heeresverordnungsblatt C 1940, S. 414
(5) Vgl. Heeresverordnungsblatt C 1940, S. 241
(6) Vgl. Ebenda
(7) vgl. Militärbefehlshaber in Frankreich IVa Az. 26/27r (33c) P II 2 vom 24.9.1942, in: Gersdorff, a.a.O., S. 368
(8) Allgemeine Heeresmitteilungen 1940, S. 467
(9) Allgemeine Heeresmitteilungen 1940, S. 467
(10) Vertrauliche Information für die Presse vom 1.7.1941, in: Gersdorff, a.a.O., S. 335
(11) Heeresverordnungsblatt 1943, S. 248
(12) Heeressanitärinspekteur Nr. 6354/41 vom 12.11.1941, Bundesarchiv/Militärarchiv RH 55/94
(13) Der Reichsminister der Luftfahrt und ObdL vom 13.7.1941, Bundesarchiv/Militärarchiv RL II 3/447
(14) Vgl. Tagung der Luftgau-Sachbearbeiter für Luftwaffen-Helferinnenfragen in Kreuznach am 12.12.1941, Bundesarchiv/Militärarchiv RL 2 III/447
(15) Vgl. General für den Personaleinsatz der Luftwaffe Nr. 179/44 geh. (I) vom 28.1.1944, Bundesarchiv/Militärarchiv RL 2 III/447
(16) Vgl. Teil II § 23 der Ersten Durchführungsverordnung zum Luftschutzgesetz in der Fassung vom 1.9.1939, RGBl. I, S. 1632. Die Aufgaben des Luftschutzes setzten sich aus folgenden Tätigkeiten zusammen: Luftschutzwarndienst zur Warnung von Bevölkerung, Dienststellen und Betrieben; Sicherheits- und Hilfsdienst zur Hilfeleistung bei Personen- und Sachschäden und zur Aufrechterhaltung der öffentlichen Sicherheit und Ordnung nach Luftangriffen; Werkluftschutz zur Aufrechterhaltung der Produktion in industriellen und gewerblichen Betrieben; Selbstschutz zum Schutz von Gebäuden und die in ihnen befindlichen Personen; Erweiterter Selbstschutz als Zwischenglied zwischen Werkschutz und Selbstschutz; vgl. ebenda Teil I § 1
(17) Luftwaffenverordnungsblatt 1941, S. 162
(18) Marineverordnungsblatt 1941, S. 305
(19) Luftwaffenverordnungsblatt 1940, S. 300
(20) Vgl. S. 104 dieses Buches
(21) OKH ChHRüst und BdE vom 6.9.1941, Bundesarchiv/Militärarchiv RH 55/v. 94
(22) OKH ChHRüst u. BdE vom 27.2.1942, Bundesarchiv/Militärarchiv RH 36/227
(23) Ebenda
(24) OKH GenStdH/GenQu IVa vom 24.3.1942, Bundesarchiv/Militärarchiv RH 36/227
(25) OKH ChHRüst u. BdE vom 27.2.1942, Bundesarchiv/Militärarchiv RH 36/227
(26) OKH GenStdH GenQu IVa vom 24.3.1942, Bundesarchiv/Militärarchiv RH 36/227
(27) Der Militärbefehlshaber in Frankreich II/IIb/IVa vom 8.12.1941, Bundesarchiv/Militärarchiv RH 36/227
(28) Der Militärbefehlshaber in Frankreich – IVa – Az. 26/27 r (33c) – P II 2 vom 24.9.1942, in: Gersdorff, a.a.O., S. 367
(29) RGBl I, S. 67
(30) Der Beauftragte für den Vierjahresplan/Der Generalbevollmächtigte für den Arbeitseinsatz V A Nr. 5103.4/18 vom 15.1.1943, in: Gersdorff, a.a.O., S. 378
(31) Vgl. OKH GenStdH/Org Abt (II) Nr. 15699/43 geh. vom 11.2.1943; Heeresverordnungsblatt B 1943, S. 284
(32) Heeresverordnungsblatt B 1943, S. 283
(33) K. G. Klietmann, Die Bereiterinnen des Heeres, in: Deutsche Wehrmacht 1934 – 1945, Berlin 1964
(34) KR-Fernschreiben der Parteikanzlei an den Generalstab der Luftwaffe vom 19.7.1943, Bundesarchiv NS 6/vorl. 319
(35) Rundschreiben des Leiters der Parteikanzlei vom 24.8.1943, Bundesarchiv NS 6/vorl. 342
(36) Rundschreiben des Leiters der Parteikanzlei 110/43 vom 3.8.1943, Bundesarchiv NS 6/vorl. 342
(37) Der Reichsarbeitsführer wJ 180/43 geheim vom 12.8.1943, in: Gersdorff, a.a.O., S. 400
(38) VBl. RAD 1944, S. 323

(39) Der Reichsarbeitsführer VW 1 I Nr. 6210-20/45wJ vom 7.3.1945, in: Gersdorff, a.a.O., S. 510
(40) Ebenda
(41) Der Reichsarbeitsführer Az. D 1 Nr. 680/43 g. vom 14.8.1943, Bundesarchiv NS 6/vorl. 345
(42) Rundschreiben 116/43 der Parteikanzlei, Bundesarchiv NS 6/vorl. 342
(43) Gersdorff, a.a.O., S. 418
(44) Der Reichsminister der Finanzen Az. 1602-128 I. vom 20.12.1943, Bundesarchiv R 2/4529
(45) Vgl. Statistisches Jahrbuch 1941/42, Die Bevölkerung nach Geburtsjahren und Familienstand am 17. Mai 1939
(46) Vermerk der Besprechung vom 18.8.1944 im Reichsministerium der Finanzen, in: Gersdorff, a.a.O., S. 439
(47) Vgl. Der Reichsminister der Luftfahrt und ObdL Az. 26e 18 vom 3.12.1942, in: Gersdorff, a.a.O., S. 372
(48) Schreiben Reichsleiter Bormann an Reichsminister Dr. Goebbels vom 16.11.1944, in: Gersdorff, a.a.O., S. 465
(49) Der Chef des Nachrichtenverbindungswesens der Luftwaffe Nr. 42264/44 vom 10.2.1944, Bundesarchiv/Militärarchiv RL 2 III/447
(50) Schreiben vom 19.10.1944, in: Gersdorff, a.a.O., S. 454
(51) GBA 2670/44 vom 31.10.1944, in: Gersdorff, a.a.O., S. 459
(52) FS Bormann vom 16.11.1944, in: Gersdorff, a.a.O., S. 465
(53) Reichsleiter Bormann an Reichsminister Dr. Goebbels vom 27.9.1944, in: Gersdorff, a.a.O., S. 446
(54) Rundschreiben des Leiters der Parteikanzlei 329/44 vom 14.10.1944, Bundesarchiv NS 6/vorl. 348
(55) FS Bormann vom 16.3.1944, in: Gersdorff, a.a.O., S. 465
(56) Vgl. General für den Personaleinsatz der Luftwaffe Nr. 179/44 vom 28.1.1944, Bundesarchiv/Militärarchiv RL 2 III/447
(57) Archiv der Gegenwart vom 9.12.1944
(58) Entwurf einer Luftwaffenhelferinnen-Einsatzordnung vom November 1944, Bundesarchiv R 2/4535
(59) Gaupropagandaamt Reichenberg vom 12.1.1945, Bundesarchiv, Plakatsammlung
(59) Entwurf einer Luftwaffenhelferinnen-Einsatzordnung vom November 1944, Bundesarchiv R 2/4535
(60) Annemarie von Puttkamer, Die verführten Herzen, Mainz 1948, S. 330
(61) Rundschreiben der Parteikanzlei 452/44 vom 16.12.1944, Bundesarchiv NS 6/vorl. 349
(62) Rundschreiben der Parteikanzlei 454/44 vom 31.12.1944, Bundesarchiv NS 6/vorl. 349
(63) OKL General der Fliegerausbildung Nr. 100/45 vom 9.1.1945, in: Gersdorff, a.a.O., S. 487
(64) OKL General der Fliegerausbildung vom 1.11.1945, in: Gersdorff, a.a.O., S. 461
(65) OKL Gen. d. Fl. Ausb./ATA I Nr. 100/45 vom 9.1.1945, in: Gersdorff, a.a.O., S. 488
(66) Hamburger Illustrierte 1943 vom 15.5.1943
(67) Rundschreiben der Parteikanzlei 57/45 vom 6.2.1945, Bundesarchiv NS/vorl. 353
(68) Vgl. OKH GenStdH/Org Abt. Nr. II 70665/45 geh. vom 27.2.1945, Institut für Zeitgeschichte MA 485, pag. 2833
(69) OKH GenStdH II/70665/45 geheim vom 27.2.1945, Institut für Zeitgeschichte MA 485, pag. 2825-2848
(70) OB Südwest AOK Heeresgruppe C Ia/Id/IIb Nr. 2370/45 vom 13.3.1945, Bundesarchiv/Militärarchiv RH 19X/52

Organisation, Ausbildung und Einsatz

Trotz einsatzbedingter Ähnlichkeiten in der Organisation der Helferinnenschaften legten die Wehrmachtsteile bis 1944 Wert auf die eigene Zuständigkeit für ihr Gefolge. Erst mit der Gründung des Wehrmachthelferinnenkorps 1945 schwanden die Unterschiede.

Die *Nachrichtenhelferinnen des Heeres* erhielten im März 1941 erstmals eine Dienstanweisung. Danach gehörten zu ihnen alle in der Funktion von Fernsprecherinnen und Fernschreiberinnen bei den Vermittlungen höherer Kommandostellen „in uniformierten, militärischen, geschlossenen Einheiten" eingesetzten weiblichen Hilfskräfte. (1)

Die Ausbildung der Heeresnachrichtenhelferinnen erfolgte in zwei Etappen. Die Grundausbildung führten die Generalkommandos für die Bewerberinnen ihres Bereichs in Gruppen zu etwa 40 Mädchen durch. Die Anwärterinnen wohnten in der Regel in beschlagnahmten Hotels und wurden zur Ausbildung in die Liegenschaften des Generalkommandos gefahren. Sprechschulung und Übungen am Klappenschrank waren die wichtigsten Ausbildungszweige. Der zweite Ausbildungsteil war an der Heeresnachrichtenschule in Gießen zentralisiert. Oft waren dort mehrere hundert Mädchen gleichzeitig. Eine Hauptführerin sorgte für die Dienstpläne. Die Ausbildung wurde von Nachrichtenunteroffizieren durchgeführt. Unterrichtsfächer waren Heereskunde, Nachrichtenbetriebsdienst, politischer Unterricht. (2) Nach den Abschlußprüfungen folgte der Einsatz bis 1942 in der Regel im Ausland.

Ab 1942 konnten die Nachrichtenhelferinnen auch in Heereskommandos des Reichsgebiets eingesetzt werden. Im OKH arbeiteten zeitweise 300 Helferinnen. Ab 1942 waren sie auch zum G-Schreiber zugelassen, selbst wenn sie die Bedingungen der H.Dv. 99 Ziffer 30 C e nicht erfüllten, d.h. noch nicht 4 Jahre im Dienst der Wehrmacht standen. (3) Von dieser Zeit an hatten Helferinnen Einblick in geheime Kommandosachen. In der Fernschreibzentrale des OKH/OKW in der Bendlerstraße in Berlin belieferten zwei Nachrichtenhelferinnen, die als Fernschreiberinnen am Geheimschreiber tätig waren, den Schweizer Agenten Rudolf Roesler (Deckname Lucy) bis März 1944 mit insgesamt etwa 4 500 Fernschreiben GeKados und 120 Fernschreiben „Chefsache – Nur durch Offizier". Von weiteren 800 Fernschreiben machten sie Niederschriften aus dem Gedächtnis. Das Material wurde aus der Schweiz an die Sowjetunion weitergeleitet. (4)

Die Gruppe der *Stabshelferinnen* wurde ein Jahr später geschaffen. Es waren die Helferinnen, die vorerst in Gebieten außerhalb der Reichsgrenze „anstelle von Soldaten zur Wahrnehmung von angestellten- oder invalidenversicherungspflichtiger Tätigkeit eingesetzt" waren. (5) Kriegshilfsdienstverpflichtete Angehörige des Reichsarbeitsdienstes, die ab 1.10.1941 im Geschäftszimmerdienst des Heeres tätig waren, wurden zu Stabshelferinnen, wenn es gelang, sie im Notdienstverhältnis weiter zu beschäftigen. (6) Die Stabshelferinnen des Heeres waren je nach Ausbildung und Eignung als Stenotypistinnen, Maschinenschreiberinnen, Dolmetscherinnen, Zeichnerinnen, Rechnungsführerinnen, Karteiführerinnen, Botinnen usw. tätig.

Ein weites Betätigungsfeld der Stabshelferinnen mit hohem Geheimhaltungsgrad lag bei den Abwehrstellen und Auslandsbriefprüfstellen. Im Oktober 1943 beschäftigte das Amt Ausland/Abwehr Stabshelferinnen an folgenden Orten: Abwehrstelle im Wehrkreis I, II, III, IV, V, VI, VII, VIII, IX, X, XI, XII, XIII, XVII, XVIII, XX, XXI, Prag, Krakau, Kiel, Wilhelmshaven, Dänemark, Norwegen, Niederlande, Belgien, Paris, Angers, Bordeaux, Dijon, Lyon, Bukarest, Belgrad, Agram, Ostland, Ukraine; Auslandsbriefprüfstellen und Telegrammprüfstellen in Königsberg, Hamburg, Berlin, Köln, Frankfurt/M., München, Wien, Kopenhagen, Oslo, Paris, Bordeaux, Lyon. (7)

Am 1.6.1944 wurden alle Abwehrstellen im Reich und in den besetzten Gebieten dem Reichssicherheitshauptamt unterstellt. Planungen, die in der Abwehr tätigen Stabshelferinnen in das SS-Helferinnenkorps zu übernehmen, wurden nicht realisiert. (8)

Die jeweilige Funktion der Stabshelferinnen wurde im „Einsatzbuch" vermerkt, das jede Helferin während ihrer Dienstzeit ebenso begleitete wie die Soldaten das Soldbuch. (9)

Zu Tätigkeiten, die nicht im Katalog der Stabsdienste festgehalten waren, durften die Helferinnen nicht herangezogen werden, z.B. zum Ordonnanz- und Aufwartedienst. (10)

Eine besondere Gruppe unter den Stabshelferinnen waren die *Bereiterinnen des Heeres* an den Reit- und Fahrschulen der Wehrkreise. Ab Sommer 1943 löste das OKH dort die Unteroffiziere durch Frauen ab. In allen Fällen handelte es sich um passionierte Reiterinnen, die gefragt wurden, ob sie Interesse hätten, Remonten zu reiten. Jede von ihnen bekam 3 Pferde zur Ausbildung. Das Alter der Bereiterinnen nahm im Verlauf des Krieges ab. Ihre Zahl stieg an einzelnen Schulen bis auf 36. Einige beteiligten sich auch an der Evakuierung der Pferde Anfang 1945. (11)

Erst 1944 entschloß man sich, Frauen für den Ordonnanzdienst, als Aufwarterinnen und als Reinigungs- und Küchenhilfen heranzuziehen. Die bisher für diese Dienste eingesetzten Männer wurden für den Frontdienst freigegeben. Die in diesen Bereichen eingesetzten Frauen nannten sich *Truppenhelferinnen* bzw. Truppenhelferinnen im Ordonnanzdienst. Obwohl sie nur den Tariflohn für Arbeiterinnen bekamen, waren sie den Stabshelferinnenschaften angeschlossen, zumal sie bei denselben Stäben und Dienststellen dienten wie diese. (12)

Für die Stabshelferinnen wurde keine wehrmachtspezifische Ausbildung durchgeführt. Es waren genügend erfahrene Schreibkräfte und Bürohilfskräfte aus dem öffentlichen Dienst und der Wirtschaft verfügbar. In keinem anderen Bereich ließ sich der Wehrmachtgrundsatz, beim Einsatz von Helferinnen die bisherige Ausbildung und Berufstätigkeit zu berücksichtigen, so leicht erfüllen wie bei den Stabshelferinnen. (13)

Mit Wirkung vom 1.11.1941 schlossen sich unter Aufhebung ihrer Zugehörigkeit zur Freiwilligen Krankenpflege die bisher in Verpflegungseinheiten, Soldatenheimen, Front-Sammel- und Leitstellen und in den Betreuungsstellen als Personal der Freiwilligen Krankenpflege verwendeten Schwesternhelferinnen und Helferinnen zur *Betreuungshelferinnenschaft* zusammen. Alle mit der Betreuungshelferinnenschaft zusammenhängenden Fragen wurden von diesem Zeitpunkt ab im Oberkommando des Heeres vom General z.b.V. IV bearbeitet. (14)

Die Verwendung von Frauen in der *Luftnachrichtentruppe* war an und für sich nichts Neues. Schon in Friedenszeiten arbeiteten viele im Flugmeldedienst der Luftwaffe. Erfahrungen mit weiblichem Personal lagen vor. Trotzdem stieß die Anordnung des Chefs des Nachrichtenverbindungswesens, General Martini, auch im Fernsprech-, Fernschreib- und Funkbetriebsdienst der besetzten Gebiete Frauen einzusetzen, nicht auf einhellige Zustimmung im Offizierskorps der Luftwaffe. Wortführer der höheren Offiziere, die glaubten, daß Frauen im militärischen Befehlsbereich der Auslandsluftgaue fehl am Platz seien, war der spätere Generalfeldmarschall Sperrle, Befehlshaber der Luftflotte 3. Auch der Nachrichtenführer der Luftflotte 4, General Surén, in dessen Bereich im September 1941 4 263 Luftnachrichtenhelferinnen tätig waren, hatte Vorbehalte. (15)

Es war Wasser auf die Mühlen dieser Männer, als bei einer Besprechung der Luftgausachbearbeiter für Luftwaffenhelferinnenfragen im Dezember 1941 offen zugegeben wurde, daß „die Luftwaffenhelferinnenschaft hinter den übrigen weiblichen Organisationen mit militärischem Einschlag an Festigkeit, Arbeitskraft und Ansehen noch weit zurücksteht". (16)

Die Organisationsverfügung der Luftwaffe vom 26.2.1941 teilte die Luftwaffenhelferinnenschaft in Luftwaffenflugmeldehelferinnen und Luftwaffenbetriebshelferinnen ein. Ein Jahr später wurde diese Teilung korrigiert. Unter den Begriff der *Luftwaffenhelferinnen* fielen ab Februar 1942 vier verschiedene Arten von Helferinnen:
– die im Flugmeldedienst tätigen Frauen
– die in den Fernsprechvermittlungen arbeitenden Frauen
– die in den Fernschreibvermittlungen und an den Fernschreibmaschinen in Stäben, Luftwaffenübungsstellen und sonstigen Endstellen arbeitenden Frauen
– die Angehörigen des Funkbetriebs-, des Funkhorch- und Wetterdienstes.

1942 kamen die Bezeichnungen Betriebshelferin und Luftschutzwarndiensthelferin wieder und Sanitätshelferin neu dazu.

Luftwaffenhelferinnen, die als Schreib- und Bürohilfskräfte eingesetzt waren, führten in der Luftwaffe die Bezeichnung *Betriebshelferinnen*. Der örtliche Einzelbedarf der Luftwaffendienststellen wurde unmittelbar bei den Arbeitsämtern gedeckt. Bei größerem Bedarf mußten die Luftgaukommandos „in persönlicher und ständiger Fühlungnahme mit den Gauarbeitsämtern unter Hinweis auf die Bedeutung für den Einsatz der Luftwaffe" dafür sorgen, daß geeignete und voll einsatzfähige Kräfte unverzüglich bereitgestellt wurden. (17)

Der Ausdruck „Stabshelferin" war in der Luftwaffe Frauen vorbehalten, die als Zivilangestellte in den Dienststellen arbeiteten. (18)

Für die Ausbildung der Luftwaffenhelferinnen, die als *Fernmeldehelferinnen* oder *Funkerinnen* eingesetzt werden sollten, wurden in den Luftgauen spezielle Ausbildungsabteilungen aufgestellt. Sie bestanden aus einem Kommandeur im Range eines Majors oder Hauptmanns, 2 Offizieren z.b.V., 24 Unteroffizieren und 6 Mannschaftsdienstgraden. Dazu kamen 2 Beamte. Jeder Lehrgang umfaßte etwa 400 Anwärterinnen. (19) Die Ausbildung dauerte drei Monate. Während dieser Zeit waren die Luftwaffenhelferinnen-Anwärterinnen täglich kündbar. (20) Auch die Flugmeldehelferinnen für die Jagdkorps wurden in den Luftgauen ausgebildet. Erst im Dezember 1943 erhielt das 1. Jagdkorps mit der Umwandlung der 4. Ausbildungsabteilung beim Nachrichtenregiment 11 in Pinneberg eine eigene Ausbildungsabteilung. (21) Der Lehrplan schrieb allgemeine, nachrichtentechnische und verwaltungskundliche Fächer vor. Zu den allgemeinen Fächern gehörten die politisch-weltanschauliche Schulung, Sport, Ordnungsübungen, Sprechtechnik und militärkundliche Fächer. Die Nachrichtentechnik umfaßte Gerätelehre, Betriebslehre, technischen Betriebsdienst und Flugzeugkunde. Die Verwaltungskunde bestand aus den Fächern Rechnungswesen und Registraturwesen. (22)

Als 1943 Klagen über die mangelhafte Ausbildung der Luftwaffenhelferinnen immer lauter wurden, wies der Chef des Nachrichtenverbindungswesens im Reichsministerium der Luftfahrt darauf hin, daß „der Erstellung von Übungsanlagen" und „der Bereitstellung von Ausbildungspersonal" mehr Sorgfalt gewidmet werden müsse. Das Ausbildungspersonal für die Flugmeldekameradschaften in den Ausbildungsabteilungen müsse dem aktiven Flugmeldepersonal entnommen werden. Die Nachrichtenführer der Luftgaukommandos und die Kommandeure der Luftgaunachrichtenregimenter wurden dazu verpflichtet. (23) Während die technisch-betriebliche Ausbildung von Offizieren, Feldwebeln und Unteroffizieren geleitet wurde, lag der allgemeine Unterricht, der etwa die Hälfte der Stundenzahl im Ausbildungsplan umfaßte, bei den weiblichen Führerinnen. Bei der

Ausgestaltung des Lehrplans waren die Lehrgangsleiter frei, weitere Unterrichtsthemen einzubeziehen wie Geographie, aktuelle politische Fragen, Organisation und Gliederung der Wehrmacht usw.

Die meisten Luftwaffenhelferinnen waren bei den Fernsprech- und Fernschreibstellen der Fliegerhorste und sonstigen Luftwaffendienststellen eingesetzt. Bei einer Vermittlung mit 200 Anschlüssen fielen täglich 5 000–7 000 abzuwickelnde Gespräche an. Jeweils 15 Fernsprecherinnen arbeiteten dann im Schichtdienst. Ihre Tätigkeit galt als strapaziös. Die Fernschreiberinnen dieser Dienststellen hatten durchschnittlich 65–125 Fernschreiben pro Tag durchzugeben. Mehr als die Hälfte des Dienstes der Funkerinnen dort war Bereitschaftsdienst. Sie wurden im allgemeinen zur Durchführung des Jägersprechverkehrs (Übungsverkehr), der nur am Tage stattfand, und für den Katastrophenfunk gebraucht. Im Katastrophenfunk fand etwa zweimal in der Woche ein Erprobungsverkehr statt, der ungefähr 2 Stunden dauerte. Die Zahl der Funksprüche, die täglich durchgegeben wurden, betrug nur 5–10.

Flugmeldehelferinnen und *Flugmeldeauswerterinnen* arbeiteten im Rahmen des riesigen Apparates des deutschen Flugmeldedienstes, der auf dem Höhepunkt des Krieges von Nordnorwegen bis Nordafrika reichte und an den Fronten von mobilen Flugmeldefunkkompanien durchgeführt wurde. Im November 1942 arbeiteten etwa 50 000 Soldaten und Helferinnen im Auge-Ohr-Flugmeldedienst und 35 000 im Flugmeldemeß- und Jägerleitdienst. Jede der großen Jagddivisionen verfügte über etwa 6 000 weibliche Hilfskräfte. Sie waren in voller Einsatzbereitschaft beim Einflug feindlicher Flugzeuge. Ansonsten bestand ihre Tätigkeit in Bereitschaftsdienst. Man fand sie in allen Dienststellen des Flugmeldemeßdienstes und des Flugmeldewarndienstes. Sie arbeiteten in den Flugwachen und Flugwachkommandos, in den Gerätstellungen der Fernmeldetruppe und in den Gefechtsständen der Jagdwaffe. Sie bedienten die Hörgeräte und Fernrohre, die Meß- und Peilgeräte, die Fernsprechvermittlungen und die Lichtwerfer für die Lagekarten und nahmen in einzelnen Fällen sogar die Funktion von Fliegerleitoffizieren wahr.

Der Flugmeldemeßdienst der Luftwaffennachrichtenabteilungen diente in Unterstützung der Jägerverbände zur Abwehr feindlicher Luftangriffe vor allem bei Nacht. Dazu wurden das Reich und die besetzten Gebiete in Nachtjagdräume aufgeteilt. Die ersten entstanden Ende 1940 in Holland und westlich Berlin. In jedem Nachtjagdraum lag ein Scheinwerferregiment, eine mittlere Flugmeldekompanie und eine Nachtjagdgruppe, die gelegentlich nur aus einer Staffel bestand. Das Flakscheinwerferregiment hatte drei Abteilungen mit drei Batterien von je neun Scheinwerfern. 1943 wurden die Scheinwerferabteilungen den Jagddivisionen unmittelbar unterstellt.

Die sogenannte Kammhuberlinie zum Schutz des Reichsgebietes bestand aus 6 hellen Nachtjagdräumen und 10–16 vorgelagerten Dunkeljagdstellungen, in denen der Jägerleitoffizier die Jagdflieger mit den Freya-Geräten im AN-Verfahren, d.h. in reiner Funkmeßführung, an den Feind heranführte. Die helle Nachtjagd wurde von schweren Funkmeßkompanien gesteuert, in denen der Jägerleitoffizier den Piloten über Sprechfunk dirigierte. In jedem Planquadrat von 35 mal 45 km suchten die 81 Scheinwerfer des Regiments den feindlichen Flieger und leuchteten ihn zur Bekämpfung aus, sobald das deutsche Flugzeug auf richtigem Kurs lag. Die englischen und amerikanischen Verbände manövrierten dieses Verfahren jedoch dadurch aus, daß sie die hellen Nachtjagdräume umflogen oder in so großer Zahl erschienen, daß die Abwehr keine Chance hatte. Deshalb wurde das helle Nachtjagdverfahren bereits Mitte 1942 aufgegeben. Daneben gab es noch das kombinierte Nachtjagdsystem, in dem Nachtjäger und Flak gemeinsam tätig waren. Sie wurden 1941 um die besonders gefährdeten Städte Kiel, Hamburg, Berlin, Bremen, Düsseldorf, Köln, Darmstadt und München aufgebaut. Im kombinierten Nachtjagdsystem schoß die Flak, wenn die Feindflugzeuge unter 5 000 m flogen; die Nachtjäger griffen bei größeren Höhen ein. Im Gefechtsstand kommandierten ein Jägerabschnittsführer und der Flakdivisionskommandeur für ihren Bereich. Wenn die Flakartillerie stillgelegt war, übernahm ein Jägerleitoffizier die Führung der Jäger. Bei größeren Einflügen beschränkte man sich auf die Flakabwehr.

Für die Dunkelnachtjagd gab es seit Mitte 1941 den sogenannten Seeburg-Führungstisch, auf dessen Plattform der JLO den Abfangjäger nach den Angaben der Auswerteunteroffiziere auf den Feindbomber ansetzte. Ende August 1942 arbeiteten beim XII. Fliegerkorps 96 Nachtjagdstellungen mit einem Personalbestand von 30 000 Mann – darunter viele Helferinnen – den 219 einsatzbereiten Nachtjagdflugzeugen zu. Ab 1943 kamen Helferinnen auch in die Gerätestellungen der Flugmelderegimenter zur Bedienung des Rundumsuchgerätes vom Typ Jagdschloß über eine Reichweite von 80 km, von Frühwarngeräten des Typs Wassermann über 220 km, von Flugmelde- und Jägerführungsgeräten vom Typ Freya über 100 km bei 3 000 m Flughöhe und an Jägerführungsgeräten vom Typ Würzburg-Riese über 80 km Suchreichweite und 60 km Peilreichweite.

Die Kombination der flugmeßtechnischen mit flugmeldetechnischen Eingaben erfolgte in den Gefechtsständen der Jagdfliegerführer an der senkrechtstehenden gläsernen Lagekarte, auf der die Fluko-Auswerteoffiziere und die Geräteleitoffiziere – später vor allem Helferinnen – alle eingehenden Werte eintrugen, entweder mit der Hand, mit Lichtpunktwerfern, Stecklämpchen oder Zielwegschreibern. Während diese Geräte technisch immer perfekter wurden, kam die Industrie den Problemen einer modernen Reportageschaltung in den Gefechtständen nicht bei. Nachdem Fernschreiber und Tastfunkreportage von der Jagdführung abgelehnt worden waren, konzentrierte man sich auf Verbesserungen der Fernmelde-Rundspruchschränke durch Verstärker, Relais, Leuchtsignale usw. Das Leitungsproblem bekam man mit Vierdrahtleitungen erst 1944 in den Griff, als der Ausfall der Drahtverbindungen nach Luftangriffen immer unangenehmer wurde.

Als die Funkmessung über dem Reichsgebiet wegen der gelungenen Störversuche der Alliierten ab 1943 immer wirkungsloser wurde, besann man sich wieder auf die alte Auge-Ohr-Flugmeldung. Zur Ausbildung in diesem Verfahren wurde ein eigenes Flugmelde-Lehr-Regiment aufgestellt. Die Leitung des Flugmeldewesens lag in der Hand des Flugmeldeinspizienten Oberst Schützek, der die Einhaltung der LDv. 28 zu überwachen hatte.

In den besetzten Gebieten im Westen und Norden waren bereits 1940 Flugwachen eingerichtet worden, soweit nicht die bereits vorhandenen Systeme genützt wurden. Die Verbindung zu den Flugwachkommandos erfolgte durch das Fernmeldenetz. Nur an einigen unzugänglichen Stellen arbeitete man mit Funk. Zu den kleineren Flukos gehörten etwa 20 Flugwachen, zu den größeren bis zu 100.

Aufgabe des Flugwachkommandos war, die eingehenden Meldungen der Flugwachen auf Karten einzuzeichnen, Flugrichtung und Geschwindigkeit zu bestimmen und die aktiven und passiven Luftschutzmaßnahmen auszulösen. Das geschah in einem Sammelgespräch an die Nachbarflugwarnkommandos und an die Nutznießer, wenn die Auswertung am Klotzsche-Tisch ein Bild ergab. Der Meldeverzug konnte durch Konzentration des Teams von 60 Sekunden auf 8 Sekunden vermindert werden. Die Flugmeldeauswertungsstellen auf den Flugplätzen gaben die Luftlagemeldungen an die fliegenden Verbände und den Start der eigenen Flugzeuge an die Flugwachkommandos weiter, damit sie nicht als Feind interpretiert wurden und die Flugwegkontrolle belasteten. Über den taktischen Einsatz der Flugzeuge entschied jeweils der Staffelkapitän nach eigenem Ermessen.

1943 gab es etwa 2 500 Flugwachen zum Schutz der besetzten Gebiete und des Reichsgebietes vor einfliegenden feindlichen Flugzeugen. Dazu kamen noch die beweglichen Wachen der Flugmeldefunkkompanien. Zum Abhören der Flugzeuggeräusche wurden bei den Flugwachen sogenannte Horchgruben von 5–7 m gebaut. Das Flakfernrohr mit zehnfacher Vergrößerung diente der Augenbeobachtung.

In einer *Flugwache* war ein Flugmeldetrupp eingesetzt. Seine Stärke betrug
    a) in einer Flugwache 1. Ordnung: 5 Soldaten oder 6 Ln-Helferinnen,
    b) in einer Flugwache 2. Ordnung: 3 Soldaten oder 3 Ln-Helferinnen,
    c) in einer Flugwache 3. Ordnung: 2 Soldaten oder 2 Ln-Helferinnen.

In einer *Flugwache des beweglichen Flugmeldeeinsatzes*, die stets als Flugwache 1. Ordnung zu bewerten war, wurde ein Flugmeldefunktrupp eingesetzt. Seine Stärke betrug einschließlich Funkern und Kraftfahrern: 9 Mann. Hierfür kamen nur Soldaten zum Einsatz.

Die Besatzung eines *ortsfesten Boden-Funkmeßgerätes* bestand aus einem Flugmelde-Meßtrupp, der sich aus Soldaten und Ln-Helferinnen zusammensetzen konnte. In der Regel umfaßte

a) die Besatzung eines *Würzburg-Riesen*:
   1 Geräteführer, 1 Gerätemechaniker und 6 Soldaten oder 6 Ln-Helferinnen.

b) die Besatzung eines *Freya-Gerätes*:
   1 Geräteführer und 4 Soldaten oder 4 Ln-Helferinnen. Für je 2 Freya-Geräte war ein Gerätemechaniker zuständig.

c) die Besatzung eines *Wassermann-Gerätes*:
   1 Geräteführer, 1 Gerätemechaniker und 6 Soldaten. Ln-Helferinnen kamen hier nicht zum Einsatz.

d) die Besatzung eines *Jagdschloß-Gerätes*:
   1 Geräteführer, 1 Gerätemechaniker und 6 Soldaten, darunter mindestens 2 Auswerter. Auch hier kamen Ln-Helferinnen nicht zum Einsatz.

Die Besatzung eines *beweglichen Boden-Funkmeßgerätes* hatte meist die gleiche Stärke wie diejenige eines ortsfesten Gerätes.

Die Besatzung einer *Stellungs-Flugmeldezentrale* war abhängig von der Zahl der zu besetzenden Arbeitsplätze. Zum Einsatz kam ein Flugmelde-Auswertezug. Hier war in der Regel für eine Ablösung folgendes Personal notwendig: für den Eigenbereichstisch bis zu 6 Mann und für den Nachbarbereichstisch bis zu 8 Mann, für 1 Hauptlagenkarte bis zu 6 Zeichner, für 1 Eigenlagenkarte 1 Zeichner, für 1 Fernlagenkarte 1 Zeichner, für 3 Aufnahmeplätze für Flugansagen 3 Mann, für Eigenbereichsreportage 1 Reporter (I), für Nutznießerreportage 1 Reporter (II), für Flakartilleriereportage ein Reporter, 2 Jägerleitoffiziere, 1 Wachoffizier. Zusammen umfaßte eine Ablösung rund 30 Köpfe, von denen der größte Teil (Zeichner und Hilfsauswerter) durch Ln-Helferinnen gestellt wurde.

Für eine Stellungs-Flugmeldezentrale waren 2 Ablösungen zuzüglich einer zehnprozentigen Reserve erforderlich. Ein Auswertezug zählte mithin je nach Umfang der Arbeitsplätze rund 60–100 Köpfe. Eine gleiche Personalstärke war für eine *Abschnitts-Flugmeldezentrale* notwendig. War eine Funkmeßgeräte-Stellung „nachtjagdfähig", kam zu dem Auswertezug noch die Besatzung des Seeburg-Tisches hinzu, die mit 5–6 Mann pro Ablösung anzusetzen war. War bereits eine Askania-Fernsteuerung eingebaut, ermäßigte sich in diesem Falle die Besatzung auf weniger als die Hälfte.

In jeder *Divisions-Flugmeldezentrale* war eine Flugmelde-Auswertekompanie eingesetzt. Auch ihre Stärke war von der Zahl der zu besetzenden Arbeitsplätze abhängig. Die Funktionen waren etwa die gleichen wie in einer Stellungs-Flugmeldezentrale, jedoch in erheblich größerem Rahmen. Die Stärke einer Flugmelde-Auswertekompanie betrug durchschnittlich etwa 200–250 Köpfe. Auch diese Kompanien waren zu einem großen Teil mit Ln-Helferinnen besetzt.

Vielerorts wurde die Zweigleisigkeit des Meldesystems nicht genutzt. Einige Jagddivisionen erstellten ihre eigene Luftlage anhand der Funkmeßwerte der Luftnachrichteneinheiten, während Flakartillerie, Luftschutzwarndienst, Eisenbahn- und Industriewarndienste auf die Erkenntnisse des Auge-Ohr-Flugmeldedienstes angewiesen waren. Die Konkurrenz Flieger gegen Flak um die höheren Abschußzahlen verhinderte die erforderliche Kooperation. Erst mit Weisung Nr. 102222 vom 28.02.1944 befahl Göring die organisatorische Zusammenfassung von Gerätemeldedienst und Flugmeldedienst. Der Auge-Ohr-Meldedienst wurde aus der Zuständigkeit der Luftgaue herausgenommen und den Jagddivisionen unterstellt. (24)

Im Verlauf des Krieges wurden die Luftwaffenhelferinnen aus Flugmeldeauswertungsstellen abgezogen, deren Standorte nicht mit Industriebetrieben und Versorgungsanlagen (Depots) belegt waren, für die bei feindlichen Einflügen besondere Maßnahmen zu treffen waren, oder die nicht die Funktion eines Warnkommandos hatten. Vor allem betroffen waren Fliegerhorste, auf denen die fliegenden Verbände eigene Auswertungsstellen hatten. Auf allen anderen Fliegerhorsten wurden die Flugmeldehelferinnengruppen, die in der Regel 9 Mädchen umfaßten, auf 3 Luftwaffenhelferinnen reduziert, die mit Hilfe von

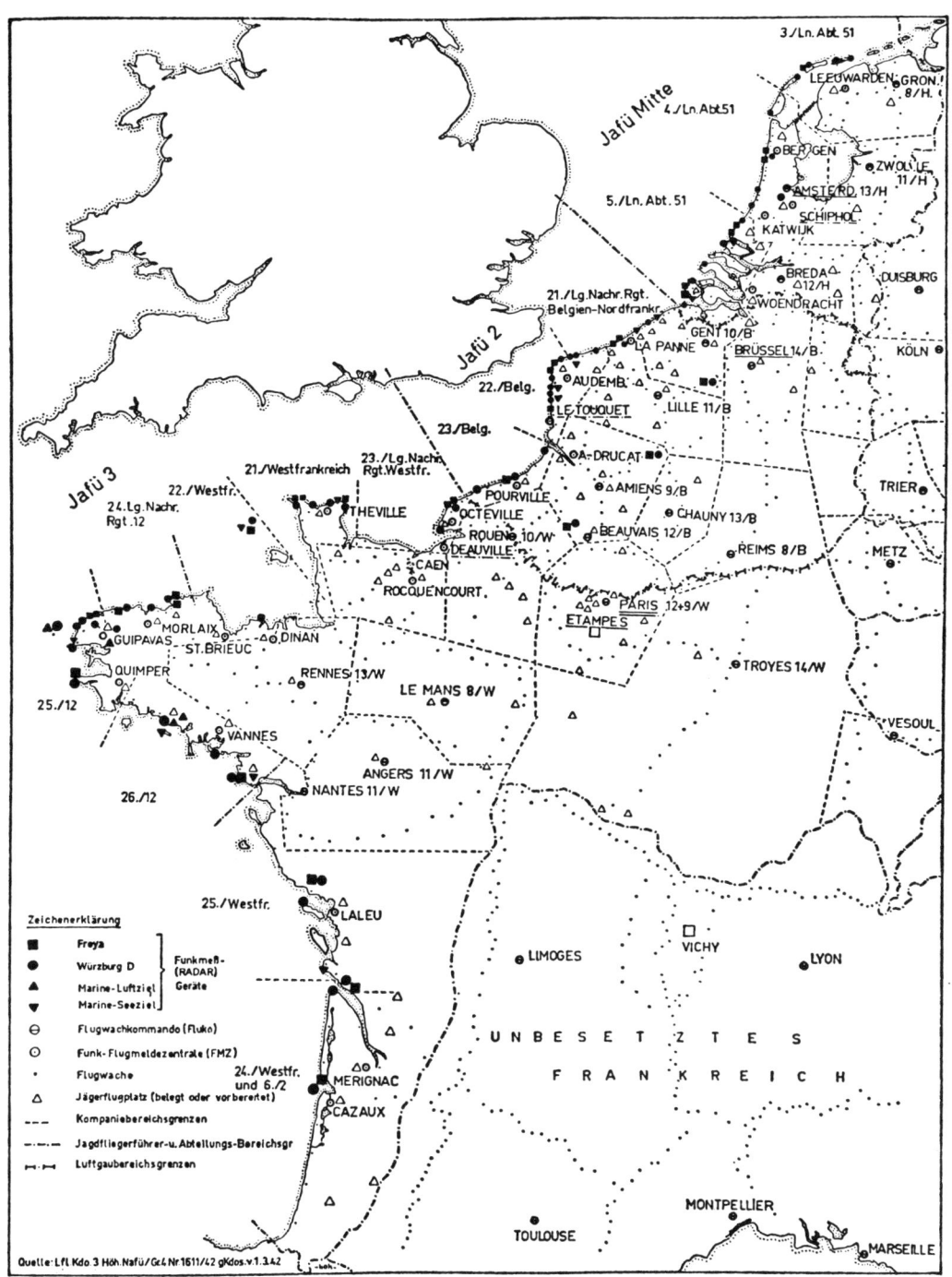

Flugmeldeorganisation der Luftflotte 3 im März 1942.

2 Soldaten die Myo-Meldungen und die Vorwarnungen aufzunehmen hatten, mit denen die Fliegerhorste die aktiven und passiven Luftschutzmaßnahmen auslösen konnten. Auch zahlreiche Luftwaffenhelferinnen bei den Flugwachen wurden überflüssig, und zwar durch eine Änderung der Organisation insofern, als die Luftspäher durch Fernsprecher direkt mit der Aufnahme im Flugwachkommando verbunden wurden, statt wie vorher ihre Meldung durch Sprachrohr an einen Fernsprecher in der Flugwache durchzugeben.

Die Luftwaffenhelferinnen, die als *Funkerinnen im Flugmeldedienst* tätig waren, hatten für den Fall der Störung der Fernsprechdrahtverbindungen in Bereitschaft zu sein. Mit der Zunahme der feindlichen Lufttätigkeit in Deutschland wurden die Fernsprechleitungen häufig gestört. An ihre Stelle trat die Nachrichtenübermittlung durch Funk. Der Eigenart dieses Nachrichtenmittels entsprechend, bestand der Dienst des Funkpersonals zum großen Teil in Bereitschaftsdienst. Gegen eine Reduzierung des Funkpersonals mußte sich der Chef des Luftwaffennachrichtenverbindungswesens mehrmals eindringlich zur Wehr setzen. Es gelang ihm, die Funkerinnen in ihren Stationen zu behalten, da er argumentieren konnte, daß bei Leitungszerstörungen die Führung ohne sie ihrer Führungsmöglichkeiten beraubt wäre. In Kenntnis dieser Situation bat der Generalbevollmächtigte für den Arbeitseinsatz, die im Luftschutzwarndienst und im Flugmeldedienst eingesetzten Funkerinnen während des Bereitschaftsdienstes zu anderen Tätigkeiten heranziehen zu können. Am 22. April 1943 erklärte sich Göring damit einverstanden. Die den Luftwaffenhelferinnen zugewiesenen Arbeiten durften jedoch weder den Dienst, noch die Gesundheit, noch die Einsatzfähigkeit der Helferinnen beeinträchtigen. Die Arbeiten sollten am Arbeitsplatz erledigt und schnell beiseite gelegt werden können. Eine Verschmutzung der empfindlichen Nachrichtengeräte, z.B. durch Staub- oder Stoffabfälle, mußte vermieden werden. Wegen entsprechender Tätigkeit wurden die Luftgaukommandos von Göring aufgefordert, sich mit den Landesarbeitsämtern, den Sanitätsdienststellen und der NSV ins Benehmen zu setzen. (25)

Die *Lichtpunktwerferinnen* in den Flugmeldekommandos und in den Gefechtsständen arbeiteten nur während der Nachtjagdzeit. Sie hatten die eingehenden Flugmeldungen aufzunehmen und durch Zielwegschreiber auf eine Planquadratkarte zu werfen. Man arbeitete in zwei Wachablösungen. Gegen den Einsatz von Frauen in dieser Funktion hatte der Präsident des Landesarbeitsamtes Nordmark Bedenken. Seines Erachtens handelte es sich um einen „militärischen Einsatz weiblicher Arbeitskräfte", für den er keine Dienstverpflichtungen aussprechen wollte. Göring wies die Argumente gegen den Einsatz von Lichtpunktwerferinnen zurück. Der Dienst sei nicht schwieriger als der der Luftwaffennachrichtenhelferinnen. (26) Ab 1943 kam man von dieser Methode („Kammhuberlichtspiele") ohnedies ab, da mit den Lichtpunktwerfern die Flugbahnen der feindlichen Flugzeuge nicht rekonstruiert werden konnten. Wo Zielwegschreiber nicht verfügbar waren, zog man Eintragungen mit der Hand oder mit Stecklämpchen vor.

Im Herbst 1943 kamen die ersten RAD-Maiden in die Funkmeßstellungen. Mit ihrer Ankunft wurden nicht nur die kv-Soldaten aus den Einheiten herausgelöst, sondern auch die bis dahin dort tätigen Luftwaffenhelferinnen. Die meisten kamen in Flugwachen, wo sie die frontverwendungsfähigen Soldaten ersetzten. Der Personalbedarf für diese Wachen (Tagwachen) betrug 45 000 Köpfe.

Im Frühjahr 1944 waren bei der Luftflotte Reich 160 000 Personen im Nachrichtendienst der Reichsluftverteidigung eingesetzt. 111 000 von ihnen waren Frauen, entweder Angehörige der Luftwaffen-Helferinnenschaft oder des RADwJ. (27)

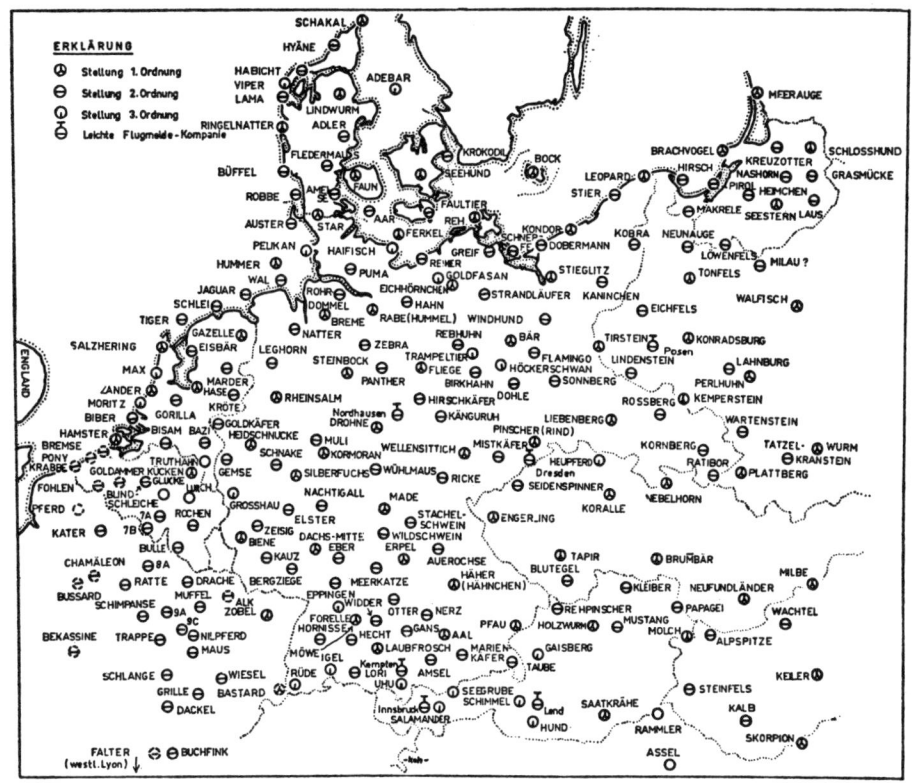

Flugmelde-Meßstellungen der Luftwaffe Ende 1944.

Die *Luftschutzwarndiensthelferinnen* gehörten zur Organisation des LSWD. Sie arbeiteten in den Luftschutzwarnzentralen und Luftschutzwarnwachen. Uniform und Dienstränge entsprachen denen der anderen Luftwaffenhelferinnen.

Aufgabe des Luftschutzwarndienstes war es, die angeschlossenen Betriebe, Behörden, örtlichen Luftschutzleiter, Krankenhäuser, Feuerwehren usw. mit Warnhinweisen zu versorgen, die akustischen Warnsignale auszulösen und die Verdunklungsbefehle an die Verkehrs- und Energiebetriebe weiterzuleiten.

In den Luftgaukommandos war der Ia op 3 der für den Luftschutzwarndienst maßgebliche Leiter. Der Aufbau des LSWD erfolgte zu Beginn des Kriegs mit unterschiedlicher Intensität. Als erster erreichte Hamburg die volle Einsatzbereitschaft. Ab 1943 gab es in allen Luftgauen – auch denen der besetzten Gebiete - Warnabteilungen. Sie wurden von Majoren oder Hauptleuten als Kommandeure geleitet. Diese hatten für die weiblichen Kräfte eine Luftschutzwarnführerin zur Seite. Den Luftgauwarnabteilungen unterstanden die Warnkommandos (Warnzentralen), in jedem Luftgau verschieden an Zahl und Größe. Die Luftlagemeldungen und Warnbefehle erreichten die Warnkommandos aus den Fluchwachkommandos, ab 1944 von den Flugmeldezentralen der Jagddivisionen. Meldungen aus 500 km Entfernung waren wünschenswert.

Das Luftschutzwarnnetz (Waldemarnetz) war bereits vor dem Krieg vom Chef des Nachrichtenverbindungswesens eingerichtet worden, die Leitungen waren bei der Reichspost reserviert.

Für örtliche Beobachtungen feindlicher Flugbewegungen waren die Warnwachen da. Größere Fabriken hatten eigene Luftspäher in der Funktion von Warnwachen. Sie gehörten jedoch nicht zum LSWD, sondern zum Werkluftschutz.

Über die Warnsignale entschied die Warnzentrale. An flakgeschützten Orten hatten die Befehle des Flakeinsatzführers Vorrang.

Der Eisenbahnflugwarndienst (EWD) arbeitete nach ähnlichen Gesichtspunkten wie der Luftschutzwarndienst.

Die Angehörigen des LSWD und EWD waren keine Soldaten. Sie gehörten jedoch zum Wehrmachtsgefolge. Es war zwar vorgesehen, den LSWD in eine militärisch gegliederte Luftschutztruppe umzuwandeln, aber dazu kam es nicht. Der LSWD führte bis zum Kriegsende die halbmilitärischen Abzeichen zur Luftwaffenuniform (grüne Waffenfarbe, schmale Schulterklappen) mit den Dienstgraden LSWD-Führer, LSWD-Oberführer, LSWD-Hauptführer. Das LSWD-Personal wurde während des Krieges in Boxtel bei Hertogenbosch geschult. Die Schule stand unter der Führung von Flakartillerieoffizieren. 1944 wurde sie nach Streitberg nördlich von Nürnberg verlegt.

Die *Flakwaffenhelferinnen* waren in ortsfesten Scheinwerfer- oder Sperrbatterien eingesetzt und nahmen unter den Luftwaffenhelferinnen insofern eine Sonderstellung ein, als sie im unmittelbaren Waffeneinsatz standen. Obwohl ihnen die Bedienung von Maschinenwaffen und Geschützen verboten war, stand ihre Tätigkeit an Hilfsgeräten wie Meß-, Funk-, Horch- und Kommandogeräten, Ballonsperren und Scheinwerfern in unmittelbarer Verbindung zum Kampfeinsatz.

Die Flakwaffengrundausbildung nahm vier Wochen in Anspruch. In den schweren Batterien wurden die Helferinnen folgendermaßen eingesetzt: 3 zur Bedienung des Entfernungsmeßgeräts, 7 zur Bedienung des Funkmeßgeräts, 3 zur Bedienung des Kommandogeräts und gelegentlich 1 Maid als Fernsprech-Truppführer. In den leichten Batterien arbeiteten in der Regel 11 Maiden: 5 zur Bedienung der E-Meßgeräte, 5 zur Bedienung der Scheinwerfer und gelegentlich 1 in der Funktion des Fernsprech-Truppführers. (28)

Im Februar 1945 wurde das Ersatzwesen der Helferinnen in der Luftwaffe der Ersatzorganisation der Soldaten angegliedert. Als Ersatztruppenteile für die Flakwaffenhelferinnen wurde bei den schweren Flakersatzabteilungen 5, 19, 24, 33 und 61 je eine Ersatzbatterie aufgestellt. Die Ausgebildeten sollten auf die schweren Flakbatterien der Umgebung aufgeteilt werden. Unter Auflösung des Ersatzbataillons für Luftwaffenhelferinnen (Stabshelferinnen) wurde bei den neun Flieger-Ersatzbataillonen je eine Ersatzkompanie für Fliegerhelferinnen (Flugmeldehelferinnen) eingerichtet. Unverändert blieben die Ersatztruppenteile der Luftnachrichtenhelferinnen, Fliegerhelferinnen im Wetterdienst und Luftschutzwarndiensthelferinnen. Für die im Kfz.-Instandsetzungsdienst eingesetzten Helferinnen sollte ein Ersatzzug genügen. Bei der Luftschutz-Ersatzabteilung 1 wurde ein Ersatzzug für die in den Luftschutzeinheiten eingesetzten Helferinnen geschaffen. (29)

Neuland beschritt die Luftwaffe, als im November 1944 Frauen als Ersatz für fliegertechnisches Personal und Werftpersonal ausgebildet wurden. Es handelte sich um 15 000 *fliegertechnische Helferinnen* und 7 000 *Werfthelferinnen*. Bei der Auswahl der Bewerberinnen wurde zwar darauf geachtet, daß die Frauen „der von ihnen verlangten Arbeit ein gewisses Interesse" entgegenbrachten, aber die Voreingenommenheit der Ausbilder gegenüber den neuen Lehrlingen blieb. Man fand bei der Umschulung von Frauen in der Ausbildungswerkstätte für Flugzeughandwerker des Luftgaukommandos VII heraus, daß sich „als Anlerner Männer mit guter praktischer Erfahrung, klarer Entschlußkraft verbunden mit großer Ruhe" besser eigneten als alte Lehrmeister, denen fehlende Geduld, Unsachlichkeit und Unfähigkeit, sich in die Schülerinnen hineinzudenken, vorgeworfen wurde. Vorhandwerker, Hilfsmeister und Meisteranwärter waren erfolgreicher. Sie hatten den Ehrgeiz, „auch die schlechteste Umschülerin noch brauchbar zu machen, sie mindestens zur Hergabe ihrer ganzen geistigen und körperlichen Leistungsfähigkeit zu bringen". Sie schafften das in der Regel, und zwar „nicht durch Gewalt, sondern durch Weckung der guten Kräfte". (30) Als eine der goldenen Regeln für die technische Ausbildung von Frauen galten die Sätze: „Der Ausbilder darf nie die Geduld verlieren! Schimpfen nützt nichts . . .!" Außerdem wurde den Ausbildern ans Herz gelegt: „Der Unterweisende muß sich hüten vor Bevorzugung einzelner Werfthelferinnen. Er muß versuchen, unbedingt korrekt zu sein, wenn er Erfolg haben will." (31) Für die Ausbildung der Werfthelferinnen wurden 200 Anlernstunden bei einer wöchentlichen Arbeitszeit von 52 Stunden angesetzt. Davon waren 40 Stunden theoretischer Unterricht. Die Ausbildung fand an den fliegertechnischen Schulen statt. Nur die Ausbildung als Hilfsflugzeugmechaniker wurde an die Fliegerschulen verlegt. Bis zum Kriegsende wurden 20–30 % des Wartungspersonals durch Frauen ausgetauscht. Die Einsatzfähigkeit der Geschwader war dadurch nicht gemindert. Klobiges Schuhwerk an den Füßen, in verschmutzten Overalls und mit rissigen Händen leisteten die Frauen zur Verwunderung der Kommodore Erhebliches. Die „Impfung der Jagdgruppen mit Jagdpuppen" war kein Mißerfolg. (32)

Als fliegendes Personal in der Funktion von Flugzeugführer, Beobachter, Bordfunker oder Bordmechaniker wurden Frauen in der Luftwaffe nicht ausgebildet. Der Eindruck, das das doch der Fall war, entstand, als sich einige ehemalige Sportfliegerinnen für Sondereinsätze zur Verfügung stellten, die ihnen wider Erwarten gelangen, wie die Flüge der Hanna Reitsch nach und von Berlin im April 1945 und die Flüge der Gräfin Schenk von Stauffenberg. (33)

Ende 1944 wurden in der Luftwaffe auch Frauen ausländischen Volkstums als *Luftwaffenkampfhelferinnen* rekrutiert. Weder über ihre Zahl noch über ihre Ausbildung oder ihren Einsatz ist etwas bekannt. (34)

Die Kriegsmarine stellte im April 1941 analog zur Luftwaffe eine *Flugmeldehelferinnenschaft* auf. Die Mitglieder arbeiteten in den Flugwachkommandos, bei den Ausbildungseinrichtungen für Flugmeldehelferinnen und bei den Kommandostellen der Kriegsmarine. (35) Während sich der Flugmeldedienst der Luftwaffe durch die Besetzung fremder Gebiete und den umfangreichen Schutz des Reichsgebietes kontinuierlich erweiterte, blieb der Marine-Flugmeldedienst im wesentlichen auf dem Stand des Jahres 1939. Nur Dänemark wurde einbezogen. Am Ende des Krieges gab es Marine-Flugmelde-Abteilungen in Wilhelmshaven, Cuxhaven, Kiel, Swinemünde, Pillau, Gotenhafen, Kopenhagen, Aalborg und Aarhus. Auf Flugmeldehelferinnen wurde in dem Maße zurückgegriffen, wie Matrosen für andere Zwecke eingesetzt wurden.

Im Juli 1942 übernahm die Kriegsmarine die ersten *Marinehelferinnen*. Es handelte sich um weibliche Hilfskräfte bei den Landdienststellen der Kriegsmarine, die in Geschäftszimmern, Büros und Schreibstuben verwendet wurden, um Soldaten für den Einsatz an der Front freizumachen. Sie sollten entsprechend ihrer Allgemeinbildung in die Planstellen als Rechnungsführerinnen, Bürokräfte usw. eingewiesen werden. Die notwendigen Kenntnisse waren ihnen „im Wege des Anlernens zu vermitteln". Nur die Kraftfahrerinnen mußten im Besitz des Führerscheins sein, da die Kriegsmarine keine Kraftfahrausbildung für Frauen durchführte. (36) 1943 kamen die *Marineflakhelferinnen* analog der Luftwaffe dazu.

Am 27.2.1945 hob das Oberkommando des Heeres alle bisher für den Einsatz von Helferinnen seines Bereichs ergangenen Verfügungen auf. Die *Wehrmachthelferinnen* im Bereich des Heeres sollten neu gegliedert werden in Truppenhelferinnen (Motorenschlosserinnen, Schweißerinnen, Mechanikerinnen, Fernsprecherinnen, Funkfernschreiberinnen, Betriebsfunkerinnen, Auswerterinnen, Kabellöterinnen), in Stabshelferinnen (Stenotypistinnen, Maschinenschreiberinnen, Registraturkräfte, Rechnungsführerinnen, Schirrmeisterinnen, Geräteverwalterinnen, Lagerverwalterinnen, Zeichnerinnen, technische Assistentinnen, Laborantinnen, Photographinnen, Filmvorführerinnen, Feldposthelferinnen, Dolmetscherinnen) und Wirtschaftshelferinnen (Köchinnen, Schneiderinnen, Ordonnanzen, Serviererinnen). Zur Ausführung des Befehls kam es jedoch nicht mehr. (37) Mit der Einführung der Wehrmachthelferinnen sollten alle russischen und polnischen Frauen sofort aus der Truppe herausgelöst und den Arbeitsämtern zum Einsatz zur Verfügung gestellt werden. (38)

Beim Einsatz der Frauen machte die Wehrmacht ähnliche Erfahrungen wie die Industrie, nämlich, „daß bei einfachen Arbeiten die . . . Frauen kaum eine von den Männern abweichende Leistung aufwiesen, daß das Verhalten sich jedoch verschob, wenn die Frau für höher qualifizierte Arbeitsgänge eingesetzt werden sollte. Wo es jedoch möglich war, den Frauen eine sorgfältige Ausbildung angedeihen zu lassen, wurden oft Leistungen erreicht, die auch bei hochwertigen Arbeiten mit denen der Männer schritthalten konnten." (39) In der Wehrmacht argumentierte man folgendermaßen:

„Im allgemeinen eignet sie (die Frau) sich mehr für Arbeit, die ein gewisses Gleichmaß verlangt. Für Arbeitsstellen, die Eigeninitiative, schnelle Umstellungsfähigkeit und Entschlußkraft verlangen, setzt man besser Soldaten ein. Andererseits zeigt sie für gewisse Arbeiten, die dem Manne gar nicht liegen, von Natur aus eine besondere Begabung. Es sei nur an die Pflege der Verwundeten, das Kochen, die Vermittlung von Telefongesprächen, die Bedienung der Fernschreibmaschine, das Flugmeldewesen erinnert. Bei all diesen Tätigkeiten kommen ihr typisch frauliche Eigenschaften zu statten: Hilfsbereitschaft, Mitgefühl, Geduld, Fingerfertigkeit, Ausdauer und Genauigkeit bei mechanischer, selbst monotoner Beschäftigung, Gewissenhaftigkeit und Zuverlässigkeit bei allen Arbeiten, die ins Kleine, Einzelne und Sorgsame gehen. Auf all diesen Gebieten kann sie männliche Arbeitskräfte übertreffen." (40)

Eine weniger gute Erfahrung war, daß die Leistungen der Frauen im Einsatz oft absanken gegenüber den Lehrgangsleistungen. Als Gründe nannte man: „Die Führung ist geringer, der Wettbewerb fehlt häufig, ebenso die straffe Ordnung und Aufsicht." Der gute Wille wurde den Helferinnen nicht abgesprochen, aber man warf ihnen vor, daß sie sich nicht an schwierigere Probleme ihres Aufgabenbereichs herantrauten. (41) Erhöhten Arbeitseinsatz erhoffte man sich von den Frauen, wenn man ihnen einen gewissen Waffenstolz beizubringen in der Lage wäre:

„Die Frau soll allmählich ein Zugehörigkeitsgefühl zur Waffe und zu ihrer Einheit bekommen, hier soll sie empfinden, daß sie als deutsche Frau geachtet und betreut wird und Anerkennung dafür findet, daß sie den Platz eines Soldaten ausfüllt . . ." (42)

Aus solchen Formulierungen wird bereits deutlich, zu welchen ideologischen Verrenkungen die nationalsozialistische Propaganda gezwungen wurde, um den Frauen, die als Mütter hochgepriesen waren, den Weg zum militärischen Dienst zu ebnen.

Belegstellen

(1) Heeresverordnungsblatt 1941, S. 92
(2) Vgl. Edith Müller-Beeck, Mein kleines großes Tagebuch! – Aufzeichnungen einer Nachrichtenhelferin, Chemnitz–Berlin 1944, S. 16ff.

(3) Vgl. Allgemeine Heeresmitteilungen 1942, S. 109

(4) Vgl. Bernd Ruland, Die Augen Moskaus, Zürich 1973, S. 67ff.

(5) Dienstordnung für Stabshelferinnen des OKW vom 16.9.1942, Bundesarchiv/Militärarchiv RW 4/v. 499

(6) OKH D 26/27 VA/Ag V I/V 8/I II vom 16.3.1941, Bundesarchiv/Militärarchiv RH 55/v. 94

(7) Vgl. Amt Ausland/Abwehr Nr. 3696/43 ZE.III Az. B 26e vom 5.10.43, Bundesarchiv/Militärarchiv RW 5/v. 300

(8) Reichsführer-SS RSHA Militärisches Amt Nr. ZF III 1758/44 v. 5.6.44, Bundesarchiv/Militärarchiv RW 5/v. 300

(9) OKW Pers. WV (Vd) v. 9.8.1943, Bundesarchiv/Militärarchiv RW 5/v. 300; Sammlung wehrrechtlicher Gutachten und Vorschriften, hrsg. vom Bundesarchiv, Heft 13, Kornelimünster 1975, S. 95ff.

(10) Dienstordnung für Stabshelferinnen des Heeres, Befehlshaber Südwestfrankreich Abt. IVa vom 25.8.1943, Bundesarchiv/Militärarchiv RH 36/227

(11) Kurt Gerhard Klietmann, Die Bereiterinnen des Heeres, in: Die deutsche Wehrmacht 1934–1945, Heft 1943

(12) Vgl. Werner Winterstein, Die Beschäftigung von Frauen in den deutschen Streitkräften von 1914–1945, in: Bundeswehrverwaltung 6/1976, S. 135

(13) Vgl. Dienstordnung für Stabshelferinnen des OKW vom 16.9.1942, Bundesarchiv/Militärarchiv RW 4/v. 499

(14) Heeresmitteilungen 1941, S. 549

(15) Vgl. Otto E. Moll, Die deutschen Generalfeldmarschälle 1935–1945, Rastatt 1961, S. 243; Karl Otto Hoffmann, Die Geschichte der Luftnachrichtentruppe, Band 2, Teil 2, Neckargemünd 1973, S. 153

(16) Der Reichsminister der Luftfahrt und ObdL Abt. 1/II B 3 Nr. 2668/41 vom 29.12.1941, Bundesarchiv/Militärarchiv RL 2 III/447

(17) Der Reichsminister der Luftwaffe und ObdL 12b 22/Nr. 6720/44 vom 11.2.1944, Bundesarchiv/Militärarchiv RL 19/192

(18) OKW 26/27- 22939/44 Ag. WV 2 (IIb) v. 15.12.1944, Bundesarchiv/Militärarchiv RW 4/v. 499

(19) Reichsminister der Luftwaffe und ObdL GenSt GenQu 2. Abt., Az. 11b 20m Nr. 7157/42 vom 11.4.1942, Bundesarchiv/Militärarchiv RL 2 III/474

(20) Der Reichsminister der Luftfahrt und ObdL Az. 26f. 10. 10 L.In. 13/Ld AG IV 13 vom 18.4.1943, Bundesarchiv/Militärarchiv RL 19/330

(21) Reichsminister der Luftfahrt und ObdL vom 11.6.1942, Bundesarchiv/Militärarchiv RL 2 III/474

(22) Lehrplan der Luftwaffenhelferinnenschule des Luftgaus Westfrankreich vom 28.4.1942, Bundesarchiv/Militärarchiv RL 7/205

(23) Der Reichsminister der Luftfahrt und ObdL Az. 11b 19 Abt. 1/II E Nr. 328/43 vom 10.4.1943, in: Gersdorff, a.a.O., S. 390

(24) Vgl. Karl Otto Hoffmann, Die Geschichte der Luftnachrichtentruppe, Band 2, Teil 2, Neckargemünd 1968, S. 434ff.

(25) General für den Personaleinsatz der Luftwaffe Nr. 149/44 vom 28.1.1944, Bundesarchiv/Militärarchiv RL 2 III/447; Der Reichsminister der Luftwaffe und ObdL Az. 41b 10 10 g. Nr. 827/43 vom 22.4.1943, in: Gersdorff, a.a.O., S. 396. Vgl. Karl Otto Hoffmann, Die Geschichte der Luftnachrichtentruppe, Band 2, Teil 1, Neckargemünd 1968, S. 104

(26) Vgl. Schreiben des Präsidenten des Landesarbeitsamtes Nordmark vom 2.3.1942 und Antwort des Reichsministers der Luftfahrt und ObdL vom 26.12.1942, in: Gersdorff, a.a.O., S. 358 f.

(27) Karl Otto Hoffmann, a.a.O., Band 2, Teil 1, S. 115f.

(28) Der Reichsarbeitsführer Az. D 1 Nr. 680/43g. vom 14.8.1943, Betr.: Aufstellung von RAD-Flakbatterien, Bundesarchiv NS 6/vorl. 345

(29) OKL Lw.-Org. Stab Nr. 276/45 geh. vom 3.2.1945, Bundesarchiv/Militärarchiv RL 2 III/473

(30) Vgl. Richtlinien für die Ausbildung von Frauen zu Werfthelferinnen vom 6.11.1944, in: Gersdorff, a.a.O., S. 472

(31) Ebenda

(32) Vgl. Will Heilmann, Sie standen ihren Mann, in: Der Frontsoldat erzählt 6/1955, S. 192

(33) Vgl. Sammlung wehrrechtlicher Gutachten und Vorschriften, hrsg. vom Bundesarchiv, Heft 1, Kornelimünster 1963, S. 26f.

(34) Vgl. OKL GenSt GenQu 2. Abt. Az. 25637/44 vom 13.11.1944, in: Gersdorff, a.a.O., S. 465

(35) Marineverordnungsblatt 1941, S. 305

(36) Marineverordnungsblatt 1942, S. 698

(37) Der Oberbefehlshaber Südwest AOK 10 vom 13.3.1945, Bundesarchiv/Militärarchiv RH 19 X/52

(38) OKH GenStdH/Org.Abt. Nr. II/85789 /45 v. 19.3.1945, Bundesarchiv/Militärarchiv RH 2/v. 921

(39) Vgl. Eberhard Pflaume, Frauen im Industriebetrieb, Berlin 1941, S. 16

(40) Oberstabsarzt Dr. Driest, Die Frau in der Wehrmacht, Manuskript 1944, Bundesarchiv/Militärarchiv MSg/v. 177

(41) Ebenda

(42) OKL Gen. d. Fl. Ausb./ATA I Nr. 100/45 vom 9.1.1945, in: Gersdorff, a.a.O., S. 489

Rechts- und Dienststellung der Helferinnen

Arbeitsrechtliche Bestimmungen

Alle Arbeiterinnen und Angestellten in Betrieben oder Dienststellen der Wehrmacht waren entsprechend § 2 des Gesetzes zur Ordnung der Arbeit in öffentlichen Verwaltungen und Betrieben vom 23.3.1934 (1) sogenannte *Gefolgschaftsmitglieder.* Mit diesem Ausdruck wurde die Unmittelbarkeit des Beschäftigungsverhältnisses zum Dienstherrn charakterisiert. Die Frauen wurden nach den Tarifordnungen der öffentlichen Verwaltungen bezahlt. Die Ergänzung der Gefolgschaftsmitglieder der Wehrmacht erfolgte während des Krieges in Übereinstimmung mit der Anordnung des Reichsarbeitsministers vom 29.9.1939 (2) auf dem Wege der normalen Vermittlung durch die Arbeitsämter. Von dem Mittel der Dienstverpflichtung durfte nur Gebrauch gemacht werden, „wenn nach Ausschöpfung aller Möglichkeiten, einschließlich des überbezirklichen Ausgleichs, die rechtzeitige Deckung des Bedarfs für wehrwirtschaftliche wichtige Betriebe und Verwaltungen nicht gesichert" war. Wenn Dienstverpflichtungen vorgenommen waren, mußte laufend geprüft werden, ob die verpflichteten Personen durch Arbeitskräfte im Wege der normalen Vermittlung ersetzt werden konnten. Wenn dies der Fall war, mußten die Verpflichtungen aufgehoben werden. Den Wehrmachtsdienststellen wurde befohlen, „unter Berücksichtigung der dienstlichen Verhältnisse Änderungen und erforderliche Austausche von Arbeitskräften, insbesondere von Frauen, im Einvernehmen mit den Arbeitsämtern" durchzuführen. (3)

Die Mob-Pläne der Wehrmachtsteile sahen vor, die Kriegsstellen für Angestellte und Arbeiter am Ort in erster Linie mit den bereits im Frieden bei den Dienststellen beschäftigten Gefolgschaftsmitgliedern zu besetzen. Zusätzlicher Bedarf war bei den Arbeitsämtern anzufordern. Für die Auswahl des Mob-Personals war allein entscheidend, welche Stellung die Heranzuziehenden übernehmen sollten, nicht ihre bisherige Funktion. Unabhängig von der Art ihrer bisherigen Beschäftigung oder ihres Berufes wurden sie entweder in freier Vereinbarung eingestellt oder vorübergehend von anderen Verwaltungen des öffentlichen Dienstes zur Wehrmacht abgeordnet oder dienstverpflichtet. Sollte „nicht die ausreichende Zahl von Angestellten zur Einstellung gelangen" können, durften auch Soldaten in die Angestelltenplanstellen eingesetzt werden. Was die mobilen Truppen angeht, war in der Kriegsstärkenachweisung vorgesorgt, daß Soldaten für die Stellen einberufen würden, die in Friedenszeiten von Frauen wahrgenommen wurden. So durfte z.B. das weibliche Fernsprechpersonal der Luftflotten am Standort bleiben und zur Bedienung der ortsfesten Fernsprechanlagen verwandt werden. Für die Bedienung der Fernsprechanlagen des Gefechtsstandes mußten Angehörige der Luftwaffentruppe herangezogen werden. (4)

Je länger der Krieg dauerte und je mehr Frauen in den militärischen Dienststellen arbeiteten, desto bunter gestaltete sich die Form ihrer Rekrutierung. Da gab es zivile Angestellte, die bereits vor dem Krieg beim Militär waren. Da gab es Frauen, die sich freiwillig zum Arbeitseinsatz gemeldet hatten. Da gab es Notdienstverpflichtete. Und schließlich gab es auch noch kriegshilfsdienstpflichtige RAD-Maiden und aktive RAD-Maiden. Je mehr Frauen in den einzelnen Wehrmachtdienststellen arbeiteten, umso störender wirkten sich ihre unterschiedlichen Rechtsverhältnisse aus. Die eine Gruppe unterlag den Bestimmungen der allgemeinen Tarifordnungen (ATO), der Tarifordnung A oder der Tarifordnung B, der allgemeinen Dienstordnung (ADO) und der besonderen Dienstordnungen (BDO) der Wehrmachtsteile. Diese Arbeitsverträge hatten die Bestimmung gemeinsam, daß das Arbeitsverhältnis nur als vorübergehend anzusehen war und jederzeit, spätestens bei Kriegsende, unter Einhaltung der tarifrechtlichen Kündigungsfristen wieder gelöst werden konnte. (5) Zu dieser Gruppe traten die Frauen, die ihren Arbeitseinsatz aufgrund von Dienstverpflichtungen erfüllten. Grundlage der Dienstverpflichtung konnte sein das Luftschutzgesetz vom 26. Juni 1935, die Verordnung zur Sicherstellung des Kräftebedarfs für Aufgaben besonderer staatspolitischer Bedeutung (Dienstpflichtverordnung) vom 13.2.1939 oder die 3. Verordnung zur Sicherstellung des Kräftebedarfs für Aufgaben von besonderer staatspolitischer Bedeutung (Notdienstverordnung) vom 15.10.1938. Mit der Einrichtung der sogenannten Helferinnenschaften einigten sich die Wehrmachtsteile auf eine Umverpflichtung aller dienstverpflichteten Frauen nach der Notdienstverordnung unter Begründung eines einem Arbeitsvertrag entsprechenden Beschäftigungsverhältnisses. (6)

Besonders wichtig war die Erreichung gleicher Arbeits-, Einsatz- und Abfindungsbedingungen für die Helferinnen der Luftwaffe, weil sie die Voraussetzung eines Personalaustausches war. Mit Wirkung vom 1.8.1942 wurden die Luftwaffenflugmeldehelferinnen, die Luftschutzwarndiensthelferinnen, die im Fernschreib-, Fernsprech- und Funkbetriebsdienst der Luftwaffe Tätigen und die im Angestelltenverhältnis stehenden Luftwaffenbetriebshelferinnen zur Luftwaffenhelferinnenschaft zusammengefaßt und – soweit erforderlich – umverpflichtet. (7)

Am 13. März 1943 erließ der Reichstreuhänder für den öffentlichen Dienst über die Arbeitsbedingungen der Helferinnen eine Anordnung, wonach alle Helferinnen „eine nach § 1 des Reichsangestelltenversicherungsgesetzes versicherungspflichtige Beschäftigung ausüben und in einem Arbeitsverhältnis oder einem diesem entsprechenden Beschäftigungsverhältnis stehen". Für diesen Personenkreis sollte die Tarifordnung A für Gefolgschaftsmitglieder im öffentlichen Dienst (TO.A) Anwendung finden. (8)

Zur weiteren Vereinheitlichung der dienstrechtlichen Regelungen für Frauen im Kriegseinsatz bei der Wehrmacht wurde wenige Monate vor Kriegsende mit der Zweiten Anordnung für die Durchführung des totalen Kriegseinsatzes das Wehrmachthelferinnenkorps geplant. Dazu gehören sollten alle auf Planstellen von Soldaten oder Helferinnen beschäftigten deutschen Frauen und Mädchen. Die Überführung der so eingesetzten Frauen in das Wehrmachthelferinnenkorps erfolgte am 1.2.1945.

Die Wehrmachthelferinnen standen nicht mehr in einem privatrechtlichen, sondern in einem hoheitsrechtlichen Verhältnis zu den Wehrmachtsteilen. Nur die auf zivilen Planstellen der Kriegsstellenpläne eingesetzten weiblichen Kräfte blieben Reichsangestellte und Gefolgschaftsmitglieder und durften, um Verwechslungen zu vermeiden, die Dienstbezeichnung Stabshelferin weiterführen. (9) Demgegenüber waren die Wehrmachthelferinnen nicht mehr Gefolgschaftsmitglieder. Sie zählten aber wie die Gefolgschaftsmitglieder zum Wehrmachtsgefolge. (10) Voraussetzung für ihre Übernahme ins Wehrmachthelferinnenkorps war neben der Planstelle „die volle gesundheitliche, fachliche und haltungsmäßige Eignung". Weibliche Hilfskräfte, die nur zur vorübergehenden Dienstleistung eingestellt waren und für die keine Planstelle nach KStN vorhanden oder vorgesehen war, wie halbtagsweise beschäftigte Putzfrauen und stundenweise beschäftigte Küchenhilfskräfte, konnten nicht überführt werden, sondern blieben Gefolgschaftsmitglieder. (11) Die Möglichkeit, Planstellen für Gefolgschaftsmitglieder in Soldatenplanstellen und umgekehrt umzuwandeln, war den Wehrmachtsteilen im Einvernehmen mit dem OKW erlaubt. Auf diese Weise sollte vermieden werden, daß in ein und derselben Funktion Angestellte und Wehrmachthelferinnen nebeneinander beschäftigt wurden. Im Bürodienst war der Verwendung von Gefolgschaftsmitgliedern der Vorzug zu geben. (12)

Ganz anders als die Regelungen für die Helferinnen der Wehrmachtsteile waren die Bestimmungen für die im Kriegshilfsdienst tätigen RAD-Maiden. Die aufgrund des Erlasses des Führers und Reichskanzlers über den weiteren Kriegseinsatz des Reichsarbeitsdienstes für die weibliche Jugend vom 29.7.1941 und der Durchführungsverordnung vom 13.8.1941 den Wehrmachtsdienststellen zur Dienstleistung zugewiesenen Arbeitsmaiden nahmen ihre Tätigkeit erstmals am 1.10.1941 auf. Bis 1943 arbeiteten sie ausschließlich im Bürobetrieb. Während ihres Einsatzes blieben sie Angehörige des Reichsarbeitsdienstes. Sie schieden lediglich aus dem aktiven Arbeitsdienst aus, unterstanden jedoch weiterhin der Dienststrafgewalt des Reichsarbeitsführers und wurden, abgesehen von ihrer Dienstleistung in der Einsatzstelle, vom RAD beaufsichtigt und betreut. Sie konnten jederzeit wieder in den aktiven RAD zurückgerufen werden. (13) Auch die ab 1943 in der Luftverteidigung, z.B. im Scheinwerferdienst, eingesetzten Arbeitsmaiden blieben in dieser Rechtsstellung. Sie trugen die Uniform des RAD und versahen ihren Dienst durchwegs in geschlossenen RADwJ-Abteilungen. (14) Mit Wirkung vom 1.2.1945 erhielten die Angehörigen des RADwJ im Wehrmachtseinsatz die Rechtsstellung der Wehrmachthelferinnen. Die seit dem 1.10.1944 dienstverpflichteten Maiden (RAD-Flakwaffenhelferinnen II) galten von da ab als notdienstverpflichtet, weil ihren öffentlich-rechtlichen Funktionen das Notdienstrecht nach § 7 der Notdienstverordnung vom 15.10.1938 (15) besser entsprach als das Dienstpflichtrecht nach § 9 der Dienstpflichtverordnung vom 13.2.1939. (16) Sie standen von diesem Zeitpunkt an beim RAD in einem nicht einem Arbeitsvertrag entsprechenden Beschäftigungsverhältnis und waren der Luftwaffe zur Dienstleistung zugewiesen.

Im Unterschied zu den RAD-Helferinnen schieden die Betreuungshelferinnen aus der freiwilligen Krankenpflege aus, als sie notdienstverpflichtet wurden. Die Heranziehung weiteren Personals erfolgte auch nicht mehr durch den Kommissar der freiwilligen Krankenpflege, sondern durch den Befehlshaber des Ersatzwesens. (17)

Mit den Betreuungshelferinnen, die Gefolgschaftsmitglieder der Wehrmacht waren, dürfen die in der Verwundeten- und Truppenbetreuung tätigen Frauen der NSV nicht verwechselt werden. Die Betreuung der Verwundeten in Lazaretten und Lazarettzügen durch die Frauenorganisation der NSDAP hatte Hitler persönlich angeordnet. (18) Sie war zusätzlich und erstreckte sich zum Beispiel auf die Übermittlung von Liebesgaben an Verwundete in Lazaretten und auf Bahnhöfen, die Benachrichtung von Angehörigen, die Sicherstellung von Quartieren für Besucher von Verwundeten, die Berufsberatung von Verwundeten und die kulturelle Betreuung durch musikalische Veranstaltungen, Vorträge usw. Auch zur Truppenbetreuung im Operationsgebiet wurde die NSV herangezogen. Dort gehörte zu den Aufgaben die Bereitstellung von Helferinnen und Ausstattungsgegenständen für Soldatenheime, die Organisation von Flickstuben und Wäschereien für die Truppe, die Beschaffung und Verteilung von Liebesgaben usw. Alle Anschaffungen führte die NSDAP auf eigene Rechnung durch. Auch die Versorgung ihrer Helferinnen mit Verpflegung, Unterkunft, Bekleidung und Gebührnissen lag in der Hand der NSV. (19)

Dienstregelungen

Zum Wehrmachtsgefolge gehörten diejenigen Personen, die sich in irgendeinem Dienst- oder Vertragsverhältnis bei der Wehrmacht befanden oder sich sonst bei ihr aufhielten oder ihr folgten. Der Begriff des Gefolges war also nicht gleichbedeutend mit dem Begriff der Gefolgschaft. Während Gefolgschaft als Terminus des Arbeitsrechtes Arbeiter und Angestellte eines Betriebes oder einer Verwaltung der Wehrmacht in ihrem arbeits-rechtlichen Verhältnis zum Unternehmer als Gefolgschaftsführer kennzeichnete, kenn-zeichnete der Ausdruck Gefolge die Unterstellung unter das Militärstrafgesetzbuch. § 155 MStGB gab den Oberbefehlshabern der Wehrmachtsteile oder dem Chef des OKW die Befugnis, „während eines gegen das Deutsche Reich ausgebrochenen Krieges ... allen Personen, die sich in irgend einem Dienst- oder Vertragsverhältnis bei der Wehrmacht befinden oder sich sonst bei ihr aufhalten oder ihr folgen, den Strafvorschriften dieses Ge-setzes, insbesondere den Kriegsgesetzen" zu unterwerfen. Anfang 1940 machten die Wehrmachtsteile von der Ermächtigung Gebrauch. Das jeweilige Gefolge wurde unter das Militärstrafgesetzbuch, die Disziplinarstrafordnung und die Kriegsstrafverfahrens-ordnung gestellt und über die Auswirkungen belehrt. Die Belehrung mußte vierteljährlich wiederholt werden. (20)

Bei der Anwendung der Vorschriften des Militärstrafgesetzbuches und der Disziplinar-strafordnung sollte jedoch berücksichtigt werden, daß die Vorschriften auf Soldaten zu-geschnitten waren und die Angehörigen des Gefolges keine Soldaten waren, sondern An-gestellte, Arbeiter und Helfer, die in einem unmittelbaren Beschäftigungsverhältnis ar-beitsvertraglicher Natur oder besonderer Art zur Wehrmacht standen, Zivilpersonen, die zu Dienstleistungen bei Wehrmachtsstellen von ihren Arbeitgebern abgeordnet waren, Zivilpersonen die – wie Angehörige von Bau- oder Reparaturfirmen – in einem organi-satorischen Zusammenhang zur Wehrmacht standen und ihre Arbeiten unter der unmit-telbaren Aufsicht von militärischen Dienststellen ausführten und Angehörige bestimmter Verbände und Organisationen, die der Wehrmacht angeschlossen oder für Wehrmachts-aufgaben eingesetzt waren. Auch Ausländer konnten zum Gefolge der Wehrmacht gehö-ren. Es rechnete nicht dazu, wer organisatorisch unabhängig von der Wehrmacht eigene Hoheitsaufgaben zu erfüllen hatte, wie die Polizei, die Reichsbahn, die NSDAP. (21) Die Mitglieder des Wehrmachtsgefolges galten als Angehörige der Wehrmacht im Sinne des § 21 des Wehrgesetzes. Sie erhielten jedoch nicht die Eigenschaft von Soldaten, weil sie keinen aktiven Wehrdienst gemäß § 7 Abs. 1 des Wehrgesetzes leisteten. Außerdem hat-ten die arbeits- und dienstrechtlichen Bestimmungen für sie Vorrang vor dem MStGB und der WDStO. Die schärferen militärischen Vorschriften sollten auf sie nur angewendet werden, wenn es unabdingbar war und wenn die allgemeinen Bestimmungen nicht ge-nügten.

Das Gefolge der Wehrmacht unterlag auch den Vorschriften der Standortdienstvor-schriften. (22)

Die Helferinnen waren Teil des Gefolges. Sie wurden in die Wehrmachtsteile durch ein feierliches Gelöbnis übernommen. Durch Handschlag gegenüber dem Dienststellenleiter oder seinem Beauftragten hatten sie Treue und Gehorsam dem Führer und gewissenhafte und uneigennützige Erfüllung ihrer Dienstobliegenheiten zu geloben. Sie mußten folgen-de Worte nachsprechen: „Ich gelobe: Ich werde dem Führer des deutschen Reiches und Volkes Adolf Hitler treu und gehorsam sein und meine Dienstobliegenheiten gewissen-haft und uneigennützig erfüllen." (23)

Die Formel, die von den Flugmeldehelferinnen und den Helferinnen im Luftschutz-warndienst „vor versammelter Mannschaft" gesprochen werden mußte, unterschied sich nur geringfügig: „Ich schwöre: Ich will dem Führer des Deutschen Reiches und Volkes Adolf Hitler und meinen Vorgesetzten Gehorsam leisten und meine Dienstpflicht pünkt-lich und gewissenhaft erfüllen." (24)

Für die Angehörigen des militärischen Gefolges, also auch für die Helferinnen, gab es kein allgemeines Vorgesetztenverhältnis. Ihnen gegenüber hatten nur diejenigen Soldaten die Stellung eines militärischen Vorgesetzten, die kraft ihrer Dienststellung oder durch ausdrückliche Anordnung des zuständigen Disziplinarvorgesetzten Weisungsbefugnis besaßen. (25)

Mit der Übernahme in die Wehrmacht im Februar 1945 erhielten die Helferinnen Personalausweise entsprechend der H.Dv. 76, M.Dv. Nr. 15/18 und der L.Dv. 38. Die Aushändigung von Soldbüchern war verboten, weil Soldbücher ausschließlich den Soldaten und Beamten der Wehrmacht vorbehalten waren. (26) Für diesen Personenkreis änderte sich die Formel des Gelöbnisses. Es wurde der Bezug zum Oberbefehlshaber der Wehrmacht hergestellt. „Ich gelobe: Ich werde als Wehrmachthelferin dem Führer und obersten Befehlshaber der Wehrmacht, Adolf Hitler, treu und gehorsam sein und meine Aufgaben mit ganzer Kraft gewissenhaft und uneigennützig erfüllen". Diese Worte mußten mit Handschlag gegenüber dem Einheitsführer mindestens im Rang eines Kompanieführers bekräftigt werden. (27)

Grußpflicht und Anrede wurde für die Helferinnen 1941 folgendermaßen festgelegt: Neben der für alle Deutschen bestehenden Grußpflicht gegenüber Hitler, den Fahnen und Standarten der Wehrmacht, der NSDAP und ihrer Gliederungen, beim Spielen des Deutschland- und Horst-Wessel-Liedes hatten sie mit dem deutschen Gruß alle Wehrmachtsangehörigen im Generalsrang, den Einheitsführer bzw. Dienststellenleiter und die für sie zuständigen Führerinnen zu grüßen. Dazu kam die Grußpflicht gemäß Standortdienstvorschrift. (28) Die Wehrmachtsangehörigen aller Dienstgrade sollten auf der anderen Seite den Helferinnen ihrer Einsatzdienststelle „einen kameradschaftlichen Gruß, welcher die Achtung vor der deutschen Frau zum Ausdruck bringt", erweisen.

Nach der Gründung des Wehrmachthelferinnenkorps wurde den Mädchen und Frauen auferlegt, einen kameradschaftlichen Gruß mit den übrigen Helferinnen sowie mit den Helferinnen der Waffen-SS, den Angehörigen des Deutschen Roten Kreuzes und des Reichsarbeitsdienstes zu wechseln, soweit diese Dienstbekleidung trugen. (29)

Die Grußvorschriften scheinen jedoch recht unterschiedlich beachtet worden zu sein. Viele höhere Offiziere störte die lässige Grußart der Helferinnen. Generalmajor Henneking, Chef der Amtsgruppe P 1, gab noch am 18.4.1945 einen Befehl mit folgendem Wortlaut heraus:

„Kameradinnen – so geht es nicht! Ich bin es weder gewohnt, in unmilitärischer Umgebung zu leben noch bin ich es gewillt, in unhöflicher Gemeinschaft zu leben . . .Stabshelferinnen, welche glauben, sich außerhalb dieses Korpsgeistes stellen zu können, mögen wissen, daß ich genau wie in der männlichen Kameradschaft Maßnahmen vorsehen werde, mit denen ich eine einwandfreie Haltung und Einfühlung in die Geschlossenheit unserer Gemeinschaft im jetzigen Heimatkriegsgebiet in kürzester Frist erzwingen werde." (30)

Die Helferinnen der Wehrmachtsteile wurden mit dem Namen unter Hinzufügung von „Frau" bzw. „Fräulein" angeredet. Offiziere und Beamte im Offizierrang wurden von den Helferinnen mit „Herr" und dem Dienstgrad angesprochen. (31)

Die Arbeitszeit der Helferinnen betrug wöchentlich 51 Stunden. Sie wurde durch den Dienststellenleiter festgelegt. Bei dringenden dienstlichen Bedürfnissen mußten die Helferinnen ohne Anspruch auf besondere Vergütung über den vorbezeichneten Rahmen hinaus Dienst tun. (32) Die Gesamtarbeitszeit sollte jedoch 56 Stunden in der Woche nicht überschreiten (33). Nicht alle Dienststellen richteten sich danach. Einzelne Dienstordnungen schrieben sogar höhere Dienstzeiten zwingend vor. Die Luftwaffenhelferinnen am Observatorium Lindenberg arbeiteten 1942 „mindestens 57 Stunden wöchentlich". (34) In der Luftwaffe, wo die Dienstzeit der Helferinnen fast ausnahmslos auf

56 Stunden in der Woche festgesetzt war, stieg die tatsächliche Arbeitszeit auf 60–62 Stunden in der Woche, bedingt durch die Ausfälle wegen Krankheit, Beurlaubung und Kommandierungen. (35) Auch die Arbeitszeit der im Kriegshilfsdienst tätigen RAD-Maiden, die auf 51 Stunden in der Woche festgelegt war, wurde in der Regel überschritten. Die dienstaufsichtführenden RAD-Stellen achteten jedoch darauf, daß „auf längere Zeit gesehen" 56 Stunden nicht überschritten wurden. (36)

Für die Angehörigen des Wehrmachthelferinnenkorps fanden die tariflichen Bestimmungen über die Arbeitszeit der Gefolgschaftsmitglieder keine Anwendung mehr. Die Länge des Dienstes ergab sich wie bei den Soldaten aus den Einsatznotwendigkeiten. (37) Nur „die für Frauen geltende Begrenzung der Gesamtarbeitszeit" brauchte beachtet zu werden. (38) Auch auf die leichte Ermüdbarkeit der Jugendlichen im Entwicklungsalter wurden die Kommandeure hingewiesen und gebeten, die Arbeitsschutzbestimmungen für Jugendliche sinngemäß anzuwenden. (39)

Hinsichtlich des Urlaubs galten für die Helferinnen der Wehrmachtsteile ebenso wie für die Angehörigen des Wehrmachthelferinnenkorps die für Soldaten maßgebenden Bestimmungen. Verheiratete Helferinnen bekamen ihren Erholungsurlaub zugleich mit dem Fronturlaub des Ehemannes. (40) Für die Urlaubsreisen erhielten die Helferinnen Wehrmachtfahrscheine. Während des Krieges fanden die Bestimmungen, die eine verlängerte Urlaubsdauer für den in den Wintermonaten genommenen Urlaub vorsahen, im gesamten öffentlichen Dienst keine Anwendung. (41) Bei ihren Urlaubsreisen hatten die Helferinnen den Anspruch auf die gleiche Wagenklasse wie bei Dienstreisen. Das war in der Regel die 3. Wagenklasse. In den Wehrmachtszügen wurden besondere Frauenabteile eingerichtet. Die 2. Wagenklasse durften nur benutzen: Helferinnen der Vergütungsgruppen I–V TO.A., Führerinnen und Vollschwestern bzw. Oberinnen. (42)

Die im Kriegshilfsdienst tätigen RAD-Maiden erhielten keine Wehrmachtfahrscheine für den Erholungsurlaub. Die Einsatzstellen konnten jedoch die Kosten für die Hin- und Rückreise vom Einsatzort zum Aufenthaltsort der Eltern in voller Höhe übernehmen. (43)

Alle Helferinnen in den Wehrmachtteilen und im Wehrmachthelferinnenkorps hatten ebenso wie die Kriegshilfsdienst-Maiden im Wehrmachtsdienst Anspruch auf Gebührenvergünstigung im Feldpostverkehr, wenn sie ihre Briefe in der Dienststelle abgaben. (44)

Die völkerrechtliche Stellung

Nach Artikel 3 der Anlage zum Haager Abkommen betreffend die Gesetze und Gebräuche des Landkrieges von 1907 und nach Artikel 1 des Genfer Abkommens über die Behandlung der Kriegsgefangenen von 1929 besaßen alle weiblichen Hilfskräfte der Wehrmacht den Schutz des Völkerrechts. Im Falle der Gefangennahme hatten sie das Recht auf Behandlung als Kriegsgefangene. (45) Im Genfer Abkommen war auch festgelegt, daß Frauen mit aller ihrem Geschlecht schuldigen Rücksicht zu behandeln waren. Soweit sie nicht am Kampf teilnahmen, war es für die Frage der Behandlung als Kriegsgefangene ohne Bedeutung, ob sie uniformiert oder nicht uniformiert waren. Sie brauchten jedoch einen gültigen Personenausweis einer militärischen Dienststelle, aus dem die Zugehörigkeit zum Gefolge der deutschen Wehrmacht hervorging.

Weibliche Hilfskräfte, die Kampfbefehle übermittelten oder Waffen und Geräte bei der Truppe bedienten, wie die Flugmeldehelferinnen und Flakwaffenhelferinnen der Luftwaffe, nahmen am Kampf teil und waren als Kombattanten zu betrachten. Sofern sie nicht uniformiert waren, mußten sie eine gelbe Armbinde mit der Aufschrift „Deutsche Wehrmacht" tragen und einen Kombattantenausweis besitzen. Streng verboten war es den weiblichen Angehörigen der Wehrmacht ebenso wie allen anderen nicht zum Personal der freiwilligen Krankenpflege gehörenden Gefolgschaftsmitglieder und nicht mit dem hierfür gültigen Ausweis versehenen Personen, Rot-Kreuz-Binden anzulegen. (46) Trotz dieser Sicherungen befahl das OKW für die Rückführung von Frauen rechtzeitig Sorge zu tragen. Unter Berücksichtigung aller Möglichkeiten sollten geeignete Befehle so vorbereitet werden, daß im Ernstfall rasch und reibungslos gehandelt werden konnte. „Es darf nicht vorkommen, daß deutsche Frauen in Feindeshand fallen." (47)

Belegstellen

(1) RGBl. I, S. 220
(2) Reichsarbeitsblatt 31 vom 5.11.1939, S. 502
(3) Heeresverordnungsblatt C 1939, S. 450
(4) Vgl. Kriegsstärkenachweisung Luftwaffe Nr. 112 L, Bundesarchiv/Militärarchiv RL 2 III/562
(5) Vgl. z.B. Marineverordnungsblatt 1942, S. 698
(6) Heeresverordnungsblatt B 1941, S. 92; Heeresverordnungsblatt B 1942, S. 136; Der Reichsminister der Luftfahrt und ObdL, Luftwaffenverwaltungsamt Nr. 52469/41 vom 7.7.1941, Bundesarchiv/Militärarchiv RL 19/192
(7) Luftwaffenverordnungsblatt 1942, S. 1012
(8) Vgl. Sammlung wehrrechtlicher Gutachten und Vorschriften, hrsg. vom Bundesarchiv, Heft 10/1972, S. 72
(9) Vgl. Sammlung wehrrechtlicher Gutachten und Vorschriften, hrsg. vom Bundesarchiv, 10/1972, S. 80
(10) OKL Luftwaffenamt 23/45 vom 3.1.1945, Bundesarchiv/Militärarchiv RL 19/189
(11) OKH GenStdH Org.Abt. Nr. II/71863/45 vom 16.4.1945, Bundesarchiv/Militärarchiv RH 19 X/52
(12) Chef OKW Nr. 506/45 vom 24.1.1945, in: Gersdorff, a.a.O., S. 493
(13) Merkblatt für die Einsatzstellen des Kriegshilfsdienstes des Reichsarbeitsdienstes, Bundesarchiv/Militärarchiv RH 55/v. 94
(14) Sammlung wehrrechtlicher Gutachten und Vorschriften, hrsg. vom Bundesarchiv, Heft 3/1965, S. 4
(15) RGBl. I, S. 1441
(16) RGBl. I, S. 206
(17) Heeresverordnungsblatt B 1941, S. 494
(18) Heeresverordnungsblatt B 1942, S. 401
(19) Vgl. Sammlung wehrrechtlicher Gutachten und Vorschriften, hrsg. vom Bundesarchiv, Heft 13/1975, S. 96ff.
(20) Marineverordnungsblatt 1940, S. 176ff.; Heeresverordnungsblatt B 1940, S. 384f.
(21) Vgl. Sammlung wehrrechtlicher Gutachten und Vorschriften, hrsg. vom Bundesarchiv, Heft 10/1972, S. 63
(22) Vgl. L.Dv. 131; OKL Luftwaffenamt 23/45 vom 3.1.1945, Bundesarchiv/Militärarchiv RL 19/189
(23) Heeresverordnungsblatt B 1941, S. 92
(24) § 9 der Vierten Änderungsverordnung zum Luftschutzgesetz vom 25.3.1941, RGBl. I, S. 169
(25) Marineverordnungsblatt 1940, S. 176ff.
(26) Luftwaffenverordnungsblatt 1941, S. 684
(27) OKL Luftwaffenwehramt 23/45 vom 3.1.1945, Bundesarchiv/Militärarchiv RL 19/189
(28) Ebenda
(29) H.Dv. 131; Befehlshaber Südwestfrankreich Abt. IVa vom 25.8.1943, Bundesarchiv/Militärarchiv RH 36/227

(30) Bundesarchiv/Militärarchiv 1092
(31) Vorläufige Dienstanweisung für die Wehrmachthelferinnen in der Luftwaffe, OKL Luftwaffen-wehramt 12B 23A/45 vom 3.1.1945, Bundesarchiv/Militärarchiv, RL 19/189
(32) Befehlshaber Südwestfrankreich IVa vom 25.8.1943, Bundesarchiv/Militärarchiv RH 36/227
(33) Dienstordnung für Nachrichtenhelferinnen des Heeres, Heeresverordnungsblatt B 1941, S. 92
(34) OKH Chef HRüst und BdE 1979/42 vom 27.2.1942, Bundesarchiv/Militärarchiv RH 55/v. 94
(35) Der Leiter des Aeronautischen Observatoriums vom 20.11.1942, in: Gersdorff, a.a.O., S. 370
(36) Vgl. General für den Personaleinsatz der Luftwaffe Nr. 179/44 vom 28.4.1945, Betr.: Überprü-fung der Luftwaffenhelferinnen, Bundesarchiv/Militärarchiv RL 2 III/447
(37) Merkblatt für die Einsatzstellen des Kriegshilfsdienstes des RAD vom 1.8.1942, Bundesar-chiv/Militärarchiv RH 55 v. 94
(38) Vorläufige Dienstanweisung für die Wehrmachthelferinnen in der Luftwaffe, a.a.O.
(39) OKH GenStdH Org. Abt. Nr. 7183/45 vom 16.4.1945, Bundesarchiv/Militärarchiv RH 19/52
(40) Vorläufige Dienstanweisung für die Wehrmachthelferinnen in der Luftwaffe, a.a.O.
(41) Vgl. Heeresverordnungsblatt C 1940, Nr. 390; Marineverordnungsblatt 1940, Nr. 182; Luftwaf-fenverordnungsblatt 1940, Nr. 329
(42) Heeresverordnungsblatt C 1940, S. 242
(43) Vgl. OKW 26/27 (E) A.A/WV (IV a) vom 31.4.1941, Betr.: Beurlaubung von Gefolgschaftsmit-gliedern, Bundesarchiv/Militärarchiv RH 36/227; Marineverordnungsblatt 1944, S. 14 und 433
(44) Merkblatt für die Einsatzstellen des Kriegshilfsdienstes des RAD vom 1.8.1942, Bundesar-chiv/Militärarchiv RH 55/v. 94
(45) Heeresverordnungsblatt C 1940, S. 127; Marineverordnungsblatt 1941, Nr. 361; Heeresverord-nungsblatt 1944, S. 209
(46) Art. 3 der Anlage zum Haager Abkommen lautet: „Die bewaffnete Macht der Kriegsparteien kann sich zusammensetzen aus Kombattanten und Nichtkombattanten. Im Falle der Gefangen-nahme durch den Feind haben die einen wie die anderen Anspruch auf Behandlung als Kriegs-gefangene."
(47) OKH GenStdH Org.Abt. II/71773/45 vom 20.4.1945, Bundesarchiv/Militärarchiv RH 19/42; vgl. auch Allgemeine Heeresmitteilungen 1944, S. 279. Hinsichtlich des Schutzes der Helferin-nen und ihrer völkerrechtlichen Stellung wird auf die OKW-Erlasse vom 22.6.1943 Az. 26/27 Nr. 2680/42 AWA/WV vom 4.8.1943 Az. WFSt/Org (III) AWA Nr. 3280/43g vom 18.8.1944 Nr. 5089/44g WFSt/Org (III) verwiesen.
(48) Ebenda

Die Versorgung

Verpflegung und Marketenderwaren

Im Unterschied zu den bei der Wehrmacht eingesetzten Schwestern, Schwesternhelferinnen und technischen Assistentinnen in Feld- und Kriegslazaretten durften die Helferinnen der Wehrmachtsteile im Reichsgebiet bis 1944 nicht an der Truppenverpflegung teilnehmen. (1) Ihnen standen lediglich die Sätze der Lebensmittelkarten ihrer Altersstufe zu. Sie hatten „grundsätzlich Anspruch auf Lieferung von Verpflegung in Natur". (2) Im Reichsgebiet erhielten sie in der Regel Gemeinschaftsverpflegung. Der Verpflegungsgeldsatz wurde von den Wehrkreisverwaltungen festgelegt. Für Gemeinschaftsverpflegung betrug er 1,20 RM plus 0,10 RM für die Aufbesserung der Verpflegung. In Sonderfällen, z. B. bei geringer Verpflegungsteilnehmerzahl, bei Unternehmerverpflegung udgl. konnten die Sätze auf täglich 2,10 RM angehoben werden. (3) Meistens machten die Wehrkreisverwaltungen von dieser Ermächtigung Gebrauch, da 2,10 RM der Beköstigungssatz war, der auch an Selbstverpfleger ausgezahlt wurde. (4) Die Gemeinschaftsverpflegung war von den Dienststellen durch die Mitbenutzung bestehender Kücheneinrichtungen, durch die Schaffung neuer Kochmöglichkeiten und durch Unternehmerverpflegung sicherzustellen.

Was den Helferinnen wegen der Knappheit an Nahrungsmitteln weniger geboten werden konnte, sollte durch gute Zubereitung und sparsame Bewirtschaftung ausgeglichen werden. Die Köchinnen sollten deshalb sorgsam ausgewählt werden. Die örtlichen Verwaltungen wurden angehalten, die Gemeinschaftsküchen der Helferinnen mit ihren Erfahrungen im Einkauf, in der Organisation und Bewirtschaftung zur Seite zu stehen. (5) Es war ihnen jedoch untersagt, Lebensmittel aus Wehrmachtbeständen für die Küchen der Gefolgschaftsmitglieder freizugeben. Die Beschaffung der Lebensmittel richtete sich nach den Bestimmungen für zivile Werkküchen. (6) Die Verpachtung des Kantinen- und Verpflegungsbetriebes der Helferinnen war verboten. (7)

Helferinnen, die aus dienstlichen Gründen bei den Dienststellen nicht voll oder gar nicht verpflegt werden konnten, erhielten eine Geldabfindung zur Selbstverpflegung. Sie betrug innerhalb des Reichsgebietes RM 2,10. (8)

Diese Richtlinien für die Verpflegung der Helferinnen in den Wehrmachtsteilen galten ab Oktober 1941 auch für die im Kriegshilfsdienst des Reichsarbeitsdienstes bei der Wehrmacht tätigen RAD-Maiden. (9)

Die Helferinnen in den besetzten Gebieten nahmen an der Truppenverpflegung teil. Wer „außerhalb des Reichsgebiets ausnahmsweise wegen zwingender dienstlicher Gründe auf Selbstverpflegung" angewiesen war, erhielt als Geldabfindung einen Tagessatz von 3 RM. (10)

Die unterschiedliche Beköstigung der Helferinnen im Inland und Ausland führte bis 1944 zu zahlreichen Beschwerden. Deshalb und wegen der mit der Gemeinschaftsverpflegung zusätzlich belasteten Verwaltungen wurde im April 1944 unter Bezugnahme auf die „durch Führerbefehl angeordnete Verwaltungsvereinfachung" zugelassen, daß Gefolgschaftsmitglieder überall nach dem Wehrmachtsverpflegungssatz IV aus Wehrmachtsbeständen beköstigt werden konnten. Durch die Kürzung der Gebührnisse wurde der Unterschiedbetrag für die bessere Verpflegung einbehalten. In Fällen, in denen Helferinnen ausnahmsweise nach einem höheren Verpflegungssatz als den ihnen zustehenden mitverpflegt wurden, waren die Fleischportionen zu kürzen. Auch die nicht küchenmäßig zubereiteten Bestandteile der Kost, z.B. Brot und Brotaufstrich, mußten nach dem niedrigeren Satz ausgegeben werden. (11)

Die Flakwaffenhelferinnen der Luftwaffe hatten einen Anspruch auf den Wehrmachtsverpflegungssatz III für Angehörige von Batterien. Der Einsatz auf den Nordseeinseln wurde sogar mit dem Verpflegungssatz II honoriert. Der Unterschied zwischen II und III war nicht groß. Die tägliche Brotration war mit 700 g gleich. Der Verpflegungssatz II sah täglich 35 g Zucker und wöchentlich 800 g Frischfleisch vor, der Verpflegungssatz III nur 30 g Zucker pro Tag und 680 g Frischfleisch in der Woche. (12) Flakwaffenhelferinnen hatten Anspruch auf täglich 1/2 Liter entrahmte Milch und nicht nur auf die Portion eines fünftel Liters wie beim Verpflegungssatz IV. Nach jedem Einsatz gegen einfliegende feindliche Flugzeuge erhielten alle Flakwaffenhelferinnen ab Mitte 1944 außerde, 20 g Dextroenergen und 30 g Zuckerwaren. (13)

Allen Helferinnen stand jeden Monat 1 Stück Einheitsseife und ein halbes Stück Kernseife zur Wäschereinigung zu. Schuhcreme erhielten sie nach dem Satz wie Offiziere. Monatlich wurden an sie außerdem 1 Lockenwickler, 1 Haarnadel und 2 Haarklammern ausgegeben. (14)

Nach der Aufstellung des Wehrmachthelferinnenkorps erhielten alle Angehörigen „Truppenverpflegung nach dem gleichen Satz wie die Einheit, der sie angehören". Jugendliche Wehrmachthelferinnen bekamen die für Soldaten bis zur Vollendung des 21. Lebensjahres vorgesehene Zulage.

Da die Wehrmachthelferinnen auf die den Soldaten zustehenden Tabakrationen verzichten mußten, hatten sie auch keinen Anspruch auf den in Form von Drops und anderen Zuckerwaren an Nichtraucher ausgehändigten Ersatz. Die Alkohol- und Weinportionen, die an die Soldaten ausgegeben wurden, erhielten dagegen auch die Wehrmachthelferinnen. (15) Als Marketenderware wurden den Wehrmachthelferinnen zwischen dem 25. und 55. Lebensjahr Zigaretten, Zigarren oder Tabak gegen Rauchermarken zugestanden. Der Satz betrug jedoch nur die Hälfte der Soldatenportionen. Wehrmachthelferinnen unter 25 Jahren konnten Raucherkarten nur bekommen, wenn sie Ehefrauen oder Schwestern von Wehrmachtsangehörigen einer Einheit mit Feldpostnummern waren oder sich der Ehemann oder der unverheiratete Bruder in englischer oder amerikanischer Kriegsgefangenschaft befand. (16)

Die Verpflegungsrichtlinien für die Wehrmachthelferinnen ab 1945 deckten sich mit den Bestimmungen, die seit Kriegsbeginn für das im Krankenpflegedienst bei Feld- und Kriegslazaretten und bei sonstigen mobilen Einheiten der Wehrmacht verwendete Zivilpersonal galten. Diese Personengruppe erhielt im Unterschied zu den Helferinnen von vornherein Wehrmachtsverpflegung. Sie war grundsätzlich verpflichtet, an der Truppenverpflegung teilzunehmen. Selbstverpflegung wurde auf die Fälle beschränkt, „in denen Truppen- oder Unternehmerverpflegung vollkommen undurchführbar ist". Schwestern und andere Angehöriger des Krankenpflegedienstes, die aus gesundheitlichen Gründen an der Truppenverpflegung nicht teilnehmen konnten, wurden zurückgeschickt und durch andere Kräfte ersetzt. (17)

Unterkunft

Bis Mitte 1942 lag die Unterkunftbetreuung der Helferinnen in den Händen der Wehrmachtsteile. Sie gingen unterschiedliche Wege. Die *Luftwaffe* überließ diese Frage den Luftgauverwaltungen. Im Inland mieteten die Luftwaffenhelferinnen meistens Privatquartiere, wenn sie nicht zu Hause wohnen konnten. In den besetzten Gebieten wurden für die Helferinnen Häuser beschlagnahmt, in die sie gruppenweise einquartiert wurden. Ende 1941 empfahl der Chef des Nachrichtenverbindungswesens der Luftwaffe auch für das Reichsgebiet die Zusammenfassung der Frauen ein und derselben Dienststelle in Wohnheimen. Er sprach von der „Kasernierung der Helferinnen". (18) In allen Fällen, in denen es dienstlich notwendig war, die Luftwaffenhelferinnen geschlossen bei der Dienststelle unterzubringen, sollten „Frauenlager" eingerichtet werden. (19) Zu diesem Zweck konnten Schulen, Herbergen oder Gasthäuser durch die zuständigen Standortkommandanturen angemietet und für die Helferinnen eingerichtet werden. Da von der guten Unterbringung auch der Ruf der Helferinnenschaft abhängig war, wurden die Standortkommandanturen aufgefordert, umsichtig und vorsorglich zu handeln. Das Heim sollte „in allen Teilen den weiblichen und militärischen Ansprüchen gerecht werden". (20) Die Befürworter der Heimunterbringung der Helferinnen hatten die Erfahrung auf ihrer Seite, daß bei den nicht kasernierten Helferinnen die Arbeit der Heimleiterinnen und Kameradschaftsführerinnen schwieriger war. Da die persönliche Fühlungnahme außerhalb des Dienstes entfiel, waren Cliquenbildung und Unzufriedenheit schwerer zu bekämpfen, Korpsgeist und Berufsstolz schwerer anzuerziehen, Krankmeldungen und Dienstversäumnisse schwerer zu überprüfen. (21)

In Wirklichkeit ließ sich die gemeinsame Unterbringung der Helferinnen im Reichsgebiet nicht verwirklichen, weil es an ausreichenden Unterkünften mangelte und weil sehr viele verheiratete oder auch ledige Helferinnen ihren eigenen Haushalt hatten und ihre Wohnung nicht aufgeben wollten. Von den in der Luftwaffe Ende 1941 im Heimatgebiet tätigen 34 600 Helferinnen waren nur 6 500 in Gemeinschaftsunterkünften untergebracht.

Das *Heer* entschied sich unmittelbar nach der Einführung der weiblichen Nachrichtenhelferinnen für deren Unterbringung in Heimen. Diese Lösung bot sich an, da die Nachrichten- und Stabshelferinnen vorwiegend im besetzten Ausland verwendet wurden. Am 15.5.1941 erließ der Militärbefehlshaber in Frankreich erstmals Richtlinien für die Unterbringung der weiblichen Angestellten. Bei allen Dienststellen, an denen mehrere weibliche Gefolgschaftsmitglieder beschäftigt waren, wurde deren gemeinsame Unterbringung in Wohnheimen befohlen. Wenn die örtlichen Verhältnisse es gestatteten, sollten sogar alle Gefolgschaftsmitglieder des Standorts in Standortwohnheimen untergebracht werden. Lediglich älteren und verheirateten Helferinnen blieb es überlassen, ob sie Einzelquartiere belegen oder zusammen mit den übrigen im Heim wohnen wollten. Solche Ausnahmen mußten die Bezirkschefs bzw. Standortkommandanten genehmigen. Falls amtliche Unterkunft nicht in Anspruch genommen wurde, erhielten die Helferinnen für die Selbstunterbringung eine Geldabfindung in Höhe von 20-30 RM im Monat je nach Ortsklasse. (22)

Die Freimachung und Einrichtung der als Wohnheime geeigneten Gebäude war Sache der Ortskommandanturen. Im besetzten Frankreich wurden die Kreiskommandanten damit beauftragt. Die Ausstattung der Wohnräume sollte „einfach und dem fraulichen Charakter ihrer Bestimmung angepaßt sein". Übertriebener Aufwand sollte vermieden werden. Außer den eigentlichen Wohn- und Schlafräumen mußten in den Wohnheimen auch 1-2 Gemeinschafts- (Aufenthalts)räume mit entsprechender Ausstattung vorhanden sein. Hier sollten die Gefolgschaftsmitglieder Gelegenheit haben, ihre Freizeit zu verbringen. (23)

Für jedes Wohnheim wurde eine Hausordnung aufgestellt, deren genaue Befolgung von den Heimbewohnerinnen gefordert wurde. Die Hausordnung mußte von den militärischen Vorgesetzten, meistens dem Ortskommandanten, genehmigt werden. (24)

In Wohnheimen mit mindestens 20 Gefolgschaftsmitgliedern durfte eine hauptamtliche Heimleiterin eingesetzt werden, die für die Aufrechterhaltung der Ordnung verantwortlich war. Für Heime mit geringerer Belegung genügte es, aus den Reihen der Gefolgschaftsmitglieder eine geeignete und vertrauenswürdige Frau nebenamtlich mit der Heimaufsicht zu beauftragen. Sie übernahm die Funktion der Heimältesten.

Die Heimleiterin bzw. Heimälteste übte das Hausrecht aus und war für Ordnung und Disziplin verantwortlich. Außerdem oblag ihr die wirtschaftliche Leitung, die Ausgestaltung und Instandsetzung des Heimes im Benehmen mit den zuständigen Dienststellen. (25)

Die gemeinsame Unterbringung von Offizieren, Beamten oder Soldaten mit weiblichen Gefolgschaftsmitgliedern in einem Haus war untersagt. Als dem Militärbefehlshaber in Frankreich Verstöße gegen diesen Befehl bekannt wurden, machte er die Kommandeure und Dienststellenleiter „persönlich dafür verantwortlich, daß die. . . gegebenen Befehle in Kürze durchgeführt werden".(26)

Um die divergierenden Ansichten der Wehrmachtsteile über die Unterkunftsregelungen für Helferinnen zu vereinheitlichen, erließ das Oberkommando der Wehrmacht am 22.6.1942 zentrale „Richtlinien für die Unterbringung der Frauen, insbesondere in den Gebieten außerhalb der Reichsgrenze". Wohnheime wurden zur Norm erklärt. Hauptamtliche Heimleiterinnen wurden jedoch nur den Heimen mit einer Belegung von etwa 50 Frauen zugebilligt. Als Heimleiterinnen sollten nur Frauen eingesetzt werden, „die in der Frauenarbeit Erfahrung haben und geschult sind". Obwohl die Heimleiterin nicht Vorgesetzte der im Heim untergebrachten Frauen war, hatte sie für die Einhaltung der Heimordnung zu sorgen. Sie hatte den im Haus Untergebrachten klarzumachen, daß „das Leben im Frauenwohnheim . . . natürlich nicht gleich sein kann mit dem freien Wohnen im Hotel". Die Leitung des Heims war aber so durchzuführen, „daß die Unterbringung dort nicht zur Kasernierung" wurde. Deshalb durfte die Heimordnung weder „sprachlich noch inhaltlich eine Kasernenvorschrift" sein. Bei der Erstellung der Heimordnung wurden neben den zuständigen Wehrmachtsdienststellen auch die von der Reichsfrauenführerin der NSDAP genannten Gebietsbeauftragten eingeschaltet. Diese Frauen erhielten das Recht, die Frauenwohnheime zu besuchen und sich über die Verhältnisse in den Häusern zu unterrichten. Auch die Einsetzung von Heimleiterinnen sollte im Einvernehmen mit den Gebietsbeauftragten vorgenommen werden, „damit Führung der Heime und Betreuung der Frauen nach fraulichen Gesichtspunkten ausgerichtet werden". (27)

Die Frage, welchen Spielraum die Helferinnen bei der Ausgestaltung der Wohnräume haben sollten, blieb strittig. Die Psychologen der Wehrmachtsteile waren der Ansicht, daß der einzelnen Helferin die Möglichkeit eingeräumt werden sollte, „in kleinen Dingen (Wandbespannungen, Zusammenstellen von vier Hockern zu einem Tisch und ähnlichem) ihrer Stube eine persönliche Note zu geben". Man wollte erreichen, daß die Unterkunft für die Helferinnen ein Stück Zuhause werde, und glaubte, daß Frauen, die sich in ihrem Heim wohlfühlten, viel weniger ausgehen würden als solche, denen schon während des Dienstes immer „eine kalte, nüchterne, lieblose oder sonstwie unerfreuliche Unterkunft" vor Augen steht. Sie argumentierten, daß „eine schematische Kasernierung, die der Mann in Kauf nimmt, oft gar nicht einmal empfindet, . . . dem ganzen Wesen der Frau" widerstrebe. (28) Zahlreiche Dienststellenleiter dachten anders. Sie fürchteten eine „aufgelockerte und in das Bohèmehafte gleitende Haltung, insbesondere auch in den Heimen" und sprachen sich für eine straffe Ordnung in den Wohnheimen aus. Stellvertretend für diese Gruppe wird der Befehl des Luftwaffenbefehlhabers Mitte vom 2.6.1943 angeführt:

„Unbeschadet der auf das Frauliche ausgerichteten Ausstattung der Heime muß in den letzteren, wie in den Lagern des weiblichen RAD oder in Lagern des BDM oder in sonstigen der Schulung oder der Erholung dienenden Lagern der Frauenschaft, hinsichtlich der Haus- und Stubenordnung peinlichste Ordnung verlangt werden.

Das den Gemeinschaftsunterkünften (Heimen) zur Verfügung gestellte Mobiliar, insbesondere die mit großer Mühe bereitgestellten und zum Teil den Soldaten entzogenen Bettstellen aus Holz oder Eisen, bieten die Gewähr dafür, daß in der Haltung und Pflege der Lagerstätte (Bett) die aus Gründen der Gesundheit und der Sauberkeit gebotene Ordnung sichergestellt ist. Es ist daher eine Verkennung des Begriffs „Gemütlichkeit‟, wenn in einzelnen Heimen als Ausfluß einer gewissen Couchpsychose die Bettstellen entfernt oder zusammengeklappt werden und das Lager unmittelbar auf oder in unmittelbarer Nähe des Fußbodens hergerichtet wird. Damit wird gerade das erreicht, was bei richtigem Gebrauch der militärischen Bettstellen vermieden wird, nämlich eine unsaubere, dem Bodenstaub nahegerückte Lagerstelle, unter der sich nebenbei eine Schmutz- und Staubentwicklung nicht vermeiden läßt, da die Reinigung des Fußbodens unter diesem Lager erfahrungsgemäß unterbleibt oder nur unter erschwerten Umständen möglich ist. Es muß verlangt und durchgesetzt werden, daß sich auch die in Hausgemeinschaften (Heimen) untergebrachten Helferinnen dieser Ordnung unterwerfen und die Rücksicht auf Ordnung und Sauberkeit und auf die Gesunderhaltung der Helferinnen erkennen und würdigen.

Es ist nicht im Sinne der Kameradschaft, wenn die einzelne Helferin sich der persönlichen Pflicht entzieht, ihre Lagerstätte (Bett) nach dem Aufstehen selbst in den geordneten Zustand zu versetzen, wie es in allen Lagergemeinschaften ähnlicher Art üblich und notwendig ist. Jede Helferin ist für den Zustand und die Beschaffenheit ihrer Lagerstelle, ebenso wie für die Ordnung und Sauberkeit in ihrem Schrank persönlich verantwortlich. Der vielerorts eingerichtete sogenannte Stubendienst ist kein Gouvernantendienst für die einzelnen Helferinnen, sondern hat nur allgemeine Aufgaben der Stubenordnung.

Unter dem Motto „gemütliche Ausstattung der Heime‟ werden für die Einsatzbereitschaft der Truppe lebensnotwendige Dinge, z.B. Schlaf- und Unterkunftsdecken, für Zwecke herangezogen, denen sie nicht zu dienen bestimmt sind, z.B. zur Unterteilung von Schlaf- und Wohnraum als Vorhänge, zur Herrichtung besonderer Sitz- und Liegegelegenheiten außer den vorhandenen Betten, zu Verdunkelungszwecken usw. Es sollte auch den L.-Helferinnen und ihren Führerinnen (Heimleiterinnen!) nicht unbekannt sein, mit welchen Opfern des ganzen Volkes der Wintereinsatz der Ostfront an Wollsachen in den verflossenen Jahren bestritten werden mußte. Auch der neueste Aufruf des Reichswirtschaftsministers für die Reichsspinnstoffsammlung gibt einen ausreichenden Hinweis auf die allgemeine Spinnstoff- und Textillage.

Alle über die unbedingt notwendige Anzahl (Plansoll) ausgegebenen und in den Heimbereichen oder auch sonst im Gewahrsam der Helferinnengemeinschaft befindlichen Wolldecken sind sofort zurückzuziehen, in ordnungsgemäße Verwahrung der Verwaltung zu nehmen und für den Wintereinsatz bereitzuhalten. Zu dem Einsatz von Wolldecken für andere Zwecke als zur Bettenausstattung gibt es keine Begründung oder Entschuldigung.

Wo in Hausgemeinschaften die Belegung einzelner Räume mit mehreren weiblichen Helferinnen Platz zu greifen hat, ist die Einrichtung eines Zimmerdienstes (Stubenälteste) unentbehrlich. Ohne Übertreibung irgendwelcher militärischen Formen ist es schon ein Gebot der Ordnung und Höflichkeit, daß die Zimmerälteste beim Betreten des Zimmers durch einen militärischen Vorgesetzten im Offizierrang eine kurze Meldung über den Stand der Belegung macht, so wie sie in jedem deutschen Frauenlager auch anderwärts üblich ist. Daß die das Heim leitende Führerin, ausreichend unterstützt von der Truppenführung, ihrerseits die von ihr betreute Helferinnenschaft in Bezug auf Ordnung, Sauberkeit und Haltung auch in den Schlaf- und Wohnräumen in der Hand und in einer kameradschaftlich straffen Führung haben und selbst Vorbild sein muß, ist ebenfalls ein Gebot der Ordnung und liegt nicht zuletzt im wohlverstandenen Interesse jeder einzelnen Helferin selbst. Es kann nicht angehen, daß Helferinnen, denen beim weiblichen RAD und im BDM-Dienst mit Erfolg die Begriffe von Ordnung und Sauberkeit auch im Zusammenleben in einer Kameradschaft beigebracht worden sind, nunmehr etwa in den Gemeinschaften der Luftwaffe (Heimen) diesen Sinn und diesen

Begriff wieder verlieren deswegen, weil, wenn auch nur in Einzelfällen, dort auf diese Grundelemente der inneren und äußeren Haltung nicht mehr entscheidender Wert gelegt wird." (29)

Die Lagerstätten der Helferinnen waren einheitlich ausgestattet mit zwei Wolldecken während des ganzen Jahres und auf Anordnung des Standortarztes mit drei im Winter. Die Bettwäsche bestand aus einem Bettbezug, einem Kopfpolsterbezug und einem Bettlaken. Sie wurde grundsätzlich monatlich gewechselt. (30)

Zur Vereinheitlichung der Unterkunftbestimmungen der Wehrmachtsteile gab das Oberkommando der Wehrmacht im September 1943 „Richtlinien für die Erstellung von Heimordnungen für Frauenwohnheime der Wehrmacht in den Gebieten außerhalb der Reichsgrenze" heraus. Der Sinn der Heime wurde darin gesehen, „den weiblichen Gefolgschaftsmitgliedern . . . die Familiengemeinschaft in der Heimat" zu ersetzen. Auf die besondere Verantwortung der Heimleiterinnen wurde hingewiesen. Von ihnen hänge „das Wohl und Ansehen der Gemeinschaft" ab. (31)

Im großen und ganzen galten für die Reichsarbeitsdienstmaiden, die den Kriegshilfsdienst bei Dienststellen der Wehrmacht leisteten, die gleichen Unterkunftregelungen wie für die Helferinnen. Soweit ihr Verbleib in den RAD-Lagern nicht möglich war, mußten die Unterkunftsgruppen in ungenutzten Wohnbaracken oder angemieteten Quartieren untergebracht werden. Das Wohnen in Kasernen, die von Soldaten belegt waren, war untersagt. Unterkünfte, die in der Nähe oder im Gelände von Unterkünften ausländischer Arbeitskräfte oder Kriegsgefangener lagen, wurden mit Stacheldraht umzäunt.

Die Unterkünfte mußten getrennte Schlaf- und Wohnräume enthalten, damit die Nachtruhe der Maiden gewährleistet war. Die gesonderte Unterbringung von Kranken mußte möglich sein.

Die Ausstattung der Wohnräume mit Bettwäsche, Wolldecken, Handtüchern, Luftschutzgeräten und Hausapotheken war Sache der Einsatzstellen.

Von den RAD-Bezirken wurde eine Führerin zur Überwachung der Unterkunftsgruppe bestimmt. Ihren Anordnungen hatten die Kriegshilfsdienstmaiden Folge zu leisten. (32) Die RAD-Führerinnen in den beaufsichtigenden Dienststellen überzeugten sich durch häufige Besuche in den Unterkunftgruppen von der ordnungsgemäßen Unterbringung der Kriegshilfsdienstverpflichteten. (33)

Die einzige neue Unterkunftbestimmung für die Angehörigen des im November 1944 gegründeten Wehrmachtshelferinnenkorps war, daß minderjährige und volljährige Mitglieder getrennt untergebracht werden sollten. Entsprechend der Kriegssituation wurde gegenüber den Kommandeuren, Einheitsführern und Dienststellenleitern lediglich betont, daß die Unterkünfte „wenn auch den Kriegsverhältnissen angepaßt, einer deutschen Frau würdig ausgestattet werden". Dabei sollte der Grundsatz gelten, daß eher die Soldaten mit einer schlechteren Unterkunft vorlieb nehmen mußten als die Helferinnen.

Die neuen Richtlinien für die Heimordnung faßten nicht nur die Erfahrungen mit den Helferinnen der Wehrmachtsteile in vier Kriegsjahren zusammen, sondern waren in ihrer Detailliertheit ein Triumph der Bürokratie, vier Monate bevor der Krieg aus war:

„Richtlinien für eine Heimordnung

1. Sauberkeit, Ordnung und Ruhe sind die notwendige Voraussetzung für ein gedeihliches Zusammenleben im Heim.
2. Die Helferinnen haben ihre Bekleidung und ihre Unterkunftsräume selbst in Ordnung zu halten (Staubwischen und Ausfegen). Hilfskräfte werden von der Verwaltung nur für die Reinigung der Fußböden, Flure, Treppen und Fenster sowie der gemeinsam zu benutzenden Räume und zur Küchenarbeit eingestellt. Soweit nachweislich Hilfskräfte für diese Arbeiten nicht zu er-

halten sind, kann auf Weisung des Führers der Wehrmachtseinheit die Führerin in Wechselfolge Helferinnen für diese Arbeiten bestimmen.

Die Anleitung und Beaufsichtigung der eingesetzten Kräfte obliegt der Führerin.

3. Auf jeder Stube ist die dienstälteste Helferin (Ober- oder Haupthelferin) als Stubenälteste für Einhaltung der Stubenordnung sowie für Sauberkeit und Ausführung der erforderlichen gemeinsamen Arbeiten verantwortlich.

4. An der Außentür sind nach einheitlichem Muster in gleicher Schrift die Namen und Dienstbezeichnungen der in der Stube wohnenden Helferinnen anzubringen.

5. Das Unterkunftsgerät ist pfleglich zu behandeln. Beschädigung bzw. Verlust von Geräten ist ohne Verzug der Führerin zu melden. Für fahrlässigen Schaden oder Verlust, deren Urheber nicht festzustellen sind, werden alle im Heim wohnenden Helferinnen ersatzpflichtig gemacht. Über das in den einzelnen Räumen befindliche Unterkunftsgerät ist ein Verzeichnis zu führen und an sichtbarer Stelle aufzuhängen.

6. Wäsche ist nur in den dafür bestimmten Räumen zu waschen und zu trocknen. Die Schuhe sind auf dem Flur oder in einem hierfür bestimmten Raum zu reinigen.

7. Das Rauchen ist in den Wohnräumen möglichst zu vermeiden, von 22 Uhr ab verboten.

8. Beim Verlassen der Räume sind die Schränke zu verschließen. Für abhanden gekommene Sachen wird kein Ersatz geleistet. Die Türschlüssel sind bei Abwesenheit der Stubenbelegschaft während der Dienstzeit bei der Helferin vom Dienst abzugeben.

9. Für die Verdunkelung der Wohnräume ist die Stubenälteste, für die Gesamtverdunkelung des Hauses die Führerin verantwortlich.

10. Ab 22 Uhr hat unbedingt Ruhe zu herrschen; das Licht ist auszuschalten. Bei der Heimkehr von verlängertem Urlaub ist mit Rücksicht auf schon schlafende Helferinnen größte Ruhe geboten.

11. Gäste dürfen nur in dem als Empfangsraum bestimmten Gemeinschaftsraum empfangen werden. Gästeempfang ist nur in der Zeit von. . . bis. . . zulässig. Die Führerin hat gegenüber den Gästen Hausfrauenrechte. Die Gäste haben sich auszuweisen und mit Namen und Anschrift der Feldpostnummer bzw. Privatanschrift in das Gästebuch einzutragen. Der Aufenthalt der Gäste in anderen Zimmern, insbesondere in den Wohn- und Schlafräumen der Helferinnen ist verboten. Die Übernachtung von Gästen in den Heimen der Helferinnen ist verboten.

12. Der Besuch folgender Lokale ist den Helferinnen untersagt: . . . " (34)

Besoldungsfragen

Alle Gefolgschaftsmitglieder in den Dienststellen und Betrieben der Wehrmacht wurden vor dem Krieg ohne Rücksicht auf Ort und Zeit der dienstlichen Verwendung nach den tariflichen Bestimmungen abgefunden. Der Reichstreuhänder für den öffentlichen Dienst hatte mit Wirkung vom 1. April 1934 für die Gefolgschaftsmitglieder des öffentlichen Dienstes die allgemeine Tarifordnung (ATO), die Tarifordnung A (TO.A) und die Tarifordnung B (TO.B) erlassen. Diese Tarifordnungen stellten Mindestbedingungen darauf deren Erfüllung Rechtsansprüche geltend gemacht werden konnten. Zur Regelung der Dienstverhältnisse der nicht beamteten Gefolgschaftsmitglieder bei öffentlichen Verwaltungen und Betrieben wurden aufgrund des Gesetzes über die ergänzende Regelung bei öffentlichen Verwaltungen und Betrieben vom 17.2.1938 (35) „Allgemeine Diensordnungen" mit Wirkung vom 1.4.1938 erlassen. (36) Diese Allgemeinen Dienstordnungen bestimmten, in welchem Maße über die Mindestbedingungen der Tarifordnungen hinausgegangen werden konnte. Zur Erläuterung der Allgemeinen Dienstordnungen gaben die Wehrmachtsteile 1938 „Besondere Dienstordnungen" heraus. (37) Aus diesen besonderen Dienstordnungen ergaben sich unterschiedliche Regelungen für die Helferinnen. Gegenüber den Luftwaffenhelferinnen hatten die Nachrichtenhelferinnen des Heeres 1940 den großen Vorteil, daß sie unter Begründung eines einem Arbeitsvertrag entsprechenden Beschäftigungsverhältnisses nach dem außerordentlich guten Tarif der Rot-Kreuz-Schwestern bezahlt wurden. Ihre *Besoldung* betrug monatlich neben freier Verpflegung und freier Unterbringung:

Alters- gruppe	Nachrichten- helferinnen *RM*	NH.-Ober- helferinnen *RM*	NH.-Unter- führerinnen *RM*	NH.- Führerinnen *RM*	NH.-Ober- führerinnen *RM*	NH.-Haupt- führerinnen *RM*
bis zur Vollendung des 25. Lebensjahres	55,–	60,–	65,–	80,–		
des 30. Lebensjahres				85,–		
des 40. Lebensjahres				90,–	105,–	120,–
nach Vollendung	69,–	74,–	79,–			
				95,–		

Wurden Frauen ohne Begründung eines einem Arbeitsvertrag entsprechenden Beschäftigungsverhältnisses dienstverpflichtet, so erhielten sie lediglich eine *Vergütung* „als Entschädigung für die persönlichen Aufwendungen", deren Höhe vom Reichsinnenminister festgelegt war; sie lag unter den tariflichen Sätzen. Für Familienangehörige bezogen sie eine Familienunterstützung entsprechend der Einsatz-Familienunterstützungsverordnung vom 1.9.1939. (38) Nur die Helferinnen, die unmittelbar zuvor im öffentlichen Dienst beschäftigt waren, bekamen die bisherigen Dienstbezüge von den alten Beschäftigungsdienststellen weiterbezahlt. Ihnen wurde nur ein Ausgleichbetrag in Höhe der Barvergütungen abgezogen. (39)

Die Vergütungen wurden den Nachrichtenhelferinnen für den laufenden Monat jeweils am 15. ausbezahlt. Die im besetzten Gebiet tätigen erhielten sie nach dem für die Wehrmacht festgesetzten Umrechnungskurs. Die Vergütungssätze unterlagen als Aufwandsentschädigung weder den Gehaltskürzungsverordnungen noch dem Steuerabzug. (40)

In der Luftwaffe wirkte sich besonders störend aus, daß die Luftwaffenhelferinnen nach zwei verschiedenen Tarifen entlohnt wurden. Die Flugmelderinnen und die Helferinnen im Luftschutzwarndienst waren nach der 1. Durchführungsverordnung zum Luftschutzgesetz herangezogen. Sie kannte lediglich Aufwandsentschädigungen und bot denjenigen, die noch keinen zivilen Beruf hatten, eine unzureichende Vergütung. Die Familien dieser dienstverpflichteten Frauen mußten in vielen Fällen Familienunterhaltunterstützung beantragen. Die Luftwaffenbetriebs- und –wetterdiensthelferinnen waren notdienstverpflichtet nach der Notdienstverordnung vom 15.10.1938 und wurden nach der Tarifordnung A besoldet. Sie hatten diese Probleme nicht. Der Nachteil der Besoldung nach TOA bestand lediglich darin, daß jüngere Angestellte weniger bekamen als ältere und daß die im Reichsgebiet Beschäftigten gegenüber den in den besetzten Gebieten tätigen Luftwaffenhelferinnen benachteiligt waren, was wegen der gleichen Tätigkeit nicht verstanden wurde. Während die im Reichsgebiet eingesetzten Luftwaffenhelferinnen lediglich nach der entsprechenden Vergütungsgruppe bezahlt wurden und hiervon ihre Lebensbedürfnisse zu bestreiten hatten, erhielten die Kräfte in den besetzten Gebieten eine Einsatzzulage in Höhe von rund 60 RM sowie freie Unterkunft und Verpflegung neben ihrem vollen Gehalt, das auf ihr Heimatkonto überwiesen wurde. Unter bestimmten Voraussetzungen wurde ihnen sogar eine Frontzulage gewährt. (41)

Luftwaffenbetriebs- und -wetterdiensthelferinnen wurden folgendermaßen bezahlt: Anwärterinnen, Helferinnen und Oberhelferinnen nach TO. A IX; Helferinnen nach dreijähriger Beschäftigung im Fernsprechdienst, Helferinnen als Fernschreiberinnen in der Tätigkeit von Telegraphenassistentinnen, Helferinnen im Funkdienst, Oberhelferinnen mit Aufsichtsbefugnissen über mindestens 6 Helferinnen und Haupthelferinnen nach TO.A VIII; Haupthelferinnen mit Aufsichtsbefugnissen über mindestens 15 Helferinnen und Führerinnen nach TO.A VII. (42)

Dieselbe Vergütung hatte das Oberkommando der Wehrmacht am 16.5 1941 dem im Krankenpflegedienst bei Feld- und Kriegslazaretten sowie bei sonstigen mobilen Einheiten verwendeten Zivilpersonal zugestanden. Allen weiblichen Personen der freiwilligen Krankenpflege, die kriegsmäßig in Kriegs- und Feldlazaretten oder mit sonstigen mobilen Einheiten außerhalb des Stand- oder Aufstellungsortes eingesetzt waren und nicht täglich zu ihrem Wohn- oder Aufenthaltsort zurückkehren konnten sowie alle Personen der freiwilligen Krankenpflege, die außerhalb der Reichsgrenze mit Einschluß des Generalgouvernements eingesetzt waren, wurde neben den tarif- oder dienstordnungsmäßigen Bezügen Einsatzzulage in der Landeswährung gewährt. Ihre Höhe war wie folgt festgelegt: (43)

	Einsatzzulage je Tag								
	im Reichs-gebiet	in Hol-land	in Nor-wegen	in Bel-gien	in Däne-mark	in Frank-reich	im General-gouverne-ment	in Rumä-nien	in Un-garn
	RM	holl. Gulden	norw. Kro-nen	belg. Frcs.	Kro-nen	Frcs.	Zloty	Lei	Pengö
Schwesternhelferinnen, Helferinnen, Lernschwestern	0,65	1,13	2,63	16,10	2,45	24,–	3,–	70,–	1,42
Krankenschwestern (Mutterhausschwestern und freie Schwestern), Oberschwestern, Führerinnen bei den Eisenbahntransportabteilungen, Leiterinnen von Soldatenheimen, technische Assistentinnen, Krankengymnastinnen, Diätassistentinnen	0,75	1,32	3,07	18,75	2,86	28,–	3,50	80,–	1,65
Oberinnen bei den Armeeärzten, Stabsführerinnen bei den Eisenbahntransportabteilungen, Sachbearbeiterinnen von Soldatenheimangelegenheiten bei den Befehlshabern	0,75	1,65	3,84	23,50	3,33	32,60	4,40	100,–	2,10

Wenn für das militärische Personal eine Lazarettfrontzulage angeordnet wurde, galt diese auch für das unter den gleichen Lebensbedingungen eingesetzte zivile Krankenpflegepersonal. (44)

Mitte 1942 kam es zu einer Vereinheitlichung der Besoldung der Helferinnen in der Luftwaffe. Das Oberkommando der Wehrmacht verfügte, daß insbesondere in den Gebieten außerhalb der Reichsgrenze „bei gleicher Tätigkeit... für das Beschäftigungsverhältnis grundsätzlich die Tarifordnungen des öffentlichen Dienstes" zu gelten hätten. Nur Tätigkeiten, die wegen ihrer Besonderheit nicht in die Tarifordnungen paßten, waren auszunehmen. Im Rahmen der gegebenen Richtlinien konnten die Wehrmachtsteile jedoch durch besondere Dienstordnungen entsprechend den Verhältnissen des Einsatzes oder des Dienstes Änderungen erlassen. (45)

Die Luftwaffe machte von dieser Ermächtigung sofort Gebrauch. Sie hatte wichtige Gründe hierfür:

„Die längere Dauer des Krieges und die erschwerten Einsatzverhältnisse zwingen zu einem weitgehenden Austausch zwischen den bisher getrennt eingesetzten Nachrichtenhelferinnen der Luftwaffe (Ln.-Flugmeldehelferinnen und Ln.-Betriebshelferinnen). Dies setzt eine einheitliche Gestaltung des Beschäftigungsverhältnisses und der Abfindung aller im Nachrichtendienst der Luftwaffe tätigen weiblichen Hilfskräfte voraus. Zur Erreichung gleicher Einsatz-, Arbeits- und Abfindungsbedingungen gelten daher mit Wirkung vom 1.8.1942 die im Flugmeldedienst tätigen Ln.Flum.Helferinnen und die Helferinnen im LSW als auf Grund der Notdienstverordnung vom 15.10.1938 (RGBl. I S. 1441) umverpflichtet. Ihre weitere Beschäftigung erfolgt unter Begründung eines einem Arbeitsvertrage entsprechenden Beschäftigungsverhältnisses...

Die im Flugmeldedienst der Luftwaffe eingesetzten, bisher auf Grund der 1. DVO zum Luftschutzgesetz herangezogenen, mit Ablauf des 31.7.1942 entpflichteten und ab 1.8.1942 auf Grund der Notdienstverordnung vom 15.10.1938 (RGBl. I S. 1441) unter Begründung eines einem Arbeitsvertrage entsprechenden Beschäftigungsverhältnisses neu verpflichteten weiblichen Hilfskräfte (Ln.-Flugmeldehelferinnen) werden mit diesem Zeitpunkt Gefolgschaftsmitglieder der Luftwaffe...

Diese Hilfskräfte bilden zusammen mit den im Fernsprech-, Fernschreib- und Funkbetriebsdienst der Luftwaffe tätigen, im Angestelltenverhältnis stehenden weiblichen Hilfskräften (Ln.-Betriebshelferinnen) die Ln.-Helferinnenschaft. Eine Unterscheidung nach Einsatz, Abfindung usw. findet nicht mehr statt... Sämtliche Dienstbezeichnungen lauten künftig einheitlich... " (46)

Da umverpflichtete minderjährige Luftschutzwarnhelferinnen und Flugmeldehelferinnen nunmehr „ein einem Arbeitsvertrag entsprechendes Beschäftigungsverhältnis" hatten, entfiel für ihre Erziehungsberechtigten die bisher gezahlte Kinderermäßigung bzw. Kinderbeihilfe, es sei denn, sie wohnten im Haushalt des Erziehungsberechtigten. (47)

Im Heer und in der Kriegsmarine wurden alle bis dahin in anderen Dienstverhältnissen stehenden Helferinnen zum 1.4.1943 umverpflichtet. Von diesem Tag an wurden auch sie „aufgrund der Notdienstverordnung unter Begründung eines Beschäftigungsverhältnisses, das einem Arbeitsvertrag entspricht, beschäftigt". Die neuen Bestimmungen über die Gewährung von Kinderermäßigung und Kinderbeihilfen galten damit auch für sie. (48)

Allen Helferinnen in den besetzten Gebieten konnte jetzt neben freier Verpflegung und freier Unterbringung eine Einsatzzulage gewährt werden. Die tarifliche Vergütung durfte von den zuständigen Standortlohnstellen und Standortkassen nur zur Auszahlung an einen in der Heimat wohnenden Empfänger angewiesen werden. Die Einsatzzulagen wurden von den Beschäftigungsdienststellen oder ihren Zahlstellen an die Helferinnen unmittelbar ausgezahlt. Das Verfahren unterschied sich in nichts von dem für im Ausland stationierte Soldaten. (49) Soweit für die Wehrmachtsangehörigen in den besetzten Gebieten die Überweisung von privaten Geldbeträgen aus der Heimat zugelassen war, galten diese Bestimmungen auch für die Helferinnen mit der Maßgabe, daß an die Stelle des Wehrsoldes die Einsatzzulage trat. (50)

Der Trennungszuschlag von 19 RM wöchentlich wurde gewährt, wenn Dienstverpflichtete von den Angehörigen getrennt leben mußten. Dienstpflichtunterstützung bekamen alle, deren Arbeitseinkommen das bisherige Bruttoarbeitseinkommen nicht erreichte. Damit sollte den Dienstverpflichteten die Erfüllung gesetzlicher oder vertraglicher Verpflichtungen ermöglicht werden, z.B. Zahlung von Wohnungsmieten, Eigenheimlasten, Abzahlungsraten, Versicherungsprämien. Nach 12-monatiger Dienstleistung im Ausland konnte den Dienstverpflichteten auch ein Treuegeld gewährt werden. Es betrug monatlich 26 RM. Dienstpflichtunterstützung und Treuegeld galten nicht als Arbeitseinkommen und waren daher nicht lohnsteuerpflichtig. Sie unterlagen auch nicht der Pfändung.

In den besetzten Gebieten hatten die Kommandeure und Dienststellenleiter als Gefolgschaftsführer der Helferinnen deren Einweisung in die Vergütungsgruppen zu veranlassen und Höhergruppierungen vorzuschlagen. Die Aufgaben, die im Reichsgebiet den Wehrkreisverwaltungen oblagen, wurden in den besetzten Gebieten von den gebietsmäßig zuständigen Intendanten mindestens im Rang eines Armeeintendanten wahrgenommen. Vergütungsgruppeneinweisungen und Höhergruppierungen mußten sich im Rahmen der verfügbaren Planstellen oder des als dringend notwendig anerkannten Bedarfs halten. Sie galten ausschließlich für die Dauer der Beschäftigung bei der jeweiligen Dienststelle. Von den Hilfskräften im Büro- und Verwaltungsdienst durften höchstens 10 von 100 in der Vergütungsgruppe VI b, 50 von 100 in der Vergütungsgruppe VII sein. 40 % mußten nach der Vergütungsgruppe VIII bezahlt werden. (51) Soweit weibliche Gefolgschaftsmitglieder auf Planstellen von Soldaten im Rahmen der Kriegsstärkenachweisung beschäftigt wurden, durften diese Frauen und Mädchen entsprechend den für die freigemachten Soldaten festgesetzten Stellengruppen abgefunden werden. Es entsprach die Stellengruppe M (Mannschaften) den Vergütungsgruppen X, IX und VIII TO.A, die Stellengruppe G (Gruppenführer) den Vergütungsgruppen VIII, VII TO.A und die Stellengruppe O/Z (Oberfeldwebel) den Vergütungsgruppen VII und VI b TO.A. Soweit sich aus dem am 11.2.1943 festgesetzten Austauschverhältnis von 3:4 mehr Stellen für Stabshelferinnen ergaben, als Planstellen für Soldaten vorhanden waren, waren die gegenüber den Planstellen von Soldaten zuviel vorhandenen Stabshelferinnen in M-Stellen einzuweisen. (52) Der Aufstieg von Gefolgschaftsmitgliedern innerhalb derselben Stelle war erst nach einjähriger Beschäftigung in der jeweiligen Vergütungsgruppe zulässig. Das Überspringen von Vergütungsgruppen war untersagt. (53)

Die kriegshilfsdienstpflichtigen Arbeitsmaiden, die ab Oktober 1941 bei Wehrmachtsdienststellen eingesetzt waren, waren auf das Reichsgebiet beschränkt. Sie erhielten von den Einsatzstellen ein tägliches Taschengeld von 0,50 RM. Dazu kam die Bekleidungsentschädigung in Höhe von 1 RM täglich. Auch die Kosten für die Benutzung regelmäßig verkehrender öffentlicher Verkehrsmittel vom Unterkunftsort zur Einsatzdienststelle wurden den Arbeitsmaiden vergütet, wenn die Entfernung mehr als 3 km betrug und eine kostenlose Beförderung durch Wehrmachtsfahrzeuge nicht möglich war. (54) Wenn die RAD-Maiden weder Unterkunft noch Verpflegung in Anspruch nahmen, erhielten sie 1,75 RM ausbezahlt.

Der Beauftragte für den Vierjahresplan kritisierte am 7.11.1941 in einem Schreiben an Hierl die zu günstige Entgeltregelung. Bei freier Unterkunft und Verpflegung hielt er eine monatliche Barvergütung der kriegshilfsdienstpflichtigen Maiden von RM 15.– für angemessen. Kleidergeld lehnte er ab. Da der Reichsfinanzminister ein Kleidergeld von RM 0,50 als Reinigungsentgelt akzeptierte, einigte man sich auf den monatlichen Entschädigungssatz von RM 30.–. (55) Im Februar 1942 wurden die neuen Sätze bekannt gegeben. Allerdings blieb als Bemessungsgrundlage für Sozialversicherung, Versorgung und Familienunterhalt die alte Grundvergütung von RM 135.– für alle bei Behörden und Stäben tätigen Maiden erhalten. Für Familienhelferinnen wurde sie auf RM 90.– gesenkt. (56)

Die Angehörigen der Betreuungshelferinnenschaft bekamen die gleichen Abfindungen wie Schwestern und Helferinnen im Krankenpflegedienst. (579) Studentinnen, die nebenberuflich als Wärterinnen eingesetzt waren, erhielten von den Standortverwaltungen nur die geleisteten Arbeitsstunden bezahlt. (58)

Für die notdienstverpflichteten Mitglieder des Wehrmachtsgefolges bestand keine Arbeitsbuchpflicht, weil ihrem Arbeitsverhältnis kein Arbeitsvertrag zugrunde lag. Die Arbeitsbücher, die sie aufgrund ihrer vorher ausgeübten Tätigkeit bereits besaßen, verblieben bei den alten Beschäftigungsdienststellen. Wenn Helferinnen aus der Wehrmacht entlassen wurden, mußten die Dienstzeiten jedoch ins Arbeitsbuch nachgetragen werden. (59)

Als Ende 1944 das Wehrmachthelferinnenkorps aufgestellt wurde, drängte der Reichsfinanzminister auf eine Vereinheitlichung der Entgeltregelungen für alle in der Wehrmacht eingesetzten weiblichen Kräfte. Auf der interministeriellen Besprechung am 22.11.1944 war Hierl mit der Umwandlung der „Dienstverpflichtung" der RAD-Maiden des Kriegshilfsdienstes in eine „Notdienstverpflichtung ohne Begründung eines Arbeitsverhältnisses" einverstanden. Dadurch sollte eine Angleichung an die Dienstbedingungen in der Polizeireserve, in der Luftschutzpolizei, im Luftschutzwarndienst und im Zollgrenzschutz erreicht werden. Der Generalbevollmächtigte für den Arbeitseinsatz und der Vertreter der Parteikanzlei waren dagegen, weil sie fürchteten, die Möglichkeiten des Einflusses auf die Maiden würden dann geringer sein. Sie wurden jedoch von den anderen Ressorts überstimmt. Es wurde vorgesehen, alle Helferinnen in Planstellen von Soldaten einzuweisen und ihnen neben freier Verpflegung, Unterkunft und Heilfürsorge die Wahl zwischen folgender Entlohnung zu lassen: a) Barentschädigung in Höhe des Wehrsolds der Soldaten, b) Besoldung nach der Tarifordnung A nach festen Mittelsätzen ohne Steigerungsraten c) bei Angehörigen des öffentlichen Dienstes die Weiterführung der bisherigen Dienstbezüge. (60) Für die bisherigen Luftwaffen- und Marinehelferinnen änderte sich durch diese Neufestsetzung nichts.

Für die aufgrund der 2. Anordnung für die Durchführung des totalen Kriegseinsatzes vom 29.11.1944 und für die im Rahmen der 150 000-Frauen-Aktion vom November 1944 herangezogenen Mädchen und Frauen wurden Sonderbestimmungen eingeführt. Sie erhielten einen monatlich im voraus bezahlten Helferinnensold von RM 30 und einen Abschlag in Höhe von RM 70 als Nettobesoldung. An Stelle dieser Besoldungsabschlagzahlung in Höhe von RM 70 konnten die Helferinnen Familienunterhalt nach den Bestimmungen des Notdienstrechts oder, soweit sie im öffentlichen Dienst tätig waren, die Weiterzahlung ihrer bisherigen Dienstbezüge wählen. (61)

Die im Heer dienenden Wehrmachthelferinnen wurden zum 1.2.1945 neu eingestuft. Ihren Vergütungsgruppen wurden ab 1.4.1945 die vergleichbaren militärischen Dienstgrade zugrundegelegt. (62)

Die Vereinheitlichung der Gebührnisse aller Wehrmachthelferinnen kam wegen des Kriegsendes nicht mehr zustande.

Eine der letzten Besoldungsmaßnahmen des zu Ende gehenden Dritten Reiches betraf RAD-Maiden, die nach ihrem Kriegshilfsdienst erneut notdienstverpflichtet wurden und zwar als „RAD-Flakwaffenhelferinnen II". Den obersten Dienstbehörden des Reiches wurde mitgeteilt, daß eine spezielle schriftliche Notdienstverpflichtung jeder einzelnen Maid überflüssig sei und die Gebührnisämter der Luftwaffe nur die zuständigen Ortsbehörden von der Notdienstverpflichtung in Kenntnis zu setzen brauchten. (63)

Sold-Tabelle

Soldgruppe	Bezeichnung der Empfänger	Reichsgebiet RM
1	Oberstabsführerin	120
2	Stabsführerin, Feldoberin i.d.F.K.* DRK-Bereichsführerin i.B.d.W.*	108
3	Hauptdienstführerin DRK-Gebietsführerin i.B.d.W.	96
4	Oberdienstführerin Oberschwester i.d.F.K. DRK-Bezirksführerin i.B.d.W.	81
5	Dienstführerin Schwester i.d.F.K. DRK-Führerin i.B.d.W.	72
6	Obertruppführerin Hilfsschwester i.d.F.K. DRK-Schwesternhelferin i.d.F.K. DRK-Führungshelferin i.B.d.W.	54
7	Truppführerin	42
8	Haupthelferin, Oberhelferin DRK-Helferin i.d.F.K. DRK-Helferin i.B.d.W.	36
9	Helferin DRK-Anwärterin i.d.F.K. DRK-Anwärterin i.B.d.W.	30
1–9	Bekleidungsentschädigung	15
1–9	Verpflegungsgeld je Tag	3

*) i.d.F.K. = in der Freiwilligen Krankenpflege
i.B.d.W. = im Betreuungsdienst der Wehrmacht

Ärztliche Betreuung

Die gesundheitliche Betreuung der Helferinnen war in den Wehrmachtsteilen recht einheitlich geregelt. Da die Luftwaffe das größte Kontingent an Mädchen und Frauen in ihrem Gefolge hatte, werden dem folgenden im wesentlichen die Bestimmungen für die Luftwaffenhelferinnen zugrunde gelegt.

Alle Helferinnen mußten vor Beginn ihrer Tätigkeit eine Einstellungsuntersuchung, meist als truppenärztliche Untersuchung, über sich ergehen lassen. Dabei wurden alle Frauen zurückgewiesen, die an einem Gebrechen im Sinne der Fehlerspalten L, U oder vU litten. Akute Erkrankungen führten zumindest zu zeitlicher Untauglichkeit. Bevor eine Helferin außerhalb der Reichsgrenzen Verwendung fand, mußte eine Nachuntersuchung stattfinden. Die Bestimmungen legten fest, daß „nur seelisch widerstandsfähige, körperlich voll leistungsfähige" Helferinnen für eine derartige Verwendung in Frage kamen. (64) Für die Schutzimpfungen galten die gleichen Bestimmungen wie für Soldaten: Vor dem Einsatz in den besetzten Gebieten kam die Impfung gegen Pocken, Typhus und Cholera. Sie wurde kostenlos durch den jeweils zuständigen Truppenarzt durchgeführt. (65)

Bei sämtlichen truppenärztlichen Untersuchungen der Helferinnen war den Sanitätsärzten verboten, männliches Sanitätspersonal zuzuziehen. Nur Schwestern und Sanitätshelferinnen durften assistieren. Gynäkologische Untersuchungen waren nur bei Krankheitsverdacht zulässig und mußten auf das Notwendigste beschränkt werden.

Alle Helferinnen waren bei Erkrankungen grundsätzlich auf die zivilärztliche Versorgung angewiesen. Nur in Standorten, in denen die laufende zivilärztliche Versorgung nicht sichergestellt war oder in denen die Inanspruchnahme von Zivilärzten wegen des damit verbundenen Ausfalls an Arbeitszeit dienstlich untragbar schien, durften die Helferinnen im Revier behandelt werden. Je nach den örtlichen Verhältnissen konnten damit sowohl Truppenärzte wie Zivilärzte beauftragt werden. Im Reichsgebiet war die Überweisung der Helferinnen in Wehrmachtslazarette untersagt. Nur im Ausland durften die Helferinnen, soweit deutsche Zivilkrankenhäuser nicht vorhanden waren, in Wehrmachtslazarette eingewiesen werden. Bei Erkrankungen, die eine längere Krankenhausbehandlung wahrscheinlich erscheinen ließen, sollten die Helferinnen in ein Zivilkrankenhaus des Reichsgebietes überwiesen werden, wenn sie transportfähig waren.

Für die ordnungsgemäße ärztliche Versorgung der Helferinnen im Ausland waren grundsätzlich die Truppenärzte verantwortlich. Dazu durften die Einrichtungen der Wehrmacht benutzt werden. Die Entschädigungssätze, die die Wehrmacht für die Benutzung des Geräts und für Arzneien und andere Leistungen der Krankenpflege sowie für Lazarettaufnahme von der Kassenärztlichen Vereinigung Deutschlands und der Kassenzahnärztlichen Vereinigung Deutschlands zu bekommen hatte, wurden bereits 1941 vereinbart. (66)

In den Gemeinschaftsunterkünften der Helferinnen hatte der Standortarzt die gesundheitlichen Verhältnisse (Trinkwasser, Verpflegung, Heizung, Unterkunft, Küchenanlage, Badeeinrichtungen usw.) zu überwachen. Zu seinen Dienstobliegenheiten gehörten auch die vorgeschriebenen Gesundheitsbelehrungen, einschließlich der Aufklärung über Geschlechtskrankheiten. Zur Gesundheitskontrolle gehörte in regelmäßigen Abständen die Feststellung des Körpergewichtes der Helferinnen. Bei auffälligen Gewichtsschwankungen mußte der Grund geklärt werden. Die Helferinnen waren gehalten, Aufzeichnungen über ihren Zyklus durchzuführen und jede auftretende Störung mit dem Arzt zu besprechen.

Helferinnen, die sich in zivilärztlicher Behandlung befanden, konnten auf Ersuchen des Dienststellenleiters durch den Truppenarzt nachuntersucht werden. Dadurch sollte sichergestellt werden, daß alle dienstfähigen Helferinnen tatsächlich ihren Dienst aufnahmen. (67)

In allen Gemeinschaftslagern für Helferinnen gab es eine eigene Revierstube. Von der Einrichtung besonderer Krankenstuben wurde abgesehen, da bei der geringen Belegungszahl der einzelnen Stuben durch Umlegungen die Erkrankten jeweils zusammengeführt werden konnten. (68)

Der dienstliche Ausfall von Helferinnen durch Krankheit, Urlaub und Kommandierungen war im Verhältnis zum männlichen Personal sehr hoch. Er betrug zwischen 14 und 25 % der Iststärke. Wegen Krankheiten oder Schwangerschaften schieden monatlich 1–3 % aus der Helferinnenschaft aus. (69) Für das Jahr 1944 rechnete man mit dem Weggang von 12 000 Helferinnen allein in der Luftwaffe. (70)

Die zum Kriegshilfsdienst und zum Flakwaffeneinsatz bei der Wehrmacht kommandierten RAD-Maiden hatten Anspruch auf freie Heilfürsorge. Für diese Luftwaffenflakhelferinnen wurde eine Reicharbeitsdienstärztin ernannt, die als Verbindungsärztin zur Luftwaffe tätig war. Die ärztliche Versorgung am Ort war Sache der Luftwaffe. Vertragsärzte durften nur im Einvernehmen mit dem RAD bestimmt werden. Die Krankenberichterstattung lief sowohl über den militärischen Strang wie über den Dienstweg des RAD. Die Unterkunftbereiche der Flakwaffenhelferinnen aus dem RAD erhielten eine Erstausstattung an Sanitätsmitteln vom RAD. Der Nachschub der verbrauchten Heilmittel und der Ersatz von medizinischem Gerät erfolgte durch die Luftwaffe. (71)

Der Einsatz im Flakwaffendienst war für viele RAD-Maiden so hart, daß sie versuchten, durch Vorschützen von Krankheiten zu den RAD-Stammlagern zurückgeschickt zu werden. Mit Vorliebe wurden rheumatische Erkrankungen oder Unterleibserkrankungen simuliert. Die RAD-Leitung mußte ausdrücklich verfügen, daß nur solche Frauen zurückgeschickt werden dürfen, die Verletzungen oder akute Erkrankungen aufweisen. „Es geht nicht an, daß Flakwaffenhelferinnen, die bei der Einstellungsuntersuchung als tauglich befunden wurden und ihre Ausbildung durchgemacht haben, beim Einsatz als untauglich beurteilt werden." (72) Auch bei Lues- und Trippererkrankungen mußte die Heilbehandlung bei der Truppe durchgeführt werden, wenn das nicht-ansteckungsfähige Stadium erreicht war.

Für schwangere und stillende Helferinnen galt das Gesetz zum Schutz der erwerbstätigen Mutter (Mutterschutzgesetz) vom 17.5.1942. (73) Sobald nach ärztlichem Zeugnis Leben und Gesundheit von Mutter oder Kind gefährdet waren, durften schwangere Helferinnen nicht weiter beschäftigt werden. Werdende Mütter mußten in den letzten 6 Wochen vor der Niederkunft auf ihr Verlangen von jeder Arbeit befreit werden. Es war verboten, werdende und stillende Mütter zu Mehrarbeit oder zu Arbeiten in der Zeit zwischen 20 und 6 Uhr heranzuziehen. An Sonn- und Feiertagen durften sie nur beschäftigt werden, wenn ihnen in der Woche mindestens einmal eine ununterbrochene Ruhezeit von 24 Stunden im Anschluß an eine Nachtruhe gewährt wurde.

Helferinnen außerhalb der Reichsgrenzen mußten zu ihrer Heimatdienststelle überwiesen werden, sobald ihre Schwangerschaft einwandfrei feststand, spätestens mit Ablauf des 5. Monats. Von diesem Stadium an durften die Helferinnen auch im Bereich der Heimatdienststellen nur mit Arbeiten beschäftigt werden, die ihnen „nach ihrem körperlichen Zustand zugemutet werden" konnten. (74) Es blieb den Dienststellen und Einheiten im Reich überlassen, durch eine entsprechende Gestaltung der Dienstpläne, z.B. durch die Aufstellung von Sonderplänen für beschränkt verwendbare Helferinnen, durch Austausch mit Bürokräften oder durch den Einsatz in Heimen und Gemeinschaftsküchen, eine möglichst nutzbringende Verwendung von schwangeren Helferinnen sicherzustellen. Bei der Luftwaffe galt die Regelung, daß die Luftgaukommandos einen Etat z.b.V. für Luftwaffenhelferinnen hatten, auf dem die Schwangeren geführt wurden. In einigen Luftgauen wurden bei den Ausbildungsabteilungen Ergänzungskameradschaften aufgestellt, die Helferinnen aufnahmen, für die ein weiterer Einsatz im Luftwaffendienst vorübergehend nicht möglich war.

Schwangere Helferinnen wurden darauf aufmerksam gemacht, daß für die Entbindung besondere von der NSV und vom Lebensborn e.V. eingerichtete Heime zur Verfügung standen. Die Unterbringung vermittelten die Kontaktpersonen der Deutschen Arbeitsfront. (75)

Helferinnen der Luftwaffe, die den Wunsch äußerten, nach ihrer Entbindung weiterzuarbeiten, wurden unter Aufrechterhaltung des Kommandierungsverhältnisses beurlaubt. Wenn sie am auswärtigen Kommandierungsort blieben, erhielten sie während dieser Zeit eine Entschädigung von 1/3 bzw. 1/6 der Kommandovergütung. Für ledige Mütter konnte „vorstehende Regelung nur ausnahmsweise in Betracht kommen". (76) Beim Heer galt dieses Verfahren als ungesetzlich. Für schwangere Helferinnen mußte das Kommandierungsverhältnis aufgehoben werden, weil Schwangerschaft nicht wie eine Krankheit zu behandeln war. Diejenigen Helferinnen, die nach der Entbindung ihren Dienst in Heeresdienststellen weiterführen wollten, wurden von ihren Dienststellen vorübergehend ohne Bezüge beurlaubt. (77)

Das deutsche Mutterschutzgesetz fand auch volle Anwendung für die Gefolgschaftsmitglieder aus Italien, Kroatien, Slowakei, Spanien, Ungarn, Dänemark, Niederlande, Norwegen, Rumänien, Schweden und Schweiz. Ostarbeiterinnen erhielten dagegen nur einen Schutz von 2 Wochen vor und 6 Wochen nach der Niederkunft. Zwischen Ledigen und Verheirateten durfte kein Unterschied gemacht werden. (78)

Bei der Gründung des Wehrmachthelferinnenkorps erwies es sich als notwendig, die ärztliche Versorgung der Wehrmachthelferinnen, der Angehörigen der Freiwilligen Krankenpflege, der Betreuungshelferinnen und der anderen weiblichen Gefolgschaftsmitglieder der Wehrmacht zu vereinheitlichen. Allen wurde im Krankheitsfalle Heilfürsorge im Rahmen der Wehrmacht-Heilfürsorgebestimmungen gewährt. Die Krankenpflege umfaßte die Behandlung durch den Truppenarzt, z.B. ambulante Behandlung im Krankenrevier, Zahnbehandlung, Versorgung mit Arznei-, Verband-, Heil-, Stärkungs- und Hilfsmitteln aus Revierbeständen bzw. aus Lazarettapotheken, Krankenhauspflege, Kuren und Heilverfahren auf Kosten der Wehrmacht. Für die nicht dem Wehrmachthelferinnenkorps angehörigen weiblichen Gefolgschaftsmitglieder blieb die ergänzende Regelung bis zum Kriegsende aus. (79)

Versicherungsfragen

Für die Helferinnen der Wehrmachtsteile, die aufgrund der Notdienstverordnung vom 15.10.1938 zu Dienstleistungen herangezogen waren, galten sinngemäß die Rentenversicherungsvorschriften, die für die Angehörigen der Wehrmacht während des besonderen Einsatzes erlassen worden waren. Bei Helferinnen, die unmittelbar vor ihrer Notdienstverpflichtung im öffentlichen Dienst oder hauptamtlich im Dienst der NSDAP oder einer ihrer Gliederungen standen und von den bisherigen Beschäftigungsdienststellen die Dienstbezüge weiter bezahlt bekamen, änderte sich nichts. Wer vor der Notdienstverpflichtung nicht im öffentlichen Dienst oder im hauptamtlichen Dienst der NSDAP oder einer ihrer Gliederungen stand, aber eine rentenpflichtige Tätigkeit ausübte, brauchte während des besonderen Einsatzes in der Wehrmacht keine Beiträge zu entrichten. (80) Auf die Wartezeiten in der Rentenversicherung wurde die Zeit der Notdienstverpflichtung angerechnet. Anwartschaften blieben erhalten. Helferinnen, die vor ihrer Notdienstverpflichtung nicht rentenversicherungspflichtig waren, blieben weiterhin versicherungsfrei. (81)

Für alle Helferinnen ruhte während des Einsatzes in den Wehrmachtsteilen die Beitragspflicht zum Reichsstock für Arbeitseinsatz (Arbeitslosenversicherung).

Da die Wehrmachtsteile den Helferinnen im Falle der Erkrankung bis 1944 nur ausnahmsweise Heilfürsorge gewährten, wurden die Helferinnen bei der Betriebskrankenkasse des Reichs pflichtversichert. Für jede Helferin mußten monatlich 3 RM abgeführt werden. Während der Zeit der Notdienstverpflichtung ruhten die Mitgliedschaften in den Ersatzkassen und die sich daraus ergebenden Rechte und Pflichten. Auch für die Familienkrankenpflege waren die Helferinnen von der Krankenscheingebühr befreit. Wenn die Krankenkasse den Helferinnen im Ausland keine Krankenhilfe gewähren konnte, half die Wehrmacht gemäß der Verordnung über die Krankenversicherung im Ausland vom 26.10.1939. (82) Die Krankenkassen hatten der Wehrmacht jedoch die Kosten in Höhe von 2/8 des Grundlohns des Gefolgschaftsmitgliedes zu erstatten. Wenn Helferinnen in Lazarette der Wehrmacht aufgenommen wurden, fielen weitere 2/8 des Lohnes als Vergütung an. (83) Grundsätzlich sollte die ärztliche und zahnärztliche Versorgung der Helferinnen jedoch von der Kassenärztlichen Vereinigung Deutschlands und der Kassenzahnärztlichen Vereinigung Deutschlands sichergestellt werden und zwar nach Möglichkeit mit deutschen Ärzten und Zahnärzten. (84)

Die Vorschriften der reichsgesetzlichen Unfallversicherung fanden im Ausland keine Anwendung. Wenn Helferinnen Notdienstbeschädigungen erlitten, gebührte ihnen und den Hinterbliebenen gemäß § 9 der 1. Durchführungsverordnung der Notdienstverordnung vom 15.9.1939 auf Antrag Fürsorge und Versorgung nach Maßgabe der Personenschädenverordnung vom 10.11.1940. (85) Diese Bestimmung wurde 1941 insofern geändert, als die Helferinnen für Körperschäden in den besetzten außerdeutschen Gebieten nach dem Wehrmachtsfürsorge- und Versorgungsgesetz abgefunden wurden wie die Soldaten.

Für die kriegshilfsdienstverpflichteten RAD-Maiden galt – was die Sozialversicherung angeht – die 2. Durchführungsverordnung der Notdienstverordnung vom 10.10.1939 sinngemäß. (86) Die Beiträge wurden von den Standortlohnstellen, in deren Bereich die Einsatzstelle war, abgeführt.

Auch die RAD-Maiden im Kriegshilfsdienst unterlagen der Krankenversicherungspflicht. Die Einsatzstellen mußten den Beitrag nach einem Grundlohn von 150 RM monatlich abführen. Nur wenn die Kriegshilfsdienstverpflichteten von der Einsatzstelle freie ärztliche Behandlung, Versorgung mit Arzneien und Heilmitteln und freie Krankenpflege erhielten, entfielen diese Leistungen. Die Einsatzstellen mußten die Kriegshilfsdienstverpflichteten bei der Krankenkasse anmelden, bei der die Einsatzstelle versichert war, sonst bei der örtlich zuständigen Krankenkasse. Bestehende Krankenversicherungen bei anderen Krankenkassen ruhten während des Kriegshilfsdienstes. Vom 4. Tag der Arbeitsunfähigkeit an mußte die Krankenkasse der Kriegshilfsdienstmaid Krankengeld gewähren. Wenn die Maiden bei den Einsatzstellen untergebracht und verpflegt wurden, mußten sie den 75 Pf übersteigenden Betrag des Krankengeldes an die Einsatzstelle abführen.

Beiträge zur Invaliden- oder Angestelltenversicherung waren während des Kriegshilfsdienstes nicht zu entrichten. Auch die Arbeitslosenversicherungsbeiträge ruhten. Die Vorschriften der reichsgesetzlichen Unfallversicherung fanden keine Anwendung. (87)

Durch die Gewährung der freien Heilfürsorge wurde die Krankenversicherungspflicht der Wehrmachthelferinnen ab Februar 1945 nicht berührt. Träger der Krankenversicherung war für alle Angehörigen des Wehrmachthelferinnenkorps die Betriebskrankenkasse des Reichs bzw. für den Bereich der Kriegsmarine auch die Reichsbetriebskrankenkasse Wilhelmshaven und die Betriebskrankenkasse Deutsche Werke Kiel A.G. Geldliche Leistungen wie Wochengeld, Stillgeld, Sterbegeld und Leistungen für Familienangehörige oblagen den Versicherungsträgern. Die Ausstellung von Krankenscheinen war untersagt.

Die Krankenkassenbeiträge sollten zu Lasten der Wehrmachtsteile gehen. Ihre Höhe wurde bis zum Kriegsende jedoch nicht festgelegt.

Für die Rentenversicherung der Wehrmachthelferinnen galten die Vorschriften sinngemäß, die für die Angehörigen der Wehrmacht des besonderen Einsatzes erlassen waren. Für die bisherigen Helferinnen änderte sich nichts.

Wenn Wehrmachthelferinnen einen Körperschaden erlitten, so wurde ihnen und den Hinterbliebenen auf Antrag Fürsorge und Versorgung aufgrund der Personenschädenverordnung vom 10.11.1940 (88) oder nach den für Wehrmachtsangehörige geltenden Bestimmungen des WFVG bzw. GWFVG (89) gewährt.

Belegstellen

(1) Heeresverordnungsblatt B 1941, S. 99
(2) Heeresverordnungsblatt B 1941, S. 93
(3) OKH Chef HRüst und BdE 10301/41 vom 16.10.1941, Bundesarchiv/Militärarchiv RH 55/v. 94
(4) OKH Chef HRüst und BdE Nr. 8832/41 vom 6.9.1941, Bundesarchiv/Militärarchiv RH 55/v. 94
(5) Der Reichsminister der Luftfahrt und Oberbefehlshaber der Luftwaffe, Chef des Nachrichtenverbindungswesens Nr. 2668/41 vom 29.12.1941, Bundesarchiv/Militärarchiv RL III/447
(6) Heeresverordnungsblatt B 1941, S. 99
(7) Der Reichsminister der Luftfahrt und Oberbefehlshaber der Luftwaffe, Luftwaffenverwaltungsamt Nr. 52469/41 vom 7.7.1941, Bundesarchiv/Militärarchiv RL 19/192
(8) Heeresverordnungsblatt B 1941, S. 93
(9) Merkblatt für die Einsatzstellen des Kriegshilfsdienstes des Reichsarbeitsdienstes vom 1.8.1942, Bundesarchiv/Militärarchiv RH 55/v. 94
(10) Heeresverordnungsblatt B 1941, S. 93
(11) Heeresverordnungsblatt 1944, S. 114
(12) Heeresverordnungsblatt 1943, S. 356
(13) VBl. RAD 1944, Nr. 369
(14) Merkblatt über Verpflegung und Seifenversorgung der Luftwaffenhelferinnen vom 11.4.1944, Bundesarchiv/Militärarchiv RL 19/44
(15) Vorl. Dienstanweisung der Wehrmachthelferinnen in der Luftwaffe, OKL/Luftwaffenamt 22/45 vom 3.1.1945, Bundesarchiv/Militärarchiv RL 19/189
(16) Ebenda
(17) Heeresverordnungsblatt B 1941, S. 257
(18) Der Reichsminister der Luftfahrt und Oberbefehlshaber der Luftwaffe, Chef des Nachrichtenverbindungswesens Nr. 2668/41 vom 29.12.1941, Bundesarchiv/Militärarchiv RL 2 III/447
(19) Der Reichsminister der Luftfahrt und Oberbefehlshaber der Luftwaffe, Luftwaffenverwaltungsamt Nr. 42469/41 vom 7.7.1941, Bundesarchiv/Militärarchiv RL 19/192
(20) Der Reichsminister der Luftfahrt und Oberbefehlshaber der Luftwaffe, Chef des Nachrichtenverbindungswesens 2668/41 vom 29.12.1941, Bundesarchiv/Militärarchiv RL 2 III/447
(21) Ebenda
(22) Heeresverordnungsblatt B 1941, S. 93

(23) OKH Chef HRüst und BdE Nr. 12765/41 vom 18.12.1941, Bundesarchiv/Militärarchiv RH 30/227
(24) OKH Chef HRüst und BdE Nr. 1979/42 vom 25.2.1942, Bundesarchiv/Militärarchiv RH 50/v. 94
(25) OKH GenStdH/GenQu IVa Nr. I/13646/42 vom 24.3.1942, Bundesarchiv/Militärarchiv RH 36/227
(26) Der Militärsbefehlshaber in Frankreich Az. 26 r/41 vom 8.11.1941, Bundesarchiv/Militärarchiv RH 36/227
(27) OKW AWA/DV Nr. 2680/42 vom 22.6.1942, in: Gersdorff, a.a.O., S. 36f.
(28) Driest, Die Frau in der Wehrmacht, Manuskript, Bundesarchiv/Militärarchiv MSg/v. 177
(29) Luftwaffenbefehlshaber Mitte Nr. 3157/43 vom 2.6.1943, Bundesarchiv/Militärarchiv RL 19/330
(30) Heeresverordnungsblatt B 1942, S. 435
(31) Vgl. OKW 26/27-3107/43 vom 23.9.1943, Bundesarchiv/Militärarchiv RW 5/v. 300
(32) Merkblatt für die Einsatzstellen des Kriegshilfsdienstes des RAD vom 1.8.1942, Bundesarchiv/Militärarchiv RH 55/v. 94
(33) Anweisung zur Durchführung des Führererlasses über den weiteren Kriegseinsatz des Reichsarbeitsdienstes für die weibliche Jugend, Bundesarchiv/Militärarchiv RH 55/v.94
(34) Anlage 3 der Vorläufigen Dienstanweisung für die Wehrmachthelferinnen in der Luftwaffe vom 3.1.1945, Bundesarchiv/Militärarchiv RL 19/189
(35) RGBl. I, S. 206
(36) RGBl. I, S. 476
(37) Heeresverordnungsblatt B 1938, S. 147; Marineverordnungsblatt 1938, S. 257; Luftwaffenverordnungsblatt A 1938, S. 115
(38) RGBl. 1939 I, S. 1563
(39) Dienstordnung für Nachrichtenhelferinnen des Heeres, Heeresverordnungsblatt B 1941, S. 93
(40) Ebenda
(41) Der Reichsminister der Luftfahrt und Oberbefehlshaber der Luftwaffe, Nachrichtenverbindungswesen Nr. 2668/41 vom 29.12.1941, Bundesarchiv/Militärarchiv RL 2 III/447
(42) Der Reichsminister der Luftfahrt und Oberbefehlshaber der Luftwaffe, Luftwaffenverwaltungsamt Nr. 52469/41 vom 7.7.1941, Bundesarchiv/Militärarchiv RL 19/192
(43) Heeresverordnungsblatt B 1941, S. 257
(44) Heeresverordnungsblatt B 1941, S. 259
(45) OKW AWA/BV Nr. 2680/42 vom 22.6.1942, in: Gersdorff, a.a.O., S. 361
(46) Luftwaffenverordnungsblatt 1942, S. 1012
(47) Vgl. Luftwaffenverordnungsblatt 1942, S. 1600
(48) Vgl. RStBl. 1942, S. 929; Heeresverordnungsblatt B 1943, S. 248
(49) Heeresverordnungsblatt C 1940, S. 414
(50) OKH Chef HRüst und BdE Nr. 1979/42 vom 27.2.1942, Bundesarchiv/Militärarchiv RH 50/v. 94
(51) Heeresverordnungsblatt C 1940, S. 414ff.
(52) Heeresverordnungsblatt B 1943, S. 283
(53) Heeresverordnungsblatt B 1943, S. 284
(54) OKH Chef HRüst und BdE Nr. 10301/41 vom 17.10.1941, Bundesarchiv/Militärarchiv RH 55/v. 94; Anweisung zur Durchführung des Führererlasses über den weiteren Kriegseinsatz des Reichsarbeitsdienstes für die weibliche Jugend, Bundesarchiv/Militärarchiv RH 55/v. 94
(55) Vgl. VBl. RAD 1941, Nr. 363
(56) VBl. RAD 1942, Nr. 59
(57) Heeresverordnungsblatt C 1941, S. 671
(58) Der Reichsminister der Luftfahrt und Oberbefehlshaber der Luftwaffe Az. 26f. c.c. (3)/A vom 9.12.1942, Bundesarchiv/Militärarchiv RL 19/330
(59) Vgl. Dienstordnung für Nachrichtenhelferinnen des Heeres, Heeresverordnungsblatt B 1941, S. 92

(60) Vgl. Protokoll der Besprechung am 22.11.1944, Bundesarchiv R 2/4535
(61) Vorläufige Dienstanweisung für die Wehrmachthelferinnen in der Luftwaffe, OKL Luftwaffenamt 23/45 vom 3.1.1945, Bundesarchiv/Militärarchiv RL 19/189
(62) Vgl. OKH GenStdH/Org.Abt. Nr. II/71863/45 geh. vom 16.4.1945, Anlage 1, Institut für Zeitgeschichte MA 485, pag. 283ff.; OKW Az. 26/27 Allg./Ag WV 2 (III) vom 4.3.1945, in: Gersdorff, a.a.O., S. 505
(63) Gemeinsame Anordnung RMdF und RAD vom 1.3.1945, Betr. Notdienstverpflichtung der Angehörigen der Maidenschaft im Luftwaffeneinsatz des RAD nach einjähriger Dienstzeit, Bundesarchiv R 2/4535
(64) Gesundheitliche Betreuung der Luftwaffen-Helferinnenschaft, Luftwaffenverordnungsblatt
1945, S. 504
(65) OKH Chef HRüst und BdE 1979/42 vom 27.2.1942, Bundesarchiv/Militärarchiv RH 55/v. 94;
Vgl. auch Dienstordnung für Stabshelferinnen des OKW, Bundesarchiv/Militärarchiv RW 4/v.
499; Dienstordnung für Stabshelferinnen des Heeres, Bundesarchiv/Militärarchiv RH 36/227;
Besondere Marinemitteilungen 1942, Nr. 43
(66) Vgl. Heeresverordnungsblatt B 1942, Nr. 258; Marineverordnungsblatt 1942, Nr. 138; Luftwaffenverordnungsblatt 1942, Nr. 460
(67) Luftwaffenverordnungsblatt 1943, S. 506; Besondere Marinemitteilungen 1942, Nr. 43
(68) Der Reichsminister der Luftfahrt und Oberbefehlshaber der Luftwaffe Nr. 42551/39 vom
3.1.1940, Betr.: Einrichtung von Frauenlagern, Bundesarchiv/Militärarchiv RL 19/192
(69) General für den Personaleinsatz der Luftwaffe Nr. 179/44 vom 28.1.1944, Bundesarchiv/Mili-
tärarchiv RL 2 III/447
(70) Der Chef des Nachrichtenverbindungswesens der Luftwaffe Nr. 4224/44 vom 10.2.1944, Bun-
desarchiv/Militärarchiv RL 2 III/447
(71) VBl. RAD 1944, Nr. 323
(72) OKL Chef des Sanitätswesens Az. 49n 13 Nr. 29429/44 vom 12.9.1944, VBl. RAD vom
29.11.1944
(73) Luftwaffenverordnungsblatt 1942, S. 1087
(74) Luftwaffenverordnungsblatt 1943, S. 506
(75) Der Reichsminister der Luftfahrt und Oberbefehlshaber der Luftwaffe, Chef des Nachrichtenverbindungswesens Nr. 512/43 vom 15.6.1943, Betr.: Anwendung des Mutterschutzgesetzes bei
Luftwaffenhelferinnen, Bundesarchiv/Militärarchiv RL 19/330
(76) Der Reichsminister der Luftfahrt und Oberbefehlshaber der Luftwaffe Az. B 61 LD Ag. 2 IV vom
30.3.1944, Bundesarchiv/Militärarchiv RL 19/18
(77) OKH Chef HRüst u. BdE Az. B 61b – H Bes. Abt. vom 2.3.1944 in: VBl. RAD vom 29.4.1944
(78) Vgl. Der Reichsminister der Luftfahrt und Oberbefehlshaber der Luftwaffe Az. 31 c 23/43 vom
24.8.1943, Betr.: Behandlung schwangerer ausländischer Arbeitskräfte, Bundesarchiv/Militär-
chiv RL 19/338
(79) Vgl. Anlage 4 des Befehls OKH GenStdH/OrgAbt. Nr. II/71863/45geh. vom 16.4.1945, Institut
für Zeitgeschichte MA 485 pag. 2825ff.
(80) Vgl. Verordnung über die Rentenversicherung der Arbeiter und der Angestellten sowie die
knappschaftliche Pensionsversicherung während des besonderen Einsatzes der Wehrmacht vom
13.10.1939
(81) Vgl. Dienstordnung für Nachrichtenhelferinnen des Heeres, Heeresverordnungsblatt B
1941, S. 94
(82) RGBl. I, S. 2171
(83) Heeresverordnungsblatt C 1940, S. 414ff.
(84) Vgl. OKH Chef HRüst u. BdE 197/42 vom 27.2.1942, Bundesarchiv/Militärarchiv RH 55/v. 94;
Verordnung über die Sozialversicherung in den besetzten Gebieten vom 4.8.1941, RGBl. I, S. 486
(85) RGBl. I, S. 148
(86) RGBl. I, S. 2018
(87) Vgl. Merkblatt für die Einsatzstellen des Kriegshilfsdienstes des Reichsarbeitsdienstes, Bundes-
archiv/Militärarchiv RH 55/v. 94

(88) RGBl. I, S. 1482

(89) Vgl. Luftwaffenverordnungsblatt 1942, S. 1175; Vorläufige Dienstanweisung für die Wehrmachthelferinnen in der Luftwaffe, OKL Luftwaffenwehramt 23/45 vom 3.1.1945, Bundesarchiv/Militärarchiv RL 19/189; OKH GenStdH Org.Abt. Nr. 71863/45 vom 16.4.1945, Bundesarchiv/Militärarchiv RH 19/52; Marineverordnungsblatt 1945, S. 56 und 89

Dienstaufsicht und Führung

In den Einsatzdienststellen lag die Führung der Helferinnen von Luftwaffe, Heer und Kriegsmarine in den Händen desjenigen Offiziers, der mit dieser Aufgabe vom Dienststellenleiter betraut war. Für die Frauen hatte er die Funktion eines Gefolgschaftsführers. Zur Führung weiblicher Angehöriger des Gefolges waren nur Offiziere, nicht Unteroffiziere befugt. Der Gefolgschaftsführer übte die Dienstaufsicht über die Einsatzgruppen aus.

Disziplinarvorgesetzter von Helferinnen konnte nur ein Offizier mit Disziplinarstrafbefugnissen werden. Er war durch die zuständigen Kommandobehörden namentlich festzulegen. (1)

Der Umgang mit Frauen erforderte von den männlichen Vorgesetzten ein hohes Maß an Menschenkenntnis und Einfühlungsvermögen, an Zurückhaltung und Selbstbeherrschung, das vor allem von jungen Offizieren schwer aufzubringen war. Viele im Soldatenleben erprobte Führungsmethoden versagten bei den Helferinnen. Einer der Hauptfehler war, daß die Vorgesetzten die Helferinnen genauso behandelten wie Soldaten. Die Folge waren „Kopfschmerzen, Ohnmachten, vorgetäuschten Krankheiten, Wimmern, Schreikrämpfe, Erstickungsanfälle und Verwirrtheitszustände". (2) Vor Kommißmethoden wurden die Offiziere deshalb gewarnt. „Helferinnen vertragen diese Art der Behandlung nicht ... Mit Freundlichkeit und Ruhe erreicht man bei einer Frau sehr viel mehr". (3)

Aufgrund der schlechten Erfahrungen mit jungen Offizieren setzte man in der zweiten Hälfte des Krieges als Führer von Helferinneneinheiten „ältere, im praktischen Leben gereifte Männer mit geordneten Familien- und Eheverhältnissen, und unter diesen wieder besonders solche, die es im Zivilleben, im heimatlichen Betrieb, in Schulen und so fort bereits beruflich mit Frauen zu tun hatten", ein. Von einem solchen Vorgesetzten erwartete man, daß er sich auch außer Dienst sachlich und gerecht gegenüber den Helferinnen verhielt und traute ihm zu, „die ihm unterstellte Frau nach Persönlichkeitswert und Leistung, nicht nach äußerem Aussehen und erotischer Wirkung zu beurteilen". Die psychologische Führungshilfe fährt fort:

„Verhältnisse von Offizieren mit weiblichen Untergebenen spalten die Einheit innerhalb kurzer Zeit vollkommen auf. Frauen können nicht immer schweigen! Schon eine an sich völlig harmlose Einladung zum Nachmittagskaffee in der Privatwohnung kann Helferinnen den Anlaß geben, sich damit zu brüsten, wenn nicht gar etwas hinzuzuphantasieren, was gar nicht vorgefallen ist.

Wenn ein Vorgesetzter sich auf einem Kameradschaftsabend seinen Soldaten gegenüber einmal gehen lassen sollte, so wird das seine Autorität nicht wesentlich schmälern. Er ist für den Soldaten am nächsten Tag trotzdem wieder der militärische Vorgesetzte. Das ist bei der Frau grundlegend anders. Wird er ihr gegenüber irgendwie vertraut oder intim, so nimmt sie sich in der Folgezeit sofort sehr viel mehr heraus, wird auch im Dienst persönlich, wenn nicht gar anzüglich oder frech. Der Vorgesetzte, der sich bei solchen Gelegenheiten gehen läßt, untergräbt seine eigene Autorität." (4)

Bei den Nachrichtenhelferinnen des Heeres gab es folgende Dienstgrade: Helferin, Oberhelferin, Unterführerin, Führerin, Oberführerin, Hauptführerin. Bei Kriegsmarine und Luftwaffe hießen die Dienstgrade für Nachrichtenhelferinnen im Flugmeldedienst: Fluganwärterin, Helferin, Oberhelferin, Haupthelferin, Führerin, Oberführerin, Hauptführerin, Stabsführerin, und im Fernsprech- und im Fernschreibbetriebsdienst: Luftwaffenanwärterin, Helferin, Oberhelferin, Haupthelferin, Führerin, Oberführerin. Die Dienstbezeichnungen richteten sich nach der Art der dienstlichen Verwendung. Beförderungen waren abhängig von der Bewährung und der Dauer der Dienstleistung. (5)

Im Heer gliederten sich die Einheiten der Nachrichtenhelferinnen in Kameradschaften (bestehend aus einer Oberhelferin und 11 Helferinnen), Zügen (bestehend aus 2-5 Kameradschaften) und Bereitschaften (bestehend aus 2-4 Zügen). Eine Einsatzgruppe sollte die Stärke eines Zuges nicht unterschreiten und konnte aus mehreren Bereitschaften bestehen. (6)

Die Oberhelferinnen als Kameradschaftsälteste waren auch für die technische Aufsicht des Betriebsdienstes ausgebildet und konnten entsprechend eingesetzt werden. Die Züge wurden von Nachrichtenhelferinnen-Führerinnen geführt, die Bereitschaften von Oberführerinnen. Diese waren zwar als Fernschreiberinnen oder Fernsprecherinnen ausgebildet, durften jedoch im Betriebsdienst nicht eingesetzt werden, da ihre Aufgabe in der Führung und Betreuung ihrer Einheiten sowie in der Bearbeitung der Verwaltungsangelegenheiten bestand.

Die bei den Dienststellen der Luftwaffe und Kriegsmarine eingesetzten Helferinnen gliederten sich in Betriebsgruppen (bestehend aus 1 Haupthelferin und bis zu 8 Helferinnen), Betriebszügen (bestehend aus 1 Führerin und 2-4 Betriebsgruppen) und Betriebskameradschaften (bestehend aus 1 Oberführerin und 2-4 Betriebszügen). Die Stärke richtete sich nach der Zahl der Arbeitsplätze in den Vermittlungen und war durch die in den Stärkenachweisungen vorgesehenen Planstellen begrenzt. Bestanden für die Flugmelde- bzw. Luftnachrichtenhelferinnen Gemeinschaftsunterkünfte, so gehörte zur Führungsgruppe für jede mindestens 50 Helferinnen umfassende Unterkunft eine Haupthelferin als Heimleiterin. (7)

Die Führerinnen der Helferinnen stellte man sich als Persönlichkeiten „von charakterlicher Reife, persönlicher Energie, guter Erziehung und Ausbildung, mit umfassenden Wissen, großer Lebenserfahrung" vor. Sie sollten aufgrund dieser Eigenschaften einen erzieherischen Einfluß auf die Helferinnen ausüben. Obwohl das Alter nicht maßgebend war, sollten keine zu jungen Frauen ernannt werden. Am geeignetsten schienen Persönlichkeiten, die aus Lehrberufen kamen. Auf alle Fälle sollten sie schon in weiblichen Gemeinschaften tätig gewesen sein, z.B. im RAD, im DRK, im BDM. Höhere Schulbildung oder Studium war eine grundsätzliche Voraussetzung. Frauen mit starker Familienbindung sollten nicht zu Führerinnen gemacht werden, weil sie ihre ganze Kraft in den Dienst der Sache stellen sollten. Obwohl die Ansicht sehr verbreitet war, „daß Führerinnen nicht erzogen, sondern geboren werden", glaubte man doch ohne eine Ausbildung der Helferinnen-Führerinnen nicht auskommen zu können. Zu diesem Zweck wurde bei der Luftwaffe im Verlauf des Krieges die Luftwaffenführerinnenschule in Kreuznach eingerichtet. Neben zusätzlicher technischer Ausbildung erhielten die etwa 60 Anwärterinnen umfassenden Kurse Unterricht in den allgemeinbildenden Fächern mit einem gewissen Maß militärischen Wissens in bezug auf Organisation, Gliederung, Funktion etc. der Luftwaffe. Die Lehrgänge dauerten ein dreiviertel Jahr. (8)

Die Unterführerinnen und Führerinnen des Heeresnachrichtendienstes wurden nach einer mindestens vierteljährigen Einsatzbewährung an der Heeresnachrichtenschule in Gießen ausgebildet. Die allgemeinbildenden und politischen Fächer hatten Vorrang. Den Frauen sollte vor allem Sicherheit im Auftreten und in der Aussage vermittelt werden. Deshalb gehörte die Geschichte seit dem Westfälischen Frieden ebenso zum Unterrichtspensum wie die „deutsche Buchschau". Die Sicherheit der Führerin galt als Fundament ihrer Stellung. (9)

In der Luftwaffe erfolgte die Ernennung zur Führerin auf Vorschlag der Luftgaukommandos durch den Chef des Nachrichtenverbindungswesens. Da es öfters vorkam, daß „auf Vorschlag des LGK ernannte Führerinnen wegen nachträglich festgestellter Nichteignung wieder degradiert oder entlassen werden mußten", wurden die Einsatzdienststellen darauf hingewiesen, daß die dienstlichen Beurteilungen vorgeschlagener Führeranwärterinnen stichhaltig sein müßten. (10) Es sollten vor allem keine Mädchen vorgeschlagen werden, die den charakterlichen und menschlichen Qualitäten, die gefordert wurden, nicht entsprachen. Die Dienststellen sollten sich auch nicht nur auf die Beurteilung der Anwärterinnen durch ihre Kameradschaftsführerinnen verlassen, weil Frauen, die z.B. aus niederen Kreisen stammten, gebildete und anständige Helferinnen nicht hochkommen lassen wollten. Die letzte Entscheidung müsse deshalb der Einheitsführer treffen, der die einzelnen Kandidatinnen viel objektiver zu beurteilen verstehe als die „meist zu persönlich eingestellte Frau". (11)

Bei Luftwaffe und Kriegsmarine gab es Führerinnen für die Einsatzgruppen und Führerinnen für die Unterkunftsgruppen. Bei den Einsatzgruppen führten sie die Gruppenaufsicht. Wo für die Helferinnen Gemeinschaftsunterkünfte bestanden, lag die Heimleitung für 50 Frauen in der Hand einer Haupthelferin, bei mehr als 100 Frauen kam eine Führerin dazu. (12) Die Dienstordnung für die Nachrichtenhelferinnen des Heeres sah keine ähnliche Funktionsteilung vor. (13) Erst als zum 5.1.1942 die Bildung einer Stabshelferinnenschaft vom Oberkommando des Heeres befohlen wurde, wurden die Aufgaben der Führerinnen erstmals festgelegt. Sie waren verantwortlich für Ordnung und Disziplin in den Unterkünften. Sie führten die Aufsicht über die ihnen unterstellten Stabshelferinnen außerhalb des Dienstes. Sie waren die Beraterinnen des Dienststellenleiters in allen fraulichen Angelegenheiten. Sie hatten alle Anträge, Wünsche, Gesuche und Beschwerden der Stabshelferinnen beim Dienststellenleiter anzubringen. Die Dienstanweisung für die Stabshelferinnen-Führerinnen des Heeres vom 5.3.1942 hatte folgenden Wortlaut: (14)

I. Allgemein
Die Stabshelferinnen-Führerin (St.H.F.) hat die ihr unterstellten Stabshelferinnen außerhalb ihrer dienstlichen Tätigkeit zu betreuen und ihr außerdienstliches Verhalten zu überwachen. Fürsorge für ihre Untergebenen und Wahrung der Ehre und des Ansehens der deutschen Frau in den besetzten Gebieten sind die Gesichtspunkte, die bei der Erfüllung ihrer Aufgaben bestimmend sind. Die Führerin muß Vorbild der St.H. sein und sich durch Persönlichkeit und Leistungen ihre Achtung und ihr Vertrauen erwerben.

II. Stellung der St.H.F.
Die Führerin ist einem Vorgesetzten (Offizier oder Wehrmachtbeamter) unterstellt, dem gegenüber sie für die Erfüllung ihrer Aufgaben verantwortlich ist. Der Vorgesetzte (im allgemeinen der Ortskommandant oder der Leiter der Dienststelle, dem die Mehrzahl der St.H. untersteht) wird vom Militärbefehlshaber bestimmt.
Die Führerin ist Vorgesetzte der ihr unterstellten St.H. im Hause und außerhalb des Dienstes. Die St.H. haben ihren Weisungen Folge zu leisten. Eigene Strafgewalt steht ihr nicht zu. Verstöße der St.H. gegen die Bestimmungen sind dem Dienststellenleiter (Gefolgschaftsführer) der St.H. zur Bestrafung zu melden.

III. Aufgaben der St.H.F
1) Die St.H.F. ist Leiterin des Heimes (Unterkunft) der St.H. Sie stellt die Hausordnung auf, die vom Vorgesetzten genehmigt wird. Sie übt das Hausrecht aus und ist für Ordnung und Disziplin im Hause verantwortlich. Ferner liegt ihr die wirtschaftliche Leitung, die Ausgestaltung und Instandhaltung des Heimes im Benehmen mit den zuständigen Dienststellen (Ortskommandantur, Unterkunftsverwaltung) ob.
2) Die St.H.F. führt die Dienstaufsicht über die St.H. im Hause und außerhalb des Dienstes. Sie hat das Verhalten der St.H. außer Dienst nach Weisungen der vorgesetzten Stellen zu regeln und zu überwachen.

3) Die St.H.F. hat die St.H. in allen fraulichen Angelegenheiten und gesundheitlich zu betreuen. Sie hat die St.H. kameradschaftlich zu beraten. Alle Anträge, Wünsche, Gesuche und Beschwerden der St.H. hat sie dem Dienststellenleiter (Gefolgschaftsführer) der St.H. zuzuleiten.

4) Der St.H.F. liegt die Freizeitgestaltung und Körperschulung der St.H. im Benehmen mit den zuständigen Amtswaltern der DAF ob.

5) Die St.H.F. ist Beraterin des nach Ziffer II zuständigen Vorgesetzten in allen fraulichen Angelegenheiten der St.H.

Die St.H.F. ist vor Bestrafung einer St.H. wegen außerdienstlichen Vergehens von dem Dienststellenleiter (Gefolgschaftsführer) der St.H. zu hören.

6) In allen Frauenfragen, die zum regelmäßigen Aufgabengebiet der DAF gehören, ist die St.H.F. zur vertrauensvollen Zusammenarbeit mit den örtlich zuständigen Organen der DAF Amt Heer verpflichtet."

Als mit Wirkung vom 1. August 1943 die Dienstordnung für Stabshelferinnen des Heeres durch eine Neufassung ersetzt wurde, erhielten die St.H.Führerinnen drei Funktionsmöglichkeiten: als Heimleiterinnen, als Ortsleiterinnen, als Beraterinnen bei Kommandobehörden. Als Heimleiterinnen betreuten sie die in den Wohngemeinschaften zusammengefaßten Stabshelferinnen und waren für Ordnung und Disziplin in der Unterkunft verantwortlich. An Orten mit mehreren Heimen konnten Ortsleiterinnen eingesetzt werden, die in der Regel dem Ortskommandanten unterstellt waren. Sie hatten für die einheitliche Betreuung aller Kameradschaften am Ort zu sorgen. Bei den Bezirksverwaltungschefs, Oberfeldkommandanturen usw. konnten von den Heeresgruppen, Armeen, Wehrmacht- und Militärbefehlshabern Stabshelferinnen als Beraterinnen der Intendanten eingesetzt werden. (15)

Bei den Kommandobehörden der Luftwaffe (Luftflotten, Luftgaukommandos) wurden Luftwaffenhelferinnen-Führerinnen als Beraterinnen erst 1945 eingeführt. (16)

Als mit der Zweiten Anordnung zur Durchführung des totalen Kriegseinsatzes vom 29.11.1944 ein Wehrmachthelferinnenkorps gebildet wurde, wurden die geeignet erscheinenden Führerinnen von der Reichsfrauenführerin unter Beteiligung des Reichsjugendführers über die Gau- bzw. Kreisfrauenschaften ausgewählt und von den einzelnen Arbeitsämtern zum Dienst in der Wehrmacht herangezogen. Ihre Übernahme in das Wehrmachthelferinnenkorps der Luftwaffe erfolgte durch das Luftwaffenwehramt und später durch den Inspekteur für das Helferinnenkorps, Oberst Koppe. (17) Beim Heer bedurften nur die Stabsführerinnen der Bestätigung des Generalquartiermeisters im Generalstab des Heeres. Die Anträge mußten eine eingehende Beurteilung über Persönlichkeit, Charakter, Haltung und Leistung sowie Angaben über die bisherigen Verwendungen der Kandidatinnen enthalten. (18)

Die Luftwaffe legte auch zu diesem Zeitpunkt Wert darauf, daß möglichst viele Führerinnen aus der Helferinnenlaufbahn im Wege des Aufstiegs hervorgingen und die von der Reichsfrauenführung und dem BDM namhaft gemachten Führerinnen eine Ausnahme waren. Diese konnten auch ohne Besuch eines Lehrgangs für Führeranwärterinnen „je nach Eignung und Bedarf sofort in höhere Führerinnendienstgrade übernommen werden". Es mußte jedoch sichergestellt sein, daß sie mindestens 20 Jahre alt waren und nach „Persönlichkeitswert und Haltung" für die Mädchen Vorbild sein konnten und die Fähigkeit hatten, sich durchzusetzen. (19)

Vor der Gründung des Wehrmachthelferinnenkorps waren die Führungsfunktionen der Führerinnen vorwiegend auf frauliche Angelegenheiten beschränkt. Ihre Befugnisse gegenüber den ihnen unterstellten Helferinnen waren gering. Sie hatten keine eigne Strafgewalt. Ohne die Rückendeckung durch den Einsatzstellenleiter waren sie ohnmächtig.

Jede Führerin, gleich welchen Ranges, war einem Offizier, gleich welchen Dienstgrades, unterstellt. Manche Stabsführerin unterstand einem Leutnant. Die Grußpflicht der Helferinnen gegenüber Ranghöheren wurde davon nicht berührt. (20)

Erst im Wehrmachthelferinnenkorps (ab Februar 1945) wurde das Vorgesetztenverhältnis zwischen den Helferinnen gestrafft. Innerhalb der Einheiten und Stäbe waren die Führerinnen Vorgesetzte gegenüber allen im Dienstgrad niedrigeren Führerinnen, Unterführerinnen und den Helferinnen. Die Führerin bei einem Stab war Vorgesetzte aller Angehörigen des Helferinnenkorps in ihrem Bereich. Helferinnen, denen eine besondere Dienststellung, z.B. als Stubenälteste, übertragen wurde, waren für den Umfang der damit verbundenen Diensthandlungen ebenfalls Vorgesetzte. (21) „Bezüglich des Innendienstes und der fraulichen politischen Führung" waren die Leiterinnen der Helferinnenkorps bei den Luftflotten, Luftgaukommandos bzw. Kommandierenden Generälen ebenso wie die Führerin des Helferinnenkorps bei einem Regimentsstab Vorgesetzte aller Helferinnen des Bereichs. (22) Sie konnten unmittelbar mit der nächsthöheren Führerin verkehren. Nur in grundsätzlichen Fragen mußten sie den zuständigen Befehlshaber oder Kommandeur bzw. Dienststellenleiter in Kenntnis setzen.

Zwischen Führerinnen und Helferinnen wurde jedoch kein „allgemeines Vorgesetztenverhältnis" begründet, wie es die Luftwaffe plante. Die Beteiligung von Führerinnen bei der Bestrafung von Helferinnen durch den Disziplinarvorgesetzten wurde im OKW ebenso abgelehnt wie die Teilnahme der Führerin als Beisitzer bei Kriegsgerichtsverhandlungen gegen Helferinnen ihres Bereichs. Die Absicht, „zu einem späteren Zeitpunkt den Führerinnen des Helferinnenkorps der Luftwafffe Disziplinarbefugnisse zu verleihen", war ein leeres Versprechen. (23) Weibliche Vorgesetzte wurden von den Offizieren nur eingeschaltet, „soweit die Erfordernisse des militärischen Einsatzes es zulassen". Der Grundsatz, daß die Angehörigen des Wehrmachthelferinnenkorps einschließlich der Führerinnen in und außerhalb des Dienstes der Wehrmacht unterstanden, wurde nicht eingeschränkt. (24) Die höheren Führerinnen waren lediglich Beraterinnen der Kommandeure und Befehlshaber, wenn es sich um Fragen handelte, die nicht in den Betreuungs- und Innendienstbereich gehörten. Alle entsprechenden Weisungen trugen die Unterschrift von Offizieren.

Der Dienstposten einer „Inspizientin der Nachrichtenhelferinnen des Heeres", der 1940 eingerichtet wurde, hatte lediglich den Zweck, eine Verbindung von OKH und DRK zur Verfügung zu haben für „alle fraulichen Belange, die sich bei der Ausbildung und beim Einsatz der Nachrichtenhelferinnen ergeben". Von ihrer Dienststelle beim Chef der Heeresrüstung und Befehlshaber des Ersatzheeres am Mathäi-Kirchplatz in Berlin W 35 sollte sie über die „fraulichen Angelegenheiten" der Helferinnen wachen und sich über die Unterkunftordnungen, Fürsorgemaßnahmen und das außerdienstliche Verhalten der Helferinnen informieren, damit sie den Spitzen des Heeres und des Deutschen Roten Kreuzes darüber Auskunft geben konnte. (25)

Für die in der Luftwaffe dienenden Wehrmachthelferinnen wurde erst 1945 die Stelle einer „Generalführerin des Helferinnenkorps der Luftwaffe" eingerichtet. Göring beauftragte am 8.3.1945 Frau Dr. Ursula Kuhlo mit dieser Aufgabe. Sie war die Führerin aller Angehörigen des Wehrmachthelferinnenkorps der Luftwaffe und dem Inspekteur des Helferinnenkorps der Luftwaffe unmittelbar unterstellt. Ihre Verantwortlichkeit erstreckte sich insbesondere auf die politische, weltanschauliche und kulturelle Führung, die Gestaltung des Innendienstes, auf Beförderungen, Kommandierungen und Versetzungen von Führerinnen, auf die Führerinnenschulung und auf Sport, Werkarbeit und Freizeitgestaltung. Beim Einsatz der Helferinnen, in Unterkunfts-, Versorgungs- und Urlaubsfragen, bei der ärztlichen und rechtlichen Betreuung der Helferinnen hatte sie beratende Funktionen. Göring gewährte ihr sogar unmittelbares Vortragsrecht. (26) Aber unmittelbare Weisungsbefugnisse hatte sie nicht.

Belegstellen

(1) Allgemeine Heeresmitteilungen 1940, S. 467; Marineverordnungsblatt 1941, S. 305; Luftwaffenverordnungsblatt 1941, S. 162
(2) Driest, Die Frau in der Wehrmacht, Manuskript, Bundesarchiv/Militärarchiv MSg/v. 177
(3) Driest, a.a.O., S. 3
(4) Driest, a.a.O., S. 9
(5) Luftwaffenverordnungsblatt 1941, S. 162
(6) Allgemeine Heeresmitteilungen 1940, s. 467
(7) Marineverordnungsblatt 1941, S. 305; Luftwaffenverordnungsblatt 1941, S. 162
(8) Der Reichsminister der Luftfahrt und Oberbefehlshaber der Luftwaffe Abt. 1/II B 3 Nr. 2668/41 vom 29.12.1941, Bundesarchiv/Militärarchiv RL 2 III/447
(9) Vgl. Edith Müller-Beeck, Mein kleines großes Tagebuch! – Aufzeichnungen einer Nachrichtenhelferin, Chemnitz-Berlin 1944, S. 40ff.
(10) Der Reichsminister der Luftfahrt und Oberbefehlshaber der Luftwaffe, Chef des Nachrichtenverbindungswesens Az. 11 b 19 Abt. 1/II Nr. 328/42 vom 10.2.1943, in: Gersdorff, a.a.O., S. 390
(11) Driest, a.a.O., S. 12
(12) Luftwaffenverordnungsblatt 1941, S. 162; Marineverordnungsblatt 1941, S. 305
(13) Heeresverordnungsblatt B 1941, S. 92ff.
(14) OKH GenStdH/GenQu/IVa (III 3) Az. 981 b Nr. I/13646/42 vom 24.3.1942, Bundesarchiv/Militärarchiv RH 36/227
(15) Dienstordnung für Stabshelferinnen des Heeres, Befehlshaber Südwestfrankreich vom 25.8.1943, Bundesarchiv/Militärarchiv RH 36/227
(16) Vorläufige Dienstanweisung für die Leiterin der Führungsabteilung bzw. -gruppe bei einem Luftflotten- bzw. Luftgaukommando, Der Reichsmarschall des Großdeutschen Reiches und ObdL Az. 125/45 vom 1.1.1945, Bundesarchiv/Militärarchiv RL/v. 1246
(17) Vorläufige Dienstanweisung für den Inspekteur für das Helferinnenkorps der Luftwaffe, Der Reichsmarschall des Großdeutschen Reiches und ObdL Nr. 125/45 vom 1.1.1945, Bundesarchiv/Militärarchiv RL 5/v. 1246
(18) OKH GenStdH OrgAbt. Nr. II/71863/45 vom 16.4.1945, Bundesarchiv/Militärarchiv RH 19 X/52
(19) Vorläufige Dienstanweisung für die Wehrmachthelferinnen der Luftwaffe, OKL Luftwaffenwehramt Az. 12/63/45 vom 3.1.1945, Bundesarchiv/Militärarchiv RL 19/189
(20) Heeresverordnungsblatt 1941, S. 496
(21) OKL Luftwaffenamt Az. 12 b 23/45 vom 3.1.1945, Bundesarchiv/Militärarchiv RL 19/189; OKH GenStdH Org.Abt. Nr. II/71863/45 vom 16.4.1945, Bundesarchiv/Militärarchiv RH 10/52
(22) Der Reichsmarschall des Großdeutschen Reiches und Oberbefehlshaber der Luftwaffe Nr. 3370/45 vom 8.3.1945, in: Gersdorff, a.a.O., S. 514
(23) Der Reichsmarschall des Großdeutschen Reiches und Oberbefehlshaber der Luftwaffe Nr. 125/45 vom 8.1.1945, Bundesarchiv/Militärarchiv RL 5/1246
(24) Vgl. 2. Anordnung für die Durchführung des totalen Kriegseinsatzes vom 29.11.1945, Bundesarchiv/Militärarchiv RW 4/v. 499
(25) Allgemeine Heeresmitteilungen 1940, S. 555
(26) Der Reichsmarschall des Großdeutschen Reiches und Oberbefehlshaber der Luftwaffe Nr. 3370/45 vom 8.3.1945, in: Gersdorff, a.a.O., S. 516

Fraulichkeit, Freizeit und Betreuung

Es paßte nicht ganz in die nationalsozialistische Ideologie, nach der die Frau Hüterin des Herdes, Mutter der Familie und Stütze des Ehemannes war, daß im Laufe des Krieges das Mädchen immer mehr Kampfgefährtin des Mannes im wahrsten Sinne des Wortes wurde. Die ideologische Gratwanderung begann, als 1940 die ersten Helferinnen in Uniform in die besetzten Gebiete kommandiert wurden. Die Frage war, ob die männlichen Funktionen, die sie zu erfüllen hatten, ihrer Fraulichkeit schaden würden. Hitler befahl, alles zu tun, um das zu verhindern. Deshalb wurden Betreuungsmaßnahmen großen Stils für die Helferinnen eingeleitet. Sie gingen vom Wortlaut der Führerweisung aus, „daß allen deutschen Frauen, besonders wenn sie fern von Elternhaus und Heimat Helferin der deutschen Wehrmacht sind, alle Fürsorge und Betreuung zuteil wird, um sie zu schützen und ihnen die Erfüllung des Dienstes zu erleichtern". Alle Betreuungsmaßnahmen sollten „der fraulichen Art entsprechen" und „keinesfalls zu einer im Bereich der Wehrmacht besonders naheliegenden Militarisierung der Frau führen". Auch später betonte Hitler immer wieder, daß der weibliche Soldat sich nicht mit der nationalsozialistischen Auffassung von Frauentum vertrage. (1) Auch die Wehrmachtspsychologen warnten davor, aus der Frau einen Soldaten zu machen „um den Preis, alles Weibliche in ihr zu ersticken". (2)

Der Dienst der Helferin galt als „nationaler Ehrendienst". Im Ausland hatte sie den zusätzlichen Auftrag, „das Ansehen der deutschen Frau im besetzten Gebiet zu vertreten" (3):

„Sie kann ihren Einfluß auf Personen ausdehnen, die unseren außenpolitischen Zielen bisher verständnislos gegenüberstanden. Sie kann erzieherisch wirken. Dazu muß sie in erster Linie selbst geschult sein. Sie muß ein besonderes Maß von fraulichen Fähigkeiten besitzen, die man von einer Frau im allgemeinen verlangen muß, seien es nun Handfertigkeiten im Nähen, Flicken, Basteln usw., seien es geistige Fähigkeiten, wie Kenntnisse auf den verschiedensten Gebieten, Findigkeit, Vermitteln von Gedanken, Wünschen und Sorgen des Mitmenschen. Es wird oft die Möglichkeit und auch die Notwendigkeit für sie gegeben sein, helfend und mithelfend einzugreifen. Dazu ist auch im Einsatz Umsicht, Tatkraft, Interessiertheit für alle sie berührenden Vorgänge Voraussetzung." (4)

Zu den erzieherischen Momenten im Einsatz der Helferinnen rechnete man die hohen „Anforderungen an Charakterstärke und die Bereitschaft zu willigem Einordnen in die straffe Organisation" und „Pflichterfüllung ohne Rücksicht auf Arbeitszeit und Bürostunden". (5) Die besonderen Pflichten der Helferinnen wurden so beschrieben: „Sie haben sich in die straffe militärische Organisation . . . einzufügen und sich dessen bewußt zu sein, daß auch von ihnen wie von den Soldaten strenge Zucht, Ordnung und Kameradschaft gefordert werden müssen." (6) Man war davon überzeugt, daß die Helferinnen bei solcher Schulung „im Endzustand eine tragende Säule in der deutschen Frauenschaft" und „ebenbürtig neben dem weiblichen RAD, neben dem Deutschen Roten Kreuz und neben den sonstigen weiblichen Organisationen" stehen würden. (7)

Die Gefolgschaftsführer (Dienststellenleiter, Kommandeure, Intendanten) wurden immer wieder an ihre Verantwortung gegenüber den Helferinnen als Frauen erinnert:

„Die ständige Sorge jedes Kommandeurs, der mit der Helferinnenschaft zu tun hat, muß sein: 1. daß die truppendienstlichen und militärischen Belange gewahrt werden, daß aber 2. die Frau und das Mädchen inmitten des militärischen Lebens mit ihren fraulichen Belangen hinreichend gewürdigt werden. Diese Grundsätze müssen bei allen Offizieren und Unteroffizieren gelten." (8)

Bei der Gründung des Wehrmachthelferinnenkorps Ende 1944 wurde „erneut mit al-

120

lem Nachdruck auf die besondere Stellung der deutschen Frau in der Wehrmacht" hingewiesen:

„Beherrschender Grundsatz für jede Art des Fraueneinsatzes, insbesondere auch für den Gemeinschaftseinsatz muß bleiben, daß sich „der weibliche Soldat" nicht mit unserer nationalsozialsistischen Auffassung vom Frauentum verträgt. Die Frau nimmt grundsätzlich nicht mit der Schußwaffe am Kampfe teil, auch nicht im Falle einer drohenden Gefangennahme. Bei ihrer dienstlichen Verwendung und bei der Gestaltung ihrer außerdienstlichen Lebensbedingungen muß die Sorge für die Gesundheit der deutschen Frauen und Mädchen und damit der künftigen Mutter unseres Volkes vornehmster Gesichtspunkt sein. Die Verpflichtung der Vorgesetzten, die Frauen vor den unmittelbaren Gefahren des Krieges zu schützen, ist . . . niedergelegt". (9)

Eine der größten Gefahren für die in den Wehrmachtsteilen dienenden Frauen, besonders während ihres Einsatzes in fremden Ländern, wurde „in der Freizeit aus dem Gefühl des Alleinseins und der Vereinsamung" gesehen. Eine Steuerungsmöglichkeit erkannte man im „kameradschaftlichen Zusammenschluß . . . durch gemeinschaftliche Unterbringung in Frauenwohnheimen". (10)

Zur Förderung des Zusammenhaltes und des Kameradschaftsgeistes sollte die „Freizeit nach fraulichen Gesichtspunkten ausgerichtet" werden. Sie sollte von den Heimleiterinnen so gestaltet werden, daß die Helferinnen gerne daran teilnehmen und sie nicht als Fortsetzung des Dienstes empfinden. Deshalb sollte nicht jeder freie Abend gemeinschaftlich verbracht werden. Einmal in der Woche sollte jedoch ein sogenannter Heimabend in den Gemeinschaftsräumen des Wohnheimes stattfinden, dessen Verlauf den Gefolgschaftsmitgliedern überlassen blieb. In der Regel bestanden die Heimabende aus Singen, Hausmusik und Handarbeiten (Strümpfestopfen für die Soldaten). Manchmal gab es Vorträge. Musikinstrumente, besonders Mundharmonikas und Ziehharmonikas, gehörten zum Inventar jeder weiblichen Unterkunft und wurden von den Betreuungsdienststellen ebenso zur Verfügung gestellt wie Sportgeräte. (11) Neben Basteln und Singen wurde der gemeinsam betriebene Sport als das wichtigste Mittel „zur Förderung der Zusammengehörigkeit" angesehen. Das Motiv war eindeutig: „All das trägt dazu bei, daß die Frau sich in der Kameradschaft wohlfühlt, und verhindert, daß sie aus irgendeiner inneren Unerfülltheit und Langeweile heraus unerwünschte Ablenkungen außerhalb des Kameradinnenkreises sucht". Man hoffte, daß das „anschließende Ermüdungsgefühl dazu beiträgt, überschüssige Abenteuer zu dämpfen". (12)

Die Unterkünfte der Helferinnen wurden mit kleinen Bibliotheken ausgestattet. Dazu gehören auch alle Dienstvorschriften, Dienstanweisungen und Verordnungsblätter mit Bezug auf die Dienststelle. An Zeitschriften wurden in der Regel neben dem *Völkischen Beobachter* und einer örtlichen Tageszeitung vorgesehen die *Deutsche Frauenzeitung* und die *NS-Frauenwarte*. Dazu kam die eine oder andere Illustrierte. (13) Die Anzahl der zu liefernden Illustrierten und Zeitungen richtete sich nach der Gesamtzahl der an einem Ort zusammengefaßt eingesetzten Helferinnen. Für die kostenlose Belieferung der Heime hatte das OKW mit dem Wehrmachtpresseamt eine Absprache getroffen. (14)

In den besetzten Gebieten wurde den Helferinnen für die Freizeitgestaltung darüber hinaus ein finanzieller Zuschuß gewährt. Wohnheime mit 10–20 Gefolgschaftsmitgliedern bekamen monatlich bis zu 26 RM, Wohnheime mit mehr als 20 Gefolgschaftsmitgliedern bis zu 50 RM zur Ergänzung des Spiel- und Sportmaterials, für Bücherkäufe und für Ausflüge. Die Beträge konnten bei den örtlich zuständigen Heeresunterkunftsverwaltungen angefordert werden. (15)

Mit der Betreuung der bei der Wehrmacht tätigen Frauen wurde am 4.8.1941 die Deutsche Arbeitsfront beauftragt. Zu diesem Zweck erweiterte sie die Abteilung Frauen und

Jugend durch das Amt Luftwaffe, das Amt Heer und das Amt Kriegsmarine, deren Zuständigkeiten folgendermaßen festgelegt waren:
– sozialpolitische Betreuung der Helferinnen außerhalb der Dienstzeit
– Gesundheitsmaßnahmen, z.B. die Beschaffung von Sportgelegenheiten
– kulturelle Betreuung und Freizeitgestaltung, z.B. die Beschaffung von Kino-, Theater- und Konzertkarten und die Vermittlung von Reisen und von Aufenthaltsplätzen in Kurorten
– weltanschauliche Schulung
– Betreuung von Entlassungsfällen.

Am 28. Dezember 1941 gestand Göring der DAF für den Bereich der Luftwaffe auch die Durchführung von Kursen und Schulungslehrgängen zur Ausbildung von Heimleiterinnen und Helferinnen für das Wirtschaftswesen zu. Dafür wurden geeignete Helferinnen vier Monate freigestellt.

Die Betreuungsmaßnahmen der Deutschen Arbeitsfront durften nur im Einvernehmen mit den Gefolgschaftsführern abgehalten werden. Alle dienstlichen Aufgaben hatten Vorrang. Die Zuständigkeit der Dienststellenleiter für die Erstellung der Dienstpläne durfte durch die DAF nicht beeinträchtigt werden. Auch für die persönlichen Belange der Helferinnen blieben ausschließlich die militärischen Vorgesetzten zuständig. (16)

1942 mußte die Deutsche Arbeitsfront ihre Kompetenzen mit der NS-Frauenschaft teilen. Der Leiter der Parteikanzlei bestimmte in der Anordnung A 21/42 vom 12.5.1942, daß die Deutsche Arbeitsfront auf die „Betreuung im Betrieb" beschränkt werde und die „außerdienstliche Betreuung" der Helferinnen nunmehr Aufgabe der Reichsfrauenführung sei. Die Richtlinien für die Führung der Frauenheime, insbesondere für die Gestaltung der Heimordnung, sollten in Zukunft von den Wehrmachtsdienststellen mit den Gebietsbeauftragten der Reichsfrauenführerin abgesprochen werden. Heimleiterinnen durften nur noch mit ihrem Einvernehmen eingesetzt werden. Ihre Schulung zog die NS-Frauenschaft an sich, um zu gewährleisten, daß die „Führung der Heime und Betreuung der Frauen nach fraulichen Gesichtspunkten ausgerichtet werden". Den Gebietsbeauftragten wurde die Ermächtigung erteilt, die Frauenwohnheime der Wehrmacht zu besuchen und sich über die Verhältnisse an Ort und Stelle zu unterrichten. (17)

Die Luftwaffe zog im Ganzen gesehen die bewährte Zusammenarbeit mit der DAF vor. Die Zuständigkeiten der NS-Frauenschaft wurden lange Zeit ignoriert. Im Widerspruch zum OKW-Befehl vom 22.6.1942 befahl Göring, daß „die weltanschauliche Ausrichtung und die Mitwirkung bei allen sozialpolitischen Angelegenheiten der Luftwaffenhelferinnen, insbesondere bei Fragen über Frauen- und Mutterschutz, Gesundheitsschutz, Verpflegung und Unterkunft, Arbeitsplatzgestaltung, Erholungsverschickungen, Betriebssport, Kindergarten, volkswirtschaftliche Erziehung" Sache der Deutschen Arbeitsfront bleibe. Die Beauftragten der DAF erhielten das Recht, „Dienststellen, bei denen Luftwaffenhelferinnen beschäftigt sind, nach Anmeldung beim Leiter der Dienststelle und nach Verständigung mit der Sachbearbeiterin sowie möglichst in deren Begleitung zu betreten und sich über den Stand der sozialpolitischen Betreuung der Luftwaffenhelferinnen zu unterrichten". Die Sachbearbeiterinnen bei den Nachrichtenführern der Luftgaukommandos hatten mit den Luftgaufrauenwalterinnen beim Luftgauobmann zu kooperieren, die wiederum mit der Gaufrauenschaftsleiterin und Gaufrauenwalterin der DAF Kontakt hielten.

Letztlich wurden die Zuständigkeitsquerelen im Ausland erst durch die „Richtlinien des OKW für den Fraueneinsatz im Bereich der Wehrmacht außerhalb der Reichsgrenze" vom 23.9.1943 geklärt. Darnach waren in den besetzten Gebieten die zuständigen Gebietsbeauftragten der Reichsfrauenführerin angewiesen, mit den ihnen zustehenden Aufgaben die DAF-Frauenwalterinnen der Wehrmachtsteile zu beauftragen. In der innerbetrieblichen Betreuung der Helferinnen arbeiteten diese nach den Weisungen ihrer vorgesetzten Frauenwalterin bei den DAF-Ämtern des OKW und der Wehrmachtsteile, in allen weltanschaulich-politischen Fragen aber nach den Weisungen der Gebietsbeauftragten der NS-Frauenschaft. Hatte ein Wehrmachtsteil in einem außerdeutschen Gebiet weniger als 100 Frauen beschäftigt, so sollte eine von ihnen als nebenamtliche Frauenwalterin eingesetzt werden. Angehörige von OKW-Dienststellen außerhalb des Reiches wurden von der Frauenwalterin des Heeres betreut. (18)

Für die Helferinnen unter 21 Jahren beanspruchte auch die Betriebsmädelwalterin, die bei vielen Einsatzdienststellen existierte, Zuständigkeiten. Dort wo keine Betriebsmädelwalterinnen eingesetzt waren, nahmen die Kameradschaftsführerinnen ihre Aufgaben wahr. Die nächsthöhere zuständige Dienststelle war dann die Luftgaumädelwalterin. (19)

Im besetzten Frankreich kam es mehrfach zu Kompetenzkonflikten zwischen Helferinnen-Führerinnen und DAF-Frauenwalterinnen. Der Militärbefehlshaber in Frankreich wies die strittigen Parteien an, örtliche Schwierigkeiten und Reibungen möglichst im gegenseitigen Einvernehmen zu beheben. Er grenzte die Aufgaben der DAF-Frauenwalterinnen wie folgt ein: „Beobachtung der Einhaltung der Frauen- und Mutterschutzbestimmungen; beratende Mitarbeit bei der Sicherstellung von Wohnheimen; beratende Einflußnahme auf die Gestaltung der Heimabende; Mitwirkung bei der Verschickung von Stabshelferinnen in Erholungsheime". (20) Solche Formulierungen stärkten den Helferinnen-Führerinnen das Rückgrat.

Nach der Gründung des Wehrmachthelferinnenkorps im Herbst 1944 kam es zu einem Streit zwischen Bormann und Hierl um die Frage, ob die Betreuung der Wehrmachthelferinnen Sache der NS-Frauenschaft bleiben oder in die Hände des RAD gelegt werden solle. Hierl beanspruchte sie für sich, weil fast alle Neuzugänge aus dem RAD kamen. Da die NS-Frauenschaft im Volkssturm nur subsidiäre Funktionen hatte, sah Bormann das angemessene Tätigkeitsfeld für die Führerinnenschaft der Partei im Wehrmachthelferinnenkorps. In einem Schreiben an Goebbels, den Reichsbevollmächtigten für den totalen Kriegseinsatz, argumentierte er gegen den RAD mit folgenden spitzen Ausführungen:

„Der Reichsarbeitsdienst befaßte sich bisher in erster Linie mit der Betreuung von 17- und 18jährigen Mädchen. Die jetzt abgeschlossene Einziehungsaktion zeigte, daß die Aufbringung der erforderlichen Anzahl von Frauen nur dann möglich ist, wenn die Einziehungsbasis verbreitert wird und Frauen bis zum Alter von 40 Jahren eingezogen werden. Damit werden aber die Jahrgänge, mit denen der Reichsarbeitsdienst arbeitete, völlig verlassen. Auch die Führerinnenfrage dürfte nicht völlig richtig gesehen werden. Nach den Berichten der Gauleiter befindet sich der größte Teil der ehemaligen RAD-Maiden, bei denen es sich übrigens nur zum geringen Teil um Führerinnen handelt, heute im kriegswichtigen Einsatz, so daß nur ein ganz geringer Prozentsatz von ihnen eingezogen werden kann. Von seiner aktiven Führerinnenschaft würde der Reichsarbeitsdienst nur einen kleinen Teil abgeben können, da ja der weibliche Reichsarbeitsdienst auch in Zukunft weiter bestehen soll. Es erscheint mir außerdem fraglich, ob die jungen Führerinnen des Reichsarbeitsdienstes uneingeschränkt geeignet wären, die älteren Frauen, die zur Einziehung gelangen, zu führen. Von ausschlaggebender Bedeutung ist es aber, daß der Reichsarbeitsdienst für die weibliche Jugend über keine besonderen Erfahrungen im Wehrmachteinsatz verfügt. Einen truppenmäßigen Einsatz von Frauen führte er bisher noch nicht durch, sondern nur kleine Einsätze des Kriegshilfsdienstes in der Luftnachrichtentruppe. Es befinden sich aber tatsächlich bereits jetzt rund 300 000 Frauen in der Wehrmacht, die zum Teil auch truppenmäßig eingesetzt sind. Dieser Fraueneinsatz hat sich organisch zunächst aus der Büroarbeit zu der heutigen vielseitigen Einsatzform entwickelt. Die notwendigen Führerinnen rekrutieren sich auch aus den in der Wehrmachtarbeit gewachsenen Führerinnen sowie ehemals abkommandierten Führerinnen der Frauenschaft und des BDM. Dieses junge Führerinnenkorps hat sich politisch und militärisch gesehen als durchaus vorbildlich und entwicklungsfähig erwiesen. Die bisherige Betreuung der Frauen und Mädchen in der Wehrmacht mit Hilfe der Frauenschaft, der Deutschen Arbeitsfront und der Hitlerjugend halte ich daher grundsätzlich für richtig und ausbaufähig. Die Reichsfrauenführung ist als Trägerin der weltanschaulichen Ausrichtung der gesamten Frauenarbeit im besonderen Maße geeignet, den truppenmäßigen Einsatz von Frauen und Mädchen, die auch altersmäßig zu ihr gehören, in der Wehrmacht zu betreuen und zu führen. Es wird Aufgabe der gesamten Partei sein, sie hierbei zu unterstützen. Das Führerinnenkorps steht der Reichsfrauenführung in gleicher Weise wie dem Reichsarbeitsdienst zur Verfügung. Auch der Reichsarbeitsdienst müßte dieses erst einziehen und ausbilden. Es würde daher im Ergebnis der organisch gewachsene und zur Zufriedenheit entwickelte Fraueneinsatz in der Wehrmacht gestört und aufgehalten, um eine neue nicht absehbare Entwicklung anzubahnen. Die Reichsfrauenführerin hat außerdem im Anschluß an die Besprechung mit Vertretern der Partei ... Vorschläge zur praktischen Durchführung der Einziehungsaktion und zur Einziehung und Ausbildung von Führerinnen eingereicht, die durchführbar erscheinen. Im übrigen müßte die weitere Zersplitterung in der Befehlsgestaltung und der disziplinären Behandlung innerhalb der Wehrmacht in der praktischen Arbeit zu Schwierigkeiten führen. Schließlich muß ich noch darauf hinweisen, daß es jetzt die Aufgabe der Partei und der Frauenschaft sein muß, stimmungsmäßig das deutsche Volk darauf vorzubereiten, daß in Zukunft Frauen in noch größerem Umfange, unter Umständen sogar mit der Waffe eingesetzt werden. Schon aus diesem Grunde wäre es bedenklich, die Betreuung von den bisher damit befaßten Einrichtungen auf eine andere Organisation zu übertragen, selbst wenn es sich um eine derartige vorbildliche Organisation wie den RAD handelt." (21)

Erwartungsgemäß trug Bormann den Sieg über Hierl davon. Dessen Argument, daß die Führerinnenschaft des Wehrmachthelferinnenkorps zum überwiegenden Teil aus dem RAD stamme, wurde zurückgewiesen. Nur was die Betreuung der aus dem RAD stammenden Wehrmachthelferinnen (Flakwaffenhelferinnen I und II) anging, blieb die Zuständigkeit des RAD erhalten. Das war die Kondition gewesen, unter der Hierl dem Einsatz zugestimmt und mit der die Öffentlichkeit beruhigt worden war.

Am 17.12.1944 gab die Parteikanzlei die „Richtlinien über die politische, weltanschauliche und kulturelle Führung und Betreuung des Wehrmachthelferinnenkorps" heraus. (22)

1. Die politische, weltanschauliche und kulturelle Führung und Betreuung des Wehrmachthelferinnenkorps ist Aufgabe der NSDAP.
2. Innerhalb der NSDAP hat die Reichsfrauenführerin im Einvernehmen mit dem Leiter der Parteikanzlei alle Maßnahmen zu treffen, die zur Durchführung der Aufgabe notwendig sind.
3. Es ist insbesondere Aufgabe der Reichsfrauenführerin
   a) einheitliches Schulungsmaterial zu erstellen
   b) die politische, weltanschauliche und kulturelle Ausrichtung der Führerinnen durchzuführen. Hierbei hat sie mit dem NS-Führungsstab der Wehrmacht zusammenzuarbeiten.
4. Im Rahmen dieses Auftrages sind die Belange des Reichsjugendführers der NSDAP, insbesondere in bezug auf die Führung und Betreuung der 18- bis 21jährigen Mädel zu berücksichtigen.

Was die Betreuung der Mädchen zwischen 18 und 21 Jahren anging, die sich außerhalb des RAD als Wehrmachthelferinnen zur Verfügung stellten, schloß die Reichsfrauenführerin mit dem Reichsjugendführer der NSDAP „ein besonderes Übereinkommen". (23)

Belegstellen

(1) OKW AWA/WV Nr. 2680/42 vom 22.6.1942, Betr.: Richtlinien für den Fraueneinsatz im Bereich der Wehrmacht, insbesondere in den Gebieten außerhalb der Reichsgrenze, Bundesarchiv NS 6/vorl. 338

(2) Driest, Die Frau in der Wehrmacht, Manuskript, Bundesarchiv/Militärarchiv MSg/v. 127
(3) OKH Chef HRüst u. BdE Az. 17979/42 vom 27.2.1942, Bundesarchiv/Militärarchiv RH 55/v. 94
(4) Der Reichsminister der Luftfahrt und Oberbefehlshaber der Luftwaffe, Chef des Nachrichtenverbindungswesens Nr. 2668/41 vom 29.12.1941, Bundesarchiv/Militärarchiv RL 2 III/447
(5) OKH Chef HRüst u. BdE Az. 1979/42 vom 27.2.1942, Bundesarchiv/Militärarchiv RH 55/v. 94
(6) Ebenda
(7) Ebenda
(8) Der Reichsminister der Luftfahrt und Oberbefehlshaber der Luftwaffe, Chef des Nachrichtenverbindungswesens Nr. 2668/41 vom 29.12.1941, Bundesarchiv/Militärarchiv RL 2 III/447
(9) OKH GenStdH OrgAbt. Nr. II/71863/45 vom 16.4.1945, Bundesarchiv/Militärarchiv RH 19 X/52
(10) OKW AWA/WV Nr. 2680/42 vom 22.6.1942, Bundesarchiv NS 6/vorl. 338
(11) Vgl. Edith Müller-Beeck, Mein kleines großes Tagebuch! – Aufzeichungen einer Nachrichtenhelferin, Chemnitz – Berlin 1944, S. 31ff.
(12) Driest, a.a.O., S. 11
(13) VBl. RAD 1944 B, Nr. 323
(14) Luftwaffenverordnungsblatt 1941, S. 951
(15) Militärbefehlshaber in Frankreich Az. 26/27 r vom 9.2.1942, Bundesarchiv/Militärarchiv RH 36/227
(16) Der Reichsminister der Luftfahrt und Oberbefehlshaber der Luftwaffe, Chef des Nachrichtenverbindungswesens Nr. 2668/41 vom 29.12.1941, Bundesarchiv/Militärarchiv RL 2 III/447
(17) OKW AWA/WV 2680/42 vom 22.6.1942, Betr.: Richtlinien für den Fraueneinsatz im Bereich der Wehrmacht, insbesondere in den Gebieten außerhalb der Reichsgrenze, Bundesarchiv NS 6/vorl. 338
(18) OKW 26/27 – 3107/43 AWA/WV (IVa) vom 23.9.1943, Bundesarchiv/Militärarchiv RW 5/v. 300
(19) Vgl. Dienstordnung für Luftwaffenhelferinnen vom 22.6.1942, in: Gersdorff, a.a.O., S. 362f.
(20) Der Militärbefehlshaber in Frankreich IVa Az. 26/27 vom 4.7.1942 und vom 25.8.1943, in: Gersdorff, a.a.O., S. 364 bzw. Bundesarchiv/Militärarchiv RH 36/227
(21) Fernschreiben Bormann vom 16.11.1944, in: Gersdorff, a.a.O., S. 466
(22) OKL/Luftwaffenwehramt Az. 23/45 vom 3.1.1945, Bundesarchiv/Militärarchiv RL 19/189
(23) Parteikanzlei Anordnung 453/44 vom 17.12.1944, Bundesarchiv NS 6/vorl. 349

Uniformen und Abzeichen

Wollte man die Wichtigkeit eines Problems an der Zahl der Veröffentlichungen in den Verordnungsblättern der Wehrmachtsteile messen, so wäre für die Helferinnen während des Zweiten Weltkrieges keine Frage wichtiger gewesen als die der Uniform. Das Heeresverordnungsblatt, das Luftwaffenverordnungsblatt und das Marineverordnungsblatt sind voll von detaillierten Vorschriften über die Ausstattung der Helferinnen mit Uniformen und ihre Einziehung, über Tragevorschriften und die Verrechnungen mit der Reichskleiderkarte. Da man sich darauf eingelassen hatte, die Bestandteile der Uniformen amtlich bekanntzugeben, mußte jede Veränderung im entsprechenden Verordnungsblatt korrigiert werden. Der Wegfall eines Kleidungsstücks brauchte seinen Platz ebenso wie das Hinzukommen eines neuen, die Verbreiterung einer Litze ebenso wie die Veränderung eines Dienstgradabzeichens.

Als 1940 die ersten Frauen in den besetzten Gebieten beschäftigt wurden, war noch nicht entschieden, ob sie bzw. welche von ihnen eine Uniform tragen würden. Viele der damals ins Ausland Entsandten arbeiteten bis zur Gründung des Wehrmachthelferinnenkorps als Zivilangestellte in den Dienststellen der Wehrmacht, ohne je eine Uniform getragen zu haben. Andere berichten, daß die Vorgesetzten es vorzogen, sie in Zivilkleidern zu sehen und ihnen nur die Uniformstücke aushändigten, die nötig waren, wenn sie im Dienst-PKW mitgenommen wurden. Für den Transport in Wehrmachtsfahrzeugen und -flugzeugen war die Uniform unerläßlich. (1)

Lediglich das weibliche Flugmeldedienstpersonal wurde zur Absicherung seines Kombattantenstatus bereits Mitte 1940 einheitlich uniformiert. Die vierteilige Uniform bestand aus weißer Hemdbluse, schwarzem Rock, Kostümjacke und Kopfbedeckung (in Schiffchenform) in grau-blauem Ton. Die Einkleidung wurde durch die Luftgaukommandos der besetzten Gebiete bzw. die zuständigen Marinestationen übernommen. Sie konnten selbständig Angebote bei den einschlägigen Firmen einholen und die Aufträge vergeben. Die Stoffe wurden beim Reichsluftfahrtministerium angefordert und vom Luftwaffenbekleidungsamt ausgeliefert.

Für die Anschaffung der Uniform wurde den Helferinnen eine Beihilfe von RM 50.– gewährt. Der Rest der Kosten bei einem Richtpreis von RM 90.– wurde von den Flugmelderinnen eingezogen, entweder in einem Betrag oder durch Einbehaltung der monatlichen Bekleidungsentschädigung von RM 1.–.Außerdem wurden 45 Abschnitte der Reichskleiderkarte abgetrennt. (2)

Im Herbst 1940 traten zu der genannten Bekleidung ein Wintermantel, wadenlang, graublau (Richtpreis RM 70.–) und 3 Paar graue Strümpfe aus Kunstseide.

Der Schutzanzug der Flugmeldehelferinnen hatte die Form eines Schianzugs. An Mütze, Kostümjackett, Schutzanzugjacke und Sommerkleid mußte das Hoheitsabzeichen getragen werden – für Helferinnen aus Mattkunstseide und für Führerinnen aus Glanzkunstseide gestickt. Das Flugmeldeabzeichen (Tätigkeitsabzeichen) der im Flugmeldedienst eingesetzten Fernsprecherinnen, Fernschreiberinnen, Funkerinnen und Flugmelderinnen zeigte ein Flugzeug im Fadenkreuz. Nach bestandener Prüfung wurde es mit mattgrauer Garnschnur umrandet. (3)

Am 2.8.1940 wurden die Dienstrangbezeichnungen der Flugmeldehelferinnen geändert: statt Helferin jetzt Flugmeldehelferin, statt Aufsicht jetzt Aufsichtshelferin, statt Betriebsgruppenführerin jetzt Betriebsgruppenunterführerin und statt Hauptgruppenführerin jetzt Betriebsgruppenführerin und Heimleiterin.

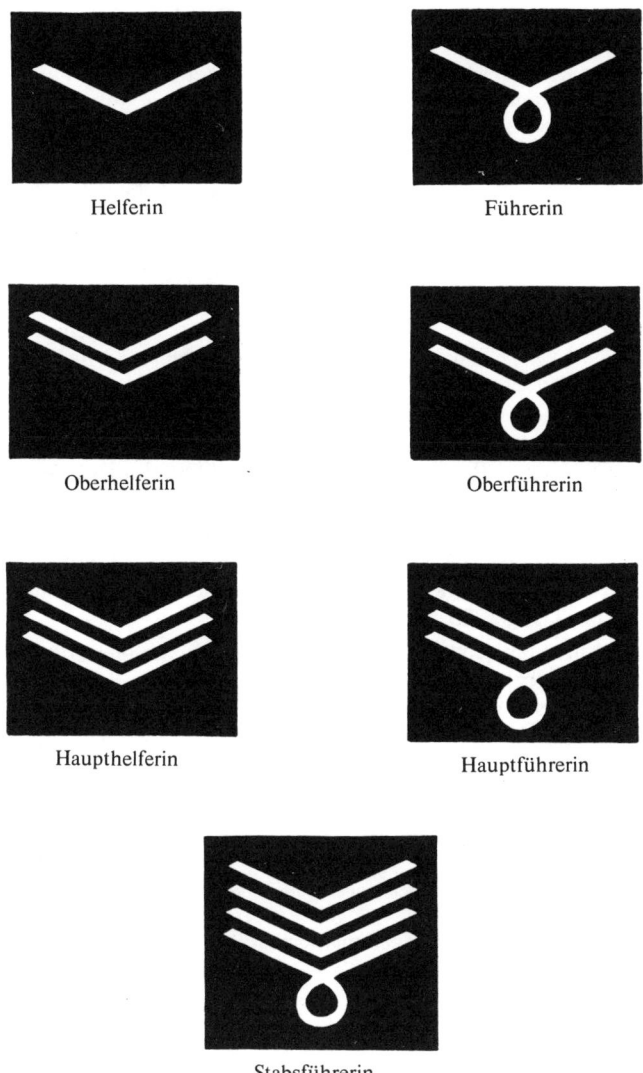

Helferin

Führerin

Oberhelferin

Oberführerin

Haupthelferin

Hauptführerin

Stabsführerin

Dienstgradabzeichen der Luftnachrichten-Helferinnenschaft ab Juli 1941.

Als die Luftnachrichtenhelferinnenschaft am 26.2.1941 gegründet wurde, änderten sich die Dienstbezeichnungen erneut entsprechend der dienstlichen Verwendung der Frauen. Im Flugmeldedienst gab es von da an Ln. Flum. Anwärterinnen, Lw. Flum. Helferinnen. Ln. Flum. Oberhelferinnen, Lw. Flum. Haupthelferinnen, Lw. Flum. Führerinnen, Lw. Flum. Oberführerinnen, Ln. Flum. Hauptführerinnen, Ln. Flum. Stabsführerinnen.

Beim Reichsminister der Luftfahrt und Oberbefehlshaber der Luftwaffe setzten sich Anfang 1941 die Argumente für eine Uniformierung auch der anderen Helferinnen durch. Im Ausland würden die Helferinnen auf diese Weise als Gefolge der Wehrmacht und als Repräsentanten des deutschen Volkes und der deutschen Frau leichter erkannt. Auch für die im Reichsgebiet tätigen Luftwaffenhelferinnen hielt man eine Uniform für „erwünscht". Man war der Ansicht, daß die einheitliche Dienstkleidung den Helferinnen „einen gewissen Rückhalt und Schutz" biete und ihnen die „Verpflichtungen (ihrer Stellung) und auch eine gewisse Einschränkung ihrer persönlichen Freiheit" zu Bewußtsein bringe. Auch vom Standpunkt der Vorgesetzten sei die Uniformierung zu begrüßen: „Ein uniformiertes Korps läßt sich leichter in Zucht und Ordnung halten."(5)

Ende 1941 erhielten die Luftgaue die Stoffzuteilungen für die Helferinnenuniformen. Die Einkleidung der Luftwaffenbetriebshelferinnen und Lufschutzwarnhelferinnen sollte in folgender Reihenfolge vor sich gehen:

1. Helferinnen in den besetzten Gebieten und in Schulen
2. Helferinnen in Gefechtsständen, Flugwachkommandos und Luftschutzwarnzentralen
3. Helferinnen bei den Luftwaffenstellungen und Luftschutzwarnvermittlungen
4. Helferinnen an sonstigen Stellen. (6)

Für die Luftnachrichten- und Luftschutzwarndiensthelferinnen war folgende Normalausstattung der Dienstbekleidung vorgesehen. Neueinführungen machten sie umfangreicher und gefälliger als die der Flugmeldehelferinnen.

1 Tuchmütze, graublau, in Schiffchenform,
1 Wintermantel, graublau, zweireihig, mit 4 Knöpfen, auch geschlossen zu tragen, Ärmel mit Rollaufschlag, Rücken mit Rückengurt und Schlitz zum Knöpfen,
1 Regenumhang (Neueinführung),
1 Kostüm =
   1 gerader Rock, graublau, mit je einer eingesetzten Springfalte in den Seitennähten, Reißverschluß, rechts eine Tasche,
   1 Jackett, graublau, einreihig geknöpft (3 Knöpfe), mit Rücken- und Taillennähten, abknöpfbarem Gurt, zwei eingesetzten Seitentaschen mit schmaler Patte, links eine innere Tasche,
   1 Blusenrock (Neueinführung) (nicht für Führerinnen),
3 hellblaue Dienstblusen mit Kragen
1 weiße Bluse aus Kunstseide (Neueinführung),
2 Dienstkittel mit 3 weißen Kragen (Neueinführung),
1 Wolljacke (Neueinführung),
3 Paar graublaue Strümpfe aus Kunstseide,
2 schwarze Binder (Neueinführung an Stelle des dunkelblauen Ansteckbinders),
1 Diensttasche (Neueinführung),
2 Paar schwarze Schnürhalbschuhe mit halbem Absatz (Neueinführung),
1 großes Hoheitszeichen für Kostüm,
1 kleines Hoheitszeichen für Mütze,
   Dienstabzeichen und Abzeichen für besondere Dienststellungen,
1 Dienstnadel für Ln.-Helferinnen und -Führerinnen – wie an der Schirmmütze bei Offz. und Mannschaften – mit Sicherheitsnadel zum Befestigen am Binder (Neueinführung),
1 Dienstnadel für LSW-Helferinnen (Neueinführung). (7)

4 % der Helferinnen durften auch eine Wintersonderausstattung auf besonderen Befehl des Chefs des Nachrichtenverbindungswesens beziehen. Sie bestand aus einer Mütze mit Ohrenschützern, ein Paar Gummiüberziehstiefeln, einem Wollschal, ein Paar Wollhandschuhen, 2 Paar Wollstrümpfen, 2 Paar Wollsocken, 2 Hemdhosen und 2 Wollschlüpfern.

Da die Nachrichten- und Luftschutzwarnhelferinnen ihre Uniformen kostenlos zugewiesen bekamen, mußten sie ohne Vergütung selbst stellen: einen dunklen Trainingsanzug, ein weißes Turntrikot, eine schwarze Turnhose und 2 Paar graue Wildlederhandschuhe zum Knöpfen, die gegen Bezahlung vom Wehrmachtsbeschaffungsamt zugewiesen wurden. (8)

Das Hoheitszeichen der Luftwaffe hatten die Luftnachrichtenhelferinnen auf dem Schiffchen und auf der rechten Brustseite an der Jacke zu tragen. Außerdem erhielten sie das Hoheitszeichen als Anstecknadel für den Binder. Als Tätigkeitsabzeichen trugen die Luftwaffenbetriebshelferinnen und -nachrichtenhelferinnen das Abzeichen des Luftwaffennachrichtenpersonals am linkel Ärmel der Kostümjacke bzw. des Mantels. Die Dienstgradabzeichen mußten an der Kostümjacke und am Mantel 1 cm unterhalb des Tätigkeitsabzeichens getragen werden und am Dienstkittel in der Mitte des linken Oberärmels. Die Führerinnen erhielten außerdem an den beiden Kragenecken der Kostümjacke und des Mantels einen Stern aus Aluminiumstickerei. Dazu kamen die Dienststellungsabzeichen als Aluminiumtressen, die um beide Ärmel der Kostümjacke, des Mantels und des Dienstkittels 12 cm vom unteren Ärmelrand zu tragen waren.

Das weibliche Personal des Luftschutzwarndienstes trug das Hoheitszeichen des Luftschutzes an der Tuchmütze, das Schriftzeichen „Luftschutz" auf der rechten Brustseite des Jacketts, das Luftschutzabzeichen als Anstecknadel für den Binder und auf den linken Oberärmeln des Jacketts das Luftschutzwarndienstabzeichen. (9)

Beim Ausscheiden aus dem Dienst hatten die Helferinnen die Bekleidung abzugeben. Bestimmend hierfür waren Abwehrgründe. Man wollte das Betreten von Diensträumen und militärischen Anlagen durch ausgeschiedene Helferinnen unterbinden. (10)

Zur Ergänzung der Unterbekleidung erhielten die Luftwaffenhelferinnen 1942 eine verkürzte Reichskleiderkarte mit 65 Bezugsabschnitten. Nur Helferinnen, die wegen körperlicher Behinderung oder wegen Schwangerschaft keine Uniform tragen konnten, stand die volle Reichskleiderkarte mit 120 Textilpunkten zu. (11)

Die Marinehelferinnen trugen sanitätsgraue Uniformen. Um den linken Ärmel – 13 cm von unten – schlang sich ein Ärmelband aus blauem Tuch mit der goldfarben gestickten Aufschrift „Marinehelferin". Dienstgradabzeichen und Fachausbildungszeichen wurden am linken Oberarm getragen. Das Schiffchen aus dunkelblauem Tuch hatte bei Führerinnen eine Kordelschnur, während die Schirmmütze aus sanitätsgrauem Tuch ohne Kordelschnur getragen wurde. Die Dienstgradabzeichen bestanden aus 0,4 cm breiten goldenen Litzen am Oberarm 5 cm oberhalb der Armbeuge.

Marinehelferin: 1 goldene Litze, Marineunterführerin goldfarben-schwarze Führerinnenkordel und Führerinnenbrosche, Marineoberführerin Führerinnenkordel und goldener Stern, Marinehauptführerin Führerinnenkordel und 2 goldene Sterne, Marinestabsführerin goldene Füherinnenkordel und 1 goldener Stern, Marineoberstabsführerin goldene Kordel und 2 goldene Sterne. (12)

Die Nachrichtenhelferinnen des Heeres in den besetzten Gebieten arbeiteten gemäß ihrer Dienstordnung „in uniformierten, geschlossenen militärischen Einheiten". (13) Ihre Ausstattung entsprach der der Nachrichtenhelferinnen der Luftwaffe – bis auf Uniformfarbe und Abzeichen. Wie streng die Vorschriften waren, geht aus der Dienstordnung für die Nachrichtenhelferinnen des Heeres vom 1.4.1942 hervor:

„Das Mitführen und Tragen von ziviler Oberkleidung ist im Einsatz Führerinnen und Helferinnen verboten. Das Tragen von Zivilkleidung während des Heimaturlaubs ist gestattet, es kann im Einzelfall auch befohlen werden. Verheirateten Führerinnen und Helferinnen, bei denen die Möglichkeit besteht, daß sie während des Einsatzes den Besuch ihres Ehemannes erhalten, kann auf schriftlichen Antrag das Mitführen von Zivilkleidung durch den Dienststellenleiter gestattet werden. Eine solche Sondergenehmigung ist in das NH-Einsatzbuch einzutragen. Auch in diesen Fällen ist die Zivilkleidung an die zuständige Führerin zur Aufbewahrung abzugeben. Die Führerinnen haben die Zivilkleidung nur während des Besuchs der Ehemänner freizugeben. Während des Einsatzes erworbene zivile Bekleidungsstücke sind an die zuständige Führerin zur Aufbewahrung abzugeben und baldmöglichst in die Heimat zu schaffen. Diese hat die Einhaltung dieser Bestimmung durch laufende Kontrolle zu überwachen. (14)

Die Einkleidung erfolgte während der Ausbildung an der Nachrichtenschule in Gießen. Für die Paßform sorgten die Mädchen selbst. Auf Taille achteten alle. Das Privileg der Nachrichtenhelferinnenführerinnen in Gießen bestand darin, daß sie sonntags Zivil tragen durften. Das wurde von ihnen genau so hoch geschätzt wie das Uniformtragen von denen, die keine Uniform hatten. (15) Zur Uniform durften im Heer nur Verlobungs- und Eheringe getragen werden, kein anderer Schmuck. (16)

Während die Luftwaffenhelferinnen als Dienstgradabzeichen Flachwinkel aus 5 mm breiter Aluminiumtresse oder hellgrauer Borte bzw. aluminiumgestickte Sterne trugen, waren die Winkel der Ober- und Haupthelferinnen bzw. Unterführerinnen des Heeres gelb. Die Führerinnen bei den Nachrichtenhelferinnen des Heeres hatten an den Kragenecken je einen silbernen Winkel auf schwarzem Grund. Ab Stabsführerin war der Winkel golden.

Als das Heer im Sommer 1942 daran ging, auch die Stabshelferinnen zu organisieren und zu uniformieren, platzte in die Vorbereitungen die Anweisung Hitlers, daß zur Einsparung von Spinnstoffen „eine Uniformierung aller im deutschen Reich eingesetzten weiblichen Hilfskräfte weder beim Heer, noch bei der Marine noch bei der Luftwaffe noch bei anderen Organisationen möglich" sei. Hitler entschied, daß die im Reichsgebiet eingesetzten weiblichen Hilfskräfte für ihren Arbeitszweck Arbeitsanzüge erhalten sollten und im übrigen ihre Zivilkleidung weiter tragen könnten. Er begründete das auch damit, daß dadurch „auch einer weiteren Uniformierung der deutschen Frau endlich Einhalt geboten" werde. Gegen eine Uniformierung der außerhalb der deutschen Reichsgrenze eingesetzten weiblichen Hilfskräfte hatte er nichts einzuwenden. (17) Entsprechend dieser Führerweisung befahl das Oberkommando der Wehrmacht am 22. Juni 1942: „Die Uniformierung von Frauen über den bisherigen Umfang hinaus ist nicht fortzuführen. Die dafür erforderlichen Textilien werden für die Bekleidung der Soldaten notwendiger gebraucht." (18) In den folgenden Monaten wurde die Dienstkleidung aller Helferinnen eingezogen, die im Reichsgebiet tätig waren. Lediglich die in Führerinnenstellen eingesetzten Ober- und Haupthelferinnen durften ihre Uniformen behalten. Die mit der Einziehung der Dienstbekleidung verbundenen Härten (Nichtwiedererstattung der einbehaltenen Punkte der Reichskleiderkarte, Verlust der Zivilkleidung durch Bombenschäden, allgemeine Beschaffungsschwierigkeiten usw.) veranlaßten den Chef des Nachrichtenverbindungswesens beim Reichsminister der Luftfahrt und Oberbefehlshaber der Luftwaffe einige Einwendungen beim OKW zu machen, jedoch vergebens. (19)

Das Heer hatte diese Einziehungsschwierigkeiten im Bereich der Stabshelferinnen nicht. Bei der Gründung des Stabshelferinnenkorps im September 1942 blieb die Frage der Uniformierung „zunächst offen". (20) 1943 hatte es das Heer deshalb verhältnismäßig leicht, die OKW-Richtlinien nicht nur einzuhalten, sondern sogar über sie hinauszugehen. Es beschränkte die Uniformierung der Stabshelferinnen auf die Frauen, die in den besetzten Ostgebieten, in Finnland oder Nordnorwegen zum Einsatz kamen. Die eingekleideten Helferinnen verloren das Kleidergeld von monatlich 30 RM (täglich 50 Pfennige). Die Kleiderkarte wurde entsprechend gekürzt.

Die Dienstbekleidung der Stabshelferinnen unterschied sich kaum von der der Luftwaffenhelferinnen. Sie bestand aus Normalbekleidung, Winterbekleidung und zusätzlicher Winterbekleidung. Die zusätzliche Winterbekleidung (eine Pelzweste, eine Skihose, ein Paar Fausthandschuhe) war für die in Lappland und Nordnorwegen eingesetzten Stabshelferinnen vorgesehen. Die Normalbekleidung bestand aus einer Tuchmütze, einem Mantel, einem Regenumhang, einem Kostüm mit 2 Röcken, 2 Dienstblusen, einer weißen Bluse, 2 Wolljacken, 3 Paar Seidenstrümpfen, 2 Paar schwarzen Bindern, 2 Paar Schnürhalbschuhen, 1 Paar Gummiüberziehstiefeln, 2 Dienstkitteln mit 3 Extrakragen, einer Diensttasche, einer Dienstnadel. Zur Winterbekleidung gehörte eine Mütze mit Ohrenschützern, 2 Paar Wollstrümpfen, ein Wollschal, 2 Paar Wollsocken, 2 Trikothemden, 2 Wollschlüpfern, 1 Paar Wollhandschuhe. (21) Zu den Tragevorschriften der Uniformen für Stabshelferinnen gehörte z.B., daß die Diensttasche über der linken Schulter getragen werden mußte, daß „Schmuck in auffälliger Form, insbesondere das Tragen von Anstecknadeln, buntfarbigen Handschuhen, Handtaschen, Regenschirm" zur Dienstbekleidung untersagt und auffälliges Schminken verboten war. Die Zivilbekleidungsstücke durften an Einsatzorten nur innerhalb des Wohnheims getragen werden. (22)

Die Bereiterinnen des Heeres trugen im allgemeinen die Uniform der Stabshelferinnen mit kleinen Varianten, z.B. mit geschlitzter Jacke und geschlitztem Mantel. Dazu kam eine Reithose aus steingrauem Stoff mit Lederbesatz. Als Dienstmütze trugen sie die Feldmütze des Heeres, weil das Schiffchen sich als unpraktisch erwies. Schwarze Reitstiefel vervollständigten die Uniform. (23)

Alle Stabshelferinnen, die nicht in Gebieten stationiert waren, die ihnen ein Anrecht auf Dienstbekleidung gaben, mußten sich mit einem 2,5 cm dunkelgrünen Ärmelstreifen mit der silbergrauen Aufschrift „Stabshelferin des Heeres" begnügen. (24)

Die Uniformeinschränkungen für Helferinnen führten zu zahlreichen Protesten. In den Eingaben wurde auch auf die „vermeintliche Besserstellung der weiblichen Post- und Eisenbahnbediensteten, Straßenbahnschaffnerinnen usw." verwiesen. Das Reichsluftfahrtministerium wies diese Argumentation als nicht stichhaltig zurück, da die diesen Personen zugestandene Dienstbekleidung eine tatsächliche Schutzbekleidung sei, die nur im Dienst getragen werde und die Ausstattung der Helferinnen mit Schutzbekleidung durch die Bereitstellung von Schutzkitteln und Schutzanzügen sichergestellt sei. (25)

Die einzigen Frauen innerhalb der Wehrmacht, die während des Einsatzes im Inland Uniform tragen durften, waren ab August 1943 die im Flakwaffendienst eingesetzten RAD-Maiden. Das Verordnungsblatt des RAD legte eindeutig fest: „Die eingesetzten weiblichen Angehörigen des RAD tragen die Trachten des Reichsarbeitsdienstes; die Luftwaffe stellt und unterhält die erforderliche Sonderausstattung (Schutzbekleidung, Gasmaske usw.)". (26) Die RAD-Stammlager wurden von Hierl aufgefordert, den Maiden „nur Stücke einwandfreier Beschaffenheit (nicht weniger als 3/5 Tragewert)" mitzugeben, damit möglichst wenig Instandsetzungen anfielen. (27) Die Führerinnen in den Einsatzdienststellen sollten bei den Appellen auf „die pflegliche Behandlung der Stücke" achten und ausreichend Putz- und Flickstunden ansetzen. Dann beginnen die Details:

„Instandsetzungen von Bekleidungs- und Ausrüstungsstücken, die durch die Arbeitsmaiden nicht selbst durchgeführt werden können, erfolgen durch die Dienststellen der Luftwaffe. Die für die

Instandsetzung benötigten Materialien – z.B. Sohlennägel – werden von der Luftwaffe geliefert. Für Selbstinstandsetzungen der B- und A-Stücke durch die Arbeitsmaiden sind Nähmittel und Zutaten im erforderlichen Umfange durch die Einsatzlager mitzuführen. Die reichsarbeitsdienstarteigenen Instandsetzungsmaterialien – Halbsohlen, Absatzflecke, Grundtuch, Flickstoff für Arbeitskleider usw. – werden durch die Bezirksverwalter der Einsatzbezirke des RADwJ zur Verfügung gestellt; auch den weiteren Bedarf an arteigenen Nähmitteln und Zutaten deckt der Bezirksverwalter des Einsatzbezirks. Die Seifen- und Waschmittelversorgung sowie die Wäschereinigung erfolgt durch die Luftwaffe. Einzelstücke der Kleinwäsche sind von den Arbeitsmaiden selbst zu waschen. Die zur Reinigung dieser Wäsche der Arbeitsmaiden erforderlichen Geräte werden je nach den örtlichen Möglichkeiten durch die Luftwaffe bereitgestellt und unterhalten.

Als Anhalt für die Ausstattung mit Wäschereigeräten kann dienen: 1 Waschkessel, 150 Liter, 2 Holzwannen zum Waschen, 2 Böcke für die Holzwanne, 2 Wäscheleinen, je 40 m, 500 Stück Wäscheklammern, 1 Waschkorb, 1 Bügeleisen, elektrisch, 1 Ärmelbügelbrett.''

Die Uniformfrage erhielt erneut Auftrieb bei der Schaffung des Wehrmachthelferinnenkorps zum 1.2.1945. Aus völkerrechtlichen Gründen glaubt man die Wehrmachthelferinnen einheitlich mit Uniformen ausstatten zu müssen. Disziplinarische Gründe kamen dazu. Dashalb entschied das Oberkommando der Wehrmacht am 4. März 1945, daß den Wehrmachthelferinnen unentgeldlich Dienstbekleidung auszuhändigen sei. Schutzbekleidung galt nicht als Dienstbekleidung.

Die Luftwaffe hatte den Erlaß gar nicht abgewartet. Die Dienstanweisung für die Wehrmachthelferinnen der Luftwaffe vom 3. Januar 1945 sah bereits ein 36teiliges Sortiment an Uniformstücken vor. Es reichte vom Büstenhalter bis zum Hüftgürtel und vom Schlafanzug bis zur Einheitsfeldmütze. Außerdem wurden den Helferinnen aus Truppenbeständen zugestanden: Mannschaftsdecken, Leibriemen mit Schloß, Stahlhelme mit Zubehör, Zeltbahnen, Übermäntel, Postenmäntel, Postenschuhe, Gehörschützer, Schutzbrillen, Rucksäcke, Brotbeutel, Kochgeschirr mit Riemen, Feldflasche mit Zubehör, Feldeßbesteck und Fettbüchse. Selbst die Ersatzstücke waren festgelegt, wenn das Ausstattungssoll nicht erfüllbar war. Statt der Einheitsfeldmütze durften den Wehrmachthelferinnen auch Tuchmützen. Einheitsfliegermützen oder Bergmützen ausgehändigt werden. Fehlte die Wolljacke, so kam dafür eine Schlupfjacke, khakibraun, in Frage. (29)

Über die Dienstgradabzeichen der Wehrmachtshelferinnen erging sogar noch am 16.4.1945 ein Befehl des Oberkommandos des Heeres. Er ist in seiner Genauigkeit wenige Tage vor dem Kriegsende derartig absurd, daß sich sein Abdruck lohnt. Schade daß er die meisten Wehrmachthelferinnen nicht mehr erreichte. Vielleicht wäre ihnen seine Lektüre in den Tagen des Chaos ein Trost gewesen.

,,Dienstgradabzeichen der Wehrmachthelferinnen

Die Dienstgradabzeichen bestehen aus 5 mm und 10 mm breiten und 8 cm langen Litzen lt. Zeichnung. Sie sind bei Heer und Luftwaffe aus Aluminium, bei der Kriegsmarine aus goldfarbenem Gespinst hergestellt.

Bei Führerinnen bildet die untere Litze eine kreisrunde Schlinge mit einem inneren Durchmesser von 1 cm.

Der Abstand zwischen den Litzen, soweit sie nicht ohne Abstand untereinander angebracht sind – siehe Skizze –, beträgt 5 mm.

An der Kostümjacke, Dienstbluse, am Mantel und an der Dienstschutzbekleidung sind die Dienstgradabzeichen am linken Unterarm anzubringen. Es tragen:

Helferinnen	keine Litze
Oberhelferinnen	1 Litze aus 5 mm Tresse
Haupthelferinnen	2 Litzen aus 5 mm Tresse
Truppführerinnen	1 Litze aus 10 mm Tresse

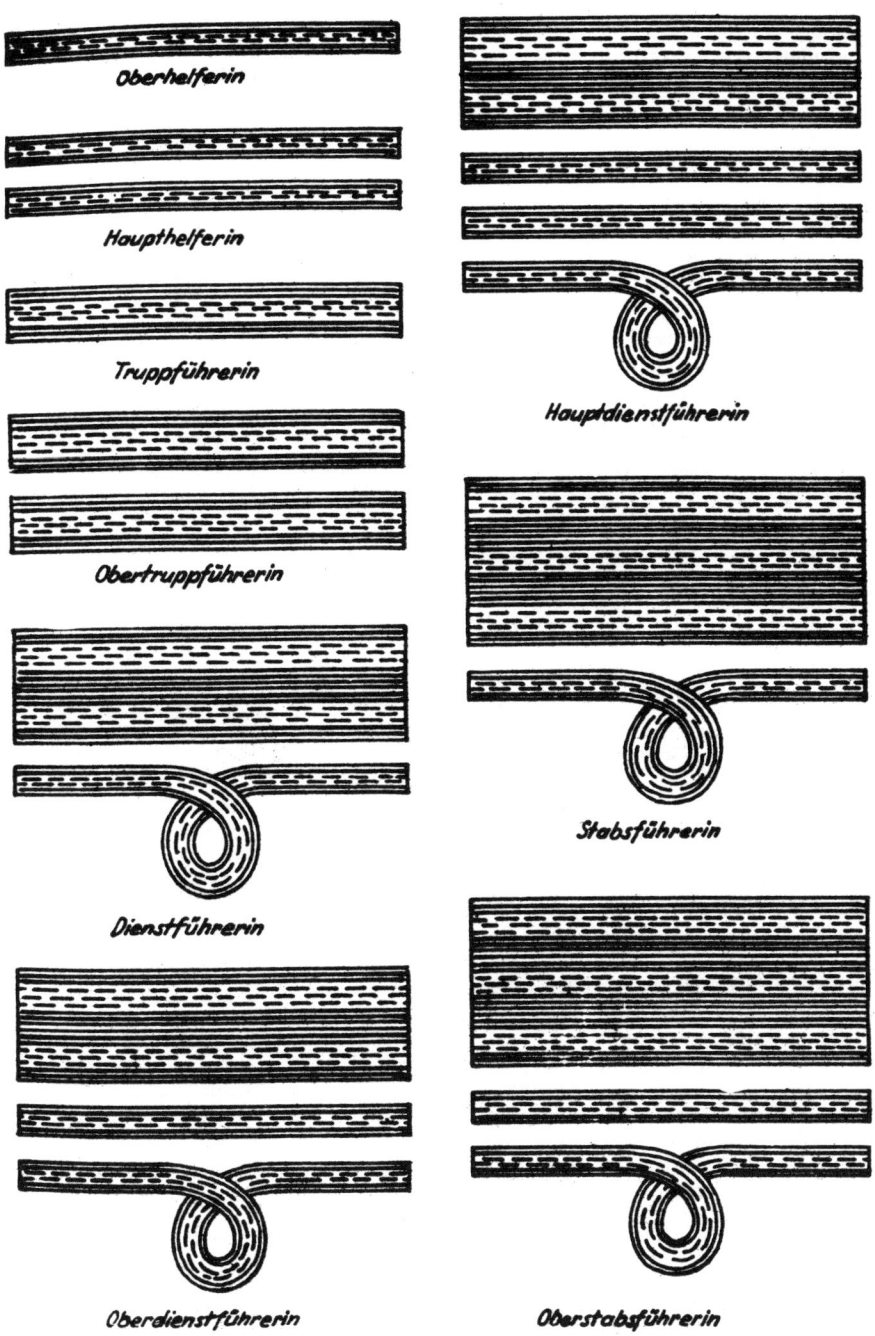

Dienstgradabzeichen der Wehrmachthelferinnen

133

Obertruppführerinnen	2 Litzen aus 10 mm Tresse
Dienstführerinnen	2 Litzen aus 10 mm Tresse
	1 Litze aus 5 mm Tresse u.m. Schlinge
Oberdienstführerinnen	2 Litzen aus 10 mm Tresse
	2 Litzen aus 5 mm Tresse und davon die
Hauptdienstführerinnen	2 Litzen aus 10 mm Tresse untere mit
	3 Litzen aus 5 mm Tresse Schlinge
Stabsführerinnen	3 Litzen aus 10 mm Tresse
	1 Litze aus 5 mm Tresse u.m. Schlinge
Oberstabsführerinnen	3 Litzen aus 10 mm Tresse
	2 Litzen aus 5 mm Tresse u. davon die untere mit Schlinge.

Die hauptamtlichen Führerinnen tragen als Krageneinfassung an der Kostümjacke, am Mantel und an der Dienstschutzbekleidung eine etwa 3 mm breite Schnur, an der Mütze bzw. Bergmütze um den oberen Rand einen Vorstoß aus der gleichen Schnur, und zwar Heer und Luftwaffe aus Aluminium, Kriegsmarine aus goldfarbenem Gespinst.

Die bisherigen Hoheitsabzeichen der Wehrmachtteile sind weiter zu verwenden.

Die Dienstgradabzeichen werden über dem Ärmelband getragen, und zwar der untere Rand des untersten Streifens 5 mm über dem oberen Rand des Ärmelbandes. Das Ärmelband ist am linken Unterarm 10 cm über dem unteren Rand des Ärmels beim Mantel mindestens 1 cm über dem Riegel zu tragen." (30)

Belegstellen

(1) Aussage Karin W. vom 4.1.1977; vgl. ObdH Nr. 8840/41 PA 2 Az. 14 vom 6.9.1941, Bundesarchiv/Militärarchiv H 20/2002
(2) Marineverordnungsblatt 1940, S. 481ff.
(3) Vgl. Deutsche Uniformen-Zeitschrift 3/1944, S. 2
(4) Kurt Gerhard Klietmann, Die deutsche Wehrmacht 1934 bis 1945, Heft 7, S. 2
(5) Der Reichsminister der Luftfahrt und Oberbefehlshaber der Luftwaffe, Chef NVW, Abt. 1/II B 3 Nr. 2668/41 (K) vom 29.12.1941, Bundesarchiv/Militärarchiv RL 2 III/447
(6) Luftwaffenverordnungsblatt 1941, S. 562
(7) Luftwaffenverordnungsblatt 1941, S. 560; Marineverordnungsblatt 1941, S. 627ff.
(8) Luftwaffenverordnungsblatt 1941, S. 561
(9) Vgl. Luftwaffenverordnungsblatt 1941, S. 561
(10) Luftwaffenverordnungsblatt 1941, S. 562
(11) Luftwaffenverordnungsblatt 1942, S. 371
(12) Deutsche Uniformen-Zeitschrift 7/1943
(13) Vgl. Heeresverordnungsblatt 1941, S. 92
(14) Dienstordnung für Nachrichtenhelferinnen des Heeres vom 1.4.1942, Bundesarchiv/Militärarchiv Arbeitsnummer 546
(15) Vgl. Edith Müller-Beeck, Mein kleines großes Tagebuch! – Aufzeichnungen einer Nachrichtenhelferin, Chemnitz-Berlin 1944, S. 53
(16) Edith Müller-Beeck, a.a.O., S. 31
(17) Führernotiz Nr. 5907, in: Gersdorff, a.a.O., S. 356
(18) OKW 26/27 2680/42 AWA/WV (IV) vom 22.6.1942, in: Gersdorff, a.a.O., S. 362
(19) Der Reichsminister der Luftfahrt und Oberbefehlshaber der Luftwaffe, Chef NVW, Az 11b 19 Abt. 1 II g Nr. 328/42 vom 10.4.1943, in: Gersdorff, a.a.O., S. 391
(20) OKW 26/27 3646/42 AWA/WV (IVa) vom 16.9.1942, Bundesarchiv/Militärarchiv RW 4/v. 499
(21) Heeresverordnungsblatt 1943, S. 23

(22) Ebenda
(23) Kurt Gerhard Klietmann, a.a.O., Heft 43, S. 2ff.
(24) Dienstordnung für Stabshelferinnen vom 25.8.1943, Bundesarchiv/Militärarchiv RL 36/227
(25) Der Reichsminister der Luftfahrt und Oberbefehlshaber der Luftwaffe, Chef NVW, Az. 11b 19 Abt. 1/II g Nr. 328/43 vom 10.4.1943, in: Gersdorff, a.a.O., S. 390
(26) VBl. RAD 1944 B Nr. 323
(27) Ebenda
(28) Ebenda
(29) Oberkommando der Luftwaffe Luftwaffenwehramt Az. B 23/45 (I 2/I A) vom 3.1.1945, Bundesarchiv/Militärarchiv RL 19/189
(30) OKH GenStdH Org.Abt.Nr. II/71863/45 geh. vom 16.4.1945, Bundesarchiv/Militärarchiv RH 19X/52

Strafrecht und Disziplin

Die Helferinnen der Wehrmachtsteile unterstanden dem Militärstrafgesetzbuch und der Wehrmachtsdisziplinarstrafordnung. Nach § 1 Abs. 1 WDStO war das gesamte Gefolge den Disziplinarbestimmungen der Wehrmacht unterworfen. Als Disziplinarübertretungen galten alle „Verstöße gegen die militärische Zucht und Ordnung, die unter kein Strafgesetz fallen". (1) § 5 WDStO sah folgende Disziplinarstrafen für Angehörige des Wehrmachtsgefolges vor: Verweis, strenger Verweis, Soldverwaltung, Ausgehbeschränkung, Arrest, Dienstgradherabsetzung, Geldstrafe.

Disziplinarstrafen wurden bei folgenden Pflichtverletzungen verhängt:

1. Verstöße gegen die Gehorsamspflicht: Die Helferinnen sollten die ihnen übertragenen Obliegenheiten gewissenhaft wahrnehmen, die Anordnungen des Dienststellenleiters oder seines Vertreters sowie der übergeordneten militärischen Stellen befolgen.
2. Verstöße gegen die Schweigepflicht: Die Helferinnen durften über die ihnen durch dienstliche Tätigkeit bekannt gewordenen Angelegenheiten gegenüber niemandem sprechen. Vom Dienststellenleiter waren sie darüber dauernd zu belehren. Jede Belehrung mußte schriftlich bestätigt werden.
3. Verstöße gegen die Dienstordnung: Die Helferinnen durften den Dienst nur fernbleiben, wenn sie die Erlaubnis vorher bekommen hatten. Jeder Dienststellenleiter konnte bis zur Dauer von 3 Tagen Dienstbefreiung unter Fortzahlung der Vergütung aussprechen.
4. Schlechtes außerdienstliches Verhalten: „Die Nachrichtenhelferinnen haben sich auch außerdienstlich des Ansehens und des Vertrauens würdig zu erweisen, die ihrer Stellung und ihrer Dienstkleidung entsprechen." (2)

Gegen die Helferinnen des Heeres, der Luftwaffe und der Kriegsmarine wurden im einzelnen folgende disziplinare Maßnahmen verhängt:

a) Ausgehbeschränkung bis zu 3 Tagen
b) Verwarnung
c) Verweis
d) Geldbuße bis zur Höhe von 1/6 der Barvergütung
e) Ausgehbeschränkung von 4–7 Tagen.

Bei Verletzungen der Dienstverschwiegenheit mußten die Helferinnen außerdem eine Bestrafung nach §§ 88 ff. des Reichsstrafgesetzbuches sowie nach § 92 des Militärstrafgesetzbuches gewärtigen. Die Führerinnen durften als einzige Maßnahme Ausgehbeschränkungen bis zu 3 Tagen aussprechen. Für alle anderen Maßregelungen war der Dienststellenleiter zuständig. Er hatte die zuständige Führerin bei der Strafmaßfestlegung jedoch hinzuzuziehen. Vor der Verhängung der Disziplinarstrafe war der Helferin Gelegenheit zur Rechtfertigung zu geben.

Bei der disziplinaren Bestrafung von Frauen im Wehrmachtsgefolge waren für die Feststellung von Strafart und Strafmaß gleichzusetzen: Bei der Luftwaffe und bei der Kriegsmarine Helferinnen mit einer Dienstzeit unter 2 Jahren wie Mannschaften; Helferinnen mit einer Dienstzeit von mindestens 2 Jahren sowie Aufsichtshelferinnen und Betriebsgruppenunterführerinnen wie Unteroffiziere ohne Portepee; Kameradschaftsführerinnen wie Unteroffiziere mit Portepee. (3) Beim Heer waren Nachrichtenhelferinnen und Oberhelferinnen wie Mannschaften zu behandeln, Nachrichtenunterführerinnen wie Unteroffiziere ohne Portepee, Nachrichtenunterführerinnen als Führeranwärterinnen wie Unteroffiziere mit Portepee und Nachrichtenführerinnen wie Offiziere. (4)

Gegen die verhängten disziplinaren Maßnahmen stand den Helferinnen die Beschwerde innerhalb von 7 Tagen zu: über die Führerin beim Dienststellenleiter, über den Dienststellenleiter bei der nächsthöheren Dienststelle. Die Beschwerde hatte aufschiebende Wirkung. Die Entscheidung der angerufenen Dienststelle war dann jedoch endgültig.

Bei den Dienststellen wurden Listen über die verhängten Strafen bzw. Strafbücher geführt. Wechselte eine Helferin die Dienststelle, so mußten die Strafen der neuen Dienststelle mitgeteilt werden.

Die höheren Disziplinarvorgesetzten waren beauftragt, die Ausübung der militärischen Disziplinarstrafgewalt über die Helferinnen zu überwachen. Insbesondere sollten sie im Einzelfall prüfen, „was militärisch notwendig und sinnvoll erscheint" unter Berücksichtigung der Tatsache, daß die Vorschriften auf Soldaten zugeschnitten waren. (5) Bei Pflichtverletzungen, gegen die die vorgesehenen disziplinaren Maßnahmen nicht ausreichten, konnte die Lösung des Dienstverhältnisses beim Oberkommando der Wehrmachtsteile beantragt und von dort die fristlose Entlassung verfügt werden. (6) Die Rückführung zur Heimatdienststelle und die Entlassung schlossen jede weitere Verwendung der Helferin aus. (7)

Im Wehrmachthelferinnenkorps ab Februar 1945 war das Allgemeine Wehrmachtsamt im OKW für die „Schutzbestimmungen der weiblichen Hilfskräfte" zuständig. (8) Im Oberkommando des Heeres wurden die Rechts- und Schutzbestimmungen der Wehrmachthelferinnen des Heeres von der Organisationsabteilung des Generalstabs bearbeitet (9) und bei der Luftwaffe von der Arbeitsgruppe I des Luftwaffenwehramtes. (10) Zu den bisher in den Wehrmachtsteilen üblichen Disziplinarstrafen traten Stuben- bzw. Unterkunftsarrest bis zu 4 Wochen und gelinder Arrest bis zu 4 Wochen. Geschärfter Arrest war gemäß § 10 Abs. 5 WDStO bei Frauen unzulässig. Insgesamt war bei der Verhängung von Disziplinarstrafen „das Ansehen der deutschen Frau zu wahren und auf die fraulichen Belange Rücksicht zu nehmen". (11)

Die Freiheitsstrafen wurden nach den Bestimmungen der Strafvollzugsvorschrift vollzogen. Demnach war der einfache Stubenarrest in der Wohnung, d.h. in allen der Helferin zu Wohnzwecken zugewiesenen Räumen (Schlafzimmer, Tagesaufenthaltsraum, Speiseraum), zu vollziehen. Die Bestrafte durfte diese Räume während des Vollzugs nicht verlassen und mit Ausnahme des Arztes keine Besucher empfangen. Wenn Wohnungen mit anderen Helferinnen gemeinsam gewohnt wurden, durfte der Verkehr mit diesen fortgesetzt werden.

Beim Unterkunfts- oder Quartierarrest konnte die Bestrafte zum Dienst herangezogen werden. Sie durfte die Unterkunft bzw. das Quartier mit den dazugehörigen Hofräumen und Gärten jedoch nicht verlassen.

Der gelinde Arrest wurde in Zellenhaft vollzogen. Wenn ein geeigneter Arrestraum fehlte, so war Behelfsvollzug zulässig und ein entsprechender Raum im Frauenwohnheim hierfür einzurichten. Im Reichsgebiet wurden Nachrichtenhelferinnen des Heeres, die eine Strafe von mehr als 14 Tagen gelinden Arrest zugeteilt bekamen, zur Strafverbüßung an die Nachrichtenschule in Gießen „versetzt". (12)

Neben Arreststrafen durfte gegen die Helferinnen auch eine Geldstrafe als Hauptstrafe oder als Nebenstrafe verhängt werden. Dabei war die Vermögenslage zu berücksichtigen und der Höchstbetrg auf 150 RM festgelegt. Maximal durfte monatlich nicht mehr als 1/4 der Bezüge einbehalten werden. (13)

Nach den neuen Dienstgraden, die bei der Aufstellung des Wehrmachthelferinnenkorps eingeführt wurden, waren bei der Ahndung von Disziplinarüberschreitungen nach der WDStO gleichzustellen: Helferinnen, Oberhelferinnen und Haupthelferinnen mit

Mannschaften, Truppenführerinnen mit Unteroffizieren ohne Portepee, Obertruppenführerinnen mit Unteroffizieren mit Portepee, Führerinnen, Oberführerinnen mit Offizieren im Leutnants- bis Hauptmannsrang, Stabsführerinnen, Oberstabsführerinnen und Oberfeldführerinnen mit Stabsoffizieren.

Was Verstöße gegen das Militärstrafrecht angeht, war man sich bewußt, daß das Gesetz für Soldaten zugeschnitten war. Bei der Anwendung seiner Bestimmungen auf Angehörige des weiblichen Gefolges sollte deshalb im Einzelfall geprüft werden, ob das den militärischen Bedürfnissen entsprach. Als schutzwürdige Belange galten Einsatzbereitschaft, Manneszucht, Sicherheit von Schiff und Besatzung, Vertrauen zur Führung und Geheimhaltung, nicht dagegen äußere militärische Formen. Die Tatsache, daß die Angehörigen des Gefolges nicht Soldaten waren, war auch bei Art und Maß der zu verhängenden Strafe zu berücksichtigen. (14)

Für Kriegsstrafverfahren gegen Wehrmachthelferinnen sollten gesonderte Anordnungen ergehen. Sie wurden vor Kriegsende nicht mehr erlassen. Alle Wehrmachtsteile verlangten, als Beisitzerin bei den Verhandlungen der Kriegsgerichte gegen Wehrmachthelferinnen eine Wehrmachthelferin der gleichen Dienstgradgruppe wie die Angeklagte beizuziehen. (15)

Die kriegshilfsdienstpflichtigen RAD-Maiden, die in den Wehrmachtsteilen Dienst taten, unterlagen, solange sie das Abzeichen des RAD trugen, der Dienststrafordnung für die weiblichen Angehörigen des Reichsarbeitsdienstes. Die Disziplinarbefugnisse der Einsatzstellenleiter entsprechend den in ihren Dienststellen geltenden Dienstordnungen wurden hiervon nicht berührt. Die RAD-Führerinnen in den Unterkunftgruppen hatten lediglich die Befugnis, einfachen Verweis und strengen Verweis gegenüber den zu ihrer Unterkunftgruppe gehörenden Kriegshilfsdienstverpflichteten zu verhängen. Jungführerinnen hatten überhaupt keine Dienststrafbefugnis. Dienststrafbefugnisse größeren Umfanges hatten die Leiterinnen der beaufsichtigenden Dienststellen gegenüber allen ihrer Dienstaufsicht unterstellten Maiden. Die Bezirksführerin konnte z.B. entscheiden, ob eine Kriegshilfsdienstverpflichtete in den RAD zurückgerufen wurde. Sie wurde auf Antrag des Leiters der Einsatzstelle tätig, wenn die Kriegshilfsdienstmaid für die ihr übertragenen Aufgaben ungeeignet war, oder auf Antrag der beaufsichtigenden Dienststelle, wenn die Einsatzstelle ihre Verpflichtungen gegenüber den KHD-Maiden nicht erfüllte oder wenn das Verhalten der Kriegshilfsdienstverpflichteten die Zurückrufung notwendig machte. Auch bei längeren Erkrankungen hatte sie über die Rückführung zu entscheiden. (16) Bei Entlassungen von kriegshilfsdienstpflichtigen RAD-Maiden war die Wehrkreisverwaltung der Gesprächspartner der Bezirksführerin. (17)

Die „Kriminalität" der Helferinnen zeigte während des Krieges einige Besonderheiten. Das häufigste Delikt waren wie bei den Soldaten Kameradendiebstähle. Aber diese Vergehen waren anders zu werten als gewöhnliche Diebstähle. Sie entsprangen z.B. oft einer übertriebenen Putzsucht oder dem Bestreben, Männern zu gefallen: Ketten, Strümpfe, Kleidungsstücke wurden zuerst ausgeliehen und dann ungefragt aus dem Schrank der Kameradin genommen. Dabei hatten die betroffenen Frauen nicht einmal ein schlechtes Gewissen. Sie hatten die Sachen „nur gepumpt", vergessen sie zurückzugeben und sich „überhaupt nichts dabei gedacht". In manchen Fällen klärten sich vermutete Diebstähle als einfache Schlampereien.

Das zweite besonders zu wertende Delikt bei den Helferinnen war die Verletzung des Briefgeheimnisses. In vielen Fällen erkannte eine Helferin auf dem Umschlag eines an die Kameradin gerichteten Briefes die Schrift oder den Absender eines Mannes, den sie ebenfalls kannte. Manche konnten der Versuchung nicht widerstehen, den Brief zu öffnen.

Als drittes geschlechtsspezifisches Delikt fiel die Unwahrhaftigkeit vieler Helferinnen auf. Von den Wehrmachtspsychologen wurden die Dienststellenleiter darauf aufmerksam gemacht, daß die „Wahrheitsliebe der Helferinnen . . . vielfach geringer ausgeprägt (ist) als beim Soldaten. Infolge ihrer lebhaften Phantasietätigkeit und der Neigung zu Extremen finden sich Aufschneidereien und Übertreibungen bei ihnen sehr viel häufiger. Oft gehen Lüge und Phantasie fließend ineinander über." (18) Trotzdem waren die männlichen Offiziere recht unbeholfen gegenüber den Lügen der Frauen ebenso wie gegenüber ihren Verstellungskünsten. Gerichtsoffiziere berichteten, daß sich Helferinnen raffinierter verteidigten als Männer, daß sie nicht so leicht zu überführen waren und Taten erst zugaben, wenn sie eindeutig überführt waren. Von Tränen machten sie unbefangen Gebrauch. Männer überschätzten solche Gefühlsausbrüche im allgemeinen und ließen sich beeindrucken. In Wirklichkeit erwiesen sich die Stimmungslagen der Frauen nicht von Dauer und gingen nicht sehr tief.

Befehlsverweigerungen erklärten die Psychologen mit der ausgesprochen personen- und gefühlsbetonten Denkungsweise der Helferinnen. Während Soldaten im Vorgesetzten in erster Linie die Schulterstücke, die Uniform sähen, werte die Frau im Offizier mehr den Mann, der in der Uniform stecke. Der Dienstrang spiele bei ihnen eine geringere Rolle. Dementsprechend hätten die Helferinnen für das für den Soldaten selbstverständliche Unterordnungsverhältnis nicht das gleiche Empfinden. Frauen seien „viel mehr zur inneren Auflehnung bereit". Der Widerstand gegen Befehle äußere sich oft in Formen, die bei Soldaten unbekannt seien: „Die Frauen legen sich unter irgendwelchen Vorwänden ins Bett (Flucht in die Krankheit), maulen, fangen an zu weinen, werden verstockt, bockig, störrisch oder reagieren gar, wenn sie sonst gar keinen Ausweg finden, in hysterischer Art und Weise". (19) Um direkte oder indirekte Befehlsverweigerungen zu vermeiden, wurde den Dienststellenleitern nahegelegt, „ihre Befehle auch verständis- und gefühlsmäßig nahezubringen". Bei Nachlässigkeiten im Fernsprech- oder Funkverkehr sollten sie den Helferinnen klarmachen, daß von der Genauigkeit der Durchgabe oft das Leben von Soldaten oder Volksgenossen abhänge. Emotionale Beispiele seien für Frauen einprägsamer als abstrakte Ermahnungen. Hinweise darauf, daß die verspätete Durchgabe einer Startzeit den Abschuß einer eigenen Maschine und den Tod des Piloten zur Folge hatte, daß die Ungenauigkeit bei Gerätewerten verhinderte, daß die eigenen Jäger auf die feindlichen Bomber stießen usw., seien wirkungsvoller als Strafen.

Den Dienststellen wurde empfohlen, die Strafen für Helferinnen am Anfang nicht zu hoch anzusetzen. Dienstverrichtungen außer der Reihe wie Küchendienst, Kartoffelschälen, Reinigen der Wasch- und Aborträume usw. genügten für den Beginn. Auch Ausgangssperren würden „meist sehr schmerzlich empfunden". Zu Arreststrafen über 3 Tagen sollte man nur bei unerziehbaren Dienstunwilligen greifen. Von durchschlagender Überzeugungskraft war der folgende Satz: „Im übrigen wird man mit Arreststrafen von Helferinnen zurückhaltend sein, man kann nicht jede Frau einsperren". (20)

Bei den im Ausland eingesetzten Wehrmachthelferinnen konnte von der Möglichkeit Gebrauch gemacht werden, sie in die Heimat zurückzuversetzen. Diese Strafe sollte insbesondere Frauen treffen, „deren Verhalten geeignet ist, das Ansehen der deutschen Frau zu schädigen oder die sich in die Gemeinschaftsordnung, die in den Gebieten außerhalb der Reichsgrenze nun einmal notwendig ist, nicht einfügen wollen". In solchen Fällen sollten einsatzmäßige Argumente zurückgestellt werden. Den Dienststellen wurde Ersatz zugesagt. (21)

Im Gegensatz zur Auffassung der Militärpsychologen und -juristen hatten Bedenken gegen eine Ausdehnung des Geltungsbereiches des Militärstrafgesetzes auf Zivilpersonen nach nationalsozialistischer Anschauung im Krieg zurückzustehen hinter der Forderung, „daß zum Sieg alle erforderlichen Hilfskräfte mobilisiert werden müssen". Deshalb dürften die Gefolgschaftsmitglieder der Wehrmacht nicht geschont werden, nur weil sie Frauen seien. Gegen Ende des Zweiten Weltkrieges erhielt die Wehrmachtsjustiz die Mittel in die Hand, alle zu bestrafen, die die Disziplin und damit die Einsatzbereitschaft gefährdeten. Ohne daß die Militärstrafgesetze im einzelnen geändert werden mußten, erfaßten sie einen immer größeren Teil der Zivilbevölkerung, weil immer mehr Männer und Frauen ins Gefolge der Wehrmacht einbezogen wurden. (22)

Belegstellen

(1) § 2 WDStO
(2) Heeresverordnungsblatt B 1941, S. 92–95
(3) Marineverordnungsblatt 1940, S. 920, Luftwaffenverordnungsblatt 1942, S. 1733
(4) Heeresverordnungsblatt B 1941, S. 517
(5) Heeresverordnungsblatt B 1940, S. 384
(6) Heeresverordnungsblatt B 1941, S. 92
(7) OKH 26/27 V A/Ag V I/V 8/I II 1979/42 vom 27.2.1942, Bundesarchiv/Militärarchiv RH 55/v. 94
(8) OKW Nr. 428/45 vom 25.1.1945, Bundesarchiv/Militärarchiv RL 2 III/18
(9) OKH GenStdH Org. Abt. Nr. II/39917/44 geh. vom 22.1.1945, Bundesarchiv/Militärarchiv RL 2 III/18
(10) OKL Nr. 4271/42 vom 27.1.1945, Bundesarchiv/Militärarchiv RL 2 III/18
(11) OKH GenStdH Org. Abt. Nr. II/71863/45 vom 16.4.1945, Bundesarchiv/Militärarchiv RH 19 X/52
(12) Dienstordnung für Nachrichtenhelferinnen des Heeres vom 1.4.1942, Bundesarchiv/Militärarchiv 546
(13) OKL Luftwaffenwehramt Az. 12 D 23/45 v. 3.1.1945, Bundesarchiv/Militärarchiv RL 19/189; vgl. auch OKW 14–7439/44 A W A/Ag W V 2 (IIb) vom 15.5.1944, Bundesarchiv/Militärarchiv RW 5/v. 300
(14) Marineverordnungsblatt 1940, S. 177
(15) OKH Nr. II/71863/45 vom 16.4.1945, Bundesarchiv/Militärarchiv RH 19 X/52
(16) Anweisung zur Durchführung des Führererlasses über den weiteren Kriegseinsatz des Reichsarbeitsdienstes für die weibliche Jugend, Bundesarchiv/Militärarchiv RH 55/v. 94; vgl. auch Verordnung über den Luftwaffeneinsatz des RADwJ vom 28.11.1944, RGBl. I, S. 332
(17) OKH B 26/27 V A/Ag V I/V 8/I II 10301/41 vom 16.10.1941, Bundesarchiv/Militärarchiv RH 50/v. 94
(18) Driest, Die Frau in der Wehrmacht, Manuskript, Bundesarchiv/Militärarchiv MSg/v. 177
(19) Driest, a.a.O., S. 4
(20) Driest, a.a.O., S. 6
(21) OKW 2680/42 vom 22.6.1943, Bundesarchiv/Militärarchiv NS 6/v. 338
(22) Irene Resch, Die Stellung der Frau im neuen deutschen Wehrrecht, Marburger Dissertation 1940, S. 25

Der gute Ruf

Die Begegnung der Geschlechter vollzog sich in der Generation der Heranwachsenden der damaligen Zeit weniger entkrampft als heute. Die nationalsozialistischen Organisationen waren grundsätzlich nach Geschlecht getrennt. Erst die Zwänge des Krieges führten Männer und Frauen in einem vorher nie gekannten Ausmaß zusammen, und zwar am Arbeitsplatz. In der zivilen Wirtschaft schützte das nationalsozialistische Bild der „deutschen Frau und Mutter" im großen und ganzen die weiblichen Arbeitskräfte vor Anzüglichkeiten und Belästigungen. Ganz unproblematisch war der Einsatz am Heimatort, wo die sozialen Bezüge unverändert weiter bestanden. Weniger Schutz hatten die Mädchen, die als Unverheiratete zur Wehrmacht kamen und den Rückhalt der Familie und den häuslichen Schutz von einem Tag zum anderen verloren. Sie drangen in Männergesellschaften ein, deren rauher Ton sie schockierte und deren Unentrinnbarkeit Hemmungen abzubauen in der Lage war. Mehr als die Sorge um das Ansehen und die Kampfkraft der Wehrmacht war es die Bekümmerung um den Ruf der Helferinnen, die von der Wehrmachtführung Maßnahmen verlangte.

„Offiziersmatratzen", „Soldatenflittchen" oder „Blitzhuren" waren geflügelte Bezeichnungen der Bevölkerung für die Helferinnen. Der Kampf gegen solche Verunglimpfungen wurde von der Wehrmacht auf fünf verschiedenen Ebenen geführt:

Zum einen behauptete man, diese Schimpfwörter würden von den Juden oder vom Feind verbreitet, um „den guten Ruf der Frauen und Mädel im Dienst der deutschen Wehrmacht zu ruinieren". Die Mitteilungen für die Truppe, die als Unterlage für Kompaniebesprechungen dienten, führten im Juli 1944 dazu aus:

„Es ist unbedingt notwendig, daß jeder Soldat weiß, was der Feind auf diesem Gebiet tut. Viele seiner Agenten sind Juden. Der Jude aber hat stets auf dem Gebiet der persönlichen Verunglimpfung ein besonders hohes Maß an Gerissenheit und Skrupellosigkeit bewiesen. Alle feindliche Agitation rechnet damit, dumme und gedankenlose Menschen zu finden, welche die Gerüchte aufgreifen, die der Feind in die Welt setzt, und sie weiter verbreiten, ohne sich klar zu werden, aus welcher vergifteten Quelle sie stammen". (1)

Die zweite Maßnahme zur Entkräftung der umlaufenden Gerüchte über die sittliche Haltlosigkeit der Helferinnen wurde mit dem Argument geführt, bei den wenigen negativen Beispielen handele es sich um Ausnahmen. „Daß unter Tausenden von Helferinnen auch die eine oder andere ist, die nicht auf sich hält, ist ebenso sicher wie die Tatsache, daß auch unter den Soldaten wie auch unter Menschen Versager vorkommen". (2)

Zum dritten wurde das Verhalten der Helferinnen – besonders der im Ausland – durch zahlreiche Vorschriften gesteuert, deren Einhaltung man erwartete. Fehlverhalten war mit Sanktionen belegt. Der Militärbefehlshaber in Frankreich hatte das Benehmen der Helferinnen z.B. bereits Mitte 1941 zu rügen:

„Von jeder deutschen Angestellten wird erwartet, daß sie insbesondere in der Öffentlichkeit alles vermeidet, was dem Ansehen der Deutschen im besetzten Frankreich irgendwie abträglich sein könnte. Dazu gehört auch der Besuch von Gaststätten über Mitternacht hinaus. Gelage, Alkoholmißbrauch sind verboten, desgleichen lautes Benehmen und Einhaken auf der Straße. Die Benutzung von Wehrmachtkraftwagen durch weibliche Angestellte ist außer bei Dienstfahrten nur auf folgende Ausnahmefälle beschränkt: Erkrankungen, Fahrten zur und von der Bahn bei Versetzungen und Heimaturlaub (soweit nicht öffentliche Verkehrsmittel benutzt werden können) . . . Beim Besuch öffentlicher Schwimmanstalten wird von jeder Angestellten die erforderliche Zurückhaltung im Umgang mit der Bevölkerung erwartet. Dort, wo Deutschen besondere Gelegenheiten zum Schwimmen zur Verfügung stehen, ist der Besuch der den Franzosen vorbehaltenen Schwimmanstalten untersagt." (3)

Die Heimordnungen der Frauenwohnheime im Ausland verboten Nachturlaub über 23 Uhr hinaus. Alle Gäste mußten der Heimleiterin gemeldet werden. Männliche Besucher durften sich nur in den Gemeinschaftsräumen aufhalten, während weiblichen auch der Besuch der Wohnräume der Heiminsassinnen gestattet war. Es war verboten, männliche Gäste in den Unterkünften übernachten zu lassen. (4)

Für die Führung und das Verhalten in und außer Dienst machte die Dienstordnung den Nachrichtenhelferinnen des Heeres folgende Vorschriften:

„Das Rauchen ist in der Öffentlichkeit sowie in den Dienst- und Schlafräumen verboten. Der Genuß von Alkohol mit Ausnahme landesüblicher, leichter Getränke ist nicht statthaft.

Das Tanzen in öffentlichen Lokalen ist in Uniform verboten. Im geschlossenen Kreis kann von der zuständigen Führerin das Tanzen erlaubt werden. Hierbei kann sie den Genuß von Alkohol verbieten.

Auffällige Nagelpflege (z.B. das Lackieren der Fingernägel mit Farbe), das Anmalen der Lippen und das Schminken passen nicht zur Dienstkleidung und sind verboten. Das übermäßige Anlegen von Schmuck sowie das Tragen von Armbändern und Ohrringen ist verboten.

Die Haartracht ist der schlichten, einfachen Art der Dienstkleidung anzupassen.

Für den Bereich jedes Standortes, an welchem NH untergebracht sind, ist nur der Besuch bestimmter öffentlicher Lokale, Erholungsstätten, Lichtspielhäuser, Theater usw. zu gestatten, welche in der Unterkunft durch Aushang bekanntzugeben sind. Der Besuch aller anderen Lokale ist ausdrücklich Führerinnen und Helferinnen zu verbieten." (5)

Ohne Zustimmung des Dienststellenleiters durften in den Unterkünften keine Feiern abgehalten werden. Ohne Erlaubnis des Dienststellenleiters konnten die Helferinnen auch nicht zu Kameradschaftsabenden anderer Einheiten gehen. Einladungen an einzelne Helferinnen durften überhaupt nicht genehmigt werden. Keine Veranstaltung durfte über 24.00 Uhr hinaus dauern. (6)

Alle „unsauberen Elemente, sexuell haltlose, diebische, hysterische, trunksüchtige Helferinnen", Frauen, die Schundliteratur lasen und Schmutzschriften verbreiteten, wurden entlassen (7) oder ins Reichsgebiet zurückgeführt. (8) Das entsprach den Weisungen des Oberkommandos der Wehrmacht: „Frauen, deren Haltung geeignet ist, das Ansehen der deutschen Frau zu schädigen oder die sich in die Gemeinschaftsordnung, die in den Gebieten außerhalb der Reichsgrenze nun einmal notwendig ist, nicht einfügen wollen, sind unverzüglich in die Heimat zurückzuversetzen." (9)

Die vierte Aktion gegen die Verleumdungen über die Helferinnen bestand darin, die erotischen Beziehungen der Helferinnen zu den Soldaten und umgekehrt unter Kontrolle zu halten. Auf die getrennte Unterbringung der weiblichen Gefolgschaftsmitglieder einerseits und Offizieren, Beamten und Soldaten andererseits wurde Wert gelegt. (10) Das Duzen von Helferinnen und Soldaten, die dienstlich miteinander zu tun hatten, war grundsätzlich verboten. (11) Um Liebschaften innerhalb der Einheiten zu unterbinden und um die beiden Geschlechter innerhalb der Horste so wenig wie möglich miteinander in Berührung kommen zu lassen, gab es in der Luftwaffe Befehle, daß Soldaten und Helferinnen getrennt zu essen hätten und im Umkreis von 500 m um den Horst jedes gemeinsame außerdienstliche Zusammensein, Herumstehen und Herumgehen untersagt sei. Da es sich aber nicht vermeiden ließ, daß innerhalb der gleichen Einheit arbeitende Menschen Zuneigung zueinander faßten, wurde den Offizieren folgende Methode empfohlen: Hat ein Soldat die ernste Absicht, eine Helferin zu heiraten, so kann er das dem Einheitsführer mitteilen. Dieser wird bei der nächsten Gelegenheit einen von beiden in eine Nachbarstellung versetzen, jedoch nicht zu weit weg, sonst würde sich niemand mehr an ihn wenden. Von da an steht das Verhältnis unter seinem Schutz. Er wird dann auch dafür sorgen, daß die beiden zur selben Zeit Urlaub erhalten. Das gegenseitige Kennenlernen von Menschen, die für das Leben zueinander passen, solle ja nicht verhindert, sondern gefördert werden. (12) Vertraulichkeiten zwischen Vorgesetzten und Helferinnen waren verboten. „Es darf nicht vorkommen, daß sich ein Leutnant von einer Helferin die Strümpfe stopfen läßt oder die Unterschriften ans Bett bringen läßt." (13)

Die Unterkünfte der Helferinnen durften von Offizieren nur in Begleitung der Heimleiterin bzw. der Kameradschaftsführerin besichtigt werden. Um zu verhindern, „daß beim Eintritt peinliche Situationen entstehen", sollten Stubendurchgänge vorher angesagt werden. (14)

Nicht zuletzt versuchte man auf die Soldaten einzuwirken. Man appellierte an ihr Verantwortungsgefühl und ihre Ritterlichkeit gegenüber den Helferinnen, die ja Verlobte und Frauen von Kameraden sein könnten. Man stellte sie vor die Frage, welche Art von Frau sie sich selbst für die spätere Ehewahl wünschten und gab ihnen zu bedenken, „daß sie in den Helferinnen die Trägerinnen der kommenden Generation vor sich haben". (15) Man argumentierte:

„Jede deutsche Frau und jedes deutsche Mädel im Dienste der Wehrmacht muß unter dem ritterlichen Schutz jedes deutschen Soldaten stehen! Je sauberer wir in unseren Gesprächen von diesen weiblichen Wesen, wie überhaupt von den Frauen und Mädchen unseres Volkes sprechen, um so besser für sie und uns. Je ritterlicher und verantwortungsvoller wir in jedem einzelnen Falle gegenüber den Helferinnen handeln, um so mehr umgeben wir sie mit einem Schutzwall für ihr Leben. Es ist auch manches junge Ding darunter, das seine Eltern sicherlich mit einigen Sorgen von zu Hause fortgehen ließen, weil es in seiner Unerfahrenheit gegen Versuchungen mancherlei Art noch nicht unbedingt gewappnet ist. Ein übler Kerl ist, wer einen solchen Tatbestand ausnutzt.

Was würden wir von einem Kameraden sagen, der daheim unsere Frau auch nur mit dreisten Blicken, geschweige mit einem zynischen Wort zu belästigen wagte? Wir würden es ablehnen, ihn noch unseren Kameraden zu nennen, und würden ihn mit gröbsten Worten und energischer Tat in die Schranken weisen. Viele von uns haben erwachsene Töchter, die im Dienst der Wehrmacht stehen. Denken wir bei jeder Helferin, die uns begegnet, daran, sie so zu behandeln, wie wir uns wünschen, daß unser Kind von anderen Soldaten behandelt werde!

Es gibt bekanntlich Männer, die über das Thema Frau nur mit dreckigen Worten zu reden sich angewöhnt haben. Mancher meint, es tue seiner Manneswürde Abbruch, wenn er solchen blöden Gesellen in die Parade fährt. In Wirklichkeit wird jeder erleben, daß ein ritterliches und klares Wort: „Lassen Sie das!" – „Ich verbitte mir das!" Wunder wirkt und der Schwätzer sofort Leine zieht.

Der Schutz unserer guten Kameradinnen, der Helferinnen in der deutschen Wehrmacht, durch unsere Gedanken, Worte und Handlungen gehört auch mit zum deutschen Sieg. Je sauberer die deutschen Menschen einst aus dem Kriege heimkehren, um so glücklicher wird ihr Familienleben sein, um so fröhlicher werden ihre Kinder ausschauen. Und das ist ja doch das Ziel, wofür wir kämpfen!" (16)

Von den Soldaten wurde erwartet, daß sie einen gegenseitigen kameradschaftlichen Gruß mit den Helferinnen in einer Form wechselten, „in der die Achtung vor der deutschen Frau zum Ausdruck gebracht wird". (17) Bei den üblichen Belehrungen vor Urlaubsreisen und Transporten wurden sie „auch auf die notwendige Rücksichtnahme auf die im Kriegseinsatz stehenden Frauen" hingewiesen. Die Verordnung besagte: „Verstöße hiergegen sind eines Wehrmachtangehörigen unwürdig und daher zu ahnden". (18) Auf diese Weise sollte in der Öffentlichkeit der Eindruck eines korrekten Verhältnisses zwischen Wehrmachtsangehörigen und Helferinnen erzeugt werden.

Da man wußte, daß die Haltung der Männer von den Frauen mitbestimmt wurde, versuchte man auch das Verhalten der Helferinnen zu beeinflussen. Die Kameradschaftsführerinnen wurden angewiesen, ihren Helferinnen folgendes deutlich zu machen: „Merkt der Landser, daß er mit irgendwelchen Redensarten und Anspielungen keine Resonanz findet, gehen die Mädels nicht darauf ein, so wird er diese Haltung so gut wie immer respektieren." Jeder Einheitsführer mit weiblichem Gefolge hatte den Auftrag, „den Helferinnen das Ideal der deutschen Frau immer wieder lebendig nahezubringen". „Er soll die Frau stolzer, gefestigter und innerlich gereifter abgeben, als er sie bekommen hat." (19) Gegenüber gemeinsamen Veranstaltungen von Helferinnen und Soldaten war man reserviert. Den Einheitsführern wurde nahegelegt, sich das Programm von Kameradschaftsabenden vorher vorlegen zu lassen und ungeeignete Vorträge und Ansprachen zu streichen. Bei KdF-Veranstaltungen, deren Programm zuweilen „drastische Dinge" enthalte, sollten sie auf Streichungen drängen. Bei Kameradschaftsabenden mit Helferinnen war auf Alkohol am besten zu verzichten.

„Alkohol ruft erotische Spannungen hervor und bestärkt schon bestehende. Soldaten wie Helferinnen werden durch Alkohol gleichermaßen enthemmt. Aufsicht und Kontrolle ist in verstärktem Maße geboten. . . . Die Abende sind rechtzeitig zu beenden . . . Am Schluß des Abends sind Soldaten und Helferinnen getrennt, geschlossen (abzählen lassen!) in die Unterkünfte zu führen. Erst die Frauen, dann die Männer." (20)

1941 beklagten sich einige Luftwaffenhelferinnen in Briefen an ihre Eltern, daß sie zu den Kasinoabenden von Offizieren oder Beamten befohlen würden, obwohl diese Abende zu Orgien ausarteten. Nach der Schilderung der Mädchen führten sich die Offiziere im Kasino „wie ein barbarischer Sauhaufen" auf, der sich in geistloser Weise besaufe. Obwohl die meisten der Offiziere wie Fuhrknechte tanzten, würden die Mädels immer wieder von ihnen zum Tanz aufgefordert, und die Offiziere benähmen sich „wie brünstige Stiere". Als diese Klagen über die Dienststellen der Partei ins Oberkommando der Wehrmacht kamen, wurde im Juni 1941 die Teilnahme von Nachrichtenhelferinnen an Kasinoveranstaltungen untersagt. (21)

Im besetzten Frankreich, wo die Klagen über die Helferinnen besonders groß waren, versuchte der Militärbefehlshaber 1942 durch Revirements der Frauen die entstandenen intimen Beziehungen zwischen Soldaten und Helferinnen zu zerreißen. Gefolgschaftsmitglieder, die länger als 12 Monate bei ein und derselben Dienststelle tätig waren, wurden ausgetauscht. (22)

Alle genannten Maßnahmen zur Aufpolierung des Helferinnenrufes zeigten zwar Wirkung, konnten jedoch nicht verhindern, daß die Helferinnen in der Öffentlichkeit weiterhin eine negative Einschätzung erfuhren. Die Vergrößerung der Helferinnenschaften brachte auch negative Elemente in ihre Reihen: „undisziplinierte, verzogene, anspruchsvolle, egozentrische Frauen" einerseits und „unsaubere Elemente, sexuell haltlose, diebische, hysterische, trunksüchtige Frauen" anderseits. Dem Ruf der Helferinnen waren weder die einen noch die anderen förderlich. Die negativen Beispiele machten mehr Schule als die positiven. Es war klar, daß die Lebens- und Erlebnisbedingungen der Helferinnen von Ort zu Ort verschieden waren. Von denen, die die Einsamkeit plagte, sprach man nicht. Die hektische Geselligkeit derer, die in höheren Stäben arbeiteten, wurde sprichwörtlich.

Während die einen auf den Rückzügen ihrer Dienststellen ohne Schlaf froren und hungerten, führten die anderen ihr süßes Leben weiter. Davon erzählte man sich neidisch und schmunzelnd. Eine Helferin schrieb aus dem Führerhauptquartier noch am 22.11.1944 folgenden Erlebnisbericht an ihre Freundin:

„Meine liebe Connie!"
Nee, mer kommt zu nischt. Ich möchte mal erleben, daß ich einen Brief an einem Tag fertig bringe. Es ist doch fast jede Minute ausgefüllt. Da habe ich gejammert, daß sich nun niemand mehr um uns kümmert, dabei habe ich gleich am zweiten Tag hier nett mit meinem Majörchen zusammen gesessen bei einem Likör, und dann hat er mich „nach Hause" gebracht. Und gestern hat mir mein Oberstleutnant gesagt (na, ich kann ni mehr, vor Begeisterung. Weißt Du, das ist nämlich der herrlichste, schickste, beste, klügste, gut aussehendste, bestgekleidete, eleganteste Mann der Welt, ja wirklich). Ja der sagt Sch . . . chen, wissen Sie eigentlich, daß wir Sie sehr gern haben? Und da habe ich mich natürlich gefreut. Ich fühle mich immer so schnell verlassen und vernachlässigt, weil ich so verwöhnt bin durch mein Doktorchen, mit dem ich doch in Berchtesgaden jeden Tag zusammen war. Seit wir hier sind, sehe ich ihn leider kaum noch, bin ja auch fast immer im Dienst. Ja, und an dem Abend hatten wir noch viel Spaß. Ich bügelte oben im Zimmer unserer Ordonnanz . . . Natürlich kommt er mir nachgestiegen, guckt mir zu und neckt mich. Major B. war im nächsten Moment auch da und nun war es vorbei mit meiner Ruhe. Wir balgten uns herum, und plötzlich nimmt mich der Oberstleutnant auf den Arm, wie eine Feder, trotz allen Sträubens, trägt mich durch's Zimmer und legt mich auf den Bügeltisch. Nun gingen beide auf mich los mit dem Bügeleisen, und ich, nicht faul, Hände ins Wasser und Ohrfeigen verteilt. Es war eine Mordsgaudi. Anschließend mußte der Gute noch zum Führer und ich trank noch einen mit dem Oberfeldwebel und dem Unteroffizier. Als er zurückkam, klopfte er ganz bescheiden an und fragte, ob er sich noch bißchen zu uns setzen dürfte. So saßen wir dann noch nett zusammen. Am nächsten Tag war ich brav, während vorgestern wieder ein netter Kaffee mit Gästen veranstaltet wurde. Und abends besuchte mich Bärbel, und wir saßen noch beim Major. – Gestern war ich ganz glücklich, da ging ich nachmittags mit Doktorchen spazieren . . ."

Was Wunder, daß solche Berichte die Runde machten und in der Bevölkerung der Eindruck entstand, Offiziere und Helferinnen amüsieren sich, während der einfache Volksgenosse Krieg führt.

Belegstellen

(1) Mitteilungen für die Truppe Nr. 341, Archiv Vopersal
(2) Ebenda
(3) Der Militärbefehlshaber in Frankreich Az. 26r/45 v. 15.5.1941, in: Gersdorff, a.a.O., S. 329
(4) Vgl. Richtlinien für die Erstellung von Heimordnungen für Frauenwohnheime der Wehrmacht in den besetzten Gebieten außerhalb der Reichsgrenze, Bundesarchiv/Militärarchiv RW 5/v. 300
(5) Dienstordnung für Nachrichtenhelferinnen des Heeres vom 1.4.1942, Bundesarchiv/Militärarchiv Arbeitsnummer 546
(6) Ebenda
(7) Driest, Die Frau in der Wehrmacht, Manuskript, Bundesarchiv/Militärarchiv MSg/v. 177, S. 11
(8) OKH Chef HRüst u. BdE Az. 12765/41 v. 18.12.41, Bundesarchiv/Militärarchiv RH 36/227
(9) OKW AWA/WV Nr. 2680/42 vom 22.6.42, Betr.: Richtlinien für den Fraueneinsatz im Bereich der Wehrmacht, besonders in den Gebieten außerhalb der Reichsgrenze, Bundesarchiv NS 6/vorl. 338
(10) Der Militärbefehlshaber in Frankreich Az. 26r/41 v. 8.11.41, Betr.: Unterbringung von weiblichen Angestellten, Bundesarchiv/Militärarchiv RH 36/227
(11) Driest, a.a.O., S. 15
(12) Driest, a.a.O., S. 15
(13) Der Reichsminister der Luftfahrt und Oberbefehlshaber der Luftwaffe, Chef des Nachrichtenverbindungswesens, Nr. 266/41 vom 29.12.41, Bundesarchiv/Militärarchiv RL 2 III 447
(14) Driest, a.a.O., S. 11

(15) Driest, a.a.O., S. 15
(16) Mitteilungen für die Truppe Nr. 341, Archiv Vopersal
(17) Heeresverordnungsblatt 1941, S. 496
(18) Marineverordnungsblatt 1944, S. 14
(19) Ebenda
(20) Driest, a.a.O., S. 15
(21) OKW Nr. 589/45 v. 6.6.1941, in: Gersdorff, a.a.O., S. 333f.
(22) Der Militärbefehlshaber in Frankreich Az. 26/27 r vom 8.12.1941 und vom 24.9.1943, Bundesarchiv/Militärarchiv RH 36/227 bzw. in: Gersdorff, a.a.O., S. 367
(23) Feldpostbrief FPNr. 12000 von Stabshelferin Ilse Sch. an Stabshelferin Eva C. in Breslau, Bundesarchiv/Militärarchiv Sammlung F.

Waffeneinsatz von Frauen

Die nationalsozialistische Ideologie wandte sich entschieden gegen die Handhabung von Waffen durch Frauen. In der deutschen Propaganda wurden russische Soldatinnen, die an der Ostfront gefangen genommen wurden, schlichtweg als Flintenweiber bezeichnet. Ihnen galt der besondere Spott der Massenmedien. Ihr Tun galt als typisch für slawische Untermenschen. Auch über die Angehörigen des amerikanischen Frauenhilfskorps machte sich die deutsche Presse lustig. In diesen Mann-Weibern sah man Verräterinnen ihres Geschlechts, weil sie unter dem Vorwand der Emanzipation Funktionen in den Streitkräften anvisierten, die bis 1943 in Deutschland noch ausschließlich in männlichen Händen lagen. (1)

Nach solchen Vorgängen war es schwer denkbar, der Bevölkerung das Bild deutscher Frauen mit der Waffe in der Hand schmackhaft zu machen. Mit der Dienstverpflichtung von Frauen als Helferinnen in der Wehrmacht und ihrem Einsatz auf Planstellen von Soldaten glaubte man die ideologischen und propagandistischen Grenzen erreicht zu haben.

Je schlechter die militärische Lage für Deutschland wurde, desto häufiger erklärten sich jedoch einzelne Frauen bereit, freiwillig mit der Waffe in der Hand Deutschland zu verteidigen. Selbst militärische Dienststellen erwogen diesen Gedanken als letzten Ausweg. Das Oberkommando der Wehrmacht mußte in mehreren Erlassen über die Stellung der Frau in der Wehrmacht Klarheit schaffen. Im September 1944 legte es fest: „Beherrschender Grundsatz für jede Art von Fraueneinsatz, insbesondere auch für den Gemeinschaftseinsatz, muß bleiben, daß sich „der weibliche Soldat" nicht mit unserer nationalsozialistischen Auffassung vom Frauentum verträgt. Die Frau nimmt grundsätzlich nicht mit der Schußwaffe am Kampf teil, auch nicht im Falle einer drohenden Gefangennahme." (2) Den Helferinnen war bereits 1943 ausdrücklich untersagt worden, zur Waffe zu greifen, auch nicht im Falle der Gefangennahme. Man warnte sie vor der Gefahr, „vom Feind als Flintenweib behandelt zu werden". (3)

Die NSDAP verfocht die gleiche Haltung wie die Wehrmacht. Bormann unterstützte die Bestrebungen der Wehrmachtsteile, so weit wie möglich Frauen an die Stelle von Soldaten zu setzen, die für den Fronteinsatz in Frage kamen, aber mehr nicht. „Solange noch ein einziger Mann in der Wehrmacht an einem Arbeitsplatz beschäftigt ist, der ebensogut von einer Frau besetzt werden könnte, muß der Einsatz von Frauen mit der Waffe abgelehnt werden." (4) Diese Auffassung hinderte ihn nicht, die Zuschriften von Frauen und Mädchen zu sammeln, die sich freiwillig zum Waffeneinsatz meldeten. Er bat die Wehrmachtsdienststellen, ihm derartige Briefe urschriftlich zuzuleiten, damit er sie Hitler zeigen könne als „ein überzeugender Beweis für die bedingungslose Einsatzbereitschaft unseres ganzen Volkes für den Sieg", für die „heiße Liebe zu Deutschland" und „den unerschütterlichen Glauben an den Führer". Sie sollten Hitler vom Durchhaltewillen des Volkes überzeugen. (5)

So eindeutig die Partei und die Wehrmachtführungsstäbe den Einsatz von Frauen in Kampfeinheiten ablehnten, so uneinheitlich war ihre Auffassung über die Möglichkeit, Frauen im Rahmen anderer kombattanter Organisationen zu verwenden. In Frage kamen Volkssturm und Werwolf. Durch den Führererlaß vom 25.9.1944 wurde der deutsche Volkssturm „zur Verstärkung der aktiven Kräfte unserer Wehrmacht und insbesondere zur Führung eines unerbittlichen Kampfes überall dort, wo der Feind den deutschen Boden betreten hat", eingerichtet. (6) Den ersten Volkssturmappell hielt Reichsführer-SS Heinrich Himmler am 18.10.1944 in Ostpreußen ab. In seiner Rede deutete er den möglichen Kampfeinsatz von Mädchen und Frauen an. Er sagte u.a.:

„In dieser Abwehrphase des Krieges haben unsere braven Frauen und Männer, die seit fünf Jahren trotz dem Bombenterror einmalige, übermenschliche Leistungen auf den Bauernhöfen und in den Rüstungsbetrieben vollbringen, zusammen mit der Jugend in Ost und West in den Marken des Reiches im Wege der Selbsthilfe ein dichtes Stellungssystem mit Spaten, Schaufel und Pickel geschaffen. Über diese Leistung hinaus ist es im jetzigen Stadium des Krieges notwendig, daß das Volk die Wehrmacht durch Errichtung des Volkssturms unterstützt. Wie damals im Freiheitskrieg der Landsturm, so hat heute der Volkssturm die Aufgabe, überall dort, wo der Feind unseren Heimatboden betritt, sei es durch den Vorstoß auf der Erde, sei es durch Absprung aus der Luft, ihn fanatisch anzupacken, festzuhalten und ihn womöglich aufzureiben. Unsere Gegner müssen begreifen lernen: jeder Kilometer, den sie in unser Land vordringen wollen, wird sie Ströme ihres Blutes kosten. Jeder Häuserblock einer Stadt, jedes Dorf, jedes Gehöft, jeder Graben, jeder Busch, jeder Wald wird von Männern, Knaben und Greisen und, wenn es sein muß, von Frauen und Mädchen verteidigt. Auch in dem Gebiet, das sie glauben erobert zu haben, wird immer wieder in ihrem Rücken der deutsche Widerstandswille auflodern, und wie die Werwölfe werden todesmutige Freiwillige dem Feind schaden und seine Lebensfäden abschneiden. Unsere verfluchten Feinde werden es feststellen und einsehen müssen, daß ein Einbruch in Deutschland, selbst wenn er irgendwo gelänge, für den Angreifer Opfer kostet, die für ihn dem nationalen Selbstmord gleichkommen. Das Volksaufgebot wird die Aufgabe übernehmen, in bedrohten Gebieten der Wehrmacht zu helfen, damit sie fähig ist, sich wieder für den eigenen Angriff zu rüsten und aufzustellen.'' (7)

Auch in der Parteispitze wurde der Gedanken erwogen. Noch einen Monat nach Himmlers Appell wandte sich Reichsleiter Bormann an Goebbels, um ihn auf die große Aufgabe der Reichspropaganda in den nächsten Monaten hinzuweisen, die darin bestehen würde, das deutsche Volk darauf vorzubereiten, ,,daß in Zukunft Frauen . . . unter Umständen sogar mit der Waffe eingesetzt werden''. (8)

Hitlers Entscheidung, daß Frauen nicht zum Volkssturm eingezogen werden dürften, erfolgte erst Ende November 1944. Allerdings erlaubte er Hilfsdienste der NS-Frauenschaft und des BDM beim Aufbau und Einsatz des Volkssturms. Bormann gab die Anordnung mit folgendem Wortlaut an die Gauleiter weiter:

„Nach einer Weisung des Führers sollen Frauen und Mädchen im allgemeinen den Zonen unmittelbarer Kampfhandlungen ferngehalten werden. Ein organisatorischer Einbau der NS-Frauenschaft und des Bundes deutscher Mädel in den Deutschen Volkssturm wird daher nicht vorgenommen.
Die Mitglieder dieser Organisation können dagegen durch ihren Einsatz in den Ortsgruppen zu einer beschleunigten Ausrüstung und Bekleidung der Volkssturmsoldaten beitragen.
Die Reichsfrauenführerin und der Reichsjugendführer der NSDAP (Reichsreferentin des BdM) werden hierfür gemeinsam die erforderlichen Arbeitsanweisungen erlassen.
Die Übernahme weiterer Hilfsdienste durch die NS-Frauenschaft und den Bund deutscher Mädel bestimmen im Einzelfall die Gauleiter.'' (9)

Was unter ,,weiteren Hilfsdiensten'' zu verstehen war, interpretierten die nachgeordneten Dienststellen der Partei recht unterschiedlich. Einige ignorierten den Hinweis. Deshalb forderte die Parteikanzlei im Februar 1945 die Gau- und Kreisleiter noch einmal auf, die Frauen und Mädchen verstärkt ,,zu Hilfsdiensten für den Volkssturm'' heranzuziehen. Aus dem Text wird wiederum nicht ersichtlich, ob es sich mehr um ein Volksopfer im Sinne der Sammlung von Kleidung und Ausrüstungsgegenständen oder um direkte Versorgungsmaßnahmen für den Volkssturm handeln sollte. (10) Der Waffengebrauch durch Frauen kam drei Wochen später ins Gespräch. Anfang März erlaubte Bormann in einem Rundschreiben, daß ,,in ländlichen Ortsgruppen'' Frauen und Mädchen ,,zu ihrem eigenen Schutz'' im Gebrauch von Handfeuerwaffen ausgebildet werden könnten. Die Interessenten sollten von den Ortsfrauenschaftsleiterinnen den Einheitsführern des Volkssturms zur Schießausbildung gemeldet werden. Bormann hatte keine Bedenken, die Ausbildung auch durch Angehörige des Ersatzheeres, der Waffen-SS und der Polizei durchführen zu lassen. (11) Zu diesem Zeitpunkt stellte auch das Oberkommando der Wehrmacht frei, Wehrmachthelferinnen „mit Handfeuerwaffen für den besonderen Schutz, soweit im Einzelfall unbedingt erforderlich" auszustatten. Die Waffen durften jedoch lediglich „zur aktiven Abwehr von Tieffliegerangriffen" benutzt werden und nicht zum Kampf gegen den Feind. Auf keinen Fall sollten die Frauen gezwungen werden, Waffen in die Hand zu nehmen, wenn sie nicht wollten. (12) Auch Frauen, „die im Heimatkriegsgebiet zum Wachdienst eingesetzt" waren, durften Handfeuerwaffen bekommen. Desgleichen konnte zum persönlichen Schutz, „soweit im Einzelfall erforderlich", Gewehre oder Pistolen bezogen werden. In Ausnahmefällen war sogar die Übergabe von Panzerfäusten an Frauen erlaubt. (13) Bei allen diesen Regelungen wurde jedoch betont, daß Frauen und Mädchen die „Feuerwaffen nicht im Kampf" benutzen durften. Die Kriegspropaganda hielt sich nicht daran. Sie bezeichnete die Panzerfaust als „Waffe der Frau", als „handlichstes Geschütz der Welt", das – wie der Völkische Beobachter vom 9.3.1945 meinte – Halbwüchsige und Frauen ohne besondere Ausbildung bedienen können. Es wurde von Frauen berichtet, die russische Panzer abgeschossen hatten. Der Völkische Beobachter vom 14.4.1945 erzählt von einem jungen Pommernmädchen namens Erna, 22 Jahre alt, das beim Kampf um eine mittelpommersche Stadt zusammen mit einem Feldwebel und einem Gefreiten drei sowjetische Panzer vernichtete und trotz dauernden Beschusses den verwundeten Feldwebel in die hinteren Linien zurück brachte. Das beweise, so schließt der Autor, „daß ihre tapfere Tat nicht nur ein plötzlicher Einfall war, sondern einem wahrhaft tapferen Wesen entsprach". Auch aus dem Kreis Ratibor meldete der Völkische Beobachter großartige Leistungen der Frauen – dort im Rahmen des Volkssturms. Am 12.2.1945 schließt er einen Artikel mit dem Fanfarensatz: „Jeder Soldat, jeder Mann, jeder deutsche Junge und wenn es sein muß jede Frau und jedes Mädchen sind bereit, ihre Kräfte bis zum letzten Atemzuge einzusetzen, um diese Stunde der Entscheidung zu unseren Gunsten zu wenden."

Gegen die Möglichkeit, Frauen zur Tieffliegerabwehr einzusetzen, machte insbesondere die Wehrmachtrechtsabteilung Front. Dort glaubte man, daß der praktische Nutzen in keinem Verhältnis zu etwaigen Folgen stünde. Sie wurden darin gesehen, „daß Anglo-Amerikaner alsdann ihre Bordwaffenangriffe auch auf deutsche Frauen damit zu rechtfertigen versuchen, daß die deutschen Frauen aktiv im Luftkampf gegen sie eingesetzt werden. Wenn auch jetzt schon anglo-amerikanische Tieffliegerr vielfach ohne Rücksicht auf Frauen und Kinder angreifen, so ist doch festzustellen, daß sie das bei ihrer Luftüberlegenheit in noch viel stärkerem Maße tun könnten." (14) Die Quartiermeisterabteilung identifizierte sich mit dieser Warnung und gab sie an die Organisationsabteilung weiter. (15) Der Befehl erging jedoch, ohne daß die Einwände berücksichtigt wurden.

Während die Wehrmachtsdienststellen bis zum Kriegsende entsprechend der ideologischen Begründung der Funktion der Frauen im Staat davon Abstand nahmen, Frauen für Kampffunktionen vorzusehen, machte sich bei der Partei gegen Ende des Krieges eine Aufweichung der alten ideologischen Position breit. Je drohender der Untergang des Reiches und je sicherer die Rache der Sieger für die NS-Führungsclique wurde, desto skrupelloser warf man die Grundsätze von früher über Bord. Der Gedanke, durch den Einsatz von Frauen an der Front die Lebenszeit des Systems und ihrer Führer um einige Wochen zu verlängern, wurde von Hitler im Februar 1945 akzeptiert. Hitler befahl „die probeweise Aufstellung eines Frauenbataillons". Der Vermerk, den der Leiter der Parteikanzlei nach dem Gespräch mit Hitler formulierte, fährt fort:

„Die Frauen sollen so rasch wie möglich tadellos ausgebildet werden. Aufstellung des Frauenbataillons in Verbindung mit der Reichsfrauenführung. Bewährt sich dieses Frauenbataillon, sollen weitere aufgestellt werden. Der Führer verspricht sich insbesondere von der Aufstellung dieses Bataillons eine entsprechende Rückwirkung auf die Haltung der Männer!" (16)

Hintergrund dieses Befehls war der Versuch der Parteiführung, die Disziplin in der Wehrmacht zu stärken. Himmler und Bormann waren sich darüber einig, daß die Wehrmacht zu nachsichtig mit Drückebergern umging. Bormann schimpfte:

„Wir bieten also 15jährige Jungens und wir bieten Frauen zur Verstärkung der Front auf. Dabei fluktuieren nach allgemeiner Überzeugung 500 000 bis 600 000 Soldaten im Reich. Würde man diese Uniformträger erfassen und wieder zu wirklichen Soldaten mit soldatischer Haltung etc. machen, hätten wir nicht nur genügend Menschen für die Front, sondern sogar die notwendigen Reserven, um selbst wieder aktiv zu werden." (17)

Was drakonische Strafen durch fliegende Kriegsgerichte nicht erreichten, sollte die Beschämung der Männer durch Frauen bewirken: standhalten. Selbstverständlich wurde das geplante Frauenbataillon nicht mehr aufgestellt. Der Krieg ging vorher zu Ende. Die Blamage mißlang.

Ebenso ins Leere gingen die Werwolfplanungen. (18) Ende Februar 1945 waren die ersten Vorstellungen im Wehrmachtführungsstab zu Papier gebracht worden. Die Gesamtleitung des Werwolf sollte in Händen von SS-Obergruppenführer Prützmann liegen, der gleichzeitig Bevollmächtigter Deutscher General in Kroatien war. Die Höheren SS- und Polizeiführer sollten in engem Einvernehmen mit den örtlichen Feldkommandobehörden des Heeres (Ic) handeln. (19) Im Werwolf sollten auch Frauen Verwendung finden. Bormann forderte in einem Rundschreiben vom 1.3.1945 an die Gauleiter die Aufstellung von Kampfgruppen, die die Nachrichtenverbindungen, Nachschublinien und Depots im Rücken der Feinde zerstören und deutsche Luftlandeunternehmungen vorbereiten sollten. Seiner Ansicht nach kamen für diese Sabotagetrupps „nur entschlossene, tapfere Männer und Frauen jedes Alters" in Frage. Die Werbung für „besondere Kampfaufgaben" sollte von zuverlässigen Aktivisten, die über besonders gute Menschenkenntnis verfügten und entsprechend gewandt und verschwiegen waren, „vor allem unter den Flüchtlingen, ... die aus dem heute vom Feind besetzten und feindgefährdeten Gebieten des Reiches stammen oder deren Verhältnisse genau kennen" geworben werden. Ihnen sollte der Einsatz in ihrer Heimat in Aussicht gestellt werden. Die Namen derer, die sich hierfür bereit erklärten, sollten den zuständigen Höheren SS- und Polizeiführern unter den Stichwort „Werwolf" gemeldet werden, die Weisung hatten, das Weitere zu veranlassen. (20)

In jedem Gau gab es einen Sachbearbeiter für Werwolffragen. Das einzige, was die meisten von ihnen in den letzten sieben Kriegswochen taten, war die massenweise Verteilung des Buches „Der Werwolf" von Hermann Löns an Volkssturmangehörige. Das Buch sollte den Werwolfgedanken populär machen. Es ist jedoch mehr als zweifelhaft, ob dieses Werk in den Tagen des Untergangs überhaupt gelesen wurde. Wirkung zeigte es jedenfalls nicht. (21) Auch die Aufrufe zur letzten Auseinandersetzung, für die der folgende Schnelldienstbefehl des Nationalsozialistischen Führungsstabes ein Beispiel ist, vermochten kaum jemanden zu mobilisieren. General der Infanterie Reinecke unterschrieb am 9.4.1945 folgende Weisung:

„Die Schicksalsstunde des deutschen Volkes fordert besonders auch vom NS-Führungsoffizier die letzte Bewährung. Theorie und Papiergelehrsamkeit müssen restlos von uns abfallen. Jetzt gilt nur noch die Tat! Sorgt bei Euren Männern dafür, daß sie der letzten Auseinandersetzung innerlich fest entgegengehen. Kein deutscher Mann, der noch laufen und schießen kann, legt die Waffen nieder.

Wer hinter die feindlichen Linien gerät, führt in Wäldern und Großstadtruinen den Kleinkrieg weiter. Sammelt die Aktivisten um Euch, Eure nationalsozialistischen Richtmänner, Parteigenossen, SA-Männer, Hitlerjungen, alle harten und fanatischen Frontsoldaten. Bereitet sie darauf vor, daß sie, wenn sie versprengt hinter die feindliche Front geraten, mit allen Mitteln weiterkämpfen und den unbarmherzigen Gegner totschlagen. Roosevelt hat die deutschen Kriegsgefangenen Stalin versprochen. Jeder kämpft an jeder Front um seinen Kopf und seine Freiheit. Keinerlei Kompromisse, keinerlei Weichheit hat noch Sinn. Keine Waffe, kein Gerätelager darf in die Hände des Feindes fallen. Wo Feindbesetzung droht, werden Handgranaten, Munition, Waffen, Funkgeräte und Sanitätsmaterial unter die Aktivisten verteilt oder zum späteren Zugriff vergraben. Laßt sofort allen Papierkrieg fallen. Auf „Material" der zentralen Stellen kann heute keiner mehr warten. Stellt, wo Ihr könnt, solche Plakate und Klebezettel her! Laßt Eure Helfer und NS-Richtmänner Maueranschläge hektografieren und mit Kreide anschreiben! Fordert alle zur Entschlossenheit und Tatkraft auf. Ein Volk ist das wert, was seine Aktivisten wert sind. In Eurer Hand liegt ein Großteil des deutschen Schicksals." (22)

Die einzigen Frauen, die während des Zweiten Weltkriegs auf deutscher Seite an der Front eingesetzt wurden, waren die weiblichen Angehörigen der Propagandakompanie 689 und nach dem Fall Ostpreußens die der Propagandaeinsatzkompanie der SS-Standarte Kurt Eggers. Bei ihnen handelte es sich um Baltendeutsche und russische – meist ukrainische – Freiwillige. Die Ausbildung fand in Berlin-Dabendorf unter der Leitung der Abteilung IV der Amtsgruppe Wehrmachtspropaganda im OKW statt. Die Aufgabe dieser Frauen war, die Frontlautsprecheranlagen zu bedienen. Über die Hauptkampflinie hinweg forderten sie die russischen Soldaten auf, nicht länger für den Kreml zu kämpfen, sondern zu den Deutschen überzulaufen. In der Nacht wurden die Frauen jeweils in die deutschen vordersten Gräben gebracht. Am Morgen begannen sie, vom russischen Störfeuer eingedeckt, mit ihrer antisowjetischen Zersetzungsarbeit. Viele von ihnen wurden verwundet. Gefallene waren an der Tagesordnung. Insgesamt kamen mehr als die Hälfte um. 22 Frauen wurden von den Amerikanern nach der Kapitulation aus den Lagern Straubing und Regensburg geholt und an die Rote Armee ausgeliefert. Etwa die gleiche Anzahl konnte im Chaos untertauchen und sich retten. (23)

Über den Kampfeinsatz von Frauen in der belagerten Festung Breslau liegen unterschiedliche Meldungen vor. Nach der Einschließung der Stadt durch russische Truppen am 15.2.1945 befahl der Festungskommandant die Einstellung von Frauen in allen Dienststellen der Wehrmacht, um „infanterietaugliche Unteroffiziere und Mannschaften" zur Verteidigung der Stadt freizumachen. In dem Befehl des Festungskommandanten zur Vereidigung der Helferinnen heißt es u.a.:

„Es kommt darauf an, daß auch jede einzelne Mitkämpferin, gleichgültig an welchem Platz, in höchstem Pflichtbewußtsein ihren Dienst tut. Voraussetzung dafür ist, daß sie weiß, worum es geht. Ihre Vereidigung ist der entscheidende Zeitpunkt dafür, dieses Pflichtgefühl zu verankern. Der Schwur auf den Führer ist für die Vereidigten der Beginn eines neuen Lebensabschnitts. Auch sie sind von jetzt ab in die Front des Kampfes eingereiht, jederzeit bereit, als tapferer Soldat ihr Leben einzusetzen . . . Sie müssen wissen, daß sie nun aufgenommen sind in die große Gemeinschaft der kämpfenden Front, nicht als Flintenweiber, sondern als wirkliche Kameraden . . ." (24)

Der Völkische Beobachter vom 20.4.1945 bezeichnete es als das „Wunder von Breslau", daß die Stadt nach dreimonatiger Belagerung immer noch Widerstand leistete. Dabei wurden auch die Verdienste der Frauen und Jugendlichen gewürdigt: „Im Innern der Stadt sind noch jüngere (Hitlerjungen) dabei, zusammen mit den Frauen und Mädchen, die die Verwundeten betreuen, Melderdienste machen und Brände bekämpfen." Einige Frauen verdienten sich das Eiserne Kreuz 2. Klasse. (25)

Auf Weisung Hitlers durfte das Eiserne Kreuz an und für sich nicht an Frauen verliehen werden. Lediglich die Versuchsfliegerinnen Hanna Reitsch und Melitta Schilla-Stauffenberg erhielten es mit Billigung des OKW. Für alle anderen Frauen stand als Auszeichnung das Kriegsverdienstkreuz zur Verfügung. Es wurde großzügig verliehen. Alle weiblichen Angehörigen des Wehrmachtsgefolges, die in Unkenntnis dieses Sachverhalts von den Einheiten für das Eiserne Kreuz vorgeschlagen wurden, bekamen statt dessen nur das Kriegsverdienstkreuz ohne Schwerter. Zum Beispiel wurden vom Kommandeur eines Pionierbataillons, das im September 1944 die Rückmarschstraße aus Rumänien bei Turnu-Severin offenhielt und bei dem Luftwaffenhelferinnen aus Rumänien Schutz gesucht hatten, 40 von ihnen zur Auszeichnung mit dem Eisernen Kreuz vorgeschlagen, die sich bei Kämpfen mit jugowlawischen Partisanen als Sanitätshelferinnen und beim Transport von Verpflegung und Munition „wie Soldaten" bewährt hatten. Sie erhielten alle nur das Kriegsverdienstkreuz. (26)

Belegstellen

(1) Vgl. Docky Hammer, Die Frau in den USA, Schriftenreihe der NSDAP, München 1942, S. 14ff.
(2) OKW Az. 26/27 Nr. 1649/44 vom 5.9.1944, in: Gersdorff, a.a.O., S. 441f.
(3) Gersdorff, a.a.O., S. 374
(4) Bormann an Goebbels vom 16.11.1944, in: Gersdorff, a.a.O., S. 465
(5) OKW Az. 26/27 22555/44 vom 7.12.1944, in: Gersdorff, a.a.O., S. 480
(6) Zu Fragen des Volkssturms vgl. Rudolf Absolon, Wehrgesetz und Wehrdienst 1935–1945. Das Personalwesen in der Wehrmacht, Boppard 1960; Rudolf Helm, Volkssturmsaga, Kassel 1961; Hans Kissel, Der deutsche Volkssturm 1944/45. Eine territoriale Miliz im Rahmen der Landesverteidigung, Berlin – Frankfurt 1963
(7) Archiv der Gegenwart vom 18.10.1944, S. 6563
(8) Schreiben Bormann an Goebbels vom 16.11.1944, in: Gersdorff, a.a.O., S. 466
(9) Anordnung 422/44 der Parteikanzlei vom 30.11.1944, Bundesarchiv NS 6/vorl. 349
(10) Vgl. Keesings Archiv der Gegenwart vom 12.2.1945
(11) Rundschreiben 119/45 vom 5.3.1945, Bundesarchiv NS 6/vorl. 353
(12) OKW/WFSt/Org II Nr. 1142/45 vom 28.2.1945, in: Gersdorff, a.a.O., S. 504
(13) OKW Nr. 1350/45 vom 23.3.1945, in: Gersdorff, a.a.O., S. 531
(14) Oberfeldrichter Dr. Schölz an WFSt/Qu. 2 (I) am 1.3.1945, Bundesarchiv/Militärarchiv RW 4/v. 702
(15) WFSt/Qu. 2 (I) vom 3.3.1945, Bundesarchiv/Militärarchiv RW 4/v. 702
(16) Vermerk Bormann für Pg. Friedrich und Pg. Dr. Klopfer vom 28.2.1945, Bundesarchiv Sammlung Schumacher 395, pag. 322
(17) Ebenda
(18) Zu Fragen des Werwolfs vgl. H. D. Krannhals, Werwolf in Polen? in: Internationale Hefte der Widerstandsbewegung 3/1961: Henry Bernhard, Finis Germaniae, Stuttgart 1947
(19) Vgl. WFSt/Op (H) Ia Az. 002065/45 g.K. vom 20.2.1945, Bundesarchiv/Militärarchiv RW 4/v. 702
(20) Rundschreiben 128/45 vom 10.3.1945, Bundesarchiv NS 6/vorl. 354
(21) Rundschreiben der Parteikanzlei 410/44 vom 23.11.1944, Bundesarchiv NS 6/vorl. 349
(22) NS Führungsstab der Wehrmacht, Schnelldienst Nr. 31 vom 9.4.1945, Bundesarchiv/Militärarchiv RW 4/495
(23) Maria de Smeth, Frauen in der deutschen HKL, in: Deutsche Soldatenzeitung 16/1954; mit Befehl OKH GenStdH/ Org. Abt. Nr. II/85401/45 v. 5.2.1945 wurde der Freiwilligen Propaganda-Abt. zbV eine weibliche Prop. Einsatzkp. zugewiesen. Bundesarchiv/Militärarchiv RH 2/v. 921
(24) Festung Breslau, zit. nach Sammlung wehrrechtlicher Gutachten und Vorschriften, hrsg. vom Bundesarchiv, Heft 12/1974, S. 63f.
(25) Ebenda
(26) Vgl. Karl Otto Hoffmann, Die Geschichte der Luftnachrichtentruppe, Band 2, Teil 1, Neckargemünd 1968, S. 182.

Die Freiwillige Krankenpflege

Den Bedarf des Wehrmachtssanitätswesens an weiblichen Hilfskräften deckte die „Freiwillige Krankenpflege" des Deutschen Roten Kreuzes. Mit dem Gesetz über das Deutsche Rote Kreuz vom 9.12.1937 war das DRK gemäß Artikel 10 des Genfer Abkommens zur Verbesserung des Loses der Verwundeten und Kranken der Heere im Felde vom 27.6.1929 als freiwillige Hilfsgesellschaft anerkannt und ermächtigt worden, im amtlichen Sanitätsdienst der Wehrmacht mitzuwirken. (1) Neben den Angehörigen des Deutschen Roten Kreuzes umfaßte die Freiwillige Krankenpflege auch Krankenschwestern anderer Organisationen – in Ausnahmefällen sogar nicht organisierte Krankenschwestern – sowie medizinisch-technische Assistentinnen und Gehilfinnen, Diätassistentinnen und Krankengymnastinnen. In der Regel wurden die nicht dem DRK angehörenden karitativen Verbände (Caritasverband, Diakonissinnenverband, NS-Reichsbund deutscher Schwestern) für den Wehrmachtsdienst nur herangezogen, wenn sie im Besitz von Krankenanstalten waren, die als Reservelazarette in Anspruch genommen wurden. (2)

Der geschäftsführende Präsident des Deutschen Roten Kreuzes war seit 1937 der Reichsarzt-SS Dr. Grawitz. Trotz gelegentlicher Reibereien wurde durch seine Zugehörigkeit zur SS die Kooperation zwischen Wehrmacht und Deutschem Roten Kreuz nicht beeinträchtigt.

Das von den Wehrmachtsteilen benötigte Personal wurde vom DRK ausgebildet und der Wehrmacht zur Verfügung gestellt. Hierfür war der „Kommissar der Freiwilligen Krankenpflege" zuständig. Dieses Amt hatte bis 1944 ein langjähriger Sanitätsoffizier, Prof. Dr. Napp, inne. Bei der Mobilmachung 1939 wurde er unter Beibehaltung seiner Aufgaben zur Heeressanitätsinspektion einberufen, um von dieser zentralen Stelle aus die Arbeit seines Bereichs zu koordinieren. In seiner fachlichen Arbeit unterstand er weiterhin dem Innenministerium. Er führte die Verhandlungen mit den Zivilverwaltungsstellen, fertigte die Einberufungen für die Schwesternhelferinnen aus und betreute sie im Einsatz. In den Wehrkreisen unterstützten ihn dabei die Beauftragten des Kommissars der Freiwilligen Krankenpflege bei den Wehrkreisbefehlshabern. Sie überwachten z.B. als Inspekteure des Deutschen Roten Kreuzes die Ausbildung der Krankenpflegerinnen. (3)

Die Angehörigen der Freiwilligen Krankenpflege bei der Wehrmacht wurden während des Krieges verwendet:
– im besetzten Gebiet und im rückwärtigen Armeegebiet des Operationsbereichs
– in der Heimat in den Lazaretten der Wehrmachtsteile zur Ablösung und Ergänzung des militärischen Sanitätspersonals
– für sonstige von der Wehrmacht von Fall zu Fall gestellte Sonderaufgaben.

Auf den Hauptverbandplätzen durften Angehörige des Deutschen Roten Kreuzes nur mit besonderer Genehmigung der zuständigen Armeeärzte tätig werden. Im Verlauf des Krieges wurde das männliche Sanitätspersonal jedoch auch in frontnahen Gebieten von Schwestern abgelöst. Die ortsfesten Lazarette behielten nur soviel männliches Personal, wie zur Aufrechterhaltung der militärischen Ordnung und zur Durchführung schwerer Pflegearbeiten erforderlich war. Nach übereinstimmender Aussage der Ärzte erwiesen sich die berufserfahrenen und gereiften Schwestern auch in solchen Situationen als treue Helferinnen der Ärzte. In Krisensituationen wirkten sie auf die Kranken und Verwundeten beruhigender und tröstender als männliche Kameraden. (4)

Die Rechtsverhältnisse für Angehörige der Freiwilligen Krankenpflege waren in der

Heeresdienstvorschrift 182 niedergelegt. Am 14.10.1943 löste eine neue H.Dv 182 die alte Vorschrift vom 1.12.1940 ab.

Das weibliche Pflegepersonal wurde durch die örtlich zuständigen Wehrkreiskommandos zum Sanitätsdienst beordert. Die Schwestern standen in keinem arbeitsrechtlichen Verhältnis zur Wehrmacht, sondern blieben Angehörige ihrer Mutterhäuser. Als solche waren sie zwar nicht Gefolgschaftsmitglieder der Wehrmacht, zählten aber zum Gefolge der Wehrmacht. Das zwischen den Schwestern und Mutterhäusern bestehende Treueverhältnis wurde durch den Einsatz bei der Wehrmacht nicht berührt. Die aufgrund der Notdienstverordnung vom 15.10.1938 herangezogenen weiblichen Kräfte galten als notdienstverpflichtet für das Mutterhaus zur Verwendung bei der Wehrmacht. Aufgrund dieser Rechtsverhältnisse erhielten die Mutterhäuser monatlich eine bestimmte Vergütung von der Wehrmacht. Damit waren alle Leistungen pauschal abgegolten.

Im Unterschied zu den Angehörigen der Freiwilligen Krankenpflege standen freie Schwestern, Schwesternhelferinnen und Helferinnen in einem unmittelbaren arbeitsrechtlichen Verhältnis zum Heer. Wenn sie aufgrund der Notdienstverordnung vom 15. Oktober 1938 herangezogen wurden, galten sie als notdienstverpflichtet unter Begründung eines einem Arbeitsvertrag entsprechenden Beschäftigungsverhältnisses.

Zum 1.4.1944 stellte der Reichsarbeitsdienst erstmals Maiden für den pflegerischen Einsatz im Sanitätsdienst zur Verfügung. Es handelte sich um 1 236 Frauen, die ihren Kriegshilfsdienst in Heimatlazaretten absolvieren sollten. (5)

Die in der Wehrmacht tätigen Schwestern, Lernschwestern, Helferinnen usw. hatten Anspruch auf freie Unterkunft und Verpflegung. Wie alle Angehörigen des Wehrmachtsgefolges unterlagen sie den militärischen Gesetzen und Verordnungen. Sie unterstanden auch der Wehrmachtsdisziplinarstrafordnung. Die Chefärzte waren jedoch gehalten, Militärstrafen nur zu verhängen, ,,wenn besondere militärische Belange eine militärische Bestrafung erfordern''. (6)

Anspruch auf freie Heilfürsorge durch die Sanitätseinrichtungen der Wehrmacht hatten nur die in den besetzten Gebieten tätigen Schwestern. Im Heimatgebiet regelten die Mutterhäuser die Krankenversorgung.

Die Kranken-, Invaliditäts-, Unfall- und Altersversicherung aller in der Wehrmacht tätigen Schwestern war Sache der Mutterhäuser. Von seiten der Wehrmacht wurden keine Beiträge zu diesen Versicherungen geleistet. Für Körperschäden jedoch, die die Schwestern infolge des Dienstes in der Freiwilligen Krankenpflege erlitten, erhielten sie und ihre Angehörigen Fürsorge und Versorgung nach dem Wehrmachtsfürsorge- und Wehrmachtsversorgungsgesetz vom 26.8.1938 und nach dem Einsatzfürsorge und -versorgungsgesetz vom 7.9.1939. (7)

Das Personal der Freiwilligen Krankenpflege erhielt zur Verwendung im Sanitätsdienst der Wehrmacht einen Ausweis des Oberkommandos der Wehrmacht und ein Verwendungsbuch, dessen Nummer mit der Nummer der Erkennungsmarke übereinstimmte. Das Verwendungsbuch war wie das Soldbuch der Soldaten zu behandeln.

Die Angehörigen des Deutschen Roten Kreuzes und der verschiedenen Mutterhäuser trugen bei der Verwendung im Sanitätsdienst der Wehrmacht die Diensttracht (Ordenstracht) ihres Verbandes. Im Feldheer war das Tragen von Zivilkleidung sämtlichen Angehörigen der Freiwilligen Krankenpflege untersagt. (8)

Die Arbeitszeit der Krankenschwestern, Schwesternhelferinnen und Schwestern betrug in der Woche 60 Stunden. Die tägliche Arbeitszeit sollte 10 Stunden nicht überschreiten. Bei dringenden dienstlichen Bedürfnissen waren die Schwestern und Schwesternhelferinnen jedoch verpflichtet, ohne Anspruch auf besondere Vergütung über die festgesetzte Arbeitszeit hinaus Dienst zu leisten.

Die Schwestern wurden in den einzelnen Lazaretten mutterhausweise eingesetzt. War das beim Beginn der Verwendung nicht möglich, so wurde so bald wie möglich ein Ausgleich vorgenommen. Den Wünschen der Mutterhäuser auf Austausch von Schwestern war zu entsprechen, wenn nicht besondere dienstliche oder militärische Gründe entgegenstanden.

In jedem Armeebereich nahm eine besonders erfahrene Schwester die Funktion der Feldoberin wahr. Die Aufsicht über das Krankenpflegepersonal eines Lazaretts hatte eine geeignete Vollschwester. Sie erhielt die Bezeichnung Oberschwester. Die Oberschwestern bekamen eine monatliche Zulage von 7 RM.

Mitte 1942 ordnete Hitler die zusätzliche Betreuung der Verwundeten in Lazaretten und Lazarettzügen durch die NSDAP an. Die Frauen der NS-Volkswohlfahrt sollten den Verwundeten Liebesgaben übermitteln, ihre Wünsche an die Angehörigen weitergeben, Quartiere für zu Besuch kommende Angehörige in der näheren Umgebung der Lazarette sicherstellen, die Lazarettinsassen im Hinblick auf häusliche Familienverhältnisse beraten, die kulturelle Betreuung durch musikalische Veranstaltungen und Vorträge übernehmen und die zusätzliche wehrgeistige Betreuung der Partei vorbereiten. Über den Einsatz der NSV zur Truppenbetreuung im östlichen Operationsgebiet bestimmte das Oberkommando des Heeres am 15.9.1942:

„Um den Soldaten an der Front eine größere materielle Fürsorge gewähren zu können, ist ein großzügiger Einsatz der NSDAP (NSV) im Operationsgebiet vorgesehen. Aufgaben der NSDAP:
1. Bereitstellung von Helferinnen und Ausstattungsgegenständen (Küchen- und Wirtschaftseinrichtungen, Möbel, Musikinstrumente für Soldatenheime . . .)
2. Organisation russischer Flickstuben und Wäschereien für die Truppe . . .
3. Beschaffung und Verteilung von Liebesgaben . . . im Einvernehmen mit militärischen Dienststellen
4. Zusätzliche Betreuung von Wehrmachtsangehörigen in Lazaretten und Lazarettzügen." (9)

In einem Rundschreiben vom 5.5.1943 machte der Leiter der Parteikanzlei den Gauleitern die Bedeutung dieser Arbeit deutlich:

„Seit Kriegsbeginn sind zehntausende deutscher Mädchen und Frauen als Schwestern in deutschen Lazaretten unermüdlich in der Verwundetenpflege tätig und bemühen sich viele andere deutsche Frauen und Mädchen als Angehörige und im Auftrag nationalsozialistischer Organisationen durch eine laufende Betreuung und durch Besuche unserer Verwundeten den Dank und die Verbundenheit der deutschen Volksgemeinschaft zum Ausdruck zu bringen . . ." (10)

Die in der Verwundeten- und Truppenbetreuung der NSV eingesetzten Frauen und Mädchen wurden durch die NSV herangezogen und ausgebildet. Sie gehörten nicht zur Freiwilligen Krankenpflege.

Die in der Freiwilligen Krankenpflege tätigen Frauen und Mädchen fielen nach Artikel 3 der Haager Landkriegsordnung unter die Nichtkombattanten. Sie waren nicht zum Führen von Waffen ausgebildet. Trotzdem wurden im Verlaufe des Krieges zahlreiche Kriegsauszeichnungen an die Schwestern verliehen. Als erste DRK-Schwester und nach der Flugkapitänin Hanna Reitsch als zweite Frau überhaupt erhielt Schwester Elfriede Wnuk das Eiserne Kreuz. Die gleiche Auszeichnung wurde zahlreichen Schwestern im Verlauf des Krieges verliehen. (11) Allein im März 1945 bekamen 5 Frauen und Mädchen des Sanitätsdienstes durch den Festungskommandanten Breslau das eiserne Kreuz

2. Klasse verliehen. Es handelte sich um 1 Ärztin, 2 DRK-Schwestern, 1 Schwester und 1 Schwesternhelferin. (12)

Belegstellen

(1) RGBl. 1937 I, S. 1330
(2) Vgl. Oskar Schröder, Das Sanitätswesen der Luftwaffe, Manuskript, Bundesarchiv/Militärarchiv E 2197, S. 43
(3) Vgl. Franz W. Seidler, Prostitution, Homosexualität, Selbstverstümmelung als Probleme der Sanitätsführung im Zweiten Weltkrieg, Neckargemünd 1977, S. 32
(4) Vgl. Oskar Schröder, a.a.O., S. 13ff.; Hans Hartleben, Beiträge zur Geschichte des Heeres- und Wehrmachtsanitätswesens von 1930–1943, in: Wehrmedizinische Mitteilungen 2/1962, S. 29
(5) OKW Chef WSan TgbNr. W 1534/44 KFK/I v. 26.4.1944, Bundesarchiv/Militärarchiv H 20/996
(6) OKW Chef WSan TgbNr. W 3478/43 KFK/I v. 3.12.1943, Bundesarchiv/Militärarchiv H 20/996
(7) RGBl. 1938 I, S. 1077 und 1217
(8) Heeresverordnungsblatt B 1941, Nr. 184, 503, 633
(9) OKH GenStdH/GenQu Az. 108/42 vom 15.9.1942, in: Sammlung wehrrechtlicher Gutachten und Vorschriften, hrsg. vom Bundesarchiv, Heft 13/1975, S. 99
(10) Sammlung wehrrechtlicher Gutachten und Vorschriften, a.a.O., S. 101
(11) Friedrich Forrer, Sieger ohne Waffen, Hannover 1962, S. 132
(12) Vgl. Sammlung wehrrechtlicher Gutachten und Vorschriften, hrsg. vom Bundesarchiv, Heft 12/1974, S. 63f.

Das Kriegsende

Evakuierungsmaßnahmen

Von den zurückweichenden Fronten in der zweiten Hälfte des Krieges wurden auch die Helferinnen der Wehrmachtsteile erfaßt. Zu ihrem Schutz in solchen Fällen hatte das Oberkommando der Wehrmacht mehrere Befehle über die Einsatzgrenzen herausgegeben. Innerhalb des Befehlsbereiches der Heeresgruppen war ihre Verwendung im Gefechtsgebiet (in den Kampfzonen) untersagt. In bandenverseuchten Gegenden durften sie nur eingesetzt werden, wenn zum Schutz ausreichende männliche Hilfe verfügbar war. (1)

Nach der Invasion der Alliierten in Frankreich wurde den Dienststellen befohlen, für die Rückführung der Frauen geeignete Befehle vorzubereiten. Im Ernstfall sollten diese rasch und reibungslos verwirklicht werden können, um zu verhindern, „daß deutsche Frauen in Feindeshand fallen". Alle Helferinnen unter 21 Jahren, die außerhalb des Reichsgebietes eingesetzt waren, mußten bis zum 30.9.1944 abgelöst werden. Für die 8 000 Mädchen im minderjährigen Alter, die daraufhin die Fahrt ins Reich antraten, wurden spezielle Auffanglager errichtet. Die Chefs des Wehrmachtsstreifendienstes und die Standortkommandanten, in deren Bereichen diese Lager waren, hatten die Weiterführung der Helferinnen zu ihren Heimatdienststellen zu organisieren. (2)

Die Rückführungsbefehle wurden vielfach nicht ordnungsgemäß ausgeführt. Hunderte von Helferinnen wurden vom alliierten Vormarsch überrollt. Besonders mangelhaft war der Abtransport aus Südfrankreich. Die Zahl der dort vermißten Frauen konnte auch nicht annähernd geklärt werden. (3) Auch aus Rumänien kamen nur wenige Helferinnen mit heiler Haut ins Reich zurück. Der persönlichen Initiative eines Offiziers war es zu verdanken, daß wenige Tage vor der Revolution, am 21.8.1944, 250 Mädchen vom Flugplatz Targsorul bei Ploesti nach Bukarest geflogen wurden. (4) Mehr als 1 000 wurden gefangen genommen.

Nach diesen Erfahrungen wies das Oberkommando der Wehrmacht die Heeresgruppen auf „die Verantwortung für den Schutz des in ihrem Bereich eingesetzten deutschen weiblichen Wehrmachtsgefolges" besonders hin. Da „dem Schutz der deutschen Frau im Einsatz als Gefolge der Wehrmacht nicht die notwendige Aufmerksamkeit zugewendet worden" sei, wurde es nun als eine „selbstverständliche Ehrenpflicht der deutschen Wehrmacht" hingestellt, „unter allen Umständen zu vermeiden, daß sich nochmals Vorkommnisse wie z.B. in Südfrankreich wiederholen". Die Chefs des Generalstabes des Heeres, der Seekriegsleitung und des Generalstabs der Luftwaffe sollten den Einsatz der Helferinnen laufend überwachen und dafür Sorge tragen, „daß ein Einsatz in frontnahen oder bandengefährdeten Gebieten grundsätzlich ausgeschlossen ist und Vorkehrung für eine rechtzeitige Rückführung bei drohenden Kampfhandlungen zu treffen sind". (5)

Der Einsatz von Wehrmachthelferinnen bei den Kommandobehörden, Stäben, Dienststellen und Einheiten des Feldheeres an der Jahreswende 1944/45 machte erforderlich, gleichzeitig mit der Einsatzplanung der Zugänge ihre Rückführungsmaßnahmen vorzusehen. Von den Heeresgruppen wurden die Dienststellenleiter für den rechtzeitigen Abzug der Wehrmachthelferinnen „bei drohender Gefahr persönlich verantwortlich" gemacht. (6) Diese berichteten jedoch, „daß der erhebliche Einsatz von Spezialistinnen und weiblichen Schlüsselkräften in der Wehrmacht deren völlige Herauslösung bei drohenden Kampfhandlungen unmöglich" mache. Trotzdem wurden die Einsatzgrenzen für die Helferinnen Ende März 1945 eingeschränkt. Im Süden und Westen durften sie vorwärts der

Korpsgefechtsstände nicht mehr beschäftigt werden. Im Osten und Südosten wurde als vorderste Linie das AOK festgelegt. (7)

Der positive Aspekt bei der Zurücknahme der Fronten war, daß der Bedarf an Wehrmachthelferinnen aller Wehrmachtsteile aus den Kontingenten der zurückgeführten Frauen und Mädchen gedeckt werden konnte. Trotz der hohen Verluste bei der Rückführung – bei der Versenkung des Flüchtlingsschiffes Wilhelm Gustloff befanden sich unter den 5 200 Opfern auch mehrere hundert Wehrmachthelferinnen – quollen die Auffanglager im Reichsgebiet aus den Nähten. Neue Unterkünfte außerhalb geschlossener Kasernenanlagen, z.B. in Schulen und ländlichen Gastwirtschaften, wurden geschaffen. Bei der Ausstattung der Lager hatten die Frauen Vorrang vor den Soldaten. Sie erhielten die letzten verfügbaren Bettstellen und Strohsäcke. Soweit Selbstverpflegung nicht in Frage kam, war ihnen Truppenverpflegung zu geben. (8)

Am 6.4.1945 befahl das Oberkommando der Wehrmacht, alle bei den Wehrmachtsteilen freiwerdenden Helferinnen zu den Wehrkreiskommandos in Marsch zu setzen. Die Wehrmachtsteile und die Waffen-SS konnten dort ihren Bedarf nach dem Zugriffverfahren decken. Die bisherige Verwendung oder Zugehörigkeit zu einem Wehrmachtsteil war ohne Belang. Die übrig bleibenden Helferinnen sollten „den örtlichen Gegebenheiten entsprechend in Zusammenarbeit mit den Dienststellen der Partei und des Staates vorübergehend einer Beschäftigung" zugeführt werden, z.B. in der Landwirtschaft, bei der NSV, in Wehrmachtsbetrieben oder in der Rüstung. Diejenigen, deren Heimat noch nicht feindbesetzt war, durften entlassen werden. Sie erhielten den Sold für 3 Monate vorausbezahlt. (9) Bei der Entlassung aus dem Lager hatten die Helferinnen die Dienstkleidung abzugeben. Wenn ihnen keine Zivilkleidung zur Verfügung stand, mußten sie von den Uniformen auf jeden Fall die Hoheitsabzeichen und die Dienstgradabzeichen entfernen und die Uniform durch Umfärben neutral gestalten. NSV und Wirtschaftsämter wurden aufgerufen, nach Möglichkeit für ausreichende Zivilkleidung der Helferinnen zu sorgen. „Auch für die Führerinnen wird es sich empfehlen, im gegebenen Falle rechtzeitig zivile Kleidung anzuziehen". (10)

Eines der größten Auffanglager für Wehrmachthelferinnen am Ende des Krieges war das Lager Rendsburg-Wüdelsdorf, wo Tausende von Wehrmachthelferinnen notdürftige Unterkunft fanden. Dort sammelten sich die Frauen und Mädchen, die Anfang Mai 1945 in Mittel- und Norddeutschland aus der Truppe herausgelöst wurden. Den Dienststellen wurde befohlen, alle Helferinnen „ordnungsgemäß" in Marsch zu setzen, sie nicht „ohne Papiere sich selbst zu überlassen", und sie „möglichst nach Westen führen". (11)

Die generelle Entlassung der Helferinnen wurde am 7.5.1945 befohlen. „Sämtliche Stabs-, Wehrmachts- und Nachrichtenhelferinnen aller Wehrmachtsteile sind sofort aus dem Dienst der Wehrmacht zu entlassen." (12) Die Helferinnen sollten mit Entlassungspapieren, Marschverpflegung für 1 Woche und vollen Gebührnissen bis einschließlich Juni unter Führung von Offizieren und mit wenig Gepäck spätestens am 12.5.1945 bei den Sammelplätzen eintreffen, um von dort als Zivilisten die Heimkehr in ihre Heimat zu versuchen. Die Überwachung des Befehls lag bei den Feldjägern. Diese hatten die Weisung, ab 12.5.1945 alle Helferinnen, die sich dann noch bei der Truppe aufhielten, „zwangsweise" zu entfernen. (13) Die für diese Aktion erforderlichen Vereinbarungen mit den alliierten Truppen traf der Oberquartiermeister beim Oberbefehlshaber West.

Die letzte militärische Weisung für die Wehrmachthelferinnen erließ Feldmarschall Kesselring in seiner Funktion als Oberbefehlshaber West am 11.5.1945 durch ein Fernschreiben um 2.20 Uhr:

„Angehörige des Wehrmachthelferinnenkorps und sonstiges weibliches Personal der Wehrmacht und Waffen-SS ist – soweit nicht mehr eingesetzt – von der Truppe zu trennen und unter der Leitung von Offizieren/Sanitätsoffizieren durch die Ortskommandanturen zusammenzufassen, in Heimen geschlossen unterzubringen, mit Verpflegung zu versehen und zu betreuen". (14)

Vor der Entlassung wurden alle Helferinnen einzeln von den Entlassungskommissionen der Alliierten überprüft. Das geschah in der Regel anhand der Eintragungen im Dienstbuch. Die 2 500 aus Österreich und Ungarn zurückgeführten Luftwaffenhelferinnen der 1. Jagddivision wurden innerhalb eines Monats bis auf 7 entlassen. Voraussetzung war eine Arbeitsbescheinigung. Diese wurden großzügig von den Bauern der Umgebung ausgestellt.

Bis zur vollständigen Räumung der Helferinnenlager blieb alles unter deutscher Regie. Die Intendantur sorgte für Verpflegung, die Führerinnenschaft für Dienstpläne und Ordnung, die Disziplinarvorgesetzten für die Bestrafung von Vergehen usw.

Nur die Helferinnen, die in den Wehrmachtführungsstäben tätig waren, blieben auch nach der Kapitulation auf ihren Posten und halfen bei der Abwicklung der Waffenstillstandsbedingungen. Als die Dienststellen von den Alliierten schließlich aufgelöst wurden, wurden viele von ihnen als Zeugen benötigt. Ihnen wurde untersagt, sich vom Standort zu entfernen. Die Helferinnen des OKL z.B. arbeiteten in dieser Zeit auf den Bauernhöfen südlich Aibling, um die Lagerzeit nützlich auszufüllen. (15)

Verluste

Über die Verluste unter den Helferinnen der Wehrmachtsteile gibt es keine Statistik. Eher weiß man, auf welche Weise zahlreiche Helferinnen zu Tode kamen. Es waren Partisaneneinsätze, Bombardierungen und Tieffliegerangriffe, die ihnen das Leben kosteten. Auch dabei sind nur Einzelschicksale bekannt. Die Kriegstagebücher schweigen sich ebenso aus wie Darstellungen über den Zweiten Weltkrieg.

In den besetzten Gebieten waren die abseits gelegenen Flugwachen häufig Angriffsziele der Partisanen. Der Schichtdienst mit verminderten Kräften verringerte die Aufmerksamkeit der Besatzungen. Als Beispiel diene der Überfall auf eine Flugwache des Fluko Straßburg in den Vogesen durch den Maquis am 12.6.1944, bei dem alle Angehörigen ermordet wurden, darunter mehrere Frauen. (16)

Die größte Zahl von Helferinnen starb mit einem Schlag am 19.4.1945 bei einem Angriff von 36 Bombern des Typs Martin B-26B der Royal Air Force auf die Leeraner Kaserne. Die Kaserne war voll mit Wehrmachthelferinnen aus dem Osten, die nicht nach Hause konnten, weil ihre Heimat bereits von der Roten Armee besetzt war. 249 junge Frauen kamen zu Tode. Sie wurden in Leer in zehn Massengräbern beigesetzt. Ihre Namen stehen auf den Grabsteinen (17).

In Stuttgart kamen am 25.7.1944 bei einem Bombenangriff ebenfalls zahlreiche Helferinnen gleichzeitig um. Eine Bombe explodierte im Flugwachkommando, das im Keller des Hauptpostgebäudes untergebracht war, und kostete 5 Offizieren und 30 Unteroffizieren und Helferinnen das Leben. 40 wurden verwundet. Die Nachtschicht des Flugwachkommandos Hannover vom 22. zum 23.9.1943 entging einer ähnlichen Katastrophe nur um ein Haar. Eine Mine riß die Fensterblenden des Kellers heraus und hüllte die Kommandoräume in Staub und Qualm. Die 40 Helferinnen stürzten unter einen schützenden Torbogen. Aber es passierte nichts mehr. Der leitende Wachoffizier, der erkannte, wie verstört die Frauen waren, schaltete eigenhändig die Fernsprecher zusammen und gab die erforderlichen Meldungen durch. Da trat eine Helferin auf ihn zu und sagte: „Wo Sie sterben, Herr Oberleutnant, da kann ich es auch." Dieses Beispiel veranlaßte einige, die

Plätze wieder einzunehmen, den Staub von den Anlagen zu wischen und weiterzuarbeiten. Die anderen begannen, den Brand im Haus zu löschen. (18)

In den letzten vier Monaten des Krieges, als die feindliche Luftüberlegenheit erdrükkend war, griffen Tiefflieger immer häufiger einzelne Flugwachen, Gerätestellungen und Flugwarnkommandos an. Am 29. 1. 1945 wurde die Flugmeßstellung Möwe bei Renningen von Bomben getroffen. Unter den Gefallenen waren auch zwei Flakwaffenhelferinnen. Eine Beobachterin am Freya-Gerät beim 10. Luftwaffennachrichten-Regiment wurde im Einsatz von Tieffliegern am Arm verwundet, setzte aber ihre Arbeit bis zur Ablösung fort. Sie erhielt das Kriegsverdienstkreuz mit Schwertern. (19)

Es ist erstaunlich, daß in diesen Wochen die Frauen die Stellungen hielten. Die Wirkungslosigkeit des Flugmeldedienstes war allen einsichtig. Flugzeugortungen und Flugwegbeschreibungen waren angesichts der sich am Himmel über Deutschland tummelnden Bomberpulks sinnlos. Am 22. 2. 1945 versammelten sich über dem Reichsgebiet etwa 9 000 alliierte Flugzeuge. Am 15. 2. 1945 waren es 13 000. Lediglich einzeln fliegende Feindmaschinen konnten angegriffen werden.

Im April 1945 wurden die männlichen Besatzungen der Flugwachen in Alarmeinheiten zusammengefaßt. Die Tätigkeit der Flugwachkommandos und Flugmeßstationen hörte praktisch auf. Die Helferinnen wurden „nach hinten" geschickt. Die Auflösung der Flugwachkommandos war einfacher, weil das Personal in der Regel ortsgebunden war und als „vorläufig beurlaubt" nach Hause entlassen werden konnte. Wieviele Helferinnen auf dem Weg in ihre Heimat in den letzten Kriegstagen umkamen, wird immer im Dunkeln bleiben. Die in Ostpreußen eingesetzten Luftwaffenhelferinnen der Luftwaffenregimenter 260 und 261, insgesamt etwa 1 000 Mädchen, wurden Anfang Januar vom Sammellager Königsberg aus nach Westen in Marsch gesetzt. Ihre Spur ging verloren. (20) Ebenso blieben zahlreiche Helferinnen verschollen, die in Kriegsgefangenschaft gerieten.

Offiziere der deutschen Wehrmacht, die in den letzten Monaten des Krieges mit Helferinnen zu tun hatten, bestätigen übereinstimmend, daß das Verhalten der Frauen in den Turbulenzen des Jahres 1945 vorbildlich war. Ihrer Opferbereitschaft wird ein gutes Zeugnis ausgestellt. Je chaotischer die Situationen waren und je brüchiger die Kameradschaft wurde, desto deutlicher seien die fraulichen Tugenden zutage getreten.

Belegstellen

(1) OKW Wehrmachtsführungsstab vom 28. 2. 1945, in: Gersdorff, a.a.O., S. 504
(2) OKW Az. 26f/8804/44 vom 20. 7. 1944, Bundesarchiv NS 6/vorl. 347; OKW Az. 1649/44 vom 5. 9. 1944, Gersdorff, a.a.O. S. 441
(3) Chef OKW Nr. 9660/44 vom 27. 11. 1944, Bundesarchiv/Militärarchiv RW 4/v. 702, S. 467. Der Kommandant des Heeresgebietes Südfrankreich hatte am 1. 12. 1943 befohlen, daß die Stabshelferinen „auch im Kampffall, solange es die Lage zuläßt, zur Fortführung der Dienstgeschäfte bei allen dem Kdt. H. Geb. Südfr. unterstellten Dienststellen" zu bleiben hätten, und den Dienststellenleitern als Zeitpunkt der Rückführung der Helferinnen den Termin genannt, wenn „die Sicherheit der Stabshelferinnen zu sehr gefährdet" sei und den Personenkreis eingeschränkt – „soweit sie dienstlich entbehrlich" und nicht in Erster Hilfe ausgebildet seien. Da unter diese Einschränkungen fast alles weibliche Personal fiel, unterblieb der Abzug zur rechten Zeit. Vgl. ebenda.
(4) Vgl. Karl Otto Hoffmann, Die Geschichte der Luftnachrichtentruppe, Band 2, Teil 2, Neckargemünd 1973, S. 217
(5) Ebenda

(6) Der Oberbefehlshaber Südwest Ob Heeresgruppe C Nr. 2370/45 vom 13.3.1945, Bundesarchiv/Militärarchiv RH 19 X/52

(7) OKW Nr. 50/45 geheim WFSt/Org II 1 vom 23.3.1945, Bundesarchiv/Militärarchiv RW 4/v. 702

(8) Luftgaukommando XI vom 30.4.1945, in: Gersdorff, a.a.O., S. 532

(9) Vgl. Fernschreiben OKW WFSt/Qu. Ag WV Nr. 1264/45 vom 6.4.1945, in: Gersdorff, a.a.O., S. 520 f. Dörte Winkler, Frauenarbeit im Dritten Reich, Hamburg 1977, S. 153

(10) Vgl. Luftgaukommando XI vom 30.4.1945, in: Gersdorff, a.a.O., S. 532

(11) KR-Funkspruch vom 3.5.1945 Nr. 3161/45 Luftwaffenkommando 26, Bundesarchiv/Militärarchiv RL 7/547, Blatt 102

(12) Funkspruch OKL vom 7.5.1945, 18.14 Uhr, Bundesarchiv/Militärarchiv RL 547, Blatt 167

(13) Ebenda

(14) Bundesarchiv/Militärarchiv RL 7/547

(15) Bundesarchiv/Militärarchiv RL 7/547

(15) Vgl. Karl Koller, Der letzte Monat, Mannheim 1949, S. 118

(16) Karl Otto Hoffmann, a.a.O., Band 2, Teil 1, S. 346

(17) Schriftliche Mitteilung, Heinz Weber vom 8.11.1997

(18) Karl Otto Hoffmann, a.a.O., Band 2, Teil 1, S. 315

(19) Karl Otto Hoffmann, a.a.O., Band 2, Teil 1, S. 345

(20) Karl Otto Hoffmann, a.a.O., Band 2, Teil 1, S. 364

Frauen in Kriegsgefangenschaft

In deutscher Kriegsgefangenschaft

Zum erstenmal sah sich die deutsche Wehrmacht weiblichen Soldaten während des Rußlandfeldzuges gegenüber. Wenige Wochen nach dem deutschen Angriff gegen die Sowjetunion führte das Staatliche Verteidigungskomitee der UdSSR die allgemeine militärische Pflichtausbildung für Frauen ein. Im Rahmen dieses Programms wurden vom Oktober 1941 bis Dezember 1943 120000 Frauen als Infanteristinnen und 20000 Frauen für den Fernmeldedienst ausgebildet. (1) Tausende gerieten in deutsche Kriegsgefangenschaft. Um ihre Behandlung als Kombattanten zu regeln, gab das Oberkommando der Wehrmacht die Sammelmitteilung Nr. 577 für die in Rußland kämpfenden Verbände heraus. Danach sollten die weiblichen Kriegsgefangenen in die allgemeinen Kriegsgefangenenlager kommen, aber dort getrennt von den männlichen Kriegsgefangenen untergebracht werden. Innerhalb des Lagers sollten sie im Sanitäts- und Gesundheitswesen und im Küchendienst Verwendung finden. Wenn mehr Russinnen anfielen, als in den Kriegsgefangenenlagern zu diesen Arbeiten benötigt wurden, sollten sie „Industrie-Arbeitskommandos" zugeteilt werden. Über ihren Einsatz hatten die Kommandanten der Kriegsgefangenenlager mit den zivilen Arbeitseinsatzstellen der deutschen Besatzungsbehörden zu verhandeln. Für weibliche Kommissare in Uniform galten die von Hitler am 6.6.1941 im sogenannten Kommissarbefehl festgelegten Sonderregelungen. Die im Kampf oder Widerstand ergriffen wurden, waren „grundsätzlich sofort mit der Waffe zu erledigen". Die anderen waren „nach durchgeführter Absonderung zu erledigen". (2) Weibliche Zivilpersonen, die als Agentinnen identifiziert wurden, waren „der Polizei zu übergeben". (3) In den Händen der Gestapo erwartete sie das gleiche Schicksal wie die Kommissarinnen. In den Einsatzbefehlen der im Osten kämpfenden deutschen Einheiten war von solchen Frauen öfters die Rede: Im Oktober 1941 veröffentlichte z.B. Feldmarschall von Reichenau, damals Oberbefehlshaber der 6. Armee im Rahmen der Heeresgruppe Süd, einen Befehl „Betr.: Verhalten der Truppe im Osten". Darin forderte er von den Soldaten, „im Osten . . . nicht nur Kämpfer nach den Regeln des Krieges, sondern . . . gleichzeitig der Exponent einer kompromißlosen Ideologie und der Rächer aller jener Bestialitäten, die an Deutschen und rassischen Verwandten begangen wurden", zu sein. Ein Absatz des Befehls lautete:

„Der Kampf gegen den Feind im Rücken der Front ist bisher nicht ernst genug genommen worden. Immer noch werden grausame und verräterische Partisanen und verkommene Frauen zu Gefangenen gemacht, Franktireurs und Herumtreiber, teilweise in Uniform oder gänzlich in Zivil, werden immer noch wie anständige Soldaten behandelt und in die Kriegsgefangenenlager eingeliefert. Gefangene russische Offiziere mokieren sich darüber, daß sowjetische Agenten sich frei auf den Straßen bewegen und ihre Verpflegung häufig von deutschen Feldküchen beziehen. Ein derartiges Verhalten der Truppe ist ein Zeichen völliger Gedankenlosigkeit. In Anbetracht dessen ist es höchste Zeit, daß die Offiziere die Leute auf die Bedeutung des augenblicklichen Kampfes hinweisen".

Reichenau forderte von den Soldaten eine zweifache Pflicht:
1. die Ausrottung der bolschewistischen Doktrin
2. den rücksichtslosen Kampf gegen Verrat und Grausamkeit auf seiten des Gegners zum Schutz der deutschen Wehrmacht.

Hitler fand Gefallen an dem Brief und veranlaßte, daß er auch bei anderen Armeen in Umlauf gesetzt werde. Feldmarschall Erich von Manstein, der Befehlshaber der 11. Armee, die der Heeresgruppe Süd unterstellt war, weigerte sich, ein Papier zu unterschrei-

ben, das so viel Propaganda enthielt und sich auf die Disziplin der Armee nachteilig auswirken mußte. Durch eine direkte Anweisung des Oberkommandos des Heeres wurde er
jedoch am 28.10.1941 gezwungen, den Befehl herauszugeben. Zu den wesentlichen Änderungen, die er anbrachte, gehörte auch die Streichung des Hinweises auf „verkommene
Frauen". (5)

Zur Sicherstellung der Kohlenförderung benötigte der Reichswirtschaftsminister 1943
Gefangene in größerer Zahl. Deshalb bestimmte der Wehrmachtsführungsstab, daß auch
die in den Bandenkämpfen gemachten männlichen Gefangenen zwischen 16 und 55 als
Kriegsgefangene zu behandeln und „ins Reich zum Arbeitseinsatz zu bringen" seien. (6)
Für die kriegsgefangenen Frauen – auch die im Partisanenkampf eingebrachten – regelte
der Reichsführer-SS die Einsatzfrage am 5.8.1943. Er befahl, die jüngeren Frauen über die
Dienststelle Sauckel „nach Deutschland zur Arbeit zu vermitteln". Kinder und alte Frau-
en sollten in Frauenlagern gesammelt und auf Gütern oder am Rande der evakuierten Gebiete zur Arbeit eingesetzt werden. (7)

Da die Sowjetunion der Genfer Konvention nicht beigetreten war, hatte das Internationale Rote Kreuz keinen Anlaß, sich um das Schicksal der kriegsgefangenen und er-
schossenen russischen Frauen zu kümmern. Das war anders, als nach dem Warschauer
Aufstand im August 1944 weibliche Soldatinnen der polnischen Befreiungsarmee unter
General Bor-Komorowski in deutsche Hand fielen. Für die weiblichen Gefangenen richtete die deutsche Wehrmacht drei Stalags mit 499 Offizieren, 41 Unteroffizieren, 467 Soldatinnen und 101 Krankenschwestern ein. Ihnen wurden die Dienstgradabzeichen abgenommen. Unabhängig vom Dienstgrad wurden alle gefangenen Frauen zu zivilen Arbeiten herangezogen. Einige Proteste der weiblichen Offiziere, die im Gegensatz zur Genfer
Konvention vom 27.7.1929 zum Arbeiten gezwungen wurden, erreichten die Zentrale des
Roten Kreuzes. Am 9.1.1945 protestierte das Komitee vom Internationalen Roten Kreuz
bei den deutschen Behörden gegen diesen Verstoß gegen internationale Vereinbarungen.
Unerwartet rasch wurden die weiblichen Offiziere aus den Arbeitsstellen zurückgezogen
und damit der Beschwerde des IRK stattgegeben. (8)

Solche Erfahrungen mit dem Einsatz von Frauen im Kriege und ihrer Gefangensetzung
machte sich die dritte Genfer Konvention vom 12.8.1949 zu eigen. Insgesamt 9 Artikel
dieser Konvention berücksichtigen die Belange von Frauen in den Streitkräften. (9) Damit
soll den Gesetzen der Humanität, der besonderen Achtung gegenüber den Frauen und
ihrer organischen Anfälligkeit Rechnung getragen werden. Kriegsgefangene Frauen werden in besonderem Maße als schutzbedürftig betrachet. Nach völkerrechtlichen Gesichtspunkten kann von der Gleichstellung der Frau mit dem Mann deshalb nur beschränkt gesprochen werden. (10)

In alliierter Kriegsgefangenschaft

Das weibliche Wehrmachtsgefolge hatte Anspruch auf den völkerrechtlichen Schutz
nach Art. 3 der Anlage zum Haager Abkommen betreffend die Gesetze und Gebräuche
des Landkrieges und nach Art. 1 des Genfer Abkommens über die Behandlung der
Kriegsgefangenen. Verwundete mußten „unter allen Umständen geschont und geschützt
werden" und waren „mit Menschlichkeit zu behandeln und zu versorgen". (11) Rot-
Kreuz-Schwestern durften nach Art. 14 des Genfer Abkommens zurückgehalten werden,
um die Fürsorge für die Verwundeten und erkrankten Soldaten der eigenen Streitkräfte
sicherzustellen, wenn „gegenseitige besondere Vereinbarungen" vorhanden waren.
Die Helferinnen der Wehrmachtsteile und der SS wurden bereits 1943 darüber belehrt,

wie sie sich im Falle der Gefangennahme zu benehmen hätten. Gefahr drohte ihnen damals eigentlich nur von Partisaneneinheiten. Das offizielle Merkblatt des OKW für die Helferinnen hatte folgenden Inhalt: (12)

Merkblatt über das Verhalten der Helferinnen des Heeres im Falle der Gefangennahme

1. Deutsche Frauen und Mädchen sollen nicht zum Kampf mit der Waffe in der Hand eingesetzt werden.
2. Wenn Du dem Zugriff des Feindes nicht mehr entgehen kannst, so greife *nicht* zur Waffe. Du läufst sonst Gefahr, vom Feind als „Flintenweib" behandelt zu werden.
3. Jede Helferin, die unbewaffnet in Feindeshand fällt, kann nach den internationalen Abmachungen verlangen, mit der einer Frau geschuldeten Rücksicht behandelt zu werden.
4. Vernichte oder beseitige bei drohender Gefahr der Gefangennahme alle Schriftstücke (Befehle, Ausweise, Meldungen, Karten, Skizzen, Briefe, Notizbücher usw.) sofort und unauffällig. Behalte nur Erkennungsmarke und Einsatzbuch; vernichte jedoch nach Möglichkeit die Seite über Bezeichnung der Dienststelle.
5. Fällst Du in die Hand des Feindes, so sei Dir immer bewußt, daß Du Ehre und Ansehen Deines Vaterlandes und Würde der deutschen Frau zu wahren hast.
6. Bei Vernehmungen darfst Du nur Namen, Dienstgrad, Geburtstag, Geburtsort und Heimatanschrift angeben! Jede weitere Aussage (nicht nur militärischer Art) nutzt dem Feinde und kann Landesverrat sein. Selbst noch so harmlos erscheinende Fragen haben einen besonderen Grund! Es empfiehlt sich, die Beantwortung jeder weiteren Frage möglichst nur mit dem als praktisch erprobten Satz „Kann ich nicht sagen" abzulehnen.
7. Rede bei Vernehmungen nur in eigener Sprache.
8. Lasse Dich auch nicht in anscheinend harmlose Gespräche verwickeln, beantworte insbesondere keine politischen Fragen.
9. Lasse Dich nicht zu Bestätigungen bereits bekannter Tatsachen oder angeblicher Aussagen von Kameradinnen oder kriegsgefangenen Soldaten verleiten.
10. Versuche nicht, selbständig bewußt falsche und irreführende Angaben zu machen. Die feindlichen Vernehmungsoffiziere sind erfahren und schwer zu täuschen.
11. Sei gegenüber höflicher Behandlung und jeder Bevorzugung vorsichtig! Baue nicht auf Versprechungen! Sie werden nie gehalten. Auch der Feind verachtet den Verräter.
12. Keine schriftlichen Aufzeichnungen, die für den Feind von Bedeutung sein können!
13. Nicht im feindlichen Rundfunk sprechen oder Erklärungen unterschreiben, die der feindlichen Propaganda dienen können!
14. Äußerste Vorsicht vor Spitzeln! Zurückhaltung gegenüber Unbekannten! Auch bei Gesprächen mit Bekannten immer mit Abhörvorrichtungen, besonders in geschlossenen Räumen, rechnen!
15. Nach den internationalen Abmachungen dürfen Dir persönliche Ausweise, Ehrenzeichen und Wertgegenstände nicht abgenommen werden. Auch alle persönlichen Sachen und Gebrauchsgegenstände sowie die Gasmaske verbleiben Dir. Geld wird Dir gegen Empfangsschein abgenommen, aber gutgeschrieben.
    Du kannst verlangen, daß man Dir Gelegenheit gibt, Deinen Angehörigen über Aufenthalt und Gesundheitszustand Mitteilung zu machen.
16. Mißtraue allen Nachrichten des Feindes. Er wird mit allen Mitteln versuchen, Dich in Deinem Glauben an Dein Vaterland und in Deinem Vertrauen zum Sieg zu erschüttern. Bleibe Dir Deiner Verpflichtung als deutsche Frau bewußt. Nur durch entschlossenen Willen und entschiedene Haltung erwirbst Du dir die Achtung des Feindes.

Zum erstenmal fiel eine größere Zahl von Helferinnen in die Hände der Alliierten, als bei der überstürzten Räumung Südfrankreichs das weibliche Gefolge zurückblieb. Tausende von Wehrmachthelferinnen wurden von den alliierten Truppen kurz vor der Kapitulation gefangen genommen. Mehrere Frauenlager entstanden in Italien. In 102 Berichten der Delegierten des Internationalen Komitees vom Roten Kreuz über Lagerbesuche unmittelbar vor oder nach dem Waffenstillstand, im Zeitraum vom März 1945 bis Juni

1946, wurden insgesamt 8717 deutsche Frauen in Kriegsgefangenenlagern und -lazaretten der Westalliierten außerhalb des Reichsgebietes registriert. Von diesen waren eindeutig identifizierte Kriegsgefangene 1444 Frauen: 348 Wehrmachthelferinnen und 1096 Rot-Kreuz-Schwestern. Die restlichen 83 % weibliche Lagerinsassen waren hinsichtlich ihres Status nicht zu entschlüsseln. Die meisten Frauen wurden in folgenden Lagern angetroffen: Modena (amerikanisch) mit 1903 Frauen am 3.6.1945, Scandicci bei Florenz (amerikanisch) mit 858 Frauen am 6.7.1945, Bolzano (amerikanisch) mit 419 Frauen am 3.9.1945, Chartres (amerikanisch) mit 421 Frauen am 23.4.1945, Stenay (amerikanisch) mit 354 Frauen am 12.7.1945 und Dombaas (englisch) mit 253 Frauen am 23.2.1946. (13)
Die Gefangennahme der Helferinnen im Südosten hatte vielfach üble Begleiterscheinungen. Die Rache der Sieger – besonders Übles wird von Tschechen und Jugoslawen berichtet – erfaßte vor allem die Schwachen und Kranken. Bei der Besetzung Belgrads durch Titos Partisanen und die sowjetische Armee gerieten Hunderte von Helferinnen und Rot-Kreuz-Schwestern in Gefangenschaft. Die meisten wurden erschossen, erhängt und ersäuft. (14) Von dem Marsch der Gefangenen nach Fiume (Triest) wird folgendes berichtet:

„Auf dem Wege bekamen die Gefangenen fast nichts zu essen. Wenn sich ein Soldat oder eine Nachrichtenhelferin einmal an einem Brunnen laben wollte, wurde sie kurzerhand von den Begleitmannschaften in den Brunnen hinabgeworfen. Wer etwas außerhalb der Kolonnen marschierte, wurde erschossen. Derjenige, der einem solchen Kameraden helfen wollte, wurde ebenfalls erschossen. An diesem 200 km langen Marsch nahmen auch viele deutsche Nachrichtenhelferinnen und DRK-Schwestern teil. Die Frauen wurden bis aufs Hemd ausgezogen und während der Rastpausen laufend von den Wachmannschaften vergewaltigt . . .“ (15)

Im Osten verloren sich die Spuren der weiblichen Wehrmachtsangehörigen im Schicksal der Zivilverschleppten. In Heimkehrerberichten über die Kriegsgefangenenlager auf dem Balkan und in der UdSSR ist von Frauen nur selten die Rede. Anhaltspunkte, ob es sich um verhaftete Zivilpersonen oder um Angehörige des Wehrmachtsgefolges handelte, konnten nicht gegeben werden.
Eine Zusammenfassung der Hypothesen gab die Suchdienstzeitung des DRK vom 31. Dezember 1954:

„Die Wehrmachthelferinnen und Rotkreuzschwestern wurden erfahrungsgemäß von den Soldaten meist unmittelbar nach ihrer Gefangennahme getrennt und in den Sammellagern abgesondert untergebracht. Auch gab es ausgesprochene Frauensammellager, so z.B. Ghencea in Rumänien. Infolge dieser frühzeitigen Absonderung wissen heimgekehrte ehemalige Soldaten nur recht wenig über das Schicksal gefangengenommener weiblicher Wehrmachtangehöriger auszusagen. Eine gleiche Feststellung läßt sich auch im Hinblick auf den Aufenthalt in den Lagern Sowjetrußlands treffen. Es gab dort bekanntlich neben den Kriegsgefangenenlagern von jeher spezielle Zivilinterniertenlager. In diese wurden die aus Ostpreußen, aus den Gebieten jenseits der Oder-Neiße und aus den Balkanstaaten verschleppten deutschen Zivilpersonen verbracht, wobei wiederum spezielle Frauenlager entstanden, vorwiegend im Donbass, im Ural und in Sibirien (Karaganda, Kemerowo, Stalinsk). Das gefangengenommene weibliche Wehrmachtgefolge wurde ebenfalls in diese Lager übergeführt, so daß die Frauen und Mädchen kaum noch mit ehemaligen Soldaten in Berührung kamen, es sei denn auf den gemeinsamen Arbeitsstellen, wie etwa in den Schachtanlagen im Donezgebiet.
Die Lebens- und Arbeitsbedingungen unterschieden sich im allgemeinen nicht von denen der männlichen Gefangenen. Doch war der Postverkehr mit der Heimat für sie erheblich schwieriger, da man ihnen sehr häufig die Möglichkeit, nach Hause zu schreiben, vorenthielt.
Es ist zu befürchten, daß die Sterblichkeit unter dem in Gefangenschaft geratenen weiblichen Wehrmachtgefolge angesichts der ungewöhnlich harten Arbeit und der kaum zu leistenden Normen diejenige ihrer männlichen Schicksalsgefährten erreicht, wenn nicht gar übertrifft.“

Als die Heeresgruppe Südukraine kapitulierte, waren in ihrem Bereich etwa 1 500 deutsche Frauen als Rot-Kreuz-Schwestern oder Wehrmachthelferinnen eingesetzt. Die Armeeführungen bemühten sich, die meisten von ihnen rechtzeitig nach Deutschland zurückzuführen. 250 Frauen wurden am 24.8.1944 mit der Eisenbahn nach Wien in Marsch gesetzt. 250 Frauen wurden in Flugzeuge verladen. Wieviele von ihnen Deutschland erreichten, ist unbekannt, da mehrere Flugzeuge abgeschossen und die Züge von jugoslawischen Partisanen angehalten wurden. Die anderen wurden im Frauensammellager Ghencea bei Bukarest zusammengeführt. Im November 1944 gab es dort etwa 1 000 Frauen. Am 11. 1. 1945 wurden alle außer den Kranken in Waggons verladen und in russische Arbeitslager gebracht. Wenige überlebten die Jahre der Zwangsarbeit. (16)

Helferinnen, die in Ostpreußen gefangen genommen wurden, wurden über die Sammellager Insterburg, Zichenau oder Tapiau nach Osten abtransportiert. Die Sammellager für Westpreußen waren Graudenz und Deutsch-Eylau. Die in Pommern eingebrachten Zivilgefangenen wurden über Posen und Soldau in die Sowjetunion gebracht. Wer in Schlesien in russische Gefangenschaft geriet, wurde über die Sammellager Beuthen und Gleiwitz in die Sowjetunion verschleppt.

Der Abtransport von weiblichen Zivilpersonen in sowjetische Arbeitslager war Mitte Arpil 1945 im großen und ganzen abgeschlossen. Die Zahl der von den Polen gefangen gehaltenen deutschen Zivilisten betrug sicher mehrere Hunderttausend, aber der weibliche Anteil ist unbekannt, von der Zahl der Helferinnen ganz zu schweigen. Die Lebensbedingungen der in russische Arbeitslager verschleppten Frauen waren so hart, daß die Sterblichkeit hoch war. Im Frauenlager Nusal im Kaukasus kam von 2 000 Insassinnen die Hälfte an Entbehrung, Hunger und Kälte um. (17)

Ermittlungen des Suchdienstes Bethel bei Bielefeld nach vermißten deutschen Frauen und Mädchen führten zu der Vermutung, daß etwa 25 000 Frauen, die zum Wehrmachtsgefolge gehörten, in die Sowjetunion gebracht wurden. (18) Gemessen an der Stärke des deutschen Ostheeres gegen Kriegsende erscheint diese Zahl nicht zu hoch. Immerhin waren am 1.3.1945 an der Ostfront insgesamt 170 Divisionen eingesetzt und im Südosten weitere 22. (19) Da die östlichen Gewahrsamsmächte die Angehörigen des weiblichen Gefolges der Wehrmacht nicht zu den Kriegsgefangenen zählten, sondern sie als Zivilgefangene behandelten, wären sie der Kontrolle des Internationalen Roten Kreuzes auch entglitten, wenn diesem der Besuch der Kriegsgefangenenlager gestattet worden wäre. Da die UdSSR dem Genfer Kriegsgefangenenabkommen vom 1929 nicht beigetreten war, ließ es jedoch keinerlei Lagerbesuche in seinem Land zu.

Belegstellen

(1) Vgl. voenno-istoričeskij žurnal 1/1977, S. 74
(2) Vgl. Kommissarbefehl v. 6.6.1941, in: Hans-Adolf Jacobsen, 1939-1945. Der Zweite Weltkrieg in Chronik und Dokumenten, Darmstadt 1959, S. 411
(3) OKW Abt. Kriegsgefangenenwesen, Sammelmitteilung Nr. 577
(4) Jehuda L. Wallach, Feldmarschall Erich von Mannstein und die deutsche Judenausrottung in Rußland, in: Jahrbuch des Instituts für Deutsche Geschichte, hrsg. von Walter Grab, Tel-Aviv 1975, S. 460f.
(5) Die Zurückhaltung der 11. Armee Mannsteins gegenüber der russischen Zivilbevölkerung führte zu seinem Freispruch im Mannstein-Prozeß, der 1949 vor einem britischen Kriegsgericht in Hamburg stattfand. Vgl. ebenda, S. 458

(6) Vgl. OKW Az. 2f 24.16 AWA/Kriegsgef./Org. III Nr. 2760/43 vom 15.7.43, Bundesarchiv/Militärarchiv RW 4/v. 763; Franz W. Seidler, SS-Sondereinheit Dirlewanger, in: Damals 1977, S. 599ff.

(7) Reichsführer-SS Adj. TgbNr. 891/43 geh. v. 5.8.1943, Bundesarchiv/Militärarchiv RW 4/v. 763

(8) Vgl. Jean Des Cilleuls, En marge des Conventions de Genève. Les femmes prisonnières de guerre, in: Paris-Médical vom 10.3.1951; vgl. auch Revue Internationale de la Croix-Rouge 1951, S. 309f. Der Vorschlag des Kriegsgefangenenreferats im OKW, die Frauen ohne Rücksicht auf den Dienstgrad aus der Gefangenschaft zu entlassen und durch die Arbeitsämter in Arbeitsplätze vermitteln zu lassen – weil die Gefangenenlager überbelegt seien – wurde nicht verwirklicht. Vgl. Kriegsgef. Allg. Az. 2 f 24.70 (Ia) Nr. 4811/44g vom 8.10.1944, Betr.: Behandlung der bei den Kämpfen in Warschau gefangenen Polen, Bundesarchiv/Militärarchiv RW 4/v. 764

(9) Nach Artikel 4 des Genfer Abkommens vom 12. August 1949 über die Behandlung der Kriegsgefangenen gehören „Mitglieder von Arbeitseinheiten oder von Diensten, die für die Betreuung der Militärpersonen verantwortlich sind, sofern dieselben von den Streitkräften, die sie begleiten, zu ihrer Tätigkit ermächtigt" sind, zum Kreis der Kriegsgefangenen.
Arikel 14 legt fest: „Die Kriegsgefangenen haben unter allen Umständen Anspruch auf Achtung ihrer Person und ihrer Ehre. Frauen werden mit aller ihrem Geschlecht gebührenden Rücksicht behandelt und erfahren eine ebenso günstige Behandung wie die Männer."
Nach Artikel 25 muß „in allen Lagern, in denen gleichzeitig männliche und weibliche Gefangene untergebracht sind, ... für getrennte Schlafräume gesorgt sein".
Artikel 29 verpflichtet den Gewahrsamsstaat, alle nötigen Hygienemaßnahmen zu treffen, um die Sauberkeit der Lager zu gewährleisten und Massenerkrankungen vorzubeugen. Die sanitären Einrichtungen müssen den Erfordernissen der Hygiene entsprechen. „In den Lagern, in denen sich auch weibliche Kriegsgefangene aufhalten, werden diesen getrennte sanitäre Einrichtungen zur Verfügung gestellt."
Artikel 88 postuliert, daß Kriegsgefangene nicht strenger bestraft werden dürfen als Mitglieder der Streitkräfte des Gewahrsamsstaates bei gleichen Vergehen. Für weibliche Kriegsgefangene wird festgelegt, daß sie „nicht strenger bestraft und während ihrer Strafverbüßung nicht strenger behandelt" werden dürfen als die wegen der gleichen strafbaren Handlung bestraften weiblichen Angehörigen der Streitkräfte des Gewahrsamsstaates. Auf keinen Fall dürfen sie strenger bestraft werden und schlechter behandelt werden als die gefangenen Männer. Weibliche Kriegsgefangene, die eine Disziplinarstrafe verbüßen, müssen „in von den Männerabteilungen getrennten Räumen in Haft gehalten und unter die unmittelbare Überwachung von Frauen gestellt" werden. (Artikel 97)
Der Gewahrsamsstaat kann gesunde Kriegsgefangene – auch Frauen – „unter Berücksichtigung ihres Alters, ihres Geschlechts, ihres Dienstgrades sowie ihrer körperlichen Fähigkeiten zu Arbeiten heranziehen". (Artikel 49)
Kriegsgefangene Unteroffiziere – auch Frauen – dürfen nur zu Aufsichtsdiensten verpflichtet werden. Falls Offiziere und ihnen Gleichgestellte „um eine ihnen zusagende Arbeit nachsuchen, ist sie ihnen nach Möglichkeit zu verschaffen". Es ist jedoch untersagt, Offiziere – auch weibliche – zur Arbeit zu zwingen.
Die Vereinbarung über die direkte Heimschaffung und Hospitalisierung von verwundeten und kranken Kriegsgefangenen in neutralen Ländern zählt im Anhang I „alle weiblichen Kriegsgefangenen, die schwanger sind, oder kriegsgefangene Mütter mit ihren Säuglingen und Kleinkindern" zu dem Personenkreis, der in einem neutralen Land hospitalisiert werden muß. (Anhang I, B 7)

(10) Anton Schlögel, Die Genfer Rot-Kreuz-Abkommen v. 12.8.1949, Mainz und Heidelberg 1960, S. 136ff.

(11) Vgl. Kapitel 1, Art. 1 des Genfer Abkommens zur Verbesserung des Loses der Verwundeten und Kranken der Heere im Felde vom 27.7.1929

(12) Gersdorff, a.a.O., S. 374. Komplizierter als der völkerrechtliche Schutz der Helferinnen waren die Erwägungen, die man sich in der Parteikanzlei über den völkerrechtlichen Schutz der Parteigenossen machte, die in Kampfhandlungen gerieten. Man erwog zwei Alternativen: 1. eine Mit-

teilung an die kriegführenden Mächte, daß alle Uniformträger der Partei als Kombattanten anzusehen seien 2. das Anlegen der von der Wehrmacht vorgeschriebenen gelben Armbinde mit der Aufschrift „Deutsche Wehrmacht" vor Kampfmaßnahmen. Der erste Vorschlag scheiterte daran, daß Hitler seit 1933 behauptet hatte, bei den Parteiorganisationen handle es sich um zivile Organisationen und nicht um Kampforganisationen. Die zweite Variante hielt man für abträglich für die Partei und ihre Organisationen in der Inlandpropaganda. Die Lösung fand man dann mit der Einführung des Volkssturms. Vgl. Vorlage Pg. Lorenzen an Bormann vom 30.3.1943, Bundesarchiv NS 6/167

(13) Kurt W. Böhme, Zum Schicksal der weiblichen Kriegsgefangenen, in: Die deutschen Kriegsgefangenen des zweiten Weltkrieges, hrsg. von Erich Maschke, München 1974, S. 338
(14) Wolfgang Stobbe, Wehrmachtshelferinnen, Teil 2, in: Soldat und Waffe, Heft 14, S. 134
(15) Wilhelm Anders, Verbrechen der Sieger, Leoni 1975, S. 68ff.
(16) Zur Geschichte der Kriegsgefangenen im Osten, hrsg. vom Suchdienst des deutschen Roten Kreuzes, München 1954, S. 83f.
(17) Neue Zeitung vom 4.8.1948
(18) Süddeutsche Zeitung vom 11.10.1949
(19) Kriegstagebuch des Oberkommandos der Wehrmacht, Band 4, Frankfurt 1961, S. 187ff.

Das Helferinnenkorps der SS

Die SS-Helferinnen hatten mit den Aufseherinnen der Konzentrationslager nichts zu tun. Es ist kein Fall bekannt, daß eine Angehörige des SS-Helferinnenkorps zu einer solchen Verwendung bereit gewesen wäre. Die KZ-Aufseherinnen waren in der Mehrzahl Freiwillige, die zur Wahrnehmung dieser hoheitlichen polizeilichen Aufgaben nach der Notdienstverordnung vom 15.10.1938 in Pflicht genommen wurden. Über ihre Rekrutierung und Ausbildung ist nichts bekannt.

Die SS-Helferinnen entsprachen den Helferinnen der Wehrmachtteile. Sie hatten die gleichen Funktionen inne: im wesentlichen nicht kombattante Tätigkeiten zur Freisetzung von SS-Männern für den Waffendienst.

Der Reichsführer-SS Heinrich Himmler entschloß sich erst 1942, dem Vorbild der Wehrmacht zu folgen und für das Nachrichtenverbindungswesen der SS eine weibliche Helferinnenschaft zu gründen. Im Unterschied zur Wehrmacht wurde auf die Auswahl der Frauen besonderes Gewicht gelegt. Es sollte sich um eine Auslese handeln. Jede von ihnen sollte die potentielle Ehefrau eines SS-Mannes sein können. Öffentliche Werbung war verboten. Für ihre Ausbildung wurde 25 km südwestlich von Straßburg die Reichsschule-SS in Oberehnheim gegründet. Die dort Ausgebildeten blieben auch während des Einsatzes Angehörige dieser Schule, entsprechend den Mutterklöstern der religiösen Orden. Etwa 3 000 Frauen wurden in Oberehnheim ausgebildet, bevor die Schule im November 1944 geräumt wurde.

Die Gründung der SS-Helferinnenschaft und der Oberehnheimer Schule

Erst Anfang 1942, eineinhalb Jahre nachdem die ersten Helferinnen der Wehrmachtsteile uniformiert worden waren, befahl Himmler die Aufstellung eines SS-Helferinnenkorps. Die Initiative ging vom Chef des SS-Fernmeldewesens, SS-Gruppenführer Sachs, aus. Er wurde am 17.2.1942 von Himmler mit der Erstellung von Richtlinien für die Ausbildung und den Einsatz von Helferinnen beauftragt. Himmler verfolgte mit der Aufstellung eines weiblichen Nachrichtenkorps zwei Ziele. Zum einen wollte er SS-Männer für den Fronteinsatz freimachen und zum zweiten wollte er das Nachrichtenwesen der SS von Luftwaffe und Heer unabhängig machen. Neben den zivilen Angestellten und Arbeitern in den Dienststellen der SS waren bis zu diesem Zeitpunkt nämlich auch Luftwaffenhelferinnen in der SS tätig geworden. (1)

Am 31.3.1942 legte SS-Gruppenführer Sachs die erbetenen Richtlinien für ein weibliches Nachrichtenhelferinnenkorps vor. Sie sahen neben der Ausbildung von Funkerinnen, Fernschreiberinnen und Fernsprecherinnen auch die Vorbereitung für das „Leben im Rahmen der Sippengemeinschaft" vor. Zentrale Ausbildungsstätte sollte eine Schule WNK-SS (Weibliches Nachrichtenkorps-SS) sein. Im Unterschied zu Heer und Luftwaffe, wo die Ausbildungsstätten die Helferinnen lediglich für den Einsatz bei der Truppe vorbereiteten, war die Schule WNK-SS so konzipiert wie das Mutterhaus der konfessionellen Orden. Dort sollte nicht nur die „grundlegende weltanschauliche Ausrichtung" erfolgen, sondern „die dauernde Verbindung der WNK-SS-Angehörigen nach Verlassen der Schule" erhalten bleiben. Das wollte man durch Schulungsbriefe, Führerinnenkurse und Ferienkurse erreichen. Auf diese Weise sollte sich die Schule zur Heimstatt der SS-Helferinnen entwickeln. Bereits in diesem Stadium der Planung verfolgte Sachs das Ziel, die Schule WNK-SS so auszubauen, „daß sie außer der Sonderausbildung auch alles das zu lehren vermag, was heute von jeder deutschen Frau verlangt werden muß". Er meinte damit Hauswirtschaft, Gartenbau, Kleintierpflege, Erste Hilfe usw. Bei der Suche nach dem geeigneten Objekt sollte deshalb an die Angliederung eines Wirtschaftsbetriebes gedacht werden. (2) Mit dieser kombinierten Ausbildung sollte gewährleistet werden, daß die Mädchen nach dem Krieg ohne weiteres eine Anstellung bei der Post oder der Bahn oder in der Industrie bekommen und außerdem für eheliche und hausfrauliche Aufgaben vorbereitet wären.

Himmler billigte die Pläne. In einer Besprechung mit Sachs drückte er am 31.5.1942 seine Genugtuung darüber aus, daß „das weibliche Nachrichtenpersonal der SS in keiner Weise ein Abklatsch der bei der Wehrmacht bestehenden Einrichtungen" sein würde. Beide Gesprächspartner waren sich einig, daß durch die Helferinnen viele Soldaten des Nachrichtenvermittlungsdienstes der SS im Heimatgebiet, in Elsaß, Lothringen, Holland und im Protektorat durch weibliche Kräfte ersetzt werden könnten, damit sie für den Fronteinsatz frei würden. (3) In dieser Besprechung fiel auch die Entscheidung über den Standort der Schule zugunsten des Geländes um das Schloß Oberkirch 25 km südwestlich von Straßburg. Dort beschaffte sich die SS nach Streitigkeiten mit dem Ortsbauernführer, der das bebaute Land nicht zur Abrundung der Schule abgeben wollte, ein 90 Hektar großes Areal. Nach dem 1000-Seelen-Dorf Oberehnheim am Rande des Geländes sollte die Schule den Namen Oberehnheim tragen.

Das Areal setzte sich folgendermaßen zusammen: Schloß Oberkirch 30 Hektar, Ehnschloß 5,3 Hektar, Leonhardsau 10,8 Hektar, Katharinenmühle 1,1 Hektar, Petersburg

1,0 Hektar, Julius-Lögel-Straße 9 0,6 Hektar, Heiligenstein 0,3 Hektar, Haus Amé 10 Hektar, Anwesen Laubel 20,6 Hektar, Anwesen Trientel 3,5 Hektar, Anwesen Cerf 0,5 Hektar, Lehrerseminar 6,0 Hektar und Anwesen Weil 1,0 Hektar. Davon waren etwa 25 Hektar Parkgelände, 9 Hektar Ackerland, 9 Hektar Wiesen und 5,9 Hektar Gartenland. (4) Gegen die Besitzer des Ehnschlosses (Ernst Kummer) und der Schlösser Oberkirch und Leonhardsau (de Dietrich) verhängte die SS Rückkehrverbot, weil so die Anwesen als reichsfeindliches Eigentum beschlagnahmt werden konnten. (5) Nach dem Ankauf kleinerer Parzellen von 10 umliegenden Bauern war das Gelände abgerundet. Zur Haltestelle Sankt Leonhardsau der elektrischen Nebenbahn nach Straßburg wurde vom Ehnschlößchen aus ein Fußweg als Knüppeldamm angelegt. Dazu wurde sogleich die Verbindung zum Anwesen Sankt Leonhardsau geschaffen. Beim Wegebau und bei der Aufstellung der Unterkunfts- und Lehrbaracken neben dem Schloß Oberkirch wurden Häftlinge des KZ Natzweiler eingesetzt. (6) Das alte kostbare Mobiliar der drei Schlösser des Schulgeländes, des Schlosses Sankt Leonhardsau, des Schlosses Oberkirch und des Schlosses El Biar (Ehnschlößchen), wurde am 21.8.1942 offiziell geschätzt und vom Generalbevollmächtigten für das volks- und reichsfeindliche Vermögen beim Chef der Zivilverwaltung im Elsaß an die SS verkauft. Dazu bekam die SS noch zahlreiche im Landkreis Molsheim beschlagnahmte Möbelstücke. Die schönsten Stücke suchte sich Hilters Leibarzt Morell aus (7). Ein anderer Teil wurde mit unbekanntem Ziel abtransportiert. In der Schule blieb nur ein Lagerraum voller Möbel zurück. Zur Einrichtung wurde nichts verwendet. Dazu wurden Normmöbel geliefert.

Die Ansiedlung der Schule in der Nähe von Straßburg hatte auch politische Gründe. Den politisch unzuverlässigen und dem Deutschtum gegenüber kritisch eingestellten Elsässern sollte auf diese Weise „edles deutsches Frauentum" vorgestellt werden. Das Verhältnis der ortsansässigen Bevölkerung zu den Helferinnen, das zu Beginn noch recht freundlich war, wurde während des Krieges immer gespannter. Wenn sie angesprochen wurden, flüchteten viele Elsässer in den Dialekt, der von den meisten Reichsdeutschen nicht verstanden wurde. Das verhinderte Kontakte. In einzelnen Geschäften wurden die SS-Helferinnen nicht oder nur unfreundlich bedient. Auch in Kleinigkeiten zeigte die Bevölkerung, daß man den Aufenthalt der SS-Mädchen im Elsaß für unerwünscht hielt, so daß den Helferinnen schließlich nur der Ausgang in Gruppen gestattet wurde. Das Kino und das Café in Oberehnheim blieben deshalb für die meisten die einzigen außerdienstlichen Refugien. (8) Nach der alliierten Invasion in Frankreich wurde die Haltung der einheimischen Bevölkerung gegenüber den Angehörigen der Reichsschule-SS geradezu feindselig. In dieser Zeit entstanden Pläne, die Bewohner dieser Gegend nach dem Krieg auszusiedeln. (9)

Am 29. Juni 1942 war der SS-Oberführer Dufais zum ersten Kommandeur der Schule Oberehnheim ernannt worden. Er wurde beauftragt, den Schulbetrieb im Januar 1943 aufzunehmen. Der Name der Schule wurde zunächst mit „SS-Nachrichtenschule Oberehnheim im Elsaß" festgelegt. Für den Stab wurde die Katharinenmühle ausgewählt. Die 5 km entfernten Villen Oberkirch und Ehnschloß waren als Schulgebäude vorgesehen. Im Schloßpark Oberkirch wurden mehrere Unterkunftsbaracken und eine Küchenbaracke aufgestellt. Leonhardsau diente als Gästeunterkunft und als Freizeitheim. Haus Amé bezog der Schulkommandeur als Dienstwohnung.

Die SS-Nachrichtenschule Oberehnheim im Elsaß war zuerst dem Chef des Fernmeldewesens unmittelbar unterstellt. Die Ausstattung mit Lehrgerät erfolgte im Einvernehmen mit dem SS-Wirtschafts- und Verwaltungshauptamt. (10) Sachs versagte der Schule jedoch elektrische Spezialgeräte, wie sie bei der SS-Nachrichtenschule in Metz gebraucht wurden, da die Schule „keine Rekruten auszubilden" habe. Er erinnerte den Kommandeur in diesem Zusammenhang an den „Unterschied zwischen Soldat und Nachrichtenmaiden". Da die nachrichtentechnische Ausbildung der Mädchen bei drei von der Reichspost abgeordneten Lehrerinnen lag, die das erforderliche Lehrgerät aussuchten, wurden die speziellen Wünsche der Schule für unangemessen gehalten. (11)

Die wirtschaftliche Leitung der Schule und die Gesamtbetreuung der SS-Nachrichtenmaiden sowie des weiblichen Stammpersonals in innerdienstlicher, außerdienstlicher, fraulicher Hinsicht sollte die „Oberin der SS-Nachrichtenschule" wahrnehmen. Gemäß ihrer Dienstanweisung war sie dem Schulkommandeur unmittelbar unterstellt und galt als die Beraterin des Kommandeurs in allen fraulichen Angelegenheiten. In ihrer Verantwortung für die „fraulichen Haltung des unterstellten Personals" hatte die Oberin die Dienstpläne, Bewirtschaftungspläne und die Richtlinien für die Gestaltung der Freizeit und der Körperschulung aufzustellen. Auch die Genehmigung von Einladungen aller Art war ihr vorbehalten. Sie war als einzige befugt, jederzeit die Zimmer aller Maiden zu betreten. (12) Dieses Amt hatten in der Reihenfolge die Frauen Berger, Schäfer und Staiger inne. Als Frau Staiger 1943 das Amt der Reichsbeauftragten für die SS-Helferinnen übernahm und die meiste Zeit in Berlin war, wurde der Dienstposten nicht mehr besetzt. An ihre Stelle traten drei gleichrangige SS-Helferinnen-Führerinnen, von denen die erste die Grundlehrgänge betreute, die zweite die Fernmelderinnen führte und die dritte für die Funkerinnen und Unterführerinnenlehrgänge zuständig war. Die Führung der Fernmelderinnen und Fernsprecherinnen kam 1944 in eine Hand.

Zugleich mit der Dienstanweisung für die Oberin der SS-Nachrichtenschule wurde auch die „Vorläufige Dienstanweisung für die Hauptmaiden" am 1.10.42 erlassen. In jeder Unterkunftsbaracke sollte eine Hauptmaid (später Heimwartin genannt) als Vorgesetzte der ihr unterstellten Maiden für die Einhaltung des Dienstplans, für die Aufrechterhaltung der Disziplin und für Sauberkeit und Ordnung zuständig sein. Der Oberin der SS-Nachrichtenschule bzw. der zuständigen Führerin unmittelbar unterstellt, sollte sie die Wünsche, Beschwerden und Disziplinwidrigkeiten der Maiden an die Vorgesetzte melden und in Zusammenarbeit mit ihr für die Instandhaltung der Unterkünfte Sorge tragen. Zu ihren Befugnissen gehörte weiter die wirtschaftliche Leitung, z.B. des Küchenbetriebs, das Weisungsrecht gegenüber dem Wirtschaftspersonal, die Überwachung des Verpflegungsplans, die Mitsprache bei der Ergänzung der Vorräte, die Überprüfung der zugewiesenen Bekleidungs- und Ausrüstungsstücke, die regelmäßige Abhaltung von Appellen zur Einhaltung der Bekleidungs- und Tragevorschriften in und außer Dienst, die Gestaltung der Freizeit der Maiden, die Durchführung der Formalausbildung, die Überwachung der Körperschulung in Zusammenarbeit mit den Sportlehrerinnen sowie die frauliche Betreuung und weltanschauliche Erziehung der Schülerinnen in Zusammenarbeit mit dem Lehrer dieses Faches. Auch die Belegung der Zimmer gehörte zu ihren Rechten. Bei der Verlegung von Maiden aus erzieherischen Gründen konnte sie davon Gebrauch machen. (13)

Zur gesundheitlichen und rassehygienischen Betreuung der Helferinnen wurde eine Ärztin an die Schule berufen. Die längste Zeit war das Frau Dr. Caspar.

Die Werbung und Einberufung der Mädchen

Am 14.8.1942 beauftragte der Chef des Fernnmeldewesens beim Reichsführer-SS und Chef der deutschen Polizei die SS-Oberabschnitte mit der Werbung für das neue Helferinnenkorps. Es sollten Mädchen und Frauen zwischen 17 und 30 Jahren angesprochen werden, deren Körpergröße über 1,65 m lag und die den Anforderungen entsprachen, „die an die künftigen Frauen der SS-Angehörigen gestellt werden". Den SS-Oberabschnitten oblag die sicherheitsmäßige Überprüfung und die ärztliche Tauglichkeitsuntersuchung der Bewerberinnen. In erster Linie sollte auf weibliche Hinterbliebene von gefallen SS-Männern zurückgegriffen werden. Die öffentliche Werbung in Zeitungen, im Rundfunk und durch Werbefilme war untersagt. Die Mädchen und Frauen sollten vorwiegend „durch persönliche Fühlungnahme" gewonnen werden. (14) Äußerstenfalls konnten Anschläge an die Schwarzen Bretter der SS-Dienststellen angebracht werden (siehe unten).

Als der Reichsarbeitsführer Hierl hörte, daß die zur SS-Nachrichtenschule Oberehnheim einberufenen Helferinnen den offiziellen Namen SS-Nachrichten-Maiden bekommen sollten, erhob er Einspruch, weil der Ausdruck Maid auf die Angehörigen des Reichsarbeitsdienstes der weiblichen Jugend beschränkt sei. Himmler wies die Proteste zurück, weil dieses Wort nicht vom RAD patentiert sei. Den Ausdruck SS-Helferin lehnte Himmler auf Anraten von Sachs ab, weil die Frauen nicht nur Helferinnen seien, sondern Nachrichtenmänner völlig zu ersetzen hätten. (15) Nach dreivierteljährigem unfreundlichen Schriftverkehr setzte sich Hierl durch. Ab September 1943 erhielten die bisherigen SS-Nachrichtenmaiden die Dienstbezeichnung SS-Helferinnen. Die entsprechende Nomenklatur in der Wehrmacht erleichterte Himmler den Rückzug. Der Name blieb den

---

Frauen vorbehalten, die in Oberehnheim ausgebildet, geprüft und dort in das Korps der SS-Helferinnen aufgenommen wurden. Alle anderen vertraglich oder durch Notdienstverordnung für die SS verpflichteten weiblichen Angestellten und Arbeiterinnen hießen, wenn sie entsprechend dem Führerbefehl vom 1.1.1943 uniformiert waren, Kriegshelferinnen. (16)

Hierl setzte auch durch, daß sich RAD-Angehörige während der Reichsarbeitsdienstzeit nicht für das SS-Nachrichtenhelferinnenkorps bewerben durften. Auch das zusätzliche Kriegshilfsdiensthalbjahr mußten sie vorher absolvieren. Auf der andern Seite waren Bewerberinnen für das SS-Nachrichtenkorps von der Arbeitsdienstpflicht befreit, wenn sie vor Beginn des RAD in die SS-Nachrichtenschule aufgenommen wurden. (17)

Auch aus sogenannten Mangelberufen durften keine Bewerberinnen für das SS-Nachrichtenkorps geworben werden. Dazu gehörten die Angehörigen landwirtschaftlicher Berufe, Hausgehilfinnen, Pflegerinnen und Mädchen im kriegswichtigen Einsatz. Wegen der zu erwartenden Streitigkeiten mit Parteidienststellen und dem Bewaffnungs- und Rüstungsministerium war den SS-Oberabschnitten untersagt, solche Mädchen anzunehmen. (18)

Die ersten Mädchen, die in Oberehnheim ausgebildet wurden, hatten die besondere Aufmerksamkeit des Reichsführers. Himmler wollte mit diesen Lehrgängen die Eliteauswahl der SS bestätigt sehen. Umso enttäuschter war er, als nicht alle Schülerinnen seinen Vorstellungen entsprachen.

Die SS-Oberabschnitte wurden wegen der Nichtbeachtung der Vorschriften gerügt. Was war vorgekommen? Akten waren unvollständig. Einige Mädchen waren zur Kündigung des Arbeitsplatzes vor Eingang des Marschbefehls angehalten worden. Der Chef des Fernmeldewesens tadelte: „Es zeugt von wenig Verständnis für die vom Reichsführer-SS befohlene Auslese und von einer beachtlichen Unterschätzung der eigenen Mitverantwortung, wenn z.B. die Papiere eines Mädchens eingereicht werden, dessen Vater wegen Blutschande im Zuchthaus verstorben, oder wegen Erbkrankheit sterilisiert und dessen Schwester den Ruf einer notorischen Dirne genießt." (19)

Obwohl die Zahl der Bewerberinnen hinter den Erwartungen und hinter den Anforderungen der SS-Dienststellen zurückblieb, legte Himmler Wert auf eine strenge Auslese der Bewerberinnen. Für den zweiten Lehrgang wurden von 568 Bewerbungen 114 zurückgewiesen. Frauen, die „charakterlich nicht einwandfrei" waren, in der Erbkrankenkartei geführt waren, Geschwister in Fürsorgeerziehung hatten oder „zum Herumtreiben mit Männern neigten", wurden nicht einberufen. (20)

Auch an den ärztlichen Untersuchungen wurde Kritik geübt. Wegen übersehener körperlicher Fehler mußten mehrere Helferinnen entlassen werden: Sehfehler, Unterleibskrankheiten und Blatternarben. Diese Mädchen waren „außerordentlich verbittert, denn sie hatten teilweise recht gute Stellungen aufgegeben, um in das SS-Helferinnenkorps zu kommen". (21) Nachforschungen ergaben, daß die ärztliche Untersuchung oft recht nachlässig gehandhabt wurde. Zum Beispiel wurden einzelne Bewerberinnen nur nach Krankheiten befragt und lediglich über den Kleidern abgehört. Deshalb wurde eine zusätzliche Prüfung der Geeignetheit der Bewerberinnen durch den RuS-Führer vorgenommen.

Von den Bewerberinnen, die nach Oberehnheim kamen, wurden im Laufe der nächsten drei Wochen weitere 10 % ausgesondert und „wegen Nichteignung in charakterlicher und sittlicher Hinsicht, wegen Krankheit oder aufgrund besonderer familiärer Verhältnisse" entlassen. (22)

Um den Schriftverkehr zu vereinfachen und die Einstellungsverfahren zu beschleunigen, wurde ab 1.4.1943 die Einberufung von SS-Nachrichtenhelferinnen unmittelbar

174

durch die SS-Nachrichtenschule durchgeführt. Das Höchstalter wurde zum gleichen Zeitpunkt auf 40 Jahre hinaufgesetzt, die zulässige Körpergröße auf 1,58 herabgesetzt. Zu den neuen Eignungskriterien gehörten: „körperliche und geistige Frische, leichte Auffassungsgabe, schnelle und leicht lesbare Handschrift, gutes Gehör und fehlerfreies Sprechen". (23)

Die Kritik an der Werbearbeit der SS-Oberabschnitte blieb jedoch bestehen. Obwohl der Reichsjugendführer Baldur von Schirach dem Chef des Fernmeldewesens der SS die Unterstützung bei der Werbung geeigneter Mädchen zusagte, erbrachte die Zusammenarbeit der SS-Oberabschnitte mit den zuständigen Mädelreferentinnen in den Gebietsführungen der Hitlerjugend keinen merklichen Zugewinn. Resigniert mußte Sachs feststellen, daß „es im Hinblick auf die geistigen Voraussetzungen für die Ausbildung im Nachrichtenverbindungsdienst untragbar ist, wenn die guten und intelligenteren Mädchen woandershin abwandern und die SS sich mit geringwertiger Mittelmäßigkeit begnügen muß". (24)

Um die SS-Oberabschnitte zu besseren Werbeergebnissen anzuleiten, wandte Himmler im Februar 1944 Druck an. Die einzelnen SS-Oberabschnitte sollten in Zukunft nur in dem Rahmen ausgebildete SS-Helferinnen zugewiesen bekommen, in dem sie taugliche Bewerberinnen namhaft machten. Himmler postulierte: „Aus diesem Grunde ist es Aufgabe aller Führer der SS und Polizei, in verstärktem Maße wertvollste Frauen und Mädchen zu werben. Insbesondere ist anzustreben, daß die Töchter unserer SS-Familien nach Ableistung ihrer Arbeitsdienstpflicht in erster Linie in das SS-Helferinnenkorps eintreten. Je ritterlicher und einwandfreier unser Auftreten gegenüber den SS-Helferinnen ist, desto größer wird der Kreis der Frauen und Mädchen sein, welche sich dem SS-Helferinnenkorps zur Verfügung stellen." (25) Auch in Reden vor SS-Führern forderte er die Zuhörer immer wieder auf, „daß jeder sich von ihnen bemüht, dies oder jenes wertvolle junge Mädel aus seiner Bekanntschaft oder aus seiner Verwandtschaft zu uns zu schicken, so wie wir früher Männer für die Waffen-SS und Junker für die Führerlaufbahn geworben haben . . . " (26)

Ende Mai 1944 verlegte Himmler die Nachwuchswerbung von den SS-Oberabschnitten in das SS-Hauptamt. Alle Bewerbungsunterlagen mußten an die SS-Ergänzungsstellen abgegeben werden. (27) Der Chef des SS-Hauptamtes verließ sich bei der Werbung von SS-Nachrichtenhelferinnen mehr auf die Mithilfe des Reichsarbeitsdienstes als auf die des Bundes Deutscher Mädel. Die Ergebnisse waren jedoch gleich unbefriedigend. Die Schule in Oberehnheim klagte, daß viele Mädchen geschickt würden, die entweder zu klein oder zu jung seien und daß ein Drittel der Schülerinnen nicht „freiwillig" gekommen sei. Sie klagte, daß auf diese Weise keine Sippengemeinschaft der SS entstehen könne. (28) Der Reichsjugendführer mußte mit Bedauern eingestehen, daß aus dem BDM für das SS-Helferinnenkorps nicht mehr herauszuholen war. (29)

Auch der Rückgriff auf Mädchen nichtdeutschen Volkstums erbrachte weder die erforderliche Quantitäten noch die gewünschte Qualität.

Im Grundsatz wollte Himmler keine ausländischen SS-Maiden. In November 1942 verbot er ausdrücklich die Werbung von Helferinnen in Norwegen. (30) Anfang 1943 wurde die Schule auch für Ausländerinnen geöffnet, wenn sie die deutsche Sprache beherrschten. Die ersten Ausländerinnen waren Holländerinnen, deren Väter oder Männer in der Waffen-SS dienten oder dort gefallen waren. Himmler schränkte jedoch ein: „In jedem Fall muß aber einwandfrei feststehen, daß die betreffenden Frauen oder Mädchen gar keinem anderen Einfluß unterliegen. Eine sorgfältige und eingehende SD-mäßige Überprüfung ist daher unerläßlich." (31) Im Juli 1943 wurde die Werbung von Helferinnen „in germanischen Ländern" vom SS-Hauptamt genehmigt. (32) 1944 erlaubte der Chef des

Fernmeldewesens auch die Einstellung lettischer Volksangehöriger, „wenn ihre Verwendung später nicht im Nachrichtenverbindungsdienst, sondern auf anderen Arbeitsgebieten" erfolge. (33) Schließlich wurden sogar 15 muselmanische Frauen, Angehörige von Offizieren der Waffen-SS Division Handschar eingekleidet. (34) Für Sonderverwendungen wurden Ende 1944 SS-Helferinnen aus Ungarn und „Mädel aus den Volksgruppen, deren mangelhafte deutsche Sprachkenntnis den Fernsprecheinsatz verhindert", eingestellt. (35) Durch die Anwesenheit verschiedener Nationalitäten unter den SS-Helferinnen entwickelte sich auch im weiblichen Korps die verschwommene Idee einer europäischen Gemeinschaft, wie sie bei der Aufstellung verschiedener Waffen-SS-Einheiten aus Ausländern Pate stand. (36)

Die Schule

Bis zur Auflösung wurde die SS-Helferinnenschule in Oberehnheim von drei Kommandeuren geleitet. Der Gründungskommandeur war der SS-Brigadeführer Dufais. Die Helferinnen nannten ihn anerkennend „Vati Dufais". 1943 folgte ihm der weniger beliebte aus dem Elsaß stammende Standartenführer Dilcher. Die letzte Phase der Schule wurde vom Obersturmbannführer Mutschler, einem ehemaligen Oberstudiendirektor, bestimmt. Die Schulkommandeure hatten die Stellung von Regimentskommandeuren.

Für Himmler war Oberehnheim die „Keimzelle für das weibliche Schutzkorps". (37) Er besuchte die Schule zweimal. Am 5.6.1943 machte er einen dreistündigen Halt auf der Reise von Paris nach München. Er trank mit dem Stammpersonal Kaffee, genoß ein musikalisches Ständchen, nahm einen Appell ab und ließ sich beim Rundgang durch das Gelände die Baulichkeiten zeigen. Bei der kurzen Diskussion in der Kaffeepause kamen nur Einzelfragen zur Sprache, deren Klärung Himmler in Aussicht stellte, keine Grundsatzprobleme. Es ging um die Frage der Anrede, um Wünsche für Uniformveränderungen, um die Einrichtung eines Kinderheims für verheiratete Helferinnen, um die Ausstattung der Schule mit Büchern und Sportgerät usw. Bei dem Besuch erhielt der Schulkommandeur nur einen einzigen unmittelbaren Befehl, nämlich die Gemeinschaftsräume „mit guten Bildern von SS-Männern (zur Anerziehung des richtigen Gefühls für die spätere Gattenwahl) auszustatten". (38) Sie wurden nie geliefert.

Da Himmler die Schule nicht nur als Schulungsstätte für technische Fertigkeiten ansah, sondern von ihr Ausstrahlung auf das deutsche Frauenbild erwartete, wurde die Schule 1944 aus der Unterstellung unter dem Chef des Fernmeldewesens gelöst und dem SS-Hauptamt zugeordnet. Seit dem 13.9.1943 führte sie den Namen „Reichsschule-SS Oberehnheim im Elsaß".

Die direkte wirtschaftliche Unterstellung der Schule unter das SS-Wirtschaft- und Verwaltungshauptamt, die am 10.4.1943 wegen der Eigenart der Dienststelle erreicht war, brachte für die Bekleidung der SS-Helferinnen eine großzügige Lösung. Ab 1.11.1943 erhielten alle an der Schule tätigen SS-Helferinnen einschließlich Stammpersonal und Schülerinnen eine neue Dienstbekleidung bestehend aus zwei Sätzen. Zur Normalbekleidung gehörten eine Kostümjacke, 2 Kostümröcke, 1 Wintermantel, 1 Regenumhang mit Kapuze, 2 Dienstkittel, 1 schwarze Kappe, 3 Dienstblusen mit langen Ärmeln, 1 Dienstbluse mit halblangen Ärmeln, 3 Paar Strümpfe, 1 Wollpullover, 2 Paar Schnürhalbschuhe mit halbem Absatz, 1 Paar schwarze Übergummischuhe, 1 schwarze Diensttasche und 1 Haarnetz. Die Winterbekleidung bestand aus 1 Mütze mit Ohrenschützern, 1 Wollschal, 2 Paar Wollstrümpfen, 2 Paar Wollsocken, 2 Trikothemden, 2 Wollschlüpfern, 1 Paar wollenen Fingerhandschuhen und 1 kurze Pelzjacke. (39) Die erste Uniform war bereits im November 1942 aus 16 Modellen ausgewählt worden. Sie zeichnete sich gegenüber den Uniformen der Wehrmachthelferinnen durch ihre Tragsamkeit und ihren zivilen Schnitt aus und unterschied sich von der zweiten vor allem durch eine Silberlitze am Kragen, die später den Führerinnen vorbehalten war. (40)

Die Gunst des SS-Wirtschafts- und Verwaltungshauptamtes zeigte sich auch in der bevorzugten Belieferung der Helferinnen mit Hygienemitteln. (41)

Am 4.7.1944 wurde der Namen der Schule erneut abgeändert in „Reichsschule für SS-Helferinnen Oberehnheim", um den Schülerkreis in die Dienststellenbezeichnung miteinzubeziehen. (42)

Wenige Monate später, am 22.11.1944 mußte Oberehnheim wegen der näherrückenden Front geräumt werden. Der Abtransport der Helferinnen in Lkws erfolgte überstürzt. Erst als die Helferinnen in Ottenheim und Lahr Nachtquartier bezogen hatten, dachte man an die Rettung des Geräts. Obwohl bereits feindliche Panzer in der Nähe waren, wurde das gesamte Unterrichtsmaterial in Waggons verladen und bei Mühlheim über den Rhein transportiert. (43)

Himmler erhielt von einer SS-Helferinnen-Führerin einen Bericht über den Rückzug: „Unser Rückmarsch zum Rhein war ja etwas kitzlich, aber ich habe mich so richtig in meinem Element gefühlt. Ringsum die Mündungsfeuer der sich entwickelnden Schlacht, Gott sei Dank ein mächtiger Sturm, so daß keine Jabos uns behelligten, und mitten drin wir! Alles Kleinliche versank, eine prachtvolle Kameradschaft ließ uns menschlich nahe zusammenrücken, die Mädels haben sich tadellos benommen und sangen sich durch allen Regen, Dreck und alle wunden Füße hindurch wieder fröhlich, wie es sich für SS-Helferinnen gehört. Kein Strohlager, kein Liegen auf dem harten Boden auf Decken hat sie irgendwie mürbe gemacht. Die Stimmung war und ist erstklassig . . . Die Helferinnen waren alle ganz ruhig und zuversichtlich und – wie Kinder einmal sind – strahlend, daß endlich etwas los war, was sie mit dem Fronterleben direkt in Verbindung brachte. Sie sagten oft, der Reichsführer sorgt schon . . ." (44)

Nachdem die Verlegung des Unterrichts in die Kolonialschule Rendsburg verworfen worden war, wurden der Stab und die Grundlehrgänge in die Polizeischule nach Heidenheim und die Ausbildungsgruppe Draht in die Polizeihelferinnenschule nach Erfurt überführt. Alle anderen möglichen Ausweichquartiere schienen weniger geeignet. Dazu gehörte ein Barackenlager des Reichswirtschaftsministeriums in Frankfurt an der Oder, die Lehrerbildungsanstalt Cottus, das Hitlerjugendheim in Obercochem, die Lehrerbildungsanstalt Liebental in Kreis Löwenberg und Burg Hellenstein bei Heidenheim. (45) Die Führung der Schule, die sich auf zwei weit entfernte Städte zersplittert hatte, wurde praktisch unmöglich. Obwohl zahlreiche Mädchen ihr persönliches Eigentum durch die Bombardierung der Gepäckzüge verloren hatte, überwanden sie „den Schock, den sie von dieser überstürzten Flucht erhalten" hatten, recht bald.

Mutschler wurde angehalten, den Mädchen bei der Beschaffung von Bekleidung und Gebrauchsgegenständen behilflich zu sein. Seine Beziehungen zum Leiter des SS-Hauptamts waren zu dieser Zeit allerdings auf dem Tiefpunkt angekommen. (46) Er war auf eigene Improvisation angewiesen. Die meisten Fürsorgemaßnahmen scheiterten an der Wirtschaftslage im Reich. Umso größer war die Sehnsucht aller nach der Schule in Ober-

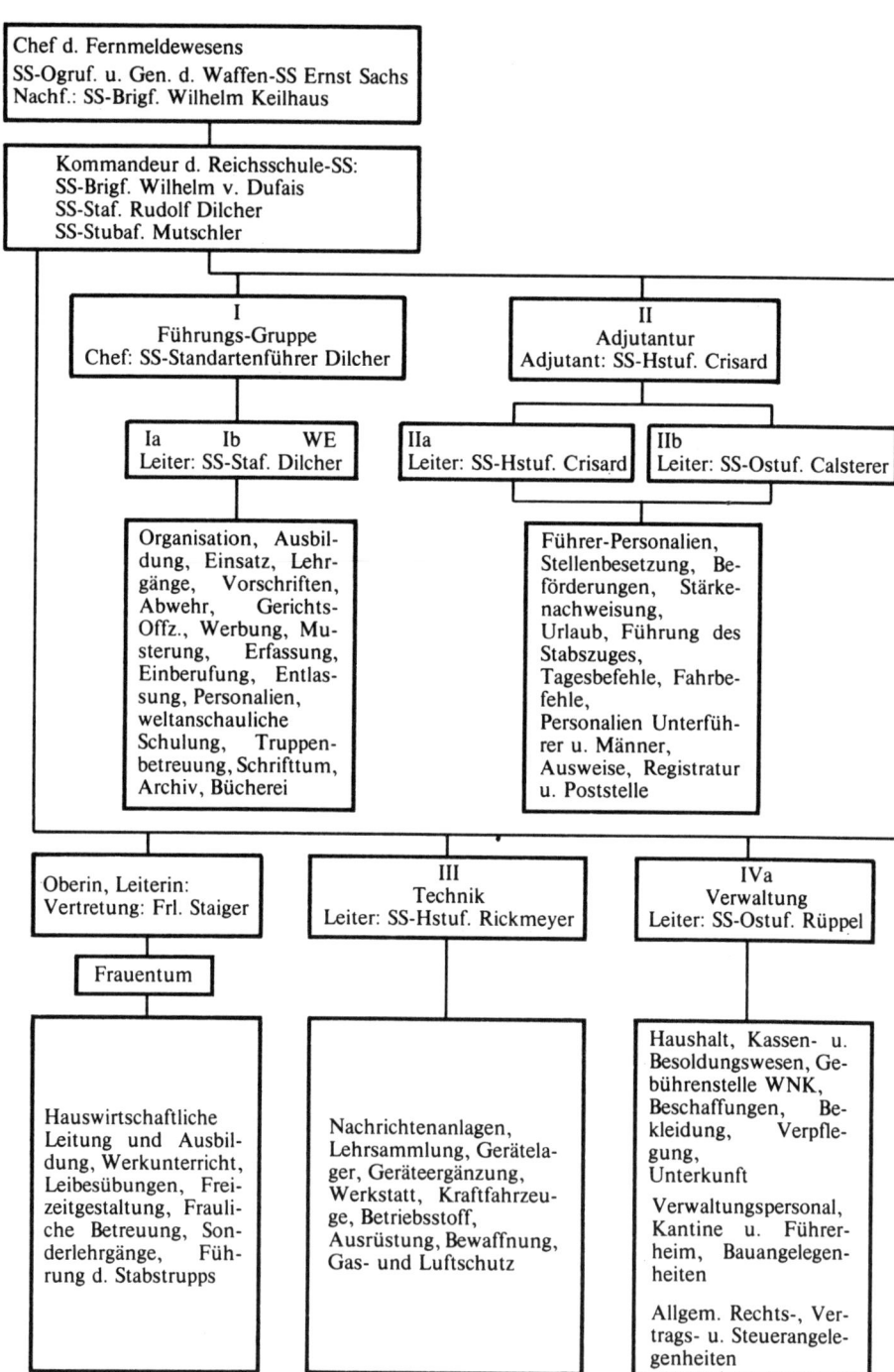

Chef d. Fernmeldewesens
SS-Ogruf. u. Gen. d. Waffen-SS Ernst Sachs
Nachf.: SS-Brigf. Wilhelm Keilhaus

Kommandeur d. Reichsschule-SS:
SS-Brigf. Wilhelm v. Dufais
SS-Staf. Rudolf Dilcher
SS-Stubaf. Mutschler

I
Führungs-Gruppe
Chef: SS-Standartenführer Dilcher

II
Adjutantur
Adjutant: SS-Hstuf. Crisard

Ia   Ib   WE
Leiter: SS-Staf. Dilcher

IIa
Leiter: SS-Hstuf. Crisard

IIb
Leiter: SS-Ostuf. Calsterer

Organisation, Ausbildung, Einsatz, Lehrgänge, Vorschriften, Abwehr, Gerichts-Offz., Werbung, Musterung, Erfassung, Einberufung, Entlassung, Personalien, weltanschauliche Schulung, Truppenbetreuung, Schrifttum, Archiv, Bücherei

Führer-Personalien, Stellenbesetzung, Beförderungen, Stärkenachweisung, Urlaub, Führung des Stabszuges, Tagesbefehle, Fahrbefehle, Personalien Unterführer u. Männer, Ausweise, Registratur u. Poststelle

Oberin, Leiterin:
Vertretung: Frl. Staiger

III
Technik
Leiter: SS-Hstuf. Rickmeyer

IVa
Verwaltung
Leiter: SS-Ostuf. Rüppel

Frauentum

Hauswirtschaftliche Leitung und Ausbildung, Werkunterricht, Leibesübungen, Freizeitgestaltung, Frauliche Betreuung, Sonderlehrgänge, Führung d. Stabstrupps

Nachrichtenanlagen, Lehrsammlung, Gerätelager, Geräteergänzung, Werkstatt, Kraftfahrzeuge, Betriebsstoff, Ausrüstung, Bewaffnung, Gas- und Luftschutz

Haushalt, Kassen- u. Besoldungswesen, Gebührenstelle WNK, Beschaffungen, Bekleidung, Verpflegung, Unterkunft

Verwaltungspersonal, Kantine u. Führerheim, Bauangelegenheiten

Allgem. Rechts-, Vertrags- u. Steuerangelegenheiten

Aufbau und Stellenbesetzung der Reichsschule – SS

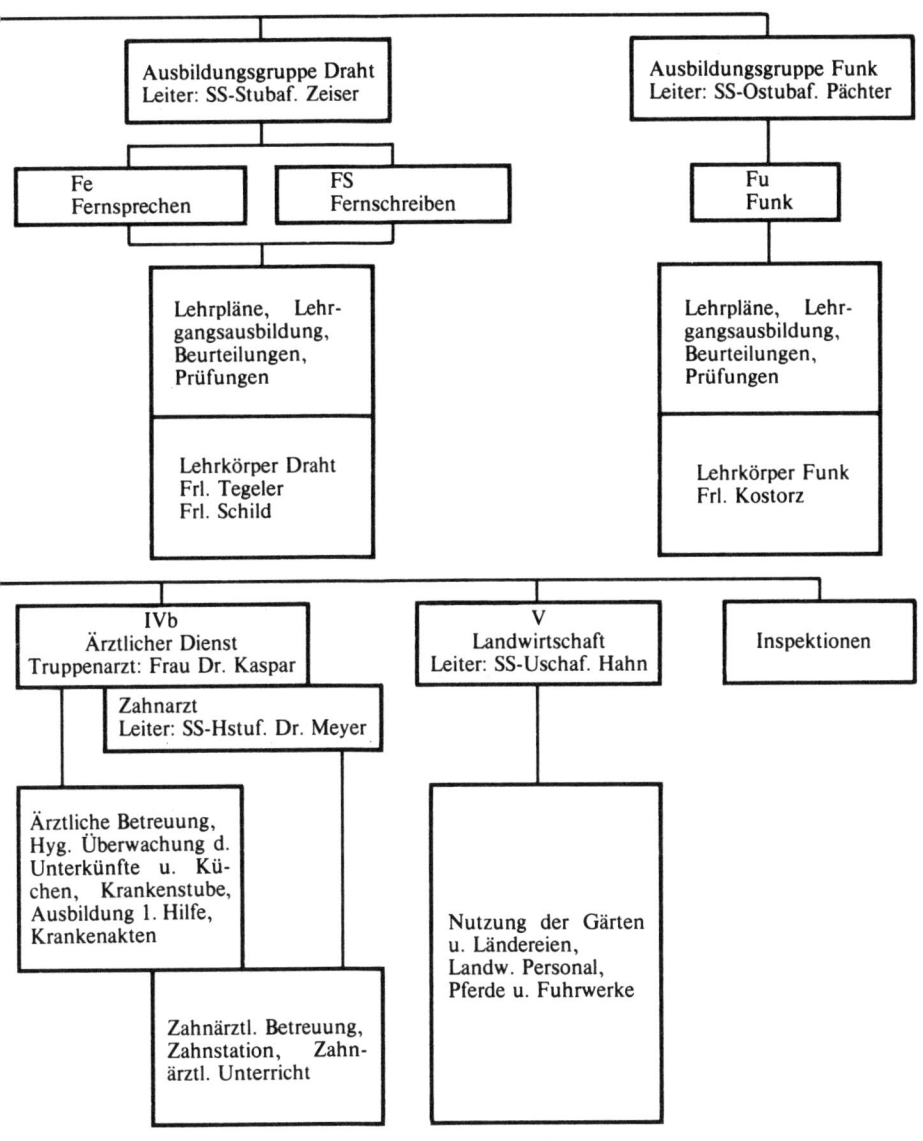

Ausbildungsgruppe Draht
Leiter: SS-Stubaf. Zeiser

Ausbildungsgruppe Funk
Leiter: SS-Ostubaf. Pächter

Fe
Fernsprechen

FS
Fernschreiben

Fu
Funk

Lehrpläne, Lehr-
gangsausbildung,
Beurteilungen,
Prüfungen

Lehrpläne, Lehr-
gangsausbildung,
Beurteilungen,
Prüfungen

Lehrkörper Draht
Frl. Tegeler
Frl. Schild

Lehrkörper Funk
Frl. Kostorz

IVb
Ärztlicher Dienst
Truppenarzt: Frau Dr. Kaspar

V
Landwirtschaft
Leiter: SS-Uschaf. Hahn

Inspektionen

Zahnarzt
Leiter: SS-Hstuf. Dr. Meyer

Ärztliche Betreuung,
Hyg. Überwachung d.
Unterkünfte u. Kü-
chen, Krankenstube,
Ausbildung 1. Hilfe,
Krankenakten

Nutzung der Gärten
u. Ländereien,
Landw. Personal,
Pferde u. Fuhrwerke

Zahnärztl. Betreuung,
Zahnstation, Zahn-
ärztl. Unterricht

ehnheim. „Wir merkten alle, wie sie uns zur Heimat geworden ist. Das kann nichts schaden, und einmal werden wir ja wieder dort einziehen." (47)

Am 1.1.1945 wurden die Helferinnen der Ordnungspolizei in das SS-Helferinnenkorps überführt und dem SS-Hauptamt personell unterstellt. (48) Die Meldung war freiwillig. Die bisherigen Helferinnen der Ordnungspolizei hatten ihre Uniformen aufzutragen, erhielten jedoch das Hoheitsabzeichen (Ärmelabzeichen), die Dienstgradabzeichen und die Runen des SS-Helferinnenkorps. Dem Hauptamt Ordnungspolizei verblieb nur noch die Regelung des fachlichen Einsatzes der Helferinnen. Für alle anderen Fragen war das SS-Hauptamt zuständig. Für die Zwecke der Ordnungspolizei erklärte sich das SS-Hauptamt bereit, jährlich etwa 500 Helferinnen abzustellen. (49)

Durch den Zustrom der ehemaligen Polizeihelferinnen in das SS-Helferinnenkorps wurde die Zahl verdoppelt. Bis zu diesem Zeitpunkt waren etwa 3 000 SS-Helferinnen in Oberehnheim ausgebildet worden. Zusammen mit den 3 000 aus der Ordnungspolizei Übernommenen und den etwa 4 000 Kriegshelferinnen, die nicht in der Oberehnheimer Schule gewesen waren, betrug das weibliche Gefolge der SS am Kriegsende etwa 10 000.

Die Ausbildung

Die ersten Helferinnenanwärterinnen kamen bereits im Juli 1942 nach Oberehnheim. Es handelte sich ausschließlich um Mädchen zwischen 17 und 22, die von SS-Angehörigen geworben worden waren, nachdem bekannt wurde, daß ein Helferinnenkorps aufgestellt werden sollte. Von den 100 Anwärterinnen, die nach einer Überprüfung bei den SS-Oberabschnitten zur Schule geschickt wurden, mußten im Laufe der Ausbildung etwa 20 die Schule verlassen, weil sie den gesundheitlichen, moralischen und weltanschaulichen Kriterien der SS nicht entsprachen. Die Monate Juli und August wurden im wesentlichen mit Aufräum- und Reinigungsarbeiten verbracht, weil die technische Ausstattung noch nicht geliefert war. Im September begann die fernmeldetechnische Schulung.

Von den übrig gebliebenen Mädchen erhielten etwa 30 eine Fernsprechausbildung, 30 eine Fernschreibausbildung und 10 eine Funkausbildung. Der ganze Lehrgang schloß erst im Februar 1943. Der Schulkommandeur nahm den Helferinnen das Gelöbnis ab. (50)

Der reguläre Lehrgangsbetrieb setzte in Oberehnheim im Januar 1943 mit 200 Anwärterinnen ein. Die Lehrgangsstruktur für sie war festgelegt: einem achtwöchigem Grundlehrgang folgte ein sechswöchiger Ausbildungslehrgang für den Fernsprechbetriebsdienst bzw. ein achtwöchiger Lehrgang für den Fernschreibbetriebsdienst bzw. ein zwölfwöchiger Lehrgang für den Funkbetriebsdienst. Insgesamt dauerte die Ausbildung zur Fernsprecherin also 14 Wochen, zur Fernschreiberin 16 Wochen und zur Funkerin 20 Wochen. Fünfmal im Jahr wurden etwa 200 SS-Anwärterinnen einberufen, zum 1. Februar, zum 1. April, zum 1. Juni, zum 1. August und zum 1. Oktober. Im Mai 1943 befanden sich z.B. 130 Fernsprecherinnen, 74 Fernschreiberinnen und 63 Funkerinnen in der Ausbildung. Im Oktober des gleichen Jahres waren 67 Fernsprecherinnen, 42 Fernschreiberinnen und 114 Funkerinnen an der Schule.

Der erste achtwöchige Grundlehrgang ab Januar 1943 verlief nicht ohne Störungen. Da keine Lehrpläne vorhanden waren, wurde improvisiert. Weltanschauliche Fragen standen im Mittelpunkt. Es gab Komplikationen der Lehrkräfte mit konfessionell gebundenen Helferinnen. Um daraus keinen „Fall Oberehnheim" erwachsen zu lassen, stellte der

Schulkommandeur einige Grundsätze für das Verhältnis der SS zu den Kirchen und Religionen zusammen:

„Es steht jedem SS-Angehörigen frei, in der Kirche zu sein oder nicht. Das ist seine persönliche Angelegenheit, die er vor Gott und seinem Gewissen zu verantworten hat. Es steht ihm allerdings nicht frei, Atheist zu sein. Das ist die einzige Weltanschauung, die in der SS nicht geduldet wird . . .

Kirchenaustritte lediglich aus einer verneinenden Grundhaltung heraus ohne positive weltanschauliche Grundlage sind gefährlich und bedeuten praktisch Gottlosigkeit, die mit aller Schärfe abgelehnt werden muß . . .

Niemals darf das Glaubensgut oder das religiöse Bekenntnis anderer Volksgenossen angegriffen, lächerlich oder verächtlich gemacht werden. Auch bei Sippenabenden, Feierstunden und anderen Veranstaltungen hat jede negative Bekämpfung christlicher Bekenntnisse zu unterbleiben . . .

Bei der weltanschaulichen Schulung verbiete ich jeden Angriff gegen Christus als Person, da solche Angriffe oder die Beschimpfung von Christus als Juden unserer unwürdig und geschichtlich bestimmt unwahr sind." (53)

Um Schwierigkeiten dieser Art in den folgenden Grundlehrgängen unwahrscheinlich zu machen und um einen schnelleren Ausstoß an Helferinnen zu erreichen, stimmte Dufais leichten Herzens zu, die Grundlehrgänge der am 1.4. und am 1.8.1943 beginnenden Crews auf zwei Wochen zu verkürzen. Die Fachausbildungslehrgänge für den Fernsprech- und Fernschreibbetriebsdienst umfaßten dann 354 Stunden: 12 Stunden Gerätelehre, 36 Fernsprech bzw. Schreibverkehr, 24 Fernsprech- bzw. Fernschreibdisziplin, 12 Stunden Physik, 123 Stunden Betriebsdienst, 12 Sprechübungen und Diktat, 9 weltanschauliche Erziehung. Dazu kamen 12 Stunden allgemeines militärisches Wissen, 30 Arbeitsstunden, 30 Stunden Sport- und Formalausbildung, 36 Stunden Innendienst und 18 Stunden Heimabend. (54)

Mit der Herausnahme der Schule aus dem Nachrichtenausbildungswesen erhielt der Grundlehrgang wieder eine stärkere Bedeutung. Da die Helferinnen am Abschluß des Grundlehrgangs das Gelöbnis fürs SS-Helferinnenkorps zu leisten hatten, mußte dieser Lehrgang eine neue Aufgabe übernehmen: „Er hat durch eine bewegliche und weitschauende Gestaltung seines Unterrichtsplans dafür zu sorgen, daß die aus dem Grundlehrgang hervorgehenden SS-Helferinnen so ausgerüstet sind, daß sie derjenigen Fachausbildung zugeführt werden können, für die sie am besten geeignet sind. Aufbauend auf einer treffsicheren völkischen und charakterlichen Auslese und auf einer weltanschaulichen Erziehung, die das gesamte Denken und Handeln in den Dienst der nationalsozialistischen Volksgemeinschaft stellt, hat er einen Ausgleich zu schaffen zwischen wissenschaftlichem und technischem Unterricht und einer rein praktischen Betätigung." (55) Neben der weltanschaulichen Erziehung und neben dem Sport sollte der Grundlehrgang drei weitere Akzente haben:

– technische Ausbildung mit Physikunterricht,
– Stabs- und Verwaltungsdienst,
– Haus- und Landwirtschaft.

In der Realität fehlte bei der technischen Ausbildung das Grundlagenfach Physik und Haus- und Landwirtschaft wurde überhaupt nicht gelehrt.

Der Kommandeur der Reichsschule-SS konzipierte im Mai 1944 die zukünftige Gliederung der Reichsschule – die nie realisiert wurde – folgendermaßen: Sie sollte folgende Abteilungen umfassen. 1. Grundschule, 2. Unterführerinnenschule, 3. Führerinnenschule, 4. Fachabteilungen: a) Nachrichtenwesen (Draht und Funk) b) Hauswirtschaft. (56) Für die Fachabteilung Hauswirtschaft legte Prinzessin Stephan zu Schaumburg-Lippe, die seit Anfang 1944 für den weltanschaulichen Teil des Grundlehrgangs zuständig war, am

28.9.1944 einen Lehrplanvorschlag vor. „Sinn und Zweck der Ausbildungsgruppe ist die Erziehung weltanschaulich verläßlicher Haushaltshilfen für SS-Helferinnenheime und kinderreiche Familien." (57) Aufgrund einer mehrjährigen Erfahrung als Landesfrauenschaftsleiterin auf dem Balkan, in Italien und Südamerika schlug sie als Einzelfächer vor: Waschen, Tischdecken, Schneidern, Kochen, Raumkultur, Möbelpflege usw.

Der für eine Dauer von 8 Wochen geplante Grundlehrgang mit 480 Stunden sollte sich folgendermaßen zusammensetzen: 80 Stunden weltanschauliche Erziehung, 72 Stunden Nachrichtendienst, 40 Stunden Sport, 20 Stunden Rechtschreibung, 24 Stunden Erdkunde, 32 Stunden persönliche Lebensgestaltung, 16 Stunden Singen, 32 Stunden Erste Hilfe, 16 Stunden allgemeines militärisches Wissen, 32 Stunden Innendienst, 40 Arbeitsstunden, 32 Stunden Heimabend, 16 Stunden Vorträge, 8 Stunden Luftschutz. (58)

Der Grundlehrgang wurde „als das letzte und wichtigste Sieb für die Durchführung der Auslese ... für das SS-Helferinnenkorps" besonders ernst genommen. (59) Man wußte, daß die Beweggründe, aus denen sich Frauen und Mädchen um Aufnahme in die SS-Helferinnenschule bewarben, nicht immer frei von egoistischen Berechnungen waren. Deshalb sollte der Grundlehrgang die Spreu vom Weizen trennen. Während des Grundlehrgangs sollte sich herausstellen, ob die Helferinnen gesund waren, ob sie charakterlich und haltungsmäßig in das Helferinnenkorps paßten, ob ihre Leistungsfähigkeit strapazierbar war und ob sie sich mindestens für die Kriegsdauer zum Helferinnendienst verpflichteten. Deshalb wurden aus den Grundlehrgängen alle Frauen entlassen, die gesundheitliche Mängel aufwiesen, die sich während des Grundlehrgangs als unsauber, unkameradschaftlich, klatschsüchtig erwiesen, deren Leistungen unzureichend blieben und die nicht bereit waren, überraschend eintretende familiäre Notstände und persönliche Schwierigkeiten ohne Antrag auf Entlassung aus dem Korps zu bewältigen. (60)

Der letzte Grundlehrgang der Reichsschule wurde in der alten Form am 20.2.1945 abgeschlossen. Von den Absolventinnen gingen 112 Helferinnen nach Berchtesgaden, um dort an Vernebelungsgeräten ausgebildet zu werden. 90 zogen nach Schloßberg bei Bopfingen zur Funk-, Fernmelde- und Fernschreibausbildung, 133 nach Erfurt, wo sie entweder eine Funkausbildung oder eine Fernmelde- und Fernschreibausbildung erhielten. (61) Weitere Sonderausbildungen, die noch Ende 1944 in Aussicht genommen waren, wurden nicht mehr realisiert. Geplant waren Ausbildungen als Kraftfahrerin, Zahntechnikerin, Krankenpflegerin und Säuglingsschwester, damit die SS-Helferinnen in einschlägigen SS-Dienststellen eingesetzt werden konnten, z.B. in SS-Lazaretten und im Lebensborn. (62)

Die Reichsschule-SS begann unverhältnismäßig spät mit der Durchführung von Unterführerinnen- und Führerinnenlehrgänge. Die Gründe lagen in zweierlei. Erstens wurden für die Beförderung zur Führerin im SS-Helferinnenkorps während des ganzen Krieges keine Richtlinien erlassen. Zwar besprach Himmler am 20.2.1944 die Frage mit dem Chef des Fernmeldewesens, der seinerseits am 18. Juli 1944 einen Entwurf anfertigte. Dieser wurde jedoch dem Reichsführer-SS nicht mehr vorgelegt. Der Entwurf sah vor, daß die Voraussetzungen zur Beförderung zur SS-Helferinnenführerin dann gegeben waren, wenn die Anwärterin „1. während ihrer gesamten Dienstzeit eine einwandfreie charakterliche Haltung unter Beweis gestellt, hat 2. die volle dienstliche Eignung in jeder Dienststelle bewiesen hat". Diese dienstliche Eignung konnte erwiesen werden durch die Absolvierung eines Führerinnenlehrgangs an der Reichsschule und durch eine sechsmonatige Tätigkeit als Heimwartin, Heimleiterin, Hilfslehrerin oder in anderen gehobeneren Sonderstellungen. Der Entwurf sah weiter vor, daß alle Beförderungen dem Reichsführer-SS persönlich vorbehalten waren. (63)

182

Die meisten Führerinnen wurden während des Krieges aus dem RAD und dem BDM übernommen, wo die Anwärterinnen bereits in leitender Funktion tätig gewesen sein mußten. Zu ihrer Einweisung wurde im November 1944 in Oberehnheim ein Führerinnenlehrgang improvisiert.

Der erste ordnungsgemäße Führerinnenlehrgang mit Mädchen des SS-Helferinnenkorps war für die Zeit vom 7.3. – 20.4.1945 in Erfurt geplant. Die Leitung sollte Prinzessin Stephan zu Schaumburg-Lippe übernehmen. Der Lehrgang fand wegen der Kriegsereignisse jedoch nicht mehr statt. (64)

Die Durchführung von Unterführerinnenlehrgängen wurde vom Chef des Fernmeldewesens 1944 mit der Begründung abgelehnt, daß zu diesem Lehrgang Mädchen aus dem Einsatz herausgezogen werden müßten, was wegen der schwierigen Kriegslage undurchführbar sei. Der Schulkommandeur wehrte sich durch eine Vorlage beim SS-Hauptamt gegen diese Begründung. Er argumentierte: Wenn Klagen über disziplinäre Schwierigkeiten bei SS-Helferinnen und über die mangelnde Betreuung der Mädchen durch ungeschulte Heimwartinnen aufträten, so liege das daran, daß die Unterführerinnen nicht ausgebildet worden seien. Er verwies auch darauf, „daß ein geschlossenes SS-Helferinnenkorps" nicht aufgebaut werden könne, wenn die Unterführerinnen nicht entsprechend ausgebildet würden. (65)

Die Lehrplanrichtlinien für die Unterführerinnenlehrgänge der Schule sahen deshalb auch vor, den Unterführerinnenanwärterinnen „die haltungsmäßige und geistige Überlegenheit und Festigung zu geben, ohne die sie ihrer Berufung zum beispielhaften Vorleben nicht gerecht werden können". Weiter heißt es:

„Die SS sieht in den Unter-Führerinnen und Führerinnen des SS-Helferinnenkorps nicht nur die erhaltenden und formenden Kräfte desselben, sondern gegebenenfalls auch die zukünftigen Frauen der SS-Führer und Unter-Führer, somit eine Auslese der weiblichen Mitglieder unserer Sippengemeinschaft schlechthin, an die in allen Lebenslagen zwangsläufig immer wieder Sonderanforderungen herantreten werden, denen sie mit einem hohen Maße an Pflichtgefühl, Treuempfinden und Selbstbeherrschung nachkommen müssen.

Entsprechend diesen vielseitigen Anforderungen, die letzten Endes alle stets wieder in einem Punkte zusammenlaufen: der Menschenführung – soll der Schulungsplan ausdrücklich vom Standpunkt des erhöhten Verständnisses für die unserer Rasse eigenen Charakteranlagen – den positiven wie auch den negativen – und ihren Beeinflussungsmöglichkeiten zur Hinaufentwicklung aufgestellt werden.

Die Schulung wird nur dann ihren Sinn erfüllen, wenn sie es vermag, den Blick der Lehrgangsteilnehmerinnen für die volkscharakterformenden Epochen der Geschichte zu schärfen und auf das Wesentliche zu lenken; den Glauben an die eigene rassische Kraft zu stärken und den fraulichen Instinkt im Dienste an Volk und Staat bis zu klarstem Erkennen der höchsten Verpflichtung zu entwickeln und in das große Aufgabengebiet einzuführen.

Es wird größter Wert darauf gelegt werden müssen, daß die zukünftigen Heimwartinnen und Führerinnen Sicherheit im Auftreten, gepflegte Umgangsformen, Taktgefühl u. Gewandtheit in der Unterhaltung zeigen, vor allem aber über die notwendige Schlagfertigkeit bei der politischen Debatte verfügen; ebenso müssen sie jederzeit imstande sein, ihren weltanschaulichen Standpunkt auf allen für sie in Frage kommenden Gebieten stichhaltig zu begründen und gegen Angriffe und Anzweiflungen erfolgreich zu verteidigen.

Sie müssen lernen, die theoretische Werbung für das national-sozialistische Ideengut mit praktischen Beweisen erhärten zu können. Das schnelle Erfassen sich ergebender Möglichkeiten muß ihnen dadurch anerzogen werden, daß man sie vor entsprechende Aufgaben stellt, z.B. in kleine Arbeitsgemeinschaften zusammenfaßt, die einen Standpunkt zu verteidigen haben, oder Einzelne vor die Gemeinschaft beruft und in seminaristischen Übungen Stellung zu gewissen Fragen nehmen läßt. Hierbei erlernen sie zugleich eine korrekte und unbefangene Haltung anzunehmen, wenn sie sich im Blickfeld vieler beobachtender Augen befinden. Höchstes und wichtigstes Ziel jeden Lehrganges aber muß die Erreichung einer einheitlichen Ausrichtung und einer für das gesamte SS-Helferinnen-Korps kennzeichnenden Haltung sein, die in ihrer Straffheit und Sauberkeit ein für allemal die Stellung des SS-Helferinnenkorps innerhalb des Ordens der SS, aber auch darüber hinaus im Rahmen der NSDAP und aller angeschlossener Verbände sicherzustellen vermag." (66)

Einen Versuchslehrgang für 11 Unterführerinnen-Anwärterinnen durfte die Schule vom 1.11.1944 – 15.11.1944 unter der Leitung der Prinzessin Stephan zu Schaumburg-Lippe durchführen. Die Flucht aus Oberehnheim verhinderte einen ordnungsgemäßen Abschluß. (67) Erst Ende 1944 erklärte sich der Chef des SS-Hauptamtes mit der regelmäßigen Durchführung von Unterführerinnenlehrgängen bereit. Sie sollten im Abstand von 8–14 Tagen beginnen und von sehr kurzer Dauer sein, maximal 14 Tage. Von den vielen geplanten Lehrgängen fanden jedoch nur zwei statt, der eine vom 27.1. – 15.2.1945 und der zweite vom 2.3.–6.4.1945 in Erfurt. Themen des Lehrganges waren: Lehren aus der Geschichte, Rassenkunde der Frauen germanischer Länder, Probleme der Menschenführung, Kunst und Wissenschaft im Dienst am Volk, Feiergestaltung und politische Schulung über die SS als Kernstück des Reiches. Dazu kam sehr viel Geselligkeit mit Soldaten der in der Nähe liegenden Einheiten der SS-Division Hohenstaufen. Neben den Argumenten der Schule für die Durchführung von Unterführerinnenlehrgängen spielten im SS-Hauptamt auch Berichte von den Einsatzdienststellen der SS über die Helferinnen eine Rolle. Dort wurde nicht nur die mangelhafte Funkausbildung gerügt, sondern vor allem die „schlechte Vorbereitung der Heimwartinnen auf Einsatzprobleme".

Der Einsatz

Wie die Helferinnen der Wehrmacht hatten die SS-Helferinnen die Aufgabe, Nachrichtenmänner der SS für die Front freizumachen. Die ersten waren bereits an ihren Einsatzorten, als Himmler am 28.7.1943 die Dienstordnung für die SS-Helferinnen erließ.

Alle SS-Helferinnen wurden unter Begründung eines einem Arbeitsverhältnis entsprechenden Vertrages notdienstverpflichtet und in die für sie zuständige Vergütungsgruppe der Tarifordnung A eingestuft. Die zur Reichsschule-SS einberufenen Anwärterinnen wurden in TO A IX eingewiesen. Die Vergütungsgruppe VIII kam SS-Helferinnen nach dreimonatiger praktischer Bewährung zu. Die Vergütungsgruppe VII war für Hauptmaiden (Heimwartinnen) und SS-Helferinnenführerinnen mit der Betriebsaufsicht über 15-30 SS-Helferinnen gedacht. Die Vergütungsgruppe VI b stand SS-Führerinnen nach einjähriger Bewährung und Heimleiterinnen mit der Betriebsaufsicht über mehr als 30 SS-Helferinnen zu. In die Vergütungsgruppe V b waren Führerinnen in der Stellung einer Stabsführerin, einer selbständigen Hauptreferentin oder einer Hauptlehrerin eingeordnet. (71) Das Notdienstverhältnis konnte bei zwingenden persönlichen oder wirtschaftlichen Gründen mit Zustimmung des Chefs des Fernmeldewesens beim Reichsführer-SS gelöst werden. Auch nicht genügende Eignung konnte zur vorzeitigen Beendigung des Notdienstverhältnisses führen. (72) Wie die Wehrmachthelferinnen konnten auch die SS-Helferinnen Kombattanten im Sinn der Haager Landkriegsordnung sein, wenn sie Uniform trugen. (73) Alle Dienststellen, die SS-Helferinnen nach dem Abzug von SS-Männern benötigten, mußten dies dem Chef des Fernmeldedienstes bekanntgeben. Die Anforderungen von

Helferinnen waren während des gesamten Krieges umfangreicher als die Zahl der Ausgebildeten, obwohl es den Dienststellen streng untersagt war, die Helferinnen nicht ausbildungsgemäß zu verwenden, sie abzukommandieren oder andere Stellen als solche des Nachrichtenverbindungswesens mit ihnen zu besetzen. Sie durften z.B. nicht als Schreibkräfte eingesetzt werden und waren befreit von Nebenarbeiten wie das Führen von Kassen, Dienst an der Pforte und dergleichen. (74)

Von den 56 Stunden Arbeitszeit in der Woche waren bis zu 14 Stunden für Fortbildung und Körperschulung vorzusehen.

Soweit die Möglichkeit bestand, sollten die Mädchen an der gemeinschaftlichen Verpflegung ihrer Dienststellen teilnehmen. Helferinnen, die keine Möglichkeit hatten, in der Dienststelle verköstigt zu werden, erhielten den Tagessatz von RM 1,20 ausbezahlt.

Die SS-Helferinnen hatten den Dienstweg einzuhalten. Alle dienstlichen und persönlichen Angelegenheiten mußten über den Dienststellenleiter der Einsatzdienststelle laufen. Nur in ausgesprochen fraulichen Angelegenheiten konnte die mit der Führung der SS-Helferinnen beauftragte Heimwartin das Schreiben an den Chef des Fernmeldewesens unmittelbar weiterleiten. (75)

Für die Fernsprecherinnen und Fernschreiberinnen war der Betriebsdienst in der Regel in 3 Schichten von 6–13 Uhr von 13–20 Uhr von 20–6 Uhr geregelt. Die Besetzung von Fernschreib- und Fernsprechstellen mit nur einer SS-Helferin war nur gestattet, wenn das Gebäude, in welchem der Arbeitsplatz untergebracht war, genügend Sicherheit gegen unerwünschte Kontakte bot. Es war anzustreben, daß während der Nacht immer mindestens 2 SS-Helferinnen gleichzeitig Dienst taten. (76)

Die Beurteilung der SS-Helferinnen durch den Dienststellenleiter erfolgte nach 10 Gesichtspunkten: geistige Eigenart, Arbeitsweise, Gefühls- und Willensleben, weltanschauliche Einstellung, Stellung in der Gemeinschaft, Führung und Haltung in und außer Dienst, äußeres Auftreten, Verwarnungen, Auszeichnungen, zusammenfassendes Urteil über Bewährung und Eignung. (77)

SS-Helferinnen dienten in fast allen SS-Dienststellen innerhalb des Reiches und in den größeren Stäben der SS im Ausland. Von den 422 zwischen April und Dezember 1943 von der Reichsschule-SS ausgebildeten Helferinnen kamen z.B. 29 zur Kommandantur des SS-Truppenplatzes Beneschau im Protektorat, 37 zum Chef des Fernmeldewesens nach Berlin, 16 ins Reichssicherheitshauptamt nach Berlin, 4 zur Nachschubkommandantur der Waffen-SS nach Bobruisk, 10 zum HSSPF Ost nach Krakau, 6 zum HSSPF Nord nach Oslo, 7 zur 16. Lett. SS-Freiwilligen-Division nach Riga, 9 zur SS-Standortverwaltung Buchenwald. Die meisten anderen wurden auf die SS-Oberabschnitte im Reich und auf zentrale Dienststellen in Berlin verteilt. (78)

Im Ausland trugen die SS-Helferinnen in und außer Dienst die Uniform. In den innerdeutschen Einsatzorten waren für den Dienst die zwei schwarzen Kittel mit Hoheitsabzeichen vorgesehen, die jeder Helferin ausgehändigt wurden. (79) Eine Ausnahme wurde nur für die in den Fernmeldevermittlungen der Konzentrationslager eingesetzten SS-Helferinnen angeordnet. Sie waren einzukleiden. (80) Mit diesen Kleidervorschriften richtete sich die SS nach der Entscheidung Hitlers, „daß die im Heimatkriegsgebiet eingesetzten Helferinnen der Wehrmacht grundsätzlich nicht mit Uniformen, sondern nur, soweit notwendig, mit Schutzbekleidung auszustatten sind". (81)

Im Februar 1945 lösten SS-Helferinnen die SS-Männer der SS-Nebelabteilung Obersalzberg ab. Diese war im Sommer 1943 aus bedingt kriegsverwendungsfähigen Männern zusammengestellt worden, um bei Fliegeralarm das gesamte Berchtesgadener Tal bis Bad Reichenhall zu vernebeln und einen Luftangriff auf den Berghof zu verhindern. Die SS-

Nebelabteilung bestand aus 3 Nebelbatterien mit je drei Zügen, von denen jeder über 30 Nebelgeräte verfügte. Das waren 200-Liter-Fässer mit Chlorsulfonsäure und Schwefeltrioxyd, die mit einem Strahlrohr und einer Preßluftflasche ausgerüstet waren. Wenn Feindmaschinen 30 Minuten vor Berchtesgaden waren, wurden die Ventile geöffnet. Die Ausbildung der Mädchen an den Nebelgeräten dauerte vier Wochen. (82) Dann bezogen sie ihre Stellung rund um den Obersalzberg. Die einzelnen Gruppen wohnten im Privatquartieren in der Nähe der Stellungen.

Die große Bewährungsprobe bestanden die SS-Helferinnen in der Nebelabteilung nicht. Den Alliierten gelang am 26.4.1945 der Großangriff auf den Obersalzberg. Die einen sagen, die Alarmierung sei zu spät gekommen, die anderen sagen, die Geräte hätten nicht funktioniert und die dritten meinen, die SS-Helferinnen hätten die Geräte schlecht bedient. Der Berghof fiel in Schutt und Asche. (83)

Moral, Disziplin und Betreuung

Himmlers Bild von den SS-Helferinnen orientierte sich weitgehend am finnischen Lottakorps. Es imponierte ihm, daß in Finnland alle Offiziere, Unteroffiziere und Soldaten ohne Ansehen des Ranges jede Lotta zuerst grüßten. Darüber hinaus glaubte Himmler, daß diese auserlesenen und geschulten Frauen Ehepartnerinnen für SS-Männer seien und die rassischen Vorstellungen seiner Ideologie durch solche Paarungen verwirklicht werden könnten. In einer seiner Reden vor SS-Führern präzisierte Himmler seine hohe Meinung von den Helferinnen, indem er sagte, „ . . . es dürfe nicht so sein, daß ein Mann, der eine von ihnen heiraten will und dann erfährt, daß sie Helferin war, sagt: Um Gottes willen! Kommt gar nicht in Frage! Sondern es muß so sein, daß der Mann, der eines dieser Mädchen heiraten will und erfährt, daß sie SS-Helferin war, sagt: Die kann ich heiraten. Die ist in Ordnung. So müsse das sein. Und entsprechend müssen die Mädels sich halten". (84)

Wie Hitler sträubte sich auch Himmler dagegen, durch übermäßige Disziplinierung und Uniformierung das nationalsozialistische Frauenideal der Ehefrau und der Mutter zu zerstören. Er hätte am liebsten alle in Zivil gehabt, „weil er weibliche Soldaten oder weibliche Polizisten nicht auf der Straße haben möchte" und weil er vermeiden wollte, „daß das Ganze einen kommissigen Anstrich erhält". (85) Nur nolens volens stimmte er der einheitlichen Dienstbekleidung der SS-Helferinnen zu.

Auch beim Umgang mit den Helferinnen wünschte Himmler, daß jeder kommissige Ton vermieden würde. In der Vorläufigen Einsatzordnung für SS-Helferinnen vom 2.2.1944, die Himmler erst im Juni 1944 zu Gesicht bekam, kritisierte er erregt den Ausdruck „Zapfenstreich" und schlug dafür die feminineren Worte Heimkehrzeit, Heimkehrstunde, Tagesschlußstunde, Ausgangsschluß, Sperrstunde, Nachtstunde oder Nachtruhe vor. (86) Wann immer Himmler Vorschläge gemacht wurden, die Disziplin zu straffen, wies er die Ansinnen mit dem Bemerken zurück, daß das ebenso dumm sei, wie wenn man von den Frauen verlange, daß sie strammstünden oder darum bitten sollen, vorbeigehen zu dürfen. (87) Er erwartete von seinen Helferinnen eine frauliche Haltung, wie sie die Würde und das Ansehen der deutschen Frau gebieten und wie sie von künftigen Hausfrauen und Müttern deutscher Kinder erwartet werden müßten. (88) Auch das Gelöbnis, daß die SS-Helferinnen nach der Absolvierung des Grundlehrganges nachzusprechen hatten, enthielt einen Hinweis auf die weibliche Komponente ihrer Aufgabenstellung: „Ich gelobe: Ich werde dem Führer des Großdeutschen Reiches, Adolf Hitler, treu und gehorsam sein, meine Dienstobliegenheiten ehrlich, gewissenhaft und uneigennützig erfüllen. Ich werde über alles, was mir durch meine dienstliche Tätigkeit zur Kenntnis gelangt, heute und in Zukunft unbedingtes Stillschweigen bewahren. Ich verspreche, mich jederzeit ehrenhaft und untadelig zu benehmen, wie es Ansehen und Würde deutscher Frauen verlangen."

Vor den Gruppenführern und Obergruppenführern der SS philosophierte Himmler: „Es muß dem deutschen Volk doch gelingen, eine ähnliche Institution wie die der finnischen Lottas ins Leben zu rufen. Man muß durch Auslese dieser Mädchen, so daß wirklich die wertvollsten zu uns kommen, – sowie durch Wachrufen des Ehrgefühls – zu erreichen suchen, was man nicht durch Zwang, auch nicht durch Zapfenstreich, Ausgehverbot und was weiß ich für Verbote erreichen kann." (89)

Unter Hinweis auf diese Grundkonzeption befahl Himmler den Einsatzdienststellen eine großzügige Ausgangserteilung über den Zapfenstreich hinaus. „Urlaub über Nacht" war jedoch grundsätzlich verboten. Nur bei Besuchen von Ehemännern und Eltern konnten Ausnahmen genehmigt werden. (90) Obwohl es in der Reichsschule-SS weder Trillerpfeifen, noch Schlagbäume, noch Posten, noch Stacheldraht gab, waren die Bestimmungen während der Ausbildung rigoros. Der Zapfenstreich war in der Reichschule auf 21.00 Uhr festgesetzt. Nur während der Sommermonate wurde er bis 22.00 Uhr verlängert. Einladungen zu Kameradschaftsabenden über den Zapfenstreich hinaus durften nur angenommen werden, wenn sich die einladenden Soldaten vorher bei der Oberin vorgestellt hatten. Gelegentlich fanden auch in Oberehnheim Kameradschaftsabende statt. Dazu wurden z.B. die SS-Nachrichtenschüler aus Metz eingeladen. Um 24.00 Uhr endete jegliche Feier. (91)

Für die Ausbildungsstätte der Helferinnen in Oberehnheim wollte Himmler „zu einer Form kommen, die weder Kommiß noch Belustigungsinstitut ist". (92) Am 10. November 1942 besprach Sachs einige Einzelfragen der SS-Nachrichtenmaiden mit Himmler. Dazu gehörten Einsatzrichtlinien und Werbefragen. Nach dem Gespräch notierte Sachs in einem Aktenvermerk: „Insgesamt sieht der Reichsführer-SS in dem weiblichen Nachrichtenkorps-SS eine besondere Organisation von hohem ideellen Wert. Er wünscht, daß es sich durch seine Haltung und Leistung so auszeichnet wie die Lottas in Finnland, welche aufgrund ihrer Leistungen im Kriege 1939 von jedem Wehrmachtsangehörigen – vom Feldmarschall bis zum jüngsten Rekruten – grundsätzlich zuerst gegrüßt werden müssen." (93)

Bei der Gründung des SS-Helferinnenkorps sträubte sich Himmler gegen die Einführung von Dienstgraden. Im Unterschied zu Soldaten sollten die Mädchen ohne Dienstgrad angeredet werden. Er empfahl am 7.8.1943 dem Chef des Nachrichtenwesens: „Anreden mit dem Namen der Frau ist das Einfachste und Beste". Sachs kämpfte für einen Kompromiß, der darin bestehen sollte, daß die Mädchen z.B. als „SS-Nachrichtenmaid Maier" angeredet werden sollten, weil dadurch „die natürliche Auslese des Persönlichkeitswerts im freien Spiel der Kräfte" nicht beeinträchtigt würde. (94)

Von den männlichen Angehörigen der SS verlangte Himmler gegenüber Frauen prinzipiell die Zurückhaltung, die er in seinem Befehl zum Schutz der weiblichen Jugend vom 6.4.1942 gefordert hatte. (95) Gegenüber den Helferinnen wünschte er äußerste Höflichkeit und Disziplin. Wo immer SS-Helferinnen in den Dienststellen der SS erschienen, mußten die männlichen Angehörigen darüber belehrt werden, daß Himmler wünsche, „daß das dienstliche und außerdienstliche Verhalten der männlichen SS-Angehörigen zu den SS-Helferinnen in jeder Hinsicht sauber, anständig, ritterlich und kameradschaftlich ist, so wie es gegenüber der eigenen Schwester für jeden selbstverständlich und auch vom Kameraden erwartet wird". (96)

Vor den höheren SS-Führern sagte Himmler am 4.10.1943 in Posen: „Ich bitte Sie, daß Sie Ihre ganze Ritterlichkeit, Ihren ganzen Gerechtigkeitssinn, und Ihre ganze Fürsorge diesen Mädchen angedeihen lassen, und daß Sie bei aller Großzügigkeit, die wirklich sonst in unseren Reihen besteht, dafür sorgen, daß diese Institution tabu ist. Hier verstehe ich keinen Spaß, denn das sind unsere Töchter, sind die Schwestern von SS-Männern und sollen Bräute und Frauen für unsere jungen SS-Männer und -Führer sein." (97) In welchem Sinne der Ausdruck „Bräute und Frauen" gebraucht war, blieb wohl absichtlich offen. Bereits im Winter 1942/43 wurden die SS-Helferinnenanwärterinnen darauf aufmerksam gemacht, daß unterhalb des Obersalzbergs eine Begegnungsstätte von arischen Mädchen – auch SS-Helferinnen – und bewährten SS-Männern geschaffen würde. (98)

Die SS-Helferinnen unterstanden der SS- und Polizeigerichtsbarkeit. Für sie galten die Kriegsgesetze ebenso wie für die männlichen SS-Angehörigen. Als Disziplinarstrafen waren vorgesehen: Ausgehbeschränkung bis zu acht Tagen, Verwarnung, förmlicher Verweis, strenger Verweis, Verbot des Tragens der Silberspange bis zu sechs Monaten. Die Silberspange wurde für gute Leistungen und eine „klare, saubere, der deutschen Frau würdigen Haltung" den SS-Helferinnen nach einer längeren Bewährungszeit verliehen. Sie mußte zur Dienstkleidung getragen werden und konnte außerhalb des Dienstes an die bürgerliche Kleidung gesteckt werden. Für die Verhängung der Maßnahmen war der Kommandeur der Reichsschule-SS zuständig, dem die SS-Helferinnen auch während ihres Einsatzes unterstellt blieben. (99) Als einzelne Höhere SS-und Polizeiführer 1944 eine Erweiterung der Stufenleiter von Disziplinarstrafen wünschten, konnte der Kommandeur der Reichsschule auf Himmlers Ansicht verweisen, „daß das SS-Helferinnenkorps keine Besserungsanstalt" ist, sondern „eine Auslese deutscher Frauen, auf die der Reichsführer den Satz angewendet hat: Ehre ist Zwang genug". (100) In der Tat blieb die Zahl der erforderlichen Bestrafungen sehr gering. Für die Angehörigen der Reichsschule mußte der Kommandeur in der Zeit vom 14.9.1943 – 10.3.1944 25 Bestrafungen verhängen, davon zwei wegen Kameradendiebstahls, drei wegen Obstdiebstahls, fünf wegen unerlaubter Übernachtung in Straßburg und vier wegen Zapfenstreichüberschreitungen. (101) In den meisten Fällen reichten Ausgangssperre und Sonderdienst in der Küche als Bestrafung aus. Nur in acht Fällen wurde ein Verweis ausgesprochen. Fünf Mädchen wurden entlassen. Dazu war die Zustimmung des SS-Hauptamtes – der Reichsbeauftragten – erforderlich, „um eine Weiterverwendung dieser Kräfte im Dienstbereich des Reichsführers-SS zu verhindern". (102)

Die Heranziehung zu hauswirtschaftlichen Arbeiten als erzieherische Maßnahme scheint mit dazu beigetragen zu haben, daß die Tätigkeit in der Hauswirtschaftsabteilung der Reichsschule-SS von manchen SS-Helferinnen als eine zweitklassige Tätigkeit angesehen wurde. Um diese Haltung zu korrigieren, gab der Kommandeur der SS-Nachrichtenschule am 18.5.1943 den Lehrgangsteilnehmerinnen vor dem Frühstück in einem Befehl kund, daß die technischen und hauswirtschaftlichen Funktionen der Maiden gleichwertig seien. (103)

Wie viele SS-Helferinnen nach Ihrer Ausbildung wegen disziplinarischer Verstöße an Dienststellen versetzt wurden, die unbeliebt waren, geht aus den Unterlagen nicht hervor. Solche „Strafen" sollen bereits ausgesprochen worden sein, wenn Mädchen „zu heftig flirteten". (104)

Aus den Strafakten der Reichsschule-SS gehen eigentlich nur vier Fälle hervor, die au-

Der Reichsführer-*ϟϟ*
und Chef der Deutschen Polizei im RMdI

Kennbuch

zugleich

Personalausweis

Nr. 4

für die

ϟϟ-Nachrichtenmaid

FRIEDEL LOEBEL
Vor- und Zuname

Dieses Kennbuch enthält 24 Seiten

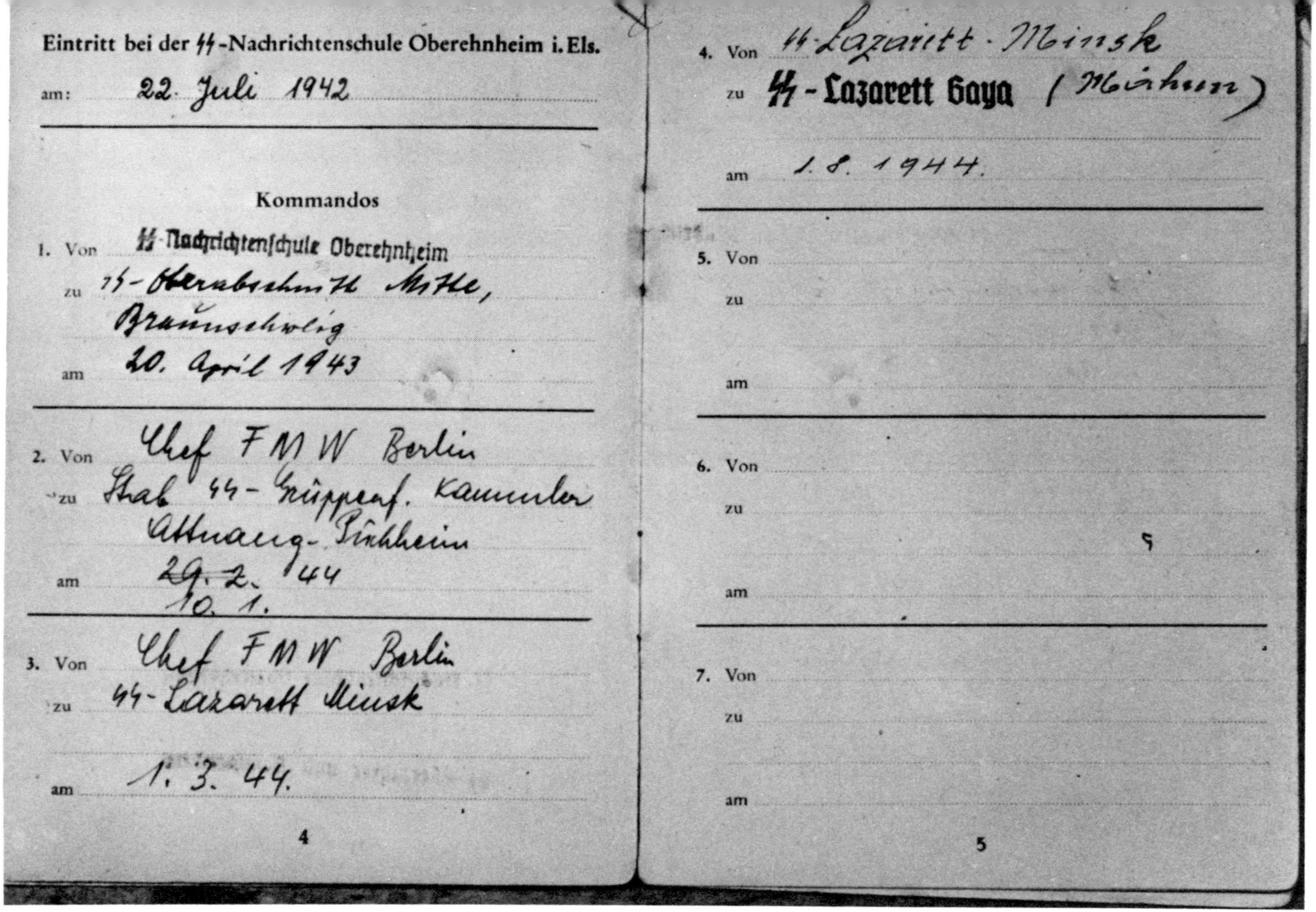

Eintritt bei der ꜱꜱ-Nachrichtenschule Oberehnheim i. Els.

am: _22. Juli 1942._

Kommandos

1. Von ꜱꜱ-Nachrichtenschule Oberehnheim
   zu _ꜱꜱ-Nachrichtenschule zu Mitte,_
   Braunschweig
   am _20. April 1943_

2. Von _Chef FMW Berlin_
   zu _Stab ꜱꜱ-Führer Kommando_
   Allmaang-Gühlein
   am _29.2. 44_

3. Von _Chef FMW Berlin_
   zu _ꜱꜱ-Lazarett Münch_
   am _1.3. 44._

4. Von _ꜱꜱ-Lazarett Meiske_
   zu _ꜱꜱ-Lazarett Gaya (Weisheim)_
   am _1.8. 1944._

5. Von
   zu
   am

6. Von
   zu
   am

7. Von
   zu
   am

4

5

190

ßerhalb des Rahmens liegen. Im ersten Fall wandte sich der Kommandeur dagegen, daß die Helferinnen an den Haustüren der Umgebung Obst, Wein usw. kauften. Er wies die Ortspolizei an, „hamsternde und bettelnde SS-Helferinnen festzustellen". „Es ist der Uniform der SS-Helferinnen unwürdig und hat schon einen denkbar schlechten Eindruck bei der ortsansässigen Bevölkerung gemacht, sich auf diese Weise Mangelware zu erbetteln." (105) Um zu verhindern, daß diese Artikel versandt würden, mußten die Mädchen ihre Privatpakete vor der Absendung vorlegen.

Ein zweiter Stein des Anstoßes bestand darin, daß sich die SS-Maiden öfters mit den Häftlingen aus dem KZ Natzweiler unterhielten, die auf der Arbeitsstelle Oberehnheim Dienst taten. Die Mädchen mußten belehrt werden, daß es sich durchwegs um „Staatsfeinde und Verbrecher" handle und die Würde der SS-Frau auf dem Spiel stehe. (106)

Ein dritter Fall betraf „das unwürdige Verhalten von SS-Helferinnen in Straßburg". Am Hauptbahnhof wurden SS-Helferinnen von einigen Unterführerinnen ertappt, als sie Jazzmusik spielten. Die Begleiter der SS-Helferinnen wurden ausfallend, als die Mädchen deshalb gerügt wurden. Aus der Meldung einer der Unterführerinnen geht auch hervor, daß die Flieger aus Enzheim, die ein Stück des Bahnwegs mit den SS-Helferinnen von Straßburg aus gemeinsam hatten, einen schlechten Einfluß auf die Mädchen ausübten. Das Schunkeln mit den Luftwaffensoldaten und das öffentliche Küssen wurden daraufhin untersagt. (107)

Besonders schwierig schien für den Kommandeur der Reichsschule die Lösung eines lesbischen Verhältnisses von zwei Stubengenossinnen zu sein, deren Verfehlungen am 18.12.1943 gemeldet wurde. Eine Aktennotiz vom 28.4.1944 besagt lediglich, daß der Fall abgeschlossen sei. Die Art der Erledigung ist nicht ersichtlich. (108)

Angesichts dieser geringfügigen Fälle ist verwunderlich, warum der Kommandeur der Reichsschule am 6.3.1945 die Einführung eines Gerichtsführers für die Helferinnenschule beantragte. (109)

Die Betreuung der im Bereich der SS und Polizei eingesetzte SS-Helferinnen regelte Himmler in einem Befehl vom 30.11.1942. Er befahl die Einrichtung von Wohnheimen für jeweils etwa 40 Frauen. Dadurch sollte „ein ordentliches, angenehmes und geregeltes Leben . . . geschaffen werden, das zugleich dem durch die fremden Umstände bedingten Alleinsein abhilft". Auf jeden Fall sollte verhindert werden, daß der Heimaufenthalt „dem in Kasernen" gleiche. Auch bei der Abfassung der Heimordnung war „jeder Anklang an eine Uniformierung" zu vermeiden. Die Heimleiterinnen sollten die Einhaltung der Heimordnung „in kameradschaftlicher Weise" überwachen. (110)

Wie bei den Wehrmachthelferinnen war die unmittelbare Betreuung der SS-Helferinnen und ihre „weltanschauliche Führung" Sache der NS-Frauenschaft. Die Verbindung zur Reichsfrauenführerin in dieser Frage sollte die Reichsbeauftragte des SS-Helferinnenkorps im SS-Hauptamt sein. Diese Funktion übernahm Ende 1943 Ilse Staiger, die Oberin der Reichsschule-SS. Ihr oblag „die frauliche Betreuung, die einheitliche frauliche Erziehung, Fortbildung und Freizeitgestaltung" der SS-Helferinnen. Zu diesem Zweck sollte sie die SS-Helferinnenheime laufend inspizieren und zu den SS-Helferinnen intensive Kontakte pflegen. Ihre Dienstanweisung sah vor, daß sie einmal im Jahr vom Reichsführer-SS zur Vorsprache eingeladen werden sollte. (111)

Zur „Fürsorge und weltanschaulichen Ausrichtung" aller SS-Helferinnen im Bereich der Höheren SS- und Polizeiführer wurden „Beauftragte" ausgewählt, die auch in der zuständigen Gaufrauenschaftsleitung und bei der HJ-Gebietsführung „verankert" waren. Sie mußten Angehörige des SS-Helferinnenkorps sein. Ihre Verantwortung schloß alle Betreuungsfragen ein und reichte von Unterbringungsproblemen bis zur Fürsorge für kriegsgeschädigte Helferinnen. Bei der Einsetzung von Heimwartinnen waren sie jedoch auf die Zustimmung der Reichsbeauftragten angewiesen. (112)

Die Unterkünfte der SS-Helferinnen waren für Männer tabu. Sie durften von SS-Offizieren lediglich in dienstlicher Eigenschaft betreten werden. Da es in den Einsatzgruppen der SS-Helferinnen bis zum Kriegsende nur selten ausgebildete Unterführerinnen oder Führerinnen gab, lag die Verantwortung für den Schutz der Helferinnen bei den Dienststellenleitern. Um zu demonstrieren, wie ernst es ihm mit der Moral der SS-Helferinnen war, bestrafte Himmler 1944 den Polier einer Baufirma, der bei einer SS-Helferin übernachtet hatte, mit drei Monaten Haft in einem Konzentrationslager. Dieses Urteil ließ er allen SS-Angehörigen, die mit Helferinnen in dienstlicher Beziehung standen, bekanntgeben. (113)

Die Betreuungsmaßnahmen für SS-Helferinnen erstreckten sich auch auf Mädchen in anderen Umständen. Die Vorläufige Einsatzordnung für SS-Helferinnen sah vor, daß schwangere Mädchen „unverzüglich an den Chef des Fernmeldewesens zu melden sind, damit die erforderlichen Maßnahmen zur Betreuung eingeleitet werden können". (114) Himmler lehnte diese Formulierung als diskriminierend ab und schlug folgende Fassung vor: „SS-Helferinnen, die ein Kind erwarten, teilen dies der Heimwartin oder unmittelbar der Reichsbeauftragten mündlich oder in einem persönlichen Schreiben mit. Die Heimwartin ist verpflichtet, die mündlich oder schriftlich gemachte Mitteilung an die Reichsbeauftragte weiterzugeben. Diese hat genaue Anweisung, wie der SS-Helferin im einzelnen zu helfen ist." (115) Für werdende Mütter unter den SS-Helferinnen war zur Entbindung das Lebensbornheim Nordrach vorgesehen. (116)

Das Kriegsende

Am Ende des Krieges flüchteten viele SS-Helferinnen – mit und ohne Erlaubnis ihrer Vorgesetzten – in das Zivilleben. Die einen schlossen sich den zahlreichen Flüchtlingstrecks an, die von Osten nach Westen zogen, z.B. einige der SS-Helferinnen des SS-Truppenübungsplatzes Benneschau. Andere zogen sich bei einer der zahlreichen Verlegungen der Dienststellen nach Hause zurück. Einige fanden Unterschlupf als Pflegerinnen von Verwundeten. SS-Helferinnen der SS-Nebelabteilung Obersalzberg flohen ins Gebirge. (117) Eine SS-Helferin vom Obersalzberg schildert ihre Flucht so:

„Am 4. Mai bekamen wir den Befehl, uns am anderen Morgen auf dem Obersalzberg zu versammeln. Wir fünf zogen es aber angesichts der allgemeinen Lage vor, uns aus unseren Wolldecken Rucksäcke zu nähen, unsere Dienstkleidung gegen Zivilkleidung umzutauschen, uns mit Lebensmitteln zu versorgen und im Morgengrauen des 5. Mai 1945 nicht in Richtung Obersalzberg, sondern in Richtung Ramsau aufzubrechen. Unterwegs begegneten wir vielen Gruppen von Landsern, die in die Berge flüchteten. Ein uns entgegenkommender Förster führte uns auf eine Holzfällerhütte oberhalb des Hintersees. Hier fanden sich anderntags auch einige SS-Männer ein. Mit ihnen stiegen wir in der folgenden Nacht höher in die Berge. Die nächsten drei Wochen verbrachten wir untergetaucht in der Waldeinsamkeit. Eines Tages stöberten uns amerikanische Soldaten auf. Wir gaben uns als Holzfällerehepaare aus. Man ließ uns ungeschoren." (118)

Die meisten SS-Helferinnen gerieten in alliierte Gefangenschaft. Während die Wehrmachthelferinnen verhältnismäßig früh entlassen wurden, verbrachten zahlreiche SS-

Helferinnen mehr als zwei Jahre in den Lagern. Zwar wurden bei den Nürnberger Kriegs-
verbrecherprozessen von den Gliederungen der SS nur zwei – das SS-Reiterkorps und das
SS-Helferinnenkorps – als nicht verbrecherisch deklariert, (119) aber da sich zahlreiche
KZ-Aufseherinnen am Ende des Krieges als SS-Helferinnen ausgaben, glaubte man von
einer generellen Entlassung aller Frauen aus der SS Abstand nehmen zu müssen. In den
Lagern Bischofswiesen, Bad Aibling, Garmisch Partenkirchen und Ludwigsburg z.B.
wurde bis 1948 nach KZ-Aufseherinnen gefahndet. Die weiblichen Insassen der Lager
wurden von Zeit zu Zeit ehemaligen Häftlingen gegenübergestellt, die ihre Peinigerinnen
zu identifizieren suchten. (120)

Belegstellen

(1) Bundesarchiv NS 32 II/2
(2) Bundesarchiv NS 32 II/2
(3) Bundesarchiv NS 32 II/3
(4) Bundesarchiv NS 32 II/37
(5) Bundesarchiv NS 32 II/34
(6) Bundesarchiv NS 32 II/33
(7) Bundesarchiv NS 32 II/31 und Aussage von Sch.-L. am 30.6.1977
(8) Aussage von Margot S. am 17.3.1977
(9) Vgl. Schreiben Prinzessin zu Schaumburg-Lippe an Himmler am 30.11.1944, in: Helmut Heiber,
     Reichsführer! Briefe an und von Himmler, Stuttgart 1969, S. 297
(10) Der Reichsführer-SS und Chef der deutschen Polizei FNW I Az. 8 k TgbNr. 714/62 vom
     28.7.1942, Bundesarchiv NS 32 II/2, pag. 18
(11) FNW TgbNr. 93/42 vom 8.9.1942, Bundesarchiv NS 32 II/32
(12) Vorläufige Dienstanweisung für die Oberin der SS-Nachrichtenschule Oberehnheim im Elsaß,
     FNW I Az. 8 k 10 TgbNr. 263/42 vom 1.10.1942, Institut für Zeitgeschichte MA 391, pag. 960 ff.
(13) Der Reichsführer-SS und Chef der deutschen Polizei FNW I Az. 8 k 10 TgbNr. 2638/42
     1.10.1942, Bundesarchiv NS 32 II/2, pag. 24–25
(14) Bundesarchiv NS 32 II/2/1
(15) Bundesarchiv NS 32 II/6/1
(16) Der Reichsführer-SS und Chef der deutschen Polizei FNW Az. I/8 k 10 Nr. 5276/43 vom
     13.8.1943, Bundesarchiv NS 32 II/6, pag. 31
(17) Bundesarchiv NS 32 II/45, pag. 9
(18) Chef des FNW TgbNr. 405/42 vom 17.12.1942, Bundesarchiv NS 32 II/45
(19) Bundesarchiv NS 32 II/2/1
(20) Der Chef des FNW TgbNr. 3511/43 vom 18.5.1943, Bundesarchiv NS 32 II/2, pag. 47
(21) Der Chef des FNW TgbNr. 8630/43 vom 25.10.1943, Bundesarchiv NS 32 II/2, pag. 53
(22) Der Chef des FNW TgbNr. 3511/43 vom 14.5.1943, Bundesarchiv NS 32 II/2, pag. 44
(23) Der Chef des FNW TgbNr. 2163/42 vom 10.3.1943, Bundesarchiv NS 32 II/2, pag. 43
(24) Der Chef des FNW TgbNr. 2163/43 vom 10.3.1943, Bundesarchiv NS 32 II/2, pag. 43
(25) Der Reichsführer-SS vom 20.2.1944, Institut für Zeitgeschichte MA 413, pag. 4943
(26) Himmler, Rede vor SS-Gruppenführern am 4.10.1943 in Posen, in: Nürnberger Dokumente
     1919-PS, Bd. 29, S. 110
(27) Reichsführer-SS Az. 48/110/44 vom 31.5.1944, Institut für Zeitgeschichte MA 391, pag. 964
(28) Bundesarchiv NS 32 II/49
(29) Reichsführer-SS Az. 204/67 Dy/Ha vom 15.6.1944, Bundesarchiv Sammlung Schumacher 474
(30) Bundesarchiv NS 32 II/2/1
(31) Reichsführer-SS, Fernschreiben vom 19.2.1943, Bundesarchiv NS 32 II/45, pag. 22

(32) Bundesarchiv NS 32 II/6/1, Besprechungsnotiz für Berger
(33) Bundesarchiv NS 32 II/50
(34) Bundesarchiv NS 32 II/5/1
(35) Persönlicher Referent des Chefs des SS-Hauptamtes TgbNr. 3134/44 vom 24.11.1944, Bundesarchiv NS 32 II/94
(36) Vgl. Rede von Schulze-Kossens beim Treffen europäischer und deutscher ehemaliger Junker der Junkerschule Tölz am 9. und 10.10.1976, Manuskript
(37) Bundesarchiv NS 32 II/2/1, pag. 48
(38) Bundesarchiv NS 32 II/3
(39) Wirtschafts- und Verwaltungsanordnungen Nr. 11 vom 1.9.1943, Bundesarchiv NS 32 II/7, pag. 18
(40) Vgl. Friedel Löbel, Die Nachrichtenmaiden in der Waffen-SS im Zweiten Weltkrieg, in: Der Freiwillige 1/1975
(41) Vgl. Vereinigte Papierwerke AG, Stuttgart vom 24.5.1943, Bundesarchiv NS 32 II/30, pag. 42
(42) Der Chef des Fernmeldewesens TgbNr. 10960/44, Bundesarchiv NS 32 II/2
(43) Vgl. Schreiben Hauptsturmführer Appelbaum vom 13.4.1945, Bundesarchiv NS 32 II/12/1, pag. 11
(44) Helmut Heiber, a.a.O., S. 296f.
(45) Bundesarchiv NS 32 II/43
(46) Bundesarchiv NS 32 II/11/1
(47) Brief Prinzessin Stephan zu Schaumburg-Lippe an Himmler vom 30.11.1944, in: Helmut Heiber, a.a.O., S. 297
(48) Vgl. Hansen, Die Nachrichtenhelferinnen der Ordnungspolizei, in: Die Deutsche Polizei 1942, S. 301
(49) Befehlsblatt des Chefs der Ordnungspolizei vom 13.1.1945, Bundesarchiv NS 32 II/7
(50) Bericht der ehemaligen SS-Helferinnen Margot S. vom 17.3.1977 und Friedel L. vom 4.6.1977
(51) Bundesarchiv NS 32 II/2, pag. 47
(52) Bundesarchiv NS 32 II/2, pag. 53
(53) Nachrichtenschule Oberehnheim – Der Kommandeur vom 13.2.1943, Bundesarchiv NS 32 II/109
(54) Bundesarchiv NS 32 II/71
(55) SS-Helferinnenschule Oberehnheim vom 16.11.1944, Bundesarchiv NS 32 II/7, pag. 56
(56) Vgl. Bundesarchiv NS 32 II/59
(57) Bundesarchiv NS 32 II/68
(58) Bundesarchiv NS 32 II/71
(59) SS-Helferinnenschule vom 24.12.1944, Bundesarchiv NS 32 II/49, pag. 39
(60) SS-Helferinnenschule vom 24.12.1944, Bundesarchiv NS 32 II/49, pag. 39
(61) Bundesarchiv NS 32 II/71
(62) SS-Helferinnenschule Oberehnheim vom 17.11.1944, Bundesarchiv NS 32 II/7, pag. 58
(63) Institut für Zeitgeschichte MA 85, pag. 8469ff.
(64) Bundesarchiv NS 32 II/75
(65) SS-Helferinnenschule Oberehnheim vom 27.10.1944, Bundesarchiv NS 32 II/75
(66) SS-Helferinnenschule vom 15.11.1944, Bundesarchiv NS 32 II/75, pag. 31/32
(67) Bundesarchiv NS 32 II/75
(68) Chef des SS-Hauptamtes, TgbNr. 3286/44 vom 17.12.1944, Bundesarchiv NS 32 II/75, pag. 67
(69) Bundesarchiv NS 32 II/75
(70) SS-Hauptamt TgbNr. 326/44 vom 14.12.1944, Bundesarchiv NS 32 II/11/1
(71) Vgl. FNW I 8 k 10 TgbNr. 1770/42 vom 14.8.1942, Bundesarchiv NS 32 II/2, pag. 17; SS-Wirtschafts- und Verwaltungshauptamt vom 4. August 1943, Bundesarchiv NS 32 II/2, pag. 49
(72) Vgl. Dienstordnung für SS-Helferinnen vom 28.7.1943, S. 13, Bundesarchiv NS 32 II/7
(73) Vgl. OKW 5490/44 – AWA/W Allg. (IIc) – WR vom 28.2.1944, Archiv Vopersal
(74) Vorläufige Einsatzordnung für SS-Helferinnen vom 2.2.1944, Bundesarchiv NS 32 II/7, pag. 9
(75) Vgl. Vorläufige Einsatzordnung für SS-Helferinnen vom 2.2.1944, a.a.O., Ziffer 45

(76) Vgl. Vorläufige Einsatzordnung für SS-Helferinnen vom 2.2.1944, a.a.O., Ziffer 11 und 12
(77) Bundesarchiv NS 32 II/7, pag. 16
(78) Vgl. Archiv Vopersal o. Nr.
(79) Wirtschafts- und Verwaltungsanordnungen vom 1.9.1943, Ziffer 72: Einkleidung der SS-Helferinnen
(80) SS-Hauptamt TgbNr. 3338/44 vom 28.12.1944, Bundesarchiv NS 32 II/11–1
(81) Chef OKW vom 1.1.1943, Bundesarchiv NS 32 II/2/1, pag. 40
(82) Vgl. die Ausbildungsrichtlinien OKH Chef HRüst und BdE vom 25.11.1944, in: Heeresverordnungsblatt 1944, Nr. 414
(83) Vgl. Wolfgang Vopersal, Die SS-Nebelabteilung Obersalzberg, in: Der Freiwillige 2/1975, S. 17ff. und 3/1975, S. 17ff.
(84) Rede in Posen am 4.10.1943, in: Nürnberger Dokumente 1919 – PS, Bd. 29, S. 110
(85) Besprechung Reichsführer-SS vom 30.4.1943, Bundesarchiv NS 32 II/2/1, pag. 46
(86) Reichsführer-SS vom 5.9.1944, Bundesarchiv NS 32 II/7, pag. 53
(87) Bundesarchiv NS 32 II/32
(88) Dienstordnung für SS-Helferinnen vom 28.7.1943, a.a.O.
(89) Rede Himmlers in Posen am 4.10.1943, in: Nürnberger Dokumente 1919-PS, Bd. 29, S. 108
(90) Reichsführer-SS und Reichsminister des Innern, Der Chef des Fernmeldewesens Az. 8 k 19/16 TgbNr. 6959/44 vom 30.4.1944, Bundesarchiv NS 32 II/110
(91) Aussage von Margot S. am 17.3.1977
(92) Rede Himmlers am 4.10.1943, in: Nürnberger Dokumente 1919-PS, Bd. 29, S. 108
(93) Bundesarchiv NS 32 II/3
(94) Chef FNW TgbNr. 2215/43, Bundesarchiv NS 32 II/6/1
(95) Auf diesen Befehl reagierte die BDM-Reichsreferentin am 24.4.1942 mit einem Dankesbrief, in dem sie u.a. ausführte: „. . . Es ist leider oft so gewesen, daß die Propagierung des unehelichen Kindes von den Menschen falsch ausgelegt worden ist, von denen wir am wenigsten wertvolle Kinder erwarten können. An wertvolle Menschen kann man sich sicher mit der Propagierung auch des unehelichen Kindes wenden. Ich glaube aber doch nicht, daß dieses Thema zur Diskussion für die breite Öffentlichkeit bestimmt ist. Wir Mädelführerinnen sehen auf jeden Fall unsere wesentlichste Erziehungsaufgabe darin, unsere Mädel zum Muttertum in der Familie zu führen und geben unseren Mädeln folgende Forderungen mit auf den Weg:
Deutsches Mädel, wenn Du Dich mit einem Kriegsgefangenen abgibst, verrätst Du unsere Soldaten.
Deutsches Mädel, wenn Du mit einem Fremdvölkischen umgehst, dann verrätst Du Dein Volk.
Deutsches Mädel, behandle den Ausländer höflich, achte seine Art und Nationalität, vergiß aber nicht, daß Du nie einem Mann angehören darfst, dessen Volk durch das deutsche Schwert besiegt worden ist, daß es für Dich nur einen Mann gibt, den tapfersten Soldaten dieser Erde, den deutschen Mann.
Verschwende Dich aber auch nicht innerhalb Deines Volkes, sondern bewahre Dich für den großen Augenblick, wo Du innerhalb Deiner Familie Deinem Volke Kinder schenken darfst.
Deutsches Mädel, Deine Ehre ist die Treue zum Blute Deines Volkes."
NSDAP-BDM Reichsreferentin Az. Rü/kr. vom 24.4.1942, Bundesarchiv Sammlung Schumacher 474
(96) Vorläufige Einsatzordnung für SS-Helferinnen vom 2.2.1944, a.a.O., Ziffer 43
(97) Nürnberger Dokumente 1919-PS, Bd. 29, S. 109
(98) Aussage von Margot S. am 17.3.1977
(99) Dienstordnung für SS-Helferinnen vom 28.7.1943, a.a.O., S. 12
(100) Kommandeur Reichsschule-SS vom 25.6.1944, Bundesarchiv NS 32 II/118
(101) Bundesarchiv NS 32 II/103
(102) Entwurf einer Dienstordnung für die Beauftragte, Bundesarchiv Sammlung Schumacher 474
(103) Bundesarchiv NS 32 II/109, pag. 23
(104) Aussage von Gisela S. am 13.4.1977

(105) Stabsbefehl 3/44 vom 4.2.1944, Bundesarchiv NS 32 II/59
(106) Kommandeur des KZ Natzweiler vom 2.2.1944, Bundesarchiv NS 32 II/113
(107) Bundesarchiv NS 32 II/112
(108) Bundesarchiv NS 32 II/112
(109) Bundesarchiv NS 32 II/118
(110) Reichsführer-SS vom 30.11.1942, Institut für Zeitgeschichte MA 413, pag. 4948
(111) Bundesarchiv NS 32 II/27, pag. 9. Die Reichsfrauenführerin bat Himmler am 5.9.1942, für die SS einen ähnlichen Befehl herauszugeben wie das OKW am 22.6.1942 über die Betreuung der Wehrmachthelferinnen in den Gebieten außerhalb der Reichsgrenze. Himmler kam dem Wunsch in Form einer „Sollvorschrift" am 30.11.42 nach. Mit diesem Grundsatzbefehl in den Händen drängte die Reichsfrauenführung die Höheren SS- und Polizeiführer, in ihren Bereichen „Gebietsbeauftragte der Reichsfrauenführung" einzurichten. In den Gebieten außerhalb des Reiches ernannten einige SS-Oberabschnitte wegen der wachsenden Zahl von weiblichen Angestellten und SS-Helferinnen in ihrem Bereich von sich aus Referentinnen zur Betreuung der Frauen. Himmler sanktionierte das Vorgehen im Mai 1944 mit einer entsprechenden Weisung, war aber mit dem Namen „Stabsleiterin" für diese Funktionäre nicht einverstanden. Vgl. Bundesarchiv Sammlung Schumacher 474.
(112) Entwurf einer Dienstordnung für die Beauftragte, Bundesarchiv Sammlung Schumacher 474
(113) Institut für Zeitgeschichte MA 292, pag. 8271
(114) Vorläufige Einsatzordnung für Helferinnen vom 2.2.1944, a.a.O., Ziffer 35
(115) Reichsführer-SS vom 15.9.1944, Bundesarchiv NS 32 II/7
(116) Besprechung Himmler mit Sachs am 10.11.1942, Bundesarchiv NS 32 II/3
(117) Vgl. Wolfgang Vopersal, Die SS-Nebelabteilung Obersalzberg, in: Der Freiwillige 3/1975, S. 18
(118) Bericht der SS-Helferin Margit K., in: Der Freiwillige 3/1975, S. 18
(119) Vgl. Nürnberger Dokumente, Bd. I, S. 30; R. M. W. Kempner, SS im Kreuzverhör, München 1964, S. 95
(120) Aussage von Margot S. am 17.3.1977; zur personellen Zusammensetzung der Konzentrationslager-Wachmannschaften vgl. Sammlung wehrrechtlicher Gutachten und Vorschriften, hrsg. vom Bundesarchiv, Heft 1/1963, S. 37

Die Frauen in der
Deutschen Demokratischen Republik

Die DDR wurde am 7. 10. 1949 als „sozialistischer Staat der Arbeiter und Bauern" in der sowjetisch besetzten Zone des besiegten Deutschen Reiches gegründet. Die Sozialistische Einheitspartei (SED) repräsentierte die Diktatur des Proletariats.

Die DDR entwickelte sich im Laufe der Jahre, insbesondere nach dem Mauerbau 1961, zu einem hochgerüsteten Staat. Bei einer Bevölkerung von etwa 17 Millionen hatte die Nationale Volksarmee einen Umfang von 170 000 Mann. Etwa 95 000 waren Wehrpflichtige. 1989 betrug die Dienstzeit bei Heer und Luftwaffe 18 Monate, bei der Volksmarine 36 Monate. Mit den Reservisten konnten fast 400 000 Mann ins Feld geführt werden. Bei den Grenztruppen dienten 47 000 Mann. Zur regulären Armee traten die paramilitärischen Einheiten, die rund 1 Million Menschen mobilisieren konnten.

Das sozialistische Herrschaftssystem der DDR wurde 1989 durch eine friedlich verlaufene Revolution des Volkes beseitigt. An seine Stelle trat im März 1990 nach der Durchführung freier Wahlen eine demokratische Regierung. Gemäß dem Beschluß der Volkskammer vom 23. 8. 1990 schloß sich die DDR der Bundesrepublik Deutschland an und realisierte damit die Wiedervereinigung Deutschlands. Mit dem Einigungsvertrag vom 23. 9. 1990 hörte der Staat auf zu bestehen.

Die gesellschaftliche Rolle der Frau

Die sozialistische These, daß die Gleichberechtigung der Frau nur durch ihre gleichberechtigte Mitwirkung am Produktionsprozeß und am staatlichen und gesellschaftlichen Leben verwirklicht werden könne, war in der DDR an mehreren Stellen gesetzlich verankert. Unter anderem bestimmte das Frauengesetz des Jahres 1950, daß „die Arbeit der Frauen sich nicht mehr auf die traditionellen Frauenberufe beschränken, sondern auf alle Produktionszweige erstrecken" müsse. (1) § 15 des gleichen Gesetzes hob hervor, daß die Frauen durch ihre Eheschließung nicht daran gehindert werden dürften, einen Beruf auszuüben und sich gesellschaftlich und politisch zu betätigen. Das Gesetzbuch der Arbeit aus dem Jahre 1961 formulierte im § 323: „Die Gleichberechtigung der Frau in der sozialistischen Gesellschaft wird durch die Teilnahme am Arbeitsprozeß und die Mitwirkung an der Leistung von Staat und Wirtschaft voll verwirklicht. Die Organe der Staatsmacht und die Betriebsleiter sind verpflichtet, alle Voraussetzungen zu schaffen, die es den Frauen ermöglichen, am Arbeitsprozeß teilzunehmen, ihre schöpferischen Fähigkeiten zu entwickeln und zugleich ihrer hohen gesellschaftlichen Aufgabe als Mutter gerecht zu werden." (2)

Mit diesen gesetzlichen Festlegungen wurde ein doppeltes Ziel verfolgt: Sie entsprachen einerseits den ideologischen Prinzipien und trugen andererseits dem Arbeitskräftebedarf der DDR Rechnung. Denn wie nur wenig andere Staaten war die DDR auf die Arbeitsleistung der Frauen angewiesen. Nicht nur daß der Zweite Weltkrieg die männliche

Bevölkerung stark dezimiert hatte, vor der Errichtung der Berliner Mauer im Jahre 1961 flüchteten Millionen wertvolle Arbeitskräfte – vor allem der jüngeren Jahrgänge – in die Bundesrepublik. Die Bevölkerung im arbeitsfähigen Alter ging um rund zwei Millionen zurück. Als die DDR 1990 als Staat zu bestehen aufhörte, war beinahe jeder zweite Arbeitnehmer weiblichen Geschlechts. In den westeuropäischen Ländern waren zur gleichen Zeit nur 20–35 % der Frauen berufstätig. (3) Die Voraussetzungen für den großen Frauenanteil in der Arbeitswelt der DDR waren Krippenplätze und Kindergärten für den Nachwuchs, zum Teil sogar in den Betrieben. Die Frauen wollten arbeiten, weil davon die gesellschaftliche Anerkennung und das Mitspracherecht in den gesellschaftlichen Organisationen abhing.

Der hohe Beschäftigungsgrad der Frauen in der DDR war natürlich kein Beweis für die Gleichberechtigung von Mann und Frau. Entscheidend dafür wären die Qualität der Arbeit und die Positionen der Frauen im Vergleich zu den Männern gewesen. Bereits in der Verteilung der Arbeitnehmer auf die einzelnen Wirtschaftszweige zeigten sich der faktischen Gleichberechtigung widersprechende geschlechtsspezifische Unterschiede. Während in den Dienstleistungsberufen, vor allem in den Büroberufen, 70 % der Arbeitsplätze mit Frauen besetzt waren, lief in der Industrie die fortschreitende Mechanisierung und Automatisierung den Qualifizierungsanstrengungen der Frauen davon. In der Industrie waren 80 von 100 Beschäftigten in den niedrigen Lohngruppen I–V (ungelernte und angelernte Arbeiter) Frauen, während rund drei Viertel der männlichen Arbeitnehmer in den gehobenen Lohngruppen V–VIII beschäftigt waren. (4) In den landwirtschaftlichen Produktionsgenossenschaften war die Handarbeit die Domäne der Frauen, die Maschinenarbeit die der Männer. (5)

Auch in der DDR erwiesen sich die Aufgaben der Frauen in Ehe und Familie als Hindernisse auf dem Weg zur Gleichberechtigung. Die Beanspruchung in dieser Rolle und der Mangel an Zeit, sich im Beruf und in der Politik zu profilieren, brachten erhebliche Nachteile. Der ideologische Druck auf die Frauen, sich am außerhäuslichen Arbeitsprozeß zu beteiligen und für ihre eigene Fortbildung zu sorgen, war stärker als der Druck auf die Männer, mehr zur Entlastung der Frauen beizutragen. (6) Die Frauen konnten die zahlreichen Bildungschancen nicht wahrnehmen, weil sie durch die Männer in ihren familiären Fürsorge- und Erziehungsaufgaben zu wenig unterstützt wurden.

„Insgesamt zeichnet sich damit ein circulus viciosus ab: Indem sich die gesellschaftliche Gleichberechtigung der Frau nur über ihre gleichwertige Stellung in der Produktion verwirklichen läßt; zur Erreichung ihrer Gleichwertigkeit als Arbeitskraft sowie zur Steigerung der Arbeitsproduktivität umfangreiche Bildungs- und Qualifizierungsmaßnahmen erforderlich sind; die Berufstätigkeit der Frauen im allgemeinen und ihre Weiterbildung im besonderen ein dichtes Netz sozialer Einrichtungen voraussetzen; die Schaffung dieser Einrichtungen und weitere Verbesserungen der Arbeits- und Lebensbedingungen der Werktätigen aber wiederum ein Ergebnis aller wirtschaftlichen Produktivkräfte sind, also auch ein Ergebnis der weiblichen Berufstätigkeit. Die ideologische Einengung des Emanzipationsgedankens in der DDR auf die wirtschaftliche Gleichstellung der Frau, aus der allein ihre gesellschaftliche und politische Gleichberechtigung resultiert, führt letztlich zu dem Dilemma, daß die Frauen zwar vom Prinzip her gleichberechtigt sind, ihre tatsächliche gesellschaftliche Integration, ihre endgültige und vollständige Befreiung sich aber erst in einem langwierigen Prozeß der Weiterentwicklung und Vervollkommnung des sozialistischen Aufbaus ergeben kann." (7)

Die Erfassung der Frauen für die Landesverteidigung

Die Verfassung der Deutschen Demokratischen Republik vom 6. 4. 1968 legte die Verteidigung des Staates in die Hand aller Bürger, gleich welchen Geschlechts. Die Formulierung des Artikels 23 Abs. 1 lautete:

„Der Schutz des Friedens und des sozialistischen Vaterlandes und seiner Errungenschaften ist Recht und Ehrenpflicht der Bürger der Deutschen Demokratischen Republik. Jeder Bürger ist zum Dienst und zu Leistungen für die Verteidigung der Deutschen Demokratischen Republik entsprechend den Gesetzen verpflichtet."

Auch das Gesetz zur Verteidigung der DDR vom 20. 9. 1961 erfaßte Männer und Frauen gleicherweise. § 3 Ziffer 1 besagte:

„Der Dienst zum Schutz des Vaterlandes und der Errungenschaften der Werktätigen ist eine ehrenvolle nationale Pflicht der Bürger der Deutschen Demokratischen Republik. Der Dienst zum Schutz der Republik und der Bevölkerung umfaßt den Dienst in der Nationalen Volksarmee und in anderen bewaffneten Organen sowie den Luftschutzdienst."

Das Gesetz über die allgemeine Wehrpflicht vom 24. 1. 1962 präzisierte im § 31:

„Wenn es für die Verteidigung erforderlich ist, können Frauen, die diensttauglich sind, vom 18. bis zum vollendeten 50. Lebensjahr zur medizinischen, veterinärmedizinischen, zahnmedizinischen, technischen oder zu einem anderen Sonderdienst in der Nationalen Volksarmee verpflichtet werden."

Weder die Verfassung noch das Verteidigungsgesetz gaben Auskunft darüber, was unter „Verteidigungszustand" zu verstehen war. Es gab keine Unterscheidung zwischen innerem und äußerem Notstand. Über den Verteidigungszustand hatte der Staatsrat zu beschließen. Eine Überprüfung der verteidigungsbedingenden Erfordernisse durch die Legislative war nicht vorgesehen. Auch der Ausdruck „anderer Sonderdienst in der Nationalen Volksarmee" wurde nirgendwo erläutert. Es blieb verfassungsrechtlich unklar, welche weiteren Berufsgruppen neben den medizinischen und technischen zum Sonderdienst herangezogen werden konnten. Da ein gesetzliches Verbot des Einsatzes von Frauen für den Waffendienst nicht existierte, konnte auch dieser als Sonderdienst definiert werden. Die im Rahmen des Sonderdienstes im Verteidigungsfall erforderlichen Vorbereitungen lagen gemäß § 18 Abs. 2 der Musterungsordnung vom 30. 7. 1969 beim Ministerium für Nationale Verteidigung.

Wehrerziehung und vormilitärische Ausbildung

Die Wehrerziehung war ein untrennbarer Bestandteil der klassenmäßigen sozialistischen Erziehung. Als „systematische Erziehung mittels rationaler und emotionaler Elemente" verfolgte sie das Ziel, „die Bereitschaft und Fähigkeit zu entwickeln und zu festigen, das sozialistische Vaterland zu verteidigen und in einem uns aufgezwungenen Kampfe den Sieg zu erringen". (8)

In der Wehrerziehung wurde nicht nach Geschlechtern differenziert. Man ging davon aus, daß im Verteidigungsfall Männer und Frauen den gleichen Pflichten unterworfen sein würden. Deshalb durften die Bemühungen der Staatsführung, die Jugend so früh wie möglich auf den Verteidigungsfall vorzubereiten, nicht an dem vorhandenen Reservoir der weiblichen Jugend für die Unterstützung des Waffendienstes der Männer vorbeigehen.

Die Wehrerziehung verfolgte folgende Ziele:
- die Herausbildung eines kämpferischen sozialistischen Patriotismus
- die Verankerung des Wehrgedankens im Bewußtsein der Bürger
- die Weckung der Wehrbereitschaft und Förderung der Wehrfähigkeit
- die Entwicklung des zum Militärdienst erforderlichen physischen Leistungsvermögens
- die Vermittlung militärischer Grund- und Spezialkenntnisse und Fertigkeiten. (9)

In den 9. und 10. Klassen der allgemeinbildenden Schulen war „Wehrunterricht" seit 1. 9. 1978 obligatorisches Hauptfach. Es wurde von Reserveoffizieren der Nationalen Volksarmee erteilt. Der politische Unterricht ergänzte das Fach. Bei den Berufsschülerinnen standen in der politisch-ideologischen Arbeit folgende Schwerpunkte im Vordergrund:
- Klarheit schaffen über die Bedeutung der Nationalen Volksarmee für den Schutz unserer Republik sowie für die Sicherung unserer friedlichen Entwicklung
- Vertraut machen mit wehrpolitischen Problemen, auch mit Problemen moderner Waffentechnik, damit auch die Mädchen die Notwendigkeit erkennen, daß zur Beherrschung dieser modernen und komplizierten Waffen viele Jugendliche benötigt werden, die sich als Soldat auf Zeit oder Berufssoldat verpflichten
- Klärung des Freund-Feind-Problems. (10)

Da die sozialistische Wehrerziehung die Einheit unterrichtlicher und außerunterrichtlicher Arbeit voraussetzte, hatten die Freie Deutsche Jugend, die Gesellschaft für Sport und Technik, das Deutsche Rote Kreuz, der Brandschutz und die Zivilverteidigungsorgane eng mit den Lehrkräften zusammenzuarbeiten. Die vormilitärische Ausbildung lag in den Händen der „Gesellschaft für Sport und Technik", die seit ihrer Gründung im Jahre 1952 dem Ministerium für Nationale Verteidigung unterstand. Ihr Auftrag war, alle wehrfähigen männlichen und weiblichen Jugendlichen wehrpolitisch zu schulen und vormilitärisch auszubilden und ihnen alle Kenntnisse zu vermitteln, die „den unmittelbaren Anschluß an das Ausbildungsprogramm der Streitkräfte sichern". (11) Rund 15 % der etwa 400 000 Mitglieder waren Frauen und Mädchen. Auch für diese 60 000 dauerte die Ausbildungszeit vier Monate. Sie bestand aus wöchentlich zwei Schulungen von je zwei Stunden und jeden Monat in einer Wochenendschulung von vier Stunden, zusammen insgesamt also 80 Stunden. Beide Geschlechter wurden gleich behandelt. (12) Alle Mitglieder der GST erhielten eine Schießausbildung am Luftgewehr, eine allgemeine Geländeausbildung, eine Ausbildung in der Selbstverteidigung, eine Sanitätsausbildung und eine Zivilschutzausbildung. Auch die Mädchen wurden zu Ordnungsübungen, Appellen, Nachtübungen und zum Wach- und Lagerdienst herangezogen. Schwerpunkt bei der Ausbildung der Mädchen war die Sanitätsausbildung. Die Orientierung an Karte und Kompaß gehörte zu den Abschlußprüfungen. (13) Als Ausbilder wurden ehemalige Soldaten der NVA oder der Grenztruppen verpflichtet. (14) Die GST-Mädchen trugen die gleiche Uniform wie die Jungen. (15) Für die Studenten und Studentinnen des 1. und 2. Studienjahres wurde die vormilitärische Ausbildung von den einzelnen Hochschulen in Zusammenarbeit mit der GST und dem örtlichen Reservistenkollektiv durchgeführt. Die Studentinnen wurden vorwiegend für die Heimatverteidigung (Zivilverteidigung) vorbereitet. Der praktische Teil der Ausbildung bestand aus Schießausbildung, Fahrausbildung, ABC-Ausbildung, Geländeausbildung, Selbstverteidigung, Sanitätsausbildung und Zivilverteidigungsausbildung sowie allgemeine körperliche Ertüchtigung. Neben der Absolvierung dieser allgemeinen vormilitärischen Ausbildung wurde großer Wert gelegt auf die zusätzliche Aneignung militärtechnischer Fachkenntnisse aus den einzelnen Waffengattungen. Die Ausbildungsstätten der GST hielten Kurse ab für Funkerinnen, Fernschreiberinnen, Telefonistinnen, Mechanikerinnen usw. An der Zentralen Seesportschule der GST in Greifswald wurden Mädchen im Rudern, Segeln und Tauchen, in Navigation, Schiffsfunk und Schiffsmodellbau geschult. Ebenso groß wie das Interesse an der seemännisch-technischen Ausbildung war der Wunsch nach einer Fliegerausbildung. Jedes Jahr nahmen rund 700 Mädchen an der Segelflugausbildung der GST teil. In steigendem Maße wurden auch Mädchen als Pilotinnen für Motorflugzeuge ausgebildet. Mädchen waren es auch, die der GST 1962 zu internationaler Reputation im Fallschirmspringen verhalfen. Eine weibliche Mannschaft erzielte einen Weltrekord im Fünfergruppen-Zielspringen aus 1000 m Höhe. Bis 1965 stellten die Fallschirmspringerinnen der GST insgesamt 10 Weltrekorde auf. (16) Daß die GST keine Hobbyorganisation war, sondern einen nicht zu unterschätzenden Kampfwert besaß, zeigte ihr Einsatz beim Bau der Berliner Mauer 1961. Bei der Durchführung der Abriegelungsmaßnahmen erreichte sie neben den Einheiten der Volkspolizei, den SED-Kampfgruppen und den Ordnungsgruppen der FDJ „gute militärische Leistungen". Die Mädchen der GST wurden damals als Funkerinnen und Fernschreiberinnen bei der Nachrichtenübermittlung eingesetzt und wirkten bei der Objektsicherung und im Nachschub- und Versorgungsdienst mit. (17)

Die Kampfgruppen der SED

Mitte 1952 proklamierte die SED zur Durchsetzung des Aufbaus des Sozialismus auf dem Lande die totale Militarisierung der Gesellschaft. Generalsekretär Walter Ulbricht schlug vor, allen SED-Mitgliedern im Sommer 1953 während ihres Urlaubs eine militärische Grundausbildung zu vermitteln. Ein Geheimbeschluß des ZK der SED auf der 13. Tagung am 14./15. Mai 1953 forderte alle Kandidaten der SED zwischen dem 18. und 30. Lebensjahr zu einem dreimonatigen Ausbildungslehrgang auf. Zusammen mit den Kampfgruppen der Arbeiter sollten sie „die Unantastbarkeit der Grundlagen unserer fortschrittlichen demokratischen Ordnung sichern und die leitende Rolle unserer Partei festigen". (18) Nach offizieller Formulierung waren die Betriebskampfgruppen dazu da, Agenten, Diversanten und Saboteure von den volkseigenen Betrieben fernzuhalten. Die Ausbildung der Männer und Frauen erfolgte an den Wochenenden in besonderen Lagern, die von der Gesellschaft für Sport und Technik und von der Kasernierten Volkspolizei betreut wurden. In zahlreichen Betrieben entstanden Schießstände für den Feierabend. Das Ziel war, aus den Kampfgruppen „stets einsatzfähige, straff organisierte, bewaffnete Einheiten zu machen". (19) Nach dem Ungarnaufstand 1956 wurde die Ausbildung im Straßen-, Orts- und Häuserkampf auf die Dienstpläne geschrieben. Das Gelöbnis lautete: „Ich bin bereit, als Kämpfer der Arbeiterklasse die Weisungen der Partei zu erfüllen, die DDR, ihre sozialistischen Errungenschaften jederzeit mit der Waffe in der Hand zu schützen und mein Leben für sie einzusetzen. Das gelobe ich." (20) Diese milizartige Organisation umfaßte etwa 40 000 Kämpfer. Nach der Reorganisation der Kampfgruppen im Jahre 1955 wurden Frauen nur noch als Sanitäter und für einige Arbeiten in den Stäben eingesetzt. (21)

Frauen in der Nationalen Volksarmee und bei den Grenztruppen

Die DDR-Streitkräfte verfügten wie alle Armeen der Welt über eine Vielzahl von weiblichen Hilfskräften, die als Zivilangestellte vorwiegend im Verwaltungs- und Betreuungsdienst tätig waren.

Der militärische Dienst in der Nationalen Volksarmee war für Frauen freiwillig. Die Bewerberinnen mußten sich für mindestens drei Jahre verpflichten. In dieser Zeit konnte, wer sich politisch und fachlich bewährte, den Dienstgrad eines Unterfeldwebels bzw. Unterwachtmeisters bzw. Obermaats erreichen. Frauen, die „einen bedeutenden Beitrag zur Erhöhung der Gefechtsbereitschaft der NVA" leisteten, wurden vorzeitig befördert. (22)

Frauen, die sich für die militärische Laufbahn des Berufssoldaten entschieden, mußten eine mindestens zehnjährige Verpflichtungszeit eingehen. In dieser Zeit konnten sie bis zum Stabs-Oberfähnrich, dem höchsten Unteroffiziersdienstgrad, befördert werden. (23) Offiziersränge des aktiven Dienstes und der Reserve konnten Frauen nach den Bestimmungen der Dienstlaufbahnordnung von 1966 nur erreichen, wenn sie die hierfür erforderlichen fachlichen Qualifikationen mitbrachten und wenn ihre politische Zuverlässigkeit außer Frage stand. Für das Offizierspatent des aktiven Dienstes brauchten Frauen eine abgeschlossene Berufsausbildung und militärisch verwendbare Kenntnisse oder Fähigkeiten, z. B. als Ärztin. Daß es auch im unmittelbaren Truppendienst weibliche Offiziere gab, wurde von der DDR-Presse lange Zeit geleugnet. Erst als bei den Grenztruppen der DDR Frauen als Offiziere auftauchten – erstmals an der Berliner Übergangsstelle Bahnhof-Friedrichstraße im Juli 1973 – , wurde dieser Einsatz von Frauen offenbar. (24) Bei den Kampftruppen fanden Soldatinnen jedoch nie Verwendung. Die meisten arbeiteten im Ministerium für Nationale Verteidigung, in den Kommandos der Teilstreitkräfte bzw. in den Kommandos der Militärbezirke, in den Stäben der Verbände und in den bodenständigen Dienststellen, z. B. Wehrbezirks- und Wehrkreiskommandos. Dort nahmen sie Funktionen als Sachbearbeiterinnen, Sekretärinnen oder Steno- und Phonotypistinnen wahr. Die im Nachrichtendienst tätigen Frauen waren in der Regel in den stationären Nachrichtenzentralen als Funkerinnen, Fernschreiberinnen oder Fernsprecherinnen eingesetzt. (25) Auch die Assistentinnen vieler Flugwetterwarten der Luftwaffe waren Frauen. (26) Sehr häufig fanden sich weibliche Soldaten im Politapparat der NVA, z. B. in den Sachgebieten Archivwesen und Bibliothek und in den Sektionen Agitation und Propaganda. (27) Ausgebildete Krankenschwestern kamen als Sanitätsunteroffiziere in den Militärlazaretten unter und konnten sich als Stations- oder leitende Operationsschwestern qualifizieren.

Die im medizinischen Dienst als Ärztinnen, Zahnärztinnen, Apothekerinnen und Psychologinnen tätigen weiblichen Offiziere erhielten ihre fachliche, militärische und politische Vorbereitung an der militärmedizinischen Abteilung der Ernst-Moritz-Arndt-Universität in Greifswald, wo sie spezifisch militärische Zusatzfächer wie Militärhygiene, Feldchirurgie, militärische Toxikologie und Radiologie studieren konnten. Ab 1984 wurden weibliche Offiziere an den Offiziershochschulen auch zu technischen Offizieren für den Einsatz in der Logistik und zu Polit-Offizieren ausgebildet. Sie beendeten das Studium als Diplomingenieure oder Diplom-Gesellschaftswissenschaftler und mit der Ernennung zum Leutnant. Während des Studiums erlernten sie auch das militärische Handwerk ihrer Waffengattung.

Unabhängig von ihrem speziellen Facheinsatz mußten sich alle weiblichen Armeeangehörigen einer militärischen Ausbildung unterziehen. Neben Politunterricht, Erste Hilfe, Truppenkunde, Waffenkunde, Formalausbildung und Sport stand die Schießausbildung im Mittelpunkt. Die Frauen wurden im Gebrauch der verschiedenen Handfeuerwaffen und leichten Maschinenwaffen geschult. Die Schützenschnur galt auch bei ihnen als begehrtes Uniformdekor. (28) In den Schießergebnissen konnten sich die Frauen durchaus mit den männlichen Angehörigen der NVA messen. Bei den Wettkämpfen und Meisterschaften wurden verschiedene Male von Frauen Leistungen erzielt, die die Bestleistungen von NVA-Männermannschaften übertrafen. 1968 errang Brigitte L. aus Rostock, die beim Oberkommando der Volksmarine Dienst tat, den Titel „Meister der Volksmarine" im Schießen. (29) Von Drill und Härtetests, z. B. kilometerlangen Märschen mit vollem Gepäck, blieben die weiblichen Angehörigen der NVA verschont. An den Routineübungen ihrer Einheiten und an den Manövern nahmen sie jedoch teil. (30)

Nach der Grundausbildung hatten die Volksarmistinnen den Eid abzulegen. Er unterschied sich nicht von dem der männlichen Soldaten der NVA und der Grenztruppen: „Ich schwöre, an der Seite der Sowjetarmee und der Armeen der mit uns verbündeten sozialistischen Länder als Soldat der Nationalen Volksarmee jederzeit bereit zu sein, den Sozialismus gegen alle Feinde zu verteidigen und mein Leben zur Erringung des Sieges einzusetzen."

Die fachliche Grundausbildung für Anwärterinnen, die ohne Vorkenntnisse in die NVA eintraten, dauerte für Fernsprecherinnen acht Wochen, für Fernschreiberinnen vier Monate und für Funkerinnen sechs Monate. Als Einstellungsbedingung galt neben der gesundheitlichen Eignung der Abschluß der zehnklassigen Schule. Geistige Beweglichkeit, guter Umgangston und der Nachweis bisheriger Aktivität in den gesellschaftlichen Organisationen wurden bei den Bewerbergesprächen überprüft. (31)

Für die weiblichen NVA-Soldaten galten die gleichen Dienstvorschriften wie für ihre männlichen Kameraden. Sie trugen die gleiche Uniform mit Hosen oder Röcken und die gleichen Dienstgradabzeichen. Innerhalb des Dienstes standen ihnen die gleichen Ehrenbezeugungen zu wie den männlichen Vorgesetzten. Orden und Ehrenzeichen standen ihnen wie den Männern zu. Gemäß § 14 der Besoldungsverordnung vom 24. 1. 1962 hatten die Frauen Anspruch auf die gleichen Dienstbezüge wie die Männer. (32) Bei freier Bekleidung, Verpflegung und Unterkunft war ihre Besoldung zufriedenstellend. (33) Sie bekamen den gesetzlichen Schwangerschafts- und Wochenbetturlaub wie die Frauen in Zivilberufen. Während der Schwangerschaft durften sie in Abweichung von der sonst üblichen Vorschrift Zivilkleidung tragen. (34) Die weiblichen Berufsunteroffiziere wohnten überwiegend in Heimen außerhalb der Kasernen. Die Innendienstvorschrift der NVA sah folgende Regelung vor: „Die weiblichen Angehörigen der NVA sind getrennt von den männlichen Armeeangehörigen unterzubringen. Ihre Unterkünfte müssen gesonderte Eingänge, Waschräume und Toiletten haben. Wer diese Unterkünfte betreten darf, ist vom Regimentskommandeur festzulegen." (35) Verheirateten Frauen wurde erlaubt, außerhalb der Militärunterkünfte in ihrer eigenen Wohnung zu wohnen.

Die weiblichen Angehörigen der NVA und der Grenztruppen unterstanden der in den Streitkräften geltenden Militärdisziplinarordnung. Die strengen Bestimmungen für männliche Angehörige waren für sie jedoch gelockert. Bei disziplinarischen Verstößen wurden sie mit Verweis, strengem Verweis und Dienstverrichtungen außer der Reihe bestraft. Schärfere Strafmaßnahmen wie einfacher Arrest, strenger Arrest und Arrest in der Arrestanstalt durften gegen sie nicht verhängt werden. (36)

Im April 1974 erhielten die weiblichen Angehörigen der NVA neue Uniformen. Sie bestanden aus einer Uniformjacke, einer Weste, einer langen Hose und einem Rock. Dazu konnten weiße Hemdblusen mit kurzem oder langem Ärmel mit und ohne Binder sowie weiße Rollkragenpullover getragen werden. (37) Wie in den meisten Armeen, in denen Frauen dienen, war auch in der NVA die Länge des Rockes ein großes Problem. Die vorgeschriebene „Knielänge minus 2 cm" war für die DDR-Armeeangehörigen keine Norm. Alle Bilder zeigen, daß die Frauen mit anderen Maßstäben maßen.

Für alle aus dem Dienst ausscheidenden weiblichen Angehörigen der NVA und der Grenztruppen der DDR galt die Förderungsverordnung des Ministerrates der DDR. Sie erhielten die gleichen Übergangsbeihilfen wie ihre männlichen Kameraden. (38) Ehepaare, von denen beide Partner in der NVA dienten, hatten keinen Anspruch darauf, in der gleichen Einheit oder am gleichen Standort verwendet zu werden. Das enttäuschte viele Mädchen, die bei ihrer Verpflichtung für die NVA gehofft hatten, zusammen mit dem wehrpflichtigen Verlobten oder dem Ehemann dienen zu können und auf diese Weise eine Trennung durch die NVA zu umgehen. (39) Bei weiblichen Offizieren wurde dem Wunsch, am gleichen Ort wie der Ehemann eingesetzt zu werden, weitgehend entsprochen.

Trotzdem stieg die Zahl der verheirateten Soldatinnen in der NVA überdimensional an. Die meisten waren Frauen von Armeeangehörigen. Vor und nach der Geburt eines Kindes stand ihnen der gesetzliche Schwangerschaftsurlaub für die Dauer von 26 Wochen zu. Wenn von mindestens zwei Kindern eines unter 12 Monaten alt war, erhielten sie eine weitere Dienstbefreiung für die häusliche Pflege. Während der Dienstbefreiung kriegten die Soldatinnen eine monatliche Mütterunterstützung in Höhe der Krankenbezüge nach der Versorgungsordnung. Viele Armeeangehörige machten vom Babyjahr Gebrauch, das ihnen die Rückkehr zum alten Arbeitsplatz garantierte. Wenn sie keinen Kinderkrippenplatz bekamen, hatten sie Anspruch auf Dienstbefreiung. Während der Dienstbefreiung verblieben die Frauen im aktiven Dienst. Die Dienstbefreiung wurde auf die Gesamtdienstzeit angerechnet. Mütter von zwei Kindern genossen seit 1. 5. 1977 ohne Kürzung der Dienstbezüge eine verkürzte Dienstzeit von 40 Stunden. (40)

Belegstellen

(1) Gesetzblatt I, S. 1037
(2) Gesetzblatt I, S. 27
(3) Helge Pross, Gleichberechtigung im Beruf?, Frankfurt 1973, S. 139
(4) Die Arbeit 3/1967, S. 13
(5) Einheit 11/1966, S. 1306
(6) Helge Pross, a.a.O., S. 150
(7) Gabriele Gast, Die politische Rolle der Frau in der DDR, Düsseldorf 1973, S. 40
(8) Einheit 3/1968, S. 358
(9) Oda Beckmann, Die Einbeziehung der Frau in das Militärwesen der SU und der SBZ, Manuskript, S. 40; Süddeutsche Zeitung vom 6. 6. 1978 und 9. 6. 1978
(10) Ernst Legahn, Wehrerziehung in der DDR während der Berufsausbildung, in: Wehrforschung 1/1972, S. 29 f.
(11) Leipziger Volkszeitung vom 7. 8. 1962
(12) Bulletin der Bundesregierung vom 5. 5. 1961, S. 802
(13) Volksarmee 2/1967, S. 10
(14) Volksarmee 28/1977, S. 11
(15) Ernst Legahn, a.a.O., S. 28
(16) Oda Beckmann, a.a.O., S. 68
(17) Sport und Technik 5/1964; Armee für Frieden und Sozialismus. Geschichte der Nationalen Volksarmee der DDR, Ostberlin 1987, S. 510 ff.
(18) Die Kampfgruppen der SBZ, hrsg. vom Bundesministerium für gesamtdeutsche Fragen, Februar 1960, S. 6
(19) Neuer Weg 11/1955, S. 656

(20) Vgl. A bis Z – Ein Taschen- und Nachschlagbuch über den anderen Teil Deutschlands, Bonn 1969, S. 322; vgl. Der Kämpfer 6/1959

(21) Vgl. Werner Bader u. a., Kampfgruppen – die Spezialtruppe der SED für den Bürgerkrieg, Köln 1963, S. 17; Beschluß des ZK der SED vom 15. 4. 1955 „Über die Organisierung und Ausbildung der Kampfgruppen", in: Armin Hindrichs, Die Bürgerkriegsarmee, Berlin 1963, S. 29

(22) 100 Fragen – 100 Antworten, Ostberlin 1964

(23) Armee-Rundschau 10/1976, S. 57

(24) Die Welt vom 24. 7. 1973

(25) Armee-Rundschau 12/1965, S. 5, und 8/1975, S. 24

(26) Armee-Rundschau 1/1977, S. 23

(27) Ernst Legahn, a.a.O., S. 118

(28) Ernst Legahn, a.a.O., S. 118; Ullrich Rühmland, NVA in Stichworten, Bonn 1968, S. 103

(29) Armee-Rundschau 3/1968

(30) Vgl. Armee-Rundschau 10/1976, S. 54

(31) Ernst Legahn, a.a.O., S. 118

(32) Gesetzblatt II, S.49

(33) Peter Gosztony, Frauen im Wehrdienst in Osteuropa, in: Wehrforschung 6/1974, S. 178; Kölner Stadtanzeiger vom 20. 12. 1972

(34) Oda Beckmann, a.a.O., S. 93

(35) DV-10/3, § 134, vom 1. 1. 1963

(36) Disziplinar- und Beschwerdeordnung vom 1. 11. 1957, DV-10/6

(37) Volksarmee 14/1974, S. 7

(38) Armee-Rundschau 10/1976, S. 57

(39) Der Abend vom 24. 5. 1976; Armee-Rundschau 8/1975, S. 82, und 9/1975, S. 11

(40) Vgl. Beschluß des ZK der SED, des Bundesvorstandes des FDGB und des Ministerrates der DDR vom 27. 5. 1976 über die weitere planmäßige Verbesserung der Arbeits- und Lebensbedingungen der Werktätigen im Zeitraum von 1976 bis 1980, in: Volksarmee 28/1977, S. 7, und 9/1977, S. 7

Die Dienstleistungen der Frauen in der Bundesrepublik Deutschland

Die Frauenqueten des Deutschen Bundestages bestätigten in den letzten drei Jahrzehnten des 20. Jahrhunderts, daß die berufliche Situation der Frauen in der Bundesrepublik stagnierte. Daran sei nicht die konjunkturell bedingte Arbeitslosigkeit alleine schuld, sondern auch die gesellschaftlich tolerierte Beibehaltung der geschlechtlichen Rollenverteilung zwischen Mann und Frau. Könnte die Bundeswehr nicht die Tür zu neuen Tätigkeitsfeldern für Frauen öffnen? 1997 beschäftigen die Streitkräfte und die Bundeswehrverwaltung etwa 50 000 Frauen als Zivilangestellte und Arbeiterinnen. Frauen als Soldatinnen in die Bundeswehr aufzunehmen stieß auf verfassungsrechtliche Barrieren. Das Grundgesetz verbietet Frauen jeglichen Dienst mit Waffen. Zwar öffnete der Deutsche Bundestag wegen des Ärztemangels in der Bundeswehr in den siebziger Jahren die des militärärztlichen Dienstes für Frauen, entband sie jedoch von der Pflicht, zur Verteidigung gegen rechtswidrige Angriffe gegen ihre Person (Notwehr) oder die ihnen anvertrauten Verwundeten die Waffe zu benützen.

Auf der anderen Seite fand der Gedanke eines nationalen Pflichtdienstes für beide Geschlechter in der Bundesrepublik zahlreiche Befürworter. Sie argumentieren: Wenn die Männer zum Wehrdienst oder Zivildienst herangezogen werden, sollten auch die Frauen zu irgendeinem Einsatz für die Gemeinschaft mobilisiert werden. Das freiwillige soziale Jahr, das 1964 als Abhilfe gegen den Personalmangel in den Pflegeberufen eingeführt wurde, fand unerwartet wenig Resonanz. Besser schnitt das freiwillige ökologische Jahr ab.

Um den Personalbedarf der Bundeswehr im Verteidigungsfall abdecken zu können, wurden 1968 im Rahmen der Notstandsgesetzgebung die erforderlichen legislativen Voraussetzungen geschaffen. Die Bundeswehr bekam die Möglichkeit, die eine Million Arbeitskräfte, die nach den Mob-Planungen benötigt werden, zu erfassen. Dazu gehörten auch die 18-55jährigen Frauen zum Dienst in ortsfesten militärischen Lazaretten. Ein weibliches Hilfskorps war nicht vorgesehen.

Gesetzes- und Verwaltungsregelungen zur Gleichstellung der Frauen

1949: Art. 3 Abs. 2 des Grundgesetzes legt die Gleichberechtigung von Mann und Frau verfassungsrechtlich fest.

1952: Das Mutterschutzgesetz garantiert den berufstätigen Frauen bezahlten Urlaub vor und nach der Geburt ihres Kindes.

1953: Gemäß Art. 117 Absatz 1 GG wird das dem Verfassungsgrundsatz der Gleichberechtigung von Mann und Frau entgegenstehende Recht außer Kraft gesetzt.

1954: Die Mutterschutzrechte der Beamtinnen werden denen der anderen Arbeitnehmer angeglichen.

1961: Das Familienrechtsänderungsgesetz verbessert die Rechtsstellung der Ehefrau, wenn der Mann Scheidung wegen Zerrüttung verlangt, und die Rechtsstellung der ledigen Mutter, die auf Antrag die elterliche Gewalt vom Vormundschaftsgericht übertragen bekommen kann und der die Unterhaltspflicht des Vaters bis zur Vollendung des 18. Lebensjahres des Kindes garantiert wird.

1962: Das Bundessozialhilfegesetz schafft Rechtsansprüche in besonderen Lebenslagen: vorbeugende Gesundheitshilfe, Hilfe für werdende Mütter, Hilfe zur Weiterführung des Haushalts, Hilfe für Gefährdete.

1964: Einführung des Schadensausgleichs für Witwen in der Kriegsopferversorgung. Sonderregelung für schwerbeschädigte Hausfrauen im Rahmen des Berufsschadensausgleichs für beschäftigte Hausfrauen beim Einkommensausgleich.

1964: Die Förderung eines freiwilligen sozialen Jahres wird gesetzlich geregelt.

1965: Das Gesetz zur Änderung des Mutterschutzgesetzes und der Reichsversicherungsordnung ermöglicht versicherten Frauen mit Vollendung des 60. Lebensjahres ein Altersruhegeld.

1968: Das Gesetz zum Schutz der erwerbstätigen Mütter legt die Schutzfrist vor der Entbindung auf sechs Wochen und die Schutzfrist nach der Entbindung auf acht Wochen fest. Bei Früh- und Mehrlingsgeburten verlängert sich diese Frist auf zwölf Wochen.

März 1969: Das Gesetz zur Änderung des Reichs- und Staatsangehörigkeitsgesetzes ermöglicht den männlichen und weiblichen Ehegatten Deutscher die Einbürgerung auf Antrag nach fünf Jahren.

Juli 1969: Die Teilnahme an beruflichen Bildungsmaßnahmen, auch zur Eingliederung und Wiedereingliederung in das Erwerbsleben, insbesondere auch von Frauen, wird ohne Rücksicht auf das Einkommen des Ehepartners staatlich gefördert.

Sept. 1969: Das sechste Gesetz zur Änderung beamtenrechtlicher und besoldungsrechtlicher Vorschriften regelt die Teilzeitbeschäftigung und Beurlaubung von Beamtinnen und Richterinnen, wenn mindestens ein im Haushalt lebendes Kind unter 16 Jahren ist, und eine langfristige Beurlaubung bei einem Kind unter sechs Jahren oder mindestens zwei Kindern unter zehn Jahren.

Jan. 1970: Das Gesetz über die Anpassung der Leistungen nach dem Bundesversorgungsgesetz erhöht die Witwenrenten in der Kriegsopferversorgung um rund 20 % und dynamisiert die Kriegsopferrenten ab Januar 1971.

Juli 1970: Das Gesetz über die rechtliche Stellung der nichtehelichen Kinder tritt in Kraft. Von Geburt an steht der Mutter die volle elterliche Sorge zu. Der Unterhaltsanspruch des Kindes gegenüber dem Vater wird verbessert; er richtet sich nicht mehr nach der sozialen Stellung der Mutter, sondern nach der des Vaters. Der Unterhaltsanspruch endet erst mit dem Abschluß einer angemessenen Berufsausbildung. Das Kind wird gegenüber dem Vater erbrechtlich dem ehelichen Kind gleichgestellt. Es erhält den Familiennamen, den die Mutter zur Zeit der Geburt führt.

Juli 1971: Empfehlung des Bundeskanzlers an die Bundesministerien zur Beschäftigung von Frauen im Öffentlichen Dienst, insbesondere zur vermehrten Einstellung von Beamtinnen und Angestellten im höheren und gehobenen Dienst.

Sept. 1972/Jan. 1973: Das Rentenreformgesetz enthält folgende Kernpunkte: Öffnung der Rentenversicherung für Hausfrauen: Nichterwerbstätige Frauen können der Rentenversicherung freiwillig beitreten und, sofern sie kein eigenes Einkommen haben, die Höhe ihrer monatlichen Beiträge selbst festlegen. Die Beiträge für Zeiten vom 1. 1. 1956 bis zum 1. 1. 1973 können nachentrichtet werden. Soweit Frauen von der Möglichkeit der freiwilligen Versicherung Gebrauch machen, können sie auch Ansprüche auf Rehabilitationsmaßnahmen erwerben. Einführung einer flexiblen Altersgrenze: Frauen, die bisher die Voraussetzungen für ein vorgezogenes Altersruhegeld nicht erfüllten, jedoch 35 anrechnungsfähige Versicherungsjahre nachweisen, erhalten durch die Einführung der flexiblen Altersgrenze die Möglichkeit, vom 63. Lebensjahr an selbst zu bestimmen, ob sie Altersruhegeld beziehen oder weiterarbeiten möchten. Rentenberechnung nach Mindesteinkommen: Nachteile in der Rentenberechnung, die dadurch entstanden, daß eine Frau einen unterbezahlten Beruf ausübte oder Lohnabschläge für Frauenarbeit hinnehmen mußte, werden teilweise ausgeglichen.

Dezember 1972: Das Bundesministerium für Jugend, Familie und Gesundheit erhält die Zuständigkeit für Frauenpolitik.

November 1973: Der Deutsche Bundestag setzt mit den Stimmen aller Fraktionen die Enquête-Kommission „Frau und Gesellschaft" ein.

Januar 1974: Das Fünfte Gesetz zur Reform des Strafrechts erklärt den Schwangerschaftsabbruch in den ersten zwölf Wochen für straffrei.

Januar 1975: Mit der Herabsetzung des Volljährigkeitsalters von 21 auf 18 Jahre beginnt, für Frauen und Männer gleich, die Ehemündigkeit mit 18.

August 1975: Die Bundeswehr öffnet die Laufbahn der Offiziere des Sanitätsdienstes für Frauen.

Juli 1977: Das Erste Gesetz zur Reform des Ehe- und Familienrechts fordert das Partnerschaftsprinzip und verneint eine vorgeschriebene Aufgabenteilung in der Ehe. Bei Scheidungen tritt an die Stelle des Schuldprinzips das Zerrüttungsprinzip. Die in der Ehe erworbenen Anrechte auf Altersversorgung werden auf beide Ehepartner aufgeteilt.

Juli 1980: Die Bundesregierung unterzeichnet bei der Weltfrauenkonferenz der Vereinten Nationen in Kopenhagen das Übereinkommen vom 18. 12. 1979 zur Beseitigung jeder Form von Diskriminierung der Frau. Das Übereinkommen verbietet alle Diskriminierungen von Frauen und Männern wegen ihres Geschlechts und verpflichtet die Vertragsstaaten, wirksame Maßnahmen zum Abbau rechtlicher und tatsächlicher Ungleichheiten zu ergreifen.

August 1980: Das Arbeitsrechtliche EG-Anpassungsgesetz (Gesetz über die Gleibehandlung von Männern und Frauen am Arbeitsplatz und über die Erhaltung von Ansprüchen bei Betriebsübergang) legt fest: Der Grundsatz der Gleichbehandlung von Männern und Frauen am Arbeitsplatz bei der Begründung, Durchführung und Beendigung des Arbeitsverhältnisses und der Anspruch auf gleiches Entgelt werden als Rechtsanspruch im BGB festgeschrieben. Der Arbeitgeber hat die Beweislast, wenn vom Arbeitnehmer bzw. von der Arbeitnehmerin Tatsachen glaubhaft gemacht werden, die eine Benachteiligung wegen des Geschlechts vermuten lassen.

August 1980: Abschlußbericht der Enquête-Kommission „Frau und Gesellschaft". Die Kommission gibt Empfehlungen für die Aufhebung der Benachteiligung von Mädchen und Frauen in der beruflichen Bildung und auf dem Arbeitsmarkt, für die Schaffung einer Wahlfreiheit von Frauen und Männern bei der Verteilung ihrer Aufgaben in Familie, Gesellschaft und Beruf und macht Vorschläge zur Durchsetzung der Gleichberechtigung.

Nov. 1980: Die Änderung der Bundeslaufbahnverordnung erhöht das Eintrittsalter in den Öffentlichen Dienst für Frauen, die wegen der Erziehung von Kindern ihre Ausbildung unterbrechen mußten.

Juli 1984: Das Fünfte Gesetz zur Änderung dienstrechtlicher Vorschriften verbessert die bestehenden Regelungen, nach denen Beamten bzw. Beamtinnen und Richtern bzw. Richterinnen Ermäßigung der Arbeitszeit sowie Beurlaubung aus familiären Gründen gewährt werden kann.

Januar 1985: Das Steuerbereinigungsgesetz sieht Steuerentlastungen für Alleinerziehende vor.

Nov. 1985: Das Dritte Gesetz zur Änderung des Hochschulrahmengesetzes verpflichtet die Hochschulen zur Beseitigung der für Wissenschaftlerinnen bestehenden Nachteile.

März 1986: Die Richtlinie zur beruflichen Förderung von Frauen in der Bundesverwaltung enthält Regelungen für die Verbesserung der Einstellungs- und Aufstiegschancen von Frauen, die Erhöhung ihres Anteils an Fortbildungsmaßnahmen und erleichtert die Vereinbarkeit von Familie und Beruf.

Juni 1986: Das Bundesministerium für Jugend, Familie und Gesundheit wird zum Bundesministerium für Jugend, Familie, Frauen und Gesundheit umgebildet und erhält die Federführung für Frauenfragen einschließlich der Gesetzgebungskompetenz.

Sept. 1986: Das Bundeserziehungsgeldgesetz regelt den Anspruch auf Erziehungsgeld für alle Alleinstehenden, die ihr Kind selbst betreuen und erziehen.

Januar 1987: Das Gesetz über weitere Maßnahmen auf dem Gebiet des Versorgungsausgleichs verbessert die Rechtsstellung der Ehegatten beim Ausgleich von Betriebsrenten.

April 1987: Das Opferschutzgesetz verbessert den Rechtsschutz für Opfer von Straftaten, besonders auch für die Opfer von Sexualdelikten.

März 1988: Die Bundesregierung legt den Bericht der Bundesrepublik Deutschland zum Übereinkommen der Vereinten Nationen zur Beseitigung jeder Form von Diskriminierung von Frauen vor.

April 1988: Der erste informelle Frauenministerrat der Europäischen Gemeinschaft tagt in der Bundesrepublik.

Januar 1989: Die tarifvertragliche Regelung für teilzeitbeschäftigte Arbeitnehmerinnen und Arbeitnehmer im Öffentlichen Dienst wird verbessert.

Mai 1989: Beim Bundesministerium für Jugend, Familie, Frauen und Gesundheit wird ein Wissenschaftlicher Beirat für Frauenpolitik eingesetzt.

Oktober 1990: Der Vertrag zwischen der BRD und der DDR über die Herstellung der Einheit Deutschlands beauftragt in Art. 31 Abs. 1 den gesamtdeutschen Gesetzgeber, die Gesetzgebung zur Gleichberechtigung zwischen Männern und Frauen weiterzuentwickeln.

Januar 1991: Die Bundeswehr öffnet alle Laufbahnen des Sanitätsdienstes und des Militärmusikdienstes für Frauen.

Januar 1991: Das Bundesministerium für Frauen und Jugend wird ein eigenständiges Ressort.

Mai 1992: Das Erste Gesetz zur Änderung des Mutterschutzgesetzes enthält Verbesserungen im Kündigungsschutz.

Juni 1994: Das Gesetz zur Durchsetzung der Gleichberechtigung von Frauen und Männern enthält Maßnahmen zur Förderung der Vereinbarkeit von Familie und Beruf in der Bundesverwaltung und bei den Gerichten, die Verschärfung des gesetzlichen Verbotes der Benachteiligung wegen des Geschlechts im Arbeitsleben, bei der Stellenausschreibung, bei der Einstellung und beim beruflichen Aufstieg, erweiterte Mitwirkungsrechte von Betriebsrat und Personalrat bei der Frauenförderung und der Vereinbarkeit von Familie und Beruf und zum Schutz der Beschäftigten vor sexueller Belästigung am Arbeitsplatz. Das dazugehörige Gesetz über die Berufung und Entsendung von Frauen und Männern in Gremien im Einflußbereich des Bundes verpflichtet jede Dienststelle zur Aufstellung eines dreijährigen Frauenförderplans mit verbindlichen Zielvorgaben für die verbesserte berufliche Situation der Frauen und die Beseitigung ihrer Unterrepräsentanz auch in den höheren Positionen. Zur Kontrolle müssen Dienststellen ab einer Mindestgröße Frauenbeauftragte bestellen. Im Rahmen des Möglichen müssen Teilzeitarbeitsplätze angeboten, familiengerechte Arbeitszeiten eingeräumt und Stellen auch in Teilzeitform ausgeschrieben werden. Ausfallzeiten wegen Kinderbetreuung oder häuslicher Pflege dürfen sich nicht nachteilig auf das berufliche Fortkommen auswirken. Der Beschäftigtenschutz verpflichtet alle Arbeitgeber und Dienstvorgesetzten, Maßnahmen zum Schutz vor Belästigungen zu ergreifen. Die arbeits- und disziplinarrechtlichen Konsequenzen gegenüber den belästigenden Personen reichen von der Abmahnung über die Versetzung bis zur Entlassung. Den Opfern wird ein Beschwerderecht, ein Benachteiligungsverbot und unter bestimmten Voraussetzungen ein Leistungsverweigerungsrecht eingeräumt. Das Bundesgremienbesetzungsgesetz verpflichtet zu einer gleichberechtigten Teilhabe von Frauen und Männern in den über tausend Gremien, bei denen der Bund entweder die berufende Stelle ist oder seinerseits Mitglieder in Gremien außerhalb des Bundesbereiches entsendet. Für jeden ihr zustehenden Gremiensitz muß die vorschlagsberechtigte Stelle jeweils eine Frau und einen Mann gleicher Eignung benennen. Die berufende Stelle muß bei der Auswahl der geeigneten Person dafür sorgen, daß das Gesetzesziel Schritt für Schritt erreicht wird.

Juli 1997: Sexuelle Nötigung und Vergewaltigung werden unter höhere Strafandrohung gestellt. Auch die Vergewaltigung in der Ehe ist strafbar.

Das freiwillige soziale oder ökologische Jahr

Die Beteiligung der Bundesrepublik Deutschland an der Verteidigung Europas im Rahmen der Pariser Verträge erforderte 1954-1956 mehrere Novellierungen des Grundgesetzes. Es mußten die Wehrpflicht und der Ersatzdienst eingeführt, die Grundrechte der Wehr- und Ersatzdienstleistenden eingeschränkt, die Befehls- und Kommandogewalt geregelt und eine Bundeswehrverwaltung geschaffen werden. Für Frauen wurde der

Waffendienst kategorisch untersagt. Die Berichterstatterin des Rechtsausschusses führte am 6. 3. 1956 vor dem Plenum des Deutschen Bundestages bei der Diskussion des Artikels 12 GG aus:

„Es kam dem Rechtsausschuß darauf an, daß mit programmatischem Nachdruck im Grundgesetz ausgesprochen wird, daß unsere Auffassung von der Natur und der Bestimmung der Frau einen Dienst mit der Waffe verbietet. Das steht in keinem Widerspruch zu der Gleichberechtigung von Mann und Frau, wie wir sie in der Bundesrepublik verstehen. Wir glaubten, diese Grundauffassung ausdrücklich festlegen zu müssen, gerade im Gedanken an die militärischen Dienste, in die Frauen unseres Volkes in der Vergangenheit und jetzt noch jenseits der Zonengrenze hineingezwungen wurden." (1)

Wegen dieser historischen Bürde und wegen der politischen Belastung durch die Teilung Deutschlands verzichtete die Regierung trotz des Vorbildes anderer Mitgliedstaaten des Nordatlantikpaktes auf die Aufstellung eines Frauenhilfskorps für die Streitkräfte, obwohl dem, wenn die Frauen ohne Waffen dienten, keine gesetzlichen Vorbehalte entgegenstanden. Die Formulierung des Soldatengesetzes „Soldat ist, wer aufgrund der Wehrpflicht oder freiwilliger Verpflichtung in einem Wehrdienstverhältnis steht ...", schließt Soldatinnen grundsätzlich nicht aus. (2) In der Bundeswehr werden jedoch die meisten Funktionen, die in anderen Armeen von Soldatinnen wahrgenommen werden, von Frauen mit dem zivilen Status von Beamtinnen, Angestellten oder Arbeiterinnen ausgeführt. Sie haben ihren Platz in der Bundeswehrverwaltung und in den Streitkräften. Das machte ein Frauenkorps in der Bundesrepublik überflüssig.

In den der Wehrgesetzgebung folgenden Jahren verschafften sich jedoch auch die Stimmen derer Gehör, die die Wehrdienstbestimmungen entweder als Diskriminierung des männlichen oder des weiblichen Geschlechts ansahen. Die einen argumentierten: Während die Männer zum Wehrdienst herangezogen würden, könnten die jungen Frauen ihre Ausbildung abschließen und erhielten mindestens einen einjährigen Karrierevorsprung vor ihren männlichen Konkurrenten. Das sei ungerecht. Mitglieder der Frauenbewegung sahen dagegen einen Verstoß gegen die Gleichberechtigung darin, daß Mädchen im Unterschied zu den jungen Männern vom Dienst für die Gemeinschaft ausgeschlossen waren. Die Frage nach einem weiblichen Pflichtdienst war aufgeworfen.

Im Pflege- und Sozialdienst fehlte Personal; geichzeitig hatten viele Jugendliche keine Lehrstelle. Beide Probleme versuchte der evangelische Theologe Hermann Dietzfelbinger, später bayerischer Landesbischof, auf einmal zu lösen. Unter dem Motto „Gib ein Jahr" forderte er vorwiegend junge Frauen zum Freiwilligendienst in sozialen Einrichtungen auf. Ihm schlossen sich Vertreter der Katholischen Kirche und der Freien Wohlfahrtsverbände an.

Als der Deutsche Bundestag im Sommer 1964 die Debatte über einen freiwilligen sozialen Dienst aufnahm, beeilten sich alle Fraktionen zu versichern, daß an ein Pflichtjahr für Frauen nicht gedacht werde. Das Gesetz zur Förderung eines freiwilligen sozialen Jahres vom 17.8.1964 sah deshalb auch nur pflegerische, erzieherische oder hauswirtschaftliche Hilfstätigkeiten auf freiwilliger Basis vor. Um Härten und Überraschungen für die sich Meldenden zu vermeiden, wurde eine Einführung in den Dienst sowie „die persönlichkeitsbildende und sachgerechte Betreuung der Helferinnen und Helfer" während des Hilfsdienstes festgeschrieben. Als Träger des freiwilligen sozialen Jahres ließ das Gesetz nur die in der Bundesarbeitsgemeinschaft der freien Wohlfahrtspflege zusammengeschlossenen Verbände und ihre Untergliederungen, die Kirchen, die Gebietskörperschaften sowie nach näherer Bestimmung der Länder sonstige Körperschaften des öffentlichen Rechts zu. Abgeleistet werden konnte das freiwillige soziale Jahr „in Einrichtungen

der Wohlfahrtspflege einschließlich der Jugendhilfe oder in Einrichtungen der Gesundheitshilfe, vor allem in Krankenanstalten, Altersheimen, Kinderheimen, Kindertagesstätten, Erholungsheimen sowie in Einrichtungen für körperlich und geistig behinderte
Kinder und in Einrichtungen, die Familienhilfe leisten". Es sollte zwölf zusammenhän-
gende Monate dauern und zwischen dem 17. und dem 25. Lebensjahr durchgeführt
werden. (3) Die finanzielle Förderung der sich freiwillig Meldenden wurde an die bestehenden Ausbildungsförderungsmaßnahmen angeglichen. Außerdem wurde das soziale
Jahr als Ausbildungsbestandteil anerkannt. Die FDP-Fraktion, die das Gesetz nur wegen
des Prinzips der Freiwilligkeit akzeptierte, wandte sich besonders scharf gegen Hoffnungen, daß mit diesem Gesetz ein Pflichtjahr vorbereitet werden könnte.

Der Andrang zum freiwilligen sozialen Dienst blieb jedoch weit hinter den Erwartungen
zurück. Obwohl allein der Bedarf der Krankenanstalten 20 000 Pflegekräfte und 10 000
Hilfskräfte betrug, meldeten sich jährlich nie mehr als 2 000 Männer und Frauen. Für
diejenigen, die ihr freiwilliges soziales Jahr absolvierten, hatte es allerdings oft lebensent-
scheidende Bedeutung. Fast die Hälfte der Jugendlichen, die sich dazu unmittelbar im
Anschluß an die Schulentlassung entschieden, entschloß sich für einen sozialen Beruf. Auf
der Suche nach einer befriedigenden und sinnvollen Tätigkeit, in der sie gesellschafts-
politisches Engagement mit persönlicher Reifung verbinden konnten, stießen sie im freiwilligen sozialen Jahr auf unbekannte Arbeitsgebiete. Aber auch für die, die andere Berufe ergriffen, brachte das freiwillige soziale Jahr neue Erkenntnisse und Einsichten. Weg von
Mutters Schürzenzipfel, mit Freiheiten in zeitlicher und finanzieller Hinsicht, wurde ihre
Wertorientierung vielfach grundlegend beeinflußt, vor allem in den Kategorien, die durch
die Begriffe Helfen, Mitleid, Solidarität, Lebenssinn und Berufsethos umschrieben
werden. (4)

Wegen des geringen Echos, das das Gesetz in der Bevölkerung fand, regten sich in der
Öffentlichkeit bald Stimmen, die forderten, den freiwilligen Dienst in ein Pflichtjahr für
Mädchen umzuwandeln. Dieser Anregung stimmten auch junge Menschen zu, die das soziale Jahr an und für sich gerne machen wollten, aber eine freiwillige Entscheidung dazu
vor sich selbst nicht treffen und gegenüber den Eltern und der Umwelt nicht durchsetzen
konnten. Besonders eindringlich plädierte der Hamburger Theologieprofessor Dr. D. Helmut Thielicke auf der Hauptversammlung des 4. Deutschen Krankenhaustages in Stuttgart
1966 dafür. Er begründete seine Forderung mit folgenden Überlegungen:

1. Die jungen Männer opfern 1 ½ Jahre für die Allgemeinheit durch die Ableistung ihres Wehr- oder
   Ersatzdienstes. Eine ähnliche Leistung von den Mädchen zu fordern ist gerecht. Der Gleichberechtigung der Geschlechter sollte eine gleiche Verpflichtung entsprechen.
2. Die Arbeit in einem Pflegeberuf hat für Mädchen im Hinblick auf die spätere Familiengründung
   positive pädagogische Effekte.
3. Die verzweifelte Personallage der Krankenhäuser kennt keinen anderen Ausweg als den Pflicht-
   einsatz junger Kräfte.
4. Der Wille zum Dienen muß in einer funktionsfähigen Gesellschaft gepflegt werden.

Thielicke bezeichnete alle, die eine weibliche Dienstpflicht durch Hinweis auf die
nationalsozialistische Zeit ablehnten, als „Vergangenheitsneurotiker" und als „Leute, die
mit geschichtlichen Argumenten ihre eigene Bequemlichkeit tarnen". Sein Vorstoß löste
eine Welle von Gegenargumenten aus. Im Sonntagsblatt-Forum trugen Gertrud Osterloh,
Georg Leber, Otto Ohl, Ilse Elsner und Wilhelm Klaussen ihre Gegenpositionen vor. Der
Pressedienst der FDP vom 3. 6. 1966 veröffentlichte acht Gegenthesen der Abgeordneten
Liselotte Funcke:

1. Ein soziales Pflichtjahr ist eine Verpflichtung zu einer bestimmten Tätigkeit. Das Grundgesetz verbietet so etwas. Wie die Krankenhäuser könnten eines Tages andere Mangelberufe die gleichen Ansprüche stellen.
2. Im Reichsarbeitsdienst des Dritten Reiches rechnete man auf sieben Mädchen eine Führungs- oder Verwaltungskraft. Bei dem Mangel an sozialpädagogisch geschulten Führungskräften gebe es in der Bundesrepublik nicht genügend Betreuerinnen. Allein für den Jahrgang 1962 hätte man 16 000 qualifizierte Leiterinnen benötigt, wenn auf 25 Sozialdienstleistende eine Betreuungskraft komme.
3. Solange Frauen und nicht Männer Kinder bekommen, gebe es beachtliche Unterschiede zwischen den Geschlechtern. Da die Mädchen früher heirateten als die Männer, hätten sie ohnedies weniger Zeit für die Ausbildung. Bei einem Pflichtjahr würden z. B. die Absolventen der Pädagogischen Hochschulen ein Jahr später fertig, was den Bildungsnotstand der Bundesrepublik um ein Jahr verlängern würde.
4. Da alle Mädchen im Pflichtjahralter, die nicht in der Ausbildung seien, in Arbeitsverhältnissen stünden, würden durch das Pflichtjahr Mädchen aus allen Berufen herausgezogen, um eine Arbeit zu tun, in der sie qualitativ weniger leisten könnten als in ihrem erlernten Beruf.
5. Ein Geburtsjahrgang umfasse rund 400 000 Mädchen. Da der Mangel an Arbeitskräften in Krankenhäusern mit höchstens 40 000 beziffert werde, erhebe sich die Frage nach der Verwendung der restlichen 360 000 Dienstpflichtigen.
6. Wenn Ehefrauen vom sozialen Pflichtjahr befreit würden, werde der unglückselige Trend zur Frühehe durch ein Pflichtjahr staatlich gefördert.
7. Den zum Pflichtjahr eingezogenen Mädchen, die an Krankenhäusern Dienst tun müßten, könnte möglicherweise die innere Bereitschaft zu dieser Tätigkeit fehlen, eine Einstellung, auf die man am Krankenbett nicht verzichten könne.
8. Durch die Verpflichtung eines ganzen Mädchenjahrgangs zum sozialen Jahr würde sich die Bundesrepublik außerhalb entsprechender Regelungen der anderen Länder der freien Welt stellen. (5)

Die Bundestagsabgeordnete Elisabeth Pitz-Savelsberg (CDU) fügte diesen Argumenten noch vier hinzu:

1. Die Parallele zum Wehrdienst sei keine echte Parallele, weil der Wehrdienst Vorsorge für den äußersten Notfall der Nation sei. Die Personalnot der Krankenhäuser sei etwas ganz anderes. Sie sei auch mit anderen Mitteln, z. B. mit größeren finanziellen Anreizen, zu beheben.
2. Wegen der großen Zahl der zum Pflichtjahr anstehenden Mädchen würden sich innerhalb von kurzer Zeit die Probleme der Wehrgerechtigkeit für Männer als Probleme der Pflichtgerechtigkeit für Frauen auftun.
3. Der kurzzeitigen Wehrpflicht des Mannes stehe die Doppelbelastung eines Frauenlebens während seiner gesamten Dauer gegenüber. Neben Ehe- und Mutterschaft trage die Frau in ihrer Berufstätigkeit eine zweite Bürde.
4. Durch das soziale Pflichtjahr würden sich viele Mädchen für eine niedrigere Berufsebene entscheiden oder gar die Zahl der Ungelernten vergrößern. (6)

Von der Einrichtung des freiwilligen sozialen Jahres machten jahrelang nur etwa 1 500 Freiwillige Gebrauch. Erst Ende der achtziger Jahre stieg die Zahl auf 13 000. 90 % der Bewerber waren Frauen. In der Hauptsache waren es weibliche Schulabgänger, die die Zeit nutzen wollten, um sich beruflich zu orientieren oder Wartezeiten für einen Ausbildungs- oder Studienplatz sinnvoll zu verbringen. (7)

1987 startete das Land Niedersachsen einen Modellversuch mit einem Freiwilligen Ökologischen Jahr, um die Begeisterung der Jugendlichen für ökologische Probleme zu nutzen. 1996 wurde die Idee von den anderen Bundesländern übernommen. Dem Freiwilligen Sozialen Jahr seit 1993 gleichgestellt, ermöglichte das Freiwillige Ökologische Jahr den 16- bis 27jährigen einen Freiwilligendienst mit ökologischer Zielsetzung im Umfang von

38,5 Wochenstunden. Sie waren während dieses Jahres sozialversichert, erhielten ein monatliches Taschengeld zwischen 300 und 400 Mark, wurden in Seminaren pädagogisch betreut und bekamen, wenn möglich, Kost und Logis gestellt. (8)

Die Teilnehmer lernten im Freiwilligen Ökologischen Jahr Biotope und Waldlehrpfade anzulegen, Standorte seltener Pflanzen zu kartieren und Führungen zu übernehmen. In fünf einwöchigen Seminaren wurde ihnen das nötige Grundwissen für diese Aufgaben vermittelt. (9)

1997 unterstützte die öffentliche Hand 10 500 Plätze für ein Freiwilliges Soziales oder Ökologisches Jahr und stellte dafür 19,7 Millionen Mark Förderungsgelder zur Verfügung. Am Freiwilligen Ökologischen Jahr beteiligten sich überwiegend Frauen (82 %) zwischen 19 und 20 Jahren, die in der Regel das Abitur abgelegt hatten (80 %). (10).

Bundesjugendministerin Claudia Nolte wertete diese freiwilligen Dienste als Beweis dafür, daß große Teile der Jugend bereit seien, sich gesellschaftlich zu engagieren. Die Ministerin meinte, die Verweigerungshaltung junger Menschen erstrecke sich nur auf gesellschaftliche Großorganisationen wie Gewerkschaften, Kirchen, Verbände und Parteien. Für konkrete Ziele in überschaubaren Projekten, wie den Schutz von Natur und Umwelt, bestünde dagegen ein wachsendes Interesse.

1996 leisteten mehr als 9 000 junge Leute ein Freiwilliges Soziales oder Ökologisches Jahr. Fast dreimal so hoch war die Zahl der Bewerber, was von Optimisten als Bereitschaft zum Dienst an der Gemeinschaft gewertet wurde. Pessimisten hielten dagegen, daß die Arbeitslosigkeit (495 000 Männer und Frauen unter 25 Jahren), der Lehrstellenmangel (120 000 Jugendliche ohne Lehrstelle) und der Mangel an Studienplätzen die Gründe dafür gewesen seien, daß die jungen Leute in den freiwilligen sozialen Dienst drängten, dort Sozialversicherungsansprüche erwarben, soziale Anerkennung fanden und nicht zuletzt zusätzliche Qualifikationen erwerben konnten, die für den nachfolgenden Konkurrenzkampf am Arbeits- und Lehrstellenmarkt nützlich waren. (11) Das Bayerische Rote Kreuz als einer der Hauptträger des Freiwilligen Sozialen Jahres in Bayern verzeichnete 1997 eine besonders große Nachfrage von Hauptschülerinnen. Als Gründe für dieses Interesse wurden Jugendarbeitslosigkeit, Ängste vor der Zukunft und der Wunsch genannt, wenigstens für ein Jahr abgesichert zu sein. (12)

Um den Jugendlichen einen Überblick über die Einsatzorte und -formen zu ermöglichen, richtete das Bundesjugendministerium 1997 eine Freiwilligen-Agentur ein, über die die Verbände ihre Angebote an sozialen Tätigkeiten und ökologischen Aufgaben publik machen konnten. Über eine Datenbank sollten die Interessenten erfahren können, welche Stellen an welchen Orten frei waren. (13).

Die Diskussion um die einjährige Dienstpflicht für Jugendliche

Mitte der siebziger Jahre erfaßte die öffentliche Diskussion in der Bundesrepublik nach zwei Jahrzehnten wieder einmal die offene Frage, ob Frauen wie Männer ohne Unterschied zu einem Pflichtdienst herangezogen werden sollten. Einerseits als Bestätigung der Gleichberechtigung der Frau, andererseits als Ausgleich für den Zeitverlust der Männer durch Wehrdienst oder Ersatzdienst schien die Heranziehung von Frauen auch eine patente Lösung bei auftretenden Schwierigkeiten im Dienstleistungsbereich. Als 1974 und 1975 Streikdrohungen des öffentlichen Dienstes die Versorgung der Bürger gefährdeten, kam der Vorschlag auf, einige Bereiche des öffentlichen Dienstes mit Pflichtdienstleistenden zu besetzen. Dadurch würden nicht nur die Personalkosten der öffentlichen Haushalte reduziert, auch Lohnkämpfe seien dann ausgeschlossen. Müllabfuhr, Straßenreinigung, Wasser-, Gas- und Elektrizitätsversorgung und andere Gemeinschaftserfordernisse würden aufrechterhalten werden können. Sebastian Haffner beendete sein Plädoyer für einen beide Geschlechter umfassenden Pflichtdienst damals mit dem Argument: „Wer den Sozialstaat ernsthaft will, wird sich mit dem Gedanken einer allgemeinen Pflicht befreunden müssen." (14)

Kurz vor dem Ende der 7. Legislaturperiode beschloß der Deutsche Bundestag ein Gesetz, nach dem die Gewissensprüfung für Kriegsdienstverweigerer abgeschafft wurde und die Wehrpflichtigen praktisch die Wahl zwischen Wehrdienst und Zivildienst bekamen. Im Zusammenhang damit wurde die Forderung laut, daß auch jede junge Frau für eine gewisse Zeit zu einem Dienst für die Gemeinschaft mobilisiert werden sollte. Wenn die staatsbürgerlichen Rechte beider Geschlechter gleich seien, dann sollte auch kein Unterschied in ihren staatsbürgerlichen Pflichten bestehen. Wenn Waffendienst und Zivildienst für Männer gleichgestellt würden, sollte es keinen physischen oder psychloigschen Grund geben, Frauen von der allgemeinen Dienstpflicht auszunehmen. Dabei dachte man auch an die geburtenschwachen Wehrpflichtigenjahrgänge zu Beginn der achtziger Jahre, in denen Bundeswehr und Zivildienst nicht mehr aus dem Vollen schöpfen können würden. Der Präsident des Bundesamtes für den Zivilschutz formulierte eindeutig seinen Wunsch: „Die Politiker sollten eine allgemeine Dienstpflicht einführen, die auch Frauen erfaßt, damit auch dann noch die sozialen Aufgaben für unsere Gesellschaft erfüllt werden können." (15)

Die öffentliche Meinung konnte sich zu solcher Eindeutigkeit nicht durchringen. Die Mehrheit der Bundesbürger lehnte den Pflichtdienst für Frauen ab. Eine Repräsentativumfrage im Sommer 1975 ergab, daß auf die Frage „Sollten auch Frauen Wehr- oder Zivildienst leisten?" 55 % der Befragten mit „nein" antworteten. 29 % hatten nichts gegen einen Zivildienst von Frauen. 13 % wollten den Frauen die Wahl zwischen Wehr- und Zivildienst selbst überlassen. (16) Eine Emnid-Umfrage von 1993 brachte zutage, daß 18 Jahre später 54 % der Bevölkerung eine allgemeine Dienstpflicht für Männer und Frauen begrüßten. (17)

1993 löste Bundeskanzler Helmut Kohl eine Debatte über die Einführung einer sozialen Dienstpflicht aus, als er anläßlich der Verkleinerung der Bundeswehr den Vorschlag machte, alle 18jährigen zu einem Gemeinschaftsdienst für die Gesellschaft zu bewegen. Da ab 1993 nur noch ein Teil der Männer zu Wehrdienst oder Zivildienst herangezogen würde, könne man den Dienenden unter dem Aspekt der Dienstgerechtigkeit ihre Pflicht kaum mehr plausibel machen, wenn die anderen zu nichts herangezogen würden. (18) Die Idee wurde in den Medien aufgegriffen. Viele Organe unterstützten Kohl: Jede weitere Verringerung der Wehrdienstzeit, z. B. auf zehn oder acht Monate, oder gar die Abschaffung des Wehr- und Zivildienstes gefährde das soziale System, das seit Jahrzehnten mit zehntausenden Zivildienstleistender rechnet, die Essen auf Rädern, individuelle Betreuuug von Schwerstbehinderten und häusliche Altenpflege leisteten. Diese Kräfte, von denen ganze Branchen der sozialen Fürsorge abhingen, würden bei einem Ende der Wehrpflicht ganz wegfallen und könnten wegen der höheren Kosten kaum durch ausgebildete Pflegekräfte ersetzt werden. Da durch die demographische Entwicklung die Zahl der Alten und Pflegebedürftigen ständig im Steigen begriffen und ein Ausbau der Pflege nicht finanzierbar sei, schien vielen der Pflichtdienst für alle einen Ausweg aus der Situation zu bieten. (19)

Gegen die Einführung eines Pflichtdienstes für alle anstelle des Wehrdienstes für Männer machte die andere Seite Front. Der Zivildienstbeauftragte der Bundesregierung meinte, die Debatte verdecke die gesellschaftlichen Probleme, die mit der Bevölkerungsstruktur zusammenhängen. Sie führe zu einer Abwertung der freiwilligen Tätigkeit im freiwilligen sozialen bzw. ökologischen Jahr. Die „innere Bereitschaft", die vor allem für die Pflegetätigkeit wichtig sei, gehe verloren, wenn den Einsatzpflichtigen Verwendungen zugeteilt würden. (20)

Am intensivsten wurde die Diskusskussion um einen Pflichtdienst (Pflichtjahr) in den Reihen der FDP geführt. Schleswig-Holsteins FDP-Chef Koppelin forderte schon 1994, die Wehrpflicht auszusetzen, eine verkleinerte Freiwilligen-Armee zu schaffen und stattdessen ein soziales Pflichtjahr für Frauen und Männer einzurichten. (21) Walter Döring, Mitglied des Präsidiums der FDP und baden-württembergischere Wirtschaftsminister, lehnte zwar Debatten über einen Abbau der Bundeswehr ab, befürwortete aber die Gleichstellung von Frauen und Männern in einem Gemeinschaftsdienst. (22) Er sekundierte der hessischen FDP-Chefin Ruth Wagner, die für ein Pflichtdienstjahr für Männer und Frauen plädierte, das ihrer Vorstellung nach an die Stelle der heutigen Wehrpflicht treten sollte. Dieses Bürger-Pflicht-Jahr sollten Männer und Frauen gleichermaßen nach der Schulzeit oder nach der Lehre wahlweise bei Bundeswehr, Ersatzdienst, Entwicklungshilfe, Umweltschutz, Bundesgrenzschutz, Polizei, Feuerwehr, Katastrophenschutz oder anderen Hilfsorganisationen ableisten. Besonderen Wert legte Frau Wagner darauf, daß dann auch den Frauen der Dienst in den Streitkräften offenstehen müsse. (23) Auf der anderen Seite lehnte die bildungs- und jugendpolitische Sprecherin der FDP im Deutschen Bundestag die Einführung einer allgemeinen Dienstpflicht kategorisch ab. Sie befürchtete unter anderem, daß sich eine Quotierung für die einzelnen Verwendungen ergeben könnte, damit Personalmängel in den verschiedenen Diensten behoben werden könnten, und daß damit der Pflichtdienst zu einem Zwangsdienst werde, der keine Wahlfreiheit für den Dienenden kenne. (24)

In den Reihen der SPD spach sich der Vorsitzende des Finanzausschusses im baden-württembergischen Landtag Dieter Puchta für den Ersatz des 13. Gymnasialschuljahres durch ein soziales Pflichtjahr aus. Er hoffte, mit einer Schulzeitverkürzung dem Land Geld zu sparen und die sozialen Dienste in Baden-Württemberg zu verbessern. (25) Florian Gerster, Minister für Bundesangelegenheiten in Rheinland-Pfalz, wollte die Dienstpflicht auf die Männer beschränken, weil die Frauen in Beruf und Gesellschaft so benachteiligt seien, daß den Männern durch diesen Dienst kein „unzumutbarer Nachteil" entstünde. (26)

Ein soziales Pflichtjahr, das auch für Mädchen gelten soll, lehnte die Vorsitzende der Frauengruppe der CDU/CSU-Bundestagsfraktion Bärbel Sothmann rundweg ab. Frauen hätten in Sachen ‚soziale Dienste' keinerlei Nachholbedarf gegenüber den Männern, weil sie den größten Teil unbezahlter Arbeit im sozial-karitativen Bereich leisteten, sich um über eine Million Pflegebedürftiger zu Hause kümmerten und nach wie vor überwiegend die Kinder erziehen müßten. Deshalb, so Sothmann, bedeute die Einführung einer allgemeinen Dienstpflicht für Frauen keinen Schritt zur Gleichberechtigung, sondern eine zusätzliche Benachteiligung. (27)

Verteidigungsexperten von CDU/CSU, SPD und FDP und der Hamburger Friedensforscher Dieter S. Lutz hielten die Diskussion um einen allgemeinen Pflichtdienst für überflüssiges Gerede, weil eine solche Maßnahme vom Grundgesetz verboten sei. Die Wehrpflicht gemäß Artikel 12a GG sei eine Ausnahme von der grundgesetzlich garantierten Berufsfreiheit. Außer der Wehrpfllicht gebe es keine einschlägigen Grundpflichten im Grundgesetz, weil bei der Schaffung des Grundgesetzes im Parlamentarischen Rat 1948 ausgeschlossen werden sollte, daß Staatsbürger wie im Dritten Reich zu Arbeitseinsätzen verpflichtet werden könnten. Außer dem Wehrdienst und dem Zivildienst als Ersatzdienst seien im Rahmen des Grundgesetzes deshalb nur freiwillige Dienste möglich. (28)

Experten bezweifelten auch, daß ein Pflichtdienst von etwa 700 000 jungen Leuten im Jahr finanzierbar sei. Ohne die Steuermindereinnahmen und Ausfälle bei der Sozialversicherung berechneten sie die öffentlichen Ausgaben auf etwa 21 Mrd. DM. (29)

In der zivilen Verteidigung der Bundesrepublik arbeiteten in den achtziger Jahren etwa 15 000 Frauen in haupt- und ehrenamtlichen Funktionen. Die meisten waren im Zivilschutz (Selbstschutz, Warndienst, Luftschutzhilfsdienst, Gesundheitswesen) tätig. Wegen der gesunkenen Kriegsgefahr in Europa nach dem Zusammenbruch des Warschauer Paktes wurde der zivile Bevölkerungsschutz in die Zuständigkeit der Kommunen gelegt. Die Bundesregierung beschränkte sich auf Richtlinien und Finanzierung der integrierten Katastrophenschutzausbildung im Ausbildungszentrum des Bundesamtes für Zivilschutz. (30)

Zusammengefaßt wurden für eine allgemeine Dienstpflicht beider Geschlechter am Ende der neunziger Jahren folgende Argumente ins Feld geführt:

1. Die steigende Lebenserwartung der Menschen führt zu einer immer größeren Zahl von Alten und Pflegebedürftigen, deren Betreuung zum Problem wird. Ohne die Einführung eines Pflichtjahres würden bei der Einführung der Freiwilligen-Armee und dem Wegfall von Wehrdienst und Zivildienst die sozialen Dienste der karitativen Organisationen zusammenbrechen und die Pflegeplätze unbezahlbar machen.
2. Weil in Deutschland immer weniger Menschen bereit sind, ehrenamtliche Tätigkeiten zu übernehmen, könnte ein Pflichtdienstjahr junge Leute dazu bewegen, sich auch danach gesellschaftlich zu engagieren.
3. Ein Pflichtjahr für Jugendliche stärkt die Solidarität untereinander und mit den vorhergehenden Generationen.
4. Jede weitere Reduzierung der Truppenstärke der Bundeswehr gefährdet die allgemeine Wehrpflicht. Wenn nur noch ein Bruchteil eines Jahrgangs „dient", kann von Wehrgerechtigkeit nicht mehr gesprochen werden. Die Lösung wäre das System einer allgemeinen Dienstpflicht für Männer, in dem der Wehrdienst als gleichberechtigte Wahlmöglichkeit neben anderen Dienstpflichten im Sozialwesen, dem Umweltschutz oder der Entwicklungshilfe angeboten würde. Wenn alle Jugendlichen im wehrpflichtigen Alter zu einem Dienst herangezogen werden, wird der Wehrdienst wieder eine attraktive Alternative.
5. Die Dienstpflicht könnte der kommenden Generation von Einzelkindern aus alleinerziehenden Haushalten nachträglich die Gruppenbindungen und Anpassungsmechanismen beibringen, die sie in der Familie nicht kennengelernt haben und die für ihr Lebensglück und das Wohl der Gesellschaft von Nutzen sind.
6. Die allgemeine Dienstpflicht könnte verhindern, daß die Arbeitslosenzahl in der Europäischen Union die 20 Millionen-Grenze übersteigt.

Gegen eine allgemeine Dienstpflicht in Deutschland wurden folgende Argumente vorgebracht:

1. Die Einführung eines Dienstpflichtjahres ist nicht mit dem Grundgesetz vereinbar. Sie widerspricht auch dem Verbot von Zwangs- und Pflichtarbeit nach Artikel 4 der Konvention der Vereinten Nationen.
2. Die allgemeine Dienstpflicht würde die Frauen doppelt belasten, die als Ehefrauen und Mütter für die Gesellschaft mehr tun als die Männer und ihre beruflichen Fähigkeiten

oft nur in Teilzeitjobs unter Beweis stellen können. In Deutschland sind 87 % aller Teilzeit-Arbeitsplätze von Frauen besetzt.

3. Die Dienstpflicht würde mit Zwang das zu erreichen versuchen, was allein aus Einsicht und Verständnis erwachsen kann.
4. Eine allgemeine Dienstpflicht führt zur Entwertung freiwilliger Tätigkeit.
5. Bei einer allgemeinen Dienstpflicht könnten sich die Bürger ihrer moralischen Pflicht zur Pflege von Angehörigen oder zur Erziehung von Kindern entziehen, indem sie diese Aufgaben delegieren.
6. Die desolate Lage bei den Sozial- und Pflegediensten kann nicht durch Zwangsarbeit, sondern nur durch die Gewinnung gut ausgebildeter hauptamtlicher Kräfte beseitigt werden.
7. Ein allgemeiner Pflichtdienst wäre ein Eingriff in den Arbeitsmarkt mit unabsehbaren volkswirtschaftlichen Konsequenzen. Die Balance zwischen den Interessen der Arbeitgeber und -nehmer würde in den Bereichen, in denen Dienstpflichtige eingesetzt werden, nachhaltig gestört.
8. Der allgemeine Pflichtdienst würde die sozialen und pflegerischen Berufe weiter abwerten.
9. Während ‚Verteidigung‘ als öffentliches Gut prinzipiell allen Bürgern zugute kommt, wären die Nutznießer einer allgemeinen Dienstpflicht im Regelfall Privatleute.
10. Die beabsichtigte ‚edukatorische‘ Hebung sozialer Verantwortung würde nicht eintreten, weil der allgemeine Pflichtdienst zu psychischen Sperren führe. Der ‚verfallene Gemeinsinn‘ lasse sich nicht auf dem Weg über eine erzwungene Einschränkung bürgerlicher Grundrechte therapieren.

Die Heranziehung von Frauen im Verteidigungsfall

Anfang der sechziger Jahre wurde im Bundesministerium der Verteidigung erstmals die Frage der personellen Bedarfsdeckung im Verteidigungsfall intensiv besprochen. Zu dieser Zeit waren rund 82 000 Frauen als Arbeitnehmerinnen der Bundeswehr oder der in der Bundesrepublik stationierten verbündeten NATO-Streitkräfte beschäftigt. Allein für die Belange der Bundeswehr wurde der Personalbedarf im V-Fall auf etwa 1 000 000 Frauen beziffert. Hierzu würde die Forderung der Stationierungsstreitkräfte treten, zu deren Erfüllung die Bundesrepublik nach den NATO-Verträgen verpflichtet war. Da ein großer Teil der bei der Bundeswehr und den Stationierungsstreitkräften in Friedenszeiten beschäftigten Frauen aus familiären Gründen oder im Hinblick auf Alter und Gesundheit im V-Fall nicht zur Verfügung stehen würden, mußten Vorsorgemaßnahmen ergriffen werden.

Grundsätzlich beabsichtigte die Bundeswehr, den Bedarf an Frauen für den Sanitätsdienst sowie für Fernmelde-, Verwaltungs- und Versorgungsaufgaben aufgrund von freiwilligen Meldungen zu decken. Da die Vorschriften des allgemeinen Arbeits- und Tarifrechts jedoch keine Sicherheit dafür boten, daß die entsprechenden Kräfte gewonnen werden konnten, wurde ein Zivildienstgesetz geplant. Mit ihm sollte auch sichergestellt werden, daß die Frauen bei einer Mobilisierung hinsichtlich Verpflegung, Bekleidung, Heilfürsorge und Unterkunft nicht schlechter versorgt würden als die Soldaten. Ohne eine gesetzliche Regelung, so glaubte man im Verteidigungsministerium, könnten sich diejenigen Frauen, die im Mob-Fall zum Dienst in der Bundeswehr bereit wären, nicht rechtzeitig aus ihren zivilen Arbeitsverhältnissen lösen.

Eine gesetzliche Regelung wurde auch deshalb angestrebt, damit den Frauen im Dienst der Bundeswehr der Schutz garantiert werde, den nichtkombattante Angehörige durch das Genfer Abkommen von 1949 genießen. Eine unmittelbare Gefahr für Leib und Leben glaubte man dadurch auszuschalten, daß sie nur im rückwärtigen Gebiet bis zur Ebene der Korps eingesetzt würden. Bei diesen Erörterungen dachte niemand daran, ein militärähnlich gegliedertes und uniformiertes Frauenkorps zu schaffen, obwohl die meisten NATO-Partner diese Form der Mitarbeit bevorzugten. Die Rechtsverhältnisse des im Frieden bei der Bundeswehr beschäftigen weiblichen Personals sollten im Kriegsfall nur zugunsten der Frauen geändert werden. (31)

Das von der Bundesregierung entworfene Zivildienstgesetz (Entwurf vom 6. 6. 1962) fand jedoch nicht die Zustimmung des Rechtsausschusses des Bundestages. Während die Bundesregierung der Ansicht war, daß alle Deutschen zu Zivildienstleistungen für Verteidigungszwecke außerhalb des Wehrdienstes aufgrund eines einfachen Bundesgesetzes herangezogen werden könnten, bezweifelte der Rechtsausschuß, daß eine umfassende Zivildienstpflicht durch den Artikel 12 GG gedeckt sei. Bundesinnenminister Höcherl schlug deshalb im Januar 1963 vor, den Artikel 12 des Grundgesetzes zu ergänzen. Im Rechtsausschuß des Deutschen Bundestages einigte man sich darauf, daß Frauen ebenso wie Männer über den Rahmen einer herkömmlichen, allgemeinen und für alle gleichen öffentlichen Dienstleistungspflicht hinaus zu zivilen Dienstleistungen außerhalb des Wehrdienstes im Bereich der öffentlichen Verwaltung und der Streitkräfte dienstverpflichtet werden könnten. Zum Dienst in den Streitkräften sollten Frauen jedoch nicht gegen ihren Willen herangezogen werden. Zu diesem Entwurf nahm der 4. Deutsche Bundestag vor seiner Auflösung jedoch nicht mehr Stellung.

Umso intensiver bemächtigte sich die öffentliche Diskussion des Themas. Besonders scharf wurde der Bundesminister der Verteidigung angegriffen, weil er eine Zwangsdienstverpflichtung der Frauen im Verteidigungsfall für sachlich unabdingbar hinstellte. (32) Im Herbst 1964 kam es zu einer offenen Kontroverse zwischen Uwe Hassel und der Abgeordneten Funcke (FDP). In der Freien Demokratischen Korrespondenz vom 31. 8. 1964 erläuterte die Abgeordnete ihre ablehnende Haltung gegen eine entsprechende Grundgesetzänderung. Sie war der Ansicht, daß auch bei zivilen Dienstleistungen im Rahmen der Bundeswehr die Frauen „alle Gefahren, die der kämpfenden Truppe drohen, uneingeschränkt mitzutragen hätten", und pochte auf das Recht, die Waffenanwendung abzulehnen. Außerdem machte sie darauf aufmerksam, daß eine vorausschauende Einsatzplanung ohnedies schwierig sei, weil die Frauen in den körperlich leistungsfähigsten Jahren durch Schwangerschaften und Geburten unkalkulierbare Ausfälle bewirkten. Verteidigungsminister von Hassel antwortete Frau Funcke am 9. 9. 1964. Er bestand auf der Forderung, Frauen im Verteidigungsfall für nichtmilitärische Dienstleistungen, z. B. als Krankenschwestern, Fernmelderinnen und Schreibkräfte, heranzuziehen. Das seien die gleichen Tätigkeiten, die Frauen auch im Frieden verrichteten. Bei den militärischen Kampfverbänden bis zur Divisionsebene würden keine Frauen eingesetzt werden. Eine gesetzliche Pflicht, den verbündeten Streitkräften ins Ausland zu folgen, sei nicht vorgesehen. Kriegsdienst mit der Waffe liege außerhalb jeder Diskussion. Die politischen Parteien reagierten unterschiedlich: Für die SPD sagte die Abgeordnete Frau Renger:

„Die SPD-Bundestagsfraktion wird nach meiner Überzeugung keiner Grundgesetzänderung zustimmen, die es möglich macht, daß Frauen im Bereich oder im Verband der Streitkräfte dienstverpflichtet werden. Maßgebliche Vertreter der heutigen Bundesregierung haben diese Auffassung bei Schaffung des Grundgesetzes nachdrücklichst mitvertreten. Selbstverständlich ist es notwendig, daß in einem Verteidigungsfall im militärischen Bereich auch Arbeitskräfte für den Fernmeldedienst, für die Büros u. ä. bereitstehen. Sofern sich Frauen, die mit einem normalen Arbeitsvertrag bei diesen Dienststellen beschäftigt sind, sich auch für den Kriegsfall heute bereits verpflichten, ist dagegen nichts einzuwenden. Was die Krankenschwestern betrifft, so haben sich das Deutsche Rote Kreuz und andere Schwesternschaften freiwillig verpflichtet, Schwestern zur Verfügung zu stellen. Im übrigen möchte ich darauf verweisen, daß für den Dienst in den Streitkräften im Verteidigungsfalle genügend kriegsdienstuntaugliche Männer zur Verfügung stehen, die an die Stelle der angeblich zusätzlich notwendigen 100 000 Frauen treten könnten. Ihre Ausbildung könnte im Rahmen des Zivildienstgesetzes erfolgen."

Für die FDP sagte der Abgeordnete Dr. Hans Georg Emde:

„Eine Grundgesetzänderung mit dem Ziel, daß Frauen für die Bundeswehr dienstverpflichtet werden können, lehnt die FDP eindeutig ab. Auch die neuen Erklärungen des Bundesverteidigungsministers sind nicht geeignet, die grundsätzlichen Bedenken der FDP gegen eine Militärdienstpflicht für Frauen in der Bundeswehr zu zerstreuen. Im Gegenteil sind die Äußerungen des Bundesverteidigungsministers geeignet, den klaren Tatbestand der militärischen Verpflichtung zu verharmlosen. Die Erfahrungen der Vergangenheit können weder über die heutigen noch über die morgigen militärischen Möglichkeiten hinwegtäuschen. Die FDP hält sich für verpflichtet, den Schutz aufrechtzuerhalten, den das Grundgesetz unseren Frauen einräumt."

Für die CDU hielt die Abgeordnete Frau Klee dagegen:

„Der Artikel 12, Absatz 3, Satz 2: ‚Zu einem Dienst mit der Waffe dürfen Frauen in keinem Fall verwendet werden‘ soll und wird unter gar keinen Umständen geändert werden. Anders jedoch Satz 1: ‚Frauen dürfen nicht zu einer Dienstleistung im Verband der Streitkräfte durch Gesetz verpflichtet werden.‘ Viele meinen, daß der Begriff ‚Verband der Streitkräfte‘, zum Kampfeinsatz bestimmter Einheiten bedeutet. Dem ist aber nicht so. Außer dem Bundesverteidigungsministerium selbst und den zivilen Dienststellen der Bundeswehr ist alles, was zur Bundeswehr gehört, ‚Verband der Streitkräfte‘. Die ortsfesten Fernmeldeeinrichtungen fallen ebenso darunter wie das gesamte Sanitätswesen. Es könnten zum Beispiel aufgrund des zivilen Dienstgesetzes Frauen zur Pflege verwundeter Soldaten in zivilen Krankenhäusern dienstverpflichtet werden, in einem Reservelazarett der Bundeswehr aber wäre der gleiche Dienst grundgesetzwidrig – selbst wenn Lazarett und Krankenhaus in derselben Stadt und Straße lägen. Eine Abänderung des GG, Artikel Nr. 12, Absatz 3, Satz 1, ist notwendig, um dem Verteidigungsministerium – falls die freiwilligen Meldungen nicht ausreichen – zu ermöglichen:
– für den Mobilisierungsfall eingearbeitete Kräfte zum Verbleib zu verpflichten;
– die im Frieden nicht bei der Bundeswehr tätigen Frauen zur Beteiligung an Ausbildung, Veranstaltung und einer Dienstleistung bei der Bundeswehr im Verteidigungsfall zu gewinnen, und schließlich
– um Frauen auch im Verteidigungsfall nicht einen improvisierten Einsatz zuzumuten, sondern ihnen die mit der Dienstpflicht verbundenen gesetzlichen Garantien und den völkerrechtlichen Schutz zu geben.
Was vorgeschlagen wird, verlangt von der deutschen Frau nicht mehr, als Frauen in der Schweiz, Schweden und den NATO-Ländern zugemutet wird. Sollten wir Frauen unsererseits nicht alles tun, um vorurteilsfrei und vernünftig an einer Lösung zu arbeiten, die unserer Verantwortung für das Ganze gerecht wird?" (33)

Ebenso kontrovers wie die politische Diskussion verlief die staatsrechtliche Diskussion über die Fragen einer Dienstverpflichtung von Frauen im Verteidigungsfall. (34)

Als 1968 bei den Debatten des Deutschen Bundestages über die Notstandsgesetze die Frage der Dienstverpflichtung von Frauen in den Streitkräften erneut aufgeworfen wurde, lehnte die FDP unter Hinweis auf das Schicksal der in der deutschen Wehrmacht beschäftigten Frauen diesen Gedanken rigoros ab. (35) Die CDU billigte die Heranziehung von Frauen zum Dienst in den Streitkräften als Notfall. Die Abgeordnete Dr. Schwarzhaupt führte aus:

„Wir meinen, ... daß wir ... einer Heranziehung der Frauen im Kriege, in der schwersten Not unseres Landes und unserer Gesellschaft, nicht widersprechen dürfen. Voraussetzung ist der Verteidigungsfall, ... Voraussetzung ist, daß freiwillige Kräfte im Sanitäts- und Heilwesen fehlen, d. h. daß schwerkranke oder verwundete Menschen daliegen, für deren Pflege durch Freiwillige nicht gesorgt ist. Voraussetzung ist eine Beschränkung auf den Dienst im Lazarett- und Heilwesen. Voraussetzung ist, daß in dieser Zeit Männer als Wehrpflichtige oder für andere Dienste eingezogen werden. Voraussetzung ist eine ganz schwere Not unseres Landes. Ich glaube, da sollten wir Frauen, gerade wenn wir uns als gleichberechtigte Bürger unseres Landes empfinden, nicht nein sagen." (36)

Die Grundgesetzänderungen, die im Rahmen der sogenannten Notstandsgesetze 1968 vom Bundestag und Bundesrat gebilligt wurden, schufen dann die bis heute geltenden gesetzlichen Grundlagen für die personelle Bedarfsdeckung im Verteidigungsfall. Der neu eingefügte Artikel 12 a GG erhielt folgenden Wortlaut:

Wehr- und andere Dienstverpflichtungen
(1) Männer können vom vollendeten achtzehnten Lebensjahr an zum Dienst in den Streitkräften, im Bundesgrenzschutz oder in einem Zivilschutzverband verpflichtet werden.
(2) Wer aus Gewissensgründen den Kriegsdienst mit der Waffe verweigert, kann zu einem Ersatzdienst verpflichtet werden. Die Dauer des Ersatzdienstes darf die Dauer des Wehrdienstes nicht übersteigen. Das Nähere regelt ein Gesetz, das die Freiheit der Gewissensentscheidung nicht beeinträchtigen darf und auch eine Möglichkeit des Ersatzdienstes vorsehen muß, die in keinem Zusammenhang mit den Verbänden der Streitkräfte und des Bundesgrenzschutzes steht.
(3) Wehrpflichtige, die nicht zu einem Dienst nach Absatz 1 oder 2 herangezogen sind, können im Verteidigungsfalle durch Gesetz oder auf Grund eines Gesetzes zu zivilen Dienstleistungen für Zwecke der Verteidigung einschließlich des Schutzes der Zivilbevölkerung in Arbeitsverhältnisse verpflichtet werden; Verpflichtungen in öffentlich-rechtliche Dienstverhältnisse sind nur zur Wahrnehmung polizeilicher Aufgaben oder solcher hoheitlichen Aufgaben der öffentlichen Verwaltung, die nur in einem öffentlich-rechtlichen Dienstverhältnis erfüllt werden können, zulässig. Arbeitsverhältnisse nach Satz 1 können bei den Streitkräften, im Bereich ihrer Versorgung sowie bei der öffentlichen Verwaltung begründet werden; Verpflichtungen in Arbeitsverhältnisse im Bereich der Versorung der Zivilbevölkerung sind nur zulässig, um ihren lebensnotwendigen Bedarf zu decken oder ihren Schutz sicherzustellen.
(4) Kann im Verteidigungsfalle der Bedarf an zivilen Dienstleistungen im zivilen Sanitäts- und Heilwesen sowie in der ortsfesten militärischen Lazarettorganisation nicht auf freiwilliger Grundlage gedeckt werden, so können Frauen vom vollendeten achtzehnten bis zum vollendeten fünfundfünfzigsten Lebensjahr durch Gesetz oder auf Grund eines Gesetzes zu derartigen Dienstleistungen herangezogen werden. *Sie dürfen auf keinen Fall Dienst mit der Waffe leisten.*
(5) Für die Zeit vor dem Verteidigungsfalle können Verpflichtungen nach Absatz 3 nur nach Maßgabe des Artikels 80 a Abs. 1 (auf dem Wege der Rechtsverordnung) begründet werden. Zur Vorbereitung auf Dienstleistungen nach Absatz 3, für die besondere Kenntnisse oder Fertigkeiten erforderlich sind, kann durch Gesetz oder auf Grund eines Gesetzes die Teilnahme an Ausbildungsveranstaltungen zur Pflicht gemacht werden. Satz 1 findet insoweit keine Anwendung.
(6) Kann im Verteidigungsfalle der Bedarf an Arbeitskräften für die in Absatz 3 Satz 2 genannten Bereiche auf freiwilliger Grundlage nicht gedeckt werden, so kann zur Sicherung dieses Bedarfs die Freiheit der Deutschen, die Ausübung eines Berufs oder den Arbeitsplatz aufzugeben, durch Gesetz oder auf Grund eines Gesetzes eingeschränkt werden. Vor Eintritt des Verteidigungsfalles gilt Absatz 5 Satz 1 entsprechend. (37)

Da durch Art. 12 a Abs. 6 nur Berufstätige erfaßt und die nichtberufstätigen Frauen ausgespart worden wären, wurde auf Anraten des Rechtsausschusses des Deutschen Bundestages die Formulierung des Abs. 4 eingefügt. Er erfaßt alle Frauen zwischen dem 18. und 55. Lebensjahr und verhindert eine Begrenzung auf die ohnedies berufstätigen Frauen, die erfahrungsgemäß in der Mehrzahl aus den sozial schwächeren Kreisen stammen. Auf diese Weise verhinderte der Rechtsausschuß eine Begünstigung privilegierter Schichten und sorgte für eine gerechtere Verteilung der Verteidigungslasten auf alle Bevölkerungskreise. (38)

Zu den Arbeitsverhältnissen, für die Frauen dienstverpflichtet werden dürfen, gehören keine hoheitlichen Tätigkeiten. Lediglich private Arbeitsverhältnisse sind erlaubt. (39) Das Arbeitssicherstellungsgesetz vom 9. 7. 1968 postulierte den Vorrang des freien Arbeitsvertrages. Nur wenn notwendige Arbeitsleistungen nicht mehr auf der Grundlage der Freiwilligkeit sichergestellt werden können, dürfen die folgenden Maßnahmen ergriffen werden:

1. Beschränkung des Rechts zur Beendigung eines Arbeitsverhältnisses von Männern zwischen 18 und 65 Jahren und von Frauen zwischen 18 und 55 Jahren.
2. Verpflichtung von Wehrpflichtigen in ein Arbeitsverhältnis.
3. Verpflichtung von Frauen zwischen 18 und 55 Jahren für das zivile Sanitäts- oder Heilwesen sowie für die ortsfeste militärische Lazarettorganisation. (40)

Frauen, die hilfsbedürftige Personen aus rechtlicher oder sittlicher Verpflichtung zu pflegen haben, die schwanger sind oder die in ihrer Familie Kinder bis zum Alter von 15 Jahren haben, sind von der Heranziehung ausgenommen. Durch diese Einschränkungen ist sichergestellt, daß die dringenden Familienpflichten auch in schwersten Notzeiten Vorrang haben.

Der Gesetzgeber ging davon aus, daß im Verteidigungsfall eine große Bereitschaft zur freiwilligen Hilfe in Krankenhäusern und Lazaretten eine Dienstverpflichtung von Frauen eigentlich unnötig machen würde.

Die gesetzliche Formulierung „ortsfeste militärische Lazarettorganisation" schließt aus, daß Frauen in Lazaretten außerhalb der Bundesrepublik, z. B. in anderen NATO-Ländern, tätig werden oder auf Feldverbandplätzen eingesetzt werden. Alle ortsfesten Lazarette unterstehen dem Inspekteur des Sanitätswesens der Bundeswehr unter dem Befehl des Bundesministers der Verteidigung bzw. des Bundeskanzlers. Sie sind von der Sanitätsorganisation der NATO-Kampfverbände streng getrennt. Keine NATO-Behörde kann die Verlegung eines ortsfesten Lazarettes von einem Land in ein anderes anordnen. In den Feldlazaretten, die zu den Kampfverbänden gehören, sollten neben den männlichen Angehörigen des Sanitätsdienstes nur freiwillige Krankenschwestern und freiwillige Helferinnen arbeiten. Frauen können zur Arbeit in Feldlazaretten nicht dienstverpflichtet werden.

Ein markanter Unterschied zwischen der Wehrpflicht der Männer und der Dienstverpflichtung von Frauen im Verteidigungsfall besteht darin, daß die Frauen den Dienst nicht verweigern können. Männer können nein sagen. Zur Erklärung wurde folgendes angeführt: Die Situation der männlichen Kriegsdienstverweigerer, die den Waffengebrauch ablehnen, und der Frauen, von denen Hilfe für Kranke und Verwundete erwartet wird, ist grundverschieden. Töten kann man aus Gewissensgründen ablehnen, aber der Aufgabe, Leidenden zu helfen, kann sich niemand entziehen. Diese Aufgabe sei im Krieg die gebotene Pflicht der Frau.

Die Bundesregierung ergriff unmittelbar nach der Verabschiedung der Notstandsgesetze die Initiative, um im Verteidigungsfall eine ausreichende Zahl von ausgebildeten

Schwesternhelferinnen zur Verfügung zu haben. Für den zivilen und militärischen Bedarf zusammen hielt man 200 000 Helferinnen für angemessen. Ab 1969 sollten jährlich 12 000 Frauen nach freiwilliger Meldung ausgebildet werden. Bereits Anfang 1976 hatten 150 000 Frauen die 220stündigen Lehrgänge besucht. Die Kosten für die Ausbildung wurden mit 9 Millionen DM angesetzt. Entsprechend der beabsichtigten Aufteilung der Kräfte kamen drei Zehntel aus dem Verteidigungsetat und sieben Zehntel aus dem Zivilverteidigungs-etat des Bundesinnenministers. Die Ausbildung wurde von den Organisationen des Deutschen Roten Kreuzes, des Johanniter-Ordens und des Malteser-Hilfsdienstes durchgeführt. Bei der Aufteilung der Schwesternhelferinnen auf den militärischen und den zivilen Sektor geht man davon aus, daß der Verteidigungsfall die Zivilbevölkerung in gleichem Maß treffen würde wie die Soldaten. Das Gewicht der Belastung hat sich in den modernen Kriegen immer deutlicher zu Ungunsten der Zivilisten verschoben. Während im Ersten Weltkrieg nur 10 000 deutsche Zivilisten unter Kriegseinwirkungen starben – gegenüber 1,94 Millionen Soldaten –, waren es im Zweiten Weltkrieg 2,67 Millionen gegenüber 4,2 Millionen Soldaten. Bereits im Koreakrieg überschritten die Verluste der Zivilbevölkerung die des Militärs: 7,7 Millionen Zivilisten gegenüber 1,5 Millionen Soldaten. (41)

Im Januar 1975 schlug der Hartmannbund offiziell vor, bereits in Friedenszeiten ein Bundeswehr-Schwesternkorps für den Verteidigungsfall zu gründen. (42) Die CDU/CSU-Fraktion im Bundestag identifizierte sich mit diesem Vorschlag. Die Fraktionssprecherin Frau Irma Tübler machte im Plenum die Vorteile deutlich, die vorhanden sind, wenn die Schwestern für den Verteidigungsfall bereits vorher gemustert und im Rahmen dienstlicher Lehrgänge für ihre Funktionen vorbereitet werden. (43) Wegen der großen Zahl zur Verfügung stehender Schwesternhelferinnen ging die Bundesregierung auf diese Anregung jedoch nicht ein.

Stabsärztinnen in der Bundeswehr

Die auffallendste personelle Unterbesetzung im Stellenplan der Bundeswehr seit der Aufstellung der Streitkräfte zeigte sich Anfang der siebziger Jahre beim militärärztlichen Dienst. In den Jahren des Aufbaus stellten sich viel zu wenig Ärzte der Bundeswehr zur Verfügung. Die Gründe waren vielfältig. Einer der wesentlichen war, daß zwischen 1945 und 1956 die ehemaligen Militärärzte eigene Praxen aufgebaut hatten und 1956 wenig Lust zeigten, die verhältnismäßig gering dotierten Stabsarztstellen der Bundeswehr zu füllen. In der Gruppe der Ärzte konnte jahrelang nur die Hälfte des Bedarfs gedeckt werden. Zur vollen Einsatzbereitschaft im Verteidigungsfall benötigte das Sanitätswesen der Bundeswehr Anfang der siebziger Jahre etwa 2 100 Sanitätsoffiziere als Ärzte, 560 Sanitätsoffiziere als Zahnärzte, 230 Sanitätsoffiziere als Apotheker, 60 Sanitätsoffiziere als Veterinärärzte, 9 100 Sanitätsunteroffiziere und 13 000 Sanitätsmannschaften. Auf verschiedenartigste Weise versuchte die Bundeswehr, zur Erfüllung des ärztlichen Auftrags eine ausreichende Zahl von qualifizierten Sanitätsoffizieren zu gewinnen. Keine Werbemaßnahme führte zu dem gewünschten Ergebnis: 1960 wurden Studienbeihilfen für Medizinstudenten gegeben, die sich für den Sanitätsdienst der Bundeswehr entschieden. 1961 genehmigte der Verteidigungsminister die privatärztliche Tätigkeit von Sanitätsoffizieren. 1969 wurde das Weiterbildungsangebot zum Facharzt und zum Spezialisten der Bundeswehr verbessert. 1969 wurde die Laufbahn der Sanitätsoffizieranwärter eingeführt.

1973 begann man mit der Vergabe von Studienplätzen an Sanitätsoffizieranwärter. Eine der erfolgreichsten Entscheidungen war der Entschluß, Abiturienten, die Medizin, Zahnmedizin oder Pharmazie studieren wollten, von der Ableistung des Grundwehrdienstes bis zu ihrer Approbation zurückzustellen und sie dann zur militärärztlichen Verwendung für 15 Monate einzuberufen. Auf diese Weise gelang es ab 1973, fast alle Truppenarztstellen zu besetzen und zivile Vertragsärzte nur dort auf Honorarbasis anzustellen, wo geringe Truppenstärken den vollen Einsatz eines Sanitätsoffiziers nicht rechtfertigten. Aber an dem Mangel an hauptberuflichen Sanitätsoffizieren änderte das nichts. Angesichts dieser Lage im Sanitätsdienst der Bundeswehr begannen im Verteidigungsministerium Überlegungen, die Laufbahn der Sanitätsoffiziere auch für Ärztinnen zu öffnen.

In der Fragestunde des Deutschen Bundestages am 16. 10. 1974 hatte der Parlamentarische Staatssekretär im Bundesverteidigungsministerium erstmals eine entsprechende Anfrage zu beantworten:

Frage der MdB Tübler (CDU):

Bedeuten die in der Presse wiedergegebenen Äußerungen des Bundesverteidigungsministers Leber zur Möglichkeit, Frauen auch in den Teilstreitkräften als Soldaten Funktionen ausüben zu lassen, daß bereits entsprechende Planungen im Bundesverteidigungsministerium bestehen bzw. Überlegungen in dieser Richtung angestellt werden? Wenn dies zutrifft, an welche Verwendungen und Laufbahnen, insbesondere in den Teilstreitkräften Heer und Marine, ist dabei gedacht?

Antwort des Parlamentarischen Staatssekretärs im BMVg Karl Wilhelm Berkhan:

Lassen Sie mich bitte zunächst folgendes erwähnen. Bereits jetzt sind im Sanitätsdienst der Bundeswehr 29 Ärztinnen eingesetzt. Davon sind 12 im Bereich der Streitkräfte, d.h. in Bundeswehrkrankenhäusern und -Instituten und 17 in der Bundeswehrverwaltung, hiervon 13 bei Kreiswehrersatzämtern tätig. 14 Ärztinnen sind Beamte, 15 stehen im Angestelltenverhältnis. Die bisherigen Erfahrungen mit der Tätigkeit von Ärztinnen in der Bundeswehr sind in fachlicher Hinsicht wie auch insbesondere im Umgang mit den Soldaten und den zu musternden Wehrpflichtigen gut.

Es ist richtig, daß im Bundesministerium der Verteidigung Überlegungen angestellt werden, Frauen auch in den Teilstreitkräften als Soldaten Funktionen ausüben zu lassen. Es wird zur Zeit geprüft – und damit komme ich zu ihrer zweiten Frage, Frau Kollegin Tübler –, ob und in welchem Umfang Frauen der Eintritt in die Sanitätsoffizierslaufbahn ermöglicht werden kann. Darüber hinaus werden im Bundesministerium der Verteidigung Überlegungen angestellt, Frauen eventuell als Fluglotsen einzusetzen.

All das sind Überlegungen. Ihre Realisierung hängt davon ab, ob im parlamentarischen und vorparlamentarischen Raum – ich denke hier an die Gewerkschaften und die Frauenverbände – die notwendigen politischen Entscheidungen vorbereitet und getroffen werden können. Eines aber lassen Sie mich ausdrücklich betonen: Der Einsatz von Frauen zum Dienst mit der Waffe steht überhaupt nicht zur Debatte.

Zusatzfrage:

Sind mit dieser Äußerung auch Überlegungen hinsichtlich der Gleichberechtigung und damit einer Verpflichtung der Frauen zum Dienst an der Gemeinschaft zu verstehen, und werden infolgedessen Änderungen des Art. 12a des Grundgesetzes angestrebt?

Antwort:

Nein, Änderungen des Art. 12a des Grundgesetzes werden nicht angestrebt. Sofern wir im Zuge weiterer Überlegungen und Beratungen, die wir dann natürlich auch im Verteidigungsausschuß und in anderen Ausschüssen des Bundestages aufnehmen werden, zu dem Ergebnis kommen, daß das zweckmäßig wäre, werden wir das gemeinsam machen müssen. Sie kennen ja die Mehrheitsverhältnisse in diesem Hause, Frau Kollegin Tübler. Da kann man an Ihnen keineswegs vorbei. Nur

Singende RAD-Maiden nach dem Schlußappell einer Führerinnentagung in Frankfurt/Oder vor Reichsarbeitsführer und Reichsminister Konstantin Hierl.

Einweihung des Neusiedlerhofes Hierlshagen in Anwesenheit des Reichsarbeitsführers.

I

Begrüßung der Führerinnen des RADwJ durch Hitler und Hierl beim Großen Appell des Reichsarbeitsdienstes am 7. September 1938.

Arbeitsmaiden und Jungbauern beim Erntedankfest in einem Dorf der Niederlausitz im September
1942.

Stabshelferinnen
– Führerinnen.

Stabshelferinnen im
besetzten Belgien.

Verschlüsselung von Fernschreiben durch Stabshelferinnen.

Stabshelferin in Schutzkleidung beim Schreibmaschinendiktat.

IV

Gefechtsstand einer Jagddivision.

Luftlagemeldestelle.

Flugmeldehelferin bei der Durchsage der Luftlage.

Luftmeldehelferinnen in einer Flug-wache in den Alpen.

Wartesaal des Bahnhofs Rouen.

Nachrichtenhelferinnen beim Fahrplanstudium.

Nachrichtenhelferinnen beim Blumenkauf in Paris.

Helferinnengruppe mit Offizieren vor dem Dienstgebäude in Norwegen.

Dienstbaracke der Nachrichtenhelferinnen in Lapinmaa/Finnland.

Schlafraum für Helferinnen 1943.

Gesprächsrunde von Nachrichtenhelferinnen in ihrer Unterkunft.

Im Aufenthaltsraum einer Unterkunft für Nachrichtenhelferinnen des Heeres in Norwegen.

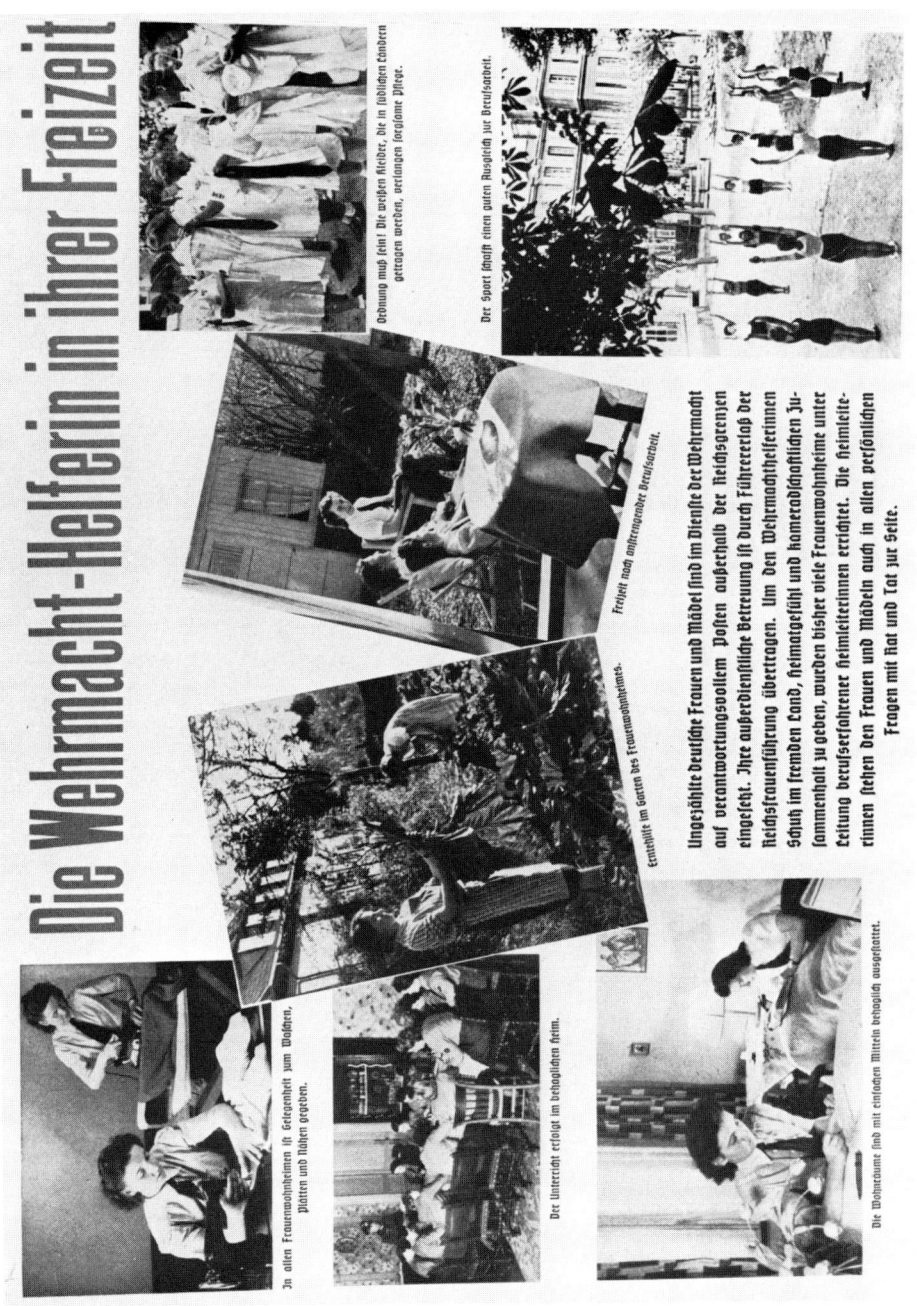

Propagandaaufnahmen zur Werbung von Helferinnen im Jahr 1943.

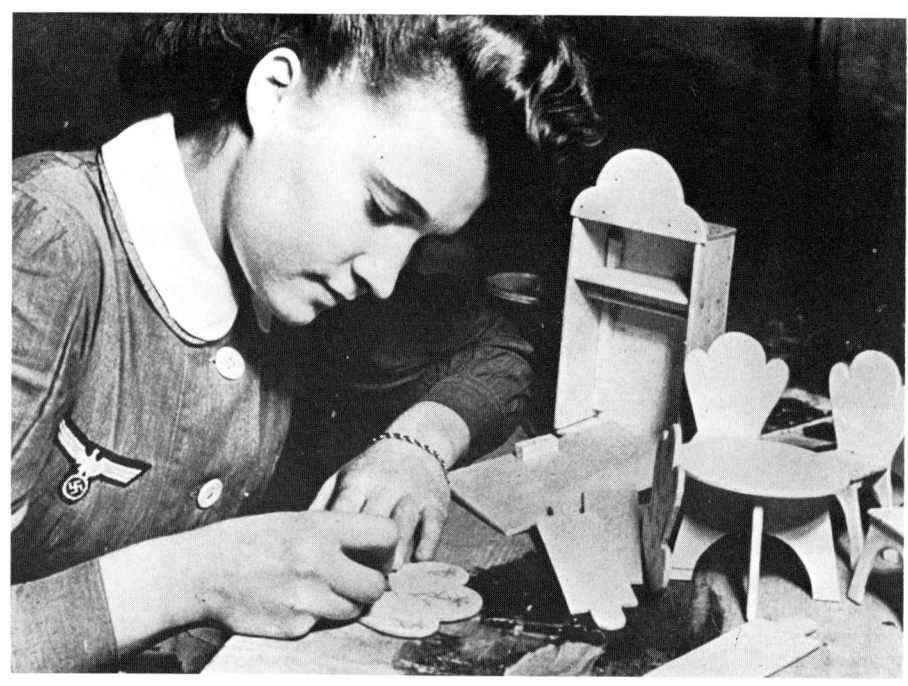

Bastelarbeiten einer Nachrichtenhelferin für Weihnachten 1943.

Zukünftige Sportwartinnen der Nachrichtenhelferinnen des Heeres bei der
Ausbildung am Medizinball im April
1943.

Glückwünsche für eine U-Boot-Besatzung
und für die Auszeichnung des Kommandanten nach der Anlandung in Brest.

Nachrichtenhelferinnen vor dem Haus der
Kameradschaft in Rovaniemi/Finnland.

Helferinnen und Unterführerinnen der Luftnachrichtentruppe in der Telefonvermittlung eines Stabsbunkers.

Nachrichtenhelferin an der automatischen Vermittlung mit Vielfachfeld für Rundsprüche.

Flakwaffenhelferinnen bei der Ausbildung am Funkmeßgerät (Richtgerät).

Ausbildung an der Panzerfaust.

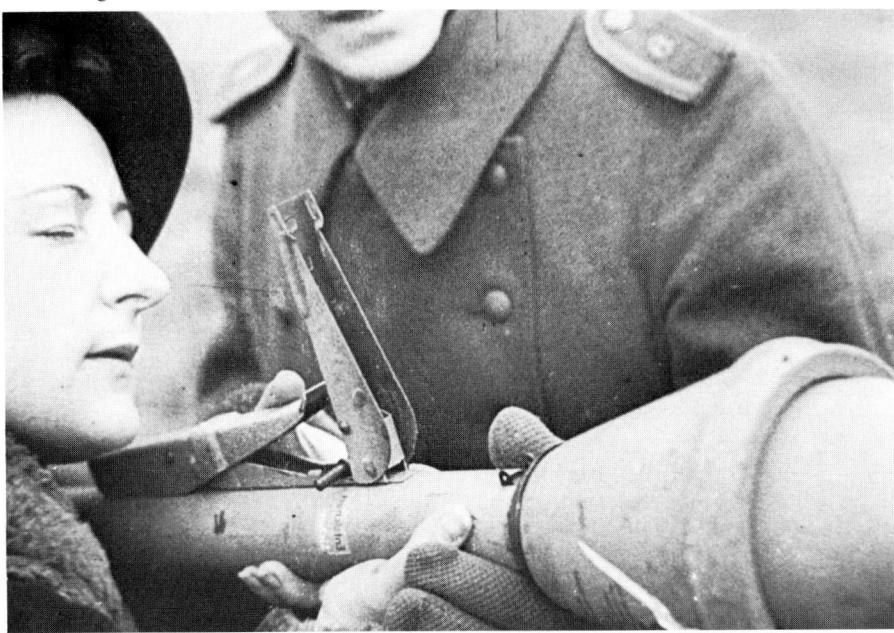

Nachrichtenhelferinnen des Heeres, die wegen ihres Einsatzes bei einem Bombenangriff mit dem Kriegsverdienstkreuz mit Schwertern ausgezeichnet wurden.

Wehrmachthelferinnen bei der Gefangennahme 1945.

Schloß Oberkirch im Gelände
der Reichsschule-SS.

Schloß de Dietrich (Leon-
hardtsau) im Gelände der
Reichsschule-SS.

Schloß El Biar (Ehnschlößchen) im Gelände
der Reichsschule-SS.

SS-Helferin in Propagandapose.

XVIII

Besuch Himmlers (3. von rechts) an der
Reichsschule-SS 1943 in Begleitung von SS-
Gruppenführer Sachs (1. von links), von Ilse
Staiger (Mitte) und des Schulkommandeurs
Brigadeführer von Dufais (2. von rechts).

SS-Helferinnen-Spange in Silber, 55 x 8 mm,
die als Brosche zum Abschluß der Bluse am
Hals getragen wurde.

SS-Helferinnen-Anwärterinnen bei der Fernschreibausbildung in der Reichsschule-SS.

SS-Helferin bei der Funkausbildung elsässischer BDM-Mädchen in einer Baracke der Reichsschule-SS.

SS-Helferinnen bei der Gymnastik im Park der Reichsschule-SS.

Die Offizierschülerin S. M. bei einem Diskussionsbeitrag auf einer Delegiertenkonferenz der DDR-Streitkräfte.

Seite XXII oben: Weibliche Unterfeldwebel der NVA beim Einkauf.

Seite XXII unten: Ordensverleihung an Feldwebeldienstgrade der Nationalen Volksarmee durch einen weiblichen Offizier.

Ausbildung weiblicher Offiziere der NVA an der Offzierschule der Landstreitkräfte in Löbau im Oktober 1984.

(Bildtexte vorhergehende Seite)

Aushändigung der Urkunde an den ersten weiblichen Soldaten der Bundeswehr im Oktober 1975.

Ernennung der ersten Frauen zu Stabsärztinnen der Bundeswehr durch Bundesverteidigungsminister Leber.

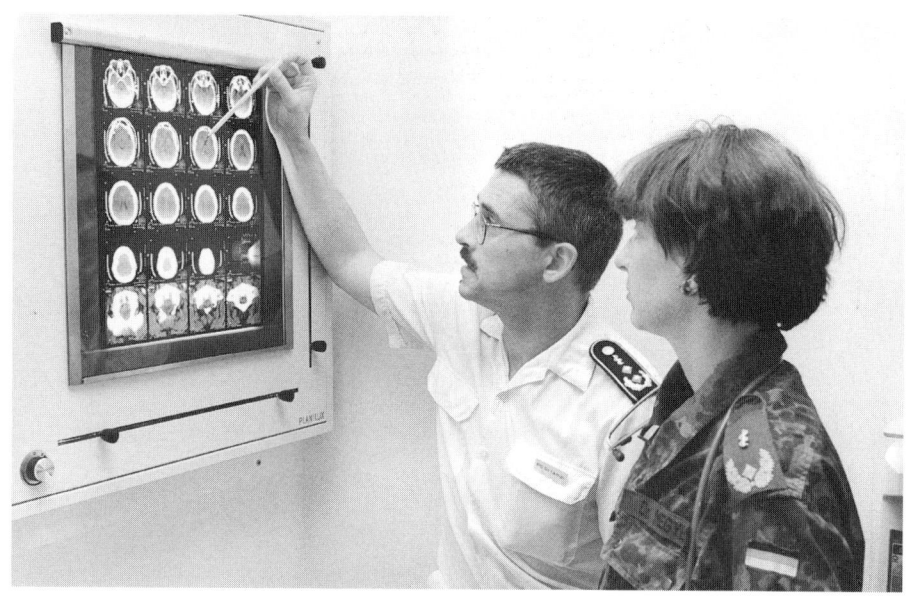

Auswertung eines Kernspintogramms auf der Intensivstation des Feldlazaretts Rajlovac durch einen Oberfeldarzt und eine Oberstabsärztin der Bundeswehr im Juni 1997.

„Gruppenbild mit Dame" des Heeresmusikkorps 4 Regensburg 1997. ▶

Sanitätsfeldwebel A. (rechts) und Sanitätsstabsunteroffizier F. (links) im Gespräch im Juni 1997.

Einsatzübung einer Sanitäskompanie
der Bundeswehr zur Sicherung von
Verwundeten.

Soldatin an Bord eines Schiffes der
Bundeswehr.

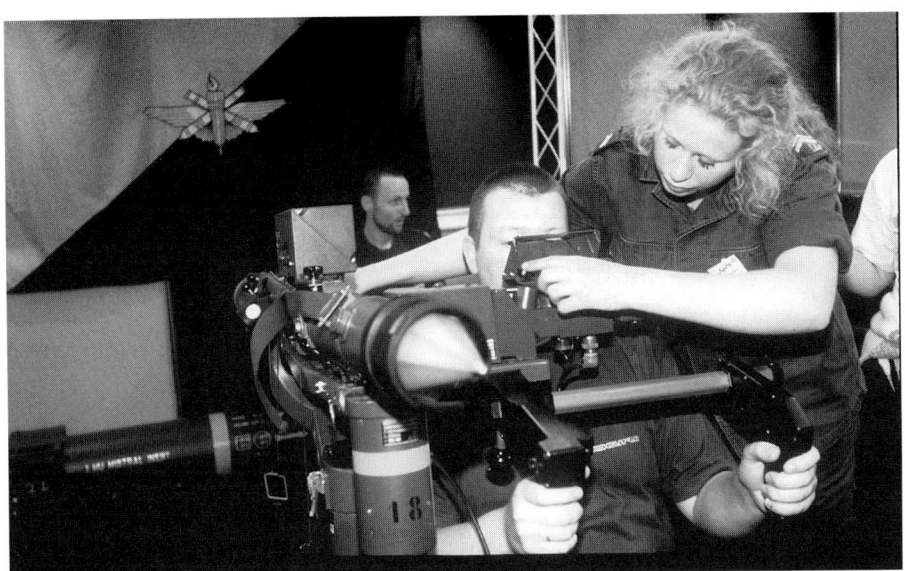

Waffensystem-Einweisung eines Soldaten der belgischen Luftwaffe durch einen weiblichen Dienstgrad.

Waffenausbildung weiblicher Rekruten der belgischen Streitkräfte im Trainingslager Peutie.

Weiblicher Offizier der belgischen Marine auf der Brücke eines Klein- kampfschiffes.

Wartungstrupp der belgischen Luft- waffe.

Ausbildung von dänischen Konstabel-Anwärterinnen am leichten Maschinengewehr.

Dänische Luftwaffenangehörige im Dienst am Radarschirm.

Finnische Verpflegungslotta beim Verkauf von Marketenderwaren an Soldaten im Winterkrieg 1939/40.

Patrouille finnischer Lottas im Winter 1941/42.

Fernmeldelotta am Funkmeßgerät.

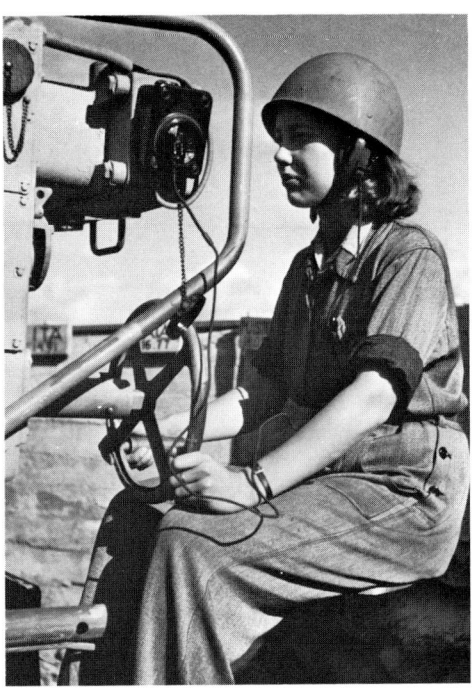

Verleihung des Sterns des Deutschen Adlerordens an die Lotta-Präsidentin Fanni Luukonen für den hervorragenden Einsatz „im Kampf gegen den Bolschewismus".

Schießausbildung finnischer Soldatinnen im Ausbildungslager Hyrglä im Juli 1996.

Winterausbildung einer finnischen Kampfgruppe in Kairala 1997.

Instandsetzungsgruppe der französischen Marineschule bei der Reparatur eines Schiffsmotors.

Schießausbildung von Rekrutinnen des französischen Heeres am leichten Maschinengewehr.

Eintragungen in die Seekarte durch einen weiblichen Matrosen der französischen Marine.

Weiblicher Unteroffizier der französischen Gendarmerie bei der Spurensicherung.

Eintragung von Flug-
zeugpositionen am Ra-
dartisch durch eine bri-
tische Marinehelferin
unter der Aufsicht eines
Offiziers 1944.

Kfz-Überholungsdienst
einer britischen Ver-
sorgungseinheit der
Rheinarmee 1976.

Angehörige des Fern-
melderegiments 16 der
britischen Armee in
der Fernmeldezentrale
eines Hauptquartiers.

Vorbereitungen für ei-
nen ärztlichen Eingriff ▶
in einem britischen
Feldlazarett 1995.

Waldkampfausbildung
im britischen Heer.

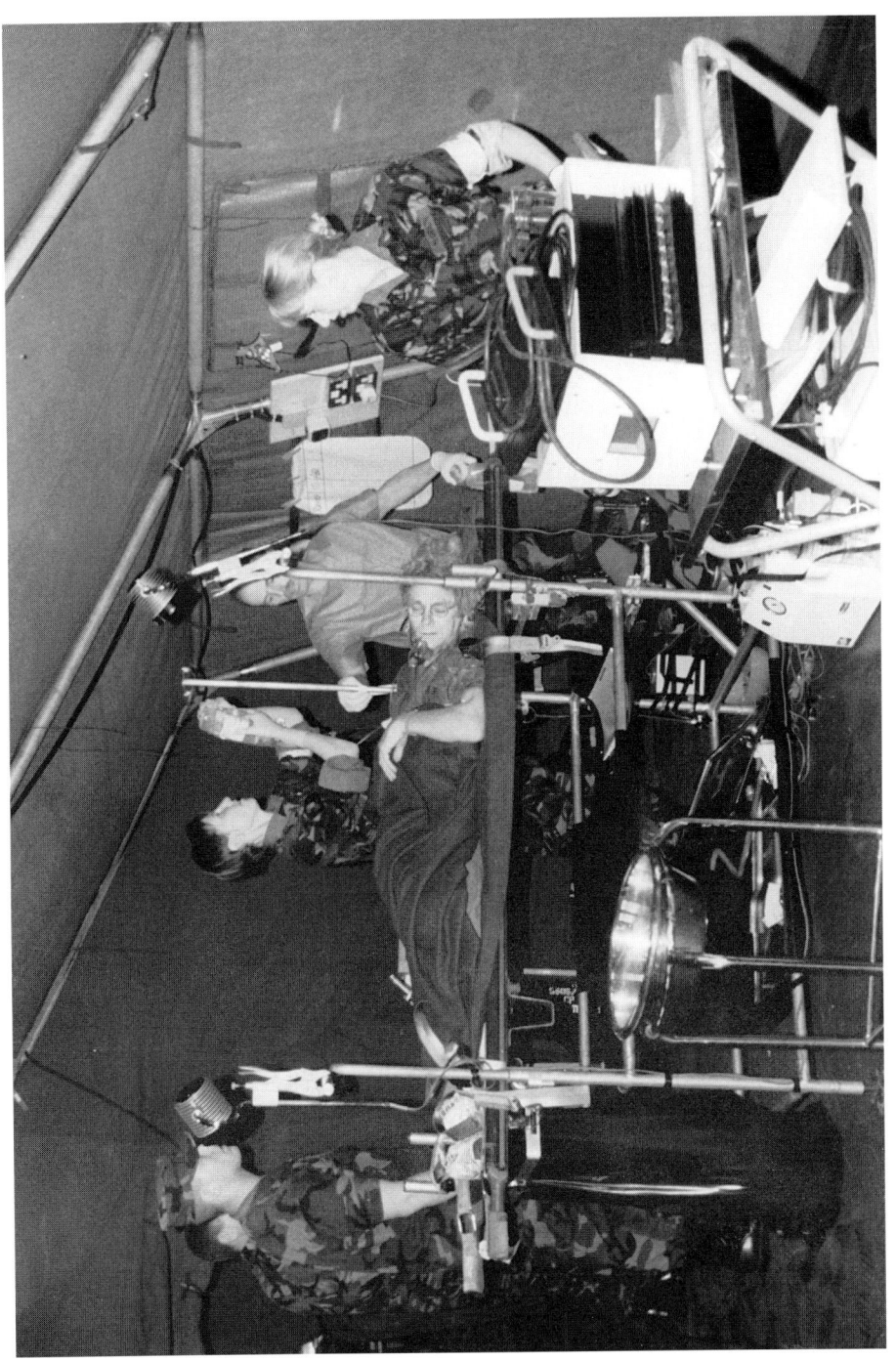

Parade einer weiblichen Zahal-Einheit in Jerusalem.

Tarnung einer wehrpflichtigen Nahalangehörigen bei der Gefechtsausbildung.

Befehlsausgabe an eine Wacheinheit der I.D.F.

Empfangschaltung eines 100 Watt Kurzwellen-Funkgerätes der israelischen Streitkräfte.

Ausbildung von Chen-Angehörigen an schweren britischen Centurion-Panzern.

Pilotin eines Kampfjets der kanadischen Streitkräfte.

Luftraumüberwachung durch eine Soldatin der kanadischen Streitkräfte am Radarschirm.

XXXX

Lichtmorsezeichen von Bord eines kanadischen Küstenschiffes.

Mobiler Einsatz der kanadischen Militärpolizei.

Grundausbildung in den niederländischen Streitkräften.

Ausbildung in der Panzerbekämpfung im niederländischen Heer.

Norwegische Heimwehrangehörige bei Geländeübungen.

Ausbildung eines Flugzeugmechanikers der norwegischen Streitkräfte.

Musterungskommission während der Oktoberrevolution 1917, von der eine Freiwillige in die Liste eingetragen wird. Offizieller Bildtext: Es kamen die stürmischen Oktobertage. Die Komitees der Verbände der Arbeiterjugend verwandelten sich auf Anordnung der Partei in Kampfstäbe. Dort formierten sich die Einheiten der Roten Garde.

Gemälde eines Komsomolzen-Paares, das sich verabschiedet, um am Bürgerkrieg teilzunehmen, er als Soldat, sie als Krankenschwester. Im Hintergrund ein Plakat mit der Inschrift: Hast du dich schon freiwillig gemeldet?

Schriftliche Verpflichtung einer Soldatin zur Verteidigung Moskaus im
Herbst 1941.

Abtransport eines Verwundeten vom
Kampffeld durch eine russische
Sanitäterin.

Fliegerinnen des Gardefliegerregiments Taman nach der Rückkehr vom Feindflug.

Russin inmitten gefangener Soldaten. NS-Bildkommentar: „Auch sie hat es aufgegeben, weiteren Widerstand zu leisten. Es ist ein Flintenweib und zugleich Sowjetkommissarin, die als die verbissensten Heckenschützen die Sowjetsoldaten bis zum letzten Widerstand antreiben."

Russische Nachrichtenhelferin mit Brust-Rücken-Durchschuß bei der Wundbehandlung durch Feldschere.

Veteraninnen des
Großen Vaterländi-
schen Krieges
30 Jahre später.

Russische Fallschirm-
springerinnen als Aus-
bilderinnen der So-
wjetstreitkräfte.

Nachrichtenübermittlung durch eine Fernmelderin der russischen Flotte.

Solistinnen eines Marine-Musikensembles der russischen Schwarzmeerflotte.

Hauptmann Larisa G., ehemalige Ärztin, im Dienst der militärischen Aufklärung der russischen Streitkräfte.

Soldatin des russischen Heeres bei der Schönheitspflege unter Verwendung einer Gasmaske als Spiegel.

Rekrutinnen der russischen Streitkräfte in Zugformation.

Angehörige der Nachrichtentruppe des russischen Heeres.

Weibliche Rekruten der russischen Streitkräfte bei der Grundausbildung.

Angehörige des Schwedischen
Fernmeldekorps beim Dienst
in einer mobilen Verbindungs-
stelle.

Angehörige des Schwedischen
Tierpflegekorps (SBS) im
landwirtschaftlichen Einsatz.

L

Geländeeinweisung einer Fahrerin des Schwedischen Kraftfahrerkorps während einer Winterübung.

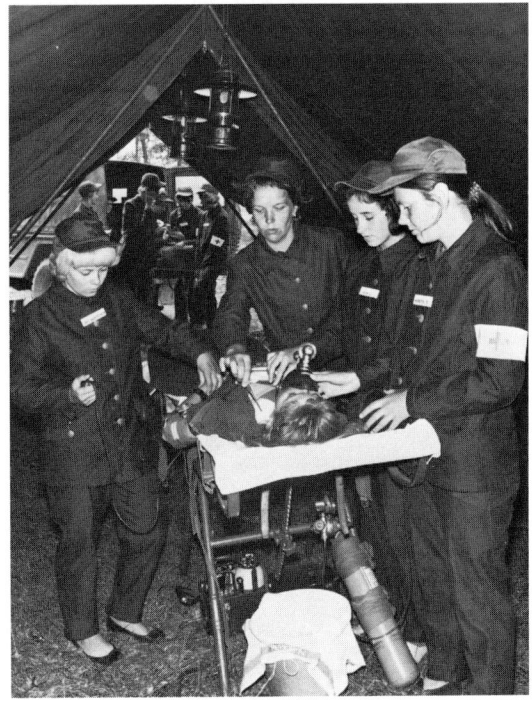

Einsatzübung des Schwedischen Roten Kreuzes.

(Bildtexte nächste Seite)

Angehörige des Schweizer
Fürsorge-Frauenhilfsdienstes
mit Flüchtlingskind.

Linke Seite oben: Stabsrah-
menübung des Übermittlungs-
dienstes im schweizerischen
FHD.

Linke Seite unten: Angehörige
des Brieftaubendienstes des
FHD.

Angehörige des Motorfahrer-
dienstes des FHD.

Angehörige des schweizerischen Militärfrauendienstes.

Geländeübung des schweizerischen Heeres unter Beteiligung des MFD.

Saxophonistin eines schweizerischen Heeresmusikzuges.

Angehörige einer Trainkompanie des schweizerischen Heeres.

Angehörige der spanischen Marinepolizei.

Soldatin eines spanischen Fallschirmjägerbataillons.

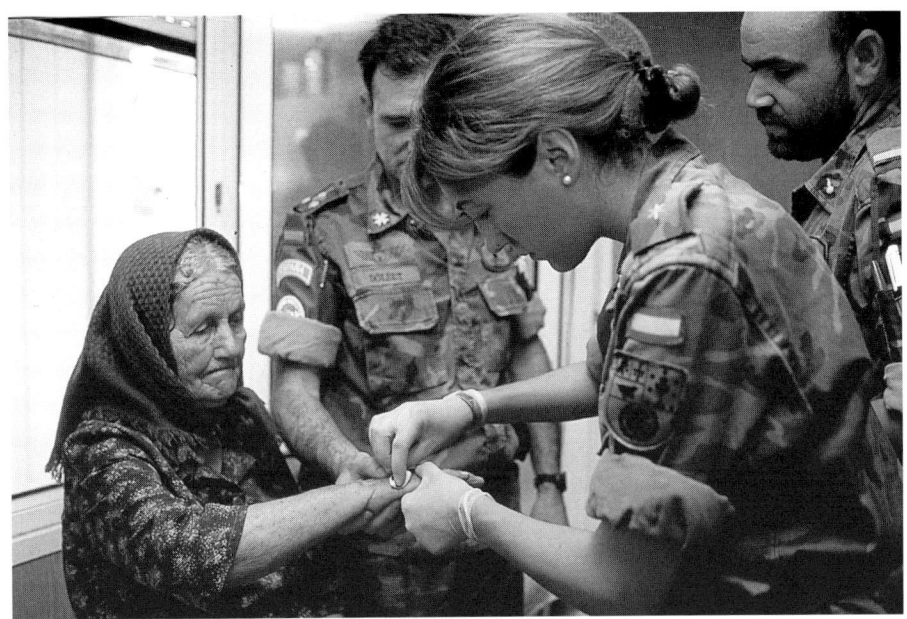

Angehörige des spanischen Sanitätsdienstes bei der medizinischen Hilfe für Zivilisten in Bosnien 1997.

Polizistin der spanischen Policia Aerea.

Begrüßung des amerikanischen WAAC-Vorkommandos in Schottland am 11. 5. 1943 durch Dudelsackpfeifer.

Reparatur eines Flugzeugmotors in der Marineschule Norman, Oklahoma, durch Marinehelferinnen im Juli 1943.

Amerikanische Marinehelferinnen auf dem Luftkontrollturm des Marinefliegerstützpunktes Atlanta, Georgia, 1945.

Soldaten des 317. US Combat Engineer Corps vor dem Transport in den Einsatzraum.

Leutnant Joellen Drag, zweiter Pilot der 3. Hubschrauberstaffel, im Cockpit eines CH-46 Sea Knight Helikopters auf einem Marinefliegerstützpunkt in Kalifornien.

Bedienung eines schweren Baggers des U.S. Navy Construction Battalion durch den Heavy Equipment Operator Camella J. Jones aus Gold Beach, Oregon.

Journalistin einer amerikanischen Heeres-
Reserveeinheit für die Öffentlichkeitsarbeit
in Rom.

Weiblicher Unteroffizier der US Navy bei
der Arbeit an der Fräsemaschine an Bord der
USS Cape Cod.

Wartungsarbeiten weiblicher Unteroffiziere
der US Luftwaffe an Kampfjets während des
Irakeinsatzes 1991.

Auftanken einer F/A-18C beim Unternehmen „Wüstensturm" 1991.

Verwendung eines computergesteuerten Ladegeräts beim Abfertigen einer C-130 Transportmaschine der US Luftwaffe.

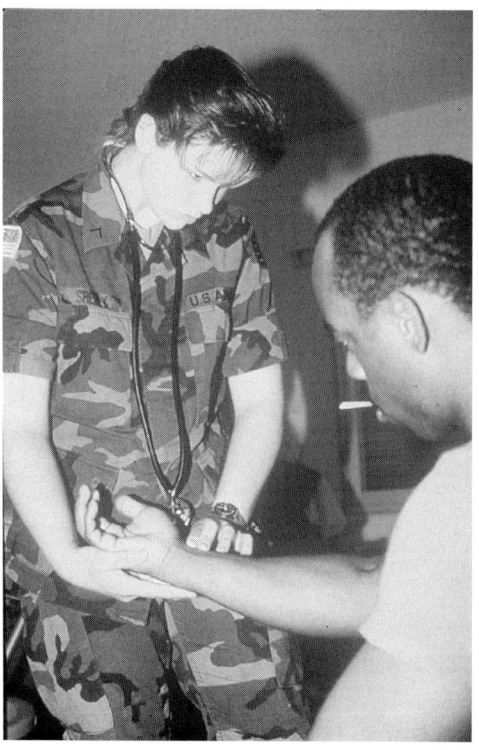

Blutdruckmessung durch eine Angehörige der 144. Medical Evacuation Group während des Irakkriegs.

bitte ich Sie, aus meiner Antwort nicht zu schließen, daß es sich hier um einen allgemeinen Dienst handelt. Es geht hier speziell um Ärztinnen, um die ärztliche Versorgung der Truppe und um die Musterung eines heranstehenden wehrpflichtigen Jahrgangs; um nicht mehr, aber auch nicht um weniger." (44)

Für die Einführung des weiblichen Sanitätsoffiziers in die Bundeswehr wurden auf der Hardthöhe in Bonn drei Argumente vorgebracht. Der wichtigste Grund war der Mangel an Sanitätsoffizieren. 1975 waren nur 660 Berufs- und 146 Zeitoffiziere als Ärzte im Sanitätsdienst der Bundeswehr tätig. Es fehlten also ungefähr 1 300 länger dienende Sanitätsoffiziere. Dazu kam, daß bis 1980 insgesamt 214 Berufssanitätsoffiziere wegen Erreichens der gesetzlichen Altersgrenze in den Ruhestand treten würden und ein Ausgleich durch die Neueinstellung von vollausgebildeten und erfahrenen Ärzten nicht möglich schien. In vielen Bereichen des Sanitätsdienstes war der berufserfahrene länger dienende Sanitätsoffizier jedoch unabdingbar. Die traditionelle Zuordnung von militärischen Funktionen und ärztlichen Ämtern bedingte, daß Führungs- und Disziplinarbefugnisse, Verwaltungstätigkeit, ambulante und stationäre Behandlung, medizinische Begutachtung und amtsärztliche Aufgaben in einer Hand lagen. Das Arbeitssicherheitsgesetz von 1973 verlangte außerdem von den Ärzten als Dienststellenleiter eine besondere arbeitsmedizinische Fachkunde, die von den Kurzdienenden nicht erbracht werden konnte.

Die Situation bei den Zahnärzten war zwar auch ungünstig, jedoch nicht so gravierend, weil die Hälfte der 480 Zahnärzte in der Bundeswehr als Restanten im Grundwehrdienst tätig war. Im zahnärztlichen Dienst war auch die Zuordnung von medizinisch-fachlichen Funktionen zu den Ämtern des Offiziers seltener, so daß die meisten Aufgaben auch von im Grundwehrdienst tätigen Ärzten wahrgenommen werden konnten. Ebensowenig wie bei den Apothekern und Veterinärärzten glaubte man in diesem Bereich auf weibliche Kräfte zurückgreifen zu müssen. Ausgeschlossen wurde das jedoch nicht.

Der zweite Grund, 1975 die Laufbahn des Sanitätsoffiziers für Frauen zu öffnen, lag in dem Wunsch des Bundesverteidigungsministers Georg Leber, in dem von der UNO proklamierten „Jahr der Frau 1975" ein Zeichen zu setzen. In der Tat konnten durch diesen quasi-revolutionären Akt zum erstenmal in Deutschland Frauen einen vollen militärischen Status erreichen.

Darüber hinaus war – drittens – der Verteidigungsminister der Ansicht, daß die Laufbahn des Stabsarztes für Frauen geöffnet werden müsse, weil es sich bei den Medizinern um eine Berufsgruppe handle, „in der schon von alters her auch Frauen hervorragende Leistungen vollbringen". In einem Interview bestätigte er: „Ich hätte mich also auch dann für die Einführung einer weiblichen Sanitätsoffizierslaufbahn eingesetzt, wenn die Bundeswehr keinen Mangel an Sanitätsoffizieren hätte". (45)

Der Hartmann-Bund unterstützte die Absicht des Verteidigungsministeriums, Ärztinnen als Sanitätsoffiziere zu übernehmen, unter der Voraussetzung, daß den Ärzten und Ärztinnen in der Bundeswehr die gleichen Rechte und Pflichten und die gleichen Aufstiegschancen garantiert würden. (46)

Die Gespräche zwischen den beteiligten Bundesministerien – BMVg, BMJ und BMI – zeigten jedoch bald die rechtlichen Schwierigkeiten, die mit der Einführung weiblicher Sanitätsoffiziere verbunden waren.

Der Bundesminister der Justiz ging in seiner Stellungnahme zu dem Projekt davon aus, daß die Verwendung von Ärztinnen als Sanitätsoffiziere auf freiwilliger Grundlage zwar verfassungsrechtlich zulässig sei, Artikel 12 a Abs. 4 Satz 2 GG jedoch allen Frauen – auch den Ärztinnen – Beschränkungen auferlege. Das Verbot des Dienstes mit der Waffe gelte auch für freiwillige militärische Dienstleistungen. Nur wenn der Einsatz nicht als Dienst mit der Waffe anzusehen sei, könnten weibliche Sanitätsoffiziere in die Bundeswehr übernommen werden. Dem widerspreche die Ausstattung der Sanitätsoffiziere mit Waffen zum Zwecke der Selbstverteidigung und zur Abwehr von Angriffen auf Sanitätseinheiten und Sanitätseinrichtungen und die ihnen anvertrauten Verwundeten und Kranken nicht von vornherein. Diese Art der Waffenanwendung sei völkerrechtlich erlaubt und beraube die Sanitätsoffiziere nicht des Schutzes des Genfer Kriegsgefangenenabkommens. Aber die Ausbildung der Sanitätsoffiziere mit der Waffe müsse auf den völkerrechtlich zulässigen Selbstverteidigungszweck begrenzt bleiben. Eine Verpflichtung der weiblichen Sanitätsärzte zum Waffengebrauch könne es nicht geben. Ob weibliche Sanitätsoffiziere auch in Sanitätseinheiten der Kampfverbände eingesetzt werden dürfen, ließ der Bundesminister der Justiz für eine richterliche Klärung offen. Möglicherweise müßten sie entsprechend den Bestimmungen des Artikels 12 a Abs. 4 Satz 1 ausschließlich in der ortsfesten militärischen Lazarettorganisation verwendet werden.

Im Bundesinnenministerium vertrat man die Ansicht, daß Artikel 12 a Abs. 4 GG die freiwillige Verpflichtung von Frauen zum Dienst im Verband der Streitkräfte ebensowenig ausschließe wie Artikel 12 a Abs. 1 GG die freiwillige Verpflichtung von Männern. Auf jeden Fall sei die Verwendung von Frauen in den Streitkräften verfassungsrechtlich dadurch beschränkt, daß sie den Dienst ohne Waffe tun müßten. Nur zur Selbstverteidigung dürften weibliche Sanitätsoffiziere mit Waffen ausgestattet werden, weil es sich bei der Verteidigung gegen völkerrechtswidrige Angriffe auf Lazaretteinrichtungen nicht um einen militärischen Einsatz (Einsatz mit der Waffe) handle. Über die fließenden Übergänge vom waffenlosen Dienst zum Dienst mit Waffen war man sich klar.

Die legislativen Vorbereitungen für die Übernahme weiblicher Sanitätsoffiziere in die Bundeswehr wurden im Februar 1975 eingeleitet und innerhalb eines halben Jahres abgeschlossen. Im Deutschen Bundestag stimmte auch die CDU/CSU-Opposition den Gesetzesvorlagen der Bundesregierung zu. Die Sprecherin der CDU/CSU, Frau Irma Tübler, betonte jedoch, daß ihre Fraktion die Einführung des weiblichen Sanitätsoffiziers nicht als einen ersten Schritt interpretiere, auch in anderen Bereichen der Streitkräfte Frauen in Uniform Dienst tun zu lassen, möglicherweise in Funktionen, wo sie an Waffen ausgebildet würden und eventuell gezwungen seien, an Kampfhandlungen teilzunehmen. „Wir wollen auf jeden Fall verhindern, daß es hier in der Bundesrepublik Deutschland Flintenweiber gibt." (47) Die erforderlichen Gesetzesänderungen, z. B. des Soldatengesetzes, des Soldatenversorgungsgesetzes und der Wehrdisziplinarordnung, wurden vom Deutschen Bundestag mit nur einer Gegenstimme verabschiedet.

Mit den neuen Rechtsgrundlagen konnten nunmehr Frauen aufgrund freiwilliger Verpflichtung und nur für die Laufbahn der Offiziere des Sanitätsdienstes in das Dienstverhältnis eines Soldaten auf Zeit oder als Berufssoldat in die Bundeswehr übernommen werden. Nach dem Soldatengesetz erhielten die weiblichen Sanitätsoffiziere die gleichen Rechte und Pflichten wie die männlichen Sanitätsoffiziere mit der Ausnahme, daß sie zum Gebrauch ihrer Waffen in Notwehrsituationen und Nothilfesituationen nur berechtigt, aber nicht verpflichtet waren. Die Änderung der Soldatenlaufbahnverordnung hatte auch Auswirkungen auf die männlichen Sanitätsoffiziere: Nach § 26 der Soldatenlaufbahnverordnung konnten bisher Bewerber für den militärärztlichen Dienst als Offiziere nur eingestellt werden, wenn sie die Voraussetzungen zur Beförderung zum Leutnant der Reserve erfüllten. Da für Frauen die Ausbildung zum Leutnant (des Truppendienstes) nicht möglich war, mußte aus Gründen der Gleichheit die Klausel auch für die männlichen Bewerber der Sanitätsoffizierlaufbahn entfallen. (48)

Anfang Oktober 1975 zogen die ersten fünf weiblichen Sanitätsoffiziere in die Standorte Fürstenfeldbruck, Feldafing, München und Bonn ein. Das Für und Wider der Verwendung weiblicher Offiziere im Sanitätsdienst war bei den Soldaten und bei den männlichen Sanitätsoffizieren der Truppe zu dieser Zeit noch umstritten. Probleme wurden darin gesehen, daß die weiblichen Sanitätsoffiziere Vorgesetzte von männlichen Soldaten seien, daß sie Disziplinargewalt auszuüben hätten und daß sie wie ihre männlichen Kollegen an der Waffe ausgebildet werden könnten. (49)

Die Sanitätsführung war bemüht, den Ärztinnen in Uniform extreme Verwendungen wie die eines Schiffsarztes zu ersparen. Aber an den Truppenübungsplatzaufenthalten ihrer Einheiten und an Manövern mußten sie selbstverständlich teilnehmen. Das Wehrdisziplinarrecht und die Wehrbeschwerdeordnung wurden für die Frauen in keinem Punkt geändert. Sie können Disziplinarvorgesetzte sein und müssen mit den gleichen Disziplinarstrafen rechnen wie die Männer.

Die einzige Ausnahme für weibliche Sanitätsoffiziere bestand in der Mutterschutzverordnung. Es wurde ihnen die Möglichkeit geboten, unter Wegfall der freien Heilfürsorge bis zu drei Jahre unbezahlten Urlaub zu nehmen, wenn sie sich der Erziehung ihrer Kinder oder der Pflege naher Angehöriger widmen mußten. Die Verlängerung auf sechs Jahre war zulässig. Die Möglichkeit der Teilzeitbeschäftigung wurde nicht eingeräumt, weil der Soldatenstatus keine Arbeitszeitbegrenzungen kennt.

Die Stabsärztinnen bekamen die gleichen Karrierechancen wie die Stabsärzte. 1996 wurde die erste Frau zur Generalärztin befördert.

Die weiblichen Sanitätsoffiziere, die es wünschten, wurden im Pistolenschießen ausgebildet. Die Waffe wurde von den weiblichen Sanitätsoffizieren im Dienst ebensowenig getragen wie von den männlichen. (50)

Welche Revolution das Auftauchen weiblicher Soldaten im militärischen Alltag bedeutete, zeigte der Presseoffizier der 7. Panzergrenadierdivision in Unna, der im Januar 1975 eine Journalistin mit einem Truppenausweis in der für Stabsärztinnen geplanten Uniform in Kasernen schickte und beobachtete, wie die Wehrpflichtigen auf dieses neue Erscheinungsbild reagierten. Sein Bericht war zufriedenstellend: Es gab zwar ein paar anzügliche Bemerkungen und einige bewundernde Pfiffe im Abstand von etwa 30 Metern, aber alle Wachposten grüßten vorschriftsmäßig und verhielten sich korrekt. „Natürlich ist das ein bißchen komisch", erklärten manche. Und einer meinte: „Die Armee, das ist keine Weibersache". (51)

Als zum 1. 10. 1975 die ersten wirklichen Stabsärztinnen in der Truppe auftauchten, sprach man von „Lebers Charmebrigade" oder „Lebers Opferlämmer auf dem Altar des Jahres der Frau". Auch die ersten Witze ließen nicht lange auf sich warten: Was ist der Unterschied zwischen der herkömmlichen Mutter der Kompanie und dem Vater der Kompanie? – Der Vater der Kompanie unterliegt dem Mutterschutzgesetz. (52)

Die Uniform der Stabsärztinnen wurde aus den Entwürfen mehrerer Modeschöpfer von einem weiblichen Beirat des Bundesverteidigungsministeriums ausgewählt.

Die faktischen Auswirkungen der neuen Regelungen für den medizinischen Dienst der Bundeswehr blieben gering. Wer geglaubt hatte, es würde ein Sturm von Anwärterinnen einsetzen, sah sich getäuscht. Im Verteidigungsministerium hoffte man auf mindestens 300 Bewerberinnen im Jahr 1975. In Wirklichkeit gab es nur etwa 50. Ende 1975 dienten lediglich 29 Stabsärztinnen in den Streitkräften. Es waren im wesentlichen Frauen, die bereits seit Jahren für die Bundeswehr gearbeitet hatten. Bis Ende 1977 stieg die Zahl nur auf 35. Bis zu diesem Zeitpunkt kamen auch die ersten drei Apothekerinnen als Offiziere in die Bundeswehr. Schließlich fand sich auch die erste Zahnärztin und die erste Tierärztin ein. Die Gründe für die Zurückhaltung der Medizinerinnen lagen auf der Hand: der nicht allzu berückende fachliche Ruf der Militärmedizin; die Beschränkung der medizinischen Tätigkeit auf eine Patientengruppe; die mit der Dienstausübung verbundene Verwaltungstätigkeit; die Einordnung in eine militärische Hierarchie; die Gefahr häufiger Versetzungen; Manöver auf Truppenübungsplätzen usw.

Größer als der Andrang von ausgebildeten Medizinerinnen schien der Wunsch von zivilen Angehörigen des weiblichen Pflegepersonals zu sein, als Unteroffiziere des Sanitätsdienstes in die Bundeswehr übernommen zu werden. Interesse an einer solchen Laufbahn bekundeten vor allem Frauen des öffentlichen medizinischen Dienstes. Um die erheblichen organisatorischen und besoldungstechnischen Schwierigkeiten, die die Einführung eines weiblichen Sanitätsunteroffizierkorps mit sich gebracht hätte, kamen Exekutive und Legislative jedoch herum, weil der neue „Ausbildungs- und Verwendungskatalog des Sanitäts- und Gesundheitswesens der Bundeswehr", der von der Bundeswehr-Sanitätsinspektion am 5.2.1975 erlassen wurde, für Männer so attraktiv war, daß das Angebot den Bedarf deckte. Man konnte auf Frauen verzichten. Der AVKSan bot für länger dienende Mannschaften, Unteroffiziere und Offiziere des militärfachlichen Dienstes in der Laufbahn des Sanitätsdienstes zwölf Berufswege vom Krankenpfleger bis zum medizinisch-technischen Radiologieassistenten und 37 Tätigkeitsbilder an. Die fachliche Aus- und Fortbildung in der Bundeswehr wurde staatlich anerkannt, so daß die Zeitsoldaten nach dem Ende ihrer Dienstzeit die Ausbildung zivilberuflich nutzen konnten. Der Bedarf an spezialisierten Hilfskräften in den Zweigen des öffentlichen Gesundheitsdienstes machte die Regelung zusätzlich attraktiv. (53)

Die Stabsärztinnen blieben deshalb bis 1991 die einzigen weiblichen Uniformträger der Bundeswehr. Alle anderen in der Bundeswehr und in der Bundeswehrverwaltung tätigen Frauen hatten zivilen Status. Es handelte sich Ende 1990 um insgesamt 48 000. Von ihnen arbeiteten 56 % in der Bundesverwaltung und 44 % bei den Streitkräften. 939 waren Beamtinnen, 28 926 Angestellte, 17 629 Arbeiterinnen, 701 Krankenschwestern.

Ausweitung des Frauendienstes in der Bundeswehr

Die erste Ausweitung des Dienstes von Frauen in der Bundeswehr betraf die Militärärztinnen. 1988 wurden die weiblichen Sanitätsoffiziere, die bisher ausschließlich als Ärztinnen eingesetzt waren und nicht den vollen Aufgabenbereich des Sanitätsoffiziers wahrzunehmen brauchten wie die Lehroffiziere an der Sanitätsakademie oder die Offiziere in den Sanitätsbataillonen, für alle Funktionen des Sanitäsoffizierdienstes herangezogen. Ihre Sonderrechte entfielen. Zum Selbstschutz und zum Schutz der ihnen anvertrauten Patienten bekamen alle weiblichen Sanitätsoffizieranwärterinnen Unterricht im Pistolenschießen. Im Einsatz und bei Übungen hatten sie die Waffe mit sich zu führen. Die Verpflichtungszeit für Sanitätsoffizieranwärterinnen wurde auf 16 Jahre einschließlich der Studienzeit festgelegt.

Am 1.1.1991 wurden die Laufbahngruppen der Unteroffiziere und Mannschaften im Sanätsdienst der Bundeswehr und alle Laufbahngruppen im Militärmusikdienst für Frauen geöffnet. Frauen, die sich als Militärmusikerinnen bewarben, mußten damit einverstanden sein, daß sie im V-Fall als Sanitätspersonal eingesetzt würden. Bei der Einstellung mußten sie mindestens ein Instrument für ein großes Blasorchester beherrschen. Die musikfachliche Weiterbildung erhielten sie beim Ausbildungsmusikkorps der

Bundeswehr oder – als Musikoffizieranwärterinnen – an der Schumann-Hochschule in Düsseldorf. Parallel zur Musikerausbildung wurden sie für den Sanitätsdienst ausgebildet. Die weiblichen Sanitätsunteroffiziere wurden wie die weiblichen Sanitätsoffiziere in allen drei Teilstreitkräften in den truppendienstlichen Einrichtungen, in den Sanitätsbataillonen und -depots und in den Zentralen Sanitätsdienststellen, z. B. Bundeswehrkrankenhäuser und Untersuchungsinstitute, verwendet. Ihre Ausbildung war mit der der männlichen Kameraden identisch. Je nach der Verpflichtungsdauer – 4, 8 oder 12 Jahre – konnten sie sich zur Narkosegehilfin, Fliegerarztgehilfin, Laborantin, Sanitätsmaterialsverwalterin, Instumenteurin und anderes mehr spezialisieren oder staatlich anerkannte Abschlüsse als Medizinisch-technische Assistentin (MTA) für den Labordienst oder radiologischen Dienst oder als Krankenpflegehelferin erwerben.

Die Musterungskriterien für Frauen, die Wehrdienst leisten wollten, unterschieden sich nur geringfügig von denen der Männer. Neben dem allgemeinen gesundheitlichen Status wurden die psychischen Verhaltensmuster, die Besonderheiten der Anatomie, die zyklusabhängigen Veränderungen und die geschlechtsspezifischen Erkrankungen berücksichtigt, deren Auswirkungen im Dienst bei allen Streitkräften mit weiblichen Soldaten bekannt wurden. Bei der Soldatin spielte wie bei der Leistungssportlerin die physische und psychische Leistungsbereitschaft eine große Rolle für den erfolgreichen Einsatz. (54)

1997 gab es fast 3 500 Soldatinnen in der Sanitätstruppe und im Militärmusikdienst der Bundeswehr. Von ihnen waren 346 Sanitätsoffiziere: 214 Ärztinnen, 65 Zahnärztinnen, 30 Apothekerinnen und 12 Tierärztinnen. Rund 500 Frauen waren Sanitätsoffiziersanwärterinnen. 1500 Frauen waren Sanitätsunteroffiziere und 800 Sanitätssoldaten in der Mannschaftslaufbahn. Rund 400 Sanitätsunteroffiziersanwärterinnen befanden sich in der Ausbildung. In den Musikkapellen der Bundeswehr befanden sich etwa 20 weibliche Soldaten. (55)

1992 begann die Bundeswehr auch mit der Förderung von Spitzensportlerinnen. Förderungswürdige Sportlerinnen wurden in die Laufbahn der Mannschaften und Unteroffiziere des Sanitätsdienstes eingestellt und einer Sportfördergruppe zugewiesen.

Die Erfahrungen mit den Frauen in der Bundeswehr wurden von den Inspektionen der Teilsstreitkräfte allgemein positiv bewertet. (56) Ihnen wurde eine hohe Motivation und ein ausgeprägter Arbeitswillen bescheinigt. In den Bereichen, die hohe körperliche Leistungsfähigkeit verlangten, kompensierten die Frauen physische Schwächen mit Teamgeist und Einsatzbereitschaft. Die Aufenthalte von Bundeswehrsanitätseinheiten in Kambodscha und Kroatien bewiesen, daß die Leistungsbereitschaft der Frauen positive Auswirkungen auf die Arbeit ihrer männlichen Kameraden hatte. Der weibliche Einfluß auf das Betriebsklima von Verbänden/Einheiten und Dienststellen wurde insgesamt als positiv beurteilt. (57)

Am zivilen Status der weiblichen Beschäftigten der Bundeswehr wurde nicht gerüttelt. Von den 150 000 zivilen Mitarbeitern, die die Bundeswehr 1997 beschäftigte, waren 53 000 Frauen. Die eine Hälfte von ihnen arbeitete in der Bundeswehrverwaltung, die andere bei den Streitkräften, z. B. als Schreibkräfte, im Fernmelde- und Fernschreibdienst, als Köchinnen oder Putzfrauen. In allen Bereichen hatten die Frauen bei gleicher Eignung, Befähigung und Leistung gleichberechtigten Zugang zu den Arbeitsplätzen. In Besoldung, Gehalt oder Lohn waren sie den Männern gleichgestellt. Alle Frauen in der Bundeswehr hatten Anspruch auf Mutterschutz, Erziehungsurlaub, Erziehungsgeld und Betreuungsurlaub.

1997 bildete die Bundeswehr junge Frauen in 50 verschiedenen Berufen aus, hauptsächlich in Verwaltungs- und Technikfunktionen.

Die Bundeswehr als Instrument der Frauenemanzipation

An Vorschlägen zur Verbesserung der Berufschancen der Frauen hat es in der Bundesrepublik Deutschland weder vor der Wiedervereinigung noch nachher gefehlt. Besonders öffentlichkeitswirksam waren die Resolutionen von Frauenverbänden, Jugendorganisationen und Parteigremien, die das Vordringen von Frauen in Berufsbereichen betrieben, die bisher den Männern vorbehalten waren. In besonderem Maße traf das für die Bundeswehr zu. Unter Hinweis auf die israelische Armee propagierte Prof. Meyer-Döring bereits 1971 eine obligatorische Heranziehung von Frauen für vormilitärische Aufgaben als Markstein auf dem Weg zur Gleichberechtigung. Die Frauenrechtlerin Esther Vilar forderte den Bundesverteidigungsminister in einem Manifest am 12. 11. 1974 auf, die Wehrpflicht auf Frauen auszudehnen. Frauen und Männer eigneten sich ihrer Ansicht nach gleich gut für den Wehrdienst und den Ersatzdienst. Im Wehrdienst sei – mit Ausnahme bei technischen Einheiten – viel weniger Körperkraft erforderlich als bei der Pflege von Behinderten. Das eine mute man den Frauen zu, das andere nicht. Ein weiteres Argument war: „Würden beide Geschlechter Wehrdienst leisten, diente das der Idee des Friedens. Die Assoziation Männlichkeit gleich Militarismus und Weiblichkeit gleich Pazifismus wäre erschwert." (58)

Im Verteidigungsministerium in Bonn kamen seit der Gründung der Bundeswehr viele Briefe an, in denen sich Frauen nach ihren Möglichkeiten in der Bundeswehr erkundigten. Viele Schreiberinnen machten deutlich, daß sie vor Uniform und Gewehr keine Angst hatten: „Ich finde es einfach eine große Ungerechtigkeit, daß Frauen nicht zur Bundeswehr gehen können. Da reden alle von der Gleichberechtigung und auch hier wird dagegen verstoßen. Ich kann mir gut vorstellen, als Soldatin im Notfall auch zu schießen." (59) Andere verwiesen darauf, daß man den Art. 12 a, Abs. 4 des Grundgesetzes auch so interpretieren könne, daß der freiwillige Dienst von Frauen erlaubt sei. Das Pronomen „Sie" im Satz 2 des Absatzes beziehe sich nämlich nur auf die dienstverpflichteten Frauen im Sanitätsdienst und nicht auf die Frauen generell. (60)

Das Bundesministerium der Verteidigung wehrte alle Versuche ab, die Bundeswehr für Frauen zu öffnen. Das grundgesetzliche Verbot des Art. 12 a Abs. 4 Satz 2, wonach Frauen auf keinen Fall Dienst mit der Waffe leisten dürfen, galt als unüberwindbares Argument. Da es keine Kriege ohne Waffengebrauch gebe, könnten Frauen nicht in der Bundeswehr dienen. Kampfhandlung bestünden darin, daß die eine Seite der anderen mit Waffengewalt unmittelbar Schaden zufügen wolle. Hierbei handle es sich nicht nur um den Einsatz von und um die unmittelbare Auseinandersetzung mit Waffen im herkömmlichen Sinn. Waffendienst sei vielmehr ganz allgemein „ein Tun, das unmittelbar darauf gerichtet ist, mit den jeweils zur Verwendung kommenden Waffen Menschen im Kriege zu töten". (61) Dazu gehöre auch der Einsatz moderner und weittragender Waffen, bei dem der einzelne unter Umständen im Rahmen einer Arbeitsteilung nur noch einen Druckknopf oder einen – für sich allein gesehen gar nicht zur Tötung von Menschen geeigneten – anderen Beitrag leistet. Solche Beiträge könnten beispielsweise in einer Beobachtungstätigkeit für die Artillerie, in einer unmittelbaren Zulieferung von Munition, in der Bedienung von Peil- und Steuerungsgeräten oder in einer Befehls- und Nachrichtenübermittlung, die unmittelbar auf einen Waffeneinsatz gerichtet ist, bestehen. Waffendienst sei also jede Tätigkeit, die – nach dem jeweiligen Stand der Waffentechnik – in einem unmittelbaren Zusammenhang mit dem Einsatz von Kriegswaffen steht. Eine Abgrenzung von Waffendienst und Nicht-Waffendienst könne nur anhand des konkreten Einzelfalls getroffen werden. (62)

230

Die Probleme der Abgrenzung des Waffendienstes zum waffenlosen Dienst ergaben sich auch aus dem 34. Urteil des VI. Senats des Bundesverwaltungsgerichts vom 18.7.1975. Der Kläger, der den Grundwehrdienst in der Bundeswehr abgeleistet hatte, beantragte, als Kriegsdienstverweigerer anerkannt zu werden. Er lehnte den Dienst mit der Waffe aus Gewissensgründen ab, war aber bereit zum Dienst in der Radarkompanie, die die Ortung von Flugzeugen zum Gegenstand hat. An dieser Stelle übe er „nur Vorbereitungshandlungen aus, nehme also lediglich mittelbar am Kriege teil wie Sanitäter und im Grunde ein Großteil der Bevölkerung. Einen Raketenauslöseknopf z. B. könnte er nicht betätigen". Die Klage wurde abgewiesen. In der Begründung argumentierte der Senat:

> „Die Grenzziehung zwischen Waffendienst und sonstiger Mithilfe an der Verteidigung im Rahmen der Streitkräfte wird maßgebend von der Entwicklung der Waffentechnologie geprägt. Es liegt auf der Hand, daß die Nähe zum Eintritt des Tötungserfolges insoweit nicht von Bedeutung sein kann, weil die militärische Auseinandersetzung überwiegend mit Hilfe weittragender Waffen geführt wird. Auch auf den Grad der Entscheidungsfreiheit des einzelnen sowie seinen mehr oder weniger erheblichen Beitrag zum Vernichtungsvorgang kommt es angesichts des arbeitsteiligen Charakters moderner Waffensysteme nach dem Sinn der vom Grundgesetz vorgegebenen Differenzierung an. Selbst die zeitliche, örtliche und gegenständliche Überschaubarkeit einer militärischen Maßnahme für den an ihr mitwirkenden Wehrpflichtigen ist nicht entscheidend. Maßgebend ist vielmehr, ob sein Dienst nicht nur den Angehörigen der Streitkräfte als solchen zugute kommt, wie etwa der Sanitätsdienst, sondern sich aufgrund einer Gesamtschau seinem Sinngehalt nach eng und unmittelbar in den eigentlichen vielschichtigen zur Tötung von Menschen führenden militärischen Handlungsablauf einfügt und sich damit der militärischen Zielsetzung im Krieg einordnet. Einen solchen engen sachlichen Bezug zur Waffenanwendung weist die Tätigkeit in einer Radareinheit auf, zu welcher der Kläger sich bekennt. Die Ortung feindlicher Flugobjekte läßt sich von deren zur Verteidigung durchgeführten Vernichtung nicht trennen. Vielmehr wird sie direkt in diese Anwendung von Waffengewalt umgesetzt. Daß es hierzu eines weiteren, nicht dem Radaraufklärer obliegenden Willensaktes, nämlich des Befehls zum Abschuß und der Betätigung eines Funkleitgerätes bedarf, ist ... ohne Bedeutung. In den eigentlichen militärischen Handlungsablauf kann auch eingespannt sein, wer, wie etwa beim Munitionstransport, der Bekämpfung des Gegners mit tödlichen Waffen nur zuarbeitet." (63)

Die Rechtslage für die Verwendung von Frauen in der Bundeswehr hat sich in den letzten zwanzig Jahren nicht verändert. Die Bundesregierung bleibt durch die Festlegungen des Grundgesetzes, des Wehrpflichtgesetzes und der Notstandsgestze gebunden. Obwohl alle gängigen Grundgesetzkommentare zur Frage älter als 10 Jahre sind, sind sich sowohl der „Bonner Kommentar", der Kommentar von Maunz-Dürig-Scholz-Herzog sowie der Kommentar von Münch einig, daß die Wehrpflicht für Frauen rechtswidrig und nur der freiwillige Dienst in den Streitkräften möglich ist, wenn der Waffengebrauch ausgeschlossen ist. (64) Der Begriff „Dienst an der Waffe" wird bei Maunz-Düring weit ausgelegt. Er umfaßt nicht nur den Einsatz von Handwaffen, sondern auch die mittelbare Tätigkeit für den Waffeneinsatz, z. B. in Fernmeldeeinrichtungen oder an Radargeräten. (65) Nur in wenigen Nuancen weisen die Kommentare Unterschiede auf. Maunz-Dürig hält den Einsatz von Frauen sowohl in der Sanitätstruppe als auch im Logistikbereich für möglich, weil Art. 12a Absatz 4 GG. den Waffendienst „negativ unterbindet und nicht positiv vorschreibt". Das Verbot, an der Waffe Dienst zu leisten, wolle eine aktive Teilnahme von Frauen an Kriegshandlungen ausschließen. Der Gebrauch der Waffe zur Selbstverteidigung sei dagegen zulässig. (66) Der Grundsatz der Berufsfreiheit werde durch den Ausschluß der Frauen aus den militärischen Verwendungen nicht verletzt, weil die Spezialvorschrift des Art. 12a IV GG Vorrang vor der Allgemeinnorm in Art. 12 habe. (67). Die Regelung in Art. 12a unterliege auch nicht dem Unabänderlichkeitsgebot des Art. 79 III GG. In

Übereinstimmung mit dem internationalen Völkerrecht sei es demnach durchaus möglich, nach einer Änderung des Grundgesetzes den Frauen den Dienst in allen Bereichen der Bundeswehr zu ermöglichen. (68)

Der Kommentar von Ingo von Münch zum Grundgesetz weist darauf hin, daß eine Dienstverpflichtung von Frauen im Spannungs- oder Kriegsfall nur die Ausnahme darstellen darf, wenn nicht genügend anderes Hilfspersonal vorhanden ist und wenn sie ausschließlich in ortsfesten Lazarettorganisationen verwendet werden. Ein freiwilliger Dienst in der Bundeswehrverwaltung oder in der Sanitätstruppe der Bundeswehr sei möglich, aber der Dienst an der Waffe ausgeschlossen. (69)

Mindermeinungen, die rechtliche Diskussion hätten anregen können, gab es kaum. Es wurde lediglich bemängelt, daß sich die herrschende Meinung fast ausschließlich auf den Wortlaut und die Entstehungsgeschichte der Vorschriften beschränke und Systematik und Telos unberücksichtigt lasse. (70) Fraglich sei, ob der gesellschaftliche Konsens, Frauen nicht mit der Waffe kämpfen zu lassen, noch bestehe, von dem der Deutsche Bundestag bei der Ratifizierung des internationalen „Übereinkommens über die politischen Rechte der Frau vom 31. 3. 1953" ausging. (71) Da Art. 3 dieses Abkommens den Frauen das Recht zuspricht, „öffentliche Ämter zu bekleiden und alle öffentlichen Funktionen auszuüben, die aufgrund des inländischen Rechts geschaffen wurden, und zwar unter den gleichen Bedingungen wie Männer ohne irgendeine Zurücksetzung", konnte Deutschland diesem Abkommen nur mit der Einschränkung zustimmen, „daß Absatz 3 auf Dienstleistungen im Bereich der Streitkräfte keine Anwendung finden". (72) Die gleiche Haltung nahm die Bundesregierung beim „Übereinkommen zur Beseitigung jeder Form von Diskriminierung der Frau" vom 18. 12. 1978 ein. (73)

Die parteipolitische Debatte

Die schrittweise Öffnung der Einsatzmöglichkeiten von Frauen in der Bundeswehr zeitigte stets kontroverse Diskussionen in der Öffentlichkeit und in der Politik. Als die Laufbahn des militärärztlichen Dienstes 1975 für Frauen geöffnet wurde, verlangten junge Frauen die Erschließung weiterer Tätigkeitsfelder in der Bundeswehr für sie. Als bekannt wurde, daß aufgrund des Geburtenrückgangs in den 90er Jahren nicht genügend wehrfähige Männer für die Bundeswehr zu Verfügung stehen würden, wurde das Drängen kräftiger. (74) Die 1981 eingesetzte Kommission zur Prüfung des Personalbedarfs der Bundeswehr empfahl, aus Gründen der Gleichberechtigung die Möglichkeit des waffenlosen Dienstes für Frauen in den Streitkräften auszudehnen. Erst im Juni 1988 griff der damalige Bundesverteidigungsminister Rupert Scholz die Anregung auf und schuf die Voraussetzungen für den erweiterten Einsatz von Frauen im Sanitäts- und Militärmusikdienst.

Die SPD verschloß sich allen Überlegungen, den Anteil von Frauen in der Bundeswehr zu erhöhen. Frauen sollten keine Lückenbüßerinnen sein angesichts der notwendigen Strukturänderungen der Bundeswehr im Hinblick auf die geburtenschwachen Jahrgänge und der vermehrten Anzahl von Kriegsdienstverweigerern. Ausbildungsplätze für Frauen seien besser in der Wirtschaft und in anderen Bereichen des öffentlichen Dienstes zu erreichen als in der Bundeswehr, wo zudem nur eine Ausbildung in wenigen Lehrberufen zulässig sei, in denen die Frauen nur geringe Aufstiegschancen hätten. Außerdem unterstellte die SPD dem Verteidigungsminister, daß der freiwillige Einsatz von Frauen als die

Vorstufe zu einer allgemeinen Dienstpflicht von Frauen gedacht sei. (75) Bevor in der zivilen Gesellschaft die Gleichberechtigung von Mann und Frau nicht vollendet sei, brauche man die Öffnung der Bundeswehr für Frauen nicht zu erwägen. Der Vergleich mit den Streitkräften anderer Länder beweise nichts: „Eine Generalin – ausländische Erfahrungen beweisen es – macht noch keine Emanzipation." (76) Die Bundestagsabgeordnete Dobberthien meinte zu der Frage: „Eine Mutter mit kleinem Kind zum Dienst mit der Waffe zu verpflichten ist doch wohl die perverseste Idee, die man sich vorstellen kann." (77) Es gab jedoch abweichende Meinungen in der SPD. Der Ministerpräsident von Niedersachsen, Gerhard Schröder, glaubte, daß den Frauen die Möglichkeit zum freiwilligen Dienst in allen Sparten der Bundeswehr gegeben werden müsse, einschließlich des Dienstes in den Kampfverbänden. Das diene der Gleichberechtigung und der Beschäftigungspolitik. Die Wehrpflicht von Frauen lehnte er jedoch ab. (78)

Die FDP befürwortete einen erweiterten freiwilligen Dienst von Frauen in der Bundeswehr, lehnte jedoch die allgemeine Dienstpflicht ab. weil die Frauen durch Kindererziehung und Familienarbeit ihrer „Solidarpflicht" für die Gesellschaft in ausreichendem Maße nachkämen. (79) Der freiwillige Dienst von Frauen in der Bundeswehr wurde befürwortet, weil damit das letzte Berufsverbot von Frauen in der Bundesrepublik wegfallen würde. Es sei nicht einzusehen, warum dem weiblichen Geschlecht durch staatliche Bevormundung die Tätigkeit als Soldatin versperrt bleiben solle. Das grundgesetzliche Verbot, Frauen an Waffen auszubilden, sei nicht Ausduck einer „pazifistischen Gesinnung", sondern die Folge eines überholten Rollenverständnisses der Geschlechter in unserer Gesellschaft. Das „Waffenausbildungsverbot" des Grundgesetzes unterschlage, daß aufgrund der wehrtechnischen Entwicklung die Grenzen zwischen Waffendienst und waffenlosem Dienst ohnedies nicht mehr eindeutig zu ziehen seien. Frau Adam-Schwätzer zog das Fernmeldewesen als Beispiel heran. Wer auf einem Radarbildschirm ein Flugzeug orte und die Position fernmündlich weitergebe, trage zu seiner Vernichtung bei. (80) Mit diesen Argumenten befürwortete die FDP die Öffnung sämtlicher Laufbahnen in der Bundeswehr für die Frauen und signalisierte die Zustimmung der Fraktion zu einer Änderung des Grundgesetzes.

Die Gegenposition zur FDP nahmen Die Grünen ein. Sie lehnten auf Grund ihrer pazifistischen Grundhaltung und der grundsätzlichen Infragestellung der Bundeswehr den Einsatz von Frauen in den Streitkräften ab. Die Möglichkeit, die den Frauen seit 1975 geboten werde, als Ärztinnen oder Apothekerinnen in den Streitkräften Dienst zu tun, war für Die Grünen kein Akt der Gleichberechtigung oder der Emanzipation, weil die Bundeswehr eine von Männern geschaffene Institution sei, „die auf patriarchale Strukturen aufgebaut ist, nach dem Prinzip von Befehl und Gehorsam funktioniert und keinen Raum für Selbstverwirklichung, Dialog und demokratische Auseinandersetzung bietet". (81) In einer solchen Institution und in einem solchen ideologischen Umfeld sei eine Emanzipation von Frauen nicht möglich. Die mit der Möglichkeit zum Dienst in den Streitkräften verbundene Schaffung von neuen Arbeitsplätzen für Frauen wurde als Zynismus abgetan, weil die Bundeswehrangehörigen lediglich zum Töten und Morden ausgebildet würden. Der eigene selbstbestimmte Willen der Bundeswehrangehörigen werde gebrochen und die Soldaten würden zum Kadavergehorsam gedrillt. Als eine auf den Prinzipien von Disziplin, Unterwerfung Befehl und Gehorsam aufgebaute Organisation sei die Bundeswehr kein normaler Arbeitgeber. Sie biete keine Arbeitsverhältnisse an, in denen sich Frauen im Sinne der Gleichberechtigung frei entfalten könnten. Nicht einmal der sexuelle Mißbrauch sei ausgeschlossen, wie die Armeen anderer Länder bewiesen, in denen Frauen und Männer zusammen sind. (82) Auch als Zivilangestellte und Arbeiterinnen sollten die Frauen die Finger vom Arbeitgeber Bundeswehr lassen. Ihre Aufstiegsmöglichkeiten wurden in Zweifel gezogen. Von den 53 000 Frauen seien 1994 10 % Beamtinnen, 51,9 Angestellte und 17,6 % Arbeiterinnen gewesen, alle überwiegend in untergeordneten Stellungen. (83) 1996 standen den 50 000 Stellen für Frauen in der Bundeswehr ca. 1 Mio arbeitslose Frauen gegenüber. (84)

Mit der Verpflichtung zum Dienst in der Bundeswehr leisteten die Frauen nach Überzeugung von Bündnis 90/Die Grünen keinen Beitrag zur Friedenssicherung. „Die historische und aktuelle Fremdheit von Frauen gegenüber dem unmittelbar Militärischen, das bei vielen Frauen radikalere und tiefere Friedensengagement" zeigten, daß die Welt des Soldaten nicht die Welt der Frau sei. (85) Die unter dem Schlagwort der Gleichberechtigung geführte Diskussion um den Einsatz von Frauen in der Bundeswehr hat nach Ansicht der Grünen nur den Zweck, „das Klima zur Einführung einer allgemeinen Dienstpflicht für Männer und Frauen" vorzubereiten. (86) Die Bundeswehr sei der falsche Weg zur Emanzipation, meinte die Sprecherin der Grünen in der Bundestagsfraktion: „Emanzipation ist nicht die aktive Teilhabe an der Verrohung unserer Gesellschaft, der Teilnahme an hierarchischen militärischen Strukturen, sondern das Werben für eine gesellschaftliche Mehrheit, auf die Bundeswehr zu verzichten und die Ausbildung zum Töten ... gewaltfrei zu bekämpfen." (87)

Die Diskussion um den Einsatz von Frauen in weiteren Bereichen der Bundeswehr, vielleicht sogar in Kampfverbänden, flammte 1996 im Zusammenhang mit dem Einsatz der Bundeswehr im ehemaligen Jugoslawien wieder auf. Die FDP vertrat die Auffassung, daß Frauen in allen Berufszweigen dieselben Chancen haben müßten wie die Männer, auch in der Bundeswehr. Daher sollte den Frauen die Möglichkeit gegeben werden, in allen Bereichen der Bundeswehr Dienst zu tun, auch in den Kampftruppen. Die Truppen anderer Länder, die im Auftrag der UNO im friedenssichernden Einsatz stünden, enthielten fast alle weibliche Kontingente. (88) Frauen, die den Wunsch haben, Dienst an der Waffe zu leisten, sollten nicht durch ein „geschlechtsspezifisches Verbot" daran gehindert werden. (89) Der Bundesvorsitzende der FDP plädierte für eine Verfassungsänderung, um die gleichberechtigte Verwendung von Frauen in der Bundeswehr zu ermöglichen. (90) Eine Dienstpflicht für Frauen entsprechend der Wehrpflicht für Männer wurde jedoch auch von der FDP als Verstoß gegen die freie Wahl des Arbeitsplatzes kategorisch abgelehnt.

CDU und CSU nahmen zu diesem Themenkomplex eine ambivalente Haltung ein. Die Wehrbeauftragte des Deutschen Bundestages, die CDU-Politikerin Claire Marienfeld, trat für eine weitere Öffnung der Bundeswehr für Frauen ein. Sie nannte z. B. die Zulassung zum Wachdienst, weil dieser dem Dienst im Bundesgrenzschutz und in der Polizei entspreche, wo seit Jahren Frauen mit den Kollegen des anderen Geschlechts zusammenarbeiteten. Für die Zulassung von Frauen zu den Kampftruppen sah sie in der CDU/CSU-Fraktion des Bundestages keine Mehrheit. (91) Finanzminister Theo Waigel hielt die Ausschließung von Frauen aus dem Bundeswehrdienst für „antiquiert". Das Grundgesetz solle so geändert werden, daß die Frauen zu allen Verwendungen außer Kampfaufgaben Zugang hätten. (92) Noch weiter ging die CSU-Frauenpolitikerin Maria Eichhorn, MdB: „Wir wollen den vollen Waffendienst für weibliche Rekruten." (93) Auch die Junge Union sprach sich für die Öffnung der Bundeswehr für Frauen ohne Einschränkung aus. (94)

Die Position der Grünen zur Verwendung von Frauen in der Bundeswehr war die gleiche wie früher. Sie befürchteten, daß der freiwillige Wehrdienst von Frauen zur Wehrpflicht für Frauen führen könne. Da sie grundsätzlich für die Abschaffung der Bundeswehr im Rahmen einer allgemeinen Abrüstung eintraten, gab es für diese Frage keinen Spielraum. Gelegentliche abweichende Meinungen wie der Vorstoß der frauenpolitischen Sprecherin der Grünen Rita Grießhaber, „außer dem Priesterverbot bei der katholischen Kirche das letzte Berufsverbot (für Frauen) in unserer Republik" zu knacken, stellten Einzelmeinungen dar. (95)

Die Betroffenen, also die nicht parteigebundenen Frauen, hatten keine einheitliche Meinung, wie aus den Leserbriefen der Zeitungen hervorgeht. Die einen forderten die absolute Gleichstellung mit dem männlichen Geschlecht, die anderen wiesen auf die Besonderheiten der Frauen und auf die Erfahrungen der Deutschen mit „soldatischen Frauen" hin oder waren prinzipiell dagegen. Vertreterinnen der Frauenbewegung wie Alice Schwarzer bemängelten, daß Frauen nur in Randgebieten der Bundeswehr arbeiten dürften. „Von der Möglichkeit, den eigenen Frieden auch selbst zu verteidigen und notfalls erkämpfen zu können – davon können und dürfen Frauen sich länger nicht ausschließen lassen". (96) Die Funktionsfähigkeit des Militärs wurde in Abhängigkeit „von den spezifischen Fähigkeiten und Funktionen von Frauen als sozialem Geschlecht" gesehen. (97) Ingrid Roitsch sprach sich 1987 mit Nachdruck für die Einbeziehung von Frauen in die Bundeswehr aus, weil diese nicht länger „ein englischer Herrenclub" sein sollte: „Grundsätzlich gilt: Auch Frauen ist die Verteidigung und Sicherung des Friedens in Freiheit in unserem Vaterland nicht gleichgültig". (98) Auch die andere Seite hatte ihre Argumente: „Zunächst ist es ein dezidiert machtpolitischer Akt, in einer Welt, in der ... ‚das Prinzip der Geschlechterzuordnung zugleich für die Konstruktion/Erhaltung von männlich dominierten Statushierarchien' und Privilegien zuständig ist, über weitere weibliche Pflichten nachzudenken." (99) Polemisches Niveau erreichte folgende Aussage: „Die planerische Einbindung der Sanitätsoffizierinnen in eine ins Leere laufende, gleichwohl aktuell beruhigende Motorik entzieht jedem wirklich hegenden-pflegenden Verhalten den Boden. Die Zu‚rüstungs'arbeit der traditionellen Kriegsmedizin, in Schärfe auch als ‚Maschinengewehre hinter der Front' bezeichnet (weil sie die verletzten Krieger wieder für die Front herrichten sollte), hat ihre Handlungsmöglichkeiten unter den genannten Bedingungen verloren. Sinnlose Motorik vor einer atomaren Katastrophe ..." (100) Christa Meves verwies auf die schlimmen Erfahrungen der Blitzmädchen der Deutschen Wehrmacht am Kriegsende: „Selbst als Kriegsgefangene hatten sich die Bedingungen für Männer und Frauen nämlich keineswegs als gleich erwiesen. Frauen lassen sich grausamer quälen. Männer sind kaum einmal Vergewaltigungen ausgesetzt und schließlich auch nicht in der Lage, schwanger zu werden. Es läßt sich selbst durch feministische Einseitigkeit nicht hinwegleugnen, daß die Schutzbedürfigkeit der Frau grundsätzlich wesentlich größer ist und bleibt. Mich hat vor allem auch mein Kriegseinsatz gelehrt, daß es eine vergebliche Hoffnung ist, von Frauen eine friedlichere Welt zu erwarten, wenn sie die Männer entmachten würden. Unsere Offizierinnen spielten ihre Macht nicht weniger aus, sondern mißbrauchten sie wesentlich rigoroser als ihre männlichen Kollegen." (101)

Die Frage, ob Frauen zu allen Diensten in der Bundeswehr zugelassen werden sollten, teilte die Bevölkerung in zwei gleich große Lager. Für die vollständige Einbeziehung in die Truppe, auch in die Kampftruppen, sprachen sich Mitte der 90er Jahre immerhin 40 % aus. 58 % waren dagegen. 19 % befürworteten die Beschränkung auf den Sanitätsdienst und die zivilen Laufbahnen. (102) Nach Alter gestaffelt, sah das Ergebnis anders aus: 54 % der Jüngeren befürworteten den Vorschlag, Frauen den Dienst an der Waffe zu ermöglichen, und 42 % waren dagegen. (103)

Bei den Planungen für die neue Struktur der Bundeswehr im Jahr 2000 wurde auch bei den verantwortlichen Stellen überlegt, ob und in welchem Umfang Frauen verwendet werden könnten. Im Ergebnis kamen nur die Stellen in der Logistik und bei den Sanitätstruppen in Frage. (104) Auch unter dem Blickwinkel der Integration der Bundeswehr in die Gesellschaft erwartete man von der Öffnung der Truppe für Frauen nicht, daß „Soldatinnen als ein anderer Typ" der Bundeswehr eine „zusätzliche demokratische Legitimität" verleihen würden. (105)

Auch die Kirchen trugen zur Diskussion bei. Militärgeneralvikar Jürgen Nabbefeld vom Katholischen Militärbischofsamt (KMBA) erläuterte den kirchlichen Standpunkt am 11. 11. 1996 bei einer öffentlichen Anhörung in Form von acht Thesen: (106)

1. Ob und wieweit Frauen in der Bundeswehr im Soldatenstatus in neuen Tätigkeitsfeldern zum Einsatz kommen sollen, ist grundsätzlich eine politische Entscheidung. Die Katholische Militärseelsorge wird alle Soldaten, ob männlich oder weiblich, durch Militärseelsorger in ihrem Dienst in der Heimat und bei Auslandseinsätzen geistlich begleiten.

2. Die Tatsache, daß in vielen Ländern weibliche Soldaten als Kombattanten zum Einsatz kommen, hat Auswirkungen auf die Diskussionen und Entscheidungen in Deutschland.

3. Die Katholische Kirche hat sich zu der Frage, ob Soldatinnen zum Kampfeinsatz kommen dürfen, bisher nicht offiziell geäußert. Sie hat keine Einwendungen in jenen Ländern erhoben, wo dies der Fall ist.

4. Unter dem Aspekt gleicher personaler Würde von Frauen und Männern ergibt sich nicht zwingend die Folgerung, daß Frauen zu allen Berufen Zugang haben müssen.

5. Nach katholischer Tradition resultiert aus der Tatsache, daß Männer und Frauen die gleiche Würde haben und gleichberechtigt sind, nicht, daß beide Geschlechter identische Rechte und Pflichten haben. Die inhaltliche Bestimmung von Rechten und Pflichten bedarf zusätzlicher Begründungen nach den in einer Kultur geltenden Maßstäben und nach den konkreten Umständen und Sachverhalten der jeweiligen Zeit.

6. Die uneingeschränkte Verwendung von Frauen in den Streitkräften könnte zur Folge haben, daß den Frauen ein solcher Dienst zur Pflicht gemacht wird.

7. Aufgrund der Erfahrungen mit Frauen in anderen Armeen stellt sich die Frage, ob das Innere Gefüge der Bundeswehr darunter leiden würde, wenn die Frauen in Kampfeinsätzen anders eingesetzt werden als ihre männlichen Kameraden.

8. Bei einer Erweiterung der Einsatzbereiche von Frauen in der Bundeswehr muß Sorge getragen werden, daß den besonderen Erfordernissen der Frauen Rechnung getragen wird, was Unterbringung, Schutz des Intimbereiches, physische Belastungsgrenzen, Mutterschutz, Sorge für die Familie, insbesondere die Kinder, usw. angeht.

Am Schluß seiner Ausführungen mahnte der Generalvikar: „Die völkerrechtliche Durchsetzung eines besonderen Schutz-Status (Nichtkombattanten) für Frauen und Kinder hat im Spätmittelalter und in der frühen Neuzeit Jahrhunderte gedauert. Durch den Dienst von Frauen in den Streitkräften darf dieser Sonderstatus nicht grundsätzlich oder allgemein zur Disposition gestellt werden. Schließlich halte ich es für fatal, wenn unter einer vorrangigen Hervorhebung des Gleichberechtigungs-Grundsatzes die Besonderheit soldatischen Dienstes mit seinen spezifischen psychischen, physischen und auch moralischen Herausforderungen vernachlässigt würde. Auch die Soldaten in der Bundeswehr müssen heute bei Auslandseinsätzen damit rechnen, daß sie in Kampfhandlungen verwickelt werden und mit den Grundfragen von Tod, Töten, Verwundung, Gefangenschaft und Geiselhaft konfrontiert werden." (107)

Bei der Frage, ob Frauen auch zum Wachdienst in der Bundeswehr zugelassen werden sollen, kam die Diskussion an eine Wendemarke. Gegen die Bundesminister Volker Rühe (Verteidigung) und Edzard Schmidt-Jortzig (Justiz) setzte sich Bundesinnenminister Manfred Kanther mit seinem Nein durch. In diesem Fall wäre die restriktive Auslegung des Art. 12 a Abs. 4 Satz 2 GG nicht mehr durchzuhalten und die aktive Teilnahme der Frau an Kampfhandlungen nicht mehr auzuschließen. Im Wachdienst stehe die Benutzung der eigenen Waffe der Gefährdung durch feindliche Waffen gegenüber. Wachsoldaten bleibe der Waffengebrauch nicht erspart, wenn gemäß Art. 87 a Abs. 4 GG organisierte und militärisch bewaffnete Aufständische bekämpft oder Störer im Rahmen des Wachauftrags mit der Waffe bedroht und ggf. erschossen werden müßten. In diesem Sinne sei der Wachdienst mit der Waffe der Ernstfall im Frieden. Die Ausbildung zum Wachdienst wäre ein Teil der militärischen Grundausbildung. Die Anwendung des unmittelbaren Zwangs mit der Waffe durch Soldatinnen entspräche dem Waffengebrauch beim Militär. Die Einführung des militärischen Wachdienstes für Frauen widerspreche der ratio des Verfassungsgesetzgebers, Frauen aus waffenbedingten Gefährdungssituationen herauszuhalten. (108)

Diese Rechtsauffassung stützte das Bundesverfassungsgericht, als es am 5. 9. 1997 den Antrag des Truppendienstgerichts Nord zurückwies, das am 20. 6. 1997 den Antrag einer Sanitätsunteroffizierin auf Zeit auf Verwendung als Gefechtsfeldradarunteroffizierin zur Entscheidung vorgelegt hatte. Nach der Gesetzgebungsgeschichte, den Willen des Verfassungsgebers und der herrschenden Meinung in Literatur und Rechtsprechung dürften Frauen „in keinem Fall" zum Dienst mit der Waffe verwendet werden. (109)

Der Bundeswehrverband, der die Klägerin unterstützt hatte, sah seine Bemühungen um den freiwilligen Dienst von Frauen in allen Funktionen der Bundeswehr durchkreuzt. Auch die Bevölkerung sah die Sache anders als das Gericht: 55 % der unter 30jährigen waren dafür, daß Frauen schon im Frieden an die Waffe dürfen. Für den Kriegsfall befürworteten dies sogar 87 %. (110) Das Frauenbild, das bei der Formulierung des Grundgesetzes 1949 galt, habe sich gewandelt. Von den Frauen werde mittlerweile die gleiche Leistung in der Arbeitswelt verlangt wie von den Männern. Das war auch die Meinung der Präsidentin des Deutschen Bundestages Rita Süßmuth. (111)

Adelbert Weinstein vertrat die Gegenposition in einem Artikel unter der Überschrift „Sind die Frauen eigentlich verrückt geworden?" Er hatte drei Gründe, Frauen nicht zum Militär zuzulassen: Aufgrund seiner Lebenserfahrung und einer ausgedehnten Lektüre von Kriegsliteratur glaubte er, daß es in einem Krieg überhaupt keinen geschützten Bereich in den Streitkräften gebe. Jeder Soldat sei ein Kombattant und verwundbar. Zweitens: Die Eingliederung der Frauen in Kampfgruppen lehnte Weinstein vehement ab. Im Golfkrieg habe sich erwiesen, daß in gefährlichen Situationen die Männer in den gemischten Einheiten sich zuerst um den Schutz der Kameradinnen bemühten und erst in zweiter Linie den Kampfauftrag ausführten. Drittens: Wenn Frauen schon im Frieden aufgrund ihrer „biologischen Andersartigkeit" so oft ausfielen, wie es Statistiken der US-Streitkräfte wiedergeben, würde der Ausfall einer Soldatin im Krieg, z. B. bei einer Panzerbesatzung, schwerwiegende Folgen haben. Alle Probleme, die sich schon im Frieden aus der Anwesenheit von Frauen bei der Truppe ergeben, würden sich im Krieg potenzieren. Sowohl um der Kampfkraft der Truppe willen als auch wegen des Wohls des einzelnen Soldaten, gleich ob weiblich oder männlich, lehnte Weinstein den Kriegsdienst von Frauen ab. (112)

Die gesellschaftliche Stellung der Frauen vor der Jahrtausendwende

Allen Frauenförderplänen, Gleichstellungsgesetzen und Existenzgründungsprogrammen zum Trotz hat sich die Arbeitswelt der Frauen in Deutschland in den beiden letzten Jahrzehnten des 20. Jahrhunderts kaum verändert. Frauen wurden Lehrerin, Krankenschwester, Kindergärtnerin, Altenpflegerin, Grafikerin und Verkäuferin, während die Männer in den anderen Berufen Karriere machten. In den technischen und naturwissenschaftlichen Fächern der Hochschulen dominierten die männlichen Studenten. Nur in den pädagogischen Fächern gab es mehr Studentinnen als Studenten.

Frauen kriegen Kinder und arbeiten im Haushalt, während die Männer ihrem Beruf leben. Frauen, die es den Männern nachmachen wollen, bremsen sich oft gegenseitig aus. Das führt zu beruflichem Frust. 1997 stimmten 47 % aller westdeutschen Frauen der Behauptung zu, es sei für alle Beteiligten besser, wenn der Mann im Berufsleben steht und die Frau zu Hause bleibt und sich um den Haushalt und die Kinder kümmert. Auf die Frage „In welcher Rolle würden Sie als Frau sich am wohlsten fühlen" antworteten 38 % in Westdeutschland und 16 % in Ostdeutschland „als Hausfrau", 55 % in Westdeutschland und 53 % in Ostdeutschland „als teilweise Berufstätige", 17 % in Westdeutschland und 42 % in Ostdeutschland „als voll Berufstätige".

Der Anteil der Frauen an den Erwerbstätigen in Westdeutschland betrug 1966 36,1 %, 1986 38,5 % und 1996 42,5 %. Die Steigerung ist unbedeutend. Im mittleren Management deutscher Unternehmungen lag der Anteil der Frauen 1996 bei 8,2 %. Die Etagen ganz oben waren fest in Männerhand. Der Anteil der erwerbsmäßigen Frauen in Deutschland, die über 5000 DM netto verdienten, betrug 1992 8 %, 1994 9,5 % und 1996 10,2 %. Anders ausgedrückt, gehörte nur jede zehnte Frau zu den besser Verdienenden. In den USA lagen 1992 in den 500 größten Firmen über 20 % der Stellen des mittleren Managements und 10 % der der Top-Jobs in den Händen von Frauen. Das Antidiskriminierungsgesetz sorgte dort für den Aufstieg befähigter Vertreterinnen des weiblichen Geschlechts.

Da kein Mann ins Wochenbett kommt, ist er im Gegensatz zur Frau ein verläßlicher Arbeitnehmer und Mitarbeiter. Artikel 3 des Grundgesetzes formuliert zwar: „Männer und Frauen sind gleichberechtigt", aber im Berufsleben der Bundesrepublik gelten andere Gesetze.

Das Voranschreiten der Frauen in der Politik war ein Erfolg der Quotenfestlegung. Die meisten Parteien banden sich durch Quoten zwischen 50 % (Grüne) und 30 % (CDU), Frauen in politische Ämter zu bringen. Im Deutschen Bundestag stellten die weiblichen Abgeordneten 1997 gut ein Viertel des Plenums. 1983 waren es noch nicht einmal 10 % gewesen. Führend unter den Bundesländern war 1997 Bremen mit 38,8 % weiblichen Abgeordneten. Auf kommualer Ebene lag München mit einem Frauenanteil von 45 % vorne. In der DDR-Volkskammer gab es schon 1968 30,6 % Frauen.

Aber den Parteien blieb der weibliche Nachwuchs weg. Nur 4 % aller deutschen Parlamentarierinnen waren 1997 jünger als 31 Jahre. Also bleibt die Politik bis auf weiteres von männlichen Karrieremustern bestimmt. Beate Weber, Oberbürgermeisterin von Heidelberg, definierte folgende Ziellinie für die Frauen in der Politik: „Die Gleichberechtigung haben wir erreicht, wenn eine völlig unfähige Frau in eine verantwortungsvolle Position aufrückt." Das Scheitern einiger Politikerinnen in verantwortlichen politischen Positionen in Hessen und Hamburg schien 1998 zu beweisen, daß es soweit war. (113)

Belegstellen

(1) Verhandlungen des Deutschen Bundestages, Stenographische Berichte, Band 28, S. 68
(2) § 1 Abs. 1 Soldatengesetz vom 19. 3. 1956, BGBl. I, S. 114 f.
(3) BGBl. 1964 I, S. 640 f.

(4) Vgl. Helfen will gelernt sein, in: Das Parlament vom 5. 1. 1964

(5) fdk Tagesdienst vom 3. 6. 1966

(6) DUD Nr. 87 vom 7. 5. 1968

(7) Sabine Riedel, Freiwilliges soziales Jahr im Kommen, in: Frankfurter Rundschau vom 7. 4. 1994

(8) Hannoversche Allgemeine vom 3. 8. 1996

(9) Freiwilliges Öko-Jahr ausgebucht: Süddeutsche Zeitung vom 3. 9. 1996

(10) Interview mit Bundesjugendministerin Claudia Nolte, in: Neue Osnabrücker Zeitung vom 6. 11. 1995

(11) Frankfurter Allgemeine vom 31. 8. 1996

(12) Sibylle Steinkohl, Gutes tun liegt voll im Trend, in: Süddeutsche Zeitung vom 15. 3. 1997

(13) Sonderprogramm für Jugendarbeit, in: Welt am Sonntag vom 1. 6. 1997

(14) Sebastian Haffner, Wenn alle dienen, ist allen gedient, in: Stern 40/1974

(15) Frankfurter Neue Presse vom 4. 6. 1977

(16) Flensburger Tageblatt vom 27. 8. 1975

(17) Vgl. Der Spiegel 42/1993, S. 74

(18) Kohl erwägt Dienstpflicht, in: Frankfurter Rundschau vom 27. 12. 1993

(19) Vgl. Rainer Lingenthal, Roßkur für die Jugend, in: Wochenpost vom 10. 2. 1994

(20) Evangelischer Pressedienst vom 27. 12. 1993

(21) Hannelore Asmus, Soziales Pflichtjahr für Frauen und Männer, in: Hamburger Abendblatt vom 5. 1. 1994

(22) Stuttgarter Zeitung vom 16. 8. 1996

(23) Frankfurter Rundschau vom 18. 7. 1996

(24) Vgl. FOCUS 42/1993, S. 68

(25) Statt 13. Schuljahr ein soziales Pflichtjahr, in: Stuttgarter Zeitung vom 22. 6. 1996

(26) Vgl. FOCUS 43/1993, S. 68

(27) Pressedienst CDU/CSU-Fraktion im Deutschen Bundestag Nr. 12285 vom 15. 5. 1995

(28) Ulrike Brendlin, Streit um soziales Pflichtjahr, in: Hamburger Abendblatt vom 16. 8. 1996

(29) Vgl. Evangelischer Pressedienst vom 27. 12. 1993

(30) Vgl. Gesetz zur Neuordnung des Zivilschutzes (ZSNeuOG) BGBl 1997, Teil 1, Nr. 21

(31) Vgl. Kai-Uwe von Hassel, Frauen und Bundeswehr, Sprechzettel für die Gespräche mit den weiblichen Abgeordneten des Deutschen Bundestages am 24. 4. 1963, Manuskript

(32) Vgl. Mitteilungen an die Presse I/69 a vom 8. 9. 1964

(33) Auch Frauen für die Bundeswehr?, in: Westfälische Rundschau vom 30. 9. 1964

(34) Vgl. Fedor Reuscher, Dienstverpflichtung der Frauen im Verteidigungsfall, in: Wehrkunde 1968, S. 42 ff.; Dieter Fleck, Eine Dienstverpflichtung für Frauen im Bereich von Streitkräften, in: Bundeswehrverwaltung 1965, S. 243 ff.

(35) Vgl. Sitzung v. 15. 5. 1968, in: Verhandlungen des Deutschen Bundestages, Stenographische Berichte, Band 67, S. 9344

(36) Sitzung v. 15. 5. 1968, in: Verhandlungen des Deutschen Bundestages, Stenographische Berichte, Band 67, S. 9351

(37) 17. Gesetz zur Ergänzung des Grundgesetzes v. 24. 6. 1968, in: Bundesgesetzblatt 1968, Teil I, S. 709. Als die Bundesrepublik 1968 dem Übereinkommen von New York vom 31. 3. 1953 über die politischen Rechte der Frau beitrat, wurde entsprechend dem Verlauf der Notstandsdiskussion der Vorbehalt angemeldet, daß in der Bundesrepublik Frauen nicht zu Dienstleistungen im Verband der Streitkräfte verpflichtet werden können. Expressis verbis erwähnt wurden die Funktionen des Sanitätsoffiziers, des Verwaltungsbeamten und des Rechtsberaters. Artikel 111 des Übereinkommens besagte nämlich: „Frauen sind berechtigt, öffentliche Ämter zu bekleiden und alle öffentlichen Funktionen auszuüben, die aufgrund des inländischen Rechts geschaffen wurden, und zwar unter den gleichen Bedingungen wie Männer ohne irgendeine Zurücksetzung." Vgl. Verhandlungen des deutschen Bundestages vom 31. 10. 1968 (II, 124)

(38) Vgl. Hans-Jürgen Bestmann, Die Zivildienstpflichten im äußeren Staatsnotstand, Göttinger Dissertation 1972, S. 23

(39) Vgl. Bestmann, a.a.O., S. 24

(40) Vgl. BGBl. 1968 I, S. 78 a

(41) 10 Jahre Bundesrepublik Deutschland 1949–1959, hrsg. vom Presse- und Informationsamt der Bundesregierung, Bonn 1960, S. 26

(42) Vgl. HB-Information 5/75 vom 31. 1. 1975

(43) Vgl. Dorothea Voigtländer, Frauen in die Bundeswehr? in: General-Anzeiger vom 12./13. 4. 1975

(44) Sitzung des Deutschen Bundestages vom 16. 10. 1974, in: Verhandlungen des Deutschen Bundestages, Stenographische Berichte, Band 89, S. 8294

(45) Dorothea S. Voigtländer, a.a.O.

(46) HB-Information 5/75 vom 31. 1. 1975

(47) Vgl. ebenda

(48) Vgl. Edgar Panholzer, Weibliche Sanitätsoffiziere in der Bundeswehr, in: Bundeswehrverwaltung 3/1976, S. 59 ff.

(49) Karriere in Kasernen?, in: Das Parlament vom 31. 1. 1976

(50) Vgl. Horst Zimmermann, Was Georg Leber zum Jahr der Frau beiträgt, in: Welt am Sonntag vom 12. 1. 1975

(51) Wolfgang Semmroth, Frau Stabsarzt schickt Gefreiten in den Bau, in: Westdeutsche Zeitung vom 26. 7. 1975

(52) Walter Kuppe, Wenn der Stabsarzt schwanger wird ..., in: Süd-West-Presse vom 22. 1. 1975

(53) Wolfgang Fechner, Für Frauen eine Chance? in: Loyal 8/1975, S. 27 f.

(54) Vgl. Wehrmedizinische Monatsschrift 5/1992, S. 206 ff.

(55) Vgl. Silke Erichsen, Position gefestigt. Soldatinnen in der Bundeswehr, in: Information für die Truppe 10-11/1995, S. 147; Informationen zum Themenbereich ,Frauen in der Bundeswehr', hrsg. von Bundesministerium der Verteidigung, o. J.

(56) Vgl. Sprecher Streitkräfte, Frauen in der Bundeswehr. Hintergrund vom 16. 7. 1996, S. 8

(57) Ebenda S. 8; B. Reisch, Weibliche Soldaten in der Bundeswehr, in: Wehrmedizin und Wehrpharmazie 3/1990, S. 100 ff.; Focus 41/1997, S. 86

(58) Frankfurter Allgemeine vom 13. 11. 1974, S. 9

(59) Gleichberechtigung in der Bundeswehr?, in: Rheinzeitung Koblenz vom 27. 11. 1975

(60) Vgl. Leserbrief Prof. Laubinger, in: Süddeutsche Zeitung vom 20. 7. 1996

(61) Bundesverfassungsgericht 12, 57

(62) Vgl. Maunz-Dürig, Grundgesetz, Art. 4 RdNr. 98

(63) Bundesverwaltungsgericht VI C 62.73

(64) Vgl. Rupert Scholz in Maunz-Dürig, Kommentar zum Grundgesetz Art. 12 a Rdnr 199

(65) Vgl. Rupert Scholz in Maunz-Dürig, a.a.O. Rdnr. 204

(66) Vgl. Rupert Scholz in Maunz-Dürig, a.a.O. Rndr. 200 und 201

(67) Vgl. Rupert Scholz in Maunz-Dürig, a.a.O. Rdnr 208

(68) Vgl. Scholz in Maunz-Dürig, Komm. z. GG Art. 12 a Rdnr 208

(69) Vgl. Gabelt, Rdnr. 18 zu Art. 12 a, in: von Münch Gkk Bd. 1, 4. Aufl. 1992

(70) Vgl. Klaus Dau, Ernstfall für die Gleichberechtigung? Zum verfassungsrechtlichen Verbot eines Waffeneinsatzes weiblicher Soldaten, in: NZWehrR 2/1990, S. 51 f.

(71) Vgl. Soldatinnen – Lückenbüßer der Nation, in: Der Spiegel 19/1984

(72) Vgl. Sigrid Jung-Goettfurt, Frauen in der Bundeswehr. Alibifunktion oder vielmehr eine gesellschaftspolitische Selbstverständlichkeit, in: Impulse o.J., S. 7 f.

(73) Klaus Dau, a.a.O, S. 48

(74) Vgl. Frauen in der Bundeswehr, hrsg. vom Presse- und Informationsamt der Bundeswehr, Referat Außen-, Sicherheits- und Europapolitik, Bonn 1996, S. 3

(75) Herta Däubler-Gmelin, Frauen in die Bundeswehr. Pro und Contra, in: Truppenpraxis 3/1987, S.223 ff.

(76) Karin Junker, Frauen in die Kampfverbände, in: Focus 29/1996, S. 47

(77) Süddeutsche Zeitung vom 10. 7. 1996, S. 39
(78) Interview mit dem Niedersächsischen Ministerpräsident Schröder, in: Die Woche vom 11. 7. 1996
(79) Vgl. Irmgard Adam-Schwaetzer: Frauen in die Bundeswehr, in: Truppenpraxis 3/ 87
(80) Ebenda
(81) Weder Waffenrock noch Schwesternkleid, Pressemitteilung der Fraktion Die Grünen im Deutschen Bundestag vom 8. 11. 1987, S. 27
(82) Vgl. ebenda
(83) Vgl. Weder Waffenrock noch Schwesternkleid, a.a.O., S. 34
(84) Der Fischer Weltalmanach 1997, hrsg. von Mario von Baratta, Frankfurt 1996, S. 205
(85) Weder Waffenrock noch Schwesternkleid, a.a.O., S. 37
(86) Aachener Nachrichten vom 19. 3. 1988
(87) Letztes Berufsverbot oder das Ende der Weiblichkeit, in: Frankfurter Rundschau vom 11. 7. 1996
(88) Vgl. Leutheuser-Schnarrenberger, Frauen in die Kampfverbände, in: Focus 29/1996, S. 47
(89) Interview mit Generalsekretär Guido Westerwelle, in: Frankfurter Allgemeine Sonntagszeitung vom 30. 6. 1996; Süddeutsche Zeitung vom 10. 7. 1996, S. 39
(90) Interview mit dem FDP-Bundesvorsitzenden Dr. Gerhardt, in: Magdeburg Volksstimme vom 7. 7. 1996
(91) Claire Marienfeld in: Berliner Morgenpost vom 12. 7. 1996
(92) Frankfurter Allgemeine Zeitung vom 25. 8. 1997
(93) Bildzeitung vom 11. 8. 1997
(94) Vgl. Süddeutsche Zeitung vom 14. 4. 1997
(95) Vgl. Bündnis 90/Die Grünen, in: Frankfurter Rundschau vom 26. 6. 1996
(96) Vgl. Der Spiegel 46/1978
(97) Kriegerische Männer – Friedliche Frauen?, in: Friedensforschung aktuell 24/1990, S. 1 ff.
(98) Stimmen der Parteien und Verbände, hrsg. vom Bundesministerium der Verteidigung, o. J., S. 94
(99) Ruth Seifert, Frauen, Männer und Militär, hrsg. vom Sozialwissenschaftlichen Institut der Bundeswehr, SOWI-Arbeitspapier Nr. 46, München 1991, S. 15
(100) Astrid Albrecht-Heide, Frau Macht (macht) Militär, in: Frauen und Macht, hrsg. von Barbara Schaeffer-Hegel, Berlin 1984
(101) Rheinischer Merkur vom 23. 8. 1996, S. 18
(102) Vgl. Information für die Truppe 1/1994, S. 12 f.
(103) Focus 28/1997, S. 11
(104) Vgl. Hubertus Sonneck, Wandel durch Anpassung. Die Struktur der Kampftruppen im „neuen Heer für neue Aufgaben", in: Truppenpraxis/Wehrausbildung 5/1997, S. 319
(105) Detlef Bald, Militär und Gesellschaft 1945–1990, Baden-Baden 1994, S. 112
(106) Pressemitteilung des Katholischen Militärbischofsamtes vom 21. 11. 1996
(107) Ebenda
(108) Vgl. Klaus Dau, a.a.O., S. 55
(109) Vgl. Bundesverfassungsgericht 2 BvL 8/97
(110) Vgl. Soldatengewerkschaft will Waffendienst für Frauen, in: Bild am Sonntag vom 18. 8. 1996; Drei Frauen wollen an die Front, in: Express vom 11. 9. 1997
(111) Frauen und Bundeswehr, in: Hannoversche Allgemeine vom 20. 7. 1996
(112) Vgl. Deutsche Tagespost vom 16. 7. 1996
(113) Der Spiegel 10/1998, S. 112 ff., 11./1998, S. 115 ff.

Teil 2
Die Integration der Frauen
in die Streitkräfte im Ausland

Belgien

In den belgischen Streitkräften fanden Frauen erstmals im Jahr der Frau 1975 Eingang. Die folgenden Jahre brachten zahlreiche gesetzliche Regelungen zur vollen Integration der weiblichen Soldaten und zum Schutz von Mutterschaft und Kindererziehung. Innerhalb von fünf Jahren waren durch die Einstellung von 50 000 weiblichen Bewerbern die Nachwuchsschwierigkeiten der belgischen Armee abgebaut. Die Umstellung der Wehrpflichtigenarmee in eine Berufsarmee wurde dadurch erleichtert. Von den 86 000 Soldaten der Streitkräfte waren 1990 5,8 % weiblichen Geschlechts. 1997 dienten 233 Frauen als Offiziere, 1034 als Unteroffiziere und 1849 als Mannschaftsdienstgrade. Das waren insgesamt 6,86 % des Truppenbestands. Im medizinischen Dienst machte ihr Anteil sogar 17,2 % aus. Die Frauen waren in Heer, Luftwaffe, Marine und Sanitätsdienst voll integriert. Sie wurden auch für Kampfaufgaben ausgebildet, obwohl ihnen im Ernstfall untersagt war, an vorderster Front bei der kämpfenden Truppe zu sein. Der höchste Dienstgrad, den 1997 eine Frau erreicht hatte, war Fregattenkapitän in der belgischen Marine.

Einstellung und Ausbildung

Für die belgischen Streitkräfte brachte das Jahr der Frau 1975 einen entscheidenden Einschnitt. Zum erstenmal in der Geschichte des Landes erhielten Frauen Zutritt zur Armee. Am 21.7.1975, dem belgischen Nationalfeiertag, konnte König Baudouin bei der traditionellen Truppenparade in Brüssel erstmals weibliche Soldaten begrüßen.

Der wesentliche Grund, warum die belgische Regierung auf weibliches Personal zurückgriff, war, daß ab Dezember 1975 die Wehrpflicht auf zehn Monate, für im Ausland, z.B. in Deutschland, dienende Soldaten auf neun Monate, herabgesetzt wurde. Die Verkürzung der Wehrpflicht auf sechs Monate erfolgte 1978. Ohne Frauen hatte das Land nicht genügend Soldaten, um den NATO-Verpflichtungen nachzukommen.

Mit der Werbung von Frauen für die Streitkräfte wurde im Frühjahr 1975 begonnen. Bewerbungen waren auf die Altersgruppe der 18-30jährigen beschränkt. Der Ansturm war unerwartet groß. Es drängten viel mehr „zu den Waffen", als man erwartet hatte. Die Auswahl konnte streng sein. Dem medizinischen Teil der Musterung wurden die gleichen Kriterien zugrunde gelegt wie bei den Männern. Außerdem durften die Frauen nicht schwanger sein. Wer vorbestraft war, konnte nicht aufgenommen werden.

Die Motive der Mädchen, die sich für den Dienst beim Militär interessierten, waren sehr unterschiedlich. Die einen wollten „unbedingt einmal nach Deutschland", andere waren arbeitslos und fanden in Belgien keinen Job, die dritten zog Abenteuerlust in das neue Berufsfeld und die vierten sahen im Dienst bei den Streitkräften einen Schritt zur persönlichen Weiterentwicklung oder gar einen Beitrag zur beruflichen Emanzipation des weiblichen Geschlechts. (1) Einige Frauen wurden angelockt durch die guten Heiratschancen in den Streitkräften, wo auf eine Soldatin 30 uniformierte Junggesellen kamen, oder durch den großzügigen Sold von etwa 1 200 DM netto bei fast freier Unterkunft und Verpflegung. Andere versuchten, in den Streitkräften ihre beruflichen Frustrationen loszuwerden (Aussage einer Lehrerin: „Ich kam mit den Kindern nicht zurecht").

Belgiens Feministinnen waren mit dem Vorhaben, Frauen in den Streitkräften zu beschäftigen, durchaus einverstanden. Nina Ariel von der Belgischen Frauenpartei sagte: „Wir sind zwar grundsätzlich gegen Krieg, Kriegsdienst und Armee. Wenn es aber schon eine Armee gibt, dann muß sie natürlich auch offen sein für die Frauen, die hinein wollen". (2)

Das Gesetz vom 13. 7. 1976, das in der Zwischenzeit mehrfach novelliert wurde, regelte die Rekrutierung, Ausbildung und den Status der weiblichen Soldaten. Als das belgische Parlament 1978 die Bestimmungen der UNO-Resolution aus dem Jahr 1953 ins Landesrecht übernahm, war die absolute Gleichberechtigung der Frauen mit den Männern sichergestellt. Der Vertrag verbot jegliche Diskriminierung von Frauen in der Berufswelt. Aufgrund dieser Betimmungen mußte 1984 den Frauen der Wehrdienst auf freiwilliger Basis parallel zur Wehrpflicht der Männer ermöglicht werden. Die Durchführungsbestimmungen waren jedoch erst im August 1987 fertig. 1989 machten nur 10 Frauen von der Ermächtigung Gebrauch. Zur gleichen Zeit waren bereits 2 714 Frauen eine Verpflichtung auf Zeit eingegangen. (3)

Das belgische Militärpersonal zerfiel nach der Abschaffung der Wehrpflicht am 11. 3. 1990 in drei Kategorien: Berufssoldaten (personnel de carrière), Zeitsoldaten (cadre temporaire) und freiwillige Kurzzeitdiener entsprechend den bisherigen Wehrpflichtigen (cadre de complément). In allen drei Gruppen gab es weibliche Offiziere, Unteroffiziere und Mannschaften. 1990 waren 56 % von ihnen Berufssoldatinnen, 40 % hatten sich als Zeitsoldatinnen für mehrere Jahre zum Dienst in den Streitkräften verpflichtet und nur 4 % waren Kurzzeitdiener. Während die Angehörigen des personnel de carrière alle Dienstgrade erreichen konnten, waren die Beförderungsmöglichkeiten für die Zeitsoldaten im cadre de complément beschränkt. Die höchsten Ränge, die die Frauen dort erreichen konnten, waren Korporal bei den Mannschaftsdienstgraden, Feldwebel (premier sergent-chef) bei den Unteroffizieren und Hauptmann bei den Offizieren. Diese Dienstgrade setzten einen mindestens vierjährigen Dienst voraus. Die Auslese erfolgte durch Prüfungen und aufgrund dienstlicher Beurteilungen.

Bewerber für den Militärdienst mußten älter als 16 und jünger als 33 Jahre sein. Die Bildungsvoraussetzungen für die einzelnen Laufbahnen galten für Männer und Frauen gleicherweise. Während die Berufssoldaten in den Militärschulen (Ecole Royale Militaire, Ecole Supérieure de Navigation, Institut Supérieure industriel) ausgebildet wurden, bekamen die Soldaten auf Zeit eine kürzere Ausbildung an den Ausbildungszentren der Waffengattungen. Ab September 1989 konnten sich die weiblichen Offiziersaspirantinnen auf einer Vorbereitungsschule (Ecole préparatoire interforces) für die Aufnahmeprüfungen an den Offizierschulen ausbilden lassen. Am schwersten fielen den Frauen die sportlichen Anforderungen. Ihre mangelnde Kondition wurde darauf zurückgeführt, daß der Sportunterricht in den Schulen immer weiter zurückgedrängt wurde und überwiegend in Spielen bestand.

Die jährliche Rekrutierungsquote für Berufsoffiziere lag 1997 bei 200 Kandidaten. 30 Offiziere wurden in die Laufbahn der officiers de complément (Offiziere auf Zeit) aufgenommen.

1994 umfaßte die belgische Armee 5 875 Offiziere (officiers), 19 879 Unteroffiziere (sous-officiers) und 19 811 Mannschaften (volontaires). (4) In allen Laufbahngruppen zusammen befanden sich etwa 3 000 Frauen. Mit 6 % war der Frauenanteil in den Streitkräften nur halb so groß wie in den USA.

Bis 1987 gehörten die ausgedienten weiblichen Soldaten nicht zur Reservearmee. Das Gesetz vom 12. 3. 1987 bestimmte, daß entlassene weibliche Unteroffiziere und Offiziere auf freiwilliger Basis als Reservisten dienen und zu den Reserveübungen einberufen werden könnten. Im Kriegsfall sollten sie wie die Männer mobilisiert werden.

In der Ausbildung wurde zwischen männlichen und weiblichen Bewerbern kein Unterschied gemacht. Selbst in der vierwöchigen Grundausbildung wurden die belgischen Soldatinnen gedrillt wie die Männer. Formal- und Schießausbildung waren völlig gleich. Nur bei längeren Märschen bekamen sie Gepäckerleichterung und gelegentlich wurden ihnen ein paar Kilometer erlassen. (5) 72 % der weiblichen Soldaten waren nicht damit einverstanden, daß von ihnen die gleichen Leistungen wie von den Männern erwartet wurden. Vor allem lehnten sie den hohen Stellenwert der sportlichen Leistungsergebnisse in den dienstlichen Beurteilungen ab. (6)

Je nach Waffengattung erhielten die Frauen nach der Grundausbildung eine Spezialausbildung, z. B. als Fallschirmspringerinnen, Panzer- oder Lastwagenfahrerinnen, Fernmelderinnen, Fernschreiberinnen, im meteorologischen Dienst oder im Flugleitwesen der Luftwaffe, als Funkerinnen und Nachschubpersonal bei der Marine oder als Krankenhelferinnen im Sanitätsdienst. An den Manövern nahmen die Soldatinnen zu den gleichen Bedingungen teil wie die Männer. Dabei sollte erprobt werden, ob sie genauso belastbar sind wie die Männer. Selbst in die Eliteeinheiten der belgischen Fallschirmtruppe fanden die Frauen Zugang. Die Paras, die neben der Fallschirmausbildung eine Einzelkämferausbildung zu absolvieren hatten, waren „als Feuerwehr" direkt dem NATO-Oberbefehlshaber unterstellt. 1997 wurden mehrere Vertreterinnen des zarten Geschlechts in die Truppe der harten Jungs aufgenommen. 25 von 300 Kandidatinnen überstanden die Ausbildung in der seit 1952 bestehenden Elitetruppe. Dort zeichneten sie sich auch als Scharfschützinnen oder Sprengstoffspezialistinnen aus. Kommentar des Bataillonskommandeurs: „Die mutigsten Männer sind die Mädchen". (7) Aber solche Verwendungen waren die Ausnahme. Über die Hälfte aller weiblichen Soldaten arbeitete im logistischen Bereich, 33 % in der Verwaltung.

Im Ernstfall sollten die weiblichen Soldaten de jure nicht zum Waffeneinsatz herangezogen werden. Das belgische Gesetz verbot dies. Die männlichen Kameraden glaubten aber ebenso wie die Soldatinnen, daß sich dieses Problem im Mob-Fall von selbst erledigen werde, weil die Frauen die gleiche Ausbildung bekommen hätten wie die Männer, oft weniger Furcht gezeigt hätten als diese und weil sie im Krisenfall nicht aus den Einheiten herausgelöst werden könnten, in denen sie dienten, ohne daß die Gefechtsbereitschaft darunter leiden würde.

Nach dem Gesetz ist es dem belgischen König vorbehalten, die Funktionen des weiblichen Personals in den Streitkräften festzulegen. (8) Wie die angeführten Beispiele zeigen, war er recht großzügig. Nur von Tätigkeitsfeldern wurden die Frauen bereits in Friedenszeiten ferngehalten, die gefährlich oder gesundheitsschädlich sein könnten. Am 16. 4. 1977 gab der belgische Verteidigungsminister einen Katalog von Funktionen heraus, für die Einschränkungen gelten. Dazu gehörte der Umgang mit Bleifarben ebenso wie der Transport von Gütern mit einem Gewicht von mehr als 27 kg im Einzelfall und 15 kg auf Dauer. Schanzarbeiten außer für den persönlichen Schutz waren für Frauen ebenso verboten wie körperliche Arbeit in Druckkabinen. (9)

Betreuung und Fürsorge

Der Schwangerschafts- und Mutterschutz wurde in den belgischen Streitkräften von Anfang an ernst genommen. Es gab keine Schwangeschaftsuniformen. Vom 5. Monat an durften die Schwangeren Zivilkleider tragen. Der normale Schwangerschaftsurlaub begann sechs Wochen vor dem vermutlichen Niederkunftstermin und reichte bis acht Wochen nach der Geburt des Kindes. Diese 14 Wochen zählten zur Dienstzeit. Den Soldatinnen wurde anschließend ein dreimonatiger unbezahlter Urlaub gewährt, wenn sie das Kind selbst stillten. Während der Schwangerschaft durften den Frauen keine Aufträge gegeben werden, die mit ihrem Zustand unvereinbar waren. Die Dienstzeit durfte acht Stunden am Tag und 40 Stunden in der Woche nicht übersteigen. (10) Es wurde eine Reihe von Gefahren-Tätigkeiten festgelegt, zu denen schwangere Frauen nicht herangezogen werden konnten. Dazu gehörten der Umgang mit Strahlen, mit gefährlichen chemischen Verbindungen wie Quecksilber, Schwefelkohlenstoff, Arsen, Tetrachlorkohlenstoff, Benzole usw. Schwangere Frauen durften nicht an Orten beschäftigt werden, wo hygienische Einrichtungen fehlten oder die Gefahr von Virusinfektionen bestand, nicht in bakteriologischen Laboratorien, Wäschereien, Sterilisationsabteilungen oder wo Güter mit der Hand transportiert wurden. (11) Wenn keine militärischen Gründe dagegen standen, konnte der Verteidigungsminister Frauen in den Streitkräften auch aus familiären Gründen beurlauben (non-actitivé pour raisons familiales). Als Grund für einen solchen Antrag wurde z. B. die Versorgung eines behinderten Kindes anerkannt. Die Höchstdauer dieses unbezahlten Urlaubs lag bei vier Jahren. (12)

Die Arbeitsuniform der belgischen Soldatinnen unterschied sich nicht von der der Männer: Überfallhosen, olivgrüne Jacken, Knobelbecher, Stahlhelm. Als Ausgehuniform gab es zwei Kostüme, eines in hellem Beige für den Sommer und eines in Grün für den Winter. Unterwäsche wurde mit Ausnahme des T-Shirt für den Arbeitsanzug nicht geliefert. Die Soldatinnen benutzten ihre eigenen Sachen. Der Gebrauch von Lidschatten, Schminke und Parfum war erlaubt. Auch in der Haartracht waren die Soldatinnen nicht eingeengt. Solange die Kopfbedeckung ordnungsgemäß getragen wurde und nicht verrutschte, war langes Haar ebenso erlaubt wie Bubikopf. (13)

Die Unterkünfte der Frauen in den Kasernen waren getrennt von denen der Männer. Sie lagen in besonderen Gebäuden. Umbauten waren unvermeidlich. Jedes Zimmer erhielt ein Waschbecken. Die Pissoirs wurden in Damentoiletten umgewandelt und in jeden Block kamen Bäder. Die Männer waren auf diesen „femininen Komfort" neidisch, weil sie sich nach wie vor mit gemeinsamen Waschräumen und Duschen begnügen mußten. Das Betreten des Frauenblocks in den Kasernen war den Männern streng untersagt. Auch der Spieß und der Kompaniechef durften dort nicht alleine Inspektionen durchführen. Sie mußten sich von einem zweiten Mann und einer Vertrauenssoldatin begleiten lassen. Die Schlafräume durften von Männern überhaupt nicht betreten werden. (14) Soldatinnen, die während ihrer Dienstzcit heirateten, oder bereits als Verheiratete in die Streitkräfte eintraten, hatten das Recht, außerhalb der Kaserne zu wohnen.

Die Soldaten der belgischen Streitkräfte stellten zu ihrer Befriedigung fest, daß sich nicht nur Blaustrümpfe für den Dienst in den Streitkräften interessierten, sondern „wirkliche Schönheiten". Adrett zurechtgemachte Soldatinnen als Arbeitskolleginnen zu haben erfüllte viele mit Befriedigung. Der Dienst in der Kaserne fing an Spaß zu machen. Ein belgischer Offizier meinte: „Gott sei Dank, das sind ganz normale junge Mädchen". (15) Die bei einigen Soldaten – vor allem Offizieren – bestehenden Reserven gegen die weibliche Konkurrenz wurden schnell abgebaut. Persönliche Begegnungen außerhalb des Dienstes zeigten den Soldaten, daß die harte Ausbildung und der Trott des Kasernenalltags den Charme der Kameradinnen nicht minderte. Insgesamt wirkte sich das Vorhandensein von Frauen im militärischen Bereich auf das Betriebsklima und die Arbeit der Soldaten positiv aus. Ein Kommandeur meinte, daß durch die Anwesenheit von Frauen der Ehrgeiz der Männer angestachelt werde. „Da sagt sich jeder: Na, was eine Frau kann ..." (16) Natürlich blieben sexuelle Belästigungen nicht aus. Etwa die Hälfte aller Frauen war 1996 schon einmal mit Voyeurismus und Anmache konfrontiert worden. (17)

Die Integration der Frauen

Bis auf kleine Ausnahmen verrichteten die Frauen zusammen mit den Männern ein und denselben Dienst. Sie unterstanden der gleichen Disziplinar- und Militärstrafordnung wie die männlichen Soldaten. Das erste Kriegsgerichtverfahren gegen einen weiblichen Soldaten fand im November 1976 statt. Als die 23jährige Jacquelin N., eine ausgebildete Lastwagenfahrerin, im Alltag des Kasernendienstes feststellte, daß sich manche Ausbilder und viele Kameraden weniger höflich benahmen, als sie bislang gewöhnt war, kletterte sie über die Kasernenmauer und fuhr nach Hause. Wegen Fahnenflucht wurde sie zu einer Gefängnisstrafe von einem Monat verurteilt. (18) Bis Ende 1977 wurden insgesamt 12 von den 2047 weiblichen Soldaten zwangsweise entlassen. Vier von ihnen waren desertiert. (19)

1990 wurde unter den weiblichen Soldaten der belgischen Streitkräfte eine Befragung durchgeführt, aus der man die Einstellung der Frauen zum Militärdienst erfahren wollte. 72 % der Befragten waren Mannschaftsdienstgrade oder Korporale, 24 % Unteroffiziere und 4 % Offiziere. Als Motive für die Bewerbung beim Militär gaben sie an: gesicherter Arbeitsplatz, finanzielle Unabhängigkeit, abwechslungsreiche Arbeit, gute Aufstiegschancen, Bewährung im Vergleich zum männlichen Geschlecht, Gewöhnung an Ordnung und Disziplin, persönliche Reifung. Nur 20 % der weiblichen Soldaten stammten aus Soldatenfamilien, während 37 % aus Arbeiterfamilien kamen. 45 % der Befragten meinten, sie seien zu Hause sehr streng erzogen worden. 60 % hatten viel Sport betrieben, bevor sie in die Armee eintraten. Von den 70 % der Soldatinnen, die in einem Partnerhaushalt lebten, wohnten 66 % mit einem Soldaten oder Gendarmen zusammen. 27 % waren Junggesellinnen und 16 % geschieden. 53 % aller weiblichen Angehörigen der belgischen Armee hatten Kinder zu versorgen. Über 90 % der Befragten fühlten sich in der Truppe gut integriert, obwohl 26 % die einzige Frau in ihrer Einheit waren. (20) Dieses erfreuliche Bild veranlaßte das Verteidigungsministerium, den Integrationskurs beizubehalten. Frauen waren in den belgischen Streitkräften weiterhin willkommen.

Belegstellen

(1) Vgl. Neue Ruhrzeitung vom 31. 7. 1976
(2) Stern vom 14. 4. 1976
(3) Vgl. Les personnels féminins dans les forces armées de l'Alliance, hrsg. von Etat-major militaire international, Brüssel 1986, S. 10
(4) Vgl. Les statuts du personnel, hrsg. von Section Politique du Personnel, o. D., S. 30
(5) Reportage Brigitte 12/1977, S. 136
(6) Vgl. Sondage d'opinion sur le personnel féminin, Maschinenskript, hrsg. vom belgischen Verteidigungsministerium, S. 3
(7) Vgl. Legerkorier 12/1978, S. 2 ff., Neue Osnabrücker Zeitung vom 16. 3. 1976
(8) Art.47 des belgischen Soldatengesetzes, in: Moniteur belge vom 11. 8. 1976, S. 10057
(9) Moniteur belge vom 7. 5. 1977, S. 6236
(10) Vgl. Dispositions relatives au personnel militaire féminin des forces terrestre, aérienne, navale et du service medical, Kapitel 14, in: Moniteur belge vom 11. 8. 1976, S. 10057
(11) Vgl. Moniteur belge vom 7. 5. 1977, S. 6236
(12) Vgl. Moniteur belge vom 11. 8. 1976, S. 10057
(13) Vgl. Weltbild vom 14. 3. 1977, S. 33
(14) Vgl. Neue Osnabrücker Zeitung vom 6. 3. 1976
(15) Vgl. Neue Osnabrücker Zeitung vom 6. 3. 1976
(16) Weltbild vom 14. 3. 1977, S. 34
(17) Vgl. Sondage d'opinion sur le personnel féminin, a.a.O., S. 3
(18) Vgl. Weser-Kurier vom 16. 11. 1976
(19) afp 183 vom 12. 1. 1978
(20) Vgl. Sondage d'opinion sur le personnel féminin, a.a.O., S. 4 ff.

Dänemark

Die gesellschaftliche Emanzipation der Frauen zeigte sich zuerst in der wachsenden Lösung der Frauen von ihrer traditionellen häuslichen und familiären Rolle. Nirgendwo brach der „Geschlechterkampf" früher aus als im europäischen Norden. Die skandinavischen Schriftsteller und Dichter beschrieben schon am Ende des 19. Jahrhunderts den Weg zur unabhängigen und selbständigen Frau. „Hedda Gabler" war ein frühes Beispiel. Auch als vielen Frauen noch die Ausbildung für eine gute berufliche Karriere fehlte, fand eine Menge von ihnen mehr persönliche Erfüllung am Arbeitsplatz als zu Hause. Die Versorgung der Kinder in Kindergärten und Horten und die Einführung eines Sechs-Stunden-Tages für Frauen erleichterte später auch den Müttern die Entscheidung zugunsten einer beruflichen Tätigkeit.

In keinem Teil Europas entwickelten die Frauen soviel politische Initiative wie in den skandinavischen Ländern. Mit dem Frauenwahlrecht, das den Däninnen 1915 gegeben wurde, erreichten sie als erste wenigstens eine Repräsentanz im Parlament von zehn Prozent. Viel größer war ihre Bedeutung auf kommunaler Ebene, wo sich die Zusammenarbeit der Frauenverbände auswirkte.

Angesichts dieser progressiven Entwicklung nimmt es wunder, daß das Interesse der dänischen Frauen am Dienst in den Streitkräften gering blieb. Sie stellten willig einen Teil ihrer Freizeit für die Ausbildung im Zivilschutz zur Verfügung, machten aber keine großen Anstrengungen, um gleichberechtigte Soldatinnen zu werden. Im Unterschied zu den Amerikanerinnen sahen die dänischen Frauenorganisationen im Soldatendienst keinen Emanzipationssprung nach vorn. Die Frauen waren zwar bereit, ihre Kraft im Kriegsfall für die Verteidigung der Heimat einzusetzen und unterzogen sich bereitwillig der erforderlichen Ausbildung. Aber in Friedenszeiten überließen sie das „Militärische" den Männern.

Die Frauenkorps der Heimwehr

1945 wurde von Mitgliedern der dänischen Widerstandsbewegung die Heimwehrbewegung ins Leben gerufen. Sie war in Vereinen organisiert. Die offizielle Anerkennung fand sie 1948, als das dänische Parlament das Gesetz über die Bildung eines Heimatschutzes (Heimwehrgesetz) verabschiedete. Freiwilligkeit war die Regel, aber Aufforderungen zum Dienst waren nicht ausgeschlossen. Bei der Novellierung im Jahre 1961 wurden Einberufungen im Rahmen der Wehrpflicht auf den Verteidigungsfall beschränkt. Neben den Heeresverbänden der Heimwehr wurde 1952 ein Marine-Heimatschutz aufgestellt. Aus dem noch seit dem Krieg bestehenden freiwilligen Luftmeldedienst entwickelte sich der Kern des Heimatschutzes für die Luftwaffe. Jeder der drei Heimwehren wurde ein Frauenkorps angegliedert.

Die Heimwehr gilt als Träger des nationalen Verteidigungswillens der Dänen und leistet den zahlenmäßig größten Beitrag der Frauen zur Gesamtverteidigung. Ihre Aufgaben können nur im Verbund mit den Teilstreitkräften gelöst werden.

Den wesentlichsten Beitrag zur Landesverteidigung leistete die Heimwehr mit dem hohen Bereitschaftsgrad ihrer Mitglieder, die Uniform, Waffen, Munition und sonstiges Gerät zu Hause aufbewahrten und damit einen schnellen Einsatz garantierten. Im Verteidigungsfall sollten sie im heimatlichen Landkreis eingesetzt werden, wo sie Land und Leute kannten und besonders schnell wirksam werden konnten. Zu den Aufgaben der Heeresheimwehr gehörten vor allem die Bewachung örtlicher militärischer Objekte, der Schutz wichtiger ziviler Einrichtungen wie Gas- und Elektrizitätswerke, die Lokalisierung eventueller feindlicher Einbrüche, die Aufklärung über feindliche Bewegungen durch Patrouillen und die Abwehr von gegnerischen Luftlandungen und amphibischen Operationen. Die aktiven Streitkräfte unterstützten sie durch Mobilisierungshilfen, Verkehrsregelungen und die Vorbereitung und Ausführung von Sperr- und Zerstörungsaufgaben. (1)

In den sieben Heimwehrregionen – Territorialheer und Zivilschutz sind entsprechend gegliedert – bestanden bis in die achtziger Jahre 550 Heimwehrkompanien. Dazu kamen 70 Kompanien aus Angehörigen des Lottekorps. Das waren die 1945 nach finnischem Vorbild gegründeten Fraueneinheiten im Gefolge der Streitkräfte. Die Ausrüstung der Heimwehrverbände des Heeres entsprach der der Infanterie: Gewehre, Maschinengewehre. Einige Einheiten hatten auch panzerbrechende Waffen. Die drei Marineheimwehrdistrikte verfügten über 30 Flottillen aus kleineren Schiffen zur Kontrolle der Küstengewässer, zur Überwachung von Häfen und Marinestationen und zur Beobachtung der Handelschiffahrt. Das Frauenkorps der Marine stellte zusätzlich 15 Kompanien. Alle Boote und Kommandos der Marineheimwehr besaßen moderne Fernmeldegeräte. Die Aufgaben der Fliegerheimwehr bestanden in flugmeldedienstlichen Tätigkeiten, in der Verteidigung der Flugplätze und in der Wahrnehmung des Warnungsdienstes. Zu diesem Zweck wurden die 90 Heimwehrstaffeln auf die sieben Luftmeldedistrikte und auf Bornholm verteilt. Zur Flugplatzverteidigung standen 15 Kompanien zur Verfügung. Die zwei weiblichen Sektionen umfaßten 15 Kompanien. Im Flugmeldedienst waren etwa 400 Flugwachen zu besetzen, die in Abständen von 20 km den niederen Luftraum kontrollieren. Der Einsatz in der Flugplatzverteidigung sah den Gebrauch von Handfeuerwaffen, leichten Maschinenwaffen und Panzerraketen vor. (2)

Im Frauenkorps des Heeres DLK (Danmarks Lottekorps) dienten Anfang 1978 7 300 weibliche Mitglieder (davon 471 hauptamtlich), im Frauenkorps der Marine KMK (Kvindelig Marinekorps) waren es 1 470 (davon 757 hauptamtlich) und im Frauenkorps der Luftwaffe FKF (Kvindelig Flyvekorps) 1 700 (davon 1 602 hauptamtlich). Weitere 1 750 Frauen leisteten Dienst im Luftmeldekorps der Luftwaffenheimwehr (kvindeligt Flyvekorps) auf gleicher Basis wie die Männer dieser Organisation. Die Gesamtzahl der Frauen in den vier Korps betrug 1980 etwa 12 000 Personen. Die Personalstärke der gesamten dänischen Heimwehr belief sich auf mehr als 70 000 Personen. Etwa 56 000 entfielen auf die Heimwehr des Heeres, etwa 12 000 auf die Heimwehr der Luftwaffe und etwa 4 500 auf die Heimwehr der Marine. (3)

1984 begann man damit, die bis dahin selbständigen Frauenkorps voll in die Heimwehr zu integrieren. Die Umstellung war Ende September 1989 abgeschlossen. Nach dem 1. 6. 1988 gab es wie in den Streitkräften auch in der Heimwehr keine nach Geschlechtern getrennten Einheiten. Für Männer und Frauen galten die gleichen Aufnahmebedingungen und die gleichen Verwendungsmöglichkeiten. Der gesetzliche Auftrag der Heimwehr für

Lottekorps (Heeresheimwehr)

Frauenkorps der Marineheimwehr

Frauenkorps der Luftwaffenheimwehr

den weiblichen und männlichen Teil lautete: „zur militärischen Bereitschaft des Landes beitragen und die Widerstandskraft des Volkes stärken". (4)

Im Frieden war die dänische Heimwehr dem Verteidigungsministerium direkt unterstellt, was in verwaltungsmäßiger, wirtschaftlicher und personeller Hinsicht Vorteile hatte. Das Heimwehrkommando bestand nach der Auflösung der Inspektionen für Frauen aus dem Direktorium (Kommandeur der Heimwehr und Zivilbeauftragter) und aus den drei Heimwehrinspekteuren. (5) Im Krisenfall wurden die Heimwehrkorps den Streitkrafttteilen zugeordnet, von denen die Einsatzbefehle ausgingen. (6)

Zur inoffiziellen Zusammenarbeit auf regionaler Ebene (Chefebene) mit dem DKB und mit den privaten Fördervereinen wurde der „Landesrat" geschaffen. An allen größeren Orten Dänemarks gibt es nämlich private Vereinigungen zur Unterstützung der Heimwehrarbeit. Die Mitglieder sind z. B. darauf vorbereitet, im Mob-Fall die Familien der einberufenen Heimwehrangehörigen zu betreuen. In den jährlichen Generalversammlungen wird Bilanz gezogen über die Effektivität der Zusammenarbeit zwischen den aktiven und passiven Mitgliedern. Die Fördermitglieder zahlen einen geringen Mitgliedsbeitrag. Dafür erhalten sie die offizielle Monatszeitschrift der Heimwehr „Hjemmevaernsbladet". Früher gab es dazu die Lottazeitung, z. B. beim Heer „De danske Lotter". (7)

Die Heimwehr-Bewerberinnen rekrutierten sich aus allen sozialen und politischen Bevölkerungsschichten. Keine Partei stand abseits. Frauen über 18 konnten sich aufnehmen lassen, sofern sie die dänische Staatsangehörigkeit, gute Gesundheit und einen einwandfreien Leumund besaßen. Die Aufnahme erfolgte durch Vertrag für mindestens ein Jahr mit dreimonatiger Kündigungsfrist. Darin verpflichteten sich die Heimwehrmitglieder zu Trainingsstunden (mindestens 24 Stunden im Jahr) sowie zur Aufbewahrung und Instandhaltung der Ausrüstung, die nach Beendigung der Grundausbildung mit nach Hause gegeben wurde. Die Grundausbildung dauerte ein Jahr und umfaßte 60 Lektionen in den Fachgebieten Geschichte, Verteidigungsorganisation, Dienstordnung, Kartenlesen, Waffenlehre, Erste Hilfe, AC-Dienst, Exerzieren, militärischer Sicherheitsdienst und staatsbürgerlicher Unterricht. Die elementare Spezialausbildung beinhaltete die Fachunterweisung im Umfang von 35-100 Stunden, je nach dem Einsatzbereich der Frauen im Fernmelde-, Sanitäts- und Verpflegungsdienst, in der Administration (Büros, Stäbe), im AC-Dienst oder im Transportwesen. Die theoretische und praktische Unterweisung an

Handfeuerwaffen zum Zwecke der Selbstverteidigung erfolgte im Laufe der Grundausbildung auf freiwilliger Basis.

Nach dem Ende der Ausbildung wurden die Frauen in eine Heimwehrkompanie des Distrikts oder der Region eingegliedert und von dort aus mobmäßig erfaßt. Die Friedensdienstpflicht umfaßte 100 Stunden im ersten Jahr und je 50 Stunden im 2. und 3. Jahr. Danach ermäßigte sich der Pflichtdienst auf jeweils 24 Stunden jährlich. Die gesamte Ausbildung erfolgte in Abendkursen oder am Wochenende, manchmal auch in mehrtägigen Kursen an der zentralen Ausbildungsstätte der Heimwehr in Nyminde. Nach einem Jahr Dienst war der Besuch eines einwöchigen Unteroffizierlehrgangs möglich, nach dessen erfolgreichem Abschluß die Teilnehmer zum Korporal avancierten. Die Weiterausbildung zum Zugführer und Kompaniekommandanten in einem einwöchigen Kaderlehrgang konnte in Angriff genommen werden, wenn ein weiteres Dienstjahr vorbei war.

An der Heimwehrschule in Nyminde wurden jährlich ungefähr 3 000 Männer und Frauen unterrichtet. Die Ausbildung war für Frauen und Männer gleich. Sie trugen auch die gleichen Dienstränge, die den Bezeichnungen in der Armee entsprachen. Der Chef einer Region ist z. B. Major (männlich oder weiblich). (8)

Das weibliche Fliegerkorps, das mit Blick auf die britische Regelung 1953 ins Leben gerufen wurde, nahm Frauen mit guten Englischkenntnissen auf. Die Ausbildung erfolgte in einer Grundschulung von 100 Stunden und in Spezialkursen.

Die Ausbildung der weiblichen Mariner beanspruchte 144 Stunden innerhalb von drei Monaten. Es wurden Kenntnisse der Marine und ihrer Geschichte vermittelt. Ansonsten ging das Schulprogramm konform mit dem der Heeres-Heimwehr.

Die Besoldung der hauptamtlichen weiblichen Korpsangehörigen ohne Rang korrespondierte mit einem normalen Arbeitslohn. Für den Dienst an Wochenenden am Ort wurde kein Sold gezahlt. Im Verteidigungsfall sollten die Frauen wie die Männer entlohnt werden. (9)

Die Aufgaben der weiblichen Heimwehrmitglieder im Verteidigungsfall unterschieden sich nicht von denen der Männer. Je nach Eignung und Ausbildung wurden die Frauen beim Radio-, Melde- und Radardienst, in der Verwaltung, bei der Kontrolle von Schiffen in den Küstengewässern, im Warndienst, bei der Luftbeobachtung und im Meldewesen eingesetzt. Alle Frauen unterlagen im Frieden der Disziplinarordnung der dänischen Heimwehr und in Kriegszeiten der Militärdisziplinarordnung bzw. dem Militärstrafrecht. Die schärfste Strafe war der unehrenhafte Ausschluß.

Alle Mitglieder der Heimwehr kamen in den Genuß einer staatlichen Versicherung gegen Krankheit und Unfall im Dienst.

In den neunziger Jahren verließen jährlich etwa 10 % der Mitglieder die Heimwehr. Zugänge und Abgänge hielten sich jedoch die Waage, was nicht zuletzt auf die umfassende Werbung zurückzuführen war. Für diesen Zweck wurden 2 % aller Heimwehrausgaben in Höhe von 200 Millionen Kronen aufgewendet, z. B. für gesellige Veranstaltungen, Umzüge mit den Frauenmusikkorps, Filme und Plakate. Spezielle Beauftragte und Konsultanten, unterstützt von Vereinsmitgliedern, rührten eifrig die Werbetrommel. Ihre Zielgruppe waren weniger die jungen Mädchen als die Frauen in mittleren Jahren mit gefestigter beruflicher oder familiärer Position, bei denen die größte Aussicht bestand, daß sie sich der Heimwehr anschließen. Es gibt keine Altersbeschränkungen. Jeder kann dem Korps angehören, solange er sich gesund fühlt, dessen Verpflichtungen zu übernehmen.

Die Konstablerlaufbahn

Die politischen Unruhen der Jugendlichen am Ende der 60er Jahre über den Vietnamkrieg der USA und über die veralteten Zustände an den Hochschulen führten in allen NATO-Ländern zu einem Desinteresse an Verteidigungsfragen. Immer weniger Männer verpflichteten sich für den Dienst als Zeit- oder Berufssoldaten in den Streitkräften. In Dänemark war der Rückgang der Bewerberzahlen besonders einschneidend. Diese Tatsache und die öffentlichen Überlegungen über eine zeitliche Reduzierung oder gar Abschaffung der Wehrpflicht in Dänemark veranlaßten die Armeeführung in Kopenhagen angesichts des unveränderten NATO-Verteidigungsauftrags, die Einbeziehung von Frauen als Soldatinnen zu prüfen. Die Rechtsgrundlagen hierfür boten das „Personalgesetz für die Verteidigung" aus dem Jahre 1962 und das „Allgemeine Personalgesetz" aus dem Jahre 1969.

Die Entscheidung fiel 1971. Mit den „Bestimmungen für das Stammpersonal und die Seniorsergenten der Verteidigung" wurden die Voraussetzungen für eine integrierte Beschäftigung von Frauen bei Heer, Luftwaffe und Marine geschaffen. Die Dienstbedingungen der Frauen sollten die gleichen sein wie die der männlichen Soldaten. In Fragen der Rekrutierung, Ausbildung, Bezahlung, dienst- und strafrechtlichen Bestimmungen sollte kein Unterschied zwischen den Geschlechtern bestehen. Nur in Kampfeinheiten und kampfunterstützenden Verbänden sollten keine Frauen verwendet werden. Folgende Dienstposten wurden für Frauen eingerichtet:

- im Heer Stabs- und Verwaltungsdienst, Fernmeldedienst, Transportaufgaben,
- in der Marine Fernschreibdienst, medizinischer Dienst, Signaldienst,
- in der Luftwaffe Luftkontroll- und Luftwarndienst, Nachschub, Verwaltungsdienst, Fotoauswertung, meteorologischer Dienst.

Das Einstellungsalter lag zwischen 18 und 26 Jahren. Der Familienstand war ohne Bedeutung. Die Vertragsdauer betrug zwei Jahre. Der Vertrag wurde bis zum 35. Lebensjahr automatisch verlängert, wenn er nicht gekündigt wurde. Die ersten acht Monate waren Probezeit, in der beide Seiten den Vertrag mit vierzehntägiger Frist auflösen konnten. Nach der Probezeit war der Vertrag für 25 Monate unkündbar. Nach dem 25. Geburtstag hatte der Konstabler die Möglichkeit, einen Langzeitvertrag bis zum 45. oder 60. Lebensjahr abzuschließen. Dann lagen im allgemeinen genügend viele dienstliche Beurteilungen vor, um die Qualifikation der Antragsteller abzuschätzen.

Die Grundausbildung dauerte je nach der Verwendung zwei bis acht Monate. Sie wurde an der entsprechenden Truppenschule durchgeführt. Wie an den Unteroffizier- und Offizierschulen erfolgte sie gemeinsam für Männer und Frauen. Nur der Sport wurde nach Geschlechtern getrennt durchgeführt.

Den weiblichen Konstabel-Schülern wurde während der Ausbildung an der Konstabel-Schule Unterkunft gegen Bezahlung angeboten. Es stand ihnen jedoch frei, außerhalb der Kaserne zu wohnen. Krankenpflege und medizinische Behandlung wurde nur in begrenztem Umfang geleistet. Da die Streitkräfte über keine Frauenärzte verfügten, wurde den Frauen geraten, Mitglied einer Krankenkasse zu werden.

Die Uniformen glichen denen der Heimwehr, allerdings ohne das Ärmelzeichen der Heimwehr, nämlich Laubkranz mit Königskrone und die Buchstaben HJV, am rechten Oberarm. Die Dienstgrade der Konstablerlaufbahn entsprachen denen der Streitkräfte.

Die Konstabler nahmen am Wach-, Streifen- und Bereitschaftsdienst ihrer Einheiten ebenso wie an der Pflege und Wartung der Ausrüstung und des Materials teil.

Die Beschränkung der Frauen auf eine enge Tätigkeitspalette erklärte die geringe Zahl der Konstabler in den siebziger Jahren. Sie lag in allen Streitkraftteilen zusammen bei etwa 500 Frauen.

Entlassene weibliche Zeitsoldaten wurden in die Armeereserve eingegliedert. Die Reservedienstzeit endete mit 60. (10)

Mit der Einrichtung der Konstablerlaufbahn für Frauen gingen die dänischen Streitkräfte 1971 einen Weg, auf dem ihnen in den folgenden Jahren andere Länder folgten. Zu diesem Zeitpunkt gab es nirgendwo in der westlichen Welt Soldatinnen, die voll in die Streitkräfte integriert waren. Von dem angelsächsischen Vorbild der Einrichtung selbständiger weiblicher Korps rückte man ab, weil auf diese Weise das Ziel, männliche Soldaten aus einzelnen Funktionen für Kampfaufgaben frei zu machen, nicht erfüllbar schien.

1974 wurde auch die Offizierslaufbahn für Bewerberinnen mit entsprechendem Bildungsgrad geöffnet. Die ersten Frauen zogen in die Militärakademien ein.

Die Integration der Frauen in die dänischen Streitkräfte

Nach dem Gleichberechtigungsgesetz von 1978 setzte in Dänemark die Diskussion darüber ein, ob Frauen nicht zu allen Waffengattungen zugelassen werden müßten. Von besonderem Interesse war die Fragestellung, ob sie auch für den Dienst in Kampfeinheiten geeignet seien. Da keine Erfahrungen darüber vorlagen, wurden in den Jahren von 1981 bis 1987 Truppenversuche durchgeführt. Beim Heer fanden die Erprobungen in zwei Panzereinheiten, einer Feldartillerieabteilung und einer Luftabwehrbatterie statt. Die Marine stellte eine Marinefliegereinheit, zwei Minenleger, zwei Küstenschutzboote und zwei Fischereischutzboote für das Experiment zur Verfügung. Das Heer stellte probeweise 50 Frauen ein, die Luftwaffe 32 und die Marine 77. Beim Heer sollte insbesondere geprüft werden, wieweit Frauen den körperlichen und psychischen Belastungen in Kampfeinheiten gewachsen seien.

Aus den Berichten, die nach dem Abschluß der Erprobungen vorgelegt wurden, ging übereinstimmend hervor, daß Frauen genauso wie Männer für alle militärischen Funktionen und Tätigkeiten geeignet seien. Ihre Anwesenheit in der Truppe habe keinen negativen Einfluß auf die Kampfkraft und Einsatzfähigkeit.

Im Heer hatte es die meisten Schwierigkeiten mit den Frauen gegeben. Erst als ein großer Teil der physisch Überforderten um Entlassung nachgesucht und ausgeschieden war, konnte das Ausbildungsprogramm durchgezogen werden. Trotzdem ließ die Heeresführung Frauen in allen Waffengattungen zu. Der Ausleseprozeß sollte auch in Zukunft während der Ausbildung und in der Praxis erfolgen. Die Luftwaffe öffnete alle Verwendungen für Frauen außer als Pilotinnen für Kampfjets. Alle anderen Flugzeugtypen durften von Frauen gesteuert werden. (11)

Seit 1981 können Frauen prinzipiell und seit 1987 unbeschränkt bei Heer und Marine in allen Einheiten und Funktionen auf freiwilliger Basis Dienst tun. Es git keine Beschränkungen durch Mindestanforderungen an Größe, Gewicht oder sportlichen Leistungen. Die Eingangstests zu den verschiedenen Laufbahngruppen sind die gleichen wie für die Männer. Die Frauen müssen dieselben Leistungen erbringen und haben die gleichen Aufstiegschancen. Sie werden in gemischten Einheiten eingesetzt. Alle Akademien und Schulen stehen ihnen offen. Als normale Soldaten sind sie dem Militärreglement unterworfen. Das Militärstraf- und Disziplinarrecht gilt für beide Geschlechter ohne Unterschied.

1989 stellte die Kooperationskommission der Streitkräfte einen Unterausschuß auf, der die Gleichstellung und Gleichbehandlung der Frauen in der Truppe kontrollieren und gewährleisten sollte. Er diente als Beratungsgremium für den Verteidigungsminister in Frauenfragen.

Für die Soldaten der dänischen Streitkräfte galten die Fürsorge- und Versorgungsbestimmen des öffentlichen Dienstes. Ebensowenig wie bei Beamtinnen war auch bei Soldatinnen Schwangerschaft kein Entlassungsgrund. Der Mutterschaftsurlaub dauerte 14 Wochen. Danach konnten die Mütter einen dreimonatigen Urlaub ohne Bezüge beantragen. Die Zeiten, in denen die Frauen zur Geburt ihres Kindes vom Dienst freigestellt waren, zählten nach dem Beamtenrecht als ruhegehaltfähige Dienstzeit.

1989 gab es 800 weibliche Freiwillige in der 30 000 Mann starken dänischen Armee. In diesem Jahr nahmen Frauen zum erstenmal an einem Auslandseinsatz teil. In Zypern dienten sie als Blauhelmsoldaten im Auftrag der UNO zur Friedenssicherung.

1996 zählten die dänischen Streitkräfte 1 468 Soldatinnen. Nach den Zielvorstellungen der Regierung sollten im Jahr 2 000 25 % aller Soldaten weiblich sein. Aber das Interesse der Däninnen am Militär scheint nicht groß genug zu sein. Zudem kam die Psychologin Susan Schlüter, die sich acht Jahre lang mit der Situation der Soldatinnen beschäftigt hatte, 1994 zu dem Ergebnis, daß Frauen für den Soldatenberuf ungeeignet seien. Die Frauenverbände, die im Dienst der Frauen in den Streitkräften den wichtigsten Schritt der Emanzipation der letzten zehn Jahre sahen, reagierten erregt. Das Verteidigungsministerium hüllte sich in Schweigen. (12)

Frauen im dänischen Zivilschutz

Die Zivilverteidigungspflicht der Frauen ist durch das Gesetz Nr. 12 vom 1. 4. 1949 in der Fassung der Bekanntmachung vom 1. 4. 1962 geregelt. (11) § 29 des Gesetzes lautet:

„Jede in diesem Lande wohnhafte Person ist – wenn der Dienst in der militärischen Landesverteidigung nicht dagegensteht – vom Beginn ihres 17. Lebensjahres an zur Dienstleistung innerhalb der Zivilverteidigung verpflichtet. Die näheren diesbezüglichen Bestimmungen werden durch königliche Verordnung erlassen." (13)

Die Verordnung vom 1. 9. 1951 stellte vom Zivilschutzdienst lediglich frei: Schwangere und Frauen, die Kinder unter 14 Jahren in ihrer Obhut haben. Die weiblichen Angehörigen des Zivilschutzes waren in erster Linie für Betreuungsdienste bei Katastrophen vorgesehen, z. B. für Verpflegungsaufgaben, Kinderbetreuung und Evakuierungsmaßnahmen. (14)

Belegstellen

(1) Vgl. P. A. Heegaard-Poulsen, Die dänische Heimwehr, in: Wehrkunde 1968, S. 308 ff.
(2) Vgl. Hans Jürgensen, Dänischer Heimschutz wird 25 Jahre alt, in: Loyal 1/1974, S. 24 f.
(3) The Danish Home Guard, hrsg. vom Dänischen Heimwehrkommando, o.J., S. 9

(4) Kommentar des Heimatschutzgesetzes von 1961, nach: Hans Jürgensen, a.a.O., S. 26

(5) Brigitt Cappis-Heberlein, Die Organisation der dänischen Heimwehr und des Lottekorps, in: Allgemeine Schweizerische Militärzeitschrift 11/1969, S. 695 ff.

(6) The Danish Home Guard, a.a.O., S. 4 ff.

(7) Vgl. Wilhelm Rott, Die Frauenkorps in den Streitkräften der NATO-Staaten, in: Bundeswehrverwaltung 6/1976, S. 128

(8) Brigitt Cappis-Heberlein, a.a.O., S. 695

(9) Brigitt Cappis-Heberlein, a.a.O., S. 697

(10) Vgl. Female Military Personnel, hrsg. vom Dänischen Verteidigungsministerium 1976

(11) Vgl. Westdeutsche Allgemeine vom 23. 6. 1987

(12) Vgl. Die Welt vom 6. 4. 1994

(13) Lov om civilvorsvaret Nr. 122

(14) Vgl. Franz Möller, Frauendienst im Verband der Streitkräfte und in der Zivilverteidigung in verschiedenen europäischen und außereuropäischen Ländern, in: Bundeswehrverwaltung 1964, S. 29 ff.

Finnland

*Die Finnen waren das erste europäische Volk, das den Frauen des Landes wichtige Hilfs-
aufgaben für das Militär bis an die Front zuwies. Die Organisation „Lotta Svärd" wurde
1918, wenige Monate nach der Staatsgründung, als freiwillige militärische Frauen- und
Mädchenorganisation mit dem Ziel gegründet, der Truppe alle jene Aufgaben abzunehmen,
für die nicht unbedingt ein Mann eingesetzt werden mußte. Diese Organisation, die den
Gedanken der militärischen Frauenhilfe in Europa populär machte, hat namentlich in den
beiden finnisch-russischen Kriegen eine hervorragende Rolle gespielt. Sie wurden beispielhaft für die militärischen Frauenhilfsorganisationen anderer Staaten, insbesondere
in den skandinavischen Ländern.*

*Nach dem Verbot von Lotta Svärd unter sowjetischem Druck am Ende des Zweiten Welt-
kriegs gab es außer den Zivilangestellten keine Frauen beim Militär. Von 1944 bis 1990
war Finnland zwar offiziell neutral, stand aber unter sowjetischem Einfluß. Erst nach dem
Zerfall der UdSSR und dem Anschluß Finnlands an die Europäische Union konnte die
Regierung wagen, dem Wunsch der Frauen nachzugeben, in den Streitkräften eine ähnliche
Rolle zu spielen wie ihre Großmütter. Anstelle einer eigenen Frauenorganisation im
Gefolge der Armee wie damals entschied sie sich für die volle Integration des weiblichen
Geschlechts als Soldatinnen.*

Die Lotta-Bewegung

Lotta Svärd wurde als Hilfsorganisation für den finnischen Landsturm während des
Befreiungskrieges 1918 gegründet. Der Name stammt aus einem Gedicht des finnischen
Nationaldichters Johan Ludvig Runeberg, in dem Lotta Svärd verherrlicht wird, eine
robuste, nach außen grobe, aber im Innern zarte Frau, die sich als Marketenderin um die
Landsknechte kümmerte. Das Gedicht schließt mit den Worten: „Eine Perle war sie auf der
Straße des Krieges, eine echte Perle war sie gewiß". (1)

Während des Unabhängigkeitskrieges 1918 verfügten die Finnen über keinerlei logisti-
sche Unterstützung für die Soldaten. Es gab keine Feldküchen, keine Wäschereien, keine
Sanitätseinrichtungen und keine Transportorganisation. Deshalb zogen viele Frauen mit
ihren Männern in den Kampf, sorgten für das Essen und die Wäsche, pflegten die Kranken
und trösteten die Sterbenden. Sie waren wie Lotta Svärd.

Die Organisation „Lotta Svärd" wurde unmittelbar nach der Gründung als Teil des
Heimatschutzkorps zur Verstärkung des regulären Heeres gesetzlich anerkannt. Befehlshaber des Heimatschutzkorps war der Reichsverweser der jungen Republik, Marschall
Mannerheim. In seinen Augen war Lotta Svärd nicht nur ein Instrument der Landesverteidigung, sondern auch ein Symbol seiner Selbständigkeit. Männer und Frauen, die als
politisch unzuverlässig galten, wurden nicht in das Heimatschutzkorps aufgenommen.

Nach der Satzung der Allgemeinen Lotta Svärd konnten nur die Frauen aktive Mitglieder werden, die nachweislich „für die bestehende gesellschaftliche Grundordnung" eintraten und von zwei „bekannten und zuverlässigen Personen" als Mitglied empfohlen wurden. Die Sozialdemokraten mieden die Organisation fast 20 Jahre lang. Erst kurz vor dem Zweiten Weltkrieg schlossen die Sozialdemokratische Partei und das Heimatschutzkorps einen Versöhnungspakt, in dem die Sozialdemokraten die Verteidigungsaufgaben des Heimatschutzkorps und damit Lotta Svärds anerkannten. (2)

Angesichts der wachsenden Macht der Sowjetunion gab der finnische Reichstag 1938 die von der Regierung geforderten Mittel zur Vermehrung der Armee und der Verbesserung der Rüstung frei. Es handelte sich um drei Milliarden finnische Mark (etwa 150 Millionen RM). Es konnte aber nur ein kleiner Teil der benötigten Waffen angeschafft werden – zum überwiegenden Teil aus Deutschland –, bevor der Krieg mit der UdSSR begann. Als die russische Armee am 30.11.1939 die ostkarelische Grenze zu Finnland überschritt, stand dem Lottakorps die große Bewährungsprobe bevor.

Obwohl sich Finnland in allen außenpolitischen Fragen mit seinen skandinavischen Nachbarn solidarisch erklärte, blieb die Unterstützung durch Schweden, Norwegen und Dänemark aus. Finnland stand allein gegen die sowjetische Übermacht. Die Hilfe der nordischen Staaten beschränkte sich auf ein paar Waffenlieferungen und die Erlaubnis für Freiwillige, auf der finnischen Seite zu kämpfen. Umso wichtiger war die Mobilisierung aller Kräfte des Landes für den Verteidigungskrieg gegen die Übermacht.

Die Meldung für das Lottakorps war eine nationale Verpflichtung. Nach dem Eintritt unterlagen die Mitglieder den Regeln der Vereinigung. Es galt das Gehorsamsprinzip. Es war eine Frage der Ehre und der Disziplin, „den Weisungen der Vorgesetzten zu folgen". Alle Mitglieder waren verpflichtet, das Ansehen der Organisation zu mehren. Bei rufschädigendem Verhalten, Dienstversäumnissen, Ungehorsam und anderen Verstößen konnten die örtlichen Vorstände Disziplinarmaßnahmen einleiten. Ein Disziplinarausschuß hatte den Sachverhalt zu untersuchen. Als Strafen kamen in Frage:

- persönliche Verwarnung durch den Vorsitzenden, durch die Abteilungsleiterin oder die Lehrgangsleiterin
- öffentliche Verwarnung auf der Vorstandssitzung oder bei einer Ortsgruppenversammlung
- befristeter Ausschluß auf Beschluß des Ortsverbandes
- Ausschluß auf Dauer, für den der Ortsvorstand über den Kreisvorstand die Zustimmung des Zentralvorstandes erwirken mußte. (3)

Die ausgeschlossenen Mitglieder mußten Mitgliederkarten, Lottaabzeichen, Lehrgangs- und Gruppenabzeichen, Armbinde, Armwappen und Kokarde zurückgeben. Aktive Mitglieder, die ihre Mitgliedspflichten vernachlässigten, wurden zu passiven Mitgliedern zurückgestuft.

Die Zahl der Angehörigen der Lotta-Organisation stieg von 1924 bis 1943 um mehr als das Vierfache: (4)

1924	41 525
1929	57 184
1933	80 227
1938	105 023
1943	172 755

Die Mädchenabteilung wuchs innerhalb von 10 Jahren sogar um das Elffache:

1933	4 226
1938	23 622
1943	48 858

Lotta Svärd hatte bis 1938 vier Hauptabteilungen:

- Die Sanitätsabteilung gehörte zum Sanitätswesen des Heimatschutzkorps und stellte bei der Mobilmachung Krankenschwestern und Schwesternhelferinnen zur Verfügung.
- Die Verpflegungsabteilung sorgte bei Übungen, Festen und Paraden des Heimatschutzkorps für die Zubereitung und Verteilung der Verpflegung und stellte bei der Mobilmachung Verpflegungslottas zur Verfügung.
- Die Ausrüstungsabteilung half dem Heimatschutzkorps bei der Beschaffung der Ausrüstung, insbesondere der Bekleidung.
- Die Werbe- und Verwaltungsabteilung sorgte für Nachwuchs, sammelte Geld- und Sachspenden und stellte bei der Mobilmachung des Heimatschutzkorps das erforderliche Verwaltungspersonal zur Verfügung. (5)

Während des Russisch-finnischen Krieges von Oktober 1939 bis März 1940 bekam Lotta Svärd zusätzliche Aufgaben, z. B. im Luftwarndienst und Zivilschutz, bei der Umsiedlung und Evakuierung, im Behörden- und Depotdienst. Ein Großteil der Sammlungen von Altmaterial, Kleidern, Geld usw. lag in ihrer Hand. Die 85 943 Mitglieder wurden folgendermaßen eingesetzt: (6)

Sanitäts-Lottas	7 018
Verpflegungs-Lottas	32 979
Intendantur-Lottas	17 336
Sammelarbeit-Lottas	4 585
Luftwarndienst-Lottas	10 126
Signal-Lottas	2 616
Büro-Lottas	2 427
Zivilluftschutz-Lottas	2 352
Evakuierungs-Lottas	2 632
Versorgungs-Lottas	3 872

Alle Lotta-Einheiten erhielten ihre Anweisungen vom Zentralvorstand der Lotta Svärd, der in der Zentrale des Heimatschutzkorps in Helsinki arbeitete. Die regionalen Gliederungsorgane – Kreisverbände und Ortsverbände – führten die Weisungen aus. Für regionale und örtliche Initiativen blieb jedoch genügend Spielraum. Das war der Grund, warum die örtlichen Lottavereinigungen zwar gleich organisiert, aber verschieden stark und unterschiedlich aktiv waren. Erst zu Beginn des Krieges und nach dem Eintritt vieler sozialdemokratischer Frauen entwickelte sich Lotta Svärd zu der großen Frauenorganisation, die in ihrer Umfassendheit entsprechenden Formationen in totalitären Staaten ähnelte. Die Freiwilligkeit des Beitritts wurde jedoch nie in Frage gestellt.

Frauen, die kriegsdienstverpflichtet wurden, gehörten dem Lottaverband nicht an. Der Anteil der Kriegsdienstverpflichteten machte im Verhältnis zu den freiwillig Dienenden selbst auf dem Höhepunkt des Einsatzes 1944 nur 7,3 % aus. In den Augen der Lottas handelte es sich um die Personen, die sich nicht mit dem Staat identifizierten und deshalb in ihren Reihen nichts zu suchen hatten.

Um der finnischen Armee den größtmöglichen Nutzen zu bringen, unterzog sich fast jede zweite Lotta einer Spezialausbildung. Vor allem Frauen, die keine berufliche Vorbildung aufwiesen, wurden zu Krankenschwestern, Bürogehilfinnen, Sekretärinnen, Telefonistinnen usw. ausgebildet. 60 000 Frauen durchliefen die Schulen bis zur Auflösung des Verbandes 1944.

Der Frieden von Moskau am 13. 3. 1940 besiegelte den Verlust weiterer Gebiete an die Sowjetunion. 11 % der Gesamtbevölkerung Finnlands wurden umgesiedelt. (7) Lotta Svärd bemühte sich, den Umsiedlern zu helfen. Beim Verlassen ihrer Heimat, unterwegs und dort, wo sie angesiedelt wurden, fanden sie die Unterstützung von Lotta Svärd.

Als Deutschland im April 1940 Dänemark und Norwegen besetzte, verlängerten die Finnen den Wehrpflichtdienst von einem Jahr auf zwei Jahre. Das Heimatschutzkorps wurde in die Armee integriert. Als das Deutsche Reich im Mai 1941 zum Angriff gegen die Sowjetunion aufmarschierte, entschloß sich die finnische Regierung, mit deutscher Hilfe die im Winterkrieg verlorenen Gebiete zurückzuerobern. Bei der Generalmobilmachung im Juni 1941 wurde ein Sechstel der gesamten finnischen Bevölkerung, Frauen und Kinder mitgezählt, zum Dienst in den Streitkräften aufgerufen. Als sowjetische Flugzeuge am 20. 6. 1941 Städte in Südfinnland bombardierten, begann Finnland an der Seite der deutschen Soldaten den Krieg gegen die Sowjetunion. Ostkarelien wurde zurückerobert, aber an den Operationen der Deutschen gegen Leningrad oder Murmansk beteiligten sich die Finnen nicht mehr.

Am zweiten Krieg gegen die Sowjetunion beteiligten sich die finnischen Frauen wie am ersten. Es wurden noch mehr Frauen rekrutiert als eineinhalb Jahre zuvor. (8) Auch die Verluste waren größer. (9)

Die Verluste der Lotta-Organisation 1939–1944

	1939–1940	1941	1942	1943	1944	1941-1944	Zus.
Gestorben an Verwundungen	49	20	20	12	12	–	113
Gestorben an Krankheiten	11	8	34	56	31	–	140
Gestorben durch Unfall	4	–	8	12	10	–	34
Selbstmord	–	–	–	1	–	–	1
Vermißt	–	1	–	3	–	–	4
Entlassen wegen Krankheit	–	–	–	–	–	340	340
Entlassen wegen Unfallinvalidität	–	–	–	–	–	29	29
Zusammen:	64	29	62	84	53	369	661

Am 19. 9. 1944 mußte Finnland einen neuen Waffenstillstand mit Moskau unterzeichnen. Zu den Waffenstillstandsbedingungen gehörte, daß die finnische Armee innerhalb von zwei Monaten auf den Friedensstand reduziert sein müsse und daß das Heimatschutzkorps und Lotta Svärd als faschistische Organisationen verboten gehörten. (10)

Der Bannstrahl gegen die beiden Organisationen hatte einen Grund darin, daß die Rote Armee bei einer Besetzung Finnlands den partisanenartigen Widerstand des Volkes unter ihrer Führung fürchtete. Zur Begründung für das Verbot der Lottaorganisation führten die Sowjets an, daß die Lotta-Präsidentin, Frau Fanni Luukonen, aus der Hand Hitlers den Stern des Deutschen Adlerordens entgegengenommen hatte „in Würdigung des hervorragenden Einsatzes der Lotta Svärd im Kampf gegen den Bolschewismus". (11)

Einsatz der Lottas 1943/44 (10)

	Zahl der Mitglieder am 31.12.1943		Zum Kriegseinsatz kommandierte Frauen am 30.9.1944			
	Gesamtzahl	davon ausgebildete Lottas	Aufteilung auf die verschiedenen Dienste	Vergleichszahlen	% zur Zahl der Lottas	% zur Zahl der ausgebildeten Lottas
Sanitätsdienst	22 077	15 311	3 626	3 856	17,5	25,2
Blutbanken			63			
Reinigungsdienst (in Lazaretten)			113			
Veterinärwesen	70 219	22 470	54	7 057	10,0	31,4
Verproviantierung			6 579			
Kantinen			478			
Intendanturen	14 793	5 156	763	901	6,1	17,5
Wäschereien			136			
Bürohilfsdienst	23 677	12 998	2 832	7 589	32,1	58,4
Fernsprechdienst			1 707			
Funk			370			
Telegraphie			48			
Teleprint			103			
Topographischer Dienst			36			
Wetterdienst			154			
Luftwarndienst			2 254			
Scheinwerferdienst			85			
Versorgungswesen	13 547	4 126	32	134	1,0	3,25
Propaganda			43			
Verbindungswesen			59			
	144 313	60 061		19 537		
Sonstige	375					
	144 688					

Die finnischen Streitkräfte der Gegenwart

Die wichtigste Aufgabe der finnischen Truppen nach dem Zweiten Weltkrieg war, die stets gefährdete territoriale Unversehrtheit des finnischen Staates zu garantieren. Nur durch enge Kooperation mit der UdSSR konnte die Besetzung des Landes verhindert werden. Die finnische Militärpolitik orientierte sich trotz des offiziellen Neutralitätsstatus an Moskau. Erst mit dem Zerfall der Sowjetunion 1991 wich der politische Druck. So rasch wie möglich schloß sich Finnland der Europäischen Union an.

Anfang der neunziger Jahre, als Finnland mit Elisabeth Rehn seine erste weibliche Verteidigungsministerin hatte, kam Bewegung in die Diskussion, ob man Frauen als Soldatinnen verwenden könne. (12) Aus verschiedenen Befragungen ging hervor, daß das sowohl dem Wunsch der Frauen wie dem der Soldaten entsprach. 1994 sprachen sich 74 Prozent aller befragten Frauen des Landes für einen freiwilligen Wehrdienst aus. 61 Prozent der Offiziere fanden die Idee gut. Die wehrpflichtigen Soldaten konnten sich am wenigsten mit dem Gedanken anfreunden, weibliche Kameradinnen zu haben. Nur 53 Prozent sagten ja. Ein Pflichtwehrdienst wurde von den Frauen zu 100 Prozent abgelehnt, während 17 Prozent des Offizierskorps und 20 Prozent der Wehrdienstleistenden aus Gründen der Gerechtigkeit dafür waren. (13)

Das finnische Parlament ermöglichte am 31. 1. 1995 aufgrund eines Ausschußberichts (committee report 1993:9) jungen Frauen ab 17 Jahren, einen freiwilligen Grundwehrdienst in den Streitkräften abzuleisten, wenn sie die Tauglichkeitkriterien erfüllten und nicht älter als 29 Jahre waren. Das Hauptmotiv der weiblichen Freiwilligen war eine Mischung aus Patriotismus und Nutzerwägung: „Ein fürs Vaterland geleisteter Wehrdienst wirkt sich auch positiv auf das Zivilleben aus." Der freiwillige Grundwehrdienst eröffnete den Frauen aber auch die militärische Laufbahn für alle Laufbahnen in allen Waffengattungen.

Als im Frühjahr 1995 erstmals die Möglichkeit des freiwilligen Militärdienstes für Frauen da war, konnte das Verteidigungsministerium 266 aus 1094 Bewerberinnen auswählen. Am 16. 10. 1995 begannen die ersten 25 Frauen ihren Grundwehrdienst. Von den 290 Frauen, die bis Ende 1996 einberufen wurden, brachen nur 19 die Ausbildung vorzeitig ab. Frauen, die nicht vor dem 45. Diensttag ausschieden, waren dann wie jeder Mann der Wehrpflicht unterworfen und blieben bis zu ihrem 60. Lebensjahr Reservistinnen. 1997 wurden weitere 556 Frauen aufgenommen und wie die männlichen Soldaten ausgebildet. Inhalt und Anforderungen der Ausbildung waren für beide Geschlechter gleich. Lediglich bei den Konditionstests wurde auf die unterschiedliche Belastbarkeit der Frauen Rücksicht genommen. Unter diesen Umständen verwundert es nicht, daß ein Großteil der Soldatinnen sich aus begeisterten Hobbysportlerinnen rekrutiert. Einer Frau gelang es sogar, in die Fallschirmjägerschule aufgenommen zu werden. Zwei Frauen wurden 1997 in der Offiziersschule der Luftstreitkräfte zu Piloten ausgebildet.

In 240 Diensttagen können sich die Rekrutinnen für Mannschaftsaufgaben qualifizieren; 285 Tage dauert die Ausbildung für Sonderaufgaben. Zu den beliebtesten Verwendungen gehören die Ausbildung an der Sportschule und an der Technischen Schule der Luftstreitkräfte. Um die Ränge des Reserveunteroffiziers oder Reserveoffiziers zu erreichen, mußten 1997 330 Tage Wehrdienst geleistet werden und ab Juli 1998 ganze 12 Monate.

Während der Ausbildung waren die Frauen in eigenen Stuben innerhalb der Kasernen einquartiert, im Manöver und bei Schießübungen mußten sie allerdings in denselben Unterkünften wie ihre männlichen Kollegen wohnen.

Die ersten 13 weiblichen Reserveoffiziere beendeten 1996 ihre Ausbildung. 1997 besuchten sieben Frauen anschließend die Landesverteidigungsakademie, um nach vierjähriger Ausbildung die Berufsoffizierslaufbahn einzuschlagen. (14)

Die weiblichen Anwärter auf die Reserveoffiziers- und Reserveunteroffiziersausbildung stellten die Männer 1996 bei den Prüfungen in den Schatten. Als Freiwillige waren sie offensichtlich höher motiviert als die Männer, die die gleichen Bildungsvoraussetzungen mitbrachten. 11 % bestanden die Offiziersauswahlprüfung (bei den Männern 7 %) und 55 % die Auswahlprüfung für Unteroffiziere (bei den Männern 23 %). (15)

Zum Dienst in den finnischen UN-Friedenstruppen können sich die weiblichen Soldaten ebenso wie die Männer melden. Die Zusammenstellung der Einheiten erfolgt ausschließlich nach fachlichen Gesichtspunkten. (16)

Da in Finnland 1997 bereits zum zweitenmal eine Frau das Amt des Verteidigungsministers innehatte, konnten sich die Frauen auf die Förderung ihrer Anliegen und die weiblichen Soldaten auf die Fürsorge ihrer Dienstherrin verlassen. (17) Dazu gehörte auch eine sprachliche Besonderheit, die den Frauen sehr wichtig war. Der Ausschuß für die finnische Sprache, der den Sprachgebrauch des Landes festlegt, ersetzte für sie den Ausdruck „Wehrmann" (Soldat) durch eine Neuprägung im Sinne von „Wehrfrau".

Belegstellen

(1) Vgl. Karin Löfgren, Reichsverband der Lottakorps Schwedens, in: Wehrkunde 7/1963, S. 352
(2) Vgl. Väinö Tanner, The Winter War – Finland against Russia 1939–1940, Stanford 1957, S. 145
(3) Vgl. § 6 der Ausführungsbestimmungen und Ergänzung der Satzung, Helsinki 1938, S. 29
(4) A. und R. Koskimies, Suomen Lotta, Helsinki 1964, S. 334
(5) Vgl. § 7 der Satzung der Vereinigung Lotta-Svärd, Helsinki 1937, S. 5
(6) A. und R. Koskimies, a.a.O., S. 340
(7) Vgl. Tuure Junnila, Freiheit im Vorfeld, Wien-Stuttgart 1960; Erkki Palolampi, Der Winterfeldzug, Berlin 1941; Väinö Tanner, a.a.O.
(8) A. und R. Koskimies, a.a.O., S. 340
(9) A. und R. Koskimies, a.a.O., S. 341
(10) Vgl. Eino Juttikala, Geschichte Finnlands, Stuttgart 1964, S. 375 ff.; Waldemar Erfurth, Der finnische Krieg, Wiesbaden 1977; Franz Schreiber, Kampf unter dem Nordlicht, Osnabrück 1969; C.L. Lundin, Finland in the Second World War, Bloomington 1957; Ernst Klink, Deutsch-finnische Waffenbrüderschaft 1941–1944, in: Wehrwissenschaftliche Rundschau 1958, S. 389 ff.
(11) Vgl. Foto der Überreichungszeremonie in Anwesenheit der Reichsbeauftragten für die SS-Helferinnen Ilse Staiger, Bundesarchiv Bildarchiv, Hoffmanns Bildtafeln
(12) Hier ist Finnland, hrsg. von Matti Eskola, Helsinki 1995, S. 184; Bericht des Komitees des Verteidigungsministeriums 1993, Freiwilliger Wehrdienst der Frauen; S. 18 ff.
(13) Kaisa Kauppinen und Outi Huida, Naiset rauhanturvaamistyö ja muutos 2/1994, S. 91
(14) Auskunft von Verteidigungsattaché J. Laakso, Finnische Botschaft Bonn, am 18. 11. 1997
(15) Vgl. Schreiben Ministry of Defence, Central Department, Legal Assistant vom 25. 2. 1997
(16) Ministry of Defence, Peace-keeping Division, Finland in Peace-Keeping Activities; 40 years 1956–1996
(17) Die meisten Staaten setzen auf Freiwilligkeit in: Das Parlament vom 31. 1. 1997

Frankreich

Die allgemeine Mobilisierung der Französinnen für den Kriegsfall sah 1938 erstmals das loi Boncour vor. Es galt zwei Jahrzehnte als Grundlage für die Verwendung der Frauen im Rahmen der Streitkräfte.

Die von der französischen Frauenbewegung nach dem Zweiten Weltkrieg erstrebte Öffnung aller Berufszweige des öffentlichen Dienstes für das weibliche Geschlecht wurde in den Streitkräften in den 70er Jahren verwirklicht. Mehrere Gesetzesnovellen stellten die Gleichberechtigung der längerdienenden weiblichen Soldaten mit den männlichen her. Auch die Zulassung der Frauen zum Service National Féminin Volontaire, einem dem Pflichtwehrdienst der Männer entsprechenden Militärdienst, und die Öffnung der Unteroffiziers- und Offizierslaufbahn bei Heer, Marine, Luftwaffe und Sanitätsdienst wurde erreicht. 1984 bekamen die weiblichen Bewerber für den Militärdienst das Recht, in allen Waffengattungen mit den gleichen Karrieremöglichkeiten wie die Männer zu dienen mit Ausnahme der Kampftruppen beim Heer, der Kampfflieger bei der Luftwaffe und des Dienstes an Bord von U-Booten bei der Kriegsmarine.

Die Schrittmacherdienste der Streitkräfte für die Feminisation der französischen Gesellschaft werden von den Frauenverbänden anerkannt. Sie rechnen damit, daß die Zahl der in der französischen Berufsarmee und in der Gendarmerie dienenden Frauen bis zur Jahrtausendwende auf 12 % ansteigen wird. Ende 1997 taten in allen Streitkraftteilen der französischen Armee etwa 23 000 weibliche Soldaten Dienst. Mit einem Anteil von 7,5 % Soldatinnen an den Gesamtstreitkräften stand Frankreich an der Spitze aller europäischen Länder.

Militärhilfsdienste der Frauen von der Französischen Revolution bis zum Zweiten Weltkrieg

Während der Französischen Revolution hatte Olympe de Gouge die Idee, zur Durchsetzung der Prinzipien „Freiheit, Gleichheit, Brüderlichkeit" (liberté, égalité, sororité) eine Amazonenlegion aufzustellen. Als daraus nichts wurde, faßte 1793 Manette Dupont den Plan, zur Verbreitung des neuen Ideengutes eine Frauenarmee aus fünf Legionen zu gründen, jede Legion mit vier Bataillonen aus 500 Bürgerinnen. Sie plante Farben und Schnitte der Uniformen und dabei blieb es. Auf dem Land hatte die Idee mehr Erfolg. Das Frauenbataillon in Angers bestand immerhin ein halbes Jahr. Auch in einigen anderen Orten unterstützten die Frauen die örtliche Nationalgarde mit eigenen Kompanien. Als die Wehrpflicht proklamiert wurde, meldeten sich viele Frauen. Ein Dekret des Nationalkonvents vom 30. 4. 1793 verbot jedoch auf Wunsch Carnots, das weibliche Geschlecht zum Wehrdienst heranzuziehen. Die Frauen, die bereits eingeschrieben waren, mußten innerhalb von fünf Tagen die Truppe verlassen. Trotzdem hielten sich einige bei der Armee.

Selbst im napoleonischen Heer gab es noch ein paar. Die bekannteste war Madame Ducaud-Laborde, die 17 Jahre bei den Husaren diente. Sie wurde von Napoleon zum Quartiermeister ernannt. (1) Zu den Amazonen Napoleons zählte sich auch Regula Engel, die als Oberst in seinen Diensten stand. (2)

Nach der Gründung des Roten Kreuzes verschwanden alle Frauen von den Schlachtfeldern. Auch die Kantinenwirtinnen wurden aus dem militärischen Bereich verbannt. Lediglich in Friedenszeiten wurde ihnen erlaubt, die Truppe zu Manövern zu begleiten und dort ihre Dienste anzubieten. Parallel zum Verschwinden der Marketenderinnen erreichten die Frauen im Sanitätswesen immer größere Bedeutung. Ein kaiserliches Dekret vom 28. 8. 1866 anerkannte die Societé de Secours aux Blessés Militaires (S.S.B.M.), zu der auch Frauen gehörten. Der medizinische Dienst unter Dr. Chenu, Oberstarzt in der kaiserlichen Friedensarmee, stellte 16 Feldambulanzen auf mit 1 380 Personen, unter ihnen 314 Chirurgen mit 40 Krankenwagen. Auch Frauen gehörten dazu. Bei der Einschließung von Paris 1871 befanden sich 14 fahrbare Ambulanzen mit drei Chirurgen und 18 Krankenschwestern in der Stadt.

Am 15. 12. 1915 öffnete der französische Kriegsminister General Galieni für Frauen den Weg zu Militärhilfsdiensten. Ein Befehl vom 1. 12. 1916 erlaubte ihnen folgende Tätigkeiten bei den Depots, Korpstruppen und rückwärtigen Diensten: Bürohilfsdienst, Buchhaltung, Stenographie- und Schreibmaschinenarbeiten, Telefonvermittlung, Werkstatt- und Ausrüstungsdienste, handwerkliche Hilfsdienste. 1917 waren von den 84 000 Frauen, die rekrutiert worden waren, 30 000 im Militärverwaltungsdienst beschäftigt. Im gleichen Jahr wurden auch die ersten Autofahrerinnen im Sanitätsdienst eingestellt. Nach dem Krieg wurden lediglich die Bürodienste von Frauen in zentralen Militärstellen, insbesondere im Ministerium, genehmigt. In den Militärhospitälern blieb das „Corps d'infirmières" bestehen.

Der Zweite Weltkrieg

Zu Beginn des Zweiten Weltkrieges gab es drei Kategorien von Frauen, die für die Verteidigung der Nation arbeiteten: Frauen in den Rüstungsbetrieben und Militärverwaltungen, Krankenpflegerinnen im Dienst des Roten Kreuzes und freiwillige Dienstverpflichtete, insbesondere im Luftschutz. Seit 1934 existierte auch ein Luftrettungsdienst, aus dem sich 1945 die I.P.S.A. (infirmières parachutistes et secouristes de l'air) entwickelte.

Das sogenannte „loi Paul Boncour" vom 11. 7. 1938, offiziell „Gesetz über die Organisation der Nation in Kriegszeiten" geheißen, sah die freiwillige Meldung, ja sogar die Aushebung von weiblichen Spezialistinnen für Aufgaben der Streitkräfte vor. Bei der Mobilisierung zu Beginn des Zweiten Weltkriegs wurden 1939 6 500 Krankenschwestern rekrutiert. Im Februar 1940 übernahmen die Frauen 50 Feldambulanzen, die zwar nicht zu den militärischen Formationen gehörten, sondern Spezialeinheiten bildeten, aber Offizieren unterstanden. Waffentragen war verboten. Am 21. 5. 1940 genehmigte die französische Regierung auch die Einstellung von Frauen zwischen 21 und 50 Jahren als Hilfskräfte in einigen militärischen Formationen, z. B. beim Generalstab, beim Nachschub und beim Gesundheitsdienst. Bürodienst, Ordonanzdienst, Küchendienst und Arbeitsdienst in der Armee waren ausdrücklich untersagt.

Dem Aufruf des Generals de Gaulle vom 18. 6. 1940 zur Weiterführung des Kampfes gegen Hitlerdeutschland folgten auch Frauen. In London wurde am 7. 11. 1940 das erste weibliche Kader im Dienst der französischen Landesstreitkräfte aufgestellt. Die erste Frau, die ihre Unterschrift unter die Verpflichtungserklärung setzte, war die Tennis-Europameisterin Simone Mathieu. Alle weiblichen Freiwilligen wurden im Corps des Volontaires Françaises zusammengefaßt, dessen Ausbildungsrichtlinien vom britischen Auxiliary Territorial Service übernommen wurden. Am 16. 12. 1941 wurde es offizieller Bestandteil der Forces Libres Françaises. Gemeinsam mit männlichen Einheiten nahmen erstmals weibliche Freiwillige am 14. 7. 1942 an einer Parade der in Großbritannien stationierten französischen Truppen teil. Seit dem 3. 3. 1942 war eine Einheit des Corps d'infirmières et d'assistantes sociales im Einsatz. In Algerien wurden am 18. 12. 1942 ein weibliches Fernmeldekorps und weibliche Einheiten für das Kraftfahr- und Ambulanzwesen sowie für Dienste der Führungstruppen und des Sanitätswesens aus Landeskindern aufgestellt. Fast alle französischen Hilfskräfte nahmen von August 1943 an – besonders im Rahmen der 1. französischen Armee – an den Feldzügen in Italien, Frankreich und Deutschland teil.

Im Juni 1944 entstand in Algerien zusätzlich zu den bestehenden weiblichen Einheiten ein Verwaltungskorps aus Frauen, die A.F.A.T. (Armée féminine de l'Armée de Terre). Anfang 1944 stellte Monsieur Le Trocquer, Generalsekretär für Kriegs- und Luftkriegsfragen, fest, daß nach der Invasion in Frankreich ein großer Bedarf an Frauen bestehen werde. Nach dem Vorbild Großbritanniens forderte er die Einstellung von 6 000 Frauen, insbesondere 2 000 Nachrichtenhelferinnen, 1 800 Chauffeusen, 100 Sekretärinnen, 200 Dolmetscherinnen, 700 Krankenschwestern, 120 Sozialassistentinnen und 500 Luftwaffenhelferinnen. Als das Comité Français de Libération Nationale am 11. 1. 1944 das entsprechende Dekret über die Bildung von weiblichen Hilfseinheiten bei Heer, Luftwaffe und Marine beschloß, legte es dieser Maßnahme das Gesetz vom 11. 7. 1938 über die Organisation der Nation in Kriegszeiten, das sogenannte „loi Paul Boncour", zugrunde. Da ein weiteres Dekret der französischen Exilregierung am 26. 4. 1944 die Höchstzahl für weibliches Personal im Heer mit 10 000 Frauen festsetzte, konnte der Bedarf leicht mit Freiwilligen gedeckt werden, ohne daß Frauen „einberufen" werden mußten. (3) Die Werbung begann am 24. 1. 1944. In Algier, Oran, Bizerta und Casablanca wurden Rekrutierungsbüros aufgemacht. Das Organisationsstatut der A.F.A.T. wurde am 26. 5. 1944 erlassen. Für Rekrutierung, Grundausbildung und Disziplin wurde eine Direktion eingerichtet. Alle Frauen unterstanden den Kriegsgesetzen. Nur das Disziplinarstrafrecht sah Sonderregelungen für Frauen vor. Nach der Invasion der Westalliierten in Frankreich durften auch weibliche Angehörige der Résistance in den Armeedienst eintreten. (4)

Zwischen 1946 und 1950 wurden die meisten der 1944/45 eingestellten weiblichen Helferinnen nach und nach entlassen. Diejenigen, die weiterdienen wollten, wurden in der neu geschaffenen Hilfsorganisation S.P.F.A.T. (Service du personnel féminin de l'Armée de Terre) zusammengefaßt und in der Folgezeit insbesondere auf den Kriegsschauplätzen in Algerien und Indochina verwendet. In Indochina dienten 2 031 Frauen, unter ihnen 389 Krankenschwestern. In Algerien gehörten die Frauen zu den Sections Administratives Spéciales (S.A.S.).

Neben den den französischen Streitkräften angegliederten weiblichen Hilfskräften arbeiteten 1940–1944 zahlreiche Frauen in der Résistance gegen die Besatzungsmacht. Sie übernahmen Agentenaufgaben, sicherten den Transport von Waffen und Munition, verteilten Flugblätter und unterstützten die Familien von verhafteten Patrioten. Weibliche Helden der Résistance wurden Berty Albrecht, die in Fresnes 1943 hingerichtet wurde, Emilienne Mopty, die 1943 in Köln enthauptet wurde, und Danièle Casanova, die während der Deportation umkam. (5)

Die Rechtsgrundlagen für den militärischen Dienst von Frauen nach 1945

Als Grundlage für alle in den französischen Streitkräften diensttuenden Frauen galten bis in die neunziger Jahre die Bestimmungen des Dekrets Nr. 51.1197 vom 15.10.1951 portant statut du personnel des cadres militaires féminins. Dieses Gesetz sprach erstmals nicht mehr von „weiblichen Hilfskräften", sondern von „weiblichem Personal". Es öffnete den Frauen zwei Laufbahnen:

– den Sanitätsdienst (cadre des spécialistes féminines du Service de Santé)
– den allgemeinen Dienst (cadre des spécialistes féminines des autres services), beschränkt auf Fernmeldedienst, Stabsdienst, Musterungsdienst, Materialdienst und Bürodienst.

In beiden Diensten konnten ursprünglich nur vier verschiedene Rangstufen (classes), die den Offizierdienstgraden commandant, capitaine, lieutenant, sous-lieutenant entsprechen, und sechs den Unteroffiziersdienstgraden adjutant-chef, adjutant, sergent-major, sergent-chef, sergent, caporal-chef entsprechende Rangstufen (catégories) erreicht werden. Das Höchstalter der weiblichen Spezialisten war auf 55 Jahre begrenzt. Die Verpflichtungszeit betrug zwei bis drei Jahre, für das Personal des Sanitätsdienstes fünf Jahre. Die Probezeit dauert sechs Monate. Voraussetzungen für den Dienst im Militär waren: französische Staatsangehörigkeit, polizeiliches Führungszeugnis, keine Versorgungspflichten gegenüber minderjährigen Kindern, Vollendung des 18. Lebensjahres (bei Flugbegleitpersonal des 21. Lebensjahres), Familienstand ledig, verwitwet oder geschieden, physische und psychische Tauglichkeit, Erfüllung der Auswahlkriterien. Die Dienstzeit von 2–3 bzw. 5 Jahren konnte auf Antrag der Frauen verlängert werden. Auf der anderen Seite konnte ihnen gekündigt werden, wenn sie die französische Staatsangehörigkeit verloren, Ausländer heirateten, eine bestehende Schwangerschaft beim Eintritt in das Dienstverhältnis verschwiegen oder dem Dienst gesundheitlich nicht gewachsen waren. In gegenseitigem Einvernehmen konnte das Dienstverhältnis bei Heirat, Mutterschaft oder aus wichtigen persönlichen und familiären Gründen gelöst werden. Im übrigen sprach das Gesetz den in den Streitkräften dienenden Frauen die gleichen Pflichten und Rechte wie den Männern zu. Sie arbeiteten unter den gleichen Bedingungen, was Urlaub, Besoldung, Unterkunft und andere Vergünstigungen anging. (59) Sie unterstanden der Militärgerichtsbarkeit und der Militärdisziplinarordnung. Für Schwangerschaften wurde ihnen der übliche Mutterschutz gewährt. Die Laufbahnmöglichkeiten waren für Frauen im Militär jedoch bis 1973 beschränkt.

Auf einem der Höhepunkte des Kalten Krieges zog die französische Nationalversammmlung am 7.1.1959 das „Gesetz über die Organisation der Nation in Kriegszeiten" vom 11.7.1938 (loi Paul Boncour) heran, um die Verteidigungsfähigkeit des Landes zu stärken. (6) Die französische Regierung wurde ermächtigt, das Personal ganzer Betriebe und Dienststellen, die von kriegswichtiger Bedeutung waren, im Kriegsfall der Armee zu unterstellen. Frauen konnten unter den gleichen Bedingungen wie Männer im Interesse der Landesverteidigung zur allgemeinen Dienstpflicht herangezogen werden. Ihr Status sollte in diesem Fall „militaire non combattante" sein. Die Hilfsdienstpflichtigen erhielten den Status von Reservisten. Nur schwangere Frauen oder solche, die schulpflichtige Kinder hatten oder gebrechliche Personen über 70 Jahren versorgten, waren von der Dienstpflicht befreit.

Diese Regelung wurde am 21.7.1962 durch das Gesetz Nr. 62.823 insofern präzisiert, als im Falle der „Bedrohung des Staates" die Dienstverpflichtung von weiblichem Personal unter den gleichen Bedingungen und gleichen Strafandrohungen erzwungen werden konnte wie von männlichen. Es besagte: Diejenigen, „die zur Besetzung der für die Verteidigung erforderlichen Posten... geeignet sind, unterliegen jederzeit der Verpflichtung zur Registrierung und Angabe ihres Zivilstandes, ihres Wohnsitzes oder Aufenthalts und ihrer beruflichen Position und Familiensituation". Zur Vorbereitung auf ihre Verwendung konnten sie zu einer Ausbildung, die drei Tage pro Jahr nicht überschreiten durfte, herangezogen werden. Die Art der Ausbildung und des Einsatzes hing von der beruflichen Vorbildung der Betroffenen und von den Erfordernissen des Staates ab. Sie konnte Erste-Hilfe-Kurse ebenso umfassen wie Luftschutzübungen, Katastropheneinsätze und Dienst in Rüstungsbetrieben und militärischen Einrichtungen. Mit diesem Gesetz waren die Grundlagen für die Mobilisierung des weiblichen Arbeitskräftepotentials im Mob-Fall geschaffen. Ähnliche „Notstandsgesetze" wurden 1962 auch in anderen NATO-Ländern erörtert. (7)

Mit dem Gesetz Nr. 68.703 vom 13. 6. 1968 wurde das Corps de santé militaire féminin, das am 12. 12. 1952 mit Gesetz Nr. 52.1324 geschaffen worden war, in das Sanitätskorps der Streitkräfte integriert. Die weiblichen Ärzte, Pharmazeuten und Chemiker bekamen damit dieselben Rechte wie das entsprechende männliche Sanitätspersonal. Auch die Einsatzkriterien wurden angeglichen. Damit setzte sich das Sanitätswesen an die Spitze der Vollintegration von Frauen in den Streitkräften.

Zu den bestehenden gesetzlichen Regelungen über die Beteiligung von Frauen am Dienst der Streitkräfte trat 1970 der Service National Féminin Volontaire. Mit dem Gesetz 70.596 vom 9. 7. 1970 wurde ein freiwilliges Dienstjahr für Frauen in den nichtkämpfenden Einheiten der französischen Armee versuchsweise eingeführt und mit dem Gesetz vom 10. 6. 1971 endgültig genehmigt. Nach diesem Gesetz durften Frauen zwischen 18 und 27 Jahren einen zwölfmonatigen freiwilligen Militärdienst leisten. (8) Verteidigungsminister Michel Debré nannte drei Argumente für den freiwilligen weiblichen Wehrdienst im Rahmen des Service National Féminin Volontaire:

– Die französischen Frauen sollen Anteil haben können an der Verteidigung des Landes.
– Für bestimmte technische Fertigkeiten in der Armee eignen sich Frauen besser als Männer.
– Das Militär ist für Frauen eine neue Erfahrung, bietet ihnen berufliche Einstiegsmöglichkeiten und entzieht sie dem Alltag. (9)

Die Einstufung der Bewerberinnen erfolgte nach ihren Vorkenntnissen in eine der drei Kategorien:

– Allgemeine Kategorie (volontaires féminines) für Nichtvorgebildete mit dem Sold einfacher Soldaten
– Technische Kategorie (volontaires techniciennes) für Frauen aus technischen Berufen mit dem Sold für Unteroffiziere
– Spezialisten (volontaires spécialistes) für Akademikerinnen mit dem Sold eines Fähnrichs. (10)

Zur Auswahl standen den Bewerberinnen Heer, Luftwaffe, Gesundheitsdienst, Gendarmerie und Sozialwerk (Service de l'Action Sociale des Armées). Die Dienstbedingungen entsprachen in allen Bereichen denen des männlichen Personals. Ein paar staatsbürgerliche und sozialrechtliche Vorteile sollten das Angebot schmackhaft machen: Angehörige des freiwilligen Dienstjahres galten – auch wenn sie unter 21 waren – als volljährig und waren wahlberechtigt. Bei der Einstellung in den öffentlichen Dienst wurden sie bevorzugt. Bei der Dienstzeitberechnung wurde das freiwillige Dienstjahr ebenso angerechnet wie bei den Pensionsleistungen. Auch für Beförderungen zählt es mit.

Beginnend mit dem Wehrdienst für Frauen verbesserte sich in den siebziger Jahren die Situation der Frauen in den Streitkräften erheblich. Mehrere Gesetze glichen sie der der männlichen Soldaten an:

- Das Gesetz Nr. 70.631 vom 15. 7. 1970 öffnete die Ecole Politechnique für weibliche Studenten und berechtigte die Absolventinnen der Schule zur gleichen Karriere wie die männlichen Absolventen. Mit dem Abschluß der Schule erhielten sie den Dienstgrad Leutnant. Man sah in ihnen das Offizierskorps der in Aufstellung befindlichen weiblichen Reserve.
- Mit dem Gesetz Nr. 72.662 vom 13. 7. 1972 wurden für das männliche und weibliche Personal der Streitkräfte die gleichen Beförderungsbedingungen festgelegt.
- Das Dekret Nr. 73.339 vom 23. 3. 1973 öffnete die Offizierlaufbahn für Frauen bis zum Brigadegeneral. Weibliche Unteroffiziere wurden als Berufsunteroffiziere zugelassen. Für Frauen und Männer galten die gleichen Dienstgrade.
- Das Dekret 74.515 vom 17. 5. 1974 regelte die Stellung der Frauen in den Corps Militaires des Médicins des Armées.
- Am 10. 2. 1975 erlaubte der Verteidigungsminister die Übernahme von Angehörigen des Service National Féminin Volontaire in die Streitkräfte zur Verwendung im Exekutivbereich (postes d'exécution, notamment dans l'administration centrale) und in den unterstützenden Diensten (organismes de soutien).
- Mit Wirkung vom 1. 1. 1977 wurde das weibliche Korps in den Streitkräften abgeschafft. Seitdem gibt es nur noch ein französisches Militärwesen, das sich aus Männern und Frauen zusammensetzt (corps communs aux personnels masculins et féminins).

Bewerbung, Übernahme und Ausbildung in den Streitkräften

Obwohl bereits 1976 klar war, daß der Service National Féminin Volontaire ein Erfolg war, wurde er nur à titre expérimental bis Ende 1980 ausgedehnt. (11) Da ab 1. 5. 1972 jährlich 400 Bewerberinnen angenommen wurden, hatten Ende 1976 bereits 1 647 Mädchen ihren Nationaldienst bei den Streitkräften abgeleistet. Sie bildeten den Kern der weiblichen Reserve für den Mob-Fall.

Die Auslese für den Service National Féminin Volontaire war hart, da es jährlich nur 400 Stellen, aber viermal soviel Bewerberinnen gab. Das allgemeine Bildungs- und Schulniveau der Kandidatinnen verbesserte sich von Jahr zu Jahr. Während 1972 nur 22 % über das Abitur oder die Mittlere Reife verfügten, stieg der Prozentsatz 1976 auf 50 %. Das Hauptmotiv der Bewerberinnen war die Aussicht, im Anschluß an den Militärdienst entweder in den öffentlichen Dienst oder in die Laufbahn des Berufssoldaten übernommen zu werden, mit baccalauréat oder Mittlerer Reife (B.E.P.C., B.E.P.) sogar in die Offizierslaufbahn. (12) Im Sanitätsdienst bewarben sich jeweils 75 % der Frauen um eine Stelle im Militär. Zwischen 1972 und 1977 wurden von 978 Kandidatinnen jedoch nur 134 übernommen, weil sich viele hervorragend qualifizierte Frauen aus dem Zivilbereich um Aufnahme bewarben, deren berufliche Vorbildung die militärischen Berufsfeldkenntnisse der volontaires wettmachte. (13)

Aber auch diejenigen, die in einen Zivilberuf zurückkehrten, sahen im Nationaldienst zumindest eine persönliche Bereicherung. Viele von ihnen hatten zusätzliche berufliche Kenntnisse erworben – im Sanitätsdienst erhielten z. B. 87,2 % der einschlägig Beschäftigten das Hilfspflegerinnenzeugnis – und besaßen damit bessere Berufschancen als vorher. (14)

Ebenso groß wie der Andrang zum weiblichen Nationaldienst – aber von weit größerem Gewicht – war der Wunsch vieler Französinnen, eine Karriere als Unteroffizier oder Offizier in den Streitkräften zu versuchen. Als zum 1. 2. 1974 20 Soldatinnen für das Flugsicherungswesen eingestellt werden sollten, meldeten sich 228 Bewerberinnen. Zum Auswahltermin 18. 9. 1974 für den Verwaltungsdienst meldeten sich 685 Frauen für 55 Plätze. Die Zahl der Bewerberinnen für 50 Stellen des Fernmeldedienstes der Luftwaffe lag bei 563 Bewerbungen. (15)

Zur gemeinsamen Grundausbildung für die weiblichen Offiziers- und Unteroffizierbewerber aller Streitkraftteile wurde am 1. 4. 1973 acht Kilometer außerhalb von Caen die Ecole Interarmée des Personnels Militaires Féminins (E.I.P.M.F.) geschaffen. Während der sechsmonatigen Offizierlehrgänge und der 3 1/2-monatigen Unteroffizierlehrgänge sollten die Lehrgangsteilnehmer die militärische Gemeinschaft kennenlernen, Grundkenntnisse über die Forderungen ihres Berufes erlernen, sich allgemeine militärische Kenntnisse aneignen und Gelegenheit haben, ihre geistigen und physischen Fähigkeiten zu entwickeln. (16) Solange sie bestand, war die E.I.P.M.F. sozusagen die Mutterschule aller Frauen in den französischen Streitkräften. Jede Soldatin war einmal dort gewesen, gleich in welcher Waffengattung sie dann Dienst tat. (17)

1978 wurde die gemeinsame Grundausbildung der weiblichen Bewerber für die Offizierlaufbahn aufgegeben. Die Streitkraftteile verlegten sie an ihre eigenen Schulen. Die Offizierausbildung des Heeres fand in Coetquidan und die der Luftwaffe an der Ecole de l'Air bzw. an der Ecole Militaire de l'Air statt. Die Anwärterinnen für das Intendanturwesen kamen nach St. Cyr.

Nur die Ausbildung für die Unteroffiziere blieb in Caen. Ihr allgemein-militärischer Teil umfaßte Unterrichte über die Verteidigungsorganisation, das Militärreglement und die staatsbürgerliche und militärische Verantwortung. Die militärtechnische und die militärpraktische Ausbildung führte in die Waffensysteme ein, erörterte topographische Fragen und umfaßte Schieß- und Kraftfahrunterricht, Orientierungsmärsche, Erste Hilfe, Bürokunde und Stenographie. Die Wissensschulung setzte sich aus den Fächern Französisch, Geschichte, Geographie, Englisch und Mathematik zusammen. Der Sport nahm einen besonders wichtigen Platz ein. (18)

Für die Unteroffiziere der Laufbahnrichtungen Stabsdienst und Rekrutierungsdienst schloß sich an die Grundausbildung ein zweimonatiger Speziallehrgang an der gleichen Schule an. In der Abschlußprüfung wurde von ihnen die genaue Kenntnis der Verwaltungsvorschriften für das Militärpersonal verlangt, eine vertiefte Kenntnis der französischen Grammatik und der Militärkorrespondenz und exakte Kenntnisse in Stenographie, Maschinenschreiben und Bürodienst. (19) Alle anderen Spezialausbildungen fanden in den Truppenschulen der Waffengattungen statt, gemeinsam für Frauen und Männer.

Ab 1971 konnten Angehörige des personnel féminin zur höheren Stabsausbildung an die Ecole Militaire kommandiert werden. Nach erfolgreicher Beendigung der Lehrgänge wurden sie als sogenannte diplomé – was einer Stabsoffizierausbildung unter Berücksichtigung der besonderen Funktionen des personnel féminin entspricht und gleichzeitig die Möglichkeit des Aufstiegs in den höheren Offizierdienst gibt – in den militärischen Dienststellen eingesetzt. Weibliche Offiziere, die das brevet supérieur (Diplom der Rechts- und

Wirtschaftswissenschaften) oder das brevet technicien (naturwissenschaftlich-technisches Diplom) erlangen wollten, wurden zu einer der Grandes Ecoles entsandt. Die Ausbildungsdauer betrug vier Jahre, wovon ein Jahr an der Ecole de Guerre zu absolvieren war.

Die militärischen Verwendungen von Frauen

Die Frauen, die in den einjährigen freiwilligen nationalen Dienst aufgenommen worden waren, konnten folgendermaßen eingesetzt werden:

– In den medizinischen Berufen als Ärztin, Pharmazeutin, Dentistin,
– in den medizinischen Hilfsberufen als Krankenschwester, Anästhesieassistentin, Laborantin, Diätschwester, medizinische Sekretärin,
– im Labordienst als Ingenieurin, Übersetzerin, Dolmetscherin,
– im Sozialdienst als Sozialarbeiterin, Erzieherin, Fürsorgerin,
– im Verwaltungsdienst als Bibliothekarin, Buchhalterin, Stenotypistin,
– im technischen Dienst als Telefonistin, Fernschreiberin, Filmvorführerin, Informatikerin,
– im Hostessendienst als Empfangsdame und Führerin,
– im KFZ-Dienst als Fahrerin. (20)

Von den 400 jährlich den Nationaldienst leistenden Frauen ging mehr als die Hälfte in den Sanitätsdienst. Der Rest verteilte sich auf Heer, Marine, Luftwaffe und Gendarmerie (Militärpolizei). (21)

Die weiblichen Unteroffiziere und Offiziere, die in den Einheiten, als Angehörige des P.F.A.T. (Personnel Féminin de l'Armée de Terre), P.F.A.M. (Personnel Féminin de l'Armée de Mer) und P.F.A.A. (Personnel Féminin de l'Armée de l'Air) tätig waren, arbeiteten in der Hauptsache in den Geschäftszimmern, bei der Rekrutierung (Musterung) und im Fernmelde- und Materialwesen. Die Masse wurde im Stabsdienst verwendet. Das waren 45 % aller weiblichen Soldaten. Von ihnen waren wiederum 90 % als Sekretärinnen, Stenotypistinnen und Bürogehilfinnen tätig. Die Rekrutierungsstellen beschäftigten 20 % des weiblichen Personals der Streitkräfte. Sie füllten die Stellen aus, die bei den NATO-Partnern von Zivilangestellten wahrgenommen wurden. Im französischen Verteidigungsbereich war der Anteil des zivilen Personals von jeher kleiner als in den anderen NATO-Staaten. Ohne die zivilen Stellen im Rüstungsbereich rechnete sich in Frankreich eine Zivilperson auf fünf Soldaten, eine zu drei in Deutschland, eine zu zwei in den Vereinigten Staaten und vier zu fünf in Großbritannien. Viele in anderen Ländern von Zivilisten besetzten Stellen werden in Frankreich dem Militärpersonal vorbehalten. (22)

Die Integration der Frauen in die Streitkräfte

Das Jahr 1977 brachte einschneidende Veränderungen für die in den Streitkräften dienenden Frauen. Die durch Gesetz angeordneten Integration der weiblichen Soldaten in das männliche Unteroffizier- und Offizierskorps der Waffengattungen zwang die Personalführungen zu Quotenfestlegungen für die verschiedenen Verwendungsbereiche, für die Frauen zugelassen waren. Im Verwaltungsdienst durften z. B. bis zu 40 % der Offizierstellen von Frauen besetzt werden, im technischen Dienst und im Bodendienst der Luftwaffe nur 15 %. (23) Wegen der großen Zahl von Bewerberinnen und der Quotenbeschränkungen mußten mehr Frauen abgelehnt werden als Männer. Bei denen, die übernommen wurden, war das Bildungsniveau höher als bei den Männern. 1981 gab es in den französischen Streitkräften zwar bereits 15 000 Soldatinnen. Das waren aber nur 2,6 % des gesamten Militärpersonals und 4,8 % des aktiven Personals, zu dem sie fast ausschließlich gehörten. Sie stellten 1,6 % der Offiziere, 5,7 % der Unteroffiziere und 4,2 % der Mannschaften. (24)

Die weiteren Strukturreformen in den französischen Streitkräften wurden 1982 auf Anordnung des Verteidigungsministers Charles Hernu unter der Leitung des Inspekteurs des französischen Sanitätsdienstes Valérie André von einer Kommission ausgearbeitet, die sich aus Abgeordneten der französischen Kammern und Persönlichkeiten des öffentlichen Lebens zusammensetzte. Sie untersuchte u. a. folgende Probleme:

– Mögliche Konflikte zwischen den Rechten des einzelnen und den Anforderungen der nationalen Sicherheit
– Medizinische Überlegungen zur Körperkraft und Widerstandsfähigkeit von Frauen bei der Verwendung in Gefechtseinsätzen
– Finanzielle Belastungen, die bei einer Verwendung von Frauen entstehen, zum Beispiel bei Schwangerschaften, Fehlzeiten im Dienst, Änderungen an der Ausrüstung, Umbauten in den Kasernen
– Rekrutierungsschwierigkeiten.

30 Vorschläge der Kommission wurden mit den Dekreten vom 10. 2. 1983 und 10. 3. 1983 in die Wirklichkeit umgesetzt. Das Hauptproblem war die Frage, welche Waffengattungen und militärischen Einsätze für Frauen geöffnet und welche ihnen versperrt bleiben sollten.

Nach umfassenden Beratungen zwischen dem Verteidigungsministerium, den Stäben der Teilstreitkräfte und den Direktoraten wurde beschlossen, daß jede Teilstreitkraft gemischte Einheiten aus Frauen und Männern als Pilotprojekt aufzustellen habe. Die Ausbildungsstätte für Frauen in Caen-Carpiquet wurde aufgelöst. An allen concours durften Frauen gleichberechtigt teilnehmen. Im Heer wurden die Zulassungsbeschränkungen für Frauen im Fernmeldedienst, in der Instandsetzung, in der Artillerie einschließlich Boden-Luft-Abwehr, im Pionierwesen und bei der aviation légère aufgehoben. In der Marine begann der Versuch, Frauen an Bord von Kriegsschiffen, außer U-Booten, zuzulassen. Der Versuch sollte fünf Jahre laufen. In der Luftwaffe wurde erstmals auch die Transportfliegerei für Frauen geöffnet. Auch zu den Raketenbatterien sollten sie Zugang erhalten. Für die Territorialbrigaden der Gendarmerie gab es keinerlei Beschränkungen mehr. Die Garde republicaine nahm ebenfalls Frauen auf. Der Sanitätsdienst sollte bis zu 50 % Frauen rekrutieren und damit die Gleichberechtigung des weiblichen Geschlechts auch quantitativ unterstreichen.

Kurz nach dem Ablauf der Versuchsphase, in der sich die Frauen mit ihren Leistungen durchgesetzt hatten, mußte Frankreich 15 000 Mann für den Golfkrieg zur Verfügung stellen. Paris hatte Schwierigkeiten, das Kontingent zusammenzubekommen, weil Wehrpflichtige nicht zu diesem Auslandsdienst verpflichtet werden sollten. Aus mehreren Regimentern mußten Freiwillige und Berufssoldaten herausgezogen werden. Im Gegensatz zu den Franzosen konnten die Briten ohne Schwierigkeiten 30 000 Mann für das Unternehmen Wüstensturm zur Verfügung stellen, weil sie eine Berufsarmee besaßen. Unter Staatspräsident Mitterand wurde das Versagen der französischen Außenpolitik in diesem Punkt nicht debattiert. Sein Nachfolger, Staatspräsident Chirac, scheute sich in

Kenntnis der Golfkriegs-Fragestellung nicht, den Übergang von der traditionellen Wehr-pflichtarmee in eine Berufsarmee zu fordern, damit Frankreich an internationalen Einsät-zen teilnehmen könne, wie es einer Großmacht zukomme. (25) Der Umfang der französi-schen Streitkräfte sollte auf 250 000 Soldaten halbiert werden. Bereits in der ersten Stufe der Reform sollten bis 1999 38 von 180 Regimentern des Heeres aufgelöst, 13 von 120 Kriegsschiffen außer Dienst gestellt, drei Luftwaffenstützpunkte aufgegeben und vier Militärspitäler geschlossen werden. (26)

Für die Verwendung von Frauen in den Streitkraftteilen wurden folgende Vorschläge umgesetzt:

Im französischen Heer (armée de terre) wurden durch die Verordnung vom 9. 5. 1995 die Funktionen des Waffenoffiziers, Verwaltungsoffiziers und technischen Offiziers bei der Boden-Luft-Abwehr, bei den Pionieren, beim Nachschub, beim Fernmeldewesen und in der Logistik für Frauen geöffnet. Nur die Verbände der Kampftruppen, also z. B. Infanterie und Panzerwaffe, blieben eine Domäne der Männer.

Die Einstellung zum Waffenoffizier erfolgte über die Wettbewerbe an der Ecole polytechnique de Palaiseau. Zum Einstellungswettbewerb an der Ecole spéciale militaire de Saint-Cyr durften alle Absolventen naturwissenschaftlicher Schulen und alle, die die Zulassung zum Universitätsstudium hatten, antreten, wenn sie unter 25 Jahre alt waren. Die Quote für Frauen wurde jedoch auf 20 % limitiert. Für weibliche Unteroffiziere und Reserveoffiziere, die eine Mindestdienstzeit von vier Jahren hinter sich hatten, gab es einen internen concours, wenn sie jünger als 32 Jahre waren. (27)

Wer die Ausbildung zum Unteroffizier des Heeres begann, mußte sich für mindestens fünf Jahre verpflichten. Nach vier Dienstjahren konnte er bei entsprechender Eignung Berufsunteroffizier werden.

Seit 1984 sind folgende Waffengattungen für Unteroffiziersbewerberinnen offen: Artil-lerie, Pionierwesen, Nachschubwesen, Materialwesen und Fernmeldedienst. Sie müssen

Verwendungen der Frauen im Heer

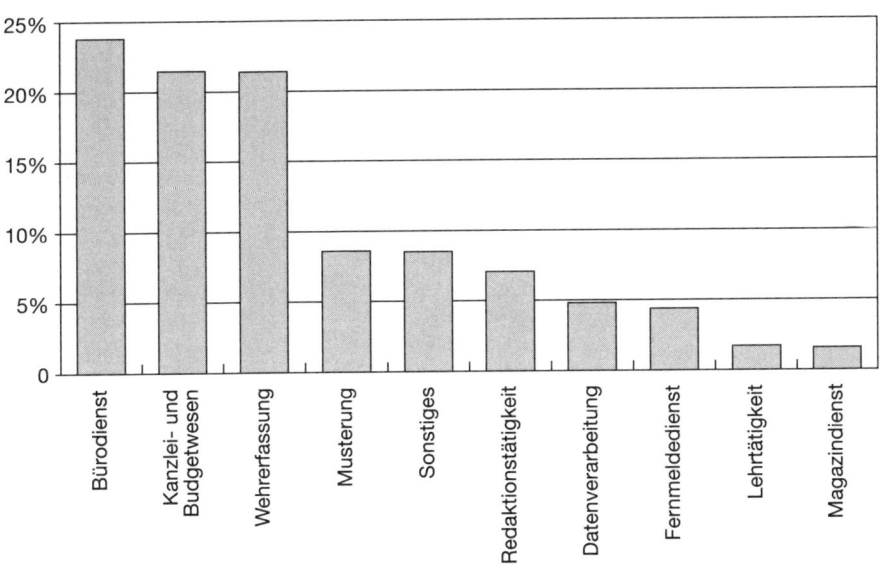

zwischen 18 und 28 Jahren alt, unverheiratet und kinderlos sein und das brevet de collèges oder das baccalauréat besitzen. Sie müssen die Tauglichkeitskriterien erfüllen und eine Reihe psychologischer Tests bestehen, die von Waffengattung zu Waffengattung verschieden sind. Die militärische Grundausbildung dauert einen Monat. Die Ausbildung zum Unteroffizier erfolgt zusammen mit den männlichen Kameraden an der Ecole Nationale des Sous-Officiers d'Active (ENSOA) in Saint-Maixent oder direkt bei den Waffenschulen der einzelnen Dienste. Die engagées volontaires spécialistes (EVSP) und die engagées volontaires sédentaires (EVSD) wurden bis zur Aufhebung der Wehrpflicht in Frankreich in der Mehrzahl aus den Reihen der weiblichen Freiwilligen (volontaires militaires féminines) rekrutiert, die ihren Militärdienst (service national) absolviert hatten.

1997 dienten etwa 9 000 Frauen im Heer. Sie machten 7,5 % des aktiven Personals aus. Es gab 400 weibliche Offiziere, 8 200 weibliche Unteroffiziere und 1 200 Frauen in den Mannschaftsdienstgraden. Obwohl ihnen alle Fachrichtungen offenstanden, gab es wenige Frauen bei den Kampftruppen, d. h. bei Infanterie, Panzertruppe und Artillerie. Die meisten arbeiteten in der Verwaltung, bei der Nachrichtentruppe und in der Logistik. Vier Frauen hatten 1997 den Rang eines Generals erreicht.

In der französischen Luftwaffe (armée de l'air) dienten 1984, als die Reform einsetzte, mehr als 5000 Frauen. 140 Frauen waren Offiziere. Das entsprach 2 % des Luftwaffenoffizierkorps. Alle hatten die Ausbildung an der Luftwaffenoffizierschule durchlaufen, die erstmals 1975 für weibliche Bewerber geöffnet worden war. Vier weibliche Offiziere dienten 1984 als Pilotinnen von Transportflugzeugen und Helikoptern. 18 Frauen arbeiteten im Instandsetzungsdienst als officiers mecaniciens. Auf Flughäfen waren 85 weibliche Offiziere beschäftigt. Die anderen waren im Luftwaffenerprobungsdienst, in Schulen und in Stäben eingesetzt. Im Bodendienst trugen die weiblichen Offiziere mit einer Ausnahme – nämlich bei den Sicherungskommandos – alle Verantwortlichkeiten, die nicht dem fliegenden Personal vorbehalten waren. Sie arbeiteten in der Flugsicherung, im Informationswesen, im Fernmeldedienst, in der Logistik und bei der Flugauskunft. Bevor die weiblichen Offiziere die Verwaltung einer Basis übernehmen können, müssen sie als commissaires de l'air im Generalstab, bei den regionalen Kommandobehörden und bei der Zentralverwaltung ihren Mann gestanden haben. Als Kommandanten einer Flugbasis koordinieren und überwachen sie dann alle Verwaltungtätigkeiten und Finanzaktionen des Flughafens. Die Beschäftigungsformen wurden denen der männlichen Kollegen angepaßt.

Seit 1995 können Frauen alle Funktionen ausüben, auch die des Kampfjetpiloten. Nur in die Sicherungskommandos werden keine Frauen aufgenommen, weil in diesen Einheiten der Waffengebrauch zur Praxis gehört.

1997 waren von den 55 972 Luftwafffenangehörigen 5 947 Frauen: 329 Offiziere, 4 472 Unteroffiziere und 1 146 Mannschaftsdienstgrade. Das waren 11 % des Gesamtpersonals. Im technischen Dienst waren sogar 20 % Frauen. Der höchste Dienstgrad, den eine Frau in der Luftwaffe 1997 innehalte, war Oberst. Zusätzlich arbeiteten in den Dienststellen der Luftwaffe 1 676 weibliche Zivilangestellte.

In der französischen Marine (marine) war der Widerstand gegen die Einbeziehung von Frauen in alle Fachrichtungen am größten. Man sträubte sich besonders dagegen, Frauen an Bord von Kriegsschiffen zu nehmen. (28) Die ersten Bordfunktionen, die für Frauen in einem fünfjährigen Pilotprojekt 1984 geöffnet wurden, waren die des Wachoffiziers auf Großkampfschiffen und die des Helikopterpiloten. Erstmals wurden vier Offiziere auf das Schulschiff Jeanne d'Arc versetzt. Fünf weitere weibliche Offiziere aus dem Corps technique et administratif, dem Frauen schon seit längerem an Land angehören durften, kamen auf andere Dickschiffe. In den Stäben an Land übernahmen die Frauen die Funktionen des Informationsoffiziers, Medienoffiziers und Personalführungsoffiziers. Im Bereich der Dienste oblagen ihnen Verwaltungs-, Finanz- und Logistikfunktionen. Im Corps des ingénieurs des études et techniques de travaux maritimes hatten sie den Auftrag zur Lehre und zum Unterhalt der Marineinfrastruktur. Als Offiziere der Marineverwaltung (Corps des administrateurs des affaires maritimes) waren Frauen in allen Verwaltungs- dienststellen einsetzbar. Das corps des officiers spécialisés de la marine rekrutierte seine Offiziere intern. Das corps des officiers de marine und das corps du commissariat de la marine übernehmen mit wenigen Ausnahmen nur weibliche Bewerberinnen in den aktiven Dienst, die sich bereits als Reserveoffiziere qualifiziert hatten. Die Marinekommissarin- nen beraten die Kommandanten in allen Fragen aus den Bereichen Verwaltung, Finanzen, Recht und Logistik.

Im Unteroffizierbereich der Marine korrespondieren die meisten militärischen Funktio- nen mit zivilberuflichen Tätigkeiten. Die meisten Frauen arbeiten bei den Hafenbehörden.

Seit 1992 stehen den Frauen in der Marine alle Verwendungen offen bis auf drei: Dienst auf U-Booten, Tätigkeit als Marinekampfflieger und Einsatz als Geschützbedienungen. Mütter von Kindern dürfen nur an Bord genommen werden, wenn sie zustimmen. 1997 taten Frauen in gemischten Mannschaften Dienst auf fünf Kriegsschiffen. Wie ihre männ- lichen Kameraden wurden sie zu allen allgemeinen Borddiensten eingeteilt, z. B. Wach- dienst, Reinigungsdienst. Drei Frauen hatten bis 1997 das Kommando über Schiffe anver- traut bekommen.

1997 stellte die Marine den Frauen 10 % der Bordplätze auf Kriegsschiffen zur Verfügung. Unter den 3 340 weiblichen Matrosen gab es 1997 120 Offiziere und 3 200 Maate. Sie arbeiteten in 34 Fachrichtungen.

1976 wurden Frauen erstmals bei der Gendarmerie zugelassen. Nach ihrer Ausbildung nahmen sie in der Regel technische und Verwaltungsaufgaben in den Behörden wahr. 1979 wurden sie in der Gruppe „emplois administratifs et d'état-major de la gendarmerie" zusammengefaßt. Ein Ministererlaß – die Gendarmerie untersteht dem Verteidigungsmi- nisterium – vom 9. 6. 1983 öffnete weitere Verwendungen für Frauen, z. B. den mobilen Dienst, den Waffendienst und die Spezialdienste (Ermittlungsdienst, Bergrettungsdienst, Überwachungsdienst etc.) Auch die Garde républicaine übernahm Frauen. 1984 gab es bereits 605 weibliche Gendarmerieangehörige in allen Sparten. Jährlich übernimmt die Gendarmerie 200 Frauen.

Für die Laufbahnen der weiblichen Unteroffiziere und Offiziere gab es bei der Gendar- merie lange Zeit eine Quote von 5 %. Die Unteroffiziere, die an der Ecole préparatoire et de perfectionnement de la gendarmerie (EPPG) in Montluçon ausgebildet wurden, nahmen dieselben Funktionen wahr wie ihre männlichen Kollegen. 1984 standen 170 Frauen im Rang von Unteroffizieren. Nach drei Dienstjahren in den Kommandobehörden der Depar- tements und in den Motorradeinheiten durften sie sich für Funktionen im polizeilichen Ermittlungsdienst, bei der Marine- und Luftgendarmerie, bei den Gendarmerieschulen und bei der Lufttransportgendarmerie bewerben. (29) Die Gendarmerieoffiziere werden nach dem Studium an einer polytechnischen Hochschule oder an der Verwaltungshochschule ENA an der Ecole des officiers de la gendarmerie nationale in Melun ausgebildet. Die Akzente liegen auf militärischer und sportlicher Leistung. Nach vier Monaten werden die Aspirantinnen zur praktischen Ausbildung an die größeren Gendarmeriedienststellen weitergeleitet. Diejenigen, die Reserveoffiziere der Gendarmerie werden wollen, scheiden danach aus. (30)

Frauen, die ihren service nationale bei der Gendarmerie abdienen wollten, wurden nach zweimonatiger Ausbildung an der Schule in Fontainebleau als Hilfspolizistinnen verwendet. Die meisten arbeiteten in den Büros. 1984 waren es 120 Frauen und 1994 283, die diesen Weg bevorzugten. Viele entschlossen sich aufgrund der einjährigen Erfahrungen, sich für ein weiteres Jahr oder gar für mehrere Jahre weiterzuverpflichten. (31)

Die Gendarmerie hatte 1997 den geringsten Frauenanteil. Die 14 weiblichen Offiziere und 2 261 Unteroffiziere stellten 3,5 % des Gesamtpersonals dar. Vier Fünftel aller Frauen fanden sich in den Territorialverbänden. Das aktive Dienstpersonal der Gendarmerie machte 1997 rund 80 000 Frauen und Männer aus. 5 300 gehörten zur Reserve. (32)

Frauen in den Streitkräften

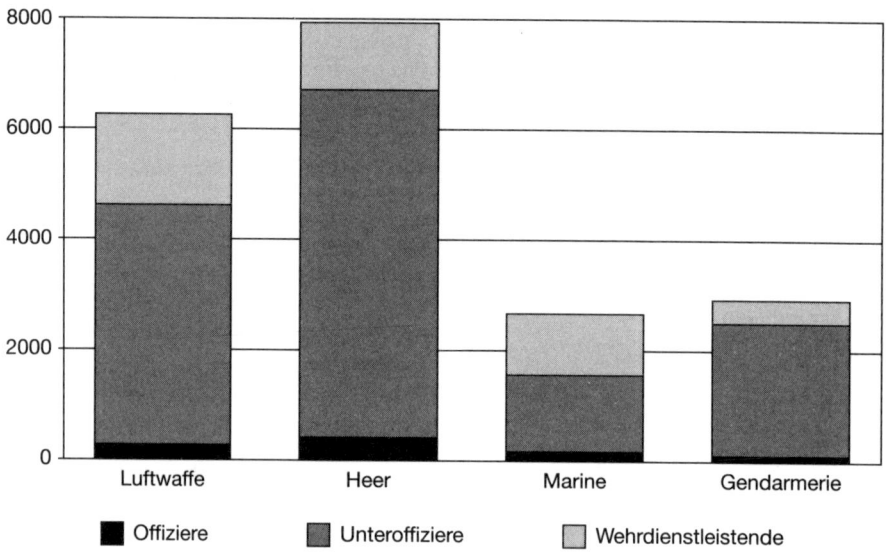

Das Rüstungsamt (délégation générale pour l'armement, DGA) stellt Frauen ohne militärische Dienstgrade für drei Bereiche ein: Rüstungsingenieure (ingénieurs de l'armement, IA), Offiziere für Studien und Techniken der Rüstung (ingénieurs des études et techniques de l'armement, IETA) und Offiziere des Technik- und Verwaltungskorps im Rüstungssektor (officiers du corps technique et administratif de l'armement, OCTAA). Die Frauen werden nach den gleichen Kriterien rekrutiert wie die männlichen Kandidaten. Aufgrund der Ergebnisse des Auswahlwettbewerbs, für den ein Ingenieursdiplom Voraussetzung ist, dürfen bis zu 20 % Frauen aufgenommen werden. Die Spezialausbildung erfolgt nach Fachgebieten, entweder an der Ecole nationale supérieure des techniques avancées (ENSTA) für Schiffstechnik, Mechanik, Chemie, Nuklearphysik und Elektronik oder an der Ecole nationale supérieure de l'aéronautique et de l'espace (ENSAE) für Luft- und Raumfahrt, Informatik und Automatisierung.

Die Offizierslaufbahn im Rüstungssektor (officiers du corps technique et administratif de l'armement) kann bis zu 40 % mit Frauen besetzt werden. Am Auswahlwettbewerb dürfen nur Inhaber und Inhaberinnen eines Universitätsabschlußzeugnisses (DEUG) teilnehmen. Die Ausbildung dauert drei Jahre: zwei Jahre an der Ecole d'administration de l'armement und ein Jahr im Praktikum. (33)

Im französischen Sanitätsdienst (service de santé) wurde am 1.7. 1984 die erste Frau zum General ernannt: Micheline Chanteloube-Reboul, die 1946 ihre medizinische Karriere begann. Für den Dienst in den französischen Streitkräften können sich Ärzte, Pharmazeuten, Biochemiker und Veterinärärzte bewerben, die den zweiten Ausbildungsabschnitt abgeschlossen haben. Die jährliche Frauenquote nähert sich den 50 %. Die Ausbildung erfolgt an den Ecoles du Service de santé. Die Verpflichtungszeit im Anschluß an die Ausbildung beträgt mindestens zehn Jahre.

Neben dem medizinischen Dienst gibt es im Sanitätswesen ein corps des officiers du corps administratif et technique. Das Höchstalter der Bewerberinnen beträgt 30 Jahre. Sie müssen über einen fachbezogenen Universitätsabschluß verfügen. Die Ausbildung dauert drei Jahre. Für Armeeangehörige gibt es einen besonderen Auswahlwettbewerb. An ihm nehmen in der Regel Reserveoffiziere, Unteroffiziere aller Teilstreitkräfte, Krankenhauspersonal und technisches Personal der Truppe teil, die über eine entsprechende Qualifikation verfügen. Der Frauenanteil ist auf 40 % beschränkt. (34)

Unteroffizierbewerberinnen aus dem Krankenpflegedienst erhalten eine technische und verwaltungsmäßige Ausbildung von zwölf Monaten an der Ecole nationale des sousofficiers du Service de santé de l'armée de terre (ENSOSSAT) oder von neun Monaten an der Ecole des infirmiers de la marine (EIM). Neben den weiblichen Sanitätsunteroffizieren arbeitet in den Krankenanstalten und Lazaretten der französischen Armee eine große Zahl an weiblichem Zivilpersonal in allen Funktionen. Ihr Einsatz entspricht dem in zivilen Krankenhäusern.

1996 gab es 2 600 weibliche Angehörige des Sanitätsdienstes in Frankreich.

Es genügten wenige Jahre, um alle Bedenken gegen die gleichberechtigte Aufnahme von Frauen in die französischen Streitkräfte zu widerlegen. Der weibliche Anteil wuchs nicht nur zur Quotenerfüllung, sondern weil die Frauen bei den concours überraschend gut abschnitten. Die physischen Minderleistungen in der Ausbildung wurden durch Einsatzfreude, Fleiß und Exaktheit in der Dienstausübung wettgemacht.

Das größte Problem für die jungen Frauen in der Armee stellte die Familiengründung dar. Die Armee konnte auf Standortwünsche und Partnerzusammenführung nur in beschränktem Umfang reagieren, weil die Einsatzbereitschaft das höchste Kriterium darstellte. Die Beaufsichtigung und Betreuung der Kinder schien besonders schwierig, wenn beide Partner Soldaten waren. (35) Aus familiären Gründen haben z. B. in den zehn Jahren zwischen 1984 und 1994 19 % der weiblichen Gendarmerieangehörigen den Dienst aufgegeben. (36)

Auf dem Weg zur Berufsarmee

Ab 1997 konnten sich alle zwanzigjährigen Frauen zu einem freiwilligen Wehrdienst oder Zivildienst (rendez-vous citoyen, RVC) melden. Sie wurden wie die männlichen Wehrpflichtigen gemustert und getestet. Je nach Eignung und Befähigung konnten beide Geschlechter in Heer, Luftwaffe, Kriegsmarine, Gendarmerie (gendarmerie nationale), Nationalpolizei (police nationale), Zolldienst, Zivilschutz oder Umweltschutz einen zehnmonatigen Dienst absolvieren. Die Zentrale des RVC war das Centre du Service national de Mâcon, wohin im Juni 1997 die ersten Dienstleistenden einberufen wurden. Ob der

Zivildienst ab 2003, wenn die Wehrpflicht ausläuft, für Frauen und Männer obligatorisch sein würde, sollte im Laufe der Reformen entschieden werden. (37)

Im Januar 1997 begannen die Parlamentsberatungen über das Gesetz „portant réforme du Service national". Die Abgeordneten beschlossen, die Wehrpflicht nicht aufzuheben, sondern nur zu suspendieren, und die Musterungen in den Gemeinden weiterzuführen. Für kürzerdienende Freiwillige, auch Frauen, wurden 27 000 Stellen in den Streitkräften bereitgestellt. Während einer zwölfmonatigen Dienstzeit sollte ihnen die Möglichkeit gegeben werden, eine Dienstzeitverlängerung einzugehen. (38)

Nach dem Ende der Übergangsperiode von der Wehrpflicht zur Berufsarmee im Jahre 2002 werden die Streitkräfte, die Gendarmerie und die Polizei beiden Geschlechtern ohne Diskriminierung der Frauen für eine Berufslaufbahn oder eine zeitliche Verpflichtung offen stehen. Bei den Befragungen, die 1996/97 in allen Gemeinden durchgeführt wurden, um die Meinung der Bevölkerung zur Einführung einer Berufsarmee zu erfahren, zeigte sich die Mehrheit an der Frage desinteressiert. Von denen, die sich an der Diskussion beteiligten, befürworteten 76 % die Reform des Wehrdienstes, die meisten in der Hoffnung, die neue Form des Dienstes werde zivilberuflich nutzbar sein. Die Gegner der Reform brachten folgende Argumente vor: die Tradtion des Wehrdienstes in der französischen Geschichte, die Schwächung des Verteidigungspotentials, Verlust der militärischen Tugenden für die Jugendlichen, die Wehrungerechtigkeit. Zum Ausgleich für die entfallende Wehrpflicht plädierten sie für einen Pflichtdienst für beide Geschlechter. Diese Regelung wünschten sich vor allem die älteren Befragten, während die Jugendlichen für die Entscheidungsfreiheit der Betroffenen eintraten. Alle Beteiligten waren der Meinung, daß die geplante Reform nicht nur das Militär betreffe, sondern die französische Gesellschaft als ganzes. (39)

Die Feminisation in der französischen Gesellschaft

Die féminisation in den französischen Streitkräften muß im gesamtgesellschaftlichen Kontext gesehen werden. Die schrittweise Verbesserung der weiblichen Position beweist die Irreversibilität des Vorgangs. (40) Sie hat die Gleichberechtigungsbestrebungen der Französinnen gefördert. 84 % der weiblichen Offiziere und 84 % der weiblichen Unteroffiziere empfanden nach einer Befragung im Jahre 1994 ihre Stellung in der Armee als befriedigend oder sehr befriedigend. (41) Kein anderer Berufszweig weist derartig positive Voten auf.

Für die Situation der Frauen in Frankreich war bis zur Mitte des 20. Jahrhunderts das Erbe des Code civile bestimmend. Der berühmte Artikel 213 „L'homme doit protection à la femme, la femme doit obéissance à son mari" definierte die Frau in ihrer abhängigen Eherolle. Daraus leiteten die Männer generationenlang den Anspruch ab, den Frauen politische Rechte vorzuenthalten. Selbst nach dem Ersten Weltkrieg, als in vielen europäischen Staaten den Frauen das Wahlrecht zugestanden wurde, blieb in der französischen Verfassung die Stimmrechtsfrage ungeklärt. Erst de Gaulle warf diese historische Bürde ab, als er im Dekret von Algier 1944 den Frauen das volle Wahlrecht zugestand, allerdings unter dem Druck der Helferinnen, die bereits jahrelang für Frankreich gekämpft hatten, entweder in der Résistance oder in der Armee. (42) Die Verfassungen von 1946 und 1958 nahmen die Gleichheit der Geschlechter als Grundsatzbestimmung auf.

Alles, was sich seitdem in Frankreich auf dem Gebiet der Frauenemanzipation abgespielt hat, ist die Annäherung an die Forderung: „reconnaitre l'égalité effective des hommes et des femmes, en droit et en devoir, et créer les conditions nécessaires à la pratique de cette égalité." (43) Die Wünsche der Frauen umfaßten eine ganze Palette. Sie reichten von Verbesserungen im Eherecht über Zugeständnisse im Sozialsektor und in der Arbeitswelt bis zu einer Lockerung der Abtreibungsbestimmungen.

1964 beseitigte ein Gesetz weitgehend die Ungleichheit der Ehegatten hinsichtlich der Eigentumsverhältnisse und der Scheidungsgründe. Eine der wichtigsten Forderungen, der freie Zugang zu allen Beschäftigungen (le libre accès des femmes à l'emploi) und den dazugehörigen Ausbildungsformen, wurde in einem Gesetz vom 11.7.1970 garantiert, das unter Androhung von Strafe verbietet, Frauen, die sich um einen Arbeitsplatz bewerben, aus Gründen des Geschlechts oder des Familienstandes zurückzuweisen. An den Universitäten stieg der Anteil der weiblichen Studenten bis zu 50%. Von den akademischen Berufen waren in den achtziger Jahren etwa 15% in der Hand von Frauen. Selbstverständlich waren die meisten Lehrerinnen.

Um den Beschwerden der Frauen im Wirtschaftsleben nachzugehen, beauftragte die Regierung die Staatssekretärin Françoise Girond mit einer Enquête über die Situation der Frauen (condition féminine). Dabei stellte sich wider Erwarten heraus, daß die meisten Frauen ihr Glück nicht im Beruf, sondern in einer intakten Familie sahen. Die Hochschätzung des Kindes bei den romanischen Völkern traf zusammen mit dem Stolz auf die Erziehungsleistungen der Mütter. Die Konzentration vieler Französinnen auf die Familie erklärt, warum die Gesamtzahl der voll berufstätigen Frauen in Frankreich mit Ausnahme der Lehrberufe nicht so angestiegen ist wie in Deutschland oder den USA. Viele Frauen begnügen sich mit Teilzeit-Arbeitsstellen, damit sie die Erziehung ihrer Kinder nicht zu vernachlässigen brauchen. Auf der anderen Seite blieb die Zahl der Ehescheidungen in Frankreich bis in die 80er Jahre bei einem Durchschnitt von einer auf acht Eheschließungen. (44)

Seit 1970 wurde das französische Familien- und Arbeitsrecht durch mehrere Novellen zugunsten der Frauen reformiert: An die Stelle des „Vaterrechts" trat 1970 das „Elternrecht", 1972 wurde die gleiche Bezahlung für gleiche Arbeit eingeführt, 1975 wurden der Schwangerschaftsabbruch legalisiert, die Scheidung vereinfacht und im öffentlichen Dienst der gleiche Zugang für Frauen und Männer dekretiert, 1980 die Entlassung Schwangerer verboten, 1983 die berufliche Benachteiligung von Frauen verboten und für alle Betriebe mit mehr als 50 Arbeitnehmern die Berichtspflicht eingeführt, 1985 wurde das gemeinsame Erziehungsrecht beider Elternteile festgelegt, 1987 die Einschränkungen der Nachtarbeit aufgehoben.

Die französischen Massenmedien waren jahrelang hin und hergerissen zwischen der herkömmlichen Darstellung der Französin als Weib und Geliebte und ihrer vorurteilsfreien Porträtierung als gleichberechtigtes Wesen ohne Rollenzwang. Um die traditionellen Klischees wenigstens für die kommende Generation abzubauen, wurden die französischen Schulbücher revidiert und alle Hinweise auf weibliches Rollenverhalten ausgemerzt. In der Werbung wurde die Darstellung von Frauen in typischen Weibchenrollen zurückgedrängt. Seit den neunziger Jahren pflegt man auch dort das Image der beruflich erfolgreichen, öffentlich anerkannten Karrierefrau.

Inzwischen zeigen Statistiken über den weiblichen Anteil in den einzelnen Berufen, daß es kaum noch reine Männerdomänen gibt. Aber das genügt nicht. Die Frauen sollen nicht nur die Möglichkeit haben, den Beruf ihrer Wahl zu ergreifen, sondern auch Posten höherer und höchster Verantwortung zu erreichen (accéder à tous les niveaux de responsabilité). Der öffentliche Dienst ging der freien Wirtschaft dabei mit gutem Beispiel voran. Verwaltungsbereiche, die bisher ausschließlich Männern vorbehalten waren, wie die inspection des finances und die préfectorale, wurden den Frauen geöffnet. Seit 1968 arbeiten Frauen auch im corps de police. Die Laufbahnen des Kriminalkommisars und des Untersuchungsbeamten stehen ihnen offen. Im diplomatischen Dienst wurde der Anteil der Frauen erhöht. Mit der Ernennung von Mademoiselle Campana zur Botschafterin in Panama setzte das Auswärtige Amt ein Signal. Als letzte Schule hat 1975 die 200 Jahre alte Ecole Polytechnique, die elitäre Akademikerschmiede Frankreichs, ihre Tore in Palaiseau für Frauen geöffnet.

Die Akzente im politischen Bereich setzten die Regierungen. 1975–1977 gehörten dem Kabinett drei Frauen an: Simone Veil, Ministre de la Santé; Hélène Dorthac, Secrétaire d'Etat im Justizministerium; Anne Lesur, Secrétaire d'Etat beim Premierminister. Von vielen wurden diese Ernennungen jedoch als „poudre aux yeux" bezeichnet, denn in den parlamentarischen Gremien waren damals die Frauen wie in keinem anderen demokratischen Land unterrepräsentiert. Obwohl sie 53 % des Wählerpotentials darstellen, gab es nur neun weibliche Abgeordnete in der Nationalversammlung, das waren 1,6 % der Sitze. (45) Bei den Wahlen zur Nationalversammlung im Juni 1997 wurden bereits 63 weibliche Kandidaten gewählt. Das waren 6 % der Parlamentarier, immer noch wenige im Vergleich zum norwegischen Parlament (39 %) und zum schwedischen Reichstag (40 %). Das von Ministerpräsident Jospin 1997 gebildete Kabinett hatte bereits acht Frauen mit folgenden Aufgaben: Ministre de l'Emploi et de la Solidarité, Ministre de la Justice, Ministre délégué chargé de l'Enseignement scolaire, Ministre de la Culture, de la Communication et Porte-parole du Gouvernement, Ministre de l'Aménagement du Territoire et de l'Environnement, Ministre de la Jeunesse et des Sports, Secrétaire d'Etat chargé des PME, du Commerce et de l'Artisanat, Secrétaire d'Etat chargé du Tourisme. Diesen Erfolg schrieben sich die Emanzipationsbewegungen in Frankreich auf ihr Konto, denn von 1936 bis 1986 hatte es in Frankreich insgesamt nur 14 weibliche Minister und 26 weibliche Staatssekretäre und zwischen 1947 und 1974 überhaupt keine gegeben. Die ersten drei weiblichen Staatssekretäre hatte Leon Blum 1936 in seine Regierung aufgenommen.

Aus der folgenden Aufstellung wird der wachsende Anteil der Frauen am öffentlichen Leben Frankreichs deutlich. Die Zahlen beziehen sich auf das Jahr 1987: Conseil d'Etat 28 Frauen zu 232 Männern, Cour des comptes 25:305, Inspection des finances 9:216, préfets 1:195. Bei den Bürgermeisterwahlen 1992 wurden 2035 Frauen gewählt. Das waren 5,6 % aller Amtsposten. Mit Catherine Trautmann war Straßburg die einzige Großstadt mit einem weiblichen Bürgermeister.

Trotz aller Verbesserungen in den vergangenen Jahren halten viele Französinnen die Situation des weiblichen Geschlechts noch immer für unbefriedigend. Die traditionellen Vorurteile der Männer gegenüber den Frauen scheinen auch der Grund für die Erfolglosigkeit vieler Feminisationsbemühungen zu sein: Friedfertigkeit wird höher geschätzt als Streitbarkeit, Charme höher als Vernunft. In den politischen Gremien ist die Ausdauer der Frauen kleiner als die der Männer. Die Doppelbelastung von Beruf und Haushalt wirkt sich nachteilig aus. Das politische Engagement ist gering. Dazu kommt, daß die Interessen der Frauen von zu vielen ambivalenten Organisationen vertreten werden. Es ist klar, daß ein Verband wie die Ligue Feminine d'Action Catholique andere Ziele und Strategien hat als linke Frauenorganisationen.

Belegstellen

(1) Vgl. Claire Raymond, La femme militaire des origines à nos jours, Paris u. a. 1981
(2) Vgl. Revue militaire suisse 7–8/1985, S. 370 ff.

(3) Note d'Information Nr. 20, hrsg. vom Service d'Information et de Relations Publiques des Armées, Juni 1975, S. 4

(4) Vgl. Claire Raymond, a.a.O., S. 83 ff.

(5) Vgl. Note d'Information, a.a.O., S. 3 ff.

(6) Ordonnance 59.147 du 7 janvier 1949 portant Organisation génerale de la défense

(7) Vgl. Franz Möller, Frauendienst im Verband der Streitkräfte und in der Zivilverteidigung in verschiedenen europ. und außereurop. Ländern, in: Bundeswehrverwaltung 1964, S. 30 f.

(8) Vgl. L'Aurore politique vom 4. 6. 1970, S. 5 b

(9) Vgl. PPP vom 29. 5. 1972

(10) Revue de Défense nationale 5/1972, S. 838

(11) L'Aurore politique vom 23. 5. 1977

(12) Armées d'aujourd'hui 6/1977, S. 8

(13) Armées d'aujourd'hui 6/1977, S. 41

(14) Armées d'aujourd'hui 6/1977, S. 40 f

(15) Vgl. Armées d'aujourd'hui 2/1975, S. 57

(16) Vgl. Personnel féminin de l'Armée de Terre, hrsg. von Centre de Documentation de l'Armée de Terre, Dezember 1974

(17) Note d'Information Nr. 20, a.a.O., S. 29 f.

(18) Note d'Information Nr. 20, a.a.O., S. 27 ff.

(19) Note d'Information Nr. 20, a.a.O., S. 28

(20) Revue de Défense nationale 5/1972, S. 837

(21) Armées d'aujourd'hui 6/1977, S. 40

(22) Vgl. François Cailleteau, Eléments pour une politique du personnel militaire dans les années 1980, in: Stratégique 12/1981, S. 63 ff.

(23) Vgl. Women in the Allied Forces, hrsg. von Nato Information Service, Brüssel 1978, S. 22 ff.

(24) Vgl. Raymond Caire, La condition feminine dans les armées, in: Armées d'aujourd'hui 12/1980, S. 2

(25) Vgl. Abschied von 'Opas Armee', in: Stuttgarter Zeitung vom 23. 2. 1996

(26) Vgl. Neue Züricher Zeitung vom 19. 7. 1996

(27) Vgl. Edwige Avice, Défense. Formation du personnel des écoles aux réserves, in: Défense nationale 2/1986, S. 7 ff.

(28) Vgl. Olivier Meniolle d'Hauthuille, Des femmes à bord?, in: Armées d'aujourd'hui 1/1982, S. 64 ff.

(29) Vgl. La gendarmerie au féminin, in: Gend info, novembre 1995, S. 12 ff.

(30) Vgl. Les officiers appelés, in: Gend info, janvier 1997, S. 17

(31) Vgl. Le service nationale en Gendarmerie, in: Gend info, novembre 1994; Le Figaro vom 18. 3. 1997

(32) Vgl. La gendarmerie en bref, hrsg. von Ministère de la Défense, 1996, a.a.O., S. 18

(33) Vgl. Armées d'aujourd'hui 6/1984, S. 43

(34) Vgl. Armées d'aujourd'hui 6/1984, S. 45

(35) Vgl. Militaires. Portraits au féminin, in: Object défense Juni/Juli 1994, S. 11

(36) Vgl. La gendarmerie au féminin, in: Gend info, novembre 1995, S. 12

(37) Vgl. Réforme du Service national, in: Le Figaro vom 28. 1. 1997

(38) Vgl. Frankreichs Abschied von der Wehrpflicht, in: Neue Züricher Zeitung vom 21. 8. 1997

(39) Vgl. IPSOS Opinions, hrsg. von Französische Botschaft, Service de Presse & d'Information, An der Marienkapelle 3, 53179 Bonn, vom August 1997,

(40) objectif défense 42/1994, S. 15; Jean Boulègue: 'Feminization' and the French Military. An Anthropological Approach, in: Armed Forces and Soeciety, Spring 1991, S. 343 ff.

(41) Vgl. Militaires. Portraits au féminin, a.a.O. S. 12

(42) Armées d'aujourd'hui 2/1975, S. 98

(43) Vgl. Armées d'aujourd'hui 6/1977, S. 44 f.

(44) Conseil des ministres vom 18. 5. 1976, in: Armées d'aujourd'hui 6/1977, S. 44

(45) John Ardagh, Frankreich als Provokation, Berlin-Frankfurt 1968, S. 304 ff.

Großbritannien

England hat den anderen Nationen in den letzten hundert Jahren mehrmals entscheidende Impulse für den Dienst von Frauen in den Streitkräften und für die Streitkräfte gegeben. Es war eine Engländerin, die während des Krimkriegs erstmals bewies, wie wertvoll der Einsatz von Frauen für eine moderne Armee sein kann: Florence Nightingale. Der britische weibliche Kraftfahrdienst hat seine Wurzel im Burenkrieg. Im Ersten Weltkrieg übernahm die Royal Navy als erste Kriegsmarine der Welt weibliche Hilfskräfte. In der Royal Airforce wurden Frauen zur gleichen Zeit Spezialfunktionen anvertraut, von denen die Einsatzbereitschaft der Flugzeuge abhing; sie arbeiteten als Mechanikerinnen und Maschinistinnen. Lange vor dem Beginn des Zweiten Weltkriegs mobilisierte Großbritannien seinen weiblichen Hilfsdienst für die Streitkräfte, so daß beim Ausbruch des Krieges 20 000 Frauen einsatzbereit waren. Im Dezember 1941 wurde durch das Nationaldienstgesetz Nr. 2 die Zwangsdienstverpflichtung der Frauen eingeleitet, eine Maßnahme, zu der sich nicht einmal die faschistischen Gegner durchrangen. Die Stärke der in den Streitkräften diensttuenden Frauen stieg bis Mitte 1943 auf etwa eine halbe Million und erreichte damit den gleichen Stand wie die Helferinnen der Wehrmacht des Deutschen Reiches am Ende des Krieges. Auch die Einsatzformen waren ähnlich.

Nach dem Zweiten Weltkrieg blieben die Frauenhilfskorps zur Unterstützung der britischen Friedensarmee erhalten. Die Verwendungspalette war beschränkt.

In den siebziger Jahren vermehrten sich Verwendungen, die dem weiblichen Geschlecht offenstanden. In den achtziger Jahren konnten die Frauen im Heer mehr als 30 Funktionen wahrnehmen. Die Luftwaffe stellte ihnen 18 der 22 Hauptverwendungen zur Auswahl. Die Marine zögerte am längsten, Frauen als Matrosen an Bord einzusetzen.

Nach der vollen Integration der weiblichen Soldaten in die britischen Streitkräfte in den neunziger Jahren hatten die Frauen die Möglichkeit, im Heer alle Verwendungen außerhalb der Kampftruppen, in der Luftwaffe alle Verwendungen bis auf die Flugplatzsicherungseinheiten und in der Marine alle Verwendungen bis auf U-Boote anzustreben.

Die Tradition 1854–1939

In keinem Land der Welt hat der Dienst von Frauen in den Streitkräften so lange Traditionen wie in England. Es war eine Weltsensation, als 1854 Florence Nightingale mit ein paar Frauen auf die Krim reiste, um in Scutari ein Hospital für verwundete und kranke Soldaten zu betreuen. Keine historische Darstellung des Krimkriegs kann über diese Revolution im Sanitätswesen der Streitkräfte hinweggehen. Der Erfolg der Frauen war ebenso groß wie ihre Leistung. Trotzdem dauerte es fast weitere 30 Jahre, bis 1881 der Army Nursing Service in Großbritannien offiziell anerkannt wurde als Pflegeorganisation für Soldaten. Im Burenkrieg 1899–1902 unterzog sich diese Organisation der ersten offiziellen Bewährungsprobe. In Anerkennung der wertvollen Dienste, die die Angehörigen des Army Nursing Service in Südafrika leisteten, nahm die Königin Alexandra die Organisation in ihren Schutz. 1902 erhielt sie den offiziellen Namen Queen Alexandra's Imperial Military Nursing Service.

Fünf Jahre später, als der Burenkrieg noch in frischer Erinnerung war, entstand eine weitere Organisation, die sich den Streitkräften zur Verfügung stellte. Es war die First Aid Nursing Yeomanry (FANY). Es handelte sich um eine Reitsportvereinigung von Frauen, die in Erster Hilfe ausgebildet und geschult waren, als berittene Sanitäterinnen oder mit Pferdewagen verwundete Soldaten vom Schlachtfeld in ärztliche Betreuung zu bringen. Als 1914 der Erste Weltkrieg ausbrach, war die Ausbildung der Frauen jedoch bereits überholt. Pferdeambulanzen waren nicht länger in Gebrauch. Deshalb wurden die Angehörigen der First Aid Nursing Yeomanry zu Lenkerinnen von Kraftfahrzeugen umgeschult und im Sanitätstransportwesen eingesetzt. Sie zeichneten sich auf den Schlachtfeldern in Frankreich und Flandern aus. Zahlreiche britische, französische und belgische Soldaten haben ihre Pflege in bester Erinnerung. Bereits während des Krieges sprach man bei FANY auch vom Weiblichen Transportdienst (Women's Transport Service).

Zu den beiden genannten Hilfsorganisationen traten während des Ersten Weltkrieges einige neue hinzu. Unmittelbar nach der Kriegserklärung am 5. August 1914 stellten sich zahlreiche Frauen dem Kriegsministerium zur Verfügung, die in ihrer Freizeit in den Rekrutierungsbüros, Kantinen und Hospitälern mithelfen wollten. Die meisten von ihnen verrichteten die schmutzigen Arbeiten, vor denen sich die Soldaten drückten. Ein Jahr später wurde ihr freiwilliger Dienst in zahlreichen Betreuungseinrichtungen anerkannt und ihnen der Name Women's Voluntary Reserve gegeben.

Als sich Ende 1915 ein Mangel an wehrfähigen Männern in Großbritannien bemerkbar machte, schlug die Stunde einer weiteren weiblichen Hilfsorganisation: Women's Legion. Lady Londonderry verpflichtete eine Gruppe von Frauen und stellte sie als Küchenpersonal der Armeeführung zur Verfügung, damit die Köche zum Truppendienst kommandiert werden konnten. Im August 1915 wurde das erste Kontingent in das Rekonvaleszentenzentrum Dartford geschickt. Nachdem sich dieser Einsatz als erfolgreich erwiesen hatte, übernahm die Women's Legion andere Militärküchen. Schließlich wurden die meisten Offizier- und Unteroffizierkasinos von den Frauen der Women's Legion betreut. Zur Military Cookery Section der Women's Legion trat 1916 die Kfz-Sektion.

Zu diesem Zeitpunkt waren die britischen Verluste in den Schlachten auf dem Kontinent so groß, daß die Armeeführung die Aufstellung einer weiteren Frauenhilfsorganisation befürwortete, die den Bedürfnissen der Armee entsprach: Women's Army Auxiliary Corps (WAAC). Während die Angehörigen der Women's Legion nicht zur Armee gehörten, sondern von den einzelnen Lagerkommandanten unter Vertrag genommen wurden, waren die Angehörigen des WAAC uniformiert, soldatisch organisiert und zählten zum Gefolge. Sie waren den Militärgesetzen in dem gleichen Maße unterworfen wie die Zivilangestellten beim Feldheer. Der Widerstand gegen eine volle militärische Integration der Frauen kam aus den Beamtenkreisen. Gegen den Widerstand des Civil Service setzte die Armeeführung durch, daß im Februar 1917 wenigstens zwei Inspekteure (chief controllers) für das WAAC ernannt wurden. Die ersten für den Fernmeldedienst ausgebildeten WAAC-Frauen trafen im März 1917 in Frankreich ein. Weitere Fernmelderinnen, Stabsgehilfinnen, Schreibkräfte, Köchinnen, Ordonanzen, Gärtnerinnen usw. folgten Monat für Monat.

Im WAAC gab es keine militärischen Rangstufen. Man sprach von Vorgesetzten (officials) und Mitgliedern (members). Die höheren Vorgesetzten hießen Inspekteure (controllers). Die Bezahlung orientierte sich nicht an militärischen Rängen, sondern an der Besoldung der Zivilangestellten. Die größte Bewährungsprobe leistete das WAAC im Frühling 1918 während der deutschen Frühjahrsoffensive. Trotz der unmittelbaren Feindbedrohung verrichteten die Frauen ihren Dienst ohne Einschränkungen. Wegen der Verdienste der WAAC-Angehörigen stellte sich die britische Königin als stelltvertretender Kommandeur des WAAC zur Verfügung. Ab 1.4.1918 trug es deshalb den Namen Queen Mary's Army Auxiliary Corps. Nach den Planungen sollte das Korps Ende 1918 12 000 Frauen erreicht haben. Das Kriegsende unterbrach den Aufbau. (1)

Bereits im November 1917 hatte das britische Marineministerium die Einrichtung der weiblichen Hilfsorganisation im Heer nachgeahmt. Es wurde der Women's Royal Naval Service gegründet. Die WRENS, wie sich die weiblichen Angehörigen der Marine bald nannten, arbeiteten vor allem als Bürohilfskräfte, Lagerverwalterinnen, Boten, Feldpostangestellte, Ordonnanzen und Fahrerinnen. Nur wenige erhielten eine Ausbildung im Funkdienst.

Als am 1. April 1918 aus den fliegenden Verbänden der Marine und des Heeres die Royal Airforce entstand, wurden die auf den Flugplätzen und in den Stäben der Geschwader tätigen Frauen in das Women's Royal Airforce Corps überführt. Da die Frauen bereits bei der Gründung dieser Waffengattung Pate standen, war das Verhältnis zwischen Soldaten und Helferinnen hier enger als in den anderen Streitkräften. Der rapide Aufbau der RAF in den folgenden Monaten bot den Frauen wie den Männern eminente Aufstiegschancen. Vorurteile, die in den anderen Wehrmachtsteilen gegen Frauen hörbar waren, gab es nicht. In der Luftwaffe übernahmen die Frauen deshalb auch Spezialfunktionen, z.B. im Instandsetzungsbereich als Elektrikerinnen, Mechanikerinnen, Maschinistinnen, als Mitglieder der Flugleitung und der Flugplatztarnung, die bei Heer und Marine männliche Domäne blieben.

Nach dem Ersten Weltkrieg wurden alle drei weiblichen Hilfskorps aufgelöst. Die letzten Mitglieder wurden 1921 entlassen. Für 8 000 Frauen in WRNS, 40 000 Frauen im WAAC und 30 000 im WRAF schien die Zusammenarbeit mit Soldaten eine bloße Episode zu bleiben. Die Frauenorganisationen FANY und Women's Legion lösten sich allerdings nicht auf. Sie halfen mit, beim Eisenbahnerstreik 1920 und beim Generalstreik 1926 zusammen mit Einheiten der britischen Armee den Verkehr aufrechtzuerhalten. Dafür erhielten sie 1927 wieder die offizielle Anerkennung durch den Generalstab: „Das Korps hat dem Kriegsministerium seine Dienste für nationale Notstände zur Verfügung gestellt, als Gesamteinheit und für seine Mitglieder." (2)

Der Zweite Weltkrieg 1939–1945

Im Jahre 1936, als Hitler mit der Rheinlandbesetzung die Signatarstaaten des Versailler Vertrages brüskierte und in der englischen Politik Tauben und Falken auseinandergingen, gründeten die britischen Frauenverbände den Emergency Service als eine freiwillige Gesellschaft, jedoch mit der Anerkennung des Kriegsministeriums und des Luftwaffenministeriums. Bei den Mitgliedern handelte es sich in der Mehrzahl um Veteraninnen des WAAC aus dem Ersten Weltkrieg. Sie organisierten eine Elementarausbildung für weibliche Offiziere für den Fall, daß ein neues Frauenhilfskorps eingerichtet werden würde. Zwischen 1936 und 1938 wurden 400 Frauen als potentielle Offiziere ausgebildete. (3)

Auf dem Höhepunkt der Sudetenkrise, im September 1938, entschloß sich das britische Kriegsministerium einen offiziellen weiblichen Hilfsdienst für das Heer und die Luftwaffe bereitzustellen, den Auxiliary Territorial Service. Die königliche Order vom 9.9.1938 hatte folgenden Wortlaut:

„Whereas we deem it expedient to provide an organization whereby certain non-combatant duties in connection with Our Military and Air Forces may from time to time be performed by women:
Our will and pleasure is that there shall be formed an organization to be designated the Auxiliary Territorial Service.
Our further will and pleasure is that women may be enrolled in this Service under such conditions and subject to such qualifications as may be laid down by Our Army Council from time to time.
Given at Our Court of St. James's, this 9th of September, 1938, in the 2nd year of Our Reign.
By His Majesty's Command,
Leslie Hore-Belisha" (4)

In der ersten Zeit dienten die ATS-Angehörigen ohne Bezahlung. Kost wurde ihnen gewährt. Die Ausbildung fand in wöchentlichen Schulungsabenden und in Sommerlagern statt. Im Fall der Mobilisierung sollten die Mitglieder sofort zum vollen Dienst einzuberufen sein. (5)

Um den Wünschen der Luftwaffe nach einer eigenen Ausbildung ihrer Hilfskräfte zu entsprechen, wurde im Juni 1939 durch königliche Order die Women's Auxiliary Airforce gegründet. Zur gleichen Zeit entschied sich die britische Admiralität, den ehemaligen Women's Royal Naval Service des Ersten Weltkrieges wieder ins Leben zu rufen. Äußerlich unterschieden sich die Hilfskräfte der Luftwaffe durch ihre blauen Uniformen und die der Marine durch ihre dunkelblauen Uniformen von den Kräften des ATS. An der Spitze jedes der drei Streitkraftdienste wurde eine Frau zum Direktor (director) berufen. In ihren Händen lag die Verantwortung für alle Fragen der Betreuung und der Leistungskontrolle der Frauen. Die Zuständigkeit für den Einsatz der Hilfsdienste hatten die Generalstäbe. Alle drei Dienste waren verschieden organisiert. ATS gliederte sich regional entsprechend den Kommandobereichen des Heeres. WAAF entsprach der Operationsgliederung der Luftwaffe. WRNS gliederte sich nach den Küstenkommandos. Die meisten weiblichen Hilfskräfte waren zu diesem Zeitpunkt alleinstehende Frauen und deshalb mobil. Nur das kleine Korps der „wrens" rekrutierte sich aus Frauen, die in den Hafenstädten, in denen sie Dienst taten, zu Hause waren. Das Heer war wegen seines großen Bedarfs an Frauen, die in den verschiedenen Nachschublagern eingesetzt werden sollten, im Kriegsfall auf die Versetzbarkeit seiner Helferinnen angewiesen. Der Luftwaffe fehlten an den Stützpunkten Unterkunftsmöglichkeiten für die Frauen. Sie konzentrierte sich deshalb zuerst auf die Ausbildung von Offizieren und Unteroffizieren, damit ein schneller Aufbau des WAAF in den ersten Kriegsmonaten gewährleistet war. (6)

Als der Zweite Weltkrieg im September 1939 ausbrach, war ATS bereits 17 000 Frauen stark. Im ersten Kriegsjahr wurden die Frauen in der britischen Armee jedoch kaum gebraucht. Es gab genügend Soldaten. Der Mobilisierungsplan war nämlich nach den Ausfällen des Jahres 1914 aufgestellt worden, aber das erste Kriegsjahr brachte nur geringe Verluste für die britische Armee. Es gab keine Lücken zu füllen. In dieser Zeit konnten sich die weiblichen Hilfsdienste auf die Ausbildungsprogramme konzentrieren. Rekrutierung und Ausbildung war Sache der alten Hilfsorganisationen FANY, Women's Legion und Emergency Service. FANY stellte Kompanien von weiblichen Kfz-Fahrerinnen für das Heer auf. Die Transportabteilung der Women's Legion übernahm die Aufgabe, Mechanikerinnen und Fahrerinnen für die Luftwaffe auszubilden und der Emergency Service konzentrierte sich auf die Schulung von Offizieren. (7)

Die Unterbringung von Frauen bereitete wegen der zahlreichen Einberufungen von Männern in die Garnisonsorte erhebliche Schwierigkeiten. Angesichts der Knappheit von Unterkünften weigerten sich viele Quartiermeister, Räume für Frauen zur Verfügung zu stellen. Nur kleinere Gruppen bis zum Umfang eines Zuges erhielten Quartier in angemieteten Häusern. Die Auflösung der Kompanien in Gruppen entsprach auch den Verwendungserfordernissen. Nur an wenigen Standorten benötigte man ganze Kompanien. Die Angleichung an die militärische Struktur machte es möglich, die ausgebildeten Köchinnen, Fahrerinnen, Bürohilfskräfte, Schreibkräfte, Ordonnanzen, Putzfrauen, Telefonvermittlerinnen usw. an die Stellen des Bedarfs zu bringen.

Zu Beginn des Krieges eliminierte die britische Armee sämtliche Unterscheidungen zwischen regulars, territorials und reservists. Alle waren Soldaten, die den gleichen Gesetzen unterworfen waren und die gleiche Besoldung entsprechend ihrem Rang erhielten. Nur beim Frauenhilfskorps hatte man Schwierigkeiten, was die disziplinarischen Regelungen anging. Bis 1941 tendierte die überwiegende Mehrheit der Politiker und des Militärs dahin, daß es besser sei, unzufriedene Frauen nach Hause zu schicken, als sie in der Armee zu belassen. Das häufigste Delikt der Frauen war nämlich Abwesenheit ohne Urlaub. Viele von ihnen hatten ihren Dienst in Stunden patriotischer Begeisterung begonnen und ihre Kinder bei den Großeltern oder bei Verwandten untergebracht. In vielen Fällen erwies sich bald, daß die Großeltern und Tanten nicht in der Lage waren, der Kinder Herr zu werden. Zwischen ihren familiären Pflichten und ihren Dienstpflichten hin und her gerissen, entschieden sich viele Hilfskräfte zugunsten ihrer Kinder. In der ersten Zeit wurden solche Frauen einfach aus dem Korps entlassen. Dann stellte sich allerdings heraus, daß andere durch häufige Abwesenheit von ihrer Truppe die Entlassung erzwangen. Da wurden die Maßstäbe strenger. (8)

Nach dem Rückzug der britischen Truppen aus Frankreich und angesichts der drohenden deutschen Invasion konnte die Disziplin der Frauen nicht mehr so großzügig gehandhabt werden. Es schien ratsam, ihnen schnell einen militärischen Status zu gewähren. Die Offiziere der ATS und WAAF erhielten deshalb am 31.5.1941 eine spezielle Form des Offizierpatents. Für die anderen Ränge wurde ein modifiziertes Militärstrafrecht zum 1. Juli 1941 in Kraft gesetzt.

Im Dezember 1941 wurde durch das Nationaldienstgesetz Nr. 2 (National Service Act) die Freiwilligkeit des Dienstes aufgehoben. Die Frauen wurden zwangsdienstverpflichtet. Sie konnten sich entscheiden zwischen den Diensten in den drei Streitkräften oder in der Kriegsindustrie. In dieser Zeit der beginnenden Personalknappheit legte das Kriegsministerium fest, welche Stellen von Frauen ausgefüllt werden sollten. Fahnenflucht war für sie genauso strafbar wie für Männer. Von den Funkerinnen wurde die Einhaltung der Geheimbestimmungen genauso erwartet wie von den Soldaten. Die Strafbestimmungen für

Verstöße waren gleich. Nur in der Strafart und im Strafmaß unterschieden sich Männer und Frauen.

Als einzige Teilstreitkraft hielt es die Marine nicht für erforderlich, die Frauen besonderen Strafbestimmungen zu unterwerfen. Die Naval Discipline Act galt für Frauen nicht. Sie brauchte auch den freiwilligen Charakter ihres Dienstes nicht zu ändern und konnte sich auf Bewerberinnen der Tauglichkeitsstufe 1 beschränken. (9) Bevorzugt wurden Frauen mit den erforderlichen Kenntnissen und Fähigkeiten, z.B. im Transportwesen, im River Emergency Service, im Fernsprech- und Funkdienst, aber auch Frauen von Matrosen. Mangels einer Disziplinarordnung sollte die Dienstordnung der Marinehelferinnen vom August 1939 Disziplinwidrigkeiten unterbinden. Einige ihrer Abschnitte lauteten:

,,Conduct to be observed:
Every person in the W.R.N.S. is to conduct herself with the utmost respect to her superior officers and with strict obedience to her orders. She is at all times to discharge every part of her duty with zeal and alacrity, strive to promote the welfare of the Naval Service, and by the good order and regularity of her conduct show an example to those who may be subject to her command.

Observance and enforcement of Regulations:
Every officer shall make herself acquainted with, and shall duly observe and obey, and so far as she is able enforce, the due execution of the regulations and instructions governing the W.R.N.S. and all other regulations, orders and instructions relating thereto that may be issued by the Admiralty or with their authority.

Uniform:
The officers and ratings of the W.R.N.S. shall wear such uniform as the Admiralty, in pursuance of His Majesty's pleasure, shall from time to time direct.

The prescribed patterns are to be strictly adhered to. Jewellery, handbags, umbrellas and coloured finger-nails are not uniform. Make-up if worn, must not be obvious.

Occasions of wearing uniform:
Officers and ratings of the W.R.N.S. may not in peace-time, except by the express permission of the Director, W.R.N.S., wear uniform otherwise than on duty or when travelling to or returning from duty.

Uniform may on no account be worn at fancy-dress balls, etc.

Marks of respect, etc.:
W.R.N.S. officers are to be addressed by junior W.R.N.S. officers and ratings as ,,Ma'am", and are to be referred to by designation or rank but not by name.

Within the W.R.N.S. salutes are to be given as in the Royal Navy. W.R.N.S. officers in charge of Units are to make every effort to keep Chief Wrens distinct from lower ratings, to imbue them with a proper sense of their disciplinary relation towards their subordinates.

Officers and ratings of the W.R.N.S. when in uniform are to pay the customary marks of respect to such officers of the Navy, Army, Air and Auxiliary Services as are entitled to be saluted by officers and ratings of corresponding rank in their own Service.

Representation of complaints:
Meetings are not to be held by the members of the W.R.N.S. for the purpose of expressing an opinion upon the acts of an officer, or of recommending her to take a particular course of action; nor are memorials to be drawn up to the same effect; and no meetings, except those called together by, or under the authority of the Officer-in-Charge of a Unit, who will be responsible for so doing, will be recognized.

If any rank or rating has cause to think herself aggrieved, she will represent her case to the W.R.N.S. Officer-in-Charge of her Unit. Any appeal against the decision of the Unit Officer will be made through her to the Superintendent, W.R.N.S., in the Command in which the Unit is situated, and any further appeal will be made through the latter for the consideration of the Director, W.R.N.S.

Publications, lectures, etc.:
All persons belonging to the W.R.N.S. are forbidden to write for publication, or to publish or cause to be published, either directly or indirectly any matter or information relating to the Naval Service unless the permission of Admiralty has first been obtained. All such persons are further forbidden to deliver any lecture or read any paper at a public meeting, or to broadcast, on any subject connected with the Naval Service, unless a copy of such lecture or paper has been previously submitted to the Admiralty, and permission granted." (10)

Ein Standing Departmental Committee on Women's Service sollte darauf achten, daß die Dienstbedingungen in den Waffengattungen nicht zu weit auseinanderliefen. In einigen Fragen wurde das Ziel erreicht, z.B. was Bezahlung, Dienstzeitregelung, Dienstgrade angeht, in anderen bestimmten die Waffengattungen Unterschiedliches, z.B. in Disziplinarfragen und Musterungsangelegenheiten. Auch bei Konflikten mit der Industrie, die die Abwanderung von Arbeitskräften unterbinden wollte, schaltete sich das Komitee ein.

Die Bezahlung der Frauen in den Hilfsdiensten lag unter der der Männer. Sie erhielten nur 2/3 der Besoldung der Männer, die in den gleichen Rängen dienten und in der gleichen Funktion arbeiteten. Als die Angehörigen der Frauenhilfsdienste den Militärgesetzen unterworfen wurden, wurden ihre Dienstbezeichnungen den soldatischen Rängen angepaßt. Während man vorher von volunteers sprach, hießen die eingezogenen Frauen jetzt privates. Dem früheren sub-leader entsprach jetzt der corporal. Was vorher ein deputy commander war, nannte sich jetzt subaltern und entsprach dem Leutnant. Die chief controllers standen im Rang eines Generalmajors.

Nachdem die Jahrgänge 1918–1923 rasch zum Dienst in den Streitkräften verpflichtet worden waren, war der Bedarf im Herbst 1943 im wesentlichen gedeckt. Der Arbeitsminister erklärte im Unterhaus am 29.7.1943, daß die women's auxiliary services fast ihre volle Stärke erreicht hätten und weitere Rekrutierungen auf ein Minimum beschränkt würden. Die folgenden Jahrgänge gingen deshalb fast ausschließlich in die Industrie.

Die Einsatzmöglichkeiten der Frauen stiegen im Verlauf des Krieges. Während noch Ende 1943 die meisten Frauen als Köchinnen, Bürohelferinnen, Kfz-Fahrerinnen, Ordonnanzen und Putzfrauen eingezogen wurden, gab es am Ende des Krieges 134 Funktionen, die von Frauen wahrgenommen wurden.

Die erste ATS-Gruppe, die außerhalb des Vereinigten Königreiches Dienst tat, wurde im Frühling 1940 nach Frankreich gesandt. Zusammen mit dem britischen Expeditionskorps kam sie im Sommer 1940 wieder nach England zurück. Das nächste Auslandskontingent bestand aus 20 ATS-Offizieren, die dem Combined Service Detailed Interrogation Centre 10 Meilen außerhalb von Kairo am Rande der Wüste zugewiesen wurden. Sie gehörten zur Abwehr und arbeiteten unter einer hohen Geheimhaltungsstufe. Im September 1941 wurden vier Frauen mit einem weiblichen Offizier nach Washington geschickt, um dort bei der britischen Militärmission zu arbeiten. Nach dem Kriegseintritt Amerikas im Dezember 1941 wurde die Militärmission in eine Außenstelle des britischen Armeestabs umgewandelt und die Zahl der Frauen erhöht. Im Januar 1942 wurde ein Ausbildungslager in Sarafand eingerichtet, um die jüdischen ATS-Freiwilligen zu trainieren. Später kamen auch griechische und zypriotische Mädchen dorthin. Die Inder bildeten einen eigenen women's service, bekannt als Women's Army Corps (India). Einige der Frauen kamen bis nach Kenia und Eritrea. Als den Alliierten im Juli 1943 von Nordafrika aus die Invasion nach Sizilien glückte, folgten etwa 1 000 ATS, darunter 200 Jüdinnen den Truppen. Auch nach der Invasion im Juni 1944 in Frankreich rückten die weiblichen Hilfskräfte der kämpfenden Truppe recht früh nach. Im November wurde ein schweres Luftabwehrregiment, in dem Frauen dienten, nach Frankreich verlegt. Sein Auftrag war, die

V1- und V2-Raketen der Deutschen abzuschießen. Vier weitere gemischte Luftabwehrregimenter folgten. Noch im Juli 1945 kamen ATS-Frauen der britischen 8. Armee nach Österreich und wurden ein Teil der britischen Besatzung.

Der ATS erreicht die größte Stärke im Juni 1943 mit 215 000 Frauen. 1942 arbeiteten 50 % von ihnen in Luftabwehreinheiten, 17 % als Fahrerinnen, 10 % im Fernsprech- und Fernschreibdienst, 9 % als Köchinnen, 9 % als Ordonnanzen und 5 % im Bürodienst. Gegen Ende des Krieges verschob sich die Verteilung. Viele Angehörige des ATS wurden im KFZ-Wesen eingesetzt. Anfang 1944 wurden 80 % des gesamten Fahrdienstes von Frauen durchgeführt. Das Royal Army Ordnance Corps bestand zu einem Drittel aus Frauen und 60 % der Feldpost wurde von Frauen erledigt. Zu diesem Zeitpunkt arbeiteten 30 000 Frauen im Heeresrechnungswesen, 15 000 im Fahrzeugdienst, 9 000 in ordnance depots und 7 000 im Fernmeldedienst. Die Zahl der Frauen im Luftabwehrdienst betrug 60 000, also nur noch ein Drittel. Gemischte Batterien gab es seit 1941. Die Frauen bedienten die Hilfsgeräte, während die Männer als Richtschützen und Kanoniere eingesetzt waren. Eine gemischte Batterie bestand aus 189 Soldaten und 229 Frauen. (11)

Dem WRNS gehörten am Kriegsende 74 000 Frauen an, verstreut auf der ganzen Welt, vorwiegend in technischen und operativen Funktionen. Unter ihnen waren etwa 800 Offiziere. WAAF entwickelte sich zu einem Korps von 180 000 Frauen. In keiner Teilstreitkraft wurde der Grundsatz: Kein Mann, wo eine Frau die Arbeit gleich gut tun kann, so eindeutig durchgeführt wie in der Luftwaffe.

In allen Streitkräften waren Frauen auch in kombattanten Funktionen tätig. Beim Heer gab es Luftabwehrbatterien, die zur Hälfte aus Frauen bestanden. Sie übernehmen dort fast alle Funktionenen ausschließlich der Geschützbedienung. Die operativen Aufgaben der Frauen in der Royal Airforce bestanden im Funken, in der Radarbedienung, in der Photoauswertung usw. Zahlreiche Sperrballoneinheiten bestanden ausschließlich aus Frauen. Obwohl Fliegen nicht zu den Aufgaben der WAAF gehörte, gab es zwei Gruppen von Frauen, die in Kampfmaschinen flogen, und zwar weibliche Mechanikerinnen bei Testflügen und Krankenschwestern in fliegenden Ambulanzen.

Auch in der Marine waren es die in den technischen Diensten tätigen Frauen, die das Kampfgeschehen mit beeinflußten: als Funkauswerterinnen, im Funkabhördienst, im Torpedoreparaturdienst, im Feuerleitdienst der Küstenartillerie, als Elektrikerinnen bei der Küstenluftfahrt und als Helferinnen bei den Tarnungsmaßnahmen an der Küste und in den Häfen (Küstensicherungsdienst). Viele Wrens arbeiteten als Kuriere und einige als Agenten in den von den Deutschen besetzten Gebieten, besonders in Frankreich, Norwegen und Dänemark.

Von Oktober 1943 bis April 1944 stieg die Zahl der Tätigkeitsfelder für Frauen in der Kriegsmarine von 65 auf 90. Die Ausbildung zum Schiffsmechaniker dauerte 12 Wochen und fand im Training Centre in Slough statt. Für den Funk- und Kodierdienst wurden die Frauen in Campden Hill und Greenwich 4–6 Monate ausgebildet. Fernsprecherinnen lernten 3 Wochen an den Postschulen (G.P.O. Schools). Stenotypistinnen kamen 2 Wochen nach Greenwich. Anwärterinnen für den Signaldienst und Küstenbeobachtungsdienst versammelten sich auf der Cabbala. Die zukünftigen Marineköchinnen erhielten ihre Schulung 9 Wochen lang an der Royal Navy Cookery School in Mill Hill. Weitere Ausbildungsstätten waren Westfield, Tulliechawn und Leeds. Zur Jahreswende 1941/42 gab es außerhalb Großbritanniens etwa 1 000 Marinehelferinnen im Einsatz. Man fand sie in allen Basen der britischen Flotte von Alexandrien bis Kapstadt oder Kalkutta. (12)

Die geheimnisumwittertste Verwendung für Frauen war die Agententätigkeit. Die Nachrichten darüber sind spärlich. Nur wenige Daten und Episoden wurden bekannt.

Von den 50 weiblichen Agenten, die 1940 in Frankreich arbeiteten, waren 14 Mitglieder des ATS, der Rest gehörte zu FANY. (13) An den nächtlichen Versorgungsflügen für norwegische, dänische, belgische und französische Widerstandskämpfer beteiligten sich viele Angehörige des WAAF. Einige sprangen über besetztem Gebiet ab. (14) In den Lagern der britischen Frauenhilfskorps erhielten auch zahlreiche Agentinnen ihre Grundausbildung, die von SOE (Special Operations Executive) später als Nahkämpferinnen geschult wurden. (15) Aber das waren quantitativ und qualitativ Ausnahmen.

Von den 550 000 Frauen, die in den Streitkräften des Vereinigten Königreichs im Zweiten Weltkrieg Dienst taten, wurden etwa 1 500 durch Feindeinwirkungen verletzt oder getötet. (16)

1942 wurde eine Regierungskommission damit beauftragt, für die Betreuung der in den Streitkräften dienenden Frauen zu sorgen und ihre Moral zu überwachen. Vorsitzende wurde Violet Markham. Ihr erster Bericht stand unter dem Motto Virtue hath no gossip value. Er bewies, daß in der Öffentlichkeit nebensächliche Ausrutscher einzelner Helferinnen auf alle ATS-, WAAF- und WRNS-Angehörigen verallgemeinert wurden. Er leugnete nicht die vielen Romanzen, die sich aus dem Vorhandensein von Frauen in den Stützpunkten entwickelten, verwies aber auch auf die zahlreichen Ehen, die zwischen Soldaten und Helferinnen geschlossen wurden. (17)

Neben ATS, WRNS und WAAF waren während des Zweiten Weltkrieges zahlreiche Frauen anderer Organisationen im Kriegseinsatz. In erster Linie sind die Pflegedienste zu erwähnen. Dazu gehörten Queen Alexandra's Royal Naval Nursing Service and Reserve, Queen Alexandra's Imperial Military Nursing Service and Reserve, The Territoral Army Nursing Service and Reserve und Princess Mary's Royal Airforce Nursing Service and Reserve. Insgesamt standen am Kriegsende 21 300 Frauen im Dienste dieser Organisationen.

Die Mitglieder des Royal Observer Corps waren als Luftraumwachen eingesetzt. Die Angehörigen der Klasse A dienten mindestens 48 Stunden in der Woche, die Mitglieder der Klasse B bis zu 24 Stunden wöchentlich. Auf ihren Beobachtungsposten hatten die Frauen die Aufgabe, einfliegende Flugzeuge zu identifizieren und den Einflug an die Operationszentralen zu melden. Sie waren überwiegend auf isolierten Posten stationiert. Die in den Meldezentralen tätigen Frauen hatten die Informationen an die Royal Airforce-Basen weiterzugeben.

In der Organisation Royal Air Transport Auxiliary dienten viele weibliche Piloten. Die RATA unterstand dem Produktionsministerium. Ihre Aufgabe bestand darin, die Kampfflugzeuge zu testen und aus den Fabriken auf die Flugplätze zu fliegen. Außerdem hatte sie den Transport von Blutkonserven für alle Krankenhäuser Englands zu gewährleisten. Ende 1942 bestand 1/10 der Royal Air Transport Auxiliary aus Frauen. Im Unterschied zu allen anderen Organisationen wurden 1943 ihre Löhne von 2/3 auf die volle Höhe der Männerbezüge angehoben. (18)

In der Homeguard dienten 40 000 Frauen auf freiwilliger Basis. Man nannte sie women homeguard auxiliaries. Sie arbeiteten als Stenotypistinnen, Telefonistinnen, Köchinnen und KFZ-Fahrerinnen. Da sie nicht die volle Mitgliedschaft der Homeguard besaßen, bekamen sie keine Uniform. Lediglich eine Brosche mit dem Homeguardsymbol diente als Zeichen dafür, daß sie offiziell mit der Organisation zusammenarbeiteten. Der Dienst in der Homeguard schützte die Frauen nicht vor anderen Kriegsdienstverpflichtungen.

Die Women's Voluntary Services wurden 1938 gegründet, um Frauen mit Luftschutzmaßnahmen vertraut zu machen. Die Bewährungsprobe bestand dieser Dienst während der deutschen Luftangriffe in den Jahren 1940 und 1941. Das Ministry of Home Security gab ihm Weisungen. Die WVS besaßen keine finanziellen Mittel. Die Frauen dienten freiwillig und ohne Bezahlung. In der Mehrzahl handelte es sich um verheiratete ältere Frauen mit häuslichen Bindungen, die ihren Beitrag zum Krieg auf diese Weise leisteten. Den WVS gehörten schließlich fast 1 Million Frauen aus allen Bevölkerungsschichten an. Einige stellten ihre Arbeitskraft ganztägig zur Verfügung, andere nur stundenweise. Für die öffentlichen Behörden waren sie eine Reserve von Arbeitskräften, auf die man in allen Notfällen zurückgreifen konnte. Dazu gehörten Luftangriffe, Evakuierungsmaßnahmen, Versorgungsaufgaben, Kleiderverteilung, Katastrophentransportdienste, Küchendienste, Geldsammlungen und Propagandaaufgaben. Sie wurden auch eingesetzt zur Tarnung von industriellen Anlagen, zur Betreuung militärischer Einrichtungen und schließlich für wirtschaftliche Aufgaben der Heimatfront.

Zu Beginn des Jahres 1942 wurden 25 000 Ganztagsarbeiterinnen und 8 400 Teilzeitarbeiterinnen in den nationalen Feuerwehren als Telefonistinnen, Botinnen, Kfz-Fahrerinnen und zur Reparatur von Feuerwehrgeräten in den National Fire Service eingestellt. Die Ausbildungszeit dauerte 3 Wochen. Im Laufe des Krieges übernahmen die Frauen in der Nationalfeuerwehr sehr viele Funktionen, die vor dem Krieg in den Händen von Männern lagen. Viele rückten in führende Positionen vor.

Für den Luftschutzdienst wurden Frauen zwischen 20 und 45 Jahren im August 1942 verpflichtet. Ihre Hauptaufgabe bestand in Schutzmaßnahmen für Industriebetriebe. Der Dienst war auf 48 Stunden monatlich beschränkt. Anstelle von Werkschutzaufgaben konnten die Frauen auch zu Diensten des Luftschutzes in den Stadtvierteln herangezogen werden.

Im Dezember 1944 arbeiteten 98 000 Engländerinnen im Navy, Army and Airforce Institute. Diese Organisation, als gemeinnützige Körperschaft anerkannt, richtete Soldatenheime und Kantinen in Großbritannien und auf dem Kontinent ein und betreute die Soldaten auf den Schiffen der Royal Navy. Auch bei der Beschaffung von Kasinogütern war sie eingeschaltet. Alle Einnahmen aus diesen Geschäften wurden in die Streitkräfte investiert. Die Mitglieder erhielten nur Rabatte und Einkaufserleichterungen, aber keine Bezahlung für ihre Dienste.

Die Angehörigen des Women's Auxiliary Police Corps sollten Polizisten ersetzen, die zum Dienst in den Streitkräften eingezogen wurden. Im Juni 1943 waren 5 000 Polizistinnen in einem vollen Beschäftigungsverhältnis tätig. Die Hauptfunktionen der Frauen innerhalb der Polizei bestanden im Kraftfahrzeugdienst, im Telefondienst, in Bürotätigkeiten und in der Kantinenversorgung. (19)

Wie in allen kriegführenden Ländern liegen auch in Großbritannien wenig Nachrichten über die Verluste der weiblichen Angehörigen des Streitkräftegefolges vor. Von der Marine wurden einige Tragödien bekannt, weil sie Gruppen von Frauen umfaßten. Das Kauffahrteischiff Aguilla, das im August 1941 23 Wrens nach Gibraltar bingen sollte, wurde von deutschen U-Booten torpediert und versenkt, obwohl es unter Geleitzugsicherung fuhr. Die Empress of Canada, die eine Gruppe von Marinehelferinnen aus Singapur evakuierte, sank im März 1943 auf der Fahrt nach Durban. (20)

Nach dem Ende der Kampfhandlungen auf dem europäischen Kriegsschauplatz bereitete die Auflösung der zahlreichen kriegsbedingten Einsatzorgane für Frauen der britischen Regierung erhebliche Schwierigkeiten. Das Recht auf Rückführung in die alten Arbeitsverhältnisse war den Angehörigen der Streitkräfte 1939 in der 1. National Service Act garantiert worden. Am 1.8.1944 wurde das Recht durch die Reinstatement in Civil Employment Act ausgedehnt auf alle Freiwilligen der Frauenorganisationen im Dienste des Krieges. Die ehemaligen Beschäftigungsstellen waren verpflichtet, die Bewerber bei nächster Gelegenheit wieder zu beschäftigen. Die Arbeitsbedingungen durften nicht schlechter sein als vor ihrem Ausscheiden. Die Mindestbeschäftigungsdauer mußte 26 Wochen betragen. Wer vor der Heranziehung zum Kriegshilfsdienst länger als 1 Jahr in einem Betrieb beschäftigt war, hatte ein Anrecht darauf, innerhalb eines Jahres nicht gekündigt zu werden. Für Streitfälle wurden reinstatement committees eingerichtet, die insbesondere darüber befinden sollten, wie für die gesetzlichen Vorschriften „vernünftige und praktikable Lösungen" gefunden werden konnten.

Eine zweite regierungsamtliche Maßnahme, um die Schwierigkeiten zu beheben, die bei der Rückkehr der Frauen in das Zivilleben auftreten mußten, war die Einrichtung des Resettlement Advice Service. An allen 360 Orten, an denen es Arbeitsämter gab, wurden Rückkehrerberatungsstellen eingerichtet. Alle in den Streitkräften zur Entlassung Anstehenden erhielten die offizielle Broschüre „Release and Resettlement" ausgehändigt, in der sie mit der Rechtslage vertraut gemacht wurden und in denen ihnen Ratschläge für die Rückkehr in das Zivilleben gegeben wurden: Umschulungsprogramme, psychologische Beratung, Rehabilitation, Familienfürsorge udgl. (21)

Im August 1946 würdigte der Staatssekretär im Kriegsministerium letztmals die Verdienste der Frauen für die Streitkräfte im Unterhaus. Beispielhaft hob er den ATS hervor. Die wertvollen Dienste, die die Frauen der Hilfsdienste geleistet hatten, veranlaßten ihn zu der Hoffnung, daß Frauen auch in Zukunft in den Streitkräften Funktionen wahrnehmen könnten.

„Before I leave the achievements of the Army in the past, and its present duties to look into the future, I should like to say something of the remarkable work done by the ATS, the first of the Women's Services. The ATS certainly struck the imagination of the world, and they have helped to train the forces of France, Holland, Sweden, Norway, Canada and India. At their peak there were 215,000 of them, a number considerably in advance of the whole Army 7 years ago. They carried out a range of duties in an exemplary manner by their willing acceptance of work which, until the War, had been thought to be beyond their powers. They made a real and indeed invaluable contribution to victory. It would be invidious to single out any branch of their activities for special mention. They have worked as members of Anti-Aircraft Batteries, as skilled Telephonists and Radio Operators, as Drivers, as Clerks or as Cooks and Orderlies. Their work has been marked by a cheerful acceptance of hardships, difficulties and, on occasions, danger which has won the admiration of all ranks of the Army. I hope that the ATS will remain, in one form or another, a permanent part of His Majesty's Forces, and I know that if they do, they will continue to render the same outstanding service to the country, as they have in the past." (22)

Die Frauenkorps nach dem Krieg

Rekrutierung, Ausbildung und Einsatz

Über die Struktur eines Frauenhilfsdienstes für die Streitkräfte in Friedenszeiten gab es nach dem Krieg endlose Diskussionen zwischen den zuständigen Behörden. Einigkeit herrschte lediglich über den Grundsatz, daß die Rekrutierung auf freiwilliger Basis erfolgen müsse und daß die Arbeitsbedingungen in allen Waffengattungen einheitlich sein müßten. Deutliche Meinungsverschiedenheiten herrschten über zwei Fragen: Die erste betraf das Disziplinarstrafrecht für Frauen. Aufgrund ihrer Erfahrungen während des Krieges wünschte die Marine weiterhin, die Frauen außerhalb des recht rigiden Marinedisziplinarrechts zu belassen. Heer und Luftwaffe erstrebten dagegen die rechtliche Gleichstellung von Männern und Frauen. Die zweite betraf den Namen: Die einheitliche Bezeichnung Auxiliary Territorial Service (ATS) für alle Angehörigen des neuen Frauenhilfskorps wurde wegen der historischen Prägung von Luftwaffe und Marine abgelehnt. Am 1.2.1949 einigte man sich vorübergehend auf die Bezeichnung Women's Royal Army Corps (WRAC). Wenige Monate später stellte sich jedoch heraus, daß für Heer, Luftwaffe und Marine unterschiedliche Arbeitsrichtlinien erforderlich waren. Die Einsatzarten waren zu verschieden. Mit dieser Begründung führten das Luftwaffenministerium den Namen Women's Royal Airforce (WRAF) und die Admiralität die Bezeichnung Women's Royal Naval Service (WRNS) wieder ein. Im Namen sollten die Besonderheiten der bei ihnen dienenden Frauen unterstrichen werden. Die divergierenden Kräfte hatten gesiegt. Aus einem Frauenkorps wurden drei.

Bereits bei der Rekrutierung praktizierten die drei Streitkraftgruppen unterschiedliche Methoden. In der Marine war ein spezieller Director WRNS für die Musterung verantwortlich. In der Armee wurde die Rekrutierung von männlichen und weiblichen Bewerbern durch dieselben Offiziere wahrgenommen. Weibliche Bewerber für die Luftwaffe wurden von aller Anfang an als volle Mitglieder der Royal Airforce registriert und so behandelt. Die Bewerberinnen für das WRAC mußten sich einer besonders gründlichen Auswahlprüfung unterziehen. Der medizinischen Untersuchung folgten drei Tests: ein Intelligenztest, ein englischer Sprachtest und ein Mathematiktest. Zusätzlich wurden zwei Referenzen ausgewertet, die auf Vorschlag der Bewerberin angefordert wurden. Wer diesen Bewerbungsvorgang überstand, wurde am WRAC-Zentrum Guildford mit einer persönlichen Prüfung konfrontiert. Sie dauerte 24 Stunden und wurde gruppenweise durchgeführt. Dabei wurden Intelligenz, Erziehung, Allgemeinbildung und berufliche Interessen überprüft. Den Abschluß des Bewerbungsvorganges bildete ein persönliches Gespräch.

Die Bewerberinnen traten in die drei Frauenhilfskorps im Alter von 16 1/2 bis 17 Jahren ein. Die Mindestverpflichtungszeit betrug drei Jahre. Wenn sie in dieser Zeit heirateten, konnten sie den Dienst quittieren. Die Grundausbildung für alle weiblichen Rekruten betrug sechs Wochen. Die Marineanwärterinnen wurden in Dauntless, ein Lager etwa 7 Meilen entfernt von Reading in Berkshire, zusammengezogen. Die ersten 14 Tage galten als Probezeit. Danach konnten die Anwärterinnen auf eigenen Wunsch ausscheiden bzw. ohne Angabe von Gründen entlassen werden. Die Rekrutinnen des WRAC erfuhren ihre Grundausbildung in Guildford. Während dieser Zeit konnten sich die Mädchen freikaufen. Der Geldbetrag hing von ihrer Verpflichtungszeit und von den angefallenen Ausbildungskosten ab. Die Bewerberinnen der Royal Airforce trafen sich in Wilmslow in Cheshire, wo sowohl Männer als auch Frauen ihre Grundausbildung erlebten. Sie wurde nach Geschlechtern getrennt in Gruppen durchgeführt.

Da die Angehörigen der Frauenhilfskorps keine Waffen tragen durften, entfiel für sie die Waffenausbildung. Der Grundausbildung folgte in allen Streitkraftteilen die Spezialausbildung. In fast allen Waffengattungen erfolgte sie zusammen mit den männlichen Soldaten.

Der Einsatz der Helferinnen war in allen Streitkräften verschieden geregelt. An größeren Standorten des Heeres bestand lange Zeit die Möglichkeit, daß die WRAC-Angehörigen kompanieweise zusammengefaßt und verwaltet wurden. In kleineren Standorten waren die WRAC-Frauen vollkommen in die Einheiten integriert. Im Stab kümmerte sich ein Mitglied des WRAC um die verwaltungsmäßige und disziplinarische Betreuung der Frauen. Allen höheren Stäben war ein WRAC-Offizier zugeteilt, der den Befehlshaber in Frauenangelegenheiten beriet.

Im Heer konnten die WRAC-Angehörigen mehr als 30 Funktionen wahrnehmen. Dazu gehörten Verwaltungsaufgaben, die Tätigkeit in der Abwehr, Schreibarbeiten, Fernmelde-funktionen, militärpolizeiliche Aufgaben, Postdienst, Funkdienst, Fernmeldedienst, Radarüberwachung, Ordonnanzfunktionen, Lagerarbeiten, Lehrtätigkeiten usw. In der Luftwaffe standen den Helferinnen 18 der 22 Hauptverwendungen offen. Fast alle Funk-tionen der Flugzeuginstandsetzung gehörten dazu. In den Gefechtsständen hatten die Frauen zahlreiche operative Funktionen: Fotoauswertung, Radarkontrolle, Funk- und Fern-meldewesen usw. In den fliegenden Verbänden konnten sie nur die Funktion des Lade-meisters übernehmen. Die Marine beschränkte den Einsatz des WRNS auf den Küsten- und Versorgungsdienst. Frauen fanden sich im Nachrichtenverbindungswesen, in den Nach-schubdienststellen, in der Marineverwaltung usw.

Das Women's Royal Army Corps verfügte Ende 1977 über rund 4 000 Angehörige. Zur Women's Royal Air Force zählten zum gleichen Zeitpunkt etwa 4 500 Mitglieder. Die Zahl der Frauen im Women's Royal Naval Service lag bei etwa 1 000. Die drei Pflegeorganisa-tionen Queen Alexandra's Royal Naval Nursing Service (QARNNS), Queen Alexandra's Royal Army Nursing Corps (QARANC) und Princess Mary's Royal Air Force Nursing Service (PMRAFNS) umfaßten zusammen etwa 2 000 weibliche Kräfte. (23)

Für die Offizierslaufbahn im Frauenhilfskorps konnten sich Mädchen bewerben, die das GCE O (General Certificate of Education der Stufe O) in Englisch und vier anderen Fächern besaßen, von denen eines ein mathematisch-naturwissenschaftliches Fach sein mußte. Wer die Berufsoffizierlaufbahn anstrebte, mußte zwei Fächer mit der Note A vorweisen. Das Bewerbungsalter lag zwischen 17 und 25 Jahren. Das Offizierauswahlver-fahren wurde von den Teilstreitkräften unterschiedlich durchgeführt. Die Bewerberinnen für das WRAC wurden zu einem Auswahlwettbewerb ins Women's Service Selection Centre nach Guildford eingeladen. Drei Tage lang wurden sie dort einer Reihe von Tests unterzogen. Der eigentliche Offizierlehrgang dauerte acht Monate und fand an der Offizierschule (Training College) im Camberley statt. An jedem Lehrgang nahmen 10–20 weibliche Kadetten teil. Inhaltlich gliederte er sich in drei Teile. Die militärischen Studien des ersten Ausbildugnsabschnitts umfaßten Militärverwaltung, Logistik, Recht und Waffenkunde. Der zweite Ausbildungsteil bestand in den akademischen Fächern. Profes-soren der Universität Southampton hielten die Vorlesungen, Übungen und Seminare. Im dritten Ausbildungsschwerpunkt wurden die Kadetten mit dem gesellschaftlichen Leben des Heeres vertraut gemacht und in die Probleme der Kasinoverwaltung eingeführt. Sie hatten Festessen zu arrangieren, Einladungen zu simulieren, feierliche Gottesdienste und Empfänge vorzubereiten und durchzuführen. Sie wurden theoretisch und praktisch mit allen üblichen Sportarten vertraut gemacht, auch wenn sie sich dafür nicht interessierten, weil vorausgesetzt wurde, daß ein WRAC-Offizier seine Mitarbeiter in sportlichen Fragen beraten können müsse. „Ein Offizier braucht nicht Tennis spielen zu können, aber er muß in der Lage sein, einen Tenniswettbewerb zu organisieren. Ein Offizier braucht nicht zur Kirche zu gehen, aber er muß wissen, wie ein Feldgottesdienst abläuft." Nach der Offizierprüfung erhielten die Offiziere ihren ersten Stern. Dann begann die Spezialausbil-dung. Die Offiziere des WRAC konnten zwischen 9 Aufgabenbereichen wählen: Verwal-tung (administration), Stabstätigkeit (staff duties), Transportwesen (motor transport), Ver-pflegungsnachschub (catering), Verbindungswesen (communications), Fotoauswertung (photographic interpretation), Sport (physical training), Pädagogik (education), Technik (technical branch). (24)

Das weibliche Offizierskorps der Marine rekrutierte sich zum überwiegenden Teil aus Mädchen des WRNS-Dienstes. Auswahlkommissionen legten von Zeit zu Zeit fest, welche

Kadetten zur Offizierausbildung in das Britannia Royal Naval College nach Dartmouth geschickt werden sollten. Dort erhielten sie in einem vierteljährigen Kurs unter anderem die Grundlagen der Seekriegsgeschichte, des Seerechts und der WRNS-Bestimmungen vermittelt und wurden in einigen allgemeinbildenden Fächern geschult. Von aller Anfang an gehörten sie zur Offiziermesse der Ausbildungsstätte. Dem erfolgreichen Abschluß des Lehrgangs in Dartmouth folgte die Spezialausbildung: Datenauswertung 6–8 Wochen, Verwaltungsdienst 1–6 Monate, Laufbahnberatung 9 Wochen, Fernmeldewesen 12 Wochen, EDV 4–6 Wochen, Rekrutierungswesen 6–8 Wochen, Bildauswertung 12 Wochen, Bürodienst 5 Wochen, Management 18 Wochen.

Die Offizierauswahlzentrale für das WRAF lag in Biggin Hill. Wer ausgewählt wurde, kam nach Henlow in Bedfordshire, wo männliche und weibliche Kadetten gemeinsam ausgebildet wurden. Der Offiziervorbereitungskurs (officer's preliminary course) dauerte zwei Monate. Ihm folgte der viermonatige Offiziereinweisungskurs (officer's initial course). Danach wurden die Absolventinnen zu Offizieren befördert. Ihnen standen fünf Verwendungszweige offen. In der Verwaltungslaufbahn (secretarial branch) spezialisierten sich die meisten auf das Haushaltswesen. Auch das Bekleidungs-, Unterkunfts- und Verpflegungswesen war begehrt. Zur Verwaltungslaufbahn zählte auch die militärische Abwehr. Die Offiziere der Laufbahn Allgemeine Dienste (general duties branch) arbeiteten in den Gefechtsständen, z. B. als Fliegerleitoffiziere oder als Fotoauswerter. Offiziere, die in der Laufbahn Rüstung und Ausstattung (equipment branch) tätig werden wollten, mußten wegen der Komplexität dieses Bereiches einen zusätzlichen Lehrgang von 17 Wochen absolvieren. In den Verbänden waren sie verantwortlich für den Nachschub an Treibstoff und Munition und für das Ersatzteildepot. Sie hatten die Zu- und Abgänge von den Flughäfen zu kontrollieren und Passagiere und Piloten zu betreuen. Das catering unterstand ihnen ebenso wie der Reinigungsdienst. Der technischen Laufbahn (engineer branch) gehörten nur wenige Frauen an. Die Verantwortung für die Instandhaltung der Flugzeuge, der Raketen, des elektronischen Geräts und die Garantie der Flugleistung verlangte eine technische Spezialausbildung in Trenchard Hall. In der pädagogischen Laufbahn (education branch) waren die weiblichen Offiziere für alle Weiterbildungfragen am Standort verantwortlich. Sie hatten das Kulturprogramm aufzustellen und für die Standortbibliothek zu sorgen.

Den Angehörigen der Frauenhilfskorps standen alle Offizierfortbildungslehrgänge der britischen Streitkräfte offen. In den Stabsoffizierlehrgängen konkurrierten die Frauen ebenso wie in den Schulen der Waffengattungen und in den Sprachkursen mit den Männern auf gleicher Basis. Auch das National Defence College stand ihnen offen.

Dienstregelungen

Während ihrer militärischen Dienstzeit behielten die Angehörigen des Frauenhilfskorps alle bürgerlichen Rechte. Verstöße gegen das bürgerliche Recht wurden vor dem Zivilgericht behandelt. Bei Zuwiderhandlungen gegen das Militärstrafrecht kamen sie vor ein Militärgericht. Auch die Militärdisziplinarordnung galt für sie wie für die Männer mit der Ausnahme, daß sie nicht zu Arrest verurteilt werden durften.

Alle Frauen erhielten die gleiche Bezahlung wie die Männer, wenn sie die gleiche Arbeit in der gleichen Dienstgradgruppe verrichteten. Zum Grundgehalt kam ein Aufschlag, der für Männer 10 % und für Frauen 5 % betrug. Der Unterschied wurde damit gerechtfertigt, daß Frauen keine Kampffunktionen wahrnahmen und weniger unter operativen Improvisationen zu leiden hatten als die Männer. Wegen des unterschiedlichen Aufschlags unterschied sich das Realbruttoeinkommen der Frauen von dem der Männer um etwa zweieinhalb Prozent. Übergangsbeihilfen und -prämien für Zeitsoldaten wurden bei den Frauen genau so gehandhabt wie bei den Männern, die zu den gleichen Bedingungen dienten.

Für die britischen service women gab es sieben Dienstgrade: private, lance corporal, corporal, sergeant, staff sergeant, warrant officer class 2, warrant officer class 1. Alle Beförderungen waren planstellengebunden und setzten die Bewährung im alten Dienstgrad voraus. Zur Ernennung zum warrant officer wurde ein education promotion certificate benötigt, das aufgrund von Prüfungen in folgenden Bereichen zu erreichen war: Militär-verwaltung und -management (military administration and elementary management), Zeit-geschichte (contemporary world affairs), militärisches Rechnungswesen (military calculations), militärischer Schriftverkehr (communication skills). (25) Während den im einfachen Dienst stehenden Angehörigen der Frauenhilfskorps (service women) die Uniform wie den Wehrpflichtigen zur Verfügung gestellt wurde, erhielten die warrant officers die übliche Beihilfe zur Beschaffung der Uniform, deren Unterhaltung wie bei allen Offizieren der britischen Streitkräfte auf ihre Kosten ging. Die Uniform wurde nur im Dienst und bei offiziellen Anlässen getragen.

Für Zeitsoldaten war die Dienstzeit auf maximal 16 Jahre befristet. Sie wurden mit Abfindungen (special regular commission, SRC) verabschiedet. Die kürzere Verpflich-tungsdauer betrug acht Jahre (short service, SSC), von denen mindestens 2 Jahre im aktiven Dienst verbracht werden mußten. Für die weiblichen Berufssoldaten (regular commission, RegC) lag das Pensionsalter bei 55 Jahren.

Die Offizierdienstgrade der Frauen waren identisch mit denen der Männer. Die Beför-derung vom Unterleutnant zum Leutnant erfolgte in der Regel nach zweijähriger Dienst-zeit. Nach 6 $\frac{1}{2}$ jähriger Dienstzeit und mit dem Mindestalter von 25 $\frac{1}{2}$ Jahren konnte ein Leutnant RegC, SRC und SSC zum Hauptmann befördert werden. Den Dienstgrad Major konnten nur langzeitverpflichtete Frauen oder Berufsoffiziere erreichen, wenn sie die Stabsoffizierprüfung (major promotion examination) bestanden. Sie mußten mindestens vier Jahre Hauptmann gewesen sein.

Offiziere der Quartiermeisterlaufbahn konnten aus dem Unteroffizierkorps aufsteigen. Voraussetzung war eine Regeldienstzeit von 12 Jahren. Der höchste erreichbare Dienstgrad für sie war der des Hauptmanns. (26)

Alle Frauen der Hilfsdienste konnten bei der Heirat ihre Entlassung beantragen. Viele Frauen, deren Eheleben sich mit ihrer Berufstätigkeit verbinden ließ, blieben jedoch auch nach ihrer Verehelichung Angehörige des WRAC, WRAF und WRNS. (27) Bei anderen Entlassungsgründen betrug die Kündigungsfrist zwischen sieben und zwölf Monaten. Frauen, die Kinder bekamen, wurde häufig gekündigt, wenn sie es nicht selbst taten, weil man bei ihnen kein volles dienstliches Engagement voraussetzen konnte. Die Abfindun-gen richteten sich nach der Länge der Dienstzeit. 1994 mußte die britische Regierung 50 Millionen Pfund (etwa 120 Millionen DM) an 4 500 frühere Soldatinnen zahlen, die 1978–1988 wegen Schwangerschaft aus dem Dienst entfernt wurden. Der Rechtsstreit war 1991 durch Gerichtsbeschluß zu Ende gegangen. Da Artikel 119 des Vertrags über die Europäische Union die Diskriminierung eines Geschlechts verbietet, wurde die Regierung zur Zahlung verpflichtet. (28)

Die weiblichen Angehörigen der Territorialreserve (Territorial and Army Volunteer Reserve, TAVR) wurden vom WRAC ausgebildet. Jedes Jahr mußten 15 Tage Ausbil-dungszeit in einem Stück absolviert werden. Im Spannungsfall sollten die Reservean-gehörigen unverzüglich in das WRAC eingegliedert werden. Sie wurden überwiegend für

Fernmelderegimenter eingeplant. Die Offiziersanwärter des TAVR mußten einen halbmonatigen Lehrgang im WRAC-College in Camberley absolvieren, bevor sie das Reserveoffizierpatent erhalten. Spätestens mit 48 Jahren endete der Reservedienst. (29)

Die Integration der Frauen in die Streitkräfte

Wie alle NATO-Staaten gab auch Großbritannien in den achtziger Jahren die bisherige Regelung auf, Frauen in einem gesonderten weiblichen Korps dienen zu lassen.

Zuerst wurde den Frauen der Sanitätsdienst der drei Streitkraftteile (QARNNS, QARANC, PMRAFNS) als Verwendungs- und Laufbahnzweig angeboten, wo ihnen der gleiche Status wie den männlichen Soldaten zukam. Mindestzulassungsvoraussetzung für die Offizierlaufbahn war die abgeschlossene Ausbildung als Krankenschwester und eine zweijährige Berufspraxis. Die Verpflichtungszeit betrug mindestens drei Jahre und höchstens acht Jahre.

Ende der achtziger Jahre wurden den weiblichen Bewerbern für die Streitkräfte bei gleichem Einkommen alle Laufbahnen und alle Verwendungen geöffnet (equal opportunities). Auf allen Ausbildungsstufen, in allen Schulen und in der Truppe standen nunmehr die weiblichen Soldaten gleichwertig neben den männlichen. 1997 betrug der Gesamtumfang der britischen Streitkräfte: 210 000 Personen, davon 32 600 Offiziere (davon 2 400 weibliche) und 177 500 other ranks (davon 12 600 weibliche). In der Royal Navy dienten 44 700 Personen, davon 7 876 Offiziere (davon 445 weibliche) und 36 998 other ranks (davon 2 780 weibliche). Die Territorial Army hatte 108 784 Angehörige, davon 13 667 Offiziere (davon 1 077 weibliche) und 95 117 other ranks (davon 5 736 weibliche). Die Royal Air Force umfaßte 56 539 Angehörige, davon 11 008 Offiziere (davon 887 weibliche) und 45 500 other ranks (davon 4 044 weibliche).

Im Heer standen den Frauen ab 1990 47 % aller Funktionen offen. Verschlossen blieben ihnen die wesentlichen Waffengattungen der Territorial Army, nämlich Infanterie, Panzertruppe und Feldartillerie, weil ihnen untersagt war, sich bei den Truppen unterhalb der Brigadeebene aufzuhalten. Sie sollten im Krieg nicht in das unmittelbare Kampfgeschehen (direct combat) verwickelt werden können. Das Vordringen der Frauen in diese Bereiche wird mit dem Argument abgelehnt, daß die Gefechtsbereitschaft (combat effectiveness) leiden würde, wenn es an der Front gemischte Gruppen gäbe. Der abgelehnte Versetzungsantrag eines weiblichen Heereskochs wurde zum Anlaß für einen Präzedenzstreit ausgewählt. Der Europäische Gerichtshof sollte im April 1998 entscheiden, ob es sich um eine unerlaubte Diskriminierung handelte oder nicht.

Die Luftwaffe ließ Frauen in 95 % aller Verwendungen zu. Ausgeschlossen waren lediglich die Sicherungseinheiten auf Flugplätzen, weil sie zu unmittelbarem Waffeneinsatz verpflichtet sind. Aber in den fliegenden Verbänden durften die Frauen alle Arten von Flugzeugen fliegen, auch Kampfjets.

Die Kriegsmarine stellte den Frauen 75 % ihrer Verwendungen zur Verfügung. Sie hatten zu allen Kriegsschiffen Zugang und durften an Bord alle Funktionen wahrnehmen einschließlich der Raketen- und Geschützbedienung (weapons control functions). Nur auf den U-Booten waren die weiblichen Matrosen aus Platz- und Hygienegründen nicht zugelassen. (30)

Von den 30 000 britischen Soldaten, die 1997 auf deutschem Boden stationiert waren, waren 1 165 Heeresangehörige und 294 Luftwaffenangehörige weiblichen Geschlechts.

1991–1995 wurden wegen Homosexualität und Lesbiertum 240 Angehörige der britischen Streitkräfte entlassen, unter ihnen vier Majore und und ein squadron leader. Da die Entlassungen im Widerspruch zur Europäischen Menschenrechtskonvention standen, wurde ihre Rückkehr mit Rechtsmitteln zu erreichen versucht. Außer Großbritannien praktiziert nur noch die Türkei von allen NATO-Staaten eine rigide Ausschließung von Nicht-Heteros. Der Oberbefehlshaber der Luftwaffe Sir John Willis rechtfertigte diese Bestimmung damit, daß in disziplinierten Streitkräften für homosexuelle Umtriebe kein Platz sei. Die Einsatzbereitschaft leide bei sexueller Sympathie und Antipathie der Soldaten, ein Problem, das auch bei der Verwendung von Frauen in Kampfgruppen auftauche. Als 1993 ein in der Marine mit Entlassung bedrohter Homosexueller eine psychiatrische Behandlung mit Elektroschock empfohlen bekam, wurde daraus ein Pressefall. (31)

Mit ihren Einheiten waren weibliche Soldaten an allen Konfliktpunkten der Welt eingesetzt, wohin die UNO sie rief: Zypern, Bosnien, Belize, Mozambique, Angola usw. Auch am Falklandkrieg nahmen Frauen der Navy teil. Im Golfkrieg 1991 waren 2,5 % des britischen Kontingents Frauen. (32)

Belegstellen

(1) Vgl. Arthur Marwick, Women at War 1914–1918, London 1977; Juliett Piggott, Queen Alexandra's Royal Army Nursing Corps, London 1975; J.M. Cowper, Summary punishment for Women, in: Journal of the Royal United Service Institution 1957, S. 216

(2) J.M. Cowper, How the Auxiliary Territorial Service began, in: The Army Quarterly and Defence Journal, Band 79 (1959), S. 44 ff.

(3) International Labour office, The War and Women's Employment, Montreal 1946, S. 136

(4) J.M. Cowper, How the Auxiliary Territorial Service began, a.a.O., S. 50

(5) J.M. Cowper, How the Auxiliary Territorial Service began, a.a.O., S. 44

(6) J.M. Cowper, Women in the Fighting Services, in: Brassey's Annual – The Armed Forces Yearbook 1957, S. 292

(7) History of Women's Service with the British Army, hrsg. von Ministry of Defence, London, Sept. 1976, S. 3

(8) J.M. Cowper, How the Auxiliary Territorial Service became neither auxiliary nor territorial, in: The Army Quarterly and Defence Journal, Band 81, S. 212 ff.

(9) J.M. Cowper, Women in the fighting Services, a.a.O., S. 293

(10) John D. Drummond, Blue for a Girl – The story of the W.R.N.S., London 1960, S. 57 f.

(11) Vgl. Vera Douie, Daughters of Britain, London 1950, S. 86 ff.; Women in the Army Study, hrsg. von Department of the Army, Washington 18/7/1977, 2-F-4

(12) Vgl. John D. Drummond, a.a.O., S. 55 ff.

(13) Michael R.D. Foot, SOE in France – An Account of the Work of the British Special Operations Executive in France 1940–1944, London 1966, S. 48

(14) Vgl. Michael R.D. Foot, a.a.O., S. 465 ff.

(15) Vgl. Michael R.D. Foot, a.a.O., S. 188 ff.

(16) Vgl. Women in the Army Study, a.a.O., 2-F-5

(17) John D. Drummond, a.a.O., S. 95 ff.

(18) British Information Services, Women's War Work in Britain, New York 1943, S. 7

(19) Vgl. International Labour Office, The War and Women's Employment, a.a.O., S. 142 ff.

(20) Vgl. John D. Drummond, a.a.O., London 1960, S. 31 ff.

(21) Vgl. International Labour Office, The War and Women's Employment, a.a.O., S. 142 ff.

(22 History of Women's Service with the British Army, a.a.O., S. 6

(23) Women in the Allied Forces, hrsg. von Nato Information Service, Brüssel 1978, S. 44 ff.

(24) Vgl. Terms of Service-WRAC officers, hrsg. von Ministry of Defence, September 1976

(25) Ebenda

(26) Vgl. Schwangere Soldaten kämpfen um ihr Recht, in: Süddeutsche Zeitung vom 10. 5. 1977

(27) Vgl. Working with People – a Commission in the Women's Royal Army Corps, hrsg. von Ministry of Defence, London 1976

(28 Vgl. Frankfurter Rundschau vom 24. 11. 1994

(29) Vgl. Nato Conference of Senior Service Women Officers of the Alliance, hrsg. von The Danish Women's Air Force, Brüssel 1973, S. 21

(30) Fernmündliche Auskunft Major Devlin, MOD London, am 16.9.1997 nach dem Stand vom 1. 7. 1997

(31) Vgl. The Guardian vom 16. 5. 1995

(32) Vgl. Die meisten Staaten setzen auf Freiwilligkeit, in: Das Parlament vom 31. 1. 1997

Israel

Israel verfügt über aktive Streitkräfte im Umfang von 175 000 Soldaten und Soldatinnen bei einer Bevölkerung von 5,7 Millionen, von denen 82 % Juden sind. Drei Viertel sind Wehrpflichtige. Mit den Reservisten kann das Land im Kriegsfall 430 000 Personen mobilisieren.

Die überwiegende Mehrheit der Bürger Israels identifiziert sich mit der raison d'être des militärischen Dienstes der Frauen in den I.D.F. (Israel Defence Forces): Entlastung der Kampfverbände durch die Übernahme möglichst vieler Unterstützungsdienste; Waffenausbildung zur Selbstverteidigung und zum Schutz der israelischen Siedlungen; Übernahme von Aufgaben im sozialen Bereich. Dementsprechend hat der Wehrdienst für die israelische Frau eine militärische, emanzipatorische, pädagogische und gesellschaftliche Funktion. Die meisten Frauen bekennen nachher, daß sie die Zeit nicht missen möchten. Abgesehen davon, daß die Armee für Soldatinnen ein ebenso guter Ehestifter ist wie das Krankenhaus für Krankenschwestern und daß die Armee für die berufliche Ausbildung der Frauen Sorge trägt, ist die integrative Bedeutung von Chen nicht zu übersehen. Weil Frauen dazugehören, ist in Israel die Armee ein wirkliches Spiegelbild der Gesellschaft. Die Frauen werden in die Sicherheitsbemühungen des Staates ebenso einbezogen wie die Männer. Die zusätzliche Arbeit der Soldatinnen zugunsten der Neueinwanderer und der Siedler in den besetzten Gebieten verbindet die Frauen außerdem mit der Pionierideologie der Großeltern.

Die spezifische politische und militärische Situation Israels im Nahen Osten erklärt, warum dieser Staat das einzige Land der Welt mit einer Wehrpflicht für Frauen ist. Und nirgendwo haben die Soldatinnen einen so schönen Namen wie in Israel. Chen heißt im Hebräischen Charme. Es sind die Anfangsbuchstaben des hebräischen Ausdrucks für die israelischen Verteidigungsstreitkräfte.

Die Stellung der Frau in der israelischen Gesellschaft

In Israel, das wie kein anderes Land auf der Welt von der Religion bestimmt ist, haben alle Aussagen der Bibel eine reale gesellschaftliche Bedeutung. Was die Bewertung der Frau in der jüdischen Religion angeht, fällt zwar die Uneinheitlichkeit und Mehrdeutigkeit der Darstellungen ins Auge, aber die negativen Aspekte überwiegen. In der Schöpfungslegende wird erzählt, daß Gott Eva aus Adams Rippe schuf, weil er einen verborgenen Körperteil suchte, um die Frau bescheiden zu machen. Die Bibel gibt dem Mann das Recht, seine Frau zu züchtigen. Der Frau wird verboten, sich zu bilden und die Thora zu lernen. Im Morgengebet dankt der Mann Gott, daß er ihn nicht als Frau erschaffen hat.

Die rauhe Wirklichkeit des Lebens der ersten Einwanderer in Palästina sprach jedoch eine eigene Sprache. Die Frauen mußten Hand anlegen wie die Männer. Was die Arbeit anging, war in den ersten Siedlungen kein Unterschied zwischen Mann und Frau. 1914 gründeten 10 Frauen in Merhavia einen „Rat der Pionierfrauen". Er sollte für die landwirtschaftliche Ausbildung der Frauen sorgen, damit sie die Männer auf den Feldern vertreten könnten. Aber trotz aller kolonisatorischen Verdienste des weiblichen Geschlechts wurde erst im Jahre 1951, drei Jahre nach der Staatsgründung Israels, die Gleichberechtigung von Mann und Frau rechtlich fixiert. Das ein Jahr später verabschiedete Gesetz über die Staatsangehörigkeit sicherte den Frauen auch die gleichen staatsbürgerlichen Rechte und Pflichten wie den Männern. Aber es dauerte noch einmal 12 Jahre, bis 1964 ein Gesetz erlassen wurde, das Frauen und Männern, die im gleichen Beruf arbeiten, den gleichen Lohn sichert, im öffentlichen Dienst ebenso wie in der Privatwirtschaft.

Nicht so fortschrittlich wie die öffentliche Gesetzgebung war die Rechtsprechung der religiösen rabbinatischen Gerichte. Nach jüdischem Gesetz kann auch heute eine Frau die Scheidung nur mit dem ausdrücklichen Einverständnis ihres Mannes erlangen. Im Falle der dauernden Abwesenheit des Mannes – entsprechend der Zerrüttung bei uns – kann eine Frau zwar erneut heiraten, aber sie riskiert, daß ihre neue Ehe später als ungültig erklärt wird und Kinder der zweiten Ehe als unehelich gelten. Vor allem im Hinblick darauf proklamierten die legislativen und exekutiven Organe des israelischen Staates für das „Jahr der Frau" folgendes Ziel: „Wir wollen uns 1975 dafür einsetzen, die bestehenden Ungleichheiten zu beseitigen, der Frau ihre Doppelrolle in Heim und Beruf zu erleichtern, die gemeinsame Verantwortung der Eltern anzuerkennen, der Frau die maximale Nutzung ihrer Fähigkeiten zu ermöglichen und ihren Eintritt ins politische und öffentliche Leben zu fördern". (1) Aber bei dieser Verlautbarung blieb es auch. Gesellschaftspolitische Reformen hatten gegenüber den wirtschaftlichen Schwierigkeiten und außenpolitischen Problemen zurückzustehen.

Entgegen dem Eindruck, den der flüchtige Besucher in Israel erhält, arbeitet nur jeweils eine von drei Frauen außerhalb ihres eigenen Haushalts. Nur sie werden statistisch als Arbeitskräfte erfaßt. 1973 waren es 354 000 Frauen, die in einem Beschäftigungsverhältnis standen. Der Gesamtanteil an Arbeitskräften in Israel betrug zu diesem Zeitpunkt 34 %. (2) Einwanderer aus den orientalischen Ländern stehen der Frauenarbeit besonders skeptisch gegenüber. In vielen Diasporagebieten wurden die Mädchen von frühester Kindheit an in dem Glauben erzogen, der Sinn des Lebens liege darin, jung zu heiraten, dem Mann eine gute Ehefrau zu sein und ihm viele Kinder zu gebären. Die Männer dieser Länder sehen es als Autoritätsverlust an, wenn die Frau außerhalb des eigenen Hauses arbeitet. Da Israels Staatsangehörige aus allen Himmelsrichtungen kommen, insgesamt aus 124 Ländern, mußte sich diese Erziehung, wie sie in Jemen oder Kurdistan üblich war, auch nach der Einwanderung in Israel auf die Einstellung gegenüber der beruflichen Tätigkeit der Frauen auswirken. Der Abbau solcher Vorurteile braucht seine Zeit. 1965 erreichte die Zahl der berufstätigen Frauen in Israel mit 32 % aller Arbeitskräfte einen Tiefpunkt. Vorangegangen waren die Jahre einer hohen Einwanderungsquote und einer verhältnismäßig hohen Arbeitslosigkeit. Außerdem war das ursprüngliche weibliche Ideal der robusten Pioniersfrau, die Steine klopft und Traktoren lenkt, inzwischen von dem gepflegten Typ der kessen Städterin abgelöst worden. Viele Frauen, die interessante Berufe erlernt hatten, zogen es vor, zu heiraten und sich der Erziehung der Kinder, der Pflege des Haushalts und der Entwicklung ihrer eigenen Persönlichkeit zu widmen.

Eine neue Periode in der Bewertung der Frauenarbeit setzte 1973 mit dem Yom Kippur-Krieg ein. Als die Männer zur Armee eingezogen wurden und ihre Arbeitsplätze für Wochen verließen, schien der Zusammenbruch der israelischen Wirtschaft eine Frage von Tagen zu sein. Die zurückgebliebenen Frauen waren nicht in der Lage, die Männer an den Maschinen, in den Büros, am Steuer der Lastwagen und in der Landwirtschaft abzulösen. Vielen Unternehmern, die Frauen beschäftigten, wurde klar, daß sie die Ausbildung der weiblichen Arbeitskräfte zu ihrem eigenen Schaden vernachlässigt hatten. Noch während des Krieges wurden Kurse veranstaltet, um Frauen auch für solche Arbeiten auszubilden, die bislang als Domäne der Männer gegolten hatten: Dreher, LKW-Fahrer, Vorarbeiter usw. Für die Integration der Frau ins israelische Wirtschaftsleben wurde jedenfalls durch den Yom Kippur-Krieg eine neue Stufe erreicht. Seitdem ist das Eindringen der Frauen in Berufe, die bisher Männern vorbehalten waren, unaufhaltsam. 1974 hatten die berufstätigen Frauen folgenden statistischen Anteil in den wichtigsten Berufsgruppen: 84 % im Bürobetrieb, 80 % in der Krankenpflege, 75 % der Lehrkräfte an Volksschulen und Gymnasien, 31 % der Ärzte, 7 % der Juristen und 5 % der Techniker und Ingenieure. Seit 1975 steigt die Zahl der Studenten für die unterrepräsentierten akademischen Berufe. Dazu gehört insbesondere der technische Bereich. (3)

Jüdinnen in Waffen

Die Lebensumstände der ersten Einwanderer in Israel waren hart. Zu den klimabedingten Krankheiten und zur Unberechenbarkeit der türkischen Verwaltung kamen die Bedrohungen durch das Gesetz der Wüste mit Mord und Plünderung und die Isolierung von der übrigen Welt. Die Verteidigung gegen räuberische Beduinen gehörte zu den Selbstverständlichkeiten der ersten Siedlungen. Das waren die Jahre, in denen auch die Frauen zu den Gewehren griffen. 1907 wurde der jüdische Selbstschutzverband Hashomer gegründet. Pioniertätigkeit und Verteidigung bildeten eine Einheit.

Im Ersten Weltkrieg kämpfte eine jüdische Brigade von etwa 6 000 Mann an der Seite der Engländer. Etwa ein Drittel kam aus Palästina, der Rest aus USA, Großbritannien und Kanada. Das politische Kalkül, das sich mit der Unterstützung der Briten gegen die Türken verband, nämlich die Errichtung einer jüdischen Heimstatt, ging 1918 jedoch nicht auf. Die Engländer legten auf die Gleichbehandlung von Juden und Arabern in ihrem neuen Mandatsgebiet Palästina großen Wert. Die Siedlungstätigkeit und die Einwanderung der Juden wurden sogar drastisch eingeschränkt. Zu den feindlich gesinnten Arabern traten nun die widrigen Maßnahmen der Engländer. Als geheime Schutzorganisationen der 20er und 30er Jahre förderten Hagana und Hashomer die illegale Einwanderung von Juden nach Palästina und die Errichtung neuer Siedlungen. Viele Dörfer jener Zeit wurden unter dem Schutz der Nacht und unter dem Schutz der Untergrundbewegung errichtet. Von den 50 000 Mitgliedern dieser beiden Organisationen waren vor dem Zweiten Weltkrieg etwa 10 000 Frauen. (4) Die Frauen wirkten in zahlreichen militärischen Funktionen. Sie übernahmen z.b. die Bewachung von Straßen und Ortschaften, die Nachrichtenübermittlung und den geheimen Transport von Waffen. Auch bei der Übernahme und Betreuung illegaler Einwanderer erwiesen sie sich als geschickt und intrigenreich.

Obwohl die Juden den Krieg gegen das Deutsche Reich ab 1939 auch als ihren Krieg betrachteten, änderte sich in den drei ersten Kriegsjahren wenig an dem gespannten Verhältnis zwischen Engländern und Juden. Erst 1942 konnten sich jüdische Frauen zum Dienst im weiblichen Hilfskorps der britischen Armee freiwillig melden. Die jüdischen Frauenorganisationen in Palästina unterstützten die Beteilung von Mädchen und Frauen am Krieg. Ihr gemeinsamer Aufruf zeigte emanzipatorische Züge: „Töchter Israels, es ist ein großes Privileg für uns, daß wir in dem Kampf mitmachen können, der unser eigener Kampf ist, weil der Feind einen Krieg erklärt hat, der die totale Ausrottung unseres Volkes zum Ziel hat." (5) 1942 meldeten sich etwa 3 000 Jüdinnen für den Dienst im britischen Frauenhilfskorps. 1943 kamen noch einmal 1 000 hinzu. Der Weggang der Frauen aus Palästina löste unter der Bevölkerung eine große Diskussion darüber aus, ob die weibliche Arbeitskraft nicht nötiger im Land gebraucht würde, z.B. zum Ausbau neuer Siedlungen und zur Attraktivität der jüdischen Heimstatt für Neueinwanderer. Um weitere Meldungen von jüdischen Frauen für das britische Hilfskorps zu bremsen, wurden 1943 örtliche Arbeitsausbildungslager für Frauen eingerichtet. Im ersten Jahr ließen sich 1 800 Frauen für neue Berufe schulen oder umschulen. Sie erlernten auch Fähigkeiten, die bisher den Männern eigen waren.

Mit Rücksicht auf die Araber lehnten die Briten das Angebot der Juden, auch eine männliche Hilfstruppe unter der Davidsflagge aufzustellen, ab. Es wurden zwar jüdische Freiwillige in die britischen Einheiten aufgenommen, aber nur in dem Maße, wie sich Araber meldeten. Die jahrelangen arabischen Sympathien für das Dritte Reich Adolf Hitlers verhinderten die Beteiligung der Juden am Krieg in einem größeren Maßstab. Erst im August 1944 stellten die Engländer eine jüdische Brigade zusammen. Sie umfaßte etwa 27 000 Männer und Frauen. Ihre Feuertaufe erhielt sie in Italien. Die in der jüdischen Brigade dienenden Männer und Frauen stellten später den Grundstock für die israelische Armee.

Ebenso wie nach dem Ersten Weltkrieg waren die Briten auch nach dem Zweiten Weltkrieg nicht bereit, sich aus Palästina zurückzuziehen. Um sich die Sympathie der Araber nicht zu verscherzen, behinderten sie weiterhin die jüdische Einwanderung. Wiederum war es den oft dramatischen Aktionen der Hagana vorbehalten, jüdische Einwanderer ins Land zu schleusen und sie unterzubringen. Zusammen mit der Palmach zählten die militanten jüdischen Organisationen im Herbst 1947 etwa 32 000 Männer und Frauen.

Nach dem Weggang der Briten aus Palästina und nach der Unabhängigkeitserklärung im Mai 1948 begann für die Israelis der Unabhängigkeitskrieg. Die doppelte Aufgabe, die angreifenden arabischen Armeen zurückzuwerfen und die Grenzdörfer zu schützen, konnte ohne die aktive Beteiligung der Frauen am Kampf nicht gelöst werden.

Zuerst plante man, ein weibliches Hilfskorps entsprechend dem britischen Vorbild einzurichten. Die weiblichen Verbände sollten ein eigenes Hauptquartier, eigene Einheiten und eigene Verantwortlichkeiten erhalten. Im April 1948 wurden die ersten Frauen zur Armee einberufen. Es handelte sich vorwiegend um ehemalige Mitglieder der Hagana, insbesondere um Frauen im Offizier- und Unteroffizierrang aus der Palestinian A.P.F. Die Leitung der ersten Frauenverbände hatte Nina Rogozuk. Die Betreuung der Einheiten lag in der Hand von Yehudid Simhonit. Sie organisierte für die weiblichen Soldaten Sprachunterricht, Gesang, Tanz und den Besuch öffentlicher Veranstaltungen. (6) Das Kriegsdienstgesetz des Jahres 1949 brachte dann die Militärdienstpflicht für alle Frauen zwischen 18 und 34 Jahren. Jede Frau mußte 2 Jahre dienen.

Erst nach dem Unabhängigkeitskrieg wurde das weibliche Hilfskorps in die Verteidigungsstreitkräfte (I.D.F.) integriert. Die Mädchen dienten von da ab wie die Männer in allen Abteilungen der Armee. Sie waren sozusagen Rekruten mit Spezialaufgaben und mit vollem Kombattantenstatus. (7)

Chen nach dem Unabhängigkeitskrieg

Der weibliche Militärdienst wird in Israel gelegentlich mit biblischen Traditionen begründet. Die Bibel berichtet von Mirjam, die Schwester des Moses, die eine Pauke in ihre Hand nahm und die Frauen zum Triumpfzug führte, nachdem die Ägypter im Roten Meer ertrunken waren. Die Bibel berichtet auch von Deborah, die mit Barak gegen die Kananiter zog, weil der Herr verheißen hatte, daß er das Land in die Hand eines Weibes legen würde. (8) Diese biblischen Aufforderungen waren jedoch nicht der Grund für die Einbeziehung der Frauen in die Streitkräfte. Ausschlaggebend war die politische Situation des Volkes Israel in Israel.

Angesichts der geringen Bevölkerungszahl und der das Land umgebenden Bedrohungen war für die politische Führung des Landes der Einsatz von Frauen in der Armee die einzige Möglichkeit, den Wehrdienst der Männer auf drei Jahre zu beschränken. Das ging nur, wenn alle Aufgaben, zu denen Frauen innerhalb der Streitkräfte geeignet sind, von Frauen wahrgenommen werden. Dazu gehören nicht nur die Tätigkeiten, die in anderen Armeen von zivilen Angestellten ausgeführt werden, wie Krankenschwestern, Bibliothekarinnen, Lehrerinnen, technische Assistentinnen, Schreibkräfte, sondern zahlreiche hoheitliche Funktionen wie Verkehrsregelung und Musterung und militärische Aufgaben wie Nachschub, Nachrichtendienst und dergleichen.

Der pädagogische Effekt, der sich aus der Zusammenarbeit von Frauen und Männern in den israelischen Streitkräften ergibt, wird nicht unterschätzt. Zwar ist in Israel das Zusammengehörigkeitsgefühl der Geschlechter von Kindheit an ausgeprägt, weil Mädchen und Jungen – vor allem in den Kibbuzim – in enger Gemeinschaft miteinander aufwachsen. Es gibt in Israel auch keine getrennten Schulen für Jungen und Mädchen, keine Männerclubs, keine Einrichtung ausschließlich „for men". Die Gleichberechtigung wird als Selbstverständlichkeit von Kindheit an praktiziert. Trotzdem wird die Funktion der Armee als Stätte der Begegnung zwischen Heranwachsenden in ihrer psychologischen und sozialen Wirkung hoch bewertet. In einem aufnahmefähigen Alter lernen beide Geschlechter die Qualitäten und Besonderheiten des anderen kennen. Die Anwesenheit der Mädchen im Kasernenbereich bringt die Männer zu anständigem Betragen und dient der Stärkung der Kampfmoral. Im unmittelbaren Dienst und in den Bildungsveranstaltungen der Streitkräfte treffen Männer und Mädchen aufeinander. Sie knüpfen partnerschaftliche und sexuelle Beziehungen an. Sie lernen die soziologische Breite des Landes kennen. Die Zusammenarbeit mit Offizieren hat für viele Frauen, vor allem aus den orientalischen Ländern, die wichtige Funktion, daß sie Partner aus höheren Bildungsschichten treffen. Sie lernen im Offizier den Typ des Mannes kennen, den sie normalerweise in ihrem Bekanntenkreis nicht finden. Während des Wehrdienstes handelt es sich meistens um Studenten, während der Reserveübungen um Akademiker und Beamte in Offizierfunktionen.

Die israelische Armee umfaßt etwa 110 000 Wehrpflichtige. Davon sind rund 12 000 Frauen. Das sind 11 % aller Wehrdienstleistenden. In der Gesamtheit der israelischen Verteidigungsstreitkräfte machen die Frauen 9,5 % aus. (9)

Daß die Uniform zur Emanzipation der Frauen erheblich beiträgt, ist selbstverständlich. Die Achtung, die sich die Soldatin im Dienst erwirbt, wirkt sich auf das Selbstbewußtsein der israelischen Frau allgemein aus.

Die Rolle der Frauen in den Kriegen von 1967 und 1973

Zu den Soldatinnen, die zur Zeit der beiden Kriege gerade ihren Wehrdienst ableisteten, traten die vielen Reservistinnen, die als Spezialistinnen für den Verteidigungsfall eingeplant waren und einberufen wurden. Ihre Funktionen waren so verteilt, daß sie möglichst vielen Männern die Arbeit in der Etappe abnehmen konnten, damit diese für Kampfaufgaben verfügbar waren. Die Reservistinnen dienten z. B. als Ärztinnen und Krankenschwestern in den Lazaretten, in der Nachrichtenvermittlung, in den Nachschubeinheiten, auf den Flugplätzen und in den Häfen. Sie versorgten den Postdienst und regelten als Militärpolizistinnen den Straßenverkehr. In vielen Fällen waren einzelne Gruppen von Frauen ganz auf sich gestellt, weil das ganze männliche Personal abgezogen war. In diesen Fällen wurden Eigeninitiative und Commonsense verlangt. Viele Frauen folgten den Kampfeinheiten auf dem Fuße, übernahmen den Küchendienst und die psychologische Betreuung der Männer. Sie ertrugen die Widrigkeiten des Klimas, die Unbehaustheit bei wechselnden Fronten und die Angst der Frontnähe. Sie riskierten oft mehr als nötig ihr Leben, wenn sie sich bei Granateneinschlägen nicht schnell genug zu Boden warfen. Der Anblick von Toten und Verwundeten blieb ihnen nicht erspart. Aber alle Berichte aus den Kriegen besagen, daß die Soldatinnen sich vorbildlich verhielten, daß Tränen ebenso selten waren wie bei den Männern und daß sie als Trösterinnen über sich hinauswuchsen.

Gleiche Leistungen vollbrachten die Soldatinnen im Heimatgebiet. Dort vertraten sie so gut es ging die Männer in den Schulen, Büros und Betrieben. Sie besorgten die Aufgaben des Luftschutzes. Sie wirkten in den Mob-Zentren und in den Depots. Sie schrieben Briefe und organisierten die Hilfeleistungen der Bevölkerung für die Soldaten. Sie besorgten die Kontakte zwischen Eltern und Kindern. Sie übernahmen die traurigen Pflichten, den Familien den Tod ihres Angehörigen mitzuteilen und fanden die richtigen Worte dafür. Daß auch im Yom Kippur-Krieg die Stimmung der Bevölkerung gut blieb, war neben dem umfassenden und schnellen staatlichen Informationssystem dem Auftreten der Frauen in Uniform an allen Orten, wo es kritisch wurde, zu verdanken. Deshalb dachte nach 1973 kein Mensch in Israel daran, das Wehrpflichtsystem für Frauen zu verändern, am allerwenigsten die Betroffenen. Ein Rechenschaftsbericht zeigte das neue Selbstbewußtsein der Frauen:

„Die Frauen wissen, daß sie einen Anteil an der Verteidigung des Landes haben und sind stolz darauf. Der Dienst in Chen bedeutet für die Frau eine seelische und moralische Stütze, die ihren Niederschlag im bürgerlichen Alltag, im Bewußtsein einer Verpflichtung und in dem Gefühl der Identifizierung mit den Problemen des Staates Israel findet." (10)

Trotzdem waren die Erfahrungen der Kriege nicht so, daß die Regierung wagen konnte, die weiblichen Soldaten voll in die Truppe zu integrieren. Als Bürger eines westlich geprägten Landes, das sich dem humanitären Völkerrecht verpflichtet fühlt, wußte man, daß das weibliche Geschlecht im Islam eine andere Rolle spielt als im Judentum und die Frauen bei den Arabern eine andere gesellschaftliche Stellung haben als in Israel. Indem man die Frauen aus den Kampfverbänden heraushielt, wollte man verhindern, daß Soldatinnen in Kriegsgefangenschaft gerieten, daß sie mißhandelt würden oder daß der Staat erpreßt werden könnte. (11) Zum anderen hatte man bei Einsätzen gemischtgeschlechtlicher Militärgruppen festgestellt, daß die männlichen Soldaten ihren militärischen Auftrag vergaßen, sobald eine Kameradin in Schwierigkeiten geriet. Aufgrund solcher Erfahrungen wurden in den folgenden Jahren eines unsicheren Friedens keine Frauen zur Grenzsicherung oder zu Kommandounternehmungen herangezogen.

Wehrpflicht und Wehrdienstbefreiungen

Im Wehrgesetz (Defence Service Law) wurde 1959 die allgemeine Wehrpflicht für Männer und Frauen festgelegt. Für das weibliche Geschlecht betrug der Grundwehrdienst in den neunziger Jahren ein Jahr und neun Monate. Für die Männer dauerte er drei Jahre bzw. für Offiziere vier Jahre. Alle jungen Frauen im Alter von 18 bis 26 waren wehrpflichtig. Ausgenommen waren verheiratete Frauen, als untauglich Ausgemusterte und Frauen, die aus streng religiösen Familien stammten. (12)

Das Sicherheitsdienstgesetz (Security Service Law) von 1949, das 1986 novelliert wurde, verpflichtete alle Männer zwischen 18 und 54 Jahren und alle Frauen zwischen 18 und 34 Jahren zum Dienst für die nationale Sicherheit. (13) Es überließ dem Verteidigungminister zu entscheiden, im welchem Umfang und in welchen Verwendungen Frauen zum Schutz des Landes herangezogen werden sollten.

Bei einer Einwohnerzahl von 3,6 Millionen verfügte Israel 1986 über 170 000 Soldaten. Im Krisenfall kann das Land auf 400 000 Reservisten zurückgreifen. „Kaum ein anderer Staat dürfte in der Lage sein, über gut ausgebildete Soldaten in einem so hohen Prozentverhältnis zur Gesamtbevölkerung zu verfügen." (14)

Im Alter von 17 Jahren werden alle jungen Staatsbürger gemustert. Die Musterung umfaßt eine Gesundheitsprüfung (determination of medical profile), psychologische Tests (psychotechnical examination) und die Erfassung der persönlichen Daten und der Bildung bzw. Ausbildung (verification of formal education and personal background). (15)

Von den für den Wehrdienst tauglichen Frauen werden allerdings nur 68 % eingezogen, im Gegensatz zu 83,3 % bei den Männern. Die 32 % der Frauen, die nicht dienen, halten sich entweder nicht in Israel auf (4,2 %) oder verweigern den Kriegsdienst aus religiösen Gründen (19,8 %) oder sind untauglich (6,3 %) oder verheiratet bzw. schwanger (1,4 %). (16) Ein Teil der Frauen, die damit rechnen müssen, eingezogen zu werden, absolviert noch vor dem eigentlichen Wehrdienst freiwillig militärische Vorbereitungskurse. Diese Kurse bereiten die jungen Frauen auf die Verwendung ihrer Wahl vor. (17)

Ungefähr jede fünfte Israelin wird aus religiösen Gründen vom Wehrdienst befreit. Bei einem Jahrgang von etwa 10 000 wehrpflichtigen Mädchen sind das immerhin 2 000. Die streng religiösen Gruppen in Israel vertreten von jeher die Ansicht, daß der Dienst in der Armee die Frauen verderbe. Dem Gegenargument, daß es außerhalb der Armee genügend Gelegenheiten gibt, den Mädchen die menschlichen Genüsse nahezubringen, hält man entgegen, daß durch den Wehrdienst die Familienbindungen zerbrochen werden und die Mädchen beim Militär ohne väterlichen Rückhalt seien. Es genügt die Erklärung gegenüber der dafür eingesetzten Kommission des Verteidigungsministeriums, daß man aus einer religiösen Familie stamme, um ein Mädchen vor der Einberufung zu bewahren. Beweise brauchen nicht vorgelegt zu werden. Mit dieser Regelung möchte die Regierung Streitigkeiten mit den Parteien des Likudblocks, die die jüdische Orthodoxie vertreten, aus dem Wege gehen. In der Tat ist es für streng religiöse Familien einfach undenkbar, daß ihre Töchter im Alter von 18 Jahren das Haus verlassen, um in einem Lager zu leben und zusammen mit Männern einen Dienst zu absolvieren, der auch vor Sabbatarbeit nicht schützt. Zu Hause leben die Mädchen unter strenger Überwachung. Sie dürfen nicht ohne Begleitung ausgehen. Sie befolgen das religiöse Ritual. Sie achten auf die Heiligkeit des Sabbats und auf koscheres Essen.

Der streng religiöse Bevölkerungsteil in Israel wird auf etwa 15 % geschätzt. Das entspricht dem Anteil der Abgeordneten der religiösen Parteien in der Knesset.

Die Planungen für ein nationales Dienstgesetz (National Service Law) sahen für Wehrdienstverweigerinnen einen zweijährigen Ersatzdienst vor. Für Mädchen aus religiösen Familien wurden drei Alternativdienste geplant: einmal der Besuch einer Landwirtschaftsschule in einer religiösen Siedlung ihrer Wahl, zum zweiten die Arbeit für die Armee am Wohnort der Eltern und ohne Uniform und schließlich nichtmilitärische Arbeiten von nationaler Wichtigkeit, z.B. bei den Einwanderungsbehörden. Gemeinsam soll allen Diensten die Löhnung für Wehrpflichtige sein. Keiner der Vorschläge wurde von den jüdischen Orthodoxen akzeptiert. Die meisten religiösen Familien legten Wert darauf, ihre Töchter im Hause zu behalten. Sie hatten Angst, die Mädchen könnten verwahrlosen, wenn sie ohne elterliche Aufsicht einer Arbeit – gleich welcher Art – nachgehen. Neue Überlegungen sahen vor, für Mädchen, die eine Dienstverweigerung beantragen, eine Art Gewissensprüfung nach dem lange Zeit in der Bundesrepublik Deutschland geltenden Verfahren für Kriegsdienstverweigerer durchzuführen.

Mädchen aus religiösen Familien gelten im allgemeinen als begehrte Arbeitskräfte, weil ihnen im Elternhaus Verantwortungsgefühl und Wahrheitsliebe anerzogen worden sind. Versuchsweise wurden 1974 weibliche Yacha-Einheiten zum Dienst in zivilen Krankenhäusern eingerichtet, um die Attraktivität des sozialen Einsatzes und die Beschäftigungsmöglichkeiten für wehrpflichtige Frauen in Hospitälern zu testen. Wenig Engagement erwartet man von jenen Mädchen, die den nationalen Dienst aus egoistischen Motiven verweigern. Viele Beobachter glauben, daß Frauen, die kein Verantwortungsgefühl für die Sicherheit des Staates zeigen, auch einen sozialen Dienst widerwillig verrichten würden. Mit ihrem Auftreten sei niemandem gedient.

Es ist in Israel nicht schwer, sich mit religiösen Vorwänden vom Wehrdienst zu drücken. Um zu verhindern, daß die Mädchen ihre Abneigung gegen den Militärdienst besonders sorglos genießen, führte die Polizei am Sabbat Razzien durch. Aus den Autos wurden Mädchen mit Ausweisen der Dienstpflichtbefreiung herausgeholt, weil streng religiöse Juden am Sabbat nicht mit dem Auto fahren. Am Mittelmeerstrand wurden bikinibekleidete Schönheiten eingesammelt und andere aus Cafés geholt, denn fromme Mädchen baden nicht mit Männern zusammen und sie besuchen an diesem Tag keine Gaststätten, weil es am Sabbat verboten ist, Geld anzurühren oder für sich bezahlen zu lassen.

Gegen die Mädchen, die vor Beginn ihres Wehrdienstes heiraten oder schwanger werden und damit automatisch wehrdienstbefreit werden, scheint kein Kraut gewachsen zu sein. Zwar werden die frühehelichen Bindungen von vielen bedauert, die Einberufung der Mädchen nach ihrer Eheschließung würde jedoch eine Reihe Probleme aufwerfen, zu denen nicht nur die Schwangerschaft oder die Betreuung von Säuglingen zählt, sondern vor allem fiskalische Mehrbelastungen durch Trennungsentschädigungen, Familienunterstützungen usw. (18)

Ausbildung und Einsatz

Wie in allen Armeen ist für die Neueingezogenen die Einkleidung der Abschied vom Zivilleben. Für Mädchen spielt die Uniform eine wesentlich größere Rolle als für Männer. Die Dienstvorschriften besagen:

Die Uniform der israelischen Verteidigungsstreitkräfte muß von allen Frauen getragen werden, die keine Ausnahmegenehmigung haben. Wenn die Waffengattung nichts anderes vorsieht, ist die Farbe khaki. An den Beinen werden fleischfarbene Strümpfe oder kurze Socken getragen. Der Rock darf nicht kürzer als 12 cm oberhalb des Knies sein. Es sind nur schwarze Schuhe ohne Ornamente oder Sandalen zugelassen. Die Kopfbedeckung besteht aus einem Schiffchen in der Farbe der Waffengattung. Wenn sie nicht auf dem Kopf getragen wird, wird sie unter die linke Schulterklappe der Bluse oder des Kampfanzugs gesteckt. Im Winter tragen Soldatinnen Winter- oder Regenmäntel. An allen Uniformen müssen die Rangabzeichen sichtbar sein. Soldatinnen in Uniform dürfen außer dem Ehering nur noch einen anderen Ring tragen. Ohrringe sind nur erlaubt, wenn sie nicht größer als das Ohrläppchen sind und wenn sie an den Ohrläppchen anliegen. Eine Halskette aus Metall ist zulässig. Zum Lackieren der Finger- und Zehennägel muß farbloser Lack verwendet werden. Langes Haar muß gebunden und geknotet sein. Bubikopffrisur wird vorgezogen. (19)

Trotz der Schablonenhaftigkeit der Uniform und trotz des harten Dienstes vergessen die Chen-Soldatinnen ihre Fraulichkeit nicht. Die Röcke sind immer etwas kürzer, als die Vorschrift zuläßt, und die Haare immer etwas länger. Kosmetikerinnen verschiedener Firmen besuchen regelmäßig die Militärlager, um die Mädchen zu beraten. Der zurückhaltende Gebrauch von Lippenstift ist nicht untersagt. Sogar um die Augen darf etwas Farbe aufgelegt werden.

Die Ausbildungscamps zeigen das Bild aller israelischen Kasernen. Die Mädchen wohnen in langen Baracken, 30–60 in einem Saal. Zwei Reihen Betten sind exakt geordnet: vier Decken, Stahlhelm, Gasmaske und Patronentasche. Über dem Eingang des Schlafsaals hängt gewöhnlich ein Sinnspruch, z. B.: „Wir Mädchen haben nichts als Liebe und Stolz. Eine Soldatin ohne Liebe ist wie ein Soldat ohne Stolz." Aber im ganzen Lager gibt es keinen Mann zum Lieben. Das Ausbildungspersonal besteht ausschließlich aus Frauen. In der Freizeit und beim Marschieren singen die Mädchen mit Vorliebe die neuesten Schlager aus den Hitparaden. Selbstverständlich kennen sie auch die Marschlieder ihrer männlichen Kameraden. Was bei Männern selten vorkommt: Viele Lieder werden mehrstimmig intoniert. (20)

Die Grundausbildung der weiblichen Rekruten wurde bis in die achtziger Jahre in zwei unterschiedlichen Typen angeboten. In der normalen Form umfaßte das vierwöchige Programm 13 Stunden Ausbildung am Gewehr, 16 Stunden Ausbildung an der Maschinenpistole, 6 Stunden Scharfschießen, 7 Stunden ABC-Abwehr, 24 Stunden Feldübungen, 20 Stunden Exerzieren, 8 Stunden Formalausbildung, 25 Stunden Sport, 10 Stunden Erste Hilfe. Dazu kommen 25 Stunden Geschichtsunterricht, 8 Stunden Militärkunde, 4 Stunden für Blutspenden und 14 Stunden Verwaltungsunterricht. 52 Stunden Dienst wurden in einer Grenzsiedlung verbracht. Die Ausbildungslager der zweiten Art nahmen Mädchen auf, die aus der Jugendbewegung kamen und eine vormilitärische Ausbildung mitbrach-

Ärmelabzeichen der Chen-Angehörigen

Territorialkommando Nord

Territorialkommando Mitte

Territorialkommando Süd

Luftwaffe

Marine

Panzertruppe

Nahal

Militärpolizei

Ausbildung

ten. Während das normale Grundausbildungslager ausschließlich weiblichen Soldaten vorbehalten war, wurden im Lager der zweiten Art die Frauen gleichzeitig mit den Männern aus der Nahalbewegung ausgebildet. Die Dauer der Ausbildung betrug acht Wochen. In diesen Lagern hatte das Militärische absoluten Vorrang. (21) Eine Ausbildung an Spezialwaffen wie bei den männlichen Soldaten fand jedoch in keinem der beiden Lagertypen statt. Die im Vergleich zur männlichen Grundausbildung eingesparte Zeit wurde für historische und staatsbürgerliche Bildung verwendet. In den neunziger Jahren wurde die Grundausbildung (basic training) für weibliche Wehrpflichtige verkürzt, weil viele bereits vor ihrer Einberufung Vorbereitungskurse besuchten. Wer einen solchen Kurs besucht hat, erhält seitdem nur noch eine neuntägige Grundausbildung. Bei den anderen dauert die Grundausbildung 14 Tage. Die Frauen erfahren etwas über die israelische Militärstruktur, bekommen eine kurze Waffenausbildung und werden in Erster Hilfe ausgebildet. (22)

Die Ausbildung der Frauen mit Handfeuerwaffen wird in Israel ernst genommen. Sie verfolgt einen vierfachen Zweck. Die Waffenhandhabung dient zur Selbstverteidigung, für Sicherungsaufgaben, z. B. im Wachdienst, im Notfall zur Unterstützung der Männer in den Kampftruppen und in der Nahalbewegung dem Schutz der jüdischen Siedlungen auf arabischem Gebiet.

60 % aller Soldatinnen erhalten nach der Grundausbildung eine Spezialausbildung in Berufszweigen, die sowohl in der Armee wie im Zivilleben nützlich sind. In steigendem

Maße sind darunter technische Disziplinen. Die Liste der Ausbildungstätigkeiten, in denen die Frauen während des Wehrdienstes arbeiten, ist lang. Sie umfaßt folgende Berufsfelder: Krankenschwester, Pflegerin, Sozialarbeiterin, Psychologin, Jugendführerin, Sportlehrerin, EDV-Fachfrau, Truppenbetreuerin, Musikerin, Journalistin, Radartechnikerin, Fernmelderin, Fernschreiberin, Zeichnerin, Kraftfahrerin, technische Assistentin, Mitarbeiterin im Abwehrdienst, Bürogehilfin, Lageristin, Flugsicherheitskraft, Mechanikerin usw. Dazu kommt der Dienst als Chiba-Hilfspolizistin zur Aufrechterhaltung der Verkehrsdisziplin und zur Terrorbekämpfung, der Dienst im Yacha-Fürsorgedienst, in dessen Rahmen die Mädchen z. B. in Krankenhäusern eingesetzt werden.

Eine besondere Ausbildung erhalten zukünftige Gadna-Instrukteure. Hierzu werden Abiturientinnen von besonderem physischen Leistungsvermögen ausgewählt. Der Kurs, an dem Jungen und Mädchen gemeinsam teilnehmen, dauert drei Monate und soll die Ausbilder für das vormilitärische Training in den höheren Schulen, regionalen Jugendclubs und in den Gadnabasen hervorbringen. Bei dieser Ausbildung wird besonderes Gewicht auf Geographie und Topographie gelegt, da die intime Kenntnis des Landes für diese Jugendleiter unabdingbar ist.

Während 1976 nur 210 von 709 Verwendungen der israelischen Armee für Frauen geöffnet waren, stieg der Prozentsatz 1996 auf 77 %. Trotzdem interessierten sich die Frauen vorrangig für 282 Tätigkeitsfelder der 447, die für sie offen standen. Die meisten absolvierten ihren Wehrdienst im Sanitätswesen, im Fernmeldedienst, im Stabsdienst und bei der Militärpolizei. Nach einer Entscheidung des Obersten Gerichtshof Israels vom Jahr 1995 haben die Frauen auch das Recht, zur Pilotin ausgebildet zu werden, auch wenn sie nicht Kampfjets fliegen dürfen. (23) Zu den begehrtesten Einheiten zählen die Fallschirmjäger, bei denen die Mädchen lange Zeit nur für Versorgungsfragen zuständig waren, aber inoffiziell im Fallschirmspringen trainieren durften. Unter den Schauspringern der israelischen Armee befanden sich 1995 etwa 150 Mädchen, deren Präzision nicht geringer war als die der Männer.

178 militärische Verwendungen in den Kampftruppen und den kampfunterstützenden Einheiten sind für Frauen gesperrt, weil sie zu den battle area functions gehören. (24) Aber einige Kampftruppenteile akzeptieren Frauen. Sie bilden sie für Kampffunktionen in dem Wissen aus, daß sie im Krieg nicht eingesetzt werden dürfen. Die Erfahrungen des Befreiungskrieges 1948 sprachen dagegen. Damals kämpften die Frauen Seite an Seite mit ihren männlichen Kameraden. Viele wurden getötet und verwundet, einige kamen in Gefangenschaft, mehrere fand man verstümmelt wieder. Einige israelische Einheiten verloren angesichts des Schicksals ihrer Kameradinnen die Einsatzfreude. Moshe Dayan bekannte später: „Wir hatten permanente Angst, was die Araber mit unseren gefangen genommenen Frauen machen würden." (25)

Im Widerspruch zu dieser Grundeinstellung ist den Frauen der Dienst in der israelischen Grenzpolizei erlaubt. Dies ist um so bemerkenswerter, da die Grenzpolizei in Friedenszeiten die Speerspitze Israels im Kampf gegen den Terrorismus in den besetzten Gebieten bildet und in dem Ruf steht, wenig zimperliche Methoden anzuwenden. (26)

Die Ausbildung zum Offizier bei Chen dauert insgesamt 30 Monate. Voraussetzung für diese Laufbahn ist, daß die Frauen über eine zwölfjährige Schulausbildung verfügen und ihre Fähigkeit für den Offiziersdienst in der Grundausbildung nachgewiesen haben. Der Kommandeur muß ihnen Entschlußfreudigkeit, Organisationsfähigkeit, Motivationskraft usw. bestätigen. (27)

In bestimmten Truppengattungen gibt es mehr weibliche Offiziere als männliche, z. B. im Bereich des militärischen Erziehungswesens, wo 77,8 % aller Offiziersstellen mit

Frauen besetzt sind, oder im Statistischen Dienst, in dem 64,6 % aller Offiziersdienstposten von Frauen besetzt sind. Bei den Panzertruppen sind es ähnlich wie bei den Pionieren und bei der Feldartillerie dagegen nur 1,2 %. Frauen erreichen selten höhere Führungpositionen, weil sie nicht die für die militärische Karriere notwendigen Führungsfunktionen als Kompanieführer und Bataillonskommandeure in den Kampftruppen durchlaufen. (28)

Die Absolventinnen der Unteroffizierskurse werden meistens Instrukteure in den Lagern oder in den Einheiten oder erhalten Spezialverwendungen. Sie arbeiten auch bei den Kampftruppen als Ausbilder. Jeder vierte combat instructor war 1997 ein weiblicher Unteroffizier. In der Panzertruppe gaben sie Unterricht im Fahren, in der Ballistik, bei der Reparatur des Waffensystems und in der Panzertaktik. (29) In den Kursen für PC-Operateure, Flugbildauswerter, Militärpolizisten und Flugüberwacher waren weibliche und männliche Teilnehmer gleich stark vertreten. Im Personalwesen und Erziehungswesen überwogen die weiblichen Unteroffiziere im Verhältnis 9 : 1. (30)

Im Falle eines Krieges dürfen die weiblichen Unteroffiziere bei den Kampftruppen bleiben, aber nicht an der Front eingesetzt werden. Als Ausbilderinnen in den einzelnen Waffensystemen und bei den rückwärtigen Kommandostäben können sie ihren Platz behalten. Etwa zehn Kilometer hinter der Frontlinie halten sich im Krieg auch die in anderen Funktionen ausgebildeten Soldatinnen auf, z. B. Stabshelferinnen, Telefonistinnen, Fahrerinnen, Küchenpersonal, Angehörige der Versorgungstruppe und des Sanitätspersonals. Eine besondere Funktion ist den welfare sergeants zugedacht. Sie sollen in den Kampfpausen die Soldaten an der Front besuchen, ihnen Mut zusprechen, ihnen Botschaften von ihren Verwandten überbringen und sie psychologisch betreuen.

Einen besonderen Status in der Armee haben ausgebildete Lehrerinnen und Ärztinnen. Lehrerinnen werden in vielfältigen Funktionen eingesetzt: in den Schulen der jüdischen Siedlungen in den besetzten Gebieten, in den Siedlungen von Neueinwanderern, in Landwirtschaftsschulen und in den Schulen der Streitkräfte selbst, wo sie den Soldaten, die als Neueinwanderer nicht oder kaum hebräisch sprechen, die erforderlichen Sprachfertigkeiten beibringen. Auf dem Karmel in Haifa befindet sich die Zentralschule. Neben dem Sprachunterricht geben die Soldatinnen Unterricht in der Geschichte des Landes und des Zionismus. Wer die Abschlußprüfungen der Lehrgänge nicht besteht, wird in den Einheiten weiterbetreut. Zu diesem Zweck besuchen die Lehrerinnen im Auftrag der Territorialkommandos die Bataillone, wo sie einige Wochen lang intensiv mit kleinen Gruppen von zwei bis fünf Soldaten zusammenarbeiten. Auf diese Weise soll der Mindeststandard an jüdischer Bildung erreicht werden.

Während der Wehrdienst normalerweise zwischen dem 18. und 26. Lebensjahr zu absolvieren ist, dienen Ärztinnen zwischen dem 27. und 34. Lebensjahr. Ärztinnen, die nach ihrem 27. Lebensjahr nach Israel einwandern, werden nur für 18 Monate einberufen. Wer vor dem 35. Lebensjahr nicht einberufen worden ist, braucht nur 12 Monate Militärdienst zu absolvieren. Der Einsatz der Ärztinnen unterscheidet sich in nichts von dem ihrer männlichen Kollegen mit der Ausnahme, daß sie nicht als Bataillonsärzte und an Hauptverbandplätzen eingesetzt werden dürfen.

Ca. 11 % der Frauen in den israelischen Streitkräften sind Berufsoffiziere oder Berufsunteroffiziere. Sie arbeiten meistens in größeren militärischen Dienststellen und an größeren Standorten. Nach Dienstschluß gehen sie zu ihren Familien nach Hause. In ihrer Freizeit tragen sie keine Uniform. Deshalb sieht man in Israel selten höhere Offiziere in Uniform, weder weibliche noch männliche, auf der Straße.

Die Löhnung der weiblichen Wehrdienstleistenden und die Bezahlung der Berufssoldatinnen ist die gleiche wie die der Männer. Was den Einsatzort und die Art der Tätigkeit angeht, wird den Wünschen der Rekrutinnen soweit wie möglich Rechnung getragen. Angestrebt wird, daß jedes Mädchen seinen Berufskenntnissen entsprechend eingesetzt wird oder während der Dienstzeit einen Beruf ihrer Wahl erlernt. Mit Unterstützung des Arbeitsministeriums besorgt die Armee den Mädchen nach dem Ausscheiden eine zivile Arbeitsstelle zur Fortführung der Ausbildung. Wenn Berufsabschlüsse in der Armee erreicht worden sind, werden diese öffentlich anerkannt. Mit dieser Aufgabenstellung ist Chen für die Frauen Israels eine „Schule fürs Leben".

Alle drei Monate erhalten alle Wehrdienstleistenden vier Tage Urlaub, einmal im Monat gibt es ein langes Wochenende. Nicht immer wird der Urlaub zu Hause verbracht. Es ist erlaubt, daß die Mädchen ihre Freunde in anderen Lagern besuchen oder im Lager selbst bleiben. Für Sonderfälle gibt es jedoch Sonderurlaub. In besonders schweren Fällen, z. B. beim Tod von nahen Angehörigen, deren Geschäft weitergeführt werden muß, können die Mädchen vorzeitig aus der Armee entlassen werden. (32)

Den fraulichen Besonderheiten trägt die israelische Armee so weit wie möglich Rechnung. Die Soldatinnen haben die gleichen Beschwerdemöglichkeiten wie die Soldaten. Der unmittelbare Weg zum Ombudsmann steht ihnen offen. In persönlichen Angelegenheiten muß der zuständige Dienststellenleiter bzw. Kommandeur die Eingaben der Mädchen an die weibliche Inspekteurin beim Generalstab weiterleiten. Es gibt sogar bestimmte Fälle, wo solche Schreiben ungeöffnet weitergereicht werden müssen.

Die Soldatinnen haben im Unterschied zu ihren männlichen Kameraden das Privileg, sich täglich waschen zu dürfen. Das ist in Wüstenstandorten nicht immer einfach. In solchen Fällen werden die Mädchen mit Lastwagen nach hinten transportiert, wo ein Spezialfahrzeug mit Duschanlagen für sie bereitsteht oder wo fest installierte Duschen vorhanden sind.

Zur Verhütung von Schwangerschaften verteilt die Armee Ovulationshemmer an die Mädchen. Diese Maßnahme wurde gegen den Widerstand der religiösen Gruppen im Land durchgesetzt. Sie trug viel zur Entkrampfung der Beziehungen zwischen Soldaten und Soldatinnen – vor allem in isolierten Standorten – bei. Mädchen, die trotzdem schwanger werden, müssen die Armee unverzüglich verlassen. Liebe in Uniform ist grundsätzlich untersagt. Die Neufassung der Richtlinien vom 1. 12. 1976 legte ausdrücklich fest, daß Uniformierte nicht eng umschlungen durch die Straßen gehen dürfen. (32)

Die Befehlshaberin aller Frauen war jahrzehntelang ein weiblicher Oberst. Auf Druck der Frauenverbände und der weiblichen Knesset-Abgeordneten wurde ihr Dienstposten 1987 in den eines Brigadegenerals umgewandelt. Sie gehört dem Generalstab an und überwacht den Militärdienst der Mädchen. In allen Frauenfragen ist sie die unmittelbare Beraterin des Generalstabschefs. Mit ihren Regularien greift sie in den Dienstbetrieb ein, wenn es erforderlich ist. Sie verfügte z. B., daß auf einer Militärbasis mindestens zwei Frauen sein müssen, und gibt für die neu eingezogenen Wehrpflichtigen Ratschläge und Anweisungen gegen sexuelle Belästigungen heraus. Seit 1997 gibt es eine hotline, über die solche Fälle gemeldet werden können. Sie hat das Inspektionsrecht in allen Einheiten, in denen Frauen tätig sind, und kann die Arbeitsplätze und Unterkünfte der Mädchen ohne Anmeldung besichtigen. Seit 1983 gibt es für Chen auch eine Sozialarbeiterin (Women's Corps Social Worker) zur Betreuung wehrdienstleistender Frauen. Allerdings wohnen fast 65 % der Soldatinnen nach beendeter Rekrutenausbildung zu Hause, weil sie von dort die Camps und Basen in der Nähe ihrer Wohnstätten erreichen können, um ihren neun Stunden dauernden täglichen Dienst zu absolvieren. Auf diese Weise erübrigt sich die Errichtung von Unterkünften für die Mädchen.

Die Ernennung der ersten Frau zum Brigadegeneral war um so bedeutender, da sich ein großer Teil der politischen und wirtschaftlichen Elite des Landes aus dem Militär rekrutiert. Um in Israel beruflich Karriere zu machen, muß man bestimmte Positionen im Militär innegehabt haben. Frauen sind in dieser Hinsicht benachteiligt, weil sie diese Verwendungen nicht erreichen können. Deshalb bleiben ihnen z. B. folgende Ämter versperrt: Militärsprecher, Offizier des Nachrichtendienstes, Personalchef, Chef des Militärsanitätsdienstes, Militärstaatsanwalt, Richter beim Berufungsgericht. (33)

In den neunziger Jahre nahmen die Fälle sexueller Belästigung von Frauen in den Streitkräften zu. Nachdem sich die Medien eingeschaltet hatten, stellte Chen 1994 einen offiziellen Bericht zusammen. Das Frauenkorps empfahl klare Definitionen der verschiedenen Formen sexueller Anmache und die Festlegung eindeutiger Strafen. Bisher wurden die einschlägigen Verstöße von Soldaten mit lächerlichen Disziplinarstrafen belegt. Chen forderte die kriegsgerichtliche Bestrafung und die Herausgabe eines Strafkatalogs mit Strafen bis zu acht Jahren Gefängnis. (34)

Die Haushaltskürzungen zu Beginn der neunziger Jahre brachten vor allem für Chen erhebliche Einsparungen. Bei den Beratungen im Knesset-Ausschuß für Frauenfragen wurde 1992 bis 1996 deutlich, daß die Einheit der Geschlechter in der Armee nicht länger aufrechtzuerhalten ist. Die israelischen Streitkräfte sind auf dem Wege zu einer Zwei-Gruppen-Armee, in der die Frauen eine immer marginalere Rolle spielen. An den militärstrategischen Entscheidungen nehmen sie nicht teil, weil die entsprechenden Ränge nicht mit Frauen besetzt sind. Zwar gab es 1995 mehr höhere weibliche Offizier als je zuvor, z. B. war jeder fünfte Major und jeder zehnte Oberstleutnant eine Frau, aber in den untersten Offiziersdienstgraden, die während der Wehrdienstzeit erreicht werden konnten, stauten sich die Frauen, weil die Männer schnell an ihnen vorbeibefördert wurden. Im untersten Offizierdienstgrad – Unterleutnant (secondlieutenant) – waren zwei Drittel aller Dienstposten von Frauen besetzt. Sie wiesen zwar ein höheres Bildungsprofil auf als die Männer, erreichten aber wegen der kürzeren Wehrdienstzeit nicht so schnell den nächsten Dienstgrad wie die männlichen Kameraden. Zum Hauptmann wurden viel weniger Frauen als Männer befördert, unter anderem deshalb, weil sie weniger Reserveübungen machten als die Männer. Frauen haben auch als Berufsoffiziere längere Stehzeiten in den einzelnen Rängen als Männer. (35)

Belegstellen

(1) Deklaration zum internationalen Jahr der Frau, in: Bericht aus Israel, hrsg. von der israelischen Informationszentrale 1975, S. 1

(2) Rimona Tamari, Die berufstätige Frau auf dem Wege zur Gleichberechtigung, in: Frauen in Israel, hrsg. von der Israelischen Informationszentrale, S. 10

(3) Vgl. Yael Meroz, Die Frau in Israel, in: Israel Bulletin vom 16. 9. 1975; Golda Zimmermann, The Jewish Woman in Israel, in: The Jewish Library, London-New York 1970, S. 206 ff.

(4) Vgl. Ada Maimon, Women Build a Land, New York 1962, S. 217

(5) Ada Maimon, a.a.O., S. 219

(6) Ada Maimon, a.a.O., S. 228

(7) Golda Zimmermann, a.a.O., S. 211 f.

(8) Samuel Rollbant, Der israelische Soldat – Profil einer Armee, Frankfurt 1970, S. 111

(9) Vgl. Jahrbuch des International Institute for Strategic Studies, London 1974, S. 34; Nancy Goldman, The Utilization of Women in the Armed Forces of Industrialized Nations, in: Sociological Symposium 5/1977, S. 16

(10) Frauen in Israel, hrsg. von der israelischen Informationszentrale, a.a.O., S. 72. Vgl. zur Gesamtwürdigung des Chen-Dienstes auch: Chen – The Women's Corps, hrsg. von Israel Defence Forces vom 30. 5. 1977

(11) Vgl. Petra Gerster, Im Dienst mit der Waffe – Frauen in der Armee, in: ML Mona Lisa. Frauenjournal im ZDF am 7. 9. 1997

(12) Vgl. „Chen" – Women's Corps, hrsg. von IDF Spokesman's Unit August 1989, S. 2

(13) Vgl. Supplement 1. Women in the IDF, o.O., o. J., S. 1

(14) Rolf Vogel, Mädchen in Uniform. Es gibt 200 Verwendungsmöglichkeiten beim Militär, in: Das Parlament vom 17. 10. 1987

(15) Vgl. „Chen" – The Women's Corps, a.a.O., S. 2

(16) Vgl. Supplement 1, a.a.O., S. 8

(17) Vgl. Supplement 1, a.a.O., S. 2

(18) Ruth Cale, Lieber fromm sein, als in die Armee gehen, in: Stuttgarter Zeitung vom 22. 5. 1971

(19) Vgl. Dienstvorschriften der israelischen Streitkräfte, zit. nach Mitteilung des israelischen Verteidigungsministeriums

(20) Vgl. Shrage Har-Gil, Harte Schule für Israels Soldatinnen, in: Weser-Kurier vom 16. 11. 1970

(21) Samuel Rollbant, a.a.O., S. 109

(22) „Chen" – The Women's Corps, a.a.O., S. 2

(23) Vgl. Supplement 1, a.a.O., S. 2

(24) Supplement 1, a.a.O., S. 12

(25) Von Frauen in Kampfverbänden ist abzuraten, in: Welt am Sonntag vom 21. 7. 1996

(26) Vgl. Jan Boger, Elite- und Spezialeinheiten international. Entwicklung, Ausrüstung, Einsatz, Stuttgart 1988, S. 197 ff.

(27) Vgl. „Chen" – Women's Corps, a.a.O., S. 5

(28) Vgl. Supplement 1, a.a.O., S. 9 f.

(29) Vgl. Rolf Tophoven: Die Panzer-Girls von Ashdod. Frauen in Israels Panzertruppe, in: FHD-Zeitung 1/1979, S. 34

(30) Vgl. Supplement 1, a.a.O., S. 14

(31) Samuel Rollbant, a.a.O., S. 140; Die Tat vom 23. 6. 1967

(32) Vgl. Saarbrücker Zeitung vom 18. 12. 1976

(33) Vgl. Supplement 1, a. a. O., S. 6

(34) Vgl. Supplement 1, a.a.O., S. 7 f.

(35) Vgl. Supplement 1, a.a.O., S. 5 ff.

Italien

Italien gehörte zu den Staaten, die am längsten mit der Öffnung der Streitkräfte für Frauen zögerten. Als alle NATO-Länder bereits seit langem in mehr oder minder großem Umfang Frauen beim Militär hatten, gab es in Italien keinen einzigen weiblichen Soldaten, weder in der Truppe noch als Gefolge. Erst 1997 legte das Kabinett des Ministerpräsidenten Romano Prodi ein Konzept für die Einbeziehung von Frauen in die Streitkräfte vor. Ein Modellversuch mit 30 Frauen, der 1993 begonnen hatte, war mit Erfolg abgeschlossen worden. Ein Sonderausschuß des Parlaments überarbeitete daraufhin die Verfassung im Hinblick auf die zu erwartenden Veränderungen. 1998 sollten die Streitkräfte für Frauen zugänglich sein.

Die Überwindung der Widerstände

Im Unterschied zu fast allen kriegführenden Nationen des Zweiten Weltkriegs gab es in den faschistischen Streitkräften Italiens keine Frauen. Nach dem Waffenstillstand vom 8. 9. 1943 übernahmen weder die Badoglio-Divisionen auf alliierter Seite das Vorbild der amerikanischen, britischen und französischen Frauenhilfskorps noch die Mussolini-Truppen auf deutscher Seite das Vorbild des Wehrmachthelferinnenkorps. Nur in den Partisaneneinheiten engagierten sich Frauen. Ihre Grausamkeit war bei den deutschen Truppen gefürchtet.

Nach dem Zweiten Weltkrieg bestand in den Streitkräften kein Bedarf an Frauen. Die 170 000 Wehrpflichtigen, die jedes Jahr tauglich gemustert wurden, reichten aus, um zusammen mit den Zeit- und Berufssoldaten den Umfang der Streitkräfte in Höhe von 325 000 Mann zu decken. Die italienische Frauenbewegung konzentrierte sich auf die Förderung der weiblichen Arbeitnehmer in Handel und Industrie. Die wirtschaftliche Gleichberechtigung wurde wie fast überall auf der Welt zuerst im öffentlichen Dienst erreicht. Die Streitkräfte erkannte man erst in den neunziger Jahren als mögliches Emanzipationsfeld, aber das Interesse der Frauen am Soldatendienst war, wie aus Umfragen hervorging, gering.

Unter dem Einfluß der Sozialisten griff die Mitte-Links-Regierung des Ministerpräsidenten Prodi 1996 das Problem erstmals mit dem Ziel auf, eine Lösung zu erreichen. Die Zulassung von Frauen zum Soldatenberuf wurde mit der Regelung kombiniert, daß die Wehrpflichtigen sich ohne Gewissensprüfung für einen Zivildienst entscheiden können sollten. 1996 hatten von 170 000 Wehrpflichtigen 50 000 einen Antrag auf Kriegsdienstverweigerung gestellt. Ab 1998 sollten alle Wehrpflichtigen die Wahl zwischen dem zehnmonatigen Wehrdienst und einem gleich langen Zivildienst im Umweltschutz, im sozialen Bereich und in anderen öffentlichen Diensten haben. Auf der anderen Seite sollten sich die Frauen, auch zur Deckung möglicher Lücken, freiwillig zu den Streitkräften melden dürfen.

Die Verwirklichung der Pläne

Das Gesetzgebungsverfahren zur Aufnahme von Frauen in die Streitkräfte wurde im Herbst 1997 in Gang gesetzt. Nach den Vorschlägen der Regierung sollten Frauen zwischen 18 und 26 Jahren Zugang haben zu allen militärischen Laufbahnen in Heer, Luftwaffe und Marine, aber auch bei der Polizeitruppe der Carabinieri und bei der Finanzpolizei (guardia di finanza), die dem Militär zugeordnet ist. (1) Für Frauen sollte es keinerlei Restriktionen geben, weder im Frieden noch im Krieg. Sie sollten frei sein, sich je nach dem Bildungsstand für die Laufbahnen der Mannschaften, Unteroffiziere und Offiziere zu bewerben, und die Waffengattung anzustreben, in der sie glaubten, ihre berufliche Erfüllung zu finden. An eine Wehrpflicht für Frauen war jedoch nicht gedacht. (2)

Die Frauenrechtlerinnen in Italien waren begeistert. Auch die Ministerin für Gleichstellung, Anna Finocchiaro, jubelte. Mit Stolz über ihren Erfolg wies sie darauf hin, daß es beim Militär hunderte Verwendungen gäbe, in denen die Frauen mit den Männern konkurrieren könnten, in einigen sogar mit guten Aussichten, besser zu sein als diese: „... né si vede che cosa possa impedire ad una donna di fare l'ufficiale di amministrazione o del Corpo tecnico, svolgere compiti di polizia militare, comandare una nave, pilotare un aero o un carro armato". (3) Selbst der Wehrpflicht für Frauen war man in diesen Kreisen nicht abgeneigt, damit die Gleichberechtigung der Geschlechter deutlich werde. Auf jeden Fall wollte man sich jedoch für einen freiwilligen Wehrdienst für Frauen einsetzen, solange es in Italien eine Wehrpflicht für Männer gebe. In dieser Zeit sollten die Frauen die Gelegenheit haben zu prüfen, ob ihnen dieses neue Berufsfeld zusagt. (4)

Durch die Aufnahme von Frauen in die Truppe würde auch nach Ansicht der Politiker die Einsatzbereitschaft nicht nur nicht gestört, sondern verbessert werden, weil die Soldatinnen ihre besonderen Fähigkeiten einbringen würden, z. B. „il possesso di capacità manageriali sempre più raffinate". (5) Die Malerin Francesca Gaglliardo formulierte ihre Vorstellungen über Frauen in den Streitkräften so: „For all women it's time now to produce, to give concrete answers to the questions our age poses us, in order to give, through our presence and intelligence, that contribution of female ideas and work it requires." (6) Die gegenteiligen Stimmen fanden sich bei der Democrazia Christiana und Forza Italia. Christian Matranga prophezeite den Frauenkarrieren in der Armee ein baldiges Ende und wünschte sich statt des weiblichen Militärdienstes stärkere staatliche Unterstützung für junge Mütter. (6).

Mit der Ausbildung der ersten weiblichen Kandidaten ist 1998 zu rechnen, wenn im Anschluß an die gesetzlichen Regelungen die entsprechenden Vorschriften und Dienstanweisungen ausgearbeitet sind. Das Verteidigungsministerium geht davon aus, daß sich etwa 20000 Italienerinnen freiwillig melden werden. Sie würden dann etwa ein Zehntel der Personalstärke ausmachen.

Belegstellen

(1) Vgl. Süddeutsche Zeitung vom 24. 1. 1997
(2) Le Monde vom 25. 1. 1997
(3) Il servizio militare femminile, in: Revisto Militare 5/1987, S. 99
(4) Il servizio militare femminile, a.a.O., S. 100 ff.
(5) Il servizio militare femminile, a.a.O., S. 101
(6) Revisto militare 11/1989, S. 63
(7) Die Welt vom 28. 1. 1997

Kanada

Wie alle angelsächsichen Staaten stellte auch Kanada während des Zweiten Weltkriegs ein Frauenhilfskorps zu Unterstützung der nationalen militärischen Verbände auf. Es wurde 1945 demobilisiert. Aber nach dem Beitritt Kanadas zur NATO lebte der Gedanken wieder auf, Frauen zum Dienst im Militär heranzuziehen. Die Bewährung der Frauen, z. B. im Koreakrieg, führte dazu, daß man die Institution der Hilfswilligen (auxiliaries) ausbaute. Die Werbung hatte in den folgenden Jahren in dem Maße Erfolg, in dem sich der Status der Frauen verbesserte und Diskriminierungen abgebaut wurden. Vor allem die siebziger Jahre waren reich an Gesetzen zugunsten der Frauen in den Streitkräften. Seit der Vereinigung von Heer, Luftwaffe und Marine in den Canadian Armed Forces 1966 tragen alle weiblichen Mitglieder die gleiche dunkelgrüne Uniform wie die Männer. Ihre Zahl stieg von Jahr zu Jahr, so daß Ende 1996 17,4 % der 76 000 Personen umfassenden Gesamtstreitkräfte Kanadas Frauen waren. In den aktiven Truppen dienten 1997 10 % Frauen. Ihnen standen alle Verwendungen offen, die es gab, einschließlich der Kampfaufgaben. Sie waren an allen UNO-Einsätzen mitbeteiligt, zu denen sich Kanada bereit erklärte.

Die soziale Stellung der Kanadierinnen

Fast genau die Hälfte der kanadischen Bevölkerung ist weiblichen Geschlechts. Es gibt nur ganz wenige Unterschiede in der sozialen Stellung der Frauen, gleichgültig ob sie in dem dichtbevölkerten 200-Meilen-Korridor an der Südgrenze oder im weniger bevölkerten Norden wohnen. Fast alle kanadischen Familien haben Radio, Telefon, Fernseher, fließendes Wasser, Elektrizitäts- oder Gasheizung, Kühlschränke und Personalcomputer. Vier Fünftel aller Familien haben ein eigenes Auto und zwei Drittel ein eigenes Haus. 1996 gab es etwa 3 Millionen weibliche Arbeitnehmer in Kanada. 56,9 % von ihnen waren verheiratet und 23 % hatten Kinder unter 12 Jahren. Automation und Computerisierung öffneten den Frauen zahlreiche Jobs, die ein paar Jahre vorher noch den Männern vorbehalten waren. Frauen mit höherer Schulbildung wandten sich zu 80 % dem Lehrberuf zu.

In Kanada ist die Sozialgesetzgebung Sache der Provinzen. Trotzdem sind vom Gesetz her die Arbeitsbedingungen für Frauen und Männer überall gleich: gleiche Arbeitszeit, gleiche Löhne, gleiche Arbeitslosenversicherung, gleiche Urlaubszeit, gleiche Beihilfen. Der Grundsatz, daß Frauen bei gleicher Arbeit ebenso bezahlt werden wie Männer, wird allerdings nur im öffentlichen Dienst strikt verwirklicht. Die Bundesregierung, alle Provinzregierungen und die beiden Territorialregierungen haben zwar Verordnungen erlassen, nach denen eine Diskriminierung der Frauen durch verschiedene Bezahlung bei gleicher oder vergleichbarer Arbeit, die für den gleichen Arbeitgeber erledigt wird, im Grundsatz verboten ist. Aber die Bestimmungen erlauben eine Menge Ausnahmen. Dagegen sind die Versicherungsbedingungen für Männer und Frauen gleich. Seit November 1974 haben auch Witwer Anspruch auf Renten, die durch die Ehefrau angespart wurden.

Das provinzielle Wahlrecht erhielten die Frauen in Kanada zwischen 1916 und 1940, zuerst in Manitoba, Alberta und Saskatchewan und zuletzt in Quebec. Zu den Wahlen für die Dominiumsversammlung 1917 wurden erstmals einzelne Gruppen von Frauen zugelassen, nämlich die Angehörigen der militärischen Hilfsdienste und Soldatenfrauen. 1918 bekamen alle Frauen ab 21 Jahren das aktive und passive Wahlrecht für das Bundesparlament in Ottawa.

1954 richtete die kanadische Regierung das Women's Bureau als eine Abteilung des Arbeitsministeriums ein mit der Aufgabe, die Stellung der Frau in der Arbeitswelt im Auge zu behalten. 1971 kam dazu ein Koordinierungsbüro (Office of the Coordinator, status of women). Im gleichen Jahr wurde auch ein Büro zur Sicherstellung der Chancengleichheit für Frauen (Office of Equal Opportunities for Women) ins Leben gerufen, um die gleichen Ausbildungsmöglichkeiten für Frauen zu gewährleisten. Im Mai 1973 schließlich berief die Bundesregierung einen Frauenrat (Advisory Council on the Status of Women) mit dem Auftrag, die Öffentlichkeit und die Regierung über die Lebens- und Arbeitsbedingungen der Frauen in Kanada auf dem Laufenden zu halten. (1)

Der Weg der Frauen in den Streitkräften von 1939 bis 1966

Wie fast überall auf der Welt waren auch die kanadischen Streitkräfte bis zum Zweiten Weltkrieg eine ausschließlich männliche Domäne. Da Kanada ein Dominion des British Commonwealth of Nations war, kämpften die Kanadier auf der Seite der Briten. Während des Krieges beschränkte sich der Militäreinsatz von Frauen auf zwei Bereiche: Krankenpflege und Luftwaffenhilfsdienst. Es wurden zwei Frauenkorps aufgestellt: die Nursing Sisters of the Royal Canadian Army Medical Corps und die Canadian Women's Auxiliary Air Force. Die Frauen wurden uniformiert und standen unter militärischer Disziplin.

Sowohl in der Öffentlichkeit wie in der Truppe stießen die Angehörigen der beiden Frauenkorps auf rufschädigende Vorurteile. Die Mehrheit der Kanadier ging davon aus, daß die in den Streitkräften dienenden Frauen in ihrer weiblichen Würde Schaden leiden könnten. Insbesondere die katholischen Frankokanadier sahen negative Auswirkungen auf das Frauen- und Mutterbild ihres Landes voraus. Eine Umfrage im Jahr 1943 ergab, daß die Mehrheit des Volkes den Dienst von Frauen in den Streitkräften ablehnte und meinte, Frauen gehörten auch während eines Krieges zu ihrer Familie. Üble Nachrede, Spott und Kritik verfolgten die uniformierten Frauen bis zum Kriegsende. Das Wartime Information Board sammelte Beispiele umlaufender Gerüchte: Eine Vermieterin wurde gewarnt, Angehörigen des Hilfskorps Zimmer zu vermieten, weil diese Frauen Syphilis hätten. In den Militärlagern wurde angeblich die freie Liebe gepflegt. Allgemein glaubte man, daß der Dienst in den Streitkräften eine „unladylike occupation" sei. (2) Die negative Reputation der Angehörigen der weiblichen Hilfskorps war mit ein Grund, daß 1945 alle Frauen entlassen wurden.

Erst bei der Gründung der NATO 1949, deren Mitglied Kanada von Anfang an war, lebte der Gedanken wieder auf, Frauen zum Dienst im Militär heranzuziehen. Im Koreakrieg wuchs der Anteil der Frauen, insbesondere in der Krankenpflege. (3) Im März 1951 erlaubte ein Kabinettsbeschluß der Royal Canadian Airforce, Frauen zu werben. Bereits im Juli des gleichen Jahres begannen 80 Aspirantinnen mit der Ausbildung im Manning

Depot in St. Jean, Quebec. Für das kanadische Heer wurde die Werbung erst im Juni 1954 freigegeben und für die Marine im Januar 1955. Das Heer übernahm zugleich elf Frauen als corps advisers für die Heeresmiliz (Canadian Army Militia) und 90 Pflegerinnen (nursing assistants) zum Dienst im Royal Canadian Army Medical Corps. Die Zahl der in der Luftwaffe beschäftigten Frauen stieg besonders stark. Bereits 1956 dienten mehr als 3 000 Frauen in 28 unterschiedlichen Funktionen der Luftwaffe, die meisten im Radardienst. Die Marine verfügte in der damaligen Zeit lediglich über 36 Offiziere und 365 service women, die in den Marinestützpunkten verwendet wurden.

Am Ende der fünfziger Jahre erbrachte die neue Verteidigungspolitik Kanadas und die Einführung elektronischer Geräte einen Rückgang der weiblichen Helferinnen. Ihre Zahl wurde vom Verteidigungsministerium auf 1 500 limitiert.

Die Frauen in den Canadian Forces

Die Öffnung der Laufbahnen und Verwendungen

1966 wurde die Einteilung der kanadischen Armee in Teilstreitkräfte aufgegeben. Unter die Zusammenfassung von Heer, Luftwaffe und Marine fielen auch die Frauen. Seitdem sind die Namen WRNS (Women's Royal Navy Service), WAC (Women's Army Corps) und Airwomen verschwunden. Die Frauen wurden in die Streitkräfte integriert. Alle bekamen die gleiche dunkelgrüne Uniform wie die männlichen Angehörigen der Canadian Forces.

Die kanadischen Frauenverbände setzten durch, daß 1969 von der Regierung die Royal Commission on the Status of Women gegründet wurde, die die Berufschancen für Frauen in der Gesellschaft untersuchen sollte. 1970 machte sie 176 Empfehlungen zur Besserstellung der Frauen im Sinne der Gleichberechtigung, von denen sechs die Beschäftigung in den Canadian Forces betrafen. Sie bezogen sich auf die Standardisierung der Einstellungskriterien für beide Geschlechter, die Zulassung von Frauen an den Militärakademien, die Öffnung aller Verwendungsreihen (classifications) und Tätigkeitsbereiche (trades) für Frauen, die Abschaffung des Verbots, verheiratete Frauen einzustellen, und die Vorschrift, weibliche Soldaten bei der Geburt eines Kindes zu entlassen, sowie auf gleiche Ruhegehälter für Männer und Frauen. Im Juli 1971 zog der Verteidigungsrat erste Konsequenzen. Alle Beschränkungen für Frauen wurden prinzipiell abgeschafft. Mit wenigen Ausnahmen durften sie überall dienen. Nur bei reinen Gefechtseinsätzen, in einigen abgelegenen Standorten und auf Schiffen waren sie unerwünscht. Statt an den Militärakademien sollten sie mit staatlicher Förderung an den öffentlichen Universitäten studieren. Was Einstellungskriterien, Dienstzeiten, Bezahlung und Fürsorgebestimmungen betraf, sollte es keine Unterschiede zwischen Frauen und Männern geben.

1974 wurden die Unteroffizier- und Offizierlaufbahnen überprüft, wie weit sie für Frauen zugänglich sein könnten. Es stellte sich heraus, daß über zwei Drittel der Verwendungsreihen und Tätigkeitsbereiche für Frauen geeignet waren. Damit standen insgesamt 30 000 Dienstposten in den Streitkräften hinfort jeweils dem geeignetsten Bewerber, ob Mann oder Frau, offen. 40 000 Stellen in den 105 Unteroffizierlaufbahnen und 32 Offizierlaufbahnen blieben weiterhin den Männern vorbehalten, die meisten bei der Marine, um ein gesundes Stärkeverhältnis zwischen seefahrendem und an Land stationiertem Personal zu gewährleisten. Für die Frauen fielen alle Verwendungen weg, die eine Teilnahme an Kampfoperationen darstellten oder für die es auf Jahre hinaus keine Rekrutierung – auch nicht für männliche Bewerber – gab. Aufgrund dieses Berichtes und unter dem

Druck der öffentlichen Meinung stimmte das Verteidigungsministerium zu, jährlich etwa 800 Frauen in die Streitkräfte aufzunehmen, bis ein Stand von 8 000 bis 10 000 weiblichen Militärangehörigen erreicht sein würde. Schwierigkeiten auf dem Wege zu diesen Zahlen bereiteten die beschränkten Unterkunftmöglichkeiten für Frauen an den Truppenschulen und das gesetzlich vorgeschriebene Gleichgewicht zwischen englisch- und französisch-sprachigen Bewerberinnen. 27 % aller Stellen waren entsprechend dem Bevölkerungs-proporz Frankokanadierinnen vorbehalten. (4)

Am 1. 3. 1978 wurde das kanadische Menschenrechtsgesetz proklamiert. Es verbot jegliche Diskriminierung im Beruf aufgrund der Geschlechtszugehörigkeit. Das Gesetz legte jedoch auch fest: „Sex is not a permissible reason for discrimination unless it is based on a bona fide occupational requirement". Aufgrund dieses Gesetzes mußten die Verwendungsmöglichkeiten für Frauen in den kanadischen Streitkräften nach „bona fide fachspezifischen Voraussetzungen" überprüft werden, z. B. erforderliche physische Fähig-keiten, die den Ausschluß von Frauen rechtfertigten. Im einzelnen wurden folgende Sach-verhalte untersucht:

– Auswirkung einer unbegrenzten Verwendung von Frauen auf die Einsatzfähigkeit der Truppe
– Mögliche Konflikte zwischen den Rechten des einzelnen und den Anforderungen der nationalen Sicherheit
– Medizinische Überlegungen einschließlich Körperkraft und Widerstandsfähigkeit bei der Verwendung von Frauen in Gefechtseinsätzen
– Kosten, die aus der Verwendung von Frauen resultieren, z. B. bei Schwangerschaften, Fehlzeiten im Dienst, Änderungen an der Ausrüstung
– Rekrutierungsschwierigkeiten
– Die Meinung von männlichen und weiblichen Soldaten, ihrer Ehegatten und der Öffentlichkeit zur Verwendung von Frauen als Soldaten.

Als erstes Resultat der Untersuchung wurde den Frauen der Besuch der Militäraka-demien gestattet. In dem für fünf Jahre angesetzten Programm „Servicewomen in Non-Traditional Environments and Roles" (SWINTER) sollten Versuche mit Frauen in nicht traditionellen Verwendungen bei den Land-, Luft- und Seestreitkräften und auf den fern abgelegenen Canadian Forces alert stations in der Arktis durchgeführt werden. Im Rahmen dieser Versuchsreihe sollten jährlich vier weibliche Piloten, vier weibliche Flugnavigato-ren und vier weibliche Bordmechaniker ausgebildet werden. Acht weibliche Unter-offiziere und ein weiblicher Offizier sollten auf Schiffen Dienst tun. 35 Frauen wurden zu einem Versorgungsbataillon und einer Feldlazaretteinheit nach Europa geschickt.

Das SWINTER-Programm hatte mit drei psychologischen Problemen zu kämpfen: Auf-fälligkeit, Polarisierung und Assimilation. Auffälligkeit ergab sich daraus, daß den Ver-suchspersonen ein unverhältnismäßig hohes Maß an Aufmerksamkeit und Beachtung geschenkt wurde. Der dadurch ausgelöste Leistungsdruck konnte zu zwei typischen Reaktionen führen: Übererfüllung des Solls oder der Versuch, aus dem Blickfeld zu rücken. Die Gefahr der Polarisierung war vorhanden, weil die Unterschiede zwischen den Minderheits- und Mehrheitsgruppen übertrieben dargestellt wurden. Der Gefahr, sich zu isolieren, können die Angehörigen der Minderheitsgruppe entgehen, indem sie entweder versuchen, Zugehörige der Mehrheit zu werden, oder sich als die Ausnahme definieren und zu dieser Rolle stehen. Mit dem Stichwort Assimilation bezog man sich auf das traditio-nelle Verhalten von Frauen gegenüber Männern und Männern gegenüber Frauen. Wenn sich Männer am Arbeitsplatz ihrer Kollegin und Kameradin wie gegenüber der eigenen Frau,

Freundin oder Mutter benehmen, sind keine normalen Beziehungen zu gestalten, besonders nicht im Verhältnis Untergebener/Vorgesetzter. (5)

Die Einführung der Charta der Rechte und Freiheiten (Charter of Rights and Freedoms) in die kanadische Verfassung 1982 trieb die Untersuchungen in den Streitkräften voran. Der Verteidigungsrat öffnete weitere 14 Militärfunktionen für Frauen, z. B. als Pilotin, Navigatorin, Flugingenieur und auf Hilfsschiffen und Patrouillenbooten, in Nachschubbataillonen und Feldlazaretten. Nach diesen Erweiterungen gab es nur noch 25 % Funktionen in den Streitkräften, die für Frauen gesperrt waren, z. B. bei den fliegenden Verbänden in der Unterseebootbekämpfung und im Jagdwaffen- und Helikoptereinsatz, im Heer bei der Infanterie, Artillerie und Panzerwaffe, bei den Feldpionieren und im Fernmelde- und G 3-Wesen, bei der Marine auf Zerstörern und Unterseebooten.

Mitte der achtziger Jahre waren 9 % der Gefechtsstärke der Canadian Forces für Frauen offen. Bei den Reserveverbänden konnten 15,9 % aller Stellen von Frauen wahrgenommen werden und bei den zivilen Angestellten der Streitkräfte 33 %. Der zulässige Gesamtanteil der Frauen im Verteidigungsressort betrug 15 %. (6) Am 30. 9. 1989 gab es insgesamt 8 700 Frauen in den regulären kanadischen Streitkräften. Das waren 10,12 %, d. h. ein Prozent mehr, als der Gefechtsstärkeplan vorsah. (7)

Obwohl sich bei einer Befragung von 2 500 männlichen und weiblichen Angehörigen der Canadian Forces eine Mehrheit gegen die Öffnung weiterer Funktionen für Frauen in den Kampftruppen aussprach, ordnete der kanadische Verteidigungsminister im Februar 1987 an, alle gesperrten Funktionen noch einmal auf ihre Eignung für Frauen zu überprüfen. Der Director General of Combat-Related Employment of Women (CREW) wurde beauftragt, insbesondere die Auswirkungen der Beschäftigung von Frauen in den kleinen Kampfgruppen zu überprüfen. Er sollte klären, ob die Frauen dort negative Auswirkungen auf die Kampfkraft hätten. Um „the impact of mixed-gender units on operational effectiveness" zu evaluieren, wurden ab April 1987 sechs Typen von gemischten Kampfeinheiten aufgestellt. Die Erfahrungen wurden über zwei Jahre hinweg gesammelt und wissenschaftlich ausgewertet. Die Human Rights Commission, die aufgerufen worden war zu prüfen, ob diese Untersuchungen mit der Verfassung übereinstimmten, kam zu der Entscheidung, daß es sich nicht um eine verfassungsmäßige, sondern um eine politische Angelegenheit handle, daß aber spätestens nach zehn Jahren alle Tätigkeitsbereiche und Verwendungsreihen der Streitkräfte mit Ausnahme der U-Boote für Frauen geöffnet werden müßten. Da es insgesamt 137 military occupations in den kanadischen Streitkräften gab, die den Frauen zu diesem Zeitpunkt noch nicht zugänglich waren, mußte die Öffnung von 136 vorbereitet werden. Die Entscheidung der Human Rights Commission veränderte die Aufgabenstellung der laufenden Untersuchungen insofern, als die Fragestellung von „ob" auf „wie" verlagert wurde. Es ging jetzt nur noch darum, wie der Einzug von Frauen in Kampfeinheiten ohne Verlust der Kampfbereitschaft durchgeführt werden könnte. Eine Kommission mit dem Namen Minister's Advisory Board on Gender Integration (MABGICF) sollte gewährleisten, daß bis zum Jahr 1999 alle Auflage erfüllt würden. (8)

Bei einer sehr niedrigen Rekrutierungsquote qualifizierten sich bis 1989 nur eine Frau von 81 Kandidaten als Infanterist und sieben Frauen als Artilleristen. Bei den Pionieren und in der Panzerwaffe entsprach überhaupt keine Frau den Anforderungen. Dagegen schafften 30 % der Rekrutinnen bei den Fernmeldern alle Hürden. (9)

Theoretisch standen in den neunziger Jahren alle Truppengattungen und Laufbahnen der kanadischen Streitkräfte den Frauen offen, Kampftruppen eingeschlossen. Nur auf U-Booten durften sie nicht dienen. Daß sie wegen des Zölibats auch nicht römisch-katholische Feldgeistliche werden konnten, ergab sich von selbst. (10)

1992 gab der Bericht „Briefing to the Interdepartmental Commitee of the Status of Women in Canada on the Integration in the Operational Occupations of the Canadian Forces" den Sachstand wider. Zwar waren zu diesem Zeitpunkt immer noch 85 % der Frauen in den traditionellen Verwendungen, z. B. im Verwaltungsdienst und im Erziehungswesen, tätig, aber in fast allen gemischten Einheiten gab es auch Frauen, manchmal mehr und manchmal weniger. Beklagt wurde, daß nur wenige Frauen in den operational occupations waren. In der Luftwaffe wurden z. B. nur drei Frauen an dem Abfangjäger CF 18 Hornet ausgebildet. (11)

Der Marine wurden die größten Fortschritte bei der Integration der Frauen bescheinigt. Hier dienten bereits 286 Frauen in den operational occupations, auch auf Zerstörern. Im Golfkrieg bekamen sie die Möglichkeit, sich zu bewähren. Von den 3 000 Matrosen, die auf kanadischen Kriegsschiffen im Einsatz waren, waren 240 Frauen. (12) Die Absicht, ein Viertel des Personals auf einem Musterzerstörer aus Frauen zusammenzusetzen, konnte mangels Bewerbungen nicht erreicht werden. Aber das Minimum von 5 % hatte man erreicht. Für 1999 stellte die Marineführung in Aussicht, daß eine Frau das Kommando über ein Kriegsschiff übernehmen würde. (13)

Beim Heer verlief die Integration in den Kampftruppen eher schleppend. Seit 1987 beendete nur eine Frau von 102 Bewerberinnen den Infanterielehrgang mit Erfolg. Die anderen wurden den körperlichen Anforderungen nicht gerecht. Nur die Armee-Reserve konnte ein befriedigendes Ergebnis vorweisen. Dort dienten über 1 000 Frauen in den Kampfeinheiten, davon 600 in der Infanterie. Das Heer entschuldigte seine unzureichenden Ergebnisse damit, daß in seinen Einheiten im Unterschied zu den technisch geprägten Teilstreitkräften Marine und Luftwaffe das Verhalten in der Kampfgruppe, Eigeninitiative, Führungsfähigkeit und Integrationsbereitschaft eine große Rolle spielten. (14)

Der Bericht an das Interdepartmental Committee von 1992 sprach auch Probleme an. Müssen Frauen z. B. dieselben körperlichen Leistungen erbringen wie die Männer, weil sie vom Gesetz her gleichgestellt sind? Müssen Frauen dieselben Aufstiegsmöglichkeiten haben wie die Männer, obgleich sie ihnen physisch unterlegen sind? Wie sind schwangere Soldatinnen in der Truppe zu behandeln, ohne daß sie gegenüber den Männern bevorzugt werden? Welche Ausgleichsmöglichkeiten gibt es dafür, daß die Frauen nur 55–70 % der männlichen Leistungsfähigkeit beim Graben von Schützenlöchern, Bergen von Verwundeten und Bewegen über Hindernisse erbringen? (15)

Bei ihren Bemühungen, den Frauen die volle Gleichberechtigung in den kanadischen Streitkräften zu verschaffen, mußte die Regierung auf einen Konsens mit der NATO bedacht sein. Obwohl in den Streitkräften aller NATO-Staaten Frauen vorhanden waren, gab es kein Land, in dem die Frauen ebensoviele Verwendungsmöglichkeiten hatten wie in Kanada. Für die Frauenrechtsbewegungen galt das kanadische Modell als Vorbild. In der NATO hatten einige Regierungen Bedenken gegen die hundertprozentige Verwendung von Frauen in allen Waffengattungen.

Ausbildung und Fortbildung

Frauen konnten sich für den Dienst in den kanadischen Streitkräften unter den gleichen Voraussetzungen bewerben wie Männer. Sie mußten zwischen 17 und 25 Jahre alt sein und eine mindestens achtjährige Schulbildung nachweisen. Wenn sie von den Musterungsärzten für tauglich befunden wurden und die vorgeschriebenen Auswahlprüfungen (Intelligenztests, Sport, Allgemeinbildung) bestanden, konnten sie einberufen werden. Die neuen Fitnesstests im Rahmen des Gender Awareness Training Program entsprachen den

Erfordernissen des HRT und erlaubten eine vergleichbare Überprüfung der körperlichen Fähigkeiten von Mann und Frau. (16)

Wer Offizier werden wollte, mußte einen College-Abschluß vorweisen oder staatlich geprüfte Krankenschwester sein. Für sie war das Höchstalter 35 Jahre.

Zur Grundausbildung gehörten neben Sport, Formalausbildung, Handwaffenkunde und Gesundheitspflege besonders Unterweisungen in Wehrrecht, Militärgeschichte, militärischem Brauchtum, Wehrorganisation und Militärvorschriftenwesen. Wegen der Zweisprachigkeit des Landes stand Unterricht in der zweiten Landessprache überall auf dem Dienstplan.

Weibliche Offiziersanwärter mit Ausnahme der Angehörigen des Pflegedienstes (nursing officers) erhielten ihre Offiziergrundausbildung in Chilliwack, British Columbia. Zu den Fächern der Rekrutengrundausbildung trat für sie die Schulung im Führungswesen und im Truppenmanagement, überwiegend in Form von praktischen Einsatzübungen (field exercises). Offiziere für Spezialverwendungen konnten an den Universitäten des Landes auf Staatskosten eine Hochschulausbildung erhalten, wenn das Verteidigungsministerium zustimmte. Jährlich waren etwa 150 Frauen dazu beurlaubt. Sie verfolgten die Berufsziele Richter, Arzt, Zahnmediziner, Krankenpflegerin (medical assistant) usw.

Nach der Grundausbildung erhielten die weiblichen Soldaten ihre Spezialausbildung. Sie war praxisorientiert und verwendungsbezogen und wurde einheitlich für Frauen und Männer durchgeführt. Unter der Anleitung von Spezialausbildern und mit Hilfe neuester didaktischer Verfahren sollten die Frauen ein Höchstmaß von Einsatzfähigkeit erreichen. Mit dem Abschluß der Spezialausbildung waren die Soldatinnen für die Verwendung in der Truppe vorbereitet. Im Truppendienst erwarben sie dann die praktische Routine für den Einsatz.

Zur Stabsoffizierausbildung wurden die Frauen nach den gleichen Kriterien zugelassen wie die Männer. Die Kurse an der Canadian Forces Staff School und dem Canadian Forces Staff College waren integriert. Ebenso wie für Offiziere waren auch die Aus- und Fortbildungslehrgänge für Unteroffiziere die gleichen für männliche und weibliche Teilnehmer.

Personalprobleme und dienstrechtliche Fragen

Vor 1971 wurden nur ledige weibliche Bewerber in die Streitkräfte aufgenommen. Frauen, die während ihrer Dienstzeit heirateten, benötigten eine Sondergenehmigung, um im Dienst bleiben zu können. Seitdem werden auch verheiratete Frauen, gleich ob ohne oder mit Kinder, in die Streitkräfte übernommen. Frauen, die heiraten, dürfen nicht entlassen werden. 1997 waren 38 000 Angehörige der Streitkräfte verheiratet. Rund 15 000 gaben sich als Singles aus. Das „Family Support Programm" sollte eine bessere Betreuung von Ehepaaren und Kindern gewährleisten. (17)

Für schwangere Soldatinnen wurden besondere Fürsorgemaßnahmen getroffen. Zur Geburt ihres Kindes hatten sie Anspruch auf einen fünfzehnwöchigen bezahlten Urlaub. Während dieser Zeit wurden sie und das Kind im Rahmen der Heilfürsorge der Streitkräfte medizinisch betreut. Nach ihrer Rückkehr in die Streitkräfte mußten sich die Mütter jedoch zum uneingeschränkten Dienst ohne Rücksicht auf ihre Familienverpflichtungen bereit erklären. Es sollte verhindert werden, daß die männlichen Angehörigen der Streitkräfte Lückenbüßer bei Arbeitsausfällen von Frauen sein mußten.

Die dienstzeitrechtlichen Bedingungen waren für Frauen und Männer gleich. Die meisten weiblichen und männlichen Offiziersanwärter erstrebten einen Lebensberuf in der

Armee; das taten auch viele Unteroffiziere. Bewerber für die Mannschafts- bzw. Unteroffizierlaufbahn hatten sich für mindestens fünf Jahre zu verpflichten und konnten erst anschließend bei Bewährung eine Weiterverpflichtung auf Lebenszeit eingehen. Die normale Verpflichtungszeit für die weiblichen Offiziere betrug neun Jahre. Sie konnte auf 20 Jahre verlängert werden. Berufssoldatinnen hatten die Streitkräfte im Alter von 55 Jahren zu verlassen. (18)

Die Frauen in den kanadischen Streitkräften unterstehen der gleichen Militärdisziplinarordnung (code of service discipline) wie die Männer. Sie können jedoch nicht zu Haftstrafen verurteilt werden, weil keine Haftanstalten für Frauen verfügbar sind.

Die Bezahlung von Männern und Frauen in den Streitkräften ist bei gleichen Funktionen ohne Unterschied. Beide Geschlechter erhalten die gleiche Pension bzw. die gleiche Übergangsbeihilfe, wenn sie entlassen werden. Nach einem Jahr Kasernenpflicht können alle Soldaten außerhalb der Kaserne wohnen, wenn sie dies vorziehen.

Im kanadischen Offizierkorps gibt es anteilmäßig mehr weibliche Offiziere als männliche. Das weibliche Übergewicht kommt daher, daß die Frauen viel mehr Sanitätsoffiziere stellen als die Männer. Die geringere Zahl von Frauen im Stabsoffizierkorps erklärt sich daraus, daß sich die meisten Frauen für kürzere Zeit zum Dienst in den Streitkräften entschlossen haben als die Männer und daß bei der Beförderung in Stabsoffizierränge viele Faktoren gewürdigt werden, die die Frauen nicht erbringen konnten, z. B. vielseitige dienstliche Verwendungen – auch in den Kampfverbänden –, lange Dienstzeit und nachgewiesene Führungsqualitäten auf verschiedenen Ebenen. Von den 27 Einsatzmöglichkeiten für Offiziere (officer classifications) waren lange Zeit nur 18 für Frauen geöffnet, so daß ihnen die Bewährung in den anderen Funktionen fehlte, die den Männern vorbehalten waren. Für Frauen standen bis in die achtziger Jahre offen: Luft- und Raumfahrttechnik, Nachrichtenverbindungswesen und Elektronik, Landgeschütztechnik, Pionierwesen, Zahnmedizin, Medizin, Medizinassistenz, Krankenpflege, Militärseelsorge, Luftverkehrsüberwachung, Raketenüberwachung, Justiz, Logistik, Meteorologie, Musikwesen, Personalwesen, Personalfürsorge, militärischer Abwehrdienst.

Am 1. 6. 1987 wurde Sheila Hellstrom zum ersten weiblichen Brigadegeneral ernannt. Zu ihren Aufgaben im Verteidigungsministerium gehörte die Personalführung für alle Offiziere bis zum Dienstgrad Oberst. Sie sollte insbesondere für gleiche Beförderungs- und Beschäftigungskriterien bei männlichen und weiblichen Offizieren sorgen. Zu diesem Zeitpunkt gab es weibliche Offiziere bereits in 29 der 33 damals für Frauen zugelassenen Laufbahnen.

Um die Einsatz- und Chancengleichheit der Frauen zu überwachen, wurde jedem höheren Kommando ein weiblicher Offizier zugeordnet, der den Kontakt zwischen den Kommandeuren und der Frauenbeauftragten im Verteidigungsministerium herzustellen hatte, wenn Schwierigkeiten auftraten. (19)

Frauen in Mannschafts- bzw. Unteroffiziersdienstgraden konnten bis in die achtziger Jahre nur in 62 der klassifizierten 98 Funktionen eingesetzt werden. Die Liste reichte von Fototechnik über Landverkehrstechnik bis zur Militärpolizei. (20) In den folgenden Jahren wurde von den restlichen 36 Verwendungen eine nach der anderen für Frauen zugelassen. Manchmal wurden zuerst Teilverwendungen abgespalten.

Frauen, die in den kanadischen Streitkräften dienen, haben die gleichen Beförderungschancen wie die Männer. Sie können ebenso Vorgesetzte von Männern sein wie Männer von Frauen. Die weiblichen Angehörigen der kanadischen Streitkräfte dienen nicht nur in Kanada, sondern überall, wo kanadische Soldaten leben, z. B. in den NATO-Behörden und in den Blauhelmtruppen der Vereinten Nationen in Zypern, Israel, Namibia, Honduras,

Afghanistan und Burundi. Auf deutschem Boden waren bis 1992 rund 5000 Soldatinnen stationiert. Im gleichen Jahr trugen mehr als 3000 Kanadierinnen den Blauhelm der UNO-Eingreiftruppen. 1991 waren zwei Frauen bei den UNO-Truppen in der Sahara (MINURSO). 13 Frauen gehörten zum kanadischen UNO-Kontingent im ehemaligen Jugoslawien.

Der Reservedienst

Die Armeereserve ist in Kanada eine Art Milizdienst. Sie gliedert sich in primary reserve, holding reserve, ready reserve, CIC, Canadian rangers und C-class reserve mit jeweils unterschiedlichen Aufgaben und Bereitschaften. Während die Frauen in den regulären Streitkräften mit etwa 10 % der Effektivstärke angesetzt werden, beträgt ihr Prozentsatz im Milizdienst 19,1 %. Wie in den Streitkräften wurden auch die Funktionen des Milizdienstes für Frauen erweitert. Die Übernahme in die primary reserve erfolgt für Frauen und Männer zu gleichen Bedingungen. Frauen und Männer werden nebeneinander fortgebildet und haben die gleichen Aufstiegschancen im Reservedienstgrad. Alle Angehörigen der primary reserve tragen Uniformen.

Neben den Frauen in den regulären Streitkräften und im Milizdienst arbeiten etwa 9500 weibliche Zivilangestellte im Dienst der Streitkräfte. Das sind etwa 28,6 % aller Zivilangehörigen des Verteidigungsministeriums. (21)

Kanadische Reservisten 1996

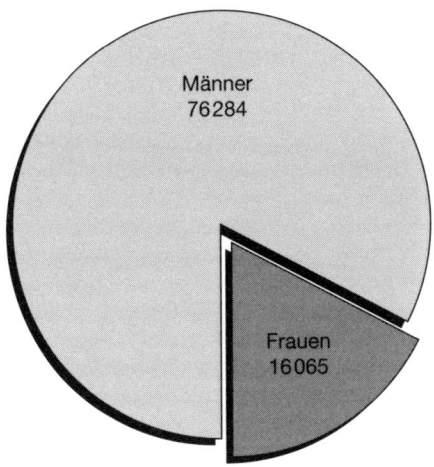

Männer
76284

Frauen
16065

Belegstellen

(1) Vgl. Reference Paper Nr. 99 vom April 1975, hrsg. vom Department of External Affairs
(2) Vgl. Susan L. Scheuer, Equality of Rights and the Canadian Armed Forces: Is there a Future Role for Female Combatants?, in: Defense Analysis 1/1989, S. 19 f.

(3) Vgl. S. Simpson, D. Toule und C. Player, Women in the Canadian forces: past, present und future, in: Atlantis 4/1979

(4) Geof Haswell, Women in the Canadian Forces, in: Sentinel 5/1974, S. 16 ff.

(5) Vgl. Suzanne Simpson: Women in „men's" Jobs, in: Canadian Defence Quarterly 2/1980, S. 2 ff.

(6) Vgl. Susan L. Scheuer, a.a.O., Anm. 1, S. 24

(7) C.D. Lamerson, The Evolution of a Mixed-Gender Canadian Forces, in: Minerva 7/1989, S. 19

(8) Vgl. Kate Bindon u. a., Fifth Annual Report. Half-way through the transition: a mid-term review of the progress of gender integration in the Canadian forces 1989–1994 vom 3. 4. 1995, S. 11

(9) Vgl. C. D. Lamerson, a.a.O., S. 19 ff.

(10) Vgl. Women in the Canadian Forces, in: Backgrounder Documentation vom 17. 1. 1997, S. 1

(11) Vgl. Women in the Canadian Forces, a.a.O., S. 4

(12) Vgl. Women in the Canadian Forces, a.a.O., S. 9

(13) Vgl. Women in the Canadian Forces, S. 6

(14) Vgl. Women in the Canadian Forces, a.a.O., S. 8

(15) Vgl. Women in the Canadian Forces, a.a.O., S. 13 f.

(16) Vgl. Women in the Canadian Forces, a.a.O., S. 23

(17) Vgl. Women in the Canadian Forces, a.a.O., S. 16

(18) Women in the Allied Forces, hrsg. von Nato Information Service, Brüssel 1978, S. 18

(19) Vgl. Geof Haswell, a.a.O., S. 19

(20) Women in the Canadian Forces, hrsg. von Director Women Personnel Canadian Forces, November 1976

(21) Nato Conference of Senior Service Women officers of the Alliance, hrsg. von Danish Women's Air Force, Brüssel 1973

Niederlande

*Ende der siebziger Jahre begannen in den Niederlanden die gesetzgeberischen Arbeiten
zur Gleichstellung der Frauen in den Streitkräften und zu ihrer vollen Integration in die
Truppe. Seit 1991 sind Frauen zu allen Waffengattungen und allen Laufbahnen zugelassen
bis auf zwei. Alle militärischen Ausbildungsstätten stehen ihnen offen. Wer die Ausbildung
in den Kampftruppen absolviert hat, bleibt auch im Fall einer kriegerischen Verwicklung
dort. Männer und Frauen sind gleich belastet.*

*Trotz der frauenfreundlichen Militärpolitik der niederländischen Regierung blieben die
Freiwilligenmeldungen des weiblichen Geschlechts hinter den Errwartungen zurück. Nach
der Abschaffung der Wehrpflicht 1996 hatten die Streitkräfte erhebliche Rekrutierungs-
probleme.*

Die niederländische Emanzipationspolitik

Die niederländische Regierung verfolgte in den siebziger und achtziger Jahren eine
liberale Emanzipationspolitik. In Übereinstimmung mit dem Zeitgeist war sie gewillt, die
tiefgreifenden strukturellen Veränderungen in der Gesellschaft durchzuführen, die von
denen, die sich diskriminiert fühlten, gefordert wurden. Die Integration von Frauen in die
Berufswelt wurde als „inhaltliches" und „quantitatives" Desiderium definiert. Das
„inhaltliche" bestand im Abbau der Tradition, daß die Frau aufgrund des biologischen
Unterschiedes an Haus und Familie gebunden sei und der Mann die außerhäuslichen Aufgaben wahrzunehmen habe. Das „quantitative" Desiderium sah man in der zahlenmäßig
angemessenen Beschäftigung der Frauen in allen Zweigen und allen Stufen der Berufswelt. (1) Zur Voraussetzung für erfolgreiche Reformen erklärte man weitreichende Veränderungen in der „männlichen Gruppenkultur". Die Männer müßten anfangen, sich „neu
zu orientieren". Das lasse sich beispielsweise dadurch erreichen, „daß man bei der beruflichen Ausbildung darauf achtet, daß vom stereotypen Denken und von den herkömmlichen
Rollenmustern abgegangen wird, und man bei der Ausbildung weniger Gewicht auf das
Anpassungsverhalten legt" als bisher. Es müßten neue Ausbildungsformen entwickelt
werden, bei denen die Frauen mithalten könnten. Die öffentliche Verwaltung und die
staatlichen Organisationen sollten Vorreiter für die Wirtschaft sein.

Nach Meinungsumfragen befürwortete die Mehrheit der niederländischen Bevölkerung
den Zugang von Frauen zu allen militärischen Verwendungen, auch wenn einzelne Funktionen dem Wesen der Frau widersprächen. Die Gleichberechtigung habe Vorrang vor der
Weiblichkeit. (2) In der Paxis interessierten sich jedoch nur wenige Frauen für eine
Mitgliedschaft in den Frauenkorps oder gar für den Beruf des Soldaten, der 1979 für sie
geöffnet wurde.

Bis 1982 gab es in den Niederlanden nach dem angelsächsischen Vorbild drei Frauenkorps in den Streitkräften: MARVA für die Marine, MILVA für das Heer und LUNA für

die Luftwaffe. Die Frauen nahmen Hilfsfunktionen im Verwaltungsdienst, Fernmeldedienst und Magazindienst wahr. Sie trugen eine eigene Uniform und standen unter weiblicher Führung. Die meisten von ihnen wurden nach der Auflösung der Frauenkorps in die Streitkräfte integriert.

Um die Möglichkeiten der Frauen in den Streitkräften zu eruieren, erstellte der Nationale Verteidigungsrat MRK eine Studie, die im April 1984 dem Verteidigungsminister vorgelegt wurde. (3) Sie orientierte sich an der Polizei, bei der die weiblichen Angehörigen seit längerem als vollwertige und gleichberechtigte Kolleginnen anerkannt würden, ging aber von folgenden militärischen Prämissen aus:

– Die Einsatzbereitschaft der Streitkräfte darf nicht in Frage gestellt werden.
– Nach dem Vertrag von New York 1953 haben die Frauen das Recht, in gleicher Weise wie Männer hoheitliche Aufgaben wahrzunehmen.
– Den Frauen dürfen militärische Funktionen nur vorenthalten werden, wenn es im einzelnen begründet werden kann.

Das geringe Interesse der Frauen am Dienst in den Streitkräften erklärte die Studie mit den bisherigen Restriktionen. Wenn die Zugangsbestimmungen gelockert würden und wenn der Dienst attraktiver gestaltet werde, würden sich mehr Frauen melden. Dann würde auch die Vereinzelung der weiblichen Soldaten in der Truppe überwunden werden. Da die Männergesellschaft der Streitkräfte durch die Wehrpflicht der männlichen Jugendlichen gestützt werde, müsse entweder die Wehrpflicht für Frauen eingeführt oder die Wehrpflicht überhaupt abgeschafft werden. Da die Wehrpflicht für Frauen das weibliche Geschlecht zusätzlich belasten würde, komme nur die zweite Möglichkeit in Betracht. Diese Argumentation stützte die seit langem laufenden Überlegungen, die Wehrpflichtigenarmee in eine Berufsarmee umzuwandeln. (4)

Im einzelnen empfahl der Ausschuß:

– den Frauen möglichst viele Verwendungen in den Streitkräften zu öffnen;
– den Frauen die Möglichkeit einer stufenweisen Weiterverpflichtung zu geben;
– den Frauen den Seiteneinstieg in militärische Führungsfunktionen anzubieten;
– Frauen gruppenweise einzusetzen;
– bestimmte militärische Funktionen für Frauen zu reservieren.

Diese Vorschläge stießen bei den Militärs auf Widerspruch. Die verlangte „positive Diskriminierung", d. h. die Bevorzugung von Frauen, werde die Zusammenarbeit zwischen den Geschlechtern erschweren und die Arbeitsfreude der männlichen Soldaten mindern. Die Einsatzbereitschaft der Streitkräfte könne darunter leiden. (5) Die Bevorzugung von Frauen werde deren Isolierung eher fördern als abbauen und ihre Integration verhindern. Es wurde auch angezweifelt, daß die Minderheitsstellung der Frauen in der Truppe wirklich das Haupthindernis ihrer Integration sei. Vor allem aber wurde bezweifelt, daß die vorgeschlagenen Maßnahmen mit dem geltenden Recht vereinbar seien. Die Bevorzugung von Angehörigen eines Geschlechts sei diskriminierend für das andere. Letztlich dürfe, um die Probleme der Frauen in den Streitkräften zu beseitigen, die Struktur des Militärs nicht gefährdet werden. (6)
Eine groß angelegte Untersuchung der Marine bescheinigte 1984 den Frauen besondere Talente in bestimmten Funktionen. Frauen hätten zwar „im allgemeinen mehr Mühe da-

mit, die schwere körperliche Arbeit an Bord zu verrichten", als Männer. Aber für einige Tätigkeiten, beispielsweise an Bildschirmen und bei der Überwachung technischer Abläufe, seien sie besser geeignet als ihre männlichen Kameraden. (7)

Die Militärreformen

Bei einer Gesamtstärke von 100 000 Mann taten 1987 1 617 Frauen Dienst in der niederländischen Armee: 679 bei der Marine, 534 beim Heer und 307 bei der Luftwaffe. Die meisten dienten bei den Versorgungstruppen und in der Verwaltung. (8) Mit der Militärreform verfolgte die niederländische Regierung zwei Ziele. Zum einen sollte eine Streuung der Frauen auf alle Waffengattungen erreicht werden. Zum anderen wollte sie den Anteil der Frauen am Personalumfang auf 10 % bringen. (9)

Der Zusammenbruch des Warschauer Paktes beschleunigte die Reformpolitik. Wurde 1987 noch der sog. Krajenbrink-Plan diskutiert, der die Wehrpflicht für Frauen vorsah, so plante die niederländische Regierung jetzt die Abschaffung der Wehrpflicht und die Reduzierung der Streitkräfte von 70 000 auf 40 000 Mann. (10) Die letzten 13 000 Einberufungsbefehle sollten 1996 an die Wehrpflichtigen verschickt werden. Die neue Berufsarmee sollte aus Berufssoldaten und aus Zeitfreiwilligen bestehen, die sich für mindestens zweieinhalb Jahre verpflichten sollten. Den Bedarf allein des Heeres schätzte man auf 7 200 Zugänge jährlich. Sollte diese Quote nicht mit Freiwilligen erreicht werden, wollte man auf Reservisten zurückgreifen oder Wachschutzunternehmen verpflichten. Dem Verteidigungsministerium wurde von privater Seite sofort ein Bataillon von 650 Mann angeboten. (11)

Große Hoffnungen setzte man auf die Meldung von Frauen. Trotz des Widerstands in der Truppe wurde eine Waffengattung nach der anderen für Frauen freigegeben. 1997 gab es nur noch zwei Verwendungen, die ihnen versperrt waren: das Marineinfanteriekorps (12) und der Einsatz auf U-Booten. (13) Anders als in den USA oder im benachbarten Belgien gab es in den Niederlanden keine Bestimmungen gegen den Kampfeinsatz von Frauen. Wer sich für eine Waffengattung qualifizierte und dort ausbilden ließ, hatte das Recht, auch bei Kampfeinsätzen dort zu bleiben. Die erste Kampfjet-Pilotin in der NATO war eine Niederländerin. Bei den Einsätzen im Rahmen der friedenssichernden Maßnahmen der UNO war sie dabei. Im Krieg sollten die Frauen Seite an Seite mit den Männern kämpfen. (14)

Viele Musterungskriterien wurden herabgesetzt, damit ihnen auch Frauen gerecht werden konnten. Auf physische Anforderungen legten nur noch die Waffengattungen der Kategorie I Wert: Infanterie, Panzertruppe, Pioniere. Auch bei der Artillerie (Kategorie II) war es für Frauen schwer, den Zulassungsbedingungen zu entsprechen. Überall versuchte man jedoch, die geringere körperliche Leistungsfähigkeit der Frauen durch ergonometrische Verbesserung der Arbeitsplätze, durch gezieltes körperliches Training der Bewerberinnen und durch die Einbindung von Frauen in gemischte Teams auszugleichen.

Die Verpflichtungszeit der weiblichen Soldaten wurde auf mindestens vier und höchstens zehn Jahre festgelegt.

Trotz der guten Karriereaussichten, die den Frauen angeboten wurden, erhöhte sich die Zahl der Bewerberinnen nur unwesentlich. Auch die Lockrufe mit Vergünstigungen – Erziehungsurlaub, familiengerechte Arbeitszeiten, Kindergartenplätze – blieben praktisch wirkungslos. 1996 dienten nur 3 200 Frauen in den niederländischen Streitkräften, was einen Anteil von 3,7 % ausmachte. (15) Angesichts der Mißerfolge bei der Werbung von Frauen besannen sich die Streitkräfte auf andere Bevölkerungsgruppen. Da die Armee ein Spiegelbild der niederländischen Gesellschaft sein sollte, beabsichtigte man, auch Randgruppen wie Ausländer und Homosexuelle aufzunehmen. (16)

Die liberalen Vorstellungen der Politiker vom militärischen Dienst führten in den neunziger Jahren zu einer Reihe von disziplinaren Zwischenfällen, die dem Rufe der Streitkräfte schadeten. Die Soldaten durften Ohr- und Nasenringe tragen, sich jede beliebige Frisur zulegen, Sexparties in der Kaserne veranstalten und kiffen. In vielen Kasernen waren alle Drogen im Handel. Die Bestrafungen wurden in den Medien verurteilt, obwohl sie milde ausfielen. Das höhere Offizierkorps hoffte, daß in der Berufsarmee, die ab 1998 realisiert sein sollte, solche Vorfälle nicht mehr passieren würden. Die Soldatengewerkschaft sah das anders. Man werde sich „die erworbenen Freiheitsrechte nicht nehmen lassen". (17) Anfang 1997 provozierte eine Soldatin ihre Vorgesetzten, indem sie sich die Zunge mit einem Stahlstift piercen ließ. Die Gewerkschaft stellte sich hinter sie. (18)

Belegstellen

(1) Vgl. M. J. Oliver-Molhoek, Operatie geslaagd, patiënt op intensive care, in: Marineblad 9/1984, S. 407 f.

(2) Vgl. M. J. Olivier-Molhoek, a.a.O., S. 407 f.

(3) Vgl. M. J. Olivier-Molhoek, a.a.O., S. 406 ff.

(4) Vgl. M. J. Olivier-Molhoek, a.a.O., S. 409

(5) Vgl. M. J. Olivier-Molhoek, a.a.O., S. 411 f.

(6) Ebenda

(7) Vgl. Helmut Hetzel, Das Schminken haben sie bei uns nicht verlernt, in: Neue Osnabrücker Zeitung vom 18. 3. 1987

(8) Vgl. Helmut Hetzel, Frauen an die Front, in: Deutsches Allgemeines Sonntagsblatt vom 26. 11. 1984

(9) Ebenda

(10) Vgl. Peter Krotky, Truppenabbau: Soldaten zu Krankenpflegern?, in: Die Presse vom 9. 4. 1993

(11) Vgl. die Tageszeitung vom 27. 2. 1996

(12) Vgl. Vrouwen bij het korps mariniers, in: Marineblad 1983, S. 425

(13) Vgl. Helmut Hetzel, Das Schminken haben sie bei uns nicht verlernt, in: Neue Osnabrücker Zeitung vom 18. 3. 1987

(14) Vgl. Die erste NATO-Kampffliegerin, in: Stuttgarter Zeitung vom 26. 7. 1986

(15) Soldat und Technik 9/1996, S. 553

(16) Vgl. Reinhold F. Bertl, Zärtliche Rekruten, in: Die Woche vom 16. 9. 1993

(17) Vgl. Die Welt vom 28. 7. 1994

(18) Die Welt vom 10. 4. 1997

Norwegen

Zum erstenmal griffen norwegische Frauen im Zweiten Weltkrieg zur Waffe, entweder in der Widerstandsbewegung gegen die deutsche Besatzung oder im Rahmen der alliierten Frauenhilfskorps. In der 1946 gegründeten Heimwehr und in den Zivilschutzorganisationen spielten sie im Rahmen der NATO-Verteidigungsmaßnahmen gegen die Sowjetunion eine große Rolle, weil Norwegen das einzige NATO-Land mit einer gemeinsamen Grenze zur Führungsmacht des Ostblocks war.
Als 1977 Teile der Heimwehr dem Oberkommando der Streitkräfte unterstellt wurden, begann die Eingliederung der Frauen in das Militär. Da die Ausbildung von weiblichen Angehörigen der Heimwehr zu Reservistinnen des Heeres erfolgreich war, beschloß der Storting 1981, im Kriegsfall alle Frauen genau so wie die Männer zum Kriegsdienst zu mobilisieren. Frauen, die sich bereits im Frieden freiwillig für mehrere Jahre oder als Beruf zum Dienst in den Streitkräften meldeten, konnten ab 1985 zwischen allen Waffengattungen wählen. Auch die Kampfverbände standen ihnen offen. Im Kriegsfall hatten sie bei der Waffengattung und in den Einheiten zu dienen, in denen sie ausgebildet worden waren. Auch im Krieg sollte es keinen Unterschied zwischen Männern und Frauen geben. In den Streitkräften hatte sich die Gleichberechtigung hundertprozentig durchgesetzt.

Die historischen Vorgaben

Die Frauenteilhabe am norwegischen Verteidigungssystem entwickelte sich aus dem Verband „Freiwillige Wehrpflicht norwegischer Frauen", der 1928 in Oslo gegründet wurde. Während des Zweiten Weltkrieges beteiligten sich viele Frauen am Widerstand gegen die deutsche Besatzung. Es gab kleinere Frauenkorps bei den norwegischen Exilverbänden in Großbritannien, Kanada und Island. Für alle in den alliierten Ländern lebenden Frauen zwischen 18 und 40 Jahren wurde im Juli 1942 von der norwegischen Exilregierung die Wehrpflicht verfügt. Sie endete im Juli 1945. Die nach der Befreiung des Landes zurückkehrenden Soldatinnen wurden in das Zivilleben eingegliedert.

Angesichts der pazifistischen Welle, die Norwegen nach dem Zweiten Weltkrieg durchzog, war es unmöglich, Frauen in den Verteidigungsverbänden weiter arbeiten zu lassen. Während die gleiche Diskussion in Schweden zur Beibehaltung des Lottakorps führte, erreichte sie in Norwegen die Entlassung aller Frauen aus den Streitkräften. (1) Aber bereits 1951, zwei Jahre nach dem Beitritt Norwegens zur NATO, wurde der Norsk Lottes Forbund (NLF) neu gegründet. Er orientierte sich am finnisch-schwedischen Muster. Die Zahl der freiwilligen Mitglieder stieg rasch. Obwohl dem NLF staatliche Gelder von Anfang an zuflossen, wurde die Anbindung an die Streitkraftteile erst 1953 durchgeführt, als Inspektorinnen des weiblichen Dienstes bei Heer, Marine und Luftwaffe berufen wurden. Zusammen mit der Oberin des weiblichen Sanitätspersonals bildeten diese drei Frauen den

„Frauenausschuß der Verteidigung". Sein Vorschlag, nach angelsächsischem Vorbild für die Frauen besondere Korps in den Streitkraftteilen zu gründen, wurde 1957 jedoch durch den Storting abgelehnt. Gebilligt wurde nur, daß die bei Dienststellen der Streitkräfte in zivilen Arbeitsverhältnissen beschäftigten Frauen, die Mitglieder des Lotta-Verbandes waren, das Recht erhielten, bei Übungen und Lehrgängen die Uniform ihres Verbandes zu tragen, wenn sie sich verpflichteten, im Mobilmachungsfall weiter für die Armee zu arbeiten. Dieses Zugeständnis war erforderlich, um die Frauen im Kriegsfall völkerrechtlich als Kombattanten auszuweisen. (2) Auf Wunsch konnten ab 1959 auch die übrigen Mitglieder des Lotta-Verbandes mob-verpflichtet werden. Diese Frauen sollten jedoch erst dann uniformiert werden, wenn sie den Dienst aufnehmen.

Das in den Streitkräften diensttuende weibliche medizinische Personal gehörte wie das zahnmedizinische und pharmazeutische bereits in Friedenszeiten dem Gemeinsamen Sanitätskorps der norwegischen Streitkräfte an. Im Frieden hatten die Frauen den Status von Zivilangestellten, bei militärischen Übungen und Manövern und im Kriegsfall übernahmen sie die Rechte und Pflichten, Dienstgrade (Feldwebel bis Major) und Besoldungsstufen der Männer, die in gleichen Funktionen arbeiteten.

Alle norwegischen Schwesternorganisationen verpflichteten sich, ihr Personal im Kriegsfall den Streitkräften zur Verfügung zu stellen. Zu seiner Erfassung und Ausbildung gab es einen kleinen weiblichen Stab beim norwegischen Sanitätsinspekteur. Auch freie Schwestern konnten sich für den Dienst in den Streitkräften registrieren lassen.

Soweit die Angehörigen des Lotta-Verbandes nicht bereits in Friedenszeiten die Funktionen ausfüllten, für die sie auch im Kriegsfall vorgesehen waren, wurden sie im Rahmen der Norwegischen Heimwehr ausgebildet. Die Lehrgänge, deren Besuch freiwillig war, wurden von den Streitkräften finanziert und durchgeführt. Die meisten Frauen waren für Wohlfahrts- und Sozialaufgaben vorgesehen. Sie sollten ihre Aufgaben auch im Rahmen des Zivilschutzes wahrnehmen. Eine militärische Grundausbildung erhielten nur die weiblichen Freiwilligen, die sich zum Verteidigungsdienst, z. B. zum Objektschutz, verpflichteten.

Neben den Schwesternorganisationen und dem Lotta-Verband erklärte sich auch die „Freiwillige Bereitschaft der Frauen", in der seit 1951 alle großen Frauenorganisationen des Landes zusammengeschlossen sind, zur Verteidigung des Staates bereit. Ihre Mitglieder konnten sich in den Gemeinden für Hilfsdienste registrieren lassen, wenn sie mindestens 18 Jahre alt waren. Nicht zugelassen waren Frauen mit Kindern unter 18 Jahren, die in den bei Katastrophen vorgesehenen Evakuierungsgebieten wohnten. Ein Komitee vermittelte die gewünschte Ausbildung und den Anschluß an die geeigneten Organisationen, z. B. die Hilfsdienste bei Heer, Marine, Luftwaffe und Heimwehr. Möglich waren auch Tätigkeiten in der militärischen und zivilen Krankenpflege, in der Zivilverteidigung und nicht zuletzt als Arbeitsreserve der Industrie.

Allein für die militärischen Verbände wurde der Bedarf an weiblichen Hilfskräften im Kriegsfall auf 35 000 Frauen beziffert: 9 000 Frauen für das Heer, 1 000 für die Marine, 1 000 für das Sanitätswesen, 5 000 für die Luftwaffe und 18 000 für die Heimwehr. (3) Im Kriegsfall sollte Norwegen rund 230 000 Soldaten und Heimwehrangehörige mobilisieren.

Die umfassendste Mobilisierung der norwegischen Frauen sah das Zivilverteidigungsgesetz vor, das „alle einsatzfähigen Personen im Alter von 17 bis 20 Jahren dienstleistungspflichtig" machte. (4) Die Zusammenarbeit der Zivilverteidigungsausschüsse mit dem Lotta-Verband wurde vertraglich geregelt. Die Frauenorganisationen stellten etwa die Hälfte aller Instrukteure. Ihr besonderes Augenmerk galt den für den Kriegsfall vorgesehenen Evakuierungsmaßnahmen in Nordnorwegen. In 35 Orten sollte bei einem sowjetischen Angriff die halbe Einwohnerschaft weggebracht werden, weil sie im unmittelbaren Kampfgebiet wohnte. (5) Ein weiterer umfangreicher Auftrag des norwegischen Zivilschutzes war die Aufrechterhaltung der öffentlichen Betriebe und Verwaltungen im Kriegsfall. Dafür durften Norweger beiderlei Geschlechts notdienstverpflichtet werden. (6)

Die Gleichstellung von Frauen und Männern in den Streitkräften

Da die Vorbereitung auf die immer komplizierter werdenden Funktionen in den Streitkräften bei den Heimwehrorganisationen nicht ausreichte, entschloß sich die Regierung 1977, Frauen auf freiwilliger Basis zum zeitlichen Dienst in den Streitkräften zu gewinnen. Dort sollten sie eine gediegene Reservistenausbildung bekommen. Man glaubte, mit Halbjahreskursen auszukommen.

Mitte 1977 wurden die bei den Stabschefs der Streitkraftteile tätigen Beraterinnen für Lotta-Fragen zu Majoren befördert und die ersten 18 weiblichen Reserveoffiziere aus der Heimwehr übernommen, um den weiblichen Militärdienst zu organisieren. Die Ausbildung weiterer Offiziere wurde an die Offizierschulen der Streitkraftteile gelegt, wo die Frauen auf Verwendungen in den Bereichen Militärverwaltung, Militärtechnik und Militärmedizin vorbereitet wurden. Die gesamte Ausbildung – einschließlich der Grundausbildung und der Waffenausbildung – war für Männer und Frauen gleich. Auch an den Unteroffizierschulen wurden Lehrgänge für Frauen eingerichtet. Mit Verträgen für drei Jahre wollte das Oberkommando der Verteidigungsstreitkräfte auf diese Weise eine Reserve von 835 Offizieren und 5 000 Unteroffizieren schaffen. Von ihnen sollte die Hälfte in der Heimwehr Dienst tun, in Friedenszeiten als Ausbilderinnen und im Kriegsfall als Führungskräfte. (7) Die andere Hälfte sollte in die Streitkräfte einbezogen werden, denn durch einen Beschluß des Parlaments war den Frauen seit 1977 auch der aktive Dienst in den Streitkräften erlaubt. Die Dienstpflichten sollten die gleichen sein wie für die Männer.

Die völlige Gleichbehandlung von Frauen und Männern in den norwegischen Streitkräften war das Ergebnis der Arbeit eines Ausschusses der norwegischen Regierung, der 1980 die physischen Voraussetzungen von Frauen für den Militärdienst prüfte und zu dem Ergebnis kam, daß es „von individuellen Varianten abgesehen, keine anatomischen oder physiologischen Gründe gibt, die rechtfertigen, die Auswahl bzw. die Zulassung zu militärischen Aufgaben vom Geschlecht abhängig zu machen." (8) 1981 beschloß der Storting, daß das weibliche Geschlecht in die Landesverteidigung in Friedenszeiten und im Krieg einbezogen wird und daß die Frauen den gleichen Mobilisierungsverfahren unterworfen sind wie die Männer, wenn es zum Krieg kommt. Frauen müssen im selben Umfang Kriegsdienst leisten wie Männer. Im Herbst 1983 schlug die Regierung vor, Frauen auf freiwilliger Basis am Grundwehrdienst zu beteiligen. Am 8. 12. 1983 stimmte der Storting zu. Das Wehrdienstgesetz für Frauen trat am 1. 1. 1984 in Kraft.

Bei der Beratung des Verteidigungshaushalts für 1985 gab das norwegische Parlament im November 1984 dem Verteidigungsministerium grünes Licht, alle Laufbahnen und Verwendungen für Frauen zu öffnen.

Seit 1. 1. 1985 gibt es keine Beschränkungen für die Frauen in den norwegischen Streitkräften. Die Regierung hoffte, die Gleichstellung der Frauen in den Streitkräften werde sich als Hebel für die Chancengleichheit des weiblichen Geschlechts in der Gesellschaft erweisen. Mit dieser Absicht wurde die Werbung für die Streitkräfte in den Medien und Schulen intensiviert. Die Mädchen und Frauen wurden aufgefordert, ihre Karriere bei der

Truppe zu machen. Eine Reihe von familienfördernden Maßnahmen sollte es ihnen ermöglichen, auch als Ehefrauen und Mütter in den Streitkräften zu bleiben, wenn sie Berufssoldatin werden wollten. (9) Zu den Sonderregelungen zählte der Schwangerschafts- und Erziehungsurlaub, der bis zu drei Jahren ausgedehnt werden konnte.

Auch in der Frage der militärischen Verwendung von Frauen zeigte sich die norwegische Regierung kompromißlos. Da man die Ausbildung an allen Waffen erlaubt hatte, wollte man den Einsatz an diesen Waffen nicht untersagen. (10) Deshalb sind die Frauen in Norwegen zu allen Waffengattungen, zur Tätigkeit an jeder Waffe und zu allen denkbaren militärischen Einsätzen zugelassen. Frauen können die Armeeschulen aller Ebenen unter den gleichen Bedingungen besuchen wie die Männer; lediglich die physischen Anforderungen wurden für sie leicht modifiziert. Während der Grundausbildung, die je nach der Waffengattung sechs bis zwölf Monate dauert, können sich die Frauen entscheiden, ob sie unter den gleichen Standards wie die Männer weiterdienen wollen. Die Verpflichtungszeit beträgt mindestens drei Jahre. Die Ausbildung zu Ärzten, Psychologen, Pharmazeuten, Zahnärzten, Tierärzten und Kaplänen in der Armee steht ebenfalls beiden Geschlechtern offen. (11)

Die norwegischen Soldatinnen sind den gleichen Ausbildungs- und Manöverbedingungen ausgesetzt wie die Männer. Die Ausbildungs-, Kampf- und Einsatzgruppen sind gemischt. Es gibt keine besonderen Unterkünfte für Frauen. Im Zelt übernachten sie mit ihren männlichen Kameraden. Seit 1987 gehören Frauen auch zu den Besatzungen von U-Booten, nachdem vorher eine Schiffskategorie nach der anderen für sie geöffnet wurde. Die Kabinen sind nach Geschlechern getrennt, soweit das möglich ist. 1987 wurde der erste weibliche Geschützfüher der Küstenartillerie ausgebildet. Auch in der Luftwaffe ist die Gleichstellung der Frauen verwirklicht. Seit 1984 gibt es Frauen in allen Lehrgängen der Luftwaffenschule in Stavern. Sie werden an allen Flugzeugen der norwegischen Luftwaffe ausgebildet, auch an Kampfflugzeugen. (12)

Obwohl den Frauen alle Funktionen offen standen, strebten 1994 60 % der weiblichen Bewerber für die Luftwaffe Funktionen in der Verwaltung und in der Logistik an. Nur 12 % ließen sich für den technischen Dienst ausbilden und 28 % wollten im fliegerischen Dienst arbeiten. (13)

Bereits 1978 beteiligten sich weibliche Angehörige des Sanitätsdienstes der norwegischen Streitkräfte erstmals an einem UNO-Einsatz im Libanon (UNIFIL). Ab Herbst 1986 gab es norwegische Militärpolizistinnen im UNIFIL-Hauptquartier. Einschränkungen des Auslandsdienstes von Frauen sind nur vorgesehen, wenn die nationalen Traditionen in der Gesellschaft des Einsatzlandes dagegen sprechen. Beschränkungen auf bestimmte Posten oder Dienstgebiete müssen in solchen Fällen von den Soldatinnen akzeptiert werden. (14) In den NATO-Hauptquartieren mit zugeordneten norwegischen Truppen gibt es seit 1986 Frauen aller Dienstgrade. Unter den 1 764 norwegischen Soldaten, die 1996 im Auftrag der UNO zur Friedenssicherung als Blauhelme im Ausland stationiert waren, befanden sich 100 Frauen. Am UNICOM-Einsatz im Golfkrieg 1991 beteiligten sich mehrere Frauen.

Die wachsende Zahl und der zunehmende Einfluß von Frauen in der norwegischen Politik hat nach Ansicht einiger Militärs dazu geführt, daß das Verständnis für die Einsatzbedürfnisse der Truppe und eine angemessene Ausstattung mit Waffen und Gerät nachgelassen hat. Man erhofft sich eine Trendwende, sobald es mehr Frauen in den höheren Positionen der Streitkräfte gibt, die ihren Einfluß im Storting geltend machen, wo ein Drittel der Abgeordneten weiblichen Geschlechts sind.

In der 34 000 Mann umfassenden norwegischen Armee gab es 1997 nicht einmal 1 000 Frauen. Den höchsten Dienstgrad hatte immer noch die Kronprinzessin als Brigadegeneralin. Aber 1995 gab es die erste weibliche U-Boot-Kommandantin. Sie war zu diesem Zeitpunkt die einzige in allen NATO-Streitkräften. Ein Jahr zuvor war die erste Norwegerin Kommandeur eines Infanteriebataillons geworden.

Die anvisierte Frauenquote von 40 % in öffentlichen Positionen, die die Ministerpräsidentin Brundtland anstrebte, wird in den Streitkräften für unerreichbar gehalten. (15) 1997 lag die Zielvorgabe bei 7 %. (16) Der Hauptgrund wird darin gesehen, daß die breite Öffentlichkeit in Norwegen sich mit der vollen Gleichberechtigung der Frauen in den Streitkräften nur schwer anfreunden kann. Auch bei den Frauen mit höherer Bildung überwogen lange Zeit die Vorbehalte. Sie hielten das Militär nicht für einen fraulichen Beruf. (17) Keinerlei Vorbehalte hatten die Norwegerinnen gegen das Engagement in der Politik. Die Zahl der Berufspolitikerinnen wuchs seit den sechziger Jahren überproportional im Vergleich zu den kontinentalen Ländern. 1997 stellten die Frauen acht Ministerinnen im neunzehnköpfigen Kabinett. Gro Harlem Brundtland regierte fast zehn Jahre lang als Ministerpräsidentin.

Die Heimwehr

Neben dem Dienst in den regulären Streitkräften steht den Frauen auch der Dienst in der Heimwehr offen. Zu Beginn des Kalten Krieges nach dem Zweiten Weltkrieg unter dem Motto „Überall und immer" gegründet, erhielt sie 1997 eine neue Struktur für den Kriegsfall. Im Verteidigungsfall tritt die Heimwehr mit 83 000 militärisch vorgebildeten Angehörigen und 300 Schiffen unter das Kommando der Teilstreitkräfte, um örtliche operative Aufgaben zu übernehmen. Die Heimwehrangehörigen haben Waffen, Munition und Gerät zu Hause bei sich, damit sie jederzeit präsent sind. Sie müssen jährlich einmal an einer Heimwehrübung am Einsatzort teilnehmen. 300 eigene Schießplätze garantieren die Waffenbeherrschung. Die Heimwehr wird auch zu Katastropheneinsätzen mobilisiert, 1995 z. B. bei den Überschwemmungen in Østlandet.

1979 bis 1983 wurden die Frauen, die sich der Heimwehr angeschlossen hatten, in speziellen Rekrutenschulen des Heeres, der Marine und der Luftwaffe für die Heimwehr ausgebildet. Seit 1983 nutzt die Heimwehr ihre eigenen Ausbildungseinrichtungen in Dombås und Torpo für die Ausbildung von Unteroffizieren und zu Spezialverwendungen. Die Heimwehr hat eine eigene Jugendbewegung, aus der sie ihren Nachwuchs schöpft. Die Mitglieder sind zwischen 16 und 21 Jahren alt. Die 2000 Jugendlichen, die ihr angehören, sind in 123 Gruppen organisiert.

Im Gesamtverteidigungskonzept Norwegens spielt die Zivilverteidigungsorganisation eine bedeutende Rolle. Das Weißbuch des Storting Nr. 24 aus den Jahren 1992/93 wies der Zivilverteidigung zwei Aufgaben zu: die mentale Vorbereitung der Zivilbevölkerung auf einen möglichen Krieg und die Friedenserhaltung in Krisen- und Katastrophenzeiten. Zur Zivilverteidigungsorganisation gehören 40 Dienste (Feuerwehren, Rettungsdienste, medizinische Dienste, Funkstationen etc.) mit 104 Friedenssicherungsgruppen (Peace Implementation Groups), die zusammen etwa 50 000 Frauen und Männer umfassen. Die Angehörigen werden an den drei Zivilverteidigungsanstalten für den Ernstfall ausgebildet. An der Spitze der norwegischen Zivilverteidigungsorganisation stand 1997 eine Frau: Helen Bøsterud.

(1) Ernst Riggert, Frauen in der Gesamtverteidigung Nordeuropas, in: Wehrkunde 1963, S. 425

(2) Wilhelm Rott, Die Frauenkorps in den Streitkräften der NATO-Staaten, in: Bundeswehrverwaltung 6/1976, S. 129

(3) Vgl. Ernst Riggert, Frauen in der Gesamtverteidigung Nordeuropas, in: Wehrkunde 1963, S. 29

(4) Franz Möller, Frauendienst im Verband der Streitkräfte und in der Zivilverteidigung in verschiedenen europäischen und außereuropäischen Ländern, in: Bundeswehrverwaltung 1964, S. 32

(5) Ernst Riggert, a.a.O., S. 425

(6) Franz Möller, a.a.O., S. 33

(7) Women in the Allied Forces, hrsg. von Nato Information Service, Brüssel 1978, S. 40 ff.

(8) Vgl. Frauen unter Waffen, in: Das Parlament 7–8/1985, S. 16

(9) Vgl. The defense Budget 1997

(10) Vgl. Frauen unter Waffen, in: Das Parlament 7–8/1985, S. 16

(11) Vgl. Norwegian Defence. Facts and Figures 1997, hrsg. vom Norwegischen Verteidigungsministerium

(12) Vgl. Women in the NATO-Forces, hrsg. von Instituut defensie Leergangen afd TDCK 1994, S. 28 ff.; Kieler Nachrichten vom 12. 9. 1987

(13) Women in the NATO Forces a.a.O.

(14) Vgl. Norwegian Defence. Facts and Figures 1997, a.a.O.

(15) Vgl. Süddeutsche Zeitung vom 8. 11. 1989

(16) Vgl. Das Parlament vom 31. 1. 1997

(17) Kieler Nachrichten vom 18. 7. 1987

Österreich

Der Staatsvertrag von 1955 erlaubte die Aufstellung einer militärischen Streitmacht zur Abwehr von Verletzungen der Neutralität, zu der sich Österreich verpflichtet hatte. Das Bundesheer aus Heeresverbänden im Umfang von 55 000 Mann und einer Luftwaffe mit etwa 50 Einheiten setzte sich zur einen Hälfte aus Berufs- und Zeitsoldaten und zur anderen Hälfte aus Wehrpflichtigen zusammen. Die Einbeziehung der Frauen in die Streitkräfte wurde 1996 bei den Koalitionsverhandlungen zur Regierungsbildung festgeschrieben. Nach der Zustimmung des Ministerrates im November 1997 wurde das Gesetzgebungsverfahren eingeleitet, so daß 1998 die ersten Bewerberinnen gemustert werden konnten.

Die Vorbereitungsphase

1938–1945 war Österreich ein Bestandteil des Großdeutschen Reiches. Die Frauen der Ostmark unterlagen denselben Gesetzen wie die Frauen des Altreichs. Sie konnten notdienstverpflichtet und in das Wehrmachthelferinnenkorps eingegliedert werden. Das Schicksal der deutschen Kameradinnen war auch ihr Schicksal.

Der Staatsvertrag, der Österreich zur Neutralität verpflichtete, gewährte dem Land 1955 nur bescheidene Streitkräfte. Die siebenmonatige Wehrpflicht für Männer garantierte drei Jahrzehnte lang den Präsenzstand von 55 000 Mann. Es bestand kein Bedarf an zusätzlichem Personal. Erst 1984 setzte die Diskussion ein, ob den Frauen die Möglichkeit gegeben werden sollte, Dienst im Bundesheer zu tun. Nach dem Zusammenbruch des Kommunismus und dem Zerfall des Ostblocks wurde sie mit neuem Akzent weitergeführt.

Die Diskussionsphase

Angesichts der Öffnung fast aller westlichen Streitkräfte für weibliche Bewerber lösten die Medien 1984 eine Diskussion darüber aus, ob auch in Österreich Frauen zum Bundesheer zugelassen werden sollten. Die Befürworter stützten sich zum einen auf Befürchtungen, daß aufgrund des „Pillenknicks" und der wachsenden Zahl von Kriegsdienstverweigerern bis zum Jahr 1990 nicht genügend männliche Soldaten zur Verfügung stehen würden, und zum anderen auf die emanzipatorischen Bestrebungen der Frauen, die das Recht beanspruchten, wie in anderen Ländern Dienst in den Streitkräften tun zu können. (1) Da die Wehrpflicht für Frauen verfassungsmäßig untersagt war, konzentrierte sich die Diskussion auf den freiwilligen Dienst von Frauen im Bundesheer. Es sprachen mehrere Gründe dagegen, z. B. die hohen Infrastrukturkosten und die schwierigere Personalplanung, aber auch die Ablehnung der Verwendung des Bundesheeres als Vehikel soziologischer Experimente. Außerdem müsse vor einem solchen Schritt das Männer-potential voll ausgeschöpft sein. Frauen, die ins Bundesheer drängten, könnten in der Militärverwaltung als Zivilbedienstete eingestellt werden. (2)

1987 wurde die Frage erneut aktuell. Auslöser war wie 1984 der Bevölkerungsrückgang mit seinen Auswirkungen auf die wehrpflichtigen Jahrgänge, aber auch die Befürchtung, daß früher oder später nicht mehr alle Schlüsselfunktionen im Bundesheer mit Länger-dienenden und Berufssoldaten besetzt werden könnten. (3) Die gleichzeitig in Deutschland geführte Debatte über die Frage, ob Frauen auf freiwilliger Basis Dienst in der Bundeswehr leisten könnten oder nicht, feuerte die Diskussion in Österreich zusätzlich an.

Mit dem Zusammenbruch des Warschauer Paktes änderten sich 1990 die Rahmen-bedingungen für das Bundesheer. Wie in den anderen europäischen Ländern konnte auch in Österreich die Personalstärke der Streitkräfte reduziert werden. Die Regierung hielt einen Gesamtumfang von 120 000 Mann für ausreichend. (4) Im Hinblick auf die Bevöl-kerungsstatistik schien die Heranziehung von Frauen nicht mehr notwendig.

Die Verwirklichung

Im Koalitionsabkommen vom März 1996 einigten sich die Sozialdemokratische Partei Österreichs (SPÖ) und die Österreichische Volkspartei (ÖVP) unter dem Druck der öffentlichen Meinung und auf Wunsch der Frauenverbände, das Bundesheer für Frauen zu öffnen. Eine Änderung der Wehrpflichtgesetze zur Einbeziehung von Frauen war jedoch nicht vorgesehen. (5) Die Milizlaufbahn, die die Wehrpflichtigen nach dem Präsenzdienst einschlagen können und während der die Bekleidungs- und Ausrüstungsgegenstände zur persönlichen Verwahrung nach Hause mitgegeben werden, lehnten die Sozialdemokraten ab.

1997 erarbeitete die Regierung die entsprechenden Gesetzesvorlagen. 1998 traten die neuen Bestimmungen in Kraft. Ein Verfassungszusatz zu Art. 9 a besagte. „Österreichische Staatsbürgerinnen haben das Recht, freiwillig Dienst im Bundesheer als Soldatinnen zu leisten." Das Wehrgesetz wurde in mehreren Punkten geändert. (6) Es sah vor, daß Frauen aufgrund freiwilliger Meldung entsprechend der militärischen Erfordernisse einen zwölf-monatigen „Ausbildungsdienst" ableisten konnten, wenn sie jünger als 40 Jahre waren. Die körperliche und geistige Eignung war vom Heeresgebührenamt zu prüfen, das auch die Einberufung auszusprechen hatte. Während des Ausbildungsdienstes konnten die Frauen eine vorbereitende militärische Kaderausbildung absolvieren. Wenn den wehrdienst-leistenden Frauen der Dienst im Bundesheer mißfiel, konnten sie ohne Angabe von Gründen zum Monatsende kündigen.

Nach dem Abschluß des Ausbildungsdienstes konnten sich die Frauen für Kaderübun-gen melden, die der Erhaltung und Vertiefung der erworbenen Fähigkeiten und der Vor-bereitung für Kommandanten- und Fachfunktionen dienten. Waffendienst war ein-geschlossen. Die Entscheidung über ihre Eignung traf der Einheitskommandant. Zur Beförderung zum Offizier waren Übungen im Umfang von 90 Tagen erforderlich. Die Arbeitgeber hatten die Interessenten einmal in zwei Jahren für 30 Tage freizustellen. (7) Wer die Bildungsvoraussetzungen besaß und von den Kommandanten für geeignet befun-den wurde, konnte sich für drei Jahre zum Dienst im Bundesheer verpflichten und die Unteroffiziers- oder Offizierslaufbahn einschlagen. Jede Soldatin konnte jederzeit auf Antrag ausscheiden. Das war, ungeachtet aller militärischen Erfordernisse, der Wunsch der österreichischen Frauenministerin bei der Festlegung der Bedingungen für den Dienst von Frauen im Bundesheer.

Für die Soldatinnen wurden keine neuen Dienstgradbezeichnungen eingeführt. Wie in der Schweiz galten die männlichen Namen ohne Feminisierung auch für die Frauen.

Der Bundesminister für Landesverteidigung war gesetzlich verpflichtet, dem Nationalrat jedes Jahr über die Dienstleistungen der Frauen im Bundesheer zu berichten.

Die Freiheitliche Partei Österreichs (FPÖ) hätte gerne gesehen, wenn den Frauen gestattet worden wäre, Wehrdienst in gleicher Länge und unter den gleichen Bedingungen wie die Männer zu leisten. Frauen, die nur für ein paar Monate zum Bundesheer wollten, könnten sich ihren Wunsch nur auf dem Wege der Kündigung erfüllen, meinte die FPÖ. (8)

Es war zu erwarten, daß sich von den 300 Frauen, die sich während des Gesetzgebungsverfahrens für einen Posten beim Militär interessierten, in der Hauptsache die eintreten würden, die am geplanten Sportförderprogramm teilnehmen wollten oder die Unteroffiziers- bzw. Offizierskarriere anstrebten. Auf lange Sicht rechnete man allerdings mit etwa 1 500 Frauen im Bundesheer, einschließlich der weiblichen Bediensteten im Bereich des Bundesministeriums für Landesverteidigung, die über die „Nachhollaufbahn" militärische Positionen erreichen konnten, die ihnen bislang versperrt gewesen waren. (9)

Im ersten Quartal 1998 fand die Überprüfung von 150 Bewerberinnen statt. Die körperlichen und psychologischen Tests überforderten die meisten Frauen: 12 Liegestütze, 2500 m in weniger als 13 Minuten und einen Nachtmarsch von 15 km schafften nur wenige. Bei den Psychotests schnitten sie weit besser ab. Bei „behebbaren Mängeln" durften die Kandidatinnen nach einem Jahr noch einmal antreten, wenn ihnen der Wunsch, Soldat des Bundesheeres zu werden, noch nicht vergangen war.

Belegstellen

(1) Vgl. Wolfgang Jilke, Frauen in das Bundesheer, in: Truppendienst 5/1984, S. 477
(2) Vgl. Wolfgang Jilke, a.a.O., S. 482
(3) Vgl. Alfred Beneder, Weibliche Soldaten für das Bundesheer, in: Truppenpraxis 2/1987, S. 97
(4) Vgl. Majcen, Austria, in: Miltary Technology 6/1992, S. 21 f.
(5) Vgl. Karin Lehner, Die Panzer-Tina, in: Academia 3/1996, S. 17
(6) Wehrgesetz 1990, BGBl. Nr. 305, zuletzt geändert durch das Bundesgesetz BGBl. Nr. 788/1996
(7) Vgl. Regierungsvorlage FrAG, Nr. 915 der Beilagen zu den Stenographischen Protokollen des Nationalrates XX. GP, S. 28 ff.
(8) Vgl. Süddeutsche Zeitung vom 6. 11. 1997
(9) Österreichische Militärzeitung 5/1997, S. 558

Polen

Die Polinnen, die am Ende des Zweiten Weltkriegs in den sozialistischen Befreiungs-formationen dienten, wurden 1946 entlassen und im allgemeinen in den westlichen Gebieten angesiedelt, aus denen die Deutschen vertrieben worden waren. In der Polnischen Volksarmee waren neben einer großen Zahl von weiblichen Zivilangestellten nur wenige Frauen in Uniform im Fernmeldewesen, in der Abwehr und im Sanitätswesen eingesetzt.
Nach dem Zusammenbruch des sozialistischen Systems im Ostblock orientierte sich Polen nach Westen. 1998 begannen die Verhandlungen über einen Anschluß an die NATO. Zu diesem Zeitpunkt war die Zahl der Soldatinnen nicht größer als in der Volksarmee.

Die sozialistische Armee 1945–1991

Neben der UdSSR war Polen das einzige Land im Ostblock, in dem uniformierte Frauen eine Tradition hatten. Sie reichte in den Ersten Weltkrieg hinein. Bei den Pilsudski-Einheiten dienten auch Frauen. In der regulären polnischen Armee gab es 1939 weder Soldatinnen noch Helferinnen. Die Leiche des weiblichen Offiziers, die man im Wald von Katyn 1943 fand, war eine Testpilotin der Luftwaffe. Als in der UdSSR 1943 die Polnische Befreiungsarmee zusammengestellt wurde, meldeten sich so viele Polinnen, daß ein ganzes Frauen-Füsilierregiment zustande kam. Auf Befehl Stalins wurde auch ein Frontbataillon aus Polinnen aufgestellt. Es handelte sich um Frauen, die in den Gulags und Strafanstalten der Sowjetunion einsaßen und die Chance zur Bewährung bekamen. Im Rahmen der 1. Tadeusz-Kościuszko-Division wurden sie regelrecht verheizt. (1) Auch in der Armee von General Anders im Westen gab es Frauen. Als die Kämpfe 1944 polnischen Boden erreichten, wurden aus freiwilligen Landeseinwohnerinnen weitere militärische Formationen aufgestellt. Nach der Demobilisierung siedelte man die meisten Soldatinnen in den neu erworbenen Westgebieten an, aus denen die Deutschen vertrieben worden waren. Sie sollten dort gemeinsam mit entlassenen Soldaten die Milizkräfte verstärken. (2)

Nach dem Zweiten Weltkrieg wurden die bestehenden Frauenformationen aufgelöst. In der neuen Armee der Volksrepublik Polen gab es keine Fraueneinheiten. Neben zahlreichen weiblichen Angestellten arbeiteten jedoch auch uniformierte Frauen in militärischen Hilfs-diensten, z. B. im Fernmelde- und Sanitätsdienst. Auch bei der militärischen Abwehr gab es Frauen. Im Unterschied zu den Zivilisten waren die Soldatinnen dem Militärstrafrecht unterworfen, das Verstöße wie Geheimnisverrat und Ungehorsam härter bestrafte als das zivile Strafrecht.

Die weiblichen Soldaten, überwiegend Unteroffiziersdienstgrade, kamen meistens aus der LOK-Organisation, die ähnlich wie die sowjetische DOSAAF aufgebaut war und unter der Leitung des Verteidigungsministeriums die vormilitärische Ausbildung der männlichen und weiblichen Jugendlichen wahrnahm. Eine der Hauptaufgaben von LOK war die Förderung des Wehrsports. Ein Viertel der 1,5 Millionen LOK-Mitglieder waren Frauen und Mädchen. Die Hälfte von ihnen war unter 25 Jahre alt. Am weitesten verbreitet waren die Schießclubs. Es gab fast 8 000 Einrichtungen dieser Art. An den Schießwettkämpfen von LOK beteiligten sich jedes Jahr etwa zwei Millionen Polen. Der Anteil der Frauen betrug etwa ein Viertel. (3)

Die zweite Säule der vormilitärischen Ausbildung bildete in der Volksrepublik Polen das Lehrfach wojskowe (Wehrvorbereitung) in den 7. und 8. Klassen aller Schulen. Die Lehrkräfte für dieses Fach wurden an den Fakultäten für Militärkunde der Pädagogischen Hochschulen Krakau, Bialystok, Szcecin und Bydgoszcz ausgebildet. Es nahm wöchentlich zwei Tage der vierjährigen Studienzeit in Anspruch. An diesen Tagen mußten die Mädchen ihre Uniform mit dem roten Barett anziehen. 70 % der Zeit waren praktischen Übungen gewidmet und 30 % der Theorie. Die Ausbildungsfächer setzten sich folgendermaßen zusammen: 109 Stunden Taktik, 54 Stunden Schießen, Handgranatenwerfen und Waffenkunde, 103 Stunden Selbstschutz und Zivilverteidigung, 42 Stunden Physik und Chemie, 62 Stunden Schutzausbildung, 37 Stunden Dienstvorschriftenlehre, 28 Stunden Militärtopographie, 143 Stunden Unterrichtsmethodik, 165 Stunden Materielle Bedarfsdeckung des Selbstschutzes. Dazu kamen 90 Stunden Militärpolitik, Strategie und psychologische Kriegführung, und nach Bedarf Formalausbildung, Sport und Märsche. Zum Studium gehörte auch eine zweiwöchige Assistentenzeit bei einem Fachlehrer für Wehrvorbereitung und ein vierwöchiger Einsatz als Zugführer in einem Jugendlager oder als Ausbilder in einem Studentenlager. Da an den Pädagogischen Hochschulen mehr Frauen als Männer studierten, war die Zahl der Studentinnen im Fach wojskowe doppelt so hoch wie die der Männer. (4)

Der Beschluß des Ministerrats vom 8. 9. 1972 regelte die vormilitärische Ausbildung der Studenten aller Fachrichtungen. Vom Wehrkundeunterricht mit Prüfungen nach jedem Semester waren nur die Medizinstudenten ausgenommen, weil ihre Ausbildung unmittelbar Verteidigungszwecken diente. Die praktischen Wehrerfahrungen hatten sich die Studenten durch Übungen am Wochenende und in Ferienlagern anzueignen. Während dieser Zeit unterstanden sie dem militärischen Dienstreglement. Zum Abschluß bekamen sie den Dienstgrad Fähnrich.

Welche Frauen aufgrund dieser Ausbildung für Einheiten der Selbstverteidigung nach Art. 37 Abs. 1 des Verteidigungsgesetzes qualifiziert waren, wurde von Fall zu Fall entschieden. Oft gehörten Studentinnen der Sozialwissenschaften für die Verwendung als Politoffiziere dazu. (5)

Die Wehrgesetzgebung der Volksrepublik Polen war wie die aller Ostblockstaaten an den Vorschriften der UdSSR orientiert. Lediglich einzelne Formulierungen unterschieden sich vom Original. Während nach dem Wortlaut des sowjetischen Wehrgesetzes vom 12. 10. 1967 im Kriegszustand Frauen aufgrund eines Entscheids des Unionsministerrates in die Streitkräfte der Sowjetunion einberufen werden konnten, bezog sich das polnische Wehrgesetz auf Frauen, „die eine für den Wehrdienst geeignete Qualifikation haben". (6)

1988 hatte Polen bei einer Bevölkerung von 38 Millionen eine Armee im Umfang von etwa 400 000 Soldaten, von denen die Hälfte Wehrpflichtige waren, die zwei Jahre zu dienen hatten. Zusammen mit den Reservisten und den paramilitärischen Einheiten konnte das Land über fast eine Million Soldaten verfügen. (7)

Die polnischen Streitkräfte nach der Befreiung

Nach dem Zusammenbruch der sowjetischen Herrschaft über seine osteuropäischen Satelliten 1991 bemühte sich Polen, Anschluß an den Westen zu finden. Im Sommer 1997 beschlossen die NATO-Staaten auf ihrer Gipfelkonferenz in Madrid gegen den Widerstand der russischen Regierung, mit der Tschechischen Republik, Ungarn und Polen Verhandlungen über eine Aufnahme in die NATO zu beginnen.

Die Stärke der polnischen Streitkräfte belief sich zu dieser Zeit auf fast 250 000 Soldaten. Die Zahl der Wehrpflichtigen, deren Wehrdienstzeit 18 Monate dauerte, betrug etwa 147 000. Zusammen mit 466 000 Reservisten konnte Polen ein Personalkontingent von einer dreiviertel Million in die NATO einbringen. Darüber hinaus verfügte Polen über 16 000 Mann an Grenztruppen und 7 400 Mann Präventive Polizeieinheiten. (8)

Der Frauenanteil war verschwindend gering. Insgesamt waren 127 Berufssoldatinnen registriert. Sie dienten ausschließlich im medizinischen Bereich und in der Verwaltung.

Frauen in den polnischen Streitkräften

Laufbahngruppe und Fachrichtung		Offiziere					Fähn-riche	insge-samt
		LT	OLt	Hptm	Maj	zus.		
Medizinischer Bereich	Ärztinnen		22	1		23		23
	Zahnärztinnen	19	35	8		62		62
	Pharmazeutinnen	4	12	9		25		25
	Chemikerinnen		1			1		1
	Psychologinnen	1	9	1	1	12		12
	Mittleres medizinisches Personal	1				1	2	3
	Gesamtzahl in der Dienstgrad- bzw. Laufbahngruppe	25	79	19	1	124	2	126
Verwaltungs-bereich	Sozialwissenschaften			1		1		1
	Gesamtzahl in der Dienstgrad- bzw. Laufbahngruppe			1		1		1
Insgesamt		25	79	20	1	125	2	127

Belegstellen

(1) Vgl. Joachim G. Görlich: Polen: Das Los volkspolnischer Frauenbataillone, in: Auftrag 230/1997, S. 51

(2) Peter Gosztony, Frauen im Wehrdienst in Osteuropa, in: Wehrforschung 6/1974, S. 177

(3) László Révész, Die paramilitärische Organisation und die vormilitärische Erziehung in Polen, in: Paramilitärische Organisationen im Sowjetblock, hrsg. von Peter Gosztony, Bonn 1977, S. 168 f.

(4) Armeerundschau 12/1972, S. 89 ff. und 5/1977, S. 76

(5) László Révész, Die paramilitärische Organisation, a.a.O., S. 196 ff.

(6) László Révész, Militärische Ausbildung in Osteuropa, Bern 1975, S. 213 ff.

(7) The Military Balance 1988–1989, hrsg. von The International Institute for Strategic Studies, London 1988, S. 50 f.

(8) Vgl. The Military Balance, hrsg. von The International Institute for Strategic Studies, London 1996, S. 95 f.

Portugal

Die ersten Portugiesinnen in Uniform dienten als Krankenschwestern in der Kolonial-armee. Nach dem Verlust der Kolonien dauerte es fast zwanzig Jahre, bis den Frauen wieder der Dienst in den Streitkräften gestattet wurde. Sie wurden nur für spezielle Verwendungen zugelassen. In den Kampftruppen gab es keine Frauen. Aber sie bekamen das Recht, zusammen mit den wehrpflichtigen Männern einen freiwilligen Wehrdienst zu leisten.

Frauen im Sanitätsdienst

Die ersten Frauen kamen 1961 in die Streitkräfte. Es handelte sich ausschießlich um Krankenschwestern. Einige von ihnen wurden auch im Fallschirmspringen ausgebildet, vor allem wenn sie zum Dienst bei den in den Kolonien stationierten Luftstreitkräften vorgesehen waren. Sie leisteten zahlreiche Erste Hilfen, nachdem man sie aus dem Flugzeug mit dem Fallschirm abgesetzt hatte. Für die Kolonialtruppe und die portugiesischen Siedler waren sie von unschätzbarem Wert. (1) Als Angola und Mozambique in die Unabhängigkeit entlassen wurden, blieben acht weibliche Offiziere und acht Unteroffiziere bei den Sanitätseinheiten zurück. (2) Nach dem Militärputsch von 1974 wurden keine weiteren Frauen in die Streitkräfte übernommen. (3) Aber die bis dahin geltenden Regelungen blieben bestehen. 1985 gab es noch sieben Frauen im Sanitätsdienst der Armee. Sechs von ihnen waren Offiziere. Ihr Anteil an der Personalstärke der Streitkräfte betrug 0,0009 %. (4)

Die politische Entscheidung für Soldatinnen

Erst im Jahr 1986 begann im Rahmen der Gleichberechtigungsdebatten und im Zuge der Vorbereitungen für ein neues Gesetz über den Wehrdienst (5) die Diskussionen über die Einsatzmöglichkeiten von Frauen in den Streitkräften. Im Mittelpunkt der politischen Debatte standen vier Problemfelder:

- Erfahrungen mit der gleichberechtigten Kooperation von Frauen und Männern in anderen Berufen (Relacoges de trabalho);
- Umfang der für Frauen zu öffnenden Funktionen und ihre Aufstiegsmöglichkeiten in den Streitkräften;
- Fragen des Kombattandenstatus, d. h. des Kampfeinsatzes;
- Vereinbarkeit von Militär und Familie. (6)

In Portugal, einem typischen südeuropäisches Land, in dem der Wirkungskreis der Frauen traditionell in der Familie und im Haushalt lag, bedeutete es eine Revolution, als in

344

der von Männern dominierten Militärorganisation die Frauen Fuß faßten. (7) Daß ihnen in bezug auf die Karriere die gleichen Aufstiegsmöglichkeiten zugestanden wurden wie den Männern, war eine Sensation. Zum erstenmal wurde der Gleichheitsgrundsatz in einer staatlichen Organisation voll verwirklicht. Wenn beide Geschlechter im selben Beruf die gleichen Pflichten hatten und die gleichen Leistungen erbringen mußten, sollten sie auch gleich behandelt werden. (8) Von der Grundsatzentscheidung im Kabinett bis zur Verwirklichung des Vorhabens in der Truppe dauerte es jedoch noch lange.

1988 wurde ein Modellversuch gestartet. Die Luftwaffe stellte zwei Frauen ein, die eine Flugausbildung begannen. Erst 1990 erklärte sich die Militärführung bereit, weibliche Soldaten in ausgewählten Einsatzbereichen zuzulassen, z. B. im fliegerischen Dienst, im technischen Dienst (engenharia), im Sanitätsdienst und in der Verwaltung. (9) 1991 wurden die für Frauen zugänglichen Verwendungen gesetzlich festgelegt. Von den Kampftruppen waren sie ausgeschlossen. Entsprechend ihrer Vorbildung durften sie jedoch alle drei Laufbahnen anstreben, d. h. als Mannschaften, Unteroffiziere und Offiziere dienen. Den achtmonatigen freiwilligen Wehrdienst konnten die weiblichen Soldaten im Mannschaftstand (Servicio Voluntario em Regime Voluntariado) auf 18 Monate verlängern. Wer Unteroffizier oder Offizier werden wollte, mußte sich für mehrere Jahre zum Dienst in den Streitkräften verpflichten. Die Höchstdauer des Servicio Efectivo em Regime de Contrato war mit acht Jahren festgelegt. (10)

In der Marine konnten Frauen in Mannschaftsdienstgraden nur bei den Logistiktruppen, Führungstruppen und der Militärmusik eingesetzt werden. Unteroffiziersdienstgrade konnten sie im Technischen Dienst erlangen. Offiziersdienstgrade standen ihnen im Sanitätsdienst und in Spezialverwendungen (Especialistas), z. B. nach einem Universitätsstudium im Haushalts- und Rechtswesen, offen.

Das Heer bot den Frauen folgende Auswahl an Einsatzmöglichkeiten an: Mannschafts- und Unteroffizierslaufbahn im Bereich der Führungs- und Logistiktruppen, z. B. im Transportwesen und in der Verwaltung, Fachoffizierslaufbahn in den Bereichen Waffentechnik, Bauwesen und Fernmeldewesen.

Die Luftwaffe hielt das breiteste Einsatzspektrum bereit. Im Bereich der Mannschafts- und Unteroffiziersdienstgrade konnten neben den Tätigkeiten in der Flugzeugwartung, d. h. bei der Instandsetzung, auch Aufgaben bei der Militärpolizei angestrebt werden. In der Offizierslaufbahn durften die Frauen Pilotinnen und Systemoffiziere werden. (11)

Ende 1991 wurden aus 239 Bewerberinnen die ersten 56 Rekrutinnen für die Ausbildung in der Luftwaffe ausgewählt. Die Marine nahm im Dezember 1992 die ersten 80 Bewerberinnen auf. Schon im März 1992 begannen 34 Frauen mit der Unteroffiziersausbildung an der Unteroffiziersschule des Heeres und mit der Offiziersausbildung an der Militärakademie.

1994 dienten bereits 3 423 Frauen in den portugiesischen Streitkräften, davon 1 204 im Heer, 662 in der Marine und 1 557 in der Luftwaffe. (12) Die Masse bestand aus freiwillig Wehrdienstleistenden.

In den portugiesischen Streitkräften dienten 1996 54 200 Soldaten, unter ihnen 17 600 Wehrpflichtige mit einer Dienstzeit zwischen 4 und 18 Monaten je nach Waffengattung. Unter ihnen befanden sich auch freiwillig dienende Frauen. Das Heer umfaßte 29 700 Personen, die Marine 12 500 und die Luftwaffe 7 300. Der Nationalgarde standen 20 900 Personen zur Verfügung, die Sicherheitspolizei bestand aus 20 000 Mann und bei den Grenzsicherungseinheiten waren 8 900 Mann. Die Portugiesen beteiligten sich mit nationalen Truppen an den UNO-Einsätzen UNAVEN (Angola), IFOR (Bosnien), UNMOP (Kroatien) und MINURSO (Westsahara). (13)

Belegstellen

(1) Vgl. Muöheres Militares da Forca Aerea, in: Mais Alto., September/Oktober 1994, S. 35; International Combat Arms 1/1986, S. 33

(2) Vgl. Muöheres Militares da Forca Aerea, a.a.O., S. 83

(3) Ebenda

(4) Vgl. Bento Soares: O Servico Milita Feminino. Perspectiva de aplicacao as Forcas Armadas, in: Baluarte. Revista das Forcas Armadas Potuguesas 6/1991, S. 36

(5) Wehrdienstgesetz lei no. 30/87

(6) Vgl. Joao Afonso Bento Soares: A mulher e as Forcas Armadas. Igualdada de oportunidades na profissao castrense, Lissabon 1991, S. IV-4

(7) Vgl. Joao Alfonso Bento Soares, a.a.O., S. IV-6

(8) Vgl. Joao Alfonso Bento Soares, a.a.O., S. IV-5

(9) Vgl. Joao Alfonso Bento Soares, a.a.O., S. 85

(10) Vgl. Condicoes de admissao

(11) Lei de alteracao a Lei do Servico Militar, Lei No. 22/1991, in: Helen Carreiras: Mulheres nas Forcas Armadas Potuguesas, Lissabon 1997, S. 94

(12) Vgl. Helen Carreiras, a.a.O., S. 85

(13) The Military Balance, hrsg. von The International Institute for Strategic Studies, London 1996, S. 67

Rußland

Mit dem Zusammenbruch der Union der sowjetischen Sowjetrepubliken 1991 ging auch die sozialistische Ideologie, die diesen Staat seit der Oktoberrevolution 1917 geprägt hatte, zugrunde. Im Sozialismus war die gesellschaftliche Stellung der Frau durch ihre Funktionen im Wirtschaftsprozeß bestimmt worden. Das Absterben des Patriarchats und seine Ablösung durch das Biarchat – so bezeichnete man die neue Beziehung zwischen Mann und Frau – wurde jedoch nie erreicht. In allen sozialistischen Ländern verrichteten die Frauen die weniger qualifizierten Arbeiten und erhielten durchschnittlich um ein Drittel niedrigere Löhne und um 25 % niedrigere Renten als die Männer. Umso mehr legte die sozialistische Propaganda Wert auf die Hervorhebung weiblicher Spitzenleistungen. Der militärische Bereich war eine fündige Bezugsebene. Während des Großen Vaterländischen Krieges 1941–1945 wurden in der UdSSR Tausende von Frauen in die Streitkräfte eingegliedert. Sie bewährten sich als Pilotinnen. Panzerfahrerinnen, Kanoniere und Scharfschützinnen. Ihre Taten wurden als Vorbild für nationalen Patriotismus, weibliche Leistungsfähigkeit und emanzipatorische Selbständigkeit verherrlicht.

Obwohl in der Roten Armee nach dem Zweiten Weltkrieg die Frauen nur untergeordnete Funktionen – vor allem im Bereich der Unteroffizierdienstgrade – als Fernschreiberinnen. Bürohilfskräfte, Fernmelderinnnen und Phonotypistinnen wahrnahmen, wurde die Vorbereitung auch der weiblichen Jugend auf mögliche militärische Auseinandersetuungen ernst genommen. Wehrerziehung und vormilitärische Ausbildung gehörten zu den Aufgaben der Schulen und der dafür ausgewiesenen Organisationen. Das Ziel war, die Bereitschaft zu entwickeln, das sozialistische Vaterland zu verteidigen.

Nach dem Zerfall der Sowjetunion verkündete Moskau am 9. 5. 1992 die Aufstellung nationaler russischer Streitkräfte. Die Strukturen der Roten Armee blieb im großen und ganzen erhalten. Ihr Mannschaftsbestand belief sich auf rund 1,3 Millionen. Trotz vieler Defizite im personellen, logistischen und infrastrukturellen Bereich stellte die bewaffnete Macht in der Perzeption des russischen Volkes den wichtigsten Ausweis nationaler Größe dar. Die Schwächen der Streitkräfte wurden kaschiert. Außenpolitisch stützte sich die Großmachtstellung Rußlands fast ganz auf die nukleare Waffenkomponente.

Die gesellschaftliche Stellung der Frau in der Sowjetunion

Die Frauenfrage war nach der marxistisch-leninistischen Lehre eine wichtige Teilfrage des proletarischen Klassenkampfes. Marx und Engels glaubten, daß die traditionelle Vorrangstellung des Mannes in der menschlichen Gesellschaft von seiner wirtschaftlichen Überlegenheit herrühre. Die Gleichberechtigung der Frau werde erst im Sozialismus verwirklicht werden. Dann werde die Familie nicht länger die wichtigste wirtschaftliche und pädagogische Zelle der Gesellschaft sein, sondern das Kader. Die Frau werde dann von der häuslichen Arbeit nur noch in unbedeutendem Maß in Anspruch genommen werden. Die Befreiung von der Ausbeutung mache den Weg frei für die Beteiligung der Frauen an der politischen Macht. (1)

Zu den ersten familienpolitischen Maßnahmen der neuen Sowjetregierung gehörte 1917 die rechtliche Gleichstellung von Mann und Frau. Das Frauenwahlrecht war das große Geschenk der Oktoberrevolution an das weibliche Geschlecht. Dafür wurde von den Frauen gefordert, daß sie ihre Energie in den Dienst der Gesellschaft stellten. Unter diesem Motto wurde ein Propagandafeldzug begonnen, der Millionen von sowjetischen Frauen zur Arbeit in der Industrie gewann. Der Höhepunkt war 1928 erreicht. Auch Stalin sah nach seiner Regierungsübernahme in den Frauen in erster Linie Arbeiterinnen, auf deren Kräftepotential der Staat Anspruch hatte. Das neue Leitbild war die „emanzipierte Arbeiterin", die mit den Männern wetteiferte.

Neben der Möglichkeit des Schwangerschaftsabbruchs trug der umfassende Arbeitseinsatz der Frauen viel bei zum rapiden Rückgang der Bevölkerungszuwachsrate. Deshalb warf Stalin 1936 das Steuer herum. Neue Gesetze dienten der Konsolidierung der sowjetischen Familie, dem Gesundheitsschutz der Frauen und der Zeugung einer zahlreichen Nachkommenschaft. Jede Frau mit mindestens sieben Kindern bekam jährlich 2 000 Rubel als staatliche Anerkennung. Beim 11. Kind erhöhte sich der Betrag auf 5 000 Rubel. (2)

Die Mutterschaft, die unter Lenin eine nebensächliche Funktion der Frau war, wurde von Stalin wieder zur ehrenvollen Aufgabe der sowjetischen Genossinnen erklärt. Sogar während des Zweiten Weltkrieges erließ der Oberste Sowjet Bestimmungen für die Verleihung von Mutterschaftsmedaillen, z. B. für den Orden Mutterruhm und für die Einführung des Ehrentitels ‚Mutterheldin'. Der Krieg und die Aufbauarbeit nach dem Kriege erschwerten jedoch den Verzicht auf die weibliche Arbeitskraft. 1945 betrug der Anteil der arbeitenden Frauen in der sowjetischen Volkswirtschaft 55 %.

Artikel 12 der sowjetischen Verfassung von 1955 verlangte von den Frauen die gleichen Arbeitspflichten wie von den Männern. Berufstätigen Frauen wurde das Familienleben und Kinderkriegen durch zahlreiche Vergünstigungen erleichtert. Nach dem bezahlten Schwangerschaftsurlaub konnten sie ein Jahr unbezahlten Urlaub erhalten. Der Arbeitsplatz blieb ihnen während dieser Zeit garantiert. (3) Das Rentenalter der Frauen lag in der UdSSR bei 55 Jahren. Schwerarbeiterinnen konnten sich bereits mit 50 Jahren verrenten lassen. Das Altersruhegeld betrug seit der Rentenreform 1974 80 % des Arbeitslohns.

In den siebziger Jahren waren von den Frauen im arbeitsfähigen Alter zwischen 15 und 60 Jahren 88 % in den Arbeitsprozeß eingegliedert. (4) In einigen Berufen stellten die Frauen mehr als die Hälfte der Stelleninhaber. 75 % aller Ärzte und 85 % aller Lehrer waren weiblichen Geschlechts. Aber die Führungspositionen nahmen Männer ein: Klinikchefs, Schulleiter etc. (5)

Die größten Schwierigkeiten bei der Verwirklichung der Gleichberechtigung von Mann und Frau gab es im politischen Bereich auf. Im Obersten Sowjet waren nur etwa 30 % und im Obersten Unionssowjet 27 % der Abgeordneten Frauen. Das Zentralkomitee der KPdSU hatte nie mehr als sechs Frauen. Von den hauptamtlichen Parteifunktionären stellten die Frauen nur 6,3 %. (6) Jekaterina Furzewa, die 1957–1961 dem Präsidium der KPdSU angehörte und das Kulturressort verwaltete und dann als einzige Frau ins Politbüro aufrückte, mußte immer herhalten, um die Karrieremöglichkeiten der Frauen in der Politik zu demonstrieren. Valentina Tereschkowa-Nikolajewna umkreiste im Juni 1963 als erste

Kosmonautin der Welt an Bord des Raumfahrzeugs Wostok 6 die Erde insgesamt 49 Mal. Briefmarken würdigten das Ergebnis. Dem Vorbild dieser Frau entsprechend war Aeroflot die erste Fluglinie der Welt, die Verkehrsflugzeuge einsetzte, deren Crew ausschließlich aus Frauen bestand. (7)

Die militärische Rolle der Frau nach der Russischen Revolution 1917

In der Russischen Revolution 1917 griff Lenin einen Gedanken von Karl Marx auf, den dieser zur Zeit der Pariser Kommune gefaßt hatte: die allgemeine Volksbewaffnung. In einer militärischen Organisation aus Staatsbürgern beiderlei Geschlechts sah er die ideale Revolutionsarmee. Im April 1918 erließ das Zentrale Exekutivkomitee der UdSSR die gesetzlichen Bestimmungen über die obligatorische militärische Ausbildung aller Volksgenossen. Sie galten auch für Frauen. Von den drei Stufen der Pflichtausbildung wurden die Bürger der UdSSR im schulpflichtigen Alter, dessen Grenzen vom Volkskommissar für Aufklärung festgelegt werden konnten, im vorbereitenden Alter von 16–18 Jahren und schließlich im gestellungspflichtigen Alter von 18–40 Jahren erfaßt. Die Ausbildung lag in den Händen der regionalen militärischen Kommissariate. Acht Wochen lang mußten die Ausbildungspflichtigen wöchentlich mindestens 12 Stunden ihrer militärischen Schulung widmen. (8)

Es ist umstritten, wie weit die Erfolge der Roten Armee während des Bürgerkrieges auf die allgemeine Volksbewaffnung zurückzuführen sind. Unbestritten ist, daß in den Roten Brigaden zahlreiche Frauen auf freiwilliger Basis und mit großem Mut kämpften. Geschlossene bewaffnete Frauenformationen waren sowohl unter der provisorischen Regierung wie auch später die Ausnahme. Eine der bekanntesten weiblichen Kampfgruppen wurde von Klawdia Iwanowna Nikolajewa zur Verteidigung Petrograds gegen die Judenitsch-Truppen gegründet, von denen ein Teil an die Front ging, während die anderen den Wachdienst in den staatlichen Institutionen übernahmen und Petrograd befestigten. Der Einsatz von Frauen in männlichen Kampfverbänden der Revolution verfolgte auch das Ziel, die Männer zu mehr Mut und Einsatzfreude anzustacheln. Militärtaktisch gesehen, war mit den Frauen unter Waffen kein Staat zu machen. Deshalb ging man auch sehr schnell von der Aufstellung weiblicher Einheiten ab und ließ nur noch gemischte Verbände zu. (9) Seite an Seite mit männlichen Soldaten sollen die Rotarmistinnen bewundernswerte Beispiele an Umsicht und Tapferkeit geboten haben:

Maria Michailowna Kostelowskaja, die bereits seit 1903 Mitglied der Kommunistischen Partei Rußlands war, hatte beim Oktoberaufstand in Moskau die Funktion des stellvertretenden Stabschefs der Roten Garde des Moskauer Sowjet inne und wurde nach dem Sieg Chef der Politabteilung der 2. Armee der Ostfront.

In der Tscherpajew-Division kamen zu legendärem Ruf Marusja Rjabinina, eine Weberin, deren Mut ein ganzes Regiment mitriß, und Alexandra Ragusina, eine Mutter von vier Kindern, die als Agentin im Hinterland der Weißen Front arbeitete und u.a. in der Verkleidung einer Nonne eine Verschwörung aufdeckte, die erfolgreich niedergeschlagen werden konnte.

In der Bodjoni-Division machte sich Sinaida Patrikejewa einen Namen, die als Munitionsträgerin eingesetzt war und mit anderen Frauen im Handstreich einen von weißen Truppen besetzten Wald stürmte.

Bei der Tscheka arbeitete die Genossin Praskowja Putilowa, zu deren Heldentaten die Aufdeckung einer Kulakenverschwörung gehört.

Als die Arbeiter- und Bauernarmee 1923 verkleinert und umorganisiert wurde, schickte die Regierung alle weiblichen Waffenträger nach Hause. Unter Preisgabe des Milizgedankens wurde die allgemeine Wehrpflicht auf die männlichen Staatsbürger beschränkt. Im Wehrpflichtgesetz des Jahres 1925 hieß es: „Werktätige Frauen können in Friedenszeiten nur auf freiwilliger Basis zum Wehrdienst verpflichtet werden ... Im Kriegsfalle wird dem Rat der Volkskommissare der UdSSR auf Antrag der Volkskommissare für militärische und Marineangelegenheiten das Recht eingeräumt, werktätige Frauen auch im Rahmen der allgemeinen Wehrpflicht zum Spezialdienst in den Streitkräften heranzuziehen." Nur im Parteiprogramm von 1919 blieb die Verantwortung der Frauen für die militärische Sicherheit des Landes erhalten: „Die KPdSU betrachtet den Schutz des sozialistischen Vaterlandes, die Festigung der Verteidigung der UdSSR und der Macht der sowjetischen Streitkräfte als heilige Pflicht der Partei, des ganzen Sowjetvolkes, als wichtigste Funktion des sozialistischen Staates." (10)

Diesem Auftrag konnten die Frauen in der kommunistischen Jugendbewegung nachkommen. 1927 entstand aus dem Komsomol der Osoaviachim, die „Gesellschaft zur Förderung der Verteidigung". 1937 trat dazu die Sportvereinigung „Bereit zur Arbeit und Verteidigung der UdSSR" (GTO). Diese Wehrsportverbände bildeten Mädchen und Jungen, Frauen und Männer in allen Zweigen der Zivilverteidigung, im Motor- und Flugsport, im Fernmelde- und Nachrichtenwesen, im Fallschirmspringen und Kundschaften aus. (11) Auch an den verschiedenen Handfeuerwaffen sowie im Luft- und Brandschutz wurden die Frauen geschult. Zu den 16 Abteilungen der Zentralleitung des Osoaviachim gehörten Scharfschießen, Luftfahrt, Chemische Kriegführung, Selbstverteidigung und Panzerausbildung. Gute Schützen erhielten die Plakette „Woroschilow-Schütze". Zu Beginn des Zweiten Weltkriegs gab es bereits Tausende von Inhabern. (12) Über die Ausbildung eines Mädchens im Rahmen des Osoaviachim zur Fluglehrerin berichtet der folgende Auszug aus dem Buch „Das Garde-Fliegergeschwader Taman": (13)

Es war ein sonniger Sommermorgen. Irgendwo hoch am Himmel war das helltönende Lied einer Lerche zu hören. Hinter dem Waldrand waren bereits die Strohdächer des Dorfes Burlackij zu sehen. Auf dem Feldweg ging barfüßig ein halbwüchsiges Mädchen.

Am klaren, wolkenlosen Himmel war plötzlich ein dumpfes Dröhnen zu hören. Das war so außergewöhnlich, daß das Mädchen stehenblieb und die unergründliche Himmelsbläue genau betrachtete. Nach einer Minute tauchte hinter den Wipfeln der Kiefern ein tieffliegendes Flugzeug auf.

Die fünfzehnjährige Schülerin Dusja sah zum ersten Mal ein Flugzeug. „Wenn ich mal fliegen könnte", dachte sie und begleitete das sich entfernende Flugzeug mit ihrem Blick. „Kann ja möglich sein, daß auch ich einmal fliegen werde." Mit diesem Gedanken spielend, bemerkte sie nicht, daß sie Burlackij erreicht hatte, wo sie gewöhnlich jeden Samstag ihre Schwester besuchte, die hier an der Schule unterrichtete.

... Es war kurz vor dem Jahrestag der Großen Oktoberrevolution. Besonders bewegt erfuhr Dusja eine Neuigkeit: am Feiertag, am 7. November, sollte ein richtiges Flugzeug zu ihnen ins Dorf geflogen kommen.

Bereits am frühen Morgen dieses 7. November war bekannt, daß der Pilot mit einigen Pionieren einen Rundflug veranstalten würde, und Dusja sah sich schon im Geiste in der Kabine des Flugzeugs. Aber sie hatte kein Glück. Die Jungen drängten die Mädchen beiseite, als der übergeordnete Pionierleiter die Teilnehmer für den Flug auswählte. Unter den Pionieren, die beim Flug über das Dorf dabei sein durften, befand sich auch Dusjas Bruder Pavel. Dusja hörte später voller Neid seine zusammenhanglose Erzählung über den Flug und beschloß felsenfest, nach Beendigung der siebenklassigen Schule die Flugzeugführerschule zu besuchen.

Aber Dusjas Pläne wurden durchkreuzt. Das Rayonkomitee des Komsomol schlug ihr vor, die pädagogische Fachschule zu besuchen. Sie wollte keine Pädagogin werden, aber die vom Rayonkomitee ausgehändigte Einweisung war für Dusja wie ein Auftrag des Komsomol, und sie mußte ihn erfüllen.

Es verging ein Jahr. Das junge Mädchen lernte ohne Begeisterung. Als sie nach dem ersten Semester ihr Praktikum im Kindergarten, der dem Zentralen Haus der Sowjetarmee angegliedert war, absolvierte, beschloß sie endgültig, nicht Leiterin einer Vorschuleinrichtung zu werden.

Als Dusja in die Sommerferien nach Hause kam, bemerkten alle, daß ihr das Studium auf der Fachschule nicht gefiel.

„Mir macht's keinen Spaß, Pädagogik zu studieren, Pascha", sagte sie zu ihrem Bruder, „ich werde doch kein guter Pädagoge."

„Dann komm doch zu uns, zum Osoaviachim", schlug Pavel vor, „wir werben zur Zeit Frauen". Erfreut sagte Dusja auf der Stelle zu. Es brachen unruhige Tage an. Dusja mußte einige Kommissionen durchlaufen: die Mandatskommission, die Ärztekommission und die Tauglichkeitskommission für das fliegende Personal. Endlich kam der langersehnte Tag, an dem der vor Freude weinenden Dusja das Dokument über ihre Annahme als Flugschülerin ausgehändigt wurde.

Zusammen mit ihrem Bruder Pavel wurde sie zur Flugzeugführerschule Vol'sk abkommandiert.

In Vol'sk erfuhr sie, daß in der Flugzeugführerschule ab November des gleichen Jahres nur noch Flugzeugmechaniker ausgebildet werden sollten. Pavel war damit einverstanden, sich als Flugzeugmechaniker ausbilden zu lassen, aber Dusja beschloß, nach Stalingrad zu fahren, um sich dort an der militärischen Flugzeugführerschule als Pilot ausbilden zu lassen.

Bis zum Beginn der Ausbildung waren es noch vier Monate. Dusja war gezwungen, eine vorübergehende Arbeit aufzunehmen. Schweren Herzens erklärte sie sich damit einverstanden, im städtischen Verpackungsdepot zu arbeiten. Das Geld reichte nicht, aber nach Hause schrieb sie, daß es ihr gut gehe und daß sie nichts benötige.

Ende September erhielt Dusja Besuch von ihrer Schwester. Diese war entsetzt, als sie das ausgezehrte Gesicht und die eingefallenen Augen Dusjas sah.

„Warum hast Du nichts davon geschrieben?" fragte sie. Dusja antwortete nicht. „Du kannst nicht in dieser Stadt bleiben. Geh doch zum Rayonkomitee des Komsomol, die werden Dir helfen."

Im Rayonkomitee wurde ihr mitgeteilt, daß in Batajsk eine Flugzeugführerschule eröffnet würde, und Dusja war sofort einverstanden, dort einzutreten. Auf Anfrage des Rayonkomitees wurden ihre Unterlagen von der Stalingrader Flugzeugführerschule übersandt, und bereits am 6. Oktober 1931 wurde Dusja als Flugschüler in die Flugzeugführerschule Batajsk aufgenommen.

Es war eine sehr schwere Zeit. Die Flugschüler bauten ihre Unterkünfte selbst, die Verpflegungsration war klein, und das Brennmaterial reichte nicht aus. Aber alle diese Mühsal konnte die Flugschüler nicht enttäuschen. Sie alle kannten nur das eine Ziel, Pilot zu werden.

Aufgeregt kam Dusja zum ersten Unterricht in die Flugzeugführerschule. Anschauungsmaterial gab es nicht, und der Fluglehrer erklärte den Aufbau des Flugzeugmotors hauptsächlich an der Tafel und mit den Händen ...

Im Frühjahr erhielt die Flugzeugführerschule die ersten Flugzeuge. Nun waren die Flugschüler vom Flugfeld nicht zu vertreiben. Jede freie Minute untersuchten sie das Flugzeug vom Typ P-T, ein ungefügiges Modell jener Zeit.

Endlich kam der von den Flugschülern langersehnte Tag des ersten Fluges. Der Fluglehrer wählte Dusja als erste für den Flug aus. Jeder Pilot, auch wenn er Hunderttausende von Kilometern geflogen ist, wird sich stets bewegt an seinen ersten Flug erinnern.

Dusja flog über dem Flugplatz drei Schleifen und landete die Maschine gut. Die Abteilung trat an. Der Fluglehrer Prishivuckij, der der Partner Dusjas beim ersten Trainingsflug gewesen war, beglückwünschte die Abteilung zum ersten Piloten und gab allen Flugschülern den Rat, von Dusja die richtige Bewegungskoordinierung und Selbstbeherrschung zu lernen.

Ende des Jahres beherrschte Dusja das Fliegen so gut, daß die Leitung der Flugzeugführerschule ihr vorschlug, Fluglehrer zu werden. Im November 1932 mußte sie von ihrem ehemaligen Fluglehrer eine Gruppe Flugschüler übernehmen. Prishivuckij bemerkte ihre Unentschlossenheit, drückte ihr kräftig die Hand und sagte: „Du hast vor Schwierigkeiten nie Angst gehabt, also brauchst du dich auch jetzt nicht zu fürchten. Übernimm die Gruppe, es wird schon gut gehen."

Eines Tages, als Dusja mit einer Flugschülerin einen Trainingsflug durchführte, ging das Flugzeug überraschend zum Sturzflug über. Jetzt bewies Dusja zum ersten Mal die außergewöhnliche Selbstbeherrschung des Piloten, die es ihm ermöglicht, nicht den Kopf zu verlieren und unverzüglich zur notwendigen Entscheidung zu gelangen. In nur fünfzig Meter Höhe gelang es Dusja, das Flugzeug aus dem Sturzflug abzufangen. Die Landung wurde sehr gut ausgeführt.

Wie sich später herausstellte, hatte sie die richtige Methode angewandt, um das Flugzeug zu retten, obwohl diese beim theoretischen Unterricht überhaupt nicht erwähnt worden war.

Manches Jahr ist seitdem vergangen. Evdokija Davydovna hat in dieser Zeit viele gute Piloten erzogen und ausgebildet."

Zu Beginn des Zweiten Weltkriegs gab es in der UdSSR bereits über hundert ausgebildete Flugzeugführerinnen und noch mehr Fallschirmspringerinnen. Aus Aserbeidschan wurde 1938 berichtet, daß sich, was Piloten betrifft, die Frauen geradezu „zu diesem Beruf drängen". Geschmack daran fanden sie in den Aeroclubs der GTO, die in den dreißiger Jahren wie Pilze aus dem Boden schossen.

Der Anteil der Frauen am Zweiten Weltkrieg

Nach dem deutschen Angriff gegen die Sowjetunion im Sommer 1941 wurde in allen Wehrsportverbänden die Ausbildung der weiblichen Jugend noch verstärkt. Die Frauen und Mädchen drängten sich danach, das Vaterland wie ihre männlichen Kameraden mit der Waffe in der Hand zu verteidigen. Es brauchte kaum geworben zu werden. Bis zum Ende des Krieges dienten etwa 800 000 Frauen in der Roten Armee. (14)

Am 17. 9. 1941 führte das Staatliche Verteidigungskomitee die allgemeine militärische Pflichtausbildung für Frauen ein. Im Rahmen des Pflichtausbildungsprogramms (Veseobuc) wurden von Oktober 1941 bis Dezember 1943 unter anderem 120 000 Frauen als Infanteristinnen und 20 000 Frauen für den Fernmeldedienst ausgebildet. (15)

Etwa 250 000 Frauen arbeiteten während des Krieges im Sanitätswesen der Roten Armee an der Front und im Lazarettwesen. (16) Der medizinische Dienst bestand zu 60 % aus weiblichem Personal. 40 % aller Bataillonsärzte, 23 % aller Feldschere und 23 % aller Sanitäter waren Frauen. Sie wurden unterschiedslos auch in der vordersten Linie eingesetzt. Die Verluste waren riesig.

Das Rote Kreuz und der Rote Halbmond bildeten 1941–1945 rund 300 000 Krankenschwestern und über eine halbe Million Hilfsschwestern aus. Weitere 200 000 in anderen Berufen tätige Frauen halfen in ihrer Freizeit in den Lazaretten. (17)

Angehörige des Osoaviachim, die während der Ausbildung gute Schießergebnisse erzielt hatten, konnten sich während des Zweiten Weltkrieges zu Scharfschützinnen ausbilden lassen. Zum Ausbildungsprogramm in der „Zentralschule für weibliche Scharfschützen" in Veschnjaki bei Moskau gehörte auch die Erziehung zu eiserner militärischer Disziplin, eine intensive Gefechtsausbildung, Exerzieren, Märsche, Tarnung und die Einführung in die militärischen Dienstvorschriften. Nach den Aussagen der Leiterin der Politabteilung der Schule, Oberst E. Nikiforowa, wurden auf dieser Schule „aus den Mädchen richtige Krieger, disziplinierte, begeisterte, physisch und geistig gestählte Krieger, die bereit waren, jedweden Befehl der Heimat auszuführen". (18) Im Laufe des Krieges wurden über 1 300 Mädchen für diesen Sonderdienst ausgebildet. Sie sollen im Laufe des Krieges mehr als 11 800 deutsche Soldaten getötet haben. Von den Scharfschützinnen der Dritten Bjelorussischen Front wird berichtet, daß sie innerhalb von 25 Tagen eine ganze deutsche Kompanie und alles in allem 5 600 Deutsche vernichtet hätten. (19)

Ob wirklich vereinzelt selbständige Infanteriekampfkompanien aus Frauen zusammengesetzt waren, ist fraglich. Im Herbst 1942 soll ein sowjetisches Frauenbataillon im Kaukasus von deutschen Truppen vernichtet worden sein (20), aber es ist sicher, daß das die einzige Einheit dieser Größenordnung gewesen sein muß. Der in W. A. Ballingers Erzählung „Women's Bataillon" geschilderte Angriff eines Frauenbataillons auf eine SS-Einheit und ihr Untergang ist wohl eher eine freie Erfindung als eine Tatsache. (21)

Mehr als die Hälfte aller Sowjetfrauen in der Roten Armee war im logistischen Apparat tätig. Die Angehörigen des Komsomol sollen überwiegend in der Verkehrsregelung und in der Truppenverwaltung eingesetzt gewesen sein. (22)

Nach den offiziellen Zahlenangaben waren vom Juni 1941 bis zum Februar 1944 26 700 Frauen und Mädchen im Partisaneneinsatz. In Weißrußland kämpften am 1. 1. 1944 angeblich 5 700 Partisaninnen. (23) Viele wurden für ihre Leistungen mit dem Orden des Vaterländischen Krieges ausgezeichnet. (24) Sie bewährten sich als Kundschafterinnen und lockten viele deutsche Einheiten in Hinterhalte. In den Augen der deutschen Propaganda verstärkten sie das Bild vom hinterlistigen Flintenweib, ohne dessen Ausrottung die besetzten Gebiete nicht zu befrieden waren. Die Zahl der im Partisaneneinsatz umgekommenen russischen Frauen ist mit 5 000 nicht zu niedrig gegriffen. (24) Zu den Heldentaten weiblicher Partisaninnen gehören die Ermordung des deutschen Zivilbevollmächtigten in Weißrußland, Wilhelm Kube, im September 1943 durch M. Osipowa, die eine Bombe im Bett montiert hatte, die Leistungen der Sanitäterin L. Ferapont und die Erfolge von A. Ganza. (26)

Nirgendwo waren die Übergänge so fließend wie zwischen den vom Zentralen Partisanenstab registrierten Frauen und denen, die als Teil der Zivilbevölkerung mit den Partisanen zusammenarbeiteten. Nichts machte den deutschen Besatzungstruppen das Leben so schwer wie diese Unklarheit.

Zu Beginn des Krieges wurde eine staatliche Kommission gegründet, die jede Planstelle der Roten Armee zu überprüfen hatte, ob sie nicht von einer Frau ausgefüllt werden konnte. (27) Dabei wurde wie in Deutschland festgestellt, daß hierfür besonders das Nachrichten- und Versorgungswesen, der Stabsdienst und die Luftabwehr in Frage kamen. In diesen Bereichen wurden im Verlauf des Krieges mehrere hunderttausend Frauen eingesetzt. (28)

In Übereinstimmung mit den Verordnungen des Staatlichen Verteidigungskomitees vom 23. 3. 1942 und 13. 4. 1942 erfolgte Mitte 1942 die Mobilisierung von Frauen für den Dienst in den Einheiten der Luftverteidigung. Die Zentralschule lag in Moskau. Das Gebiet Perm schickte 2 579 Mädchen zur Ausbildung, das Gebiet Tscheljabinsk 2 670, das Gebiet Swerdlowsk 4 057. Das 22. Flakregiment wurde durch 936 Mädchen aus dem Ural aufgefüllt. (29) Die Flugabwehreinheiten dienten insbesondere dem Schutz militärischer und industrieller Anlagen. Die meisten dahin kommandierten Frauen wurden nur notdürftig ausgebildet. Am 23. 8. 1942 kämpfte die Abteilung Strachwitz der 16. deutschen Panzerdivision fast ohne Verluste 37 Feindstellungen vor Stalingrad nieder. Die Bedienung der schweren Flakgeschütze bestand aus Frauen, Arbeiterinnen der Stalingrader Geschützfabrik Rote Barrikade, die zwar ein bißchen in der Flugabwehr geschult waren, „aber keine Ahnung vom Erdeinsatz ihrer Kanonen" hatten. (30) Wie hoch der Anteil der Frauen in der Luftverteidigung war, ist unklar. Bei der 3. Bjelorussischen Front sollen 60–80 % des Gesamtpersonals der Luftabwehrtruppen Frauen gewesen sein. (31) Die Luftverteidigung von Baku im Frühsommer 1942 lag überwiegend in den Händen freiwilliger Komsomolzinnen der PWO. Die Iswestija vom 9. 4. 1978 berichtete aus Anlaß des Tages der sowjetischen Luftverteidigungstruppen, daß ihre Heldentaten sogar in die Poesie Eingang fanden.

Als im Herbst 1941 die deutschen Truppen Moskau bedrohten, konzentrierte das sowjetische Hauptquartier alle verfügbaren Fliegerkräfte im Gebiet von Volokalamsk, um die deutsche Einkreisung zu verhindern. Obwohl Stalin sich trotz der beruhigenden Mitteilungen Richard Sorges über den japanischen Kriegseintritt weigerte, die Flieger-divisionen aus dem Fernen Osten abzuziehen, konnten insgesamt 762 Maschinen bereit-gestellt werden. Um die riesigen Personalverluste auszugleichen, wurden jetzt auch Frauen, die sich freiwillig zur Luftwaffe meldeten, zu Piloten von Kampfflugzeugen aus-gebildet. Die Flugschülerinnen, von denen die meisten bereits den Zivilflugschein besaßen, bewältigten in 7 Monaten ein Ausbildungsprogramm, für das in Friedenszeiten drei Jahre vorgesehen waren. (32) Unter der Leitung von M.M. Raskowa wurden drei selbständige Frauen-Fliegerregimenter mit je etwa 30 Flugzeugen aufgestellt:

- Das 125. Tagbomber-Regiment wurde zuerst bei Stalingrad eingesetzt und beteiligte sich später an den Kämpfen in Weißrußland, im Baltikum und in Ostpreußen.
- Das 586. Abfangjägerregiment begleitete die kämpfende Truppe von der Wolga bis nach Wien. An der Schlacht um Stalingrad hatte es maßgebenden Anteil.

Einer der Staffelkapitäne des Geschwaders war Olga Nikolajewa Jamschtschikowa, die seit 1916 Motorsport betrieb und die erste weibliche Instrukteurin für Flug- und Fallschirmabsprung in der UdSSR war. Sie hielt den Weltrekord für Frauen im Entfernungsflug. Im Vaterländischen Krieg nahm sie an 217 Kampfflügen teil. Nach dem Krieg, am 7. 6. 1947, flog sie als erste Frau eine Düsenmaschine. Es war ein Flugzeug vom Typ Jak-21-T.

- Das 588. Nachtbomber-Regiment war vom Don bis nach Berlin im Einsatz. Nach den schweren Kämpfen am Kuban wurde dem Regiment der Ehrentitel eines Garde-truppenteils zuerkannt. Für die Beteiligung an der Befreiung der Halbinsel Taman erhielt es schließlich den Namen Taman-Geschwader. 23 Angehörige des Regiments bekamen bis 1945 den Titel „Held der Sowjetunion". (33) Die Kampfchronik des mit dem Rotbannerorden und dem Suworoworden in Bronze ausgezeichneten 46. Garde-Frauen-Fliegergeschwaders Taman erwähnt 23 672 Kampfeinsätze und den Abwurf von fast 3 Millionen kg Bomben, die 17 Brücken, 9 Transportzüge, 26 Munitions- und Betriebsstofflager, 176 Kraftfahrzeuge und 86 Feuernester vernichtet haben sollen. (34) Die Flugzeuge starteten nur nachts, in jeder Kampfnacht zehn- bis zwölfmal. Im Vorwort der Geschwadergeschichte werden die Leistungen der Frauen folgendermaßen zusam-mengefaßt:

„Die leichten Nachtbomber PO/2, mit denen die Frauen ihre Einsätze flogen, waren der Schrecken der Faschisten. Auf das Kampfkonto des Geschwaders kommen Hunderte von zerstörten feind-lichen Lagern mit Munition und militärischem Gerät, viele vernichtete Feuernester und Tausende wirksamer Bombenangriffe gegen die Stellungen des Feindes. Das Frauen-Flieger-geschwader fügte den Faschisten große Verluste zu und hat damit einen wertvollen Beitrag zum großen Sieg der kommunistischen Partei, des Sowjetvolkes und seiner Streitkräfte über den Faschismus, den Todfeind unseres Vaterlandes und der gesamten fortschrittlichen Menschheit, geleistet." (35)

Insgesamt nahmen an allen Fronten, im Hinterland und in den Partisaneneinheiten während des Großen Vaterländischen Krieges mehr als 1 Million Frauen teil. (36) Über 100 000 Frauen wurden im Verlauf des Krieges mit Orden und Medaillen ausgezeich-net. (37) 91 Frauen erhielten die Auszeichnung „Held der Sowjetunion". Unter ihnen waren nur 35 Offiziere. (38)

Eine Gesamtwürdigung der Leistungen der Frauen während des Zweiten Weltkriegs läßt sich nur aus den zahlreichen Einzeldarstellungen herleiten, mit denen in der Sowjetunion das Andenken an die Heldentaten russischer Soldatinnen wachgehalten wird. Die glorreichen Kampftraditionen der russischen Frauen sollen den nachfolgenden Generationen Ansporn für den persönlichen Einsatz im Frieden sein.

Ein besonderes Hohelied wurde in der sowjetischen Presse z. B. den Frauen gesungen, die bei der Verteidigung Leningrads ihren Mann stellten. Anfang Juli 1942 wurde in Übereinstimmung mit der Verordnung des Kriegsrates der Leningrader Front die Mobilisierung aller Frauen des belagerten Leningrad zur Ausführung von Arbeiten an den Verteidigungslinien vorgenommen. In der Stadt arbeiteten 29 629 Frauen und außerhalb der Stadt 13 625. Anfangs nannte man sie Arbeitsarmisten (Arbeitssoldaten). Aufgrund der Verordnung des Staatlichen Verteidungskomitees vom 9. 10. 1942 wurden sie in die Sowjetarmee eingegliedert. Von da an hießen sie Bauarmisten (Bausoldaten). (39) Zur Verteidigung Leningrads wurden von den Frauen mit Hacke und Schaufel insgesamt 626 km Panzergräben und Baumsperren in einer Länge von 306 km errichtet. (40) Nach der Befreiung Leningrads übernahmen die Angehörigen der Baueinheiten die Entschärfung der Minen und Zeitbomben.

„Unter den Freiwilligen gab es viele Mädchen des Komsomols. Einige von ihnen haben bis zu 30 Bomben entschärft. Jedesmal, wenn man ihnen zusah, fürchtete man, diese jungen Patriotinnen hätten nicht Zeit noch Kraft, um den Metallkörper zu öffnen und die Bombe zu entschärfen. Sie hatten aber die Kraft! Die Zöglinge des Lenin-Komsomols zeigten in den Jahren der schweren Prüfung, zu welchen Taten sie im Namen der Heimat fähig sind." (41)

Auch die Kranken- und Verwundetenversorgung während der Belagerung Leningrads lag fast ausschließlich in den Händen von Frauen. (42)

Für einzelne Heldentaten und besondere Leistungen von Frauen während des Vaterländischen Krieges seien folgende Beispiele, die in der russischen Presse öfters zitiert werden, angeführt:

Das Mädchen-Minenräumboot: 1943 war auf der Wolga das Minenräumboot Nr. 611 eingesetzt, dessen fünfköpfige Besatzung nur aus Mädchen bestand. Es war der einzige Fall in der Geschichte der sowjetischen Kriegsmarine, daß Kommandant und Matrosen eines Bootes ausschließlich Frauen waren. Kommandant war die 18jährige Antonina Kuprijanowa. (43)

Mädchen in Uniformmänteln: Im Herbst 1941, als die deutschen Truppen sich Moskau näherten, wurden die älteren Schülerinnen der Stadt nachts zur Feuerwache auf den Dächern Moskaus eingesetzt. Am 15. 11. 1941 meldeten sich 16 Mädchen im Alter von 17–20 Jahren einer Klasse der Radioschule freiwillig für den Dienst in der Armee. Bereits am folgenden Tag wurden sie eingekleidet und vereidigt. Ihre Ausbildung erfolgte in einem Nachrichtenbataillon der 1. Moskauer Gardedivision. Sie umfaßte neben der militärischen Grundausbildung den Funkdienst. Ihren ersten Einsatz erfuhren die Mädchen als Funkerinnen im 169. Infanterieregiment. (44)

Scharfschützin Ludmilla Awlitschenko: Als sich ihre Schießfertigkeit während des Dienstes in der 25. Infanteriedivision herausstellte, wurde P. als Scharfschützin abkommandiert. Bei ihrem ersten Einsatz im Niemandsland stellte sie ihr Zielfernrohr auf und richtete das Gewehr gegen drei deutsche Soldaten, die ein schweres Maschinengewehr in Stellung brachten. In der Aufregung gingen 9 Schuß daneben, aber mit dem 10. streckte sie den Maschinengewehrschützen nieder. Einmal trug sie einen Zweikampf mit einem Gegner aus, der ihrem Regiment erhebliche Verluste zugefügt hatte. Eine ganze Nacht lang schlichen sie im Nebel vergeblich aneinander heran. Im Morgengrauen sah P., wie ihr Feind auf sie zukroch. Sie rollte hinter einen anderen Busch und wartete, das Gewehr abzugsbereit. Im gleichen Augenblick sahen sie einander. Ludmilla schoß um den Bruchteil einer Sekunde früher. Der Deutsche war tödlich getroffen. P. zog dem Scharfschützen das Trefferbuch aus der Tasche. Neben seinen russischen Opfern waren darin über 400 Engländer und Franzosen als erschossen vermerkt. Am Ende des Krieges hatte P. selbst 309 Treffer erzielt. Sie wurde zum Leutnant befördert und erhielt die Auszeichnung „Heldin der Sowjetunion". (45)

Jekaterina Selenko: Sie war Fliegerin in der sowjetischen Luftwaffe. Am 12. 9. 1941 verschoß sie im Luftkampf gegen deutsche Stukas ihre ganze Munition. Von deutschen Jagdflugzeugen angegriffen, rammte sie einen deutschen Stuka und brachte ihn zum Absturz. Sie verlor ihr Leben. Zu ihrem Andenken wurde nach dem Krieg ein von russischen Astronomen entdeckter Planet „Katjuscha" genannt. (46)

In die Luft gesprengt: Natascha Kowschowa und Mascha Poliwanowa waren Freundinnen, die gemeinsam in einem Infanteriebataillon dienten. Nachdem sie bei der Verteidigung von Sutoki-Biakovo im Oktober 1941 als einzige überlebt und alle Munition verschossen hatten, sprengten sie sich und den eingedrungenen Feind mit Handgranaten in die Luft. Am 14. 2. 1943 wurden sie zu Heldinnen der Sowjetunion erklärt. 1944 gab die Bundespost der Sowjetunion eine Briefmarke zu ihrem Gedenken heraus. In Moskau trägt eine Straße den Namen von N. Kowschowa. (47)

Valeria Onarowkaja: Sie war Krankenschwester in einer Sanitätseinheit an der Front. Bei den Kämpfen in der Ukraine 1943 versorgte sie zwei Nächte ohne Schlaf die Verwundeten. Am dritten Abend brachen zwei deutsche Tigerpanzer durch und steuerten auf den Verbandplatz diesseits eines Unterstandes zu. Einer der Verwundeten schrie: „Laufen sie, Schwester, da kommen zwei Panzer rechts!". Valeria rief zurück: „Wer kann, in den Unterstand! Gebt mir Handgranaten!" Dann lief sie auf einen Panzer zu, schleuderte eine Handgranate und warf sich zu Boden. Die Granate explodierte unter der Panzerkette, aber das Fahrzeug ratterte weiter. 10 m vom Unterstand entfernt warf ihm Valeria die zweite Handgranate entgegen. Er war bewegungsunfähig, aber ein Schuß aus dem Turm tötete die Krankenschwester. (48)

Zur Heldin der Sowjetunion brachte es Soj a Kosmodem'anskaja als ein „Beispiel der Tapferkeit und des Patriotismus". Komsomolzin seit 1938, überschritt sie am 18. 11. 1941 bei Naro Fominsk mit einer Gruppe von Partisanen die deutschen Linien und sprengte vierzehn Tag später ein deutsches Fahrzeugdepot im Dorf Petrischtschewo in die Luft. Dabei wurde sie gefangengenommen. Die russischen Quellen berichten, daß sie in der folgenden Nacht von den deutschen Soldaten gefoltert wurde, die Näheres über die Partisanengruppe, der sie angehörte, erfahren wollten. Außer ihrem Vornamen Tanja habe sie jedoch nichts ausgesagt. Darauf sei sie am folgenden Morgen im Angesicht der Dorfbewohner erhängt worden. Kurz vor ihrer Hinrichtung, als der Strick schon um ihren Hals war, habe sie die Anwesenden noch zum fanatischen Kampf gegen die Eindringlinge aufgerufen. Ihre Leiche stellten die russischen Freunde sicher. Nach dem Krieg erhielt sie auf dem Moskauer Prominentenfriedhof Nowo Dewitsche ein Ehrengrab. Ihr zu Ehren wurde auch eine Briefmarke herausgegeben. Zahlreiche Straßen in der Sowjetunion führen ihren Namen. (49)

Heldin der Sowjetunion wurde auch die Kundschafterin Maria B da. Während eines Spähtruppunternehmens auf der Krim tötete sie 15 deutsche Soldaten und verwundete eine ähnlich große Zahl. (50)

Nina Klujewa wurde 1944 berühmt, weil sie 615 Verwundete persönlich vom Schlachtfeld getragen hatte. (51)

Die Krankenschwester Lida Schtscherdinina meldete sich freiwillig als Scharfschützin und war nach ihrer Ausbildung äußerst erfolgreich. (52)

In der Erzählung „Die Kleine" von Konstantin Simonow wird die Geschichte einer jungen russischen Sanitäterin erzählt, die sieben schwerverwundete Soldaten in einem klapprigen Sanitätskraftwagen 80 km weit transportieren muß, weil die Lazarette inzwischen nach hinten verlegt haben. Damit die Schwerverwundeten im Sanka notdürftig Platz finden, hängt sich die Sanitäterin die ganze Wegstrecke außen an das Fahrzeug. (53)

356

Eine von Nina Ljubkowskaja geführte weibliche Scharfschützeneinheit vernichtete während des Krieges angeblich über 3 000 „Hitlersoldaten". „Die tapferen Frauen dieser Kompanie vollbrachten Hunderte von Heldentaten." (54)

Die Integration der russischen Soldatinnen in die männlichen Einheiten führte zu zahlreichen Liebschaften. Viele Soldaten lebten mit einer Frau zusammen. Man nannte sie Feldzugsfrauen (polewaja pochodnaja schena). Die pikante Doppeldeutigkeit des russischen Wortes läßt sich nicht ins Deutsche übertragen. Wenn bei einer solchen Verbindung die Frau schwanger wurde, mußte sie die Armee verlassen.

Oleg Penkowskij schildert in den „Geheimen Aufzeichnungen", wie eines Tages während des Krieges Sergej Sergejowitsch Warenzow bei der 1. Ukrainischen Front überraschend Besuch von seiner Ehefrau bekam. Sie fand die weiblichen Kleidungsstücke seiner PPSch im Wohnbunker und machte ihm die Hölle heiß. In diesem Augenblick erschien Sergej Sergejowitschs Bruder Nikolaj als rettender Engel und erklärte, mit seiner Freundin im Bunker gewesen zu sein. Er heiratete sogar die PPSch seines Bruders, obwohl sie ein Kind von Sergej Sergejowitsch erwartete.

Die Würdigung der Sowjetpresse gilt natürlich nicht solchen privaten Vergnügungen, sondern den Heldentaten der Frauen. Bei den zahlreichen Veteranen- und Gedenktreffen hat sie jeweils Gelegenheit, deren Leistungen während des Vaterländischen Krieges zu würdigen. (55) 1965 proklamierte die Regierung der UdSSR sogar einen besonderen Staatsfeiertag, um die weiblichen Verdienste zu feiern: den Tag der Frau am 8. März.

Zum Tag der Frau 1977 berichtete die Prawda am 8. 3. 1977 unter dem Titel „Als die letzten Schüsse hallten" z. B. vom Abschuß eines sowjetischen Flugzeuges am 2. 5. 1945. Die Fliegerin erlitt den Tod. An der Absturzstelle wurde ihr zu Ehren ein Denkmal errichtet, an dem jedes Jahr eine Feier der örtlichen DDR-Jugendgruppen durchgeführt wird. Im darauffolgenden Jahr – 1978 – erwähnte die Iswestija vom 8. 3. die Grußadresse des Zentralkomitees der KPdSU, in der „die Beispiele des Massenheroismus" der Patriotinnen im Vaterländischen Krieg gewürdigt werden.

Russische Frauen dienten übrigens auch auf der Seite der Deutschen. Die SS-Standarte Kurt Eggers verfügte über eine weibliche Propaganda-Einsatz-Kompanie aus russischen Frauen. Maria de Smeth hatte sie aus vorwiegend ukrainischen Freiwilligen rekrutiert. Diese Frauen waren Sprecherinnen für die Frontlautsprecheranlagen der Propagandakompanie 689. Die Russen wurden über die Hauptkampflinie hinweg aufgefordert, nicht länger für den Kreml zu kämpfen. Die Wirkung der russischen Frauenstimmen auf die Rotarmisten scheint außerordentlich stark gewesen zu sein. In der Regel setzte sofort russisches Störfeuer ein. Dabei kamen viele der Frauen um. (56)

Am Ende des Zweiten Weltkrieges wurden die meisten weiblichen Soldaten der Roten Armee demobilisiert. Es blieben nur wenige zurück. Sie arbeiteten als Übersetzer, Zensoren, Politoffiziere, Ärzte, Lehrerinnen und in einigen Fällen als Stabsoffiziere weiter.
Ein größerer Schub weiblicher Soldaten wurde Anfang der fünfziger Jahre in die besetzten Gebiete, insbesondere nach Deutschland und Österreich, kommandiert. Sie ersetzten einheimische weibliche Arbeitskräfte, mit denen sich die russischen Soldaten viel zu deutlich fraternisiert hatten: Stenotypistinnen, medizinische Assistentinnen, Telefonistinnen, Wach- und Küchenpersonal. Die Auswechslung war jedoch kein voller Erfolg. Die männlichen Wehrpflichtigen neideten ihnen die bessere Bezahlung, die besseren Quartiere und den bevorzugten Umgang mit Offizieren. Ab 1953 wurden die meisten wieder in die Sowjetunion zurückbeordert. 1959 dienten nur noch 659 Frauen in der Roten Armee. (57)

Die vormilitärische Ausbildung in der Sowjetunion

Zahlreiche Frauen, die während des Zweiten Weltkrieges in Uniform kämpften, blieben nach dem Krieg als Wehrpropagandistinnen tätig. Viele von ihnen arbeiteten im Osoaviachim, der 1951 in die Freiwillige Gesellschaft zur Unterstützung der Armee, Luftwaffe und Marine (DOSAAF) umorganisiert wurde, im Sportverband GTO und in anderen Jugendorganisationen, die sich mit vormilitärischer Ausbildung abgaben. Das Wehrgesetz aus dem Jahre 1967 machte die vormilitärische Ausbildung allen Sowjetbürgern unter 18 Jahren zur Pflicht. Die mit der Herausgabe des neuen Wehrgesetzes Hand in Hand gehende Verkürzung der Wehrdienstdauer von 3 auf 2 Jahre für Heer und Luftwaffe und von 4 auf 3 Jahre für die Marine war der Hauptgrund für die obligatorische Einführung der vormilitärischen Ausbildung. Den Auftrag zur Durchführung erhielt die DOSAAF. Sie nahm ihn außerhalb der beruflichen Ausbildungsstätten in eigenen Schulen wahr. Nur die männlichen Jugendlichen von der 9. Klasse an aufwärts erhielten ihre vormilitärische Ausbildung durch hauptberuflich tätige Militärpersonen an ihren Schulen.

1977 erfaßte DOSAAF mehr als 20 Millionen Jungen und Mädchen, die eine vormilitärische Ausbildung in Sport, Radiotechnik, Flugzeugbau, Motorsport, Tauchsport, Schießen, Fallschirmspringen und dergleichen erhielten. (58) Während die Jungen im Rahmen der Ausbildung in Theorie und Praxis unmittelbar auf den Militärdienst vorbereitet wurden und die entsprechenden Grund- und Spezialkenntnisse vermittelt bekamen, wurden die Mädchen in erster Linie in der Zivilverteidigung unterwiesen. Die Leistungsstufen der GTO-Wettkämpfe wurden jeweils durch Regierungserlasse festgelegt. Mehr als 90 % aller Rekruten der Sowjetarmee verfügten beim Beginn des Wehrdienstes über eines der drei GTO-Abzeichen. Die meisten besaßen die höchste Leistungsstufe „Bereit zur Verteidigung des Vaterlandes". (59)

Die Zivilverteidigung galt in der UdSSR als „ein integrierender Bestandteil der Verteidigungsmacht der Sowjetunion" und forderte die aktive Mitwirkung jedes Bürgers der UdSSR. (60) Die Zivilschutzausbildung war für alle Frauen zwischen 16 und 55 Jahren obligatorisch. Je nachdem, welcher Ausbildungskategorie sie angehörten – 1. Berufstätige, 2. Jugendliche in der Ausbildung, 3. Hausfrauen und Rentner – wurden sie entweder direkt am Arbeitsplatz bzw. in der Schule oder im Wohnbezirk geschult. Die Thematik der Ausbildungskurse, die bis zu 20 Stunden umfaßten, war der fortschreitenden Waffenentwicklung angepaßt. Die Zivilverteidigungsmaßnahmen richteten sich gegen chemische und bakteriologische Kampfmittel ebenso wie gegen Angriffe mit konventionellen Waffen. Zur Grundausbildung gehörten Erste Hilfe, Verhalten bei Luftangriffen, Anlage von Luftschutzräumen, Feuerlöschübungen und Atomschutzübungen, Gebrauch von Gasmasken und Schutzanzügen, Einrichtung von Entgasungskammern und dergleichen. Werk- und Objektschutzübungen kamen dazu. Für Spezialkräfte aus den technischen Berufen fanden zusätzliche Sonderkurse statt. Die Studentinnen der Technischen Hochschulen hatten z. B. einen 35-Stunden-Lehrgang zu absolvieren, der sie in die aktiven Gegenmaßnahmen bei der Bedrohung von Wohngebieten und Industrieanlagen einführte. Denn neben dem Schutz der Zivilbevölkerung hatte die Zivilverteidigung der UdSSR die Aufgabe, die Arbeit in den Fabriken aufrechtzuerhalten. Viele Betriebe verfügten deshalb über zwei Arten von Zivilverteidigungskadern: einen zivilen, dem vorwiegend Frauen angehörten, für Evakuierungs- und Schutzaufgaben und einen militärischen, dem vor allem Männer angehörten, zur Verteidigung der Betriebe gegen feindliche Maßnahmen. Das über die ganze Sowjetunion gespannte und straff organisierte Netz der Zivilverteidigungsformationen ermöglichte der Führung der UdSSR die lückenlose Mobilisierung der gesamten Bevölkerung. Die örtlichen Zivilschutzorganisationen wurden von DOSAAF, Roten Kreuz und Roten Halbmond sowie von Fachlehrern der Zivilschutzschulen aufgestellt und überwacht.

Frauen in der Roten Armee nach dem Zweiten Weltkrieg

Im Gegensatz zum Zweiten Weltkrieg gab es in der Roten Armee danach keine eigenen Fraueneinheiten. Allerdings waren Frauen nach wie vor in den Streitkräften tätig, und zwar sowohl als Zivilangestellte als auch als Soldaten, Unteroffiziere und Offiziere.

Der Wehrdienst für die weibliche und männliche Bevölkerung der Sowjetunion war im Wehrpflichtgesetz vom 12. 10. 1967 geregelt. Für die Frauen legte der Artikel 16 fest:

„Frauen im Alter von 19-40 Jahren mit einer medizinischen und anderen Spezialausbildung können in Friedenszeiten militärisch registriert, zu Übungen einberufen oder bei freiwilliger Meldung in den aktiven Wehrdienst übernommen werden. In Kriegszeiten können Frauen auf Beschluß des Ministerrates der UdSSR zu Hilfs- und Sonderhilfsdienstleistungen in den Streitkräften einberufen werden."

Die nach Artikel 16 registrierten Frauen der Mannschafts- und Unteroffizierdienstgrade gehörten zur 2. Reservistenkategorie und wurden jeweils ein bis zweimal zu Übungen von bis zu drei Monaten Dauer einberufen (Artikel 53). Im Offiziersrang stehende Frauen, die wegen ihrer Spezialkenntnisse registriert waren, rechneten zur dritten Reservistenkategorie und mußten bis zum 50. Lebensjahr einmal zwei Monate lang zu einer Übung einberufen werden (Artikel 54). Allerdings konnten Reservistinnen beider Kategorien auch zu Kontrollübungen aufgefordert werden, deren Dauer auf maximal 10 Tage beschränkt war (Artikel 55). Nach Artikel 56 hatte der Verteidungsminister der UdSSR das Recht, die zeitlichen Begrenzungen der Artikel 49-55 „in dringenden Bedarfsfällen" aufzuheben.

Artikel 61 des Wehrpflichtgesetzes erlaubte, daß Reserveoffiziere mit Genehmigung des Verteidigungsministers in den aktiven Dienst übernommen werden konnten. Das galt grundsätzlich auch für weibliche Reserveoffiziere. (61)

Zum freiwilligen aktiven Dienst in den sowjetischen Streitkräften konnten sich nur unverheiratete und kinderlose Frauen im Alter zwischen 19 und 30 Jahren melden, wenn sie gesund waren und eine mindestens achtjährige Schulausbildung hinter sich hatten. Im Mannschafts- und Unteroffizierstand betrug die Verpflichtungszeit mindestens zwei Jahre. Bei Bewährung konnte sie um jeweils zwei Jahre verlängert werden. Die Einberufung erfolgte auf regionaler Ebene nach den Erfordernissen der im Rayon stationierten Einheiten. Nach kurzer und oberflächlicher militärischer Ausbildung kamen sie an die Einsatzstelle, für die sie vorgesehen waren. Während der Zeit ihres aktiven Dienstes durften die Soldatinnen nicht heiraten. Einer Dienstzeitverlängerung stand die Heirat jedoch nicht im Wege. (62)

In den sowjetischen Streitkräften konnten Frauen auch Offiziersränge bekleiden. Die meisten Bewerberinnen kamen aus der Reserveoffizierslaufbahn. Die erste sowjetische Kosmonautin, Valentina Tereschkowa, war beispielsweise Major der Luftstreitkräfte. Bevorzugt eingestellt wurden Frauen, die eine medizinische oder technische Spezialausbildung vorweisen konnten. Die Sowjetarmee vermittelte keine Fachausbildung. An den Offzierschulen waren Frauen nicht zugelassen.

Frauen in Mannschafts- und Unteroffizierdienstgraden wurden vorwiegend in folgenden Dienstzweigen verwendet: Fernmelde-, Büro- und Sanitätsdienst, Druckereiwesen, Küchen- und Wirtschaftsbetriebe, Schneidereien, Lagerverwaltungen, im Chiffrierdienst, als Mechaniker, Elektriker, Schriftführer, Lehrerin, Bibliothekarin und ähnlichen. (63) Folgende Dienstpflichten durften Frauen nicht übertragen werden: Wachdienst – mit Ausnahme in den Wohnquartieren der Soldatinnen – und Dienst an Bord von Kriegsschiffen oder in Kampfflugzeugen.

Von dem rigiden Drill, der harten Formalausbildung und den strengen disziplinarischen Ansprüchen, denen die männlichen Rekruten genügen mußten, blieben die Frauen weitgehend verschont.

Die dienstrechtlichen Bestimmungen für die weiblichen Armeeangehörigen unterschieden sich zwar nicht von denen der männlichen Sowjetarmisten. Aber die Strafmaße der Wehrstraf- und -disziplinarordnung wurden für sie gelockert. Strafbataillonen durften Frauen nicht zugeteilt werden. Von Arreststrafen, die auf der Hauptwache zu verbüßen waren, blieben sie verschont. Auch vor Dienstverrichtungen außer der Reihe, die in der Disziplinarvorschrift vorgesehen waren, waren sie sicher. Als Disziplinarstrafen kamen für die Frauen lediglich in Betracht: Ermahnung, Tadel, Entzug der Funktionsabzeichen, Rangverlust und Rückstufung in der Beförderungsrangliste. Man erwartete, daß die weiblichen Freiwilligen ihre Dienstpflichten so vorbildlich erfüllen würden, daß sich die Anwendung disziplinarer Strafmaßnahmen grundsätzlich erübrigte. (64)

Die Uniform der weiblichen Armeeangehörigen war der Uniform der Soldaten angeglichen. Statt der Hosen trugen sie einen Rock. Ihre männlichen Kameraden waren der Ansicht, daß ihnen „die Uniform gut zu Gesicht" stehe. „Nur Frauen wissen sie mit so viel Eleganz zu tragen". (65) Außer Dienst durften die Soldatinnen im Unterschied zu den Männern die Uniform ausziehen und Zivil tragen. Ihnen war sogar erlaubt, den Standort ohne Genehmigung zu verlassen, ein Privileg, um das sie von den Soldaten sehr beneidet wurden. (66)

Die weiblichen Soldaten wohnten in Truppenunterkünften, die von den Unterkünften der männlichen Armeeangehörigen getrennt waren. Der Kommandeur konnte ihnen erlauben, bei den Eltern zu wohnen oder sich auf eigene Kosten ein Quartier außerhalb der Kaserne zu mieten. Denn die meisten Kasernen in der UdSSR waren überbelegt und wenig anziehend. Gelegentlich mußten sich sogar zwei Soldaten ein Bett teilen. Nur die Luftwaffe hatte schönere Kasernen. Die mangelnde Infrastruktur der Sowjetstreitkräfte war einer der Gründe, warum Frauen in den Streitkräften der UdSSR zahlenmäßig nicht ins Gewicht fielen. (67)

Die weiblichen Armeeangehörigen wurden wie die Soldaten des aktiven Dienstes besoldet, d. h. um ein Vielfaches besser als ihre wehrpflichtigen männlichen Kameraden. Sie erhielten etwa 100 Rubel im Monat, während sich ein Wehrpflichtiger mit weniger als 6 Rubel im Monat begnügen mußte. (68)

Wie allen zwei Jahre dienenden Soldaten der Sowjetstreitkräfte stand auch den weiblichen Kräften innerhalb der Dienstzeit ein einmaliger Urlaub von 30 Tagen zu. Aus gesundheitlichen oder familiären Gründen konnten sie Sonderurlaub beantragen. Zu jedem Urlaubsschein gehörte in der Sowjetarmee ein Freifahrtschein zum Urlaubsort und zurück. Nach Ablauf der zweijährigen Erstverpflichtung stand den weiblichen Soldaten bis zum Sergeanten ein Jahresurlaub von 18 Tagen zu. Offiziere bis zum Hauptmann erhielten 22 Tage Urlaub im Jahr. Eine besondere Urlaubsregelung galt für Frauen im Falle von Schwangerschaft und Geburt. Eine Verordnung des Ministerrates der UdSSR vom 13. 10. 1956 verpflichtete die Kommandeure, den in ihren Einheiten tätigen Frauen nach

Ablauf des gesetzlichen Schwangerschaftsurlaubs von 56 Tagen vor der Geburt und 56 Tagen nach der Geburt auf Antrag einen zusätzlichen unbezahlten Urlaub bis zu drei Monaten zu gewähren. (69)

Nach den übereinstimmenden Aussagen der Kommandeure wirkte sich die Anwesenheit von weiblichen Soldaten in den Einheiten positiv aus auf die Disziplin der Soldaten. Sie weckte „bei allen unwillkürlich das Bedürfnis, sich zu straffen und Ordnung zu halten". Der Wettkampf zwischen Frauen und Männern wurde begrüßt. Aus der Luftwaffe kam das Lob: „Die Mädchen sind stolz, daß ihnen der Schutz des Heimathimmels ebenso anvertraut wird wie den anderen Soldaten". (70)

Bei den Gemeinschaftsveranstaltungen der Partei gingen die kritikfreudigen Komsomolzinnen mit ihren Kameraden oft herb ins Gericht. Als Freiwillige und „Außenseiter" fühlten sie sich zu besonderer ideologischer Linientreue verpflichtet. Den männlichen Soldaten war der weibliche Fanatismus nicht immer angenehm.

Die Qualität der Leistungen der weiblichen Armeeangehörigen zeigte sich auch in den zahlreichen Belobigungen, die sie erfuhren. In den Streitkräften der UdSSR wurden verdiente Soldaten vor der Front genannt; ihre Fotos wurden auf den schwarzen Brettern angeschlagen; sie erhielten Sondervergünstigungen; auch Ehrennadeln und Geldzuwendungen waren üblich. An der Zahl der Auszeichnungen konnte jeder erkennen, ob er einen qualifizierten oder einen weniger qualifizierten Soldaten vor sich hatte. (71) Ein Zugführer faßte das Lob über seine Soldatinnen in folgende Worte: „Prächtige Mädchen sind bei uns. Es ist doch gar nicht so einfach, freiwillig die beschwerlichen Soldatenpflichten auf sich zu nehmen. Schon ein 24stündiger Bereitschaftsdienst hat es in sich. Aber niemals habe ich vernommen, daß eines der Mädchen gemurrt hat oder nur seine Laune verloren hätte. Ich behaupte sogar, daß die Mädchen ihre soldatischen Obliegenheiten mit ungewöhnlichem Eifer erfüllen." (72)

Eine besondere Leistung zeigten im März 1968 weibliche Fallschirmspringerinnen mit ihrer Beteiligung an einem Absprung aus 100 m Höhe. Für diese Vorführung wurden sie von Armeegeneral Margelow, dem Befehlshaber der Luftlandetruppen, besonders gewürdigt. (73) Einige der Fallschirmspringerinnen der UdSSR waren auch als Sportspringerinnen von Weltruf bekannt. In der Truppe arbeiteten sie als Ausbilder (Praporschtschik). (74)

Über den Umfang des weiblichen Personals in der Roten Armee gab es keine genauen Zahlen. Man schätzte, daß er bei etwa 10 000 lag. (75) Im Vergleich zum Gesamtumfang der sowjetischen Streitkräfte waren das etwa fünf Promille. Auch im Vergleich zu den 800 000 Frauen, die im Zweiten Weltkrieg in der Roten Armee waren, spielten die 10 000 Frauen der Nachkriegszeit eher eine dekorative Rolle.

Frauen in den Streitkräften der GUS

Der Umfang der Streitkräfte der Russischen Föderation wurde 1996 auf 1 270 000 Soldaten geschätzt, von denen nur 381 000 Wehrpflichtige waren, deren Dienstzeit zwischen 18 und 24 Monaten betrug. Von den 20 Millionen Reservisten, die die GUS mobilisieren konnte, hatten 2,4 Millionen in den letzten fünf Jahren gedient. Das Heer bestand 1996 aus 460 000 Personen. Die Truppen der Nuklearstreitkräfte mit 149 000 Mann, der Marine mit 190 000 Mann, der Luftwaffe mit 145 000 Mann und der Luftverteidigungstruppen mit 175 000 Mann waren zusammen etwa gleich stark. Für UNO-Aufgaben stellte die russische Regierung insgesamt etwa 3 000 Soldaten zur Verfügung. (76)

Die 1993 verabschiedete Verfassung der Russischen Föderation garantierte allen Staatsbürgern der GUS die gleichen Rechte. Alle Benachteiligungen des weiblichen Geschlechts waren verboten. Seitdem achteten die Streitkräfte darauf, daß die Frauen in ihren Reihen den ihnen gebührenden Platz bekamen. Zusammen mit den Zivilangestellten im Verteidigungssektor handelte es sich um etwa 153 000 Frauen. (77) Alle Ausbildungstätten der Streitkraftteile wurden für Frauen geöffnet. Jährlich sollten z. B. 350 Kandidatinnen an den Militärakademien aufgenommen werden. Die Beförderungsrichtlinien galten für beide Geschlechter gleicherweise. 1996 gab es 2 400 weibliche Offiziere und 350 Unterleutnante in der Ausbildung. Von den 2 400 weiblichen Offizieren hatten 300 bereits den Dienstgrad von Stabsoffizieren, davon vier den eines Oberst. Die ranghöchste Frau war 1996 die Kosmonautin Valentina Tereschkowa als Generalmajor. Sie arbeitete im Jurin Gagarin-Zentrum für Kosmonauten.

Alle weiblichen Offiziere verfügten über eine höhere Bildung. Drei Viertel von ihnen kamen nach absolviertem Fachstudium in die Streitkräfte und ein Viertel hatte eine Militärakademie oder die Militärfakultät einer zivilen Universität besucht.

Von den weiblichen Fähnrichen waren 28 % unter 30 Jahren. Jede dritte hatte eine höhere Bildung und zwei Drittel verfügten über eine spezialisierte Fachausbildung etwa auf dem Niveau einer Fachhochschule. Ein Viertel von ihnen arbeitete in den logistischen Diensten der Streitkräfte; 17 % waren im Bürodienst der Stäbe tätig und 17 % waren im Fernmeldedienst eingesetzt.

Fast die Hälfte aller weiblichen Zeitsoldaten waren Frauen in den Mannschafts- und Unteroffizierdienstgraden (Sergeanten). Sie waren in allen Waffengattungen zu finden. Die meisten dienten in der Luftwaffe, in der Luftabwehr, im medizinischen Dienst, in der Logistik und in der Abwehr. Als Motive für ihre Bewerbung gaben sie an: „Mehr Geld, etwas Stabilität und vielleicht eine Dienstwohnung."

Die Frauen, die Berufssoldaten werden wollten, erfuhren ihre Ausbildung an den beiden Fernmeldeschulen der russischen Streitkräfte, wenn sie für den Fernmelde- und Nachrichtendienst vorbereitet wurden, an den medizinischen Universitäten mit militärärztlichen Fakultäten, wenn sie Sanitätsärzte oder Krankenschwestern werden wollten, und an der Militärhochschule, wenn es sich um Juristinnen für die Militärgerichte oder die Militärverwaltung handelte.

Alle Frauen in den russischen Streitkräften genossen die Privilegien des öffentlichen Dienstes: dem Dienstgrad angepaßte Besoldung, Urlaubsregelung, Schwangerschaftsschutz, Erziehungsurlaub bis zum 3. Geburtstag des Kindes bei vollem Lohnausgleich. Der Wehrdienst für Frauen endete mit dem 50. Lebensjahr.

Die weiblichen Soldaten unterstanden dem gleichen Disziplinarrecht und Militärstrafrecht, das für die Männer galt, mit einer Ausnahme: Gegen sie durfte kein Arrest verhängt werden. Ihre Rolle als „Aggressionsbremse" gegen die männlichen Kameraden wird in den Berichten immer wieder hervorgehoben. (78)

Wenn Truppen der Russischen Föderation im Auftrag der UNO im Ausland zu friedenssichernden oder -erhaltenden Aufgaben eingesetzt wurden, befanden sich in der Regel auch Frauen darunter. 1996 gehörten zu den IFOR-Einsatz im ehemaligen Jugoslawien mehrere weibliche Soldaten in gemischten Einheiten. (79)

Belegstellen

(1) Vgl. Friedrich Engels, Der Ursprung der Familie, des Privateigentums und des Staates, Ostberlin 1955, S. 216 ff. Zur Situation der Frauen in den sozialistischen Ländern: Vgl. A. Bebel, Die Frau und der Sozialismus, Ostberlin 1959; R. Maurach, Handbuch der Sowjetverfassung, München 1955; G. Schönbauer, Die Frau im Leben der UdSSR, in: Schmollers Jahrbuch 1961, S. 65 ff.; E. Bloch, Kampf ums neue Weib, in: Argument 3/1962; R.-D. Kluge, Die Rolle der Frau in der Sowjetgesellschaft, in: Osteuropa 10/1966; W. W. Eason, Soviet Manpower – the Population and Labor of the UdSSR, New Yorker Dissertation 1959; H. Kirchhoff, Die Belastung der berufstätigen Frau und die damit verbundenen gesundheitlichen Gefahren, in: Ärztliche Mitteilungen 23/1961; D. Mace – V. Mace, The Soviet Family, New York 1963; K.G. Ilyina, The Participation of Women in Economic Activities in the Soviet Union, in: World Population Conference 1965, S. 301 ff.; Susan Jacoby, Moscow Conversations, New York 1972

(2) Rudolf Schlesinger, The Family in the UdSSR, London 1949, S. 277

(3) William Mandel, Soviet Women, New York 1975, S. 315

(4) William M. Mandel, a.a.O., S. 321

(5) Vgl. Mary Louise O'Brien: Women in the Soviet Military, in: Air University Review 1–2/1982, S. 82

(6) Helge Pross, Gleichberechtigung im Beruf?, Frankfurt 1973, a.a.O., S. 161

(7) Jerzy R. Konieczny, Frauen in der Luftfahrt, in: Wojskowy przegląd lotniczy 3/1968, S. 81 ff.

(8) W. Astrow – A.Slepkow – J.Thomas, Illustrierte Geschichte der Russischen Revolution 1917, Berlin 1928, S. 494

(9) Kerenski ließ den Winterpalast gegen die Rotarmisten von den Kadetten der Offizierschule II und von einem Frauenbataillon verteidigen. Die Frauen wurden nach der Erstürmung des Gebäudes in den hinteren Räumen entdeckt, wohin sie geflüchtet waren. Man schickte die verängstigten Geschöpfe vom Finnischen Bahnhof unmittelbar ins Lager Lewaschowo. Vgl. John Reed, 10 Tage, die die Welt erschütterten, Berlin 1968, S. 157; Lexikon der Großen Sozialistischen Oktoberrevolution, Leipzig 1976, Stichwort: Frauenbataillon. Zum Einsatz von Frauen während der Oktoberrevolution und danach vgl. Louise Bryant, Six Months in Red Russia, New York 1918, S. 21 ff.; Frauen in der Revolution – Porträts hervorragender Bolschewikinnen, Ostberlin 1960, S. 246. Als literarische Beispiele für die propagandistisch hochstilisierte Tapferkeit der weiblichen Rotgardistinnen vgl. die Erzählung „Der letzte Schuß" von Boris Lawrenjow und das Gedicht „Die Kommunardin" des lettischen Lyrikers Andrejs Upits, dessen zweite und dritte Strophen folgendermaßen lauten:

Geliebter, komm an meine Seite!
Daß unsere Liebe fortbesteh,
heißt es für uns im heilgen Streite
nur – siegen oder untergehn!

Mög uns die Zärtlichkeit nie schwächen!
Der Kampf den ganzen Menschen braucht,
damit der Todfeind uns nicht schrecke
und niemals unser Zorn verraucht.

(10) Vgl. Pravda vom 22. 11. 1961

(11) Erich Ferdinand Pruck, Frauen im Wehrdienst der Sowjetunion, in: Wehrkunde 1/1975, S. 25; Fannina W. Halle, Frauen des Ostens, Zürich 1938, S. 260; Volksarmee 39/1967, S. 9

(12) Oda Beckmann, Die Einbeziehung der Frau in das Militärwesen der SU und der SBZ, Manuskript, S. 80; William E. Odom, The Soviet Volunteers. Modernization and Bureaucracy in a Public Mass organization, Princeton 1973, S. 250

(13) Gvardejskij Tamanskij Aviacionnyj Polk, Moskau 1960, S. 64 ff.

(14) Vgl. Manfred Zeidler: Kriegsende im Osten. Die Rote Armee und die Besetzung Deutschlands östlich von Oder und Neiße 1944/45, München 1996, S. 146

(15) Voenno-istoriceskij zurnal 1/1977, S. 64
(16) Vgl. Sovetskij vojn 4/1977, S. 41
(17) Erich Ferdinand Pruck, a.a.O., S. 26; vgl. Voenno istoriceskij zurnal 2/1968
(18) Oda Beckmann, a.a.O., S. 81
(19) Erich Ferdinand Pruck, a.a.O., S. 26
(20) Vgl. Voenno istoriceskij zurnal 2/1968
(21) Fairfax Downy, The Spirit of Boadicea. Women in War, in: Army 7/1975, S. 20 ff.
(22) Vgl. Manfred Zeidler, a.a.O., S. 146
(23) Vgl. Sie schritten auf dem Partisanenpfad, in: Pravda vom 28.3. 1975; Erich Ferdinand Pruck, a.a.O. S. 26
(24) Vgl. Niemand und nichts ist vergessen, in: Sozialismus. Theorie und Praxis 1/1986, S. 114 f.
(25) Vgl. Edgar M. Howell, The Soviet Partisan Movement 1941–1944, hrsg. von Department of the Army, Washington 1956; Peter Kolmsee, Der Partisanenkampf in der Sowjetunion, Berlin 1963; Soviet Partisans in World War II, hrsg. von John A. Armstrong, Madison 1964; Erich Hesse, Der sowjetrussische Partisanenkrieg 1941–1944 im Spiegel deutscher Kampfanweisungen und Befehle, Göttingen 1969; Franz W. Seidler, SS-Sondereinheit Dirlewanger, in: Damals 1977, S. 599 ff.
(26) Vgl. Pravda vom 28.3. 1975
(27) Vgl. Soviet Military Review 3/1972, S. 46
(28) Peter Gosztony, Frauen im Wehrdienst in Osteuropa, in: Wehrforschung 6/1974, S. 176
(29) Voenno istoriceskij zurnal 3/1976, S. 123 f. In der Zeitschrift Novye knigy 43/1977 wurde für das 4. Quartal 1978 der Bericht über die Leistungen der Komsomolzinnen aus der kalmückischen Steppe angekündigt, die im Vaterländischen Krieg als Funkerinnen und Sanitäterinnen auf Schiffen dienten und in Flakeinheiten bei Stalingrad und in der Ukraine kämpften: B.B. Sangadzieva, Töchter des Vaterlandes, Verlag DoSAAF Moskau.
(30) Paul Carell, Unternehmen Barbarossa, Berlin 1963, S. 484
(31) Erich Ferdinand Pruck, a.a.O., S. 26
(32) Peter Gosztony, Die sowjetische Luftwaffe im Zweiten Weltkrieg, in: Österreichische Militärzeitschrift 3/1970, S. 212 ff.; Volksarmee 39/1967, S. 9
(33) Gvardejskij Tamanskij Aviacionnyj Polk, Moskau 1960, S. 4
(34) M. Cecneva, Samolety uchodjat vnoc, Moskau 1961, S. 152
(35) Gvardejskij Tamanskij Aviacionnyj Polk, Moskau 1960, S. 3
(36) Voennyj vestnik 3/1977, S. 18
(37) Peter Gosztony, Über die Rolle der Frau in den Streitkräften des Ostblocks, in: Schweizerischer Soldat 3/1974, S. 4
(38) Voennyj vestnik 3/1977, S. 18; vgl. auch Sovetskaja voennaja enciklopedija, Band 3, Moskau 1977, S. 332
(39) Voenno istoriceskij zurnal 3/1976, S. 123
(40) 900 Tage – Zeugnisse von der heldenhaften Verteidigung Leningrads im Großen Vaterländischen Krieg, Berlin 1960, S. 85
(41) Dimitrij W. Pawlow, Die Blockade von Leningrad 1941, Frauenfeld und Stuttgart 1967, S. 45
(42) Vera Inber, Le Siège de Leningrad, Paris 1946, S. 206
(43) Sovetskij vojn 24/1976, S. 6
(44) Izvestija vom 11.12. 1976
(45) Fairfax Downey, a.a.O., S. 21
(46) Izvestija vom 23.6. 1977
(47) Filatelija, SSSR 3/1977, S. 51
(48) Fairfax Downey, a.a.O., S. 22
(49) Vgl. Bol'saja Sovetskaja Enciklopedija, Band 23, Moskau 1953, S. 109
(50) John Laffin, Women in Battle, London 1968, S. 71
(51) Ebenda
(52) Sonntagsbeilage der Komsomolkaja Pravda vom 26.6. 1960
(53) Arche vom 14.3. 1965

364

(54) Starsij serzant 2/1965
(55) Vgl. Pravda vom 26. 10. 1976 und 26. 1. 1977. Ein gutes literarisches Beispiel für die Heroisie-
rung der Soldatinnen des Vaterländischen Krieges ist der Roman von Boris Wassiljew „Im
Morgengrauen ist es hier still". Er beschreibt das Kämpfen und Sterben von fünf Frauen unter
der Führung eines Starschinas beim Einsatz gegen eine deutsche Patrouille in den weiß-
russischen Sümpfen. Ein Auszug ist abgedruckt in Sputnik 2/1978, S. 153 ff.
(56) Frauen in der deutschen HKL, in: Deutsche Soldatenzeitung vom 1. 5. 1954
(57) Vgl. Women in the Soviet Armed Forces, hrsg. von US Defense Intelligence Agency, Febr. 1976,
S. 3
(58) Vgl. Pravda vom 23. 1. 1977
(59) László Révész, Die paramilitärische Organisation und die vormilitärische Erziehung in der
UdSSR, in: Peter Gosztony, Paramilitärische Organisationen im Sowjetblock, Bonn 1977,
S. 255
(60) Oda Beckmann, a.a.O., S. 98
(61) László Révész, Militärische Ausbildung in Osteuropa, Bern 1975, S. 213 ff.; Konrad
Stephanus, Reservesysteme VII: UdSSR, in: Loyal 7/1970; Sovetskaja voennaja enciklopedia,
Band 3, a.a.O., S. 332
(62) Vgl. Krasnaja zvezda vom 23. 9. 1970, S. 4
(63) Vgl. z. B. Voennye znanija 3/1976
(64) Die Sowjetstreitkräfte als politischer Machtfaktor, in: Osteuropa 4/1963, S. 252
(65) Krasnaja zvezda vom 23. 9. 1970, S. 4
(66) Vgl. Women in the Soviet Armed Forces, a.a.O., S. 8
(67) Die Welt vom 16. 4. 1976
(68) Vgl. Women in the Soviet Armed Forces, a.a.O., S. 8
(69) Oda Beckmann, a.a.O., S. 86
(70) Krasnaja zvezda vom 23. 9. 1970, S. 4
(71) Generalanzeiger vom 7. 12. 1974
(72) Krasnaja zveszda vom 23. 9. 1970, S. 4
(73) Erich Ferdinand Pruck, a.a.O., S. 27
(74) Voennyj vestnik 3/1976
(75) Women in the Soviet Armed Forces, a.a.O., S. 5
(76) Vgl. The Military Balance, hrsg. von The International Institute for Strategic Studies, London
1996, S. 113 ff.
(77) Vgl. The Military Balance, a.a.O., S. 113
(78) Vgl. FOCUS 12/1998, S. 334 ff.
(79) Vgl. Mitteilungen der Botschaft der Russischen Föderation in Bonn vom 27. 8. 1997

Schweden

Schweden ist das europäische Land, in dem sich die Frauen politisch am erfolgreichsten engagiert haben. Sie stellten 1997 mit elf Ministerinnen die Hälfte der Regierung. Der Einsatz für ihr Land ist ein Anliegen aller Frauen.

In der Zeit des Kalten Krieges nach dem Zweiten Weltkrieg war die ganze erwachsene Bevölkerung zum Schutz der schwedischen Neutralität für den Fall einer Auseinandersetzung zwischen NATO und Warschauer Pakt aufgerufen. Wer von den Frauen nicht in den freiwilligen Frauenkorps organisiert war, die im Kriegsfall zu Hilfsdiensten für die Streitkräfte oder die Heimwehr zur Verfügung standen, hatte aufgrund des Zivilverteidigungsgesetzes Schulungen und Übungen für den Selbstschutz mitzumachen.

Wegen dieser Situation hatten die Schwedinnen weniger Interesse als die Frauen anderer Nationen, eine Karriere in den Streitkräften zu beginnen. Die rechtlichen Möglichkeiten wurden ihnen 1984 gegeben. Im allgemeinen sollte der freiwillige Wehrdienst die Eingangsstufe zum Dienst in den Streitkräften sein. Einen besonderen Anreiz für eine Militärlaufbahn auf Zeit oder als Beruf bot den Frauen der wahrscheinliche Einsatz in der UNO-Friedenstruppe. Kein Land der Welt schickte seit dem Zweiten Weltkrieg soviele Blauhelme ins Ausland wie Schweden.

Freiwillige weibliche Verteidigungsorganisationen

Die Geschichte der schwedischen Lotta-Organisation reicht in das Jahr 1924 zurück. Damals wurde sie als private Hilfsorganisation für den Landsturm ins Leben gerufen. Vorbild waren die finnischen Lottas, von deren Arbeit die schwedische Presse damals des Lobes voll war. Frau Tyra Wadner gründete nach einer Finnlandreise zusammen mit 27 anderen Frauen – einige davon Vertreterinnen größerer Frauenorganisationen – in Stockholm den späteren „Reichsverband der Lottakorps Schwedens". Als Zielsetzung proklamierten sie die wirtschaftliche Unterstützung der Landsturmvereinigung auf örtlicher Ebene, die Teilnahme an ihren Übungen und die Sorge um Verpflegung und Bekleidung der Landsturmmänner. Alle Hilfeleistungen wurden auf Friedenszeiten beschränkt. Im Kriegsfall sollte der Verband gemäß seinen Statuten aufgelöst werden.

Die weitere Entwicklung der Lotta-Organisation vollzog sich unter dem politischen Druck der folgenden Jahre. 1940, nach der Besetzung Norwegens und Dänemarks durch die Wehrmacht, suchte die neugegründete schwedische Heimwehr die Kooperation der Frauen. Die erbetene Unterstützung wurde gewährt. Bis zum Ende des Zweiten Weltkriegs – Schweden hielt seine Neutralität formal aufrecht – arbeiteten die Lottas im Küstenschutz, im Zivilwarndienst und im Zivilluftschutz mit. Die Luftwaffe setzte sie zur Luftbeobachtung ein, insbesondere um Luftraumverletzungen fremder Flugzeuge zu melden. Von besonderem Gewicht waren jedoch die humanitären Leistungen der Lottas. Sie betreuten norwegische und finnische Flüchtlinge, richteten Lager ein, erteilten Unterricht an Kinder und kümmerten sich um die Internierten.

Als der Krieg zu Ende war, begann in Schweden eine heftige Diskussion um das Weiterbestehen der Lotta-Organisation in der bisherigen Form. Das Verbot der finnischen Lottas spielte dabei ebenso hinein wie das Klischee von der Frau, die ins Haus gehört. Solchen Argumenten gegenüber konnten die Vertreterinnen der Lottas auf die Leistungen der Organisation in den Kriegsjahren verweisen. Sie standen der Öffentlichkeit so deutlich vor Augen, daß der Lotta-Verband schließlich doch weiter bestehen blieb. Lediglich die Krankenpflege mußte an das Schwedische Rote Kreuz abgegeben werden. Dafür kam eine Reihe neuer Tätigkeiten hinzu. 1953 erhielt der Lotta-Verband Aufgaben in der Zivilverteidigung. 1955 wurde seine Mitarbeit bei der wirtschaftlichen und psychologischen Verteidigung Schwedens vertraglich verankert. (1) Aufgrund der gesetzlichen Bestimmungen wurden fünf Frauenkorps aufgestellt, die sich zum Dienst für die Streitkräfte – die Heimwehr inbegriffen – bereit hielten:

- das weibliche Tierpflegekorps (Svenska blå stjärnan, SBS)
- das weibliche Kraftfahrkorps (Sveriges kvinnliga bilkårers riksförbund, SKBR)
- das weibliche Fernmeldekorps (Frivilliga radioorganisationen, FRO)
- das Schwedische Lottakorps (Riksförbundet Sveriges lottåkarer, SLK)
- das Schwedische Rote Kreuz (Svenska röda korset, SRK)

| Tierpflege-korps | Kraftfahr-korps | Fernmelde-korps | Lottakorps | Rotes Kreuz |

Der Mitgliederbestand aller Organisationen betrug zusammen fast 100 000 Frauen. Das Lottakorps war mit 60 000 Angehörigen der weitaus größte Verband. Die anderen Frauenkorps zählten jeweils nur rund 10 000 Mitglieder. Das Mitgliedsalter lag zwischen 16 und 65 Jahren. In die Jugendorganisationen konnte man bereits mit zwölf Jahren eintreten. (2)

Alle Frauenkorps unterhielten eigene Aus- und Fortbildungsstätten. Mit der Teilnahme am ersten Lehrgang gingen die Frauen die Verpflichtung ein, an weiteren Übungen teilzunehmen und ihre Fachkenntnisse auf dem neuesten Stand zu halten. Eine Waffenausbildung gab es nicht. Für die Teilnahme an den Kursen wurde ein geringes Tagegeld gezahlt. Beim Abschluß der Ausbildung gab es eine kleine Geldprämie. Das hauptamtliche Personal der Verbände wurde vom Fiskus bezahlt. Dazu gehörten die Angehörigen des Stammpersonals der Schulen und der Kanzleien auf Landes- und Bezirksebene.

Die Lottas wurden vorwiegend für den Kanzlei-, Verpflegungs-, Material- und Fernmeldedienst und für Hilfsdienste bei der Fliegerabwehr vorbereitet. Die Mitglieder des SKBR erhielten eine Ausbildung als Pkw- oder Lkw-Fahrerinnen und die Angehörigen des Roten Kreuzes als Helferinnen im Sanitätsdienst. Die Mitglieder des weiblichen Tierpflegekorps wurden in der Behandlung, Versorgung und Pflege von Haustieren geschult, um die im Verteidigungsfall zu den Streitkräften eingezogenen Arbeitskräfte in der Landwirtschaft ersetzen und Evakuierungen durchführen zu können.

Nach beendeter Grundausbildung unterzeichneten die Frauen einen Vertrag mit den Streitkräften oder mit der Heimwehr, vertreten durch die Verteidigungsbezirksbefehlshaber. Die Frauen mit A-Verträgen verpflichteten sich, im Falle der allgemeinen Mobilmachung wie die Wehrpflichtigen zu den regulären Verbänden zu treten, vor allem auf Posten des Stabs-, Verbindungs- und Versorgungsdienstes. Die Frauen mit B-Verträgen sollten der Heimwehr zugewiesen werden und gehörten zu deren Stabs- und Versorgungsgruppen. (3) Die Mitglieder des weiblichen Tierpflegekorps gehörten fast ausschließlich zum B-Personal und wurden der Organisation der wirtschaftlichen Verteidigung zugewiesen. (4) Während das B-Personal im Kriegsfall in Zivilkleidung arbeitete, sollten die Angehörigen des A-Personals die Uniformen der Streitkraftteile tragen, in denen sie Dienst taten. Ränge und Dienstzweige waren am Ärmel markiert. Alle einberufenen Frauen sollten den Kombattantenstatus erhalten dem Militärdisziplinar- und Militärstrafrecht unterworfen sein. Ihre Besoldung war der der Männer angeglichen. (5)

Ansporn für den Eintritt in eine der Verteidigungsorganisationen war für viele Frauen neben den patriotischen Verpflichtungen das Gemeinschaftsleben, das die Verbände pflegten. Dazu kamen die Vorteile einer kollektiven Unfall- und Invaliditätsversicherung sowie die Rückerstattung der ärztlichen Behandlungskosten für die Mitglieder.

Die schwedische Zivilverteidigung

Wer nicht wie die Männer zwischen 18 und 47 Jahren wehrpflichtig war oder einem Frauenkorps angehörte, war entweder beim Zivilschutz oder er unterlag der „allgemeinen Dienstpflicht", aufgrund der allen Personen zwischen 16 und 70 Jahren im Verteidigungsfall ein Arbeitsplatz zugewiesen werden konnte, bzw. der Sanitätsdienstpflicht, die das Krankenpflegepersonal bis zum 70. Lebensjahr erfaßte. Nach den Planungen sollte in Schweden bei Kriegsausbruch ein Viertel aller vier Millionen Arbeitnehmer den Arbeitsplatz verlassen, um in der militärischen Verteidigung oder im Zivilschutz Dienst zu tun. Zur Aufrechterhaltung der Funktionsfähigkeit von Verwaltung, Produktion, Handel, Transportwesen und Krankenpflege wurden bereits in Friedenszeiten Ersatzkräfte registriert, die im Rahmen der allgemeinen Dienstpflicht in Marsch gesetzt werden sollten.

Aufgabe des Zivilschutzes sollte es sein, die Bevölkerung und die Sachwerte des Landes zu schützen und zu retten. Dazu wurden Schutzräume eingerichtet, Alarmierungs- und Evakuierungsmaßnahmen vorbereitet und die Bergung von Verletzten und Eingeschlossenen, die Löschung von Bränden und die Trümmerbeseitigung geplant und geübt. Auch die Schulung der Bevölkerung für den Selbstschutz war Aufgabe des Zivilschutzes. Da für den Zivilschutz über 200 000 Personen benötigt wurden, erfaßte die Organisation jährlich etwa 20 000 Männer und Frauen. Das Zivilverteidigungsgesetz vom 28. 4. 1960 schuf die rechtlichen Voraussetzungen: „Die im Reiche wohnenden schwedischen Staatsbürger sind mit dem Kalenderjahr, in dem sie 16 Jahre alt werden, bis einschließlich des Kalenderjahres, in dem sie 65 Jahre alt werden, verpflichtet, innerhalb der Zivilverteidigung nach Maßgabe ihrer Körperkräfte und ihres Gesundheitszustandes Dienst zu tun (Zivilverteidigungspflicht)." Aufgrund dieses Gesetzes wurden jedes Jahr alle schwedischen Frauen im Alter von 26 bis 38 Jahren zur Ausbildung in der Zivilverteidigung aufgerufen. Mütter von minderjährigen Kindern waren befreit. Die Ausbildung dauerte je nach Aufgabe und Bedarf vierzehn bis dreißig Tage. Auf diese Weise sollte ausreichendes Krankenpflege-, Schutzbunker- und Feuerwehrpersonal für den Kriegsfall zur Verfügung stehen. (6)

Zu den jährlichen Übungen der schwedischen Gesamtverteidigung wurden auch die Frauen aufgerufen, damit sie ihre Funktionen für den Einsatz im Kriegsfall vorbereitend zu praktizieren lernten. (7)

Weibliche Soldaten

Bereits Anfang der sechziger Jahre – weit früher als in jedem anderen Land der Welt – schlug der Oberbefehlshaber der Königlich-schwedischen Luftwaffe vor, Frauen schon in Friedenszeiten nicht nur als Zivilangestellte der Armee arbeiten zu lassen, sondern ihnen die Karriere des Berufssoldaten zu öffnen. In Schweden sei, so meinte er, die moralische, wirtschaftliche und rechtliche Situation reif für einen solchen Schritt. Nach monatelangen Debatten in der Öffentlichkeit und in den Streitkräften wurde der Vorschlag schließlich zu den Akten gelegt. Der Verteidigungsstabschef verkündete, für eine so tiefgreifende Entscheidung müßten erst Unterlagen und Erfahrungen über den Dienst von Frauen in den Streitkräften anderer Länder ausgewertet werden. In der folgenden Zeit wurden in Schweden mehrere Untersuchungen durchgeführt, um zu prüfen, in welchem Umfang und unter welchen Bedingungen Frauen als Unteroffiziere und Offiziere in den Streitkräften verwendet werden könnten.

1979 wurde in der Luftwaffe mit der Ausbildung der ersten Soldatinnen begonnen. Diese Teilstreitkraft bot sich an, weil dort viele nichtkombattante Funktionen vorhanden sind. Bis auf weiteres sollten Frauen nämlich nicht in Kampffunktionen verwendet werden. Da in Heer und Kriegsmarine der Anteil der Dienstposten, die mit direkten oder indirekten Kampfaufgaben zu tun hatten, weit größer war als in der Luftwaffe, die mit viel „Unterstützungspersonal" arbeitete, wollte man dort Erfahrungen sammeln. Bevorzugt wurden Bewerberinnen, die als A-Lottas registriert waren. Sie bewiesen, daß Frauen nicht nur die Radargeräte ebensogut bedienten wie die Männer, sondern sogar als Jägerleitoffiziere einsetzbar waren. (8)

Die schwedischen Streitkräfte waren aufgrund der allgemeinen Wehrpflicht für 18 bis 47jährige Männer als Milizheer organisiert. Solange die Wehrdienstverweigerung nicht ausuferte, wurden jedes Jahr etwa 55 000 Rekruten eingezogen. Die Dauer des Wehrdienstes war abhängig von Eignung und Funktion der Wehrdienstleistenden. Für Zugführer dauert er 17 Monate, für einen Mannschaftsdienstgrad in der Infanterie 7,5 Monate. An den Reserveübungen nahmen jährlich bis zu 100 000 Mann teil.

Die Feldverbände des schwedischen Heeres umfaßten im Verteidigungsfall 200 000 Mann. Das Territorialheer verfügte über 160 000 Soldaten. Dazu kamen 100 000 Heimwehrangehörige. Die Gesamtstärke der schwedischen Streitkräfte lag bei 800 000 Personen.

Da die meisten Frauen in den Frauenhilfskorps oder in der Zivilverteidigung organisiert waren, war der Wunsch, in den Streitkräften eine Karriere zu machen, in Schweden weniger ausgeprägt als in anderen Ländern. Das Gesetz ermöglichte ihnen jedoch 1983, einen freiwilligen Wehrdienst abzuleisten oder sich zu den gleichen Bedingungen wie die

Männer für die Unteroffiziers- oder Offizierslaufbahn zu bewerben. (9) Die militärischen Qualifikationen wurden im freiwilligen Wehrdienst erbracht.

1996 waren von den 16 000 Berufsoffizieren der schwedischen Streitkräfte nur 309 Frauen. Über die Hälfte von ihnen dienten in der Luftwaffe, wo sie auch in Kampfeinheiten eingesetzt waren. Die Verteilung auf die Teilstreitkräfte ergab folgendes Bild: (10)

	Berufsoffiziere	Reserveoffiziere
Heer	57	9
Marine	80	3
Luftwaffe	172	75
Insgesamt	309	87

Nach dem Willen der schwedischen Regierung soll der Anteil der weiblichen Offiziere bis zum Jahr 2005 versechsfacht werden. (11)

Der Beitritt Schwedens zur Europäischen Union 1995 brachte keine Veränderung in der Verteidigungspolitik. Da Schweden keinem Militärbündnis angehört, kann es im Verteidigungsfall nicht mit der Hilfe anderer Staaten rechnen. Es ist andererseits nicht verpflichtet, anderen Staaten zu helfen.

Es gibt kein Land auf der Welt, das der UNO soviele Blauhelme für seine friedenssichernden und friedenserhaltenen Aufgaben zur Verfügung gestellt hat wie Schweden: bis 1996 mehr als 70 000. Jährlich bereiten sich 2 000 Angehörige der Streitkräfte in besonderen Lagern auf Verwendungen im Ausland vor. (12) Unter ihnen sind in steigendem Maß Frauen.

Belegstellen

(1) Karin Löfgren, Reichsverband der Lottakorps Schwedens, in: Wehrkunde 7/1963, S. 353
(2) Vgl. Karin Löfgren, a.a.O., S. 353
(3) F.W. Steffen, Der Einsatz von Frauen in Streitkräften, in: Zeitschrift für Militärmedizin 3/1974, S. 163
(4) Else Martensen-Larsen, Frauen in den Streitkräften, in: Mitteilungen Volk und Verteidigung 12/1966, S. 4
(5) Vgl. Karl-Heinz Wolf, Frauen in westlichen Streitkräften, in: Publik visuell 19/1969
(6) Franz Möller, Frauendienst im Verband der Streitkräfte und in der Zivilverteidigung in verschiedenen europäischen und außereuropäischen Ländern, in: Bundeswehrverwaltung 1964, S. 34; Kvinnan i Totalförsvaret, hrsg. von ÖEF und AMS, Stockholm 1977
(7) Vgl. The Swedish Denfence System, hrsg. von The Swedish Institute, Stockholm 1995
(8) Vgl. Dagens Nyheter vom 2. 12. 1967; Das Beste 1968, S. 53
(9) Vgl. Die schwedische Landesverteidigung 1985, in: Truppendienst 3/1985, S. 251
(10) The Swedish Defence. Facts and Figures 1996, hrsg. von Information Department of the Swedish Armed Forces, S. 19
(11) Vgl. Süddeutsche Zeitung vom 7. 4. 1995
(12) Vgl. Frankfurter Rundschau vom 17. 8. 1992

Schweiz

Das „Geschenk der Neutralität", das die Schweiz seit 1815 ohne Rückhalt an Bündnissen verwahrt, verpflichtet zu allerhöchsten Verteidigungsanstrengungen aus nationaler Kraft. Die geographische Binnenlage zwischen rivalisierenden Nationalstaaten oder am Rande ideologisch-militärischer Blöcke machte die Verteidigung des Staatsgebietes zu einem strategisch und militärisch nahezu unlösbaren Auftrag. Plusposten der Schweizer Abschreckung waren die zentrale Position des Landes in der Alpenregion und der unangefochtene Selbstbehauptungswillen der Bevölkerung. Dieser wurde – vor allem seitdem die Frauen das politische Wahlrecht haben – von allen Schweizer Bürgern getragen.

Zu den Streitkräften des Aktivdienstes gehörte im Verteidigungsfall der „Frauenhilfsdienst". An seine Stelle trat 1985 der „Militärische Frauendienst". Der Frauenhilfsdienst umfaßte in Friedenszeiten bis zu 4 000 Schweizerinnen, die als Kader für die Frauenhilfsdienstgruppen der Armee vorgesehen waren und dort in allen Bereichen, in denen Männer entbehrlich waren, Hilfsfunktionen wahrnahmen. Ihr Einsatz reichte vom Brieftaubendienst bis zum Flugmeldedienst. Er wurde ohne Waffen, aber in Uniform durchgeführt. Sein Vorbild bezog er aus dem Aktivdienst 1939–1945. Der Militärische Frauendienst, der 1985 an die Stelle des Frauenhilfsdienstes trat, garantiert dem weiblichen Geschlecht den gleichberechtigten Dienst in der Schweizer Armee. Den Frauen stehen alle Verwendungen offen, in denen sie nicht in unmittelbare Kampfhandlungen verwickelt werden können.

Die Gleichberechtigung der Schweizerinnen

In der Schweiz hatten es die Frauen schwerer als in anderen Ländern, die politische Gleichberechtigung in Form des aktiven und passiven Wahlrechts bestätigt zu bekommen. Bis in die sechziger Jahre des 20. Jahrhunderts sprachen der Bund und die 21 Kantone den Frauen die Stimmfähigkeit ab. In der Schweizer Referendumsdemokratie war die Mehrheit der Stimmberechtigten, d. h. der Männer, entscheidend. Sie waren von der Richtigkeit der politischen Minderbehandlung der Frauen überzeugt. Ihre Auffassung, daß der Schweizer Staat ein Männerstaat sei, stützte sich auf die Geschichte des Landes, in der ausschließlich die Männer für die Souveränität des Staates eingetreten waren. Zu Beginn des 20. Jahrhunderts bröckelte die Überzeugung, daß der Mann allein zur Politik berufen sei, zwar ab, aber während man in den anderen europäischen Staaten zu diesem Zeitpunkt den Frauen die politischen Rechte verlieh, wurden die Konsequenzen aus den veränderten Gesellschaftsverhältnissen in der Schweiz nicht gezogen. Auch nach dem Zweiten Weltkrieg blieb in staatsrechtlicher Hinsicht alles beim alten, obwohl die Frauen fünf Jahre lang „ihren Mann stellten", als die Männer beim Aktivdienst waren. (1) Hauptargument gegen den Anspruch der Frauen auf politische Rechte war die These vom Zusammenhang des Stimmrechts mit der Wehrpflicht. In den Zeiten, als die Landgemeinde zugleich Heeresversammlung war, bestand dieser Zusammenhang mit Recht. Damals hatte nur der waffenfähige Bürger politische Rechte. Die historische Korrelation von Stimmrecht und Wehrpflicht wurde jedoch für das moderne Rechtswesen und vor allem für das schweizerische Bundesrecht immer belangloser. (2)

Wer die Verbindung von Stimmrecht und Wehrpflicht als rechtspolitisches Grundpostulat noch in den sechziger Jahren verteidigte, mußte eigentlich nachdenklich registrieren, daß zahlreiche Schweizer Frauen freiwillig Zivilschutzdienstleistungen übernahmen. Spätestens von da an war der Ausschluß der Frauen vom Aktivbürgerrecht weder sinnvoll noch mit dem Grundsatz der Rechtsgleichheit vereinbar. (3)

Beginnend mit dem Kantonalwahlrecht in Neuchâtel und Vaud 1959 über das eidgenössische Wahlrecht nach der Verfassungsänderung vom 7. 2. 1971 bis zum Kantonalwahlrecht im Halb-Kanton Appenzell Innerrhoden nach dem Urteilsspruch des Bundesgerichts vom 27. 11. 1990 eroberten die Schweizerinnen überall nach und nach das vornehmste aller demokratischen Rechte. (4) Als Preis für die politische Gleichberechtigung sollten sie nach der Meinung des Volkes wie die Männer zur staatlichen Dienstpflicht herangezogen werden.

Der Bundesrat setzte 1973 eine Expertengruppe ein, die Vorschläge für einen Nationaldienst der Frauen machen sollte, und zwar nicht nur für Kriegszeiten, sondern auch zur Behebung des aktuellen Mangels an Arbeitskräften in den Sozialberufen. Die Experten gingen davon aus, daß in der Schweiz jeder Bürger ungeachtet seines Geschlechts verpflichtet sei, sich in den Dienst des Gemeinwesens zu stellen, wenn Gemeinschaftsaufgaben auf anderem Wege nicht mehr erfüllt werden könnten. Die erörterten Varianten reichten vom freiwilligen Sozialeinsatz von Frauen aller Altersstufen über einen obligatorischen Sozialdienst für junge Schweizerinnen bis zu einer umfassenden, auch die zivile Landesverteidigung einbeziehende nationalen Dienstpflicht aller Frauen. Umstritten war auch, ob ein Friedensdienst geleistet werden sollte oder ob die Heranziehung auf wirkliche Notzeiten beschränkt werden sollte oder nicht. Der Personalmangel im Zivilschutzkorps, im Frauenhilfsdienst, dem 2 000 von den 4 000 erforderlichen Frauen fehlten, und im Armeesanitätsdienst, wo von den 6 000 erforderlichen Helferinnen nur 3 800 verfügbar waren, sprach für eine umfassende Mobilisierung der Frauen.

Da die Einführung der allgemeinen Frauendienstpflicht eine Verfassungsänderung erforderlich machte, war die Meinung des Schweizer Volkes ausschlaggebend. Eine Meinungsumfrage zum Thema folgte der anderen. (5) Erstaunlicherweise war die Frage nur für ein Drittel der Frauen ein wichtiges Thema. Die Frauenrechtsbewegungen, die sich seiner annahmen, wurden damals von den Frauen für recht unwichtig gehalten. Sie rangierten in ihrer Wertschätzung hinter den Umwelt- und Naturschutzbewegungen, den Menschenrechtsbewegungen, den Anti-Apartheidbewegungen, den Anti-Atomkraftbewegungen und den pazifistischen Bewegungen. (6) Unabhängig vom Alter erklärten sich dreiviertel aller Schweizerinnen und Schweizer bereit, im Kriegsfall zur Verteidigung des Landes einen Beitrag zu leisten, entweder mit der Waffe oder im zivilen Bereich. (7) Aber in Friedenszeiten hielt man eine totale Mobilisierung des weiblichen Geschlechts für überflüssig. Zwei Drittel der Männer und Frauen das Landes vertrauten der Armee, bei zunehmendem Alter in wachsendem Maß. (8)

Ebenso schwer wie mit der Entscheidung über eine nationale Frauendienstpflicht taten sich die Schweizer Bürger mit der Einführung eines zivilen Ersatzdienstes für Wehrdienstverweigerer. Die Dispensierung vom Militärdienst wurde von den Deutsch- und Westschweizern in höherem Maße gutgeheißen als von den Tessinern. Insgesamt befürworteten 90 % der Schweizer Bürger den Ersatzdienst als sinnvolle Alternative zum

372

Militärdienst. Die Volksabstimmung vom 17.5.1992 billigte erwartungsgemäß die Einführung eines Zivildienstes, aber erst am 6.10.1995 verabschiedeten die eidgenössischen Räte das „Bundesgesetz über den zivilen Einsatzdienst". Die „Zivildienstordnung" folgte am 11.9.1996. 1985 bis 1991 wurden etwa 70% der männlichen Wehrpflichtigen zum Aktivdienst eingezogen. Weitere zehn Prozent erhielten Zivilschutzfunktionen und 10% zahlten eine Militärpflichtersatzabgabe. 1992 gab es erstmals mehr Nichtdienende als Wehrdienstleistende. 54% waren privilegiert und brauchten nicht zu dienen und 45% wurden zum Militär einberufen. 1995 gab es mehr als doppelt soviele Nichtdienende (Privilegierte) wie Wehrdienstleistende (Nicht Privilegierte). Der Zivildienst konnte in folgenden Tätigkeitsbereichen abgeleistet werden: Gesundheitswesen, Sozialwesen, Kulturgütererhaltung, Umwelt- und Naturschutz, Land- und Forstwirtschaft, Katastrophen- und Entwicklungshilfe. Er dauerte eineinhalbmal so lange wie der Ausbildungsdienst für Wehrdienstleistende. Für die Beschäftigung der Ersatzdienstleistenden ist in der Schweiz das „Bundesamt für Wirtschaft und Arbeit" zuständig.

Wehrdienstleistende und Nichtdienende in Prozenten

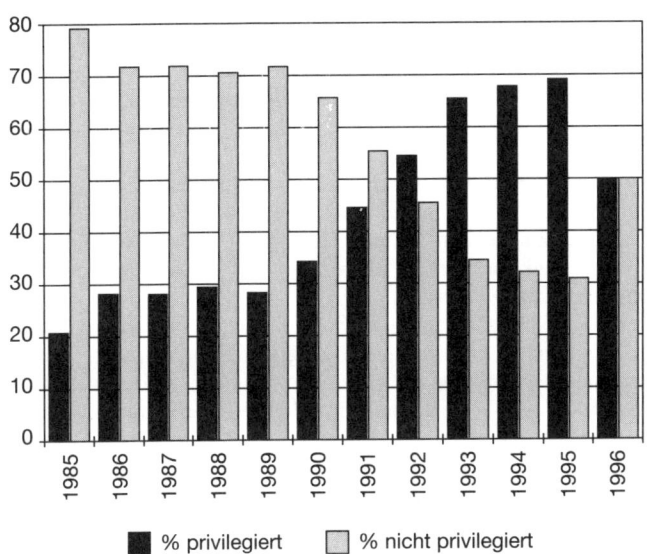

Das Schweizer Verteidigungssystem

Die Verteidigung der Schweiz ist eine Sache des Bundesrates. Artikel 102 der Schweizer Verfassung weist ihm die Aufgabe zu, für die äußere Sicherheit Sorge zu tragen und die Unabhängigkeit und Neutralität der Schweiz aufrecht zu erhalten. Gesamt- und Teilmobilmachungen können nur vom Bundesrat veranlaßt werden. Der Chef des Eidgenössischen Militärdepartements ist persönlich verantwortlich vor der Schweizer Bevölkerung für alle militärischen Fragen.

Am 1. 4. 1970 wurde eine Leitungsorganisation für die Gesamtverteidigung der Schweiz eingerichtet, bestehend aus einer Zentralstelle, einem Stab und einem Rat. Im Stab waren außer zwei Militärs – den für Logistik und Planung verantwortlichen Offizieren – alle Departements der Bundesverwaltung vertreten. Dazu kam der Direktor des Bundesamtes für Zivilschutz. Der Stab erarbeitete die Verteidigungskonzeptionen und der Zentralstelle oblag die Koordination der Verteidigungsmaßnahmen und die Kontrolle der Durchführung. Sein Direktor war zugleich der Vorsitzende des Verteidigungsstabs. Er hat das Recht, mit allen Behörden unmittelbar Kontakt aufzunehmen. Der Rat für Gesamtverteidigung setzte sich aus unabhängigen Persönlichkeiten zusammen, die der Verwaltung nicht angehörten und die den Bundesrat in Verteidigungsangelegenheiten zu beraten hatten. (9)

Die Verteidigungsvorbereitungen der Schweiz ruhten auf vier Säulen:

- die militärische Verteidigung
- die ökonomische Verteidigung
- die psychologische Verteidigung
- der Zivilschutz.

Zur militärischen Verteidigung war die Schweiz in der Lage, 600 000 Männer in vier Armeekorps mit 12 Divisionen und 23 Brigaden zu mobilisieren. Sollte die Abschreckung versagen, so bestand die Aufgabe der Armee darin, dem Angreifer auf seinem Vormarsch mit den Mitteln der klassischen Verteidigung soviel Schaden wie möglich zuzufügen und ihn von einer raschen Eroberung des Schweizer Vorlandes abzuhalten, damit die Verteidigungsanlagen des Reduit organisiert und so viele Bürger wie möglich dorthin zurückgeführt werden könnten.

Jeder ausgebildete Wehrpflichtige gehörte zwölf Jahre dem Auszug an. Mit 32 Jahren wurde er der Landwehr überwiesen und mit 42 Jahren dem Landsturm. Die Schwierigkeiten des Schweizer Kurzdienenden-Systems lagen darin, daß die Ausbildungszeit für zahlreiche militärische Funktionen nicht ausreichte. Für die Spezialisten mußten deshalb Sonderregelungen geschaffen werden.

Die wirtschaftliche Verteidigung in der Schweiz bezog sich auf alle Fragen des Wirtschaftssystems des Landes, z. B. auf die Abhängigkeit von Rohstofflieferungen aus dem Ausland. Energiequellen waren so gut wie keine vorhanden. Zu den Maßnahmen der wirtschaftlichen Verteidigung gehörte deshalb die obligatorische Vorratshaltung der Haushalte, Gemeinden und Industriebetriebe. Die Rohstoffvorräte der Industrie wurden behördlich überwacht. Sie sollten für eine Produktionszeit von vier bis sechs Monaten ausreichen.

Die Bedeutung der psychologischen Verteidigung wurde der Schweiz während des Zweiten Weltkrieges klar. Eingeschlossen von den Achsenmächten, konnte die Schweiz nur überleben, weil sich eidgenössisches Staatsbewußtsein gegenüber deutsch-nationalen und opportunistischen Tendenzen durchsetzte. Zu den wichtigen Maßnahmen gehörte die geistige Rüstung und im besonderen Maße die Förderung des Staatsbewußtseins des Schweizer Volkes. (10)

In der Zivilverteidigung wurden Vorsorgen getroffen gegen feindliche Angriffe konventioneller, nuklearer, chemischer oder biologischer Art. Neben der Ausbildung des Zivilschutzpersonals wurde vor allem den Alarmierungsmaßnahmen und den infrastrukturellen Schutzmaßnahmen Aufmerksamkeit gewidmet. Mitte der 70er Jahre war das Schutzprogramm in der Schweiz so weit gediehen, daß 42 % der Bevölkerung im Falle eines Nuklearangriffs ausreichend Schutz finden konnten.

Die Anteilnahme der Schweizerinnen am Ersten und Zweiten Weltkrieg

Während des Ersten Weltkrieges waren die Schweizer Frauen an zwei Verteidigungsmaßnahmen beteiligt:

Bei der Mobilmachung im August 1914 standen 24 Rot-Kreuz-Detachements zu je 40 Schwestern einsatzbereit. Da die Schweiz von militärischen Handlungen verschont blieb, brauchten jedoch nur jeweils 100 Schwestern zur Grenzbesetzung mobilisiert zu werden. Während der großen Grippeepidemie im Winter 1917/1918 erhöhte sich die Zahl auf 742 Schwestern. Zu dem offiziellen Rot-Kreuz-Pflegepersonal traten zu dieser Zeit zahlreiche Frauen, die freiwillige Pflegedienste leisteten, wofür sie lediglich freie Unterkunft, aber keinen Sold erhielten.

Um den Soldaten der Grenzbesetzung wohnliche Aufenthaltsräume zur Verfügung zu stellen und die Verpflegung aufzubessern, wurde im Oktober 1914 der „Verband gemeinnütziger Vereine für alkoholfreie Verpflegung der Truppen" gegründet, der einen Monat später in „Schweizer Verband Soldatenwohl" umgewandelt wurde. Während des Krieges wurden etwa 1 000 Soldatenstuben eingerichtet und von Frauen geleitet. Die Kosten gingen zu Lasten des Verbandes. 1917 übernahm der Verband auch die Reinigung und Reparatur der Wäsche der Soldaten und die Unterstützung finanziell bedrängter Soldatenfamilien. Es wurden sogenannte Kriegswäschereien eingerichtet und Fürsorgemittel zur Verfügung gestellt.

Blieb im Ersten Weltkrieg der Einsatz von Frauen der Zivilinitiative überlassen, so wurde im Zweiten Weltkrieg die Hilfe der Frauen staatlich organisiert. Am 16. 2. 1940 erließ der Oberbefehlshaber der Armee Richtlinien für die Organisation eines „Frauenhilfsdienstes" (FHD). Dabei wurde zwischen einem militärischen und einem zivilen Frauenhilfsdienst unterschieden. Der zivile Hilfsdienst blieb eine lose Zusammenfassung von freiwilligen Hilfskräften, die neben ihrer hauptberuflichen Tätigkeit Fürsorgemaßnahmen zu übernehmen bereit waren und als deren Hauptaufgabe die Evakuierung der Bevölkerung im Kriegsfall angesehen wurde. Zu ihren Tätigkeiten gehörte auch die Unterstützung von Bäuerinnen in der Landwirtschaft, besonders bei der Ernte, Hilfe in Katastrophen- und Notfällen und die Durchführung von Geld- und Altmaterialsammlungen.

Der militärische Frauenhilfsdienst war straff organisiert. Am 10. 4. 1940 erging ein Aufruf an alle Schweizerinnen zwischen 18 und 60 Jahren, sich freiwillig zu melden. Die tauglichen Bewerberinnen erhielten eine Armbinde mit einem weißen Kreuz auf rotem Grund zur Kennzeichnung des Kombattantenstatus und eine Arbeitsschürze. Sie wurden vereidigt und mit einem „Dienstbüchlein" ausgestattet. Sie unterstanden den Militärgesetzen. Die Verpflichtung zur Dienstleistung dauerte bis zum Schluß des Aktivdienstes, d. h. bis zum Kriegsende. Eine vorzeitige Befreiung von der Dienstpflicht konnte nur auf begründetem Antrag von der kantonalen Militärbehörde bewilligt werden. Als Gründe für das Ausscheiden wurden z. B. Heirat, berufliche Umschulung oder Arbeitsplatzwechsel anerkannt. Man achtete darauf, daß durch den FHD weder das Familienleben noch das Wirtschaftsleben Schaden litt. (11)

Nach einem 13tägigen Einführungskurs wurden die hilfsdienstleistenden Frauen an die Stäbe und Einheiten der Armee weitergeleitet und dort insbesondere in Büros, Meldeköpfen, Telefonzentralen, Fliegerbeobachtungsposten, Militärsanitätsanstalten und Verwundetentransportkolonnen eingesetzt. Zwischen 1941 und 1945 wurden etwa 20 000 Frauen für den FHD ausgebildet. Jeweils 2 500 bis 3 000 Frauen standen gleichzeitig im

Dienst. Die Gesamtleistung aller Frauen während des Aktivdienstes betrug 3,6 Millionen Diensttage. (12) Die Mitglieder des FHD bekamen freie Unterkunft, Truppenverpflegung und Portofreiheit. Sie bezogen Lohnausfallentschädigung und erhielten einen Sold. In arbeitsrechtlicher Hinsicht bestand während ihres Militärdienstes ein rechtlicher Stillstand. Gegen Krankheit und Unfall waren sie versichert. Die volle versicherungsrechtliche Gleichstellung mit den Militärdienstpflichtigen wurde erst am 27. 4. 1945 nach mehreren Gesetzesnovellierungen erreicht. Bis zu diesem Zeitpunkt mußten die Angehörigen des FHD beweisen, daß das Leiden, für das sie die Versicherung in Anspruch nehmen wollten, „mit großer Wahrscheinlichkeit" durch die Erfüllung der Hilfsdienstpflicht verursacht oder verschlimmert worden war. (13)

Angehörige des FHD waren vom Luftschutzdienst befreit und Angehörige des Luftschutzdienstes vom FHD. Nach der Verordnung über die Bildung örtlicher Luftschutzorganisationen vom 29. 1. 1935 konnte jede Frau zum Luftschutz herangezogen werden, wenn sie nicht aus gesundheitlichen Gründen verhindert war. Die Entlassung aus dem Luftschutz erfolgte in der Regel bei Erreichung des 65. Lebensjahres, beim Wegzug aus der Gemeinde oder bei der Übertragung anderer öffentlicher Pflichten. Im Dienstbüchlein der Luftschutzdienstpflichtigen wurden die besuchten Kurse und die übergebenen Ausrüstungsgegenstände eingetragen. Erwerbsausfall wurde erstattet.

Der dritte Pflichtdienst von Frauen während des Krieges war die Teilnahme an den Hausfeuerwehren. Die Hausfeuerwehren dienten dem Selbstschutz, während die Luftschutzorganisationen für den Schutz der Allgemeinheit da waren. Die Heranziehung zu den Hausfeuerwehren erfolgte durch die Gemeinden. Die Angehörigen der Hausfeuerwehren erhielten im Gegensatz zu den Luftschutzdienstpflichtigen kein Dienstbüchlein. Die Ausbildung erfolgte durch die örtlichen Luftschutzorganisationen. Während des Zweiten Weltkrieges wurden rund 117 000 Hausfeuerwehren mit etwa einer halben Million Angehöriger aufgestellt. Die persönliche Ausrüstung mußte selbst beigebracht werden: Schuhe, Handschuhe, Kopfbedeckung, Schutzbrille oder Gasmaske. (14)

Der Frauenhilfsdienst nach dem Krieg

Organisation und Aushebung

Der schweizerische Frauenhilfsdienst wurde nach Abschluß des Aktivdienstes 1939–1945 mit der „Verordnung über den Frauenhilfsdienst vom 12. 11. 1948" neu organisiert. In Friedenszeiten als Rahmenorganisation geplant, sollte er in Phasen politischer Spannung oder im Mob-Fall durch die Aufnahme von ausgebildeten Frauen aufgestockt werden. FHD-Angehörige sollten überall eingesetzt werden, wo sie Wehrmänner für den unmittelbaren Kampfeinsatz freimachen würden. Im Spannungsfall konnten sie wie Soldaten einberufen werden. Die Verordnung über die Hilfsdienste vom 3. 4. 1939 wurde durch den Bundesratserlaß vom 1. 7. 1951 aufgehoben und der FHD als Organisation des schweizerischen Gesamthilfsdienstes der Streitkräfte anerkannt. Die zentrale Dienststelle für den FHD wurde der Abteilung für Adjutantur im Militärdepartement eingegliedert. Sie war verantwortlich für die Aushebung, für Entlassungen und für die Zuteilung der FHD-Angehörigen an die Armee. Da der Chef der Abteilung für Adjutantur im Hinblick auf den FHD die Befugnisse eines Waffenchefs besaß, hatte der Frauenhilfsdienst eine den Truppengattungen analoge Stellung in der Armeeorganisation. Die Leitung des FHD lag beim (weiblichen) Chef-FHD, der vom Bundesrat bestimmt wurde. Als ranghöchste Frau des FHD war sie die ständige Vertreterin des FHD im Eidgenössischen Militärdepartement und repräsentierte den Frauenhilfsdienst auch nach außen. Sie hatte besonders darauf zu achten, daß die Ausbildung den Erfordernissen der militärischen Dienststellen entsprach.

Jede gesunde Schweizer Bürgerin im Alter von 18 bis 35 Jahren konnte bei Eignung in den FHD aufgenommen werden. Besonderer Wert wurde auf den einwandfreien Leumund der Antragstellerinnen gelegt. „Wer Abenteuer sucht, taugt nicht für den FHD und soll sich nicht melden." (15) Zu den allgemeinen Voraussetzungen zählten gute Auffassungsgabe, Einsatzbereitschaft, Anpassungs- und Kooperationsfähigkeit, Zuverlässigkeit und Sportlichkeit. Wurde die Bewerberin angenommen, so erhielt sie ein Aufgebot zur Aushebung, bestehend aus der Musterung, aus der Zustellung des Tauglichkeitsentscheids und im positiven Falle in der Zuweisung zu einer Hilfsdienstgattung. Die „sanitarische Untersuchung" erfolgte durch eine spezielle Untersuchungskommission für Frauen (UCF). Die tauglichen Bewerberinnen erhielten ihr Dienstbüchlein mit den üblichen Eintragungen. Es galt als rein militärischer Ausweis und durfte nicht für zivile Zwecke verwendet werden.

Mit der Übernahme in den FHD unterstanden die Dienstpflichtigen der militärischen Ordnung. Sie waren zu Gehorsam und zu Treue gegenüber der Eidgenossenschaft verpflichtet und dem militärischen Dienstreglement unterworfen und hatten alles unterlassen, was dem Staat zum Schaden gereichte, und alles tun, was diesem nützte. Wer ohne Erlaubnis des Bundesrates in fremden Militärdienst eintrat, konnte in Friedenszeiten mit Gefängnis und in Kriegszeiten mit Zuchthaus bestraft werden. Als fremder Militärdienst galt jede Dienstleistung bei einer ausländischen staatlichen Armeeorganisation, auch die in Rot-Kreuz-Organisationen. Die Angehörigen des FHD mußten die Vorschriften des militärischen Kontrollwesens nach der Verordnung vom 18. 11. 1952 beachten und jede Änderung des Zivilstandes und jeden Wohnungswechsel melden. Wer länger als sechs Monate ins Ausland verreisen wollte, hatte um Auslandsurlaub nachzusuchen, vor der Ausreise die Ausrüstung beim nächstgelegenen Zeughaus abzugeben und sich beim zuständigen Sektionschef abzumelden. Zu den generellen Pflichten der FHD-Angehörigen gehörte die Geheimhaltung, die Pflicht, die Weisungen der Militärbehörden zu befolgen, sich über die jährlichen Übungszeiten zu informieren und sich an der außerdienstlichen Fortbildung zu beteiligen. Jede Schweizer Bürgerin, die in den Frauenhilfsdienst aufgenommen war, hatte die Rechte und Pflichten eines Wehrmannes und den Anspruch darauf, gleichberechtigt behandelt zu werden. Sie leistete Militärdienst im Sinne des Artikels 8 der Militärorganisation. Das Beschwerderecht gab ihr die Möglichkeit, sich gegen Ehrverletzungen und Überschreitungen der Kommandobefugnis zu wehren. (16) Die von den FHD im Zusammenhang mit ihrer Dienstpflicht begangenen strafbaren Handlungen wurden nach dem Militärstrafgesetz von den örtlichen Militärgerichten geahndet. Die Frauen unterlagen auch dem militärischen Strafvollzug. Als Strafen sah das Schweizer Militärstrafgesetz auch für sie Todesstrafe, Zuchthaus, Gefängnis, Haftstrafe und Buße vor. Als Disziplinarstrafen wurden Verweis, Arrest, Degradation und Buße ausgesprochen.

Ausbildung und Ausrüstung

Die Dienstpflicht des FHD umfaßte in Friedenszeiten einen 27tägigen Einführungskurs und 91 Diensttage, die in jährlichen Ergänzungskursen von höchstens 13 Tagen zu leisten waren. In dieser Zeit hatten die FHD-Angehörigen Anrecht auf Sold, Erwerbsausfallentschädigung, Verpflegung, Unterkunft, Ausrüstung und Bekleidung, Militärversicherung, Arbeitsplatzgarantie, ärztliche Betreuung und seelsorgliche Hilfe. Ihr Stimm- und Wahlrecht blieb erhalten.

Die blaugraue Uniform war das Kennzeichen der FHD-Angehörigen. Die persönliche Ausrüstung umfaßte alle Gegenstände, die den Dienstpflichtigen zur Obhut übergeben wurden: Bekleidung (Stahlhelm, Schutzmaske, Mützen, Hut, Jacke, Bluse, Krawatte, Jupe, lange Hose, Mantel, Kapuze und Schürze) und Gepäck (Rucksack, Effektentasche, Ausgangstasche, Urlaubstasche, Brotsack, Brotbeutel, Feldflasche, Becher, Kochgeschirr, Eßbesteck, Putzzeug, Anstreichbürste, Koffer). Als besondere Ausrüstungsgegenstände galten die Schriftentasche, die Identitätskarte und das Schuhwerk. Die Frauen waren verpflichtet, die Ausrüstung in gutem Zustand zu halten. Sie hafteten für Verlust oder Beschädigung. Mit Ausnahme von Schuhwerk, Rucksack und Feldflasche war die Benützung der Ausrüstungsgegenstände außerhalb des Dienstes verboten. Die Angehörigen des FHD waren in Krieg und Frieden unbewaffnet.

Bei der Einteilung in die verschiedenen FHD-Gattungen spielte die berufliche Vorbildung der Frauen die wesentliche Rolle. Nach dem Einführungskurs wurden sie dem Dienstzweig zugeteilt, für den sie am besten geeignet erschienen. Sie arbeiteten nie allein, sondern immer gruppenweise.

Im Fürsorgedienst fanden Hausfrauen, Fürsorgerinnen und Pflegerinnen einen Aufgabenkreis. Im Kriegs- oder Katastrophenfall sollten sie die Bevölkerung betreuen, z. B. Flüchtlingslager und Speisestätten einrichten.

Im Fliegerbeobachtungsdienst arbeiteten die FHD in den Auswertungszentralen, wo sie Flugmeldungen, Wettermeldungen und AC-Meldungen an die Gefechtsstände weitergaben. Die Ausbildung umfaßte die Kenntnis der Fliegersprache (Bambini-Code), Zeichnen von Luftlage- und Wetterkarten und die Bedienung des technischen Übermittlungsgerätes.

Die dem Warndienst zugewiesenen FHD hatten im Ernstfall der Bevölkerung und den militärischen und zivilen Dienststellen und Organisationen Flieger-, Überflutungs- und Kampfstoffwarnungen durchzugeben. Als Radiosprecherinnen und Telefonistinnen in den Warnsendestellen mußten sie über Umsicht und gute Sprechstimmen verfügen.

Die Frauen des FHD-Übermittlungsdienstes arbeiteten in den Telefon- und Fernschreibzentralen der Stäbe und militärischen Einheiten.

Der Brieftaubendienst verlangte von den Angehörigen des FHD vor allem Tierliebe. Sie hatten in den Brieftaubendepots, -detachements und -stationen die Tauben aufzuziehen, auszubilden, zu pflegen und zu warten.

Der administrative Dienst beschäftigte die FHD-Angehörigen in den Kanzleien der Stäbe und Einheiten, wo sie die Korrespondenz zu erledigen und Fernschreiber und Telefon zu bedienen hatten. Stenographie- und Maschinenschreibkenntnisse waren Voraussetzung.

Der Feldpostdienst beschäftigte die FHD-Frauen mit allen zur Brief- und Paketpostbeförderung gehörenden Arbeiten.

Die Angehörigen des FHD-Motorfahrerdienstes wurden als Fahrerinnen in den FHD-Sanitätstransportkolonnen tätig. Neben einem gültigen Führerschein für Militärfahrzeuge bis 3,5 t benötigten sie Kenntnisse in Erster Hilfe. Ihre Schulung umfaßte militärische Verkehrsregelung und Wegweiserdienst, die Einrichtung von Ambulanzen, Motorkenntnis, Wagenpflege und Pannendienst.

Die FHD-Angehörigen des Kochdienstes wurden als Kochgehilfinnen oder Chefköchinnen in den Küchen der Stäbe und Einheiten eingesetzt, wenn ihre Vorkenntnisse und ihre körperliche Leistungsfähigkeit dazu ausreichten.

In den Einführungskursen wurden die Frauen unter Leitung von weiblichen Offizieren mit dem Fachgebiet vertraut gemacht, dem sie zugewiesen worden waren. Der Unterricht umfaßte darüber hinaus Belehrungen über den Aufbau der Armee und der Militärorganisation, ABC-Ausbildung, Stunden über das Dienstreglement und Übungen im Kartenlesen. Beim Exerzieren wurde korrektes Grüßen, Melden und Marschieren gelernt. Turnen und Singen traten dazu. Der größte Wert wurde jedoch auf die praktische Arbeit gelegt. (17)

Frauen, die zu Führungsfunktionen geeignet erschienen, wurden in 13–34tägigen Kaderkursen auf ihre Aufgaben vorbereitet. Der Kaderkurs I zur Ausbildung für Unteroffiziersfunktionen hatte für Gruppenführerinnen eine Dauer von 13 Tagen, für Chefköchinnen eine Dauer von 20 Tagen, für Dienstführerinnen eine Dauer von 10 Tagen und für Rechnungsführerinnen eine Dauer von 34 Tagen. Der Kaderkurs II von 20 Tagen diente der Ausbildung von Gruppenführerinnen für Offiziersfunktionen, z. B. als Kolonnenführerin und Dienstchefin. (18)

Dienstführerinnen der Funktionsstufen 4 und 5 (Unteroffiziersfunktionen) leiteten den inneren Dienst und waren zuständig für die Arbeitsbereitschaft der Gruppe. Die ihnen gleichgestellte Rechnungsführerin führte den Truppenhaushalt. Die Kolonnenführerinnen (Funktionsstufe 2) waren Einheitskommandanten selbständiger FHD-Sanitätstransportkolonnen. Die ihnen gleichgestellte Dienstchefin war verantwortlich für alle hilfdienstleistenden Frauen des Einteilungsverbandes, besonders für den inneren Dienst und hinsichtlich fraulicher Belange.

Die Angehörigen des FHD wurden aus ihrer Dienstpflicht entlassen, wenn sie das 50. Lebensjahr vollendet hatten, das Schweizer Bürgerrecht verloren, von einer sanitarischen Untersuchungskommission als untauglich eingestuft wurden oder wenn ihr Betragen dem Ansehen des FHD schadete. Auf besonderes Gesuch hin konnten aus dem FHD auch Frauen entlassen werden, die Kinder bekamen, ihre Dienstpflicht von 91 Tagen erfüllt hatten oder andere zwingende Gründe vorbringen konnten. (19) Anstelle der Entlassung auf Gesuch konnte sich die FHD-Angehörige in die FHD-Personalreserve „umteilen" lassen. Die Reservezugehörigkeit durfte jedoch 10 Jahre nicht überschreiten. Am Ende dieser Zeitspanne mußte sich die Reservistin entweder zur Wiederverwendung in einer Einheit oder einem Stab einteilen lassen oder die definitive Entlassung beantragen.

Die Schweizer Armee ging von 1950 bis 1985 davon aus, daß im Kriegsfall etwa 10 000 Hilfsdienstleistende zur Verfügung stehen würden. In dieser Zahl waren die Hilfsdienstleistenden der Zivilschutzorganisation nicht einbezogen.

Die Umwandlung des FHD in den Militärischen Frauendienst

Gegen Ende der 70er Jahre verstärkte sich die Diskussion über die Herauslösung des Frauenhilfsdienstes (FHD) aus dem Hilfsdienst (HD) der Schweizer Armee und über die Integration der Frauen als den Männern gleichgestellte Angehörige in die Truppe. In der Tat war der Hilfsdienst in erster Linie auf Männer zugeschnitten, deren Gesundheitszustand nur eine beschränkte Dienstleistung erlaubte. (20) Dagegen verlangte der FHD von seinen Angehörigen einen untadeligen Gesundheitszustand. Durch den Ausdruck „Hilfsdienst" fühlten sich viele Frauen diskriminiert. Die kurze Instruktionszeit bremste die Entfaltungs- und Karrieremöglichkeiten der FHD-Frauen. Die Anstellung von weiblichen Instruktoren, die Übernahme von Kaderfunktionen und die breitere Fächerung der Einsatzbereiche des FHD ließen sich nur mit rechtlichen Finessen verwirklichen. Weitere Überlegungen für die Neugestaltung des FHD kamen hinzu: Würden bessere, auf Frauen zugeschnittene Einsatzmöglichkeiten eine stärkere Einbindung der Frauen in die Armee bewirken? Würden vermehrte Einsatzmöglichkeiten von den männlichen Soldaten akzeptiert werden? Könnte die Einbeziehung von Frauen in den Wehrdienst die Akzeptanz der Wehrpflicht in der Bevölkerung stärken? War damit zu rechnen, daß sich für einen gleichwertigen Dienst in der Armee mehr Frauen freiwillig melden würden? Könnte der Frauendienst in den Streitkräften zur Emanzipation beitragen? (21)

Der Nationalrat beantragte im März 1984, einen Artikel 3b in das Militärgesetz einzufügen:

„1. Schweizerinnen können sich freiwillig zum Militärischen Frauendienst und zum Rotkreuzdienst melden ...

2. Die weiblichen Angehörigen der Armee haben die gleichen Pflichten und Rechte wie die männlichen Angehörigen der Armee, soweit der Bundesrat nicht Ausnahmen vorsieht.

3. Der Bundesrat regelt die Aushebung, die Ausrüstung, die Dauer der Dienstpflicht und die einzelnen Instruktionsdienste, die Einteilung, die Gradabstufung, die Beförderung und das Kontrollwesen der weiblichen Angehörigen der Armee."

Der Ständerat stimmte dem Gesetz im Juni 1984 zu, so daß der FHD am 31. 12. 1984 aufgelöst werden konnte. Die Neugestaltung des Frauendienstes wurde jedoch erst nach dem Inkrafttreten der vom Bundesrat am 3. 7. 1985 erlassenen „Verordnung über den militärischen Frauendienst" durchgeführt. Sie trägt das Datum vom 3. 7. 1985. (22)

Die Reform hatte folgende Ergebnisse: Der MFD unterstand jetzt in Führungs- und Ausbildungsbelangen dem Ausbildungschef der Armee und in administrativer Hinsicht dem Bundesamt für Adjutantur. Dadurch konnten die Ausbildungsmöglichkeiten der Armee für die Frauen genutzt, die Zusammenarbeit zwischen den Dienststellen des MFD und den Instanzen der Armee gewährleistet und das Frauenpotential im Sinne der Armee eingesetzt werden. (23) Die Leitung des MFD übernahm eine Frau mit dem Dienstgrad Brigadier. Es war die bisherige Chefin des FHD Johanna Hurni von Ferenbalm. Die Frauen waren den Männern gleichgestellt und konnten sämtliche Unteroffiziers- und Offiziersdienstgrade der Schweizer Armee erreichen. (24)

Zum Dienst beim MFD konnten sich Frauen zwischen 18 und 35 Jahren melden. Die Kandidatinnen mußten sich zunächst einer Überprüfung ihrer körperlichen Leistungsfähigkeit unterziehen. Dazu gehörten ein 80 m Lauf (außen) oder ein Pendellauf (innen), Weitwurf, Weitsprung mit Anlauf (außen) oder aus dem Stand (innen), 12-Minutenlauf (außen) oder Achterlauf (innen) und Klettern. Für die Bewertung gab es eine besondere „Leistungstabelle für Frauen". (25) Für die Zuteilung zu den Truppengattungen und Laufbahnen spielten der Bildungsstand, die berufliche Qualifikation, die körperliche Leistungsfähigkeit und die „geistige Eignung" eine ausschlaggebende Rolle. Für spezielle Funktionen wurde nach der Aushebung eine besondere Eignungsprüfung durchgeführt. (26)

Mit der Aushebung und Zuteilung zu einer Truppengattung verpflichteten sich die Frauen, mindestens 300 Tage Dienst zu tun. Nach 57 Diensttagen konnten sie sich zur Personalreserve überstellen lassen oder die Entlassung aus der Armee beantragen.

Die Ausbildung bestand aus einem vierwöchigen Aufenthalt an der einer Rekrutenschule und in Anschlußübungen von insgesamt 117 Tagen für Soldaten und Unteroffiziere; Feldwebeldienstgrade und Offiziere wurden eingehender ausgebildet, nämlich 143 bzw. 240 Tage. 1997 wurden auch für Frauen die militärischen Grundlehrgänge von 8 bzw. 11 Wochen auf 15 Wochen ausgedehnt. (27) Die Kaderausbildung dauerte grundsätzlich gleich lang wie bei den männlichen Armeeangehörigen. Unteroffiziere durchliefen eine zwölfwöchige Ausbildung, von denen acht an einer Rekrutenschule verbracht wurden. Für Offiziere dauerte die Ausbildung 17 Wochen und die praktische Dienstzeit als Leutnant 16 Wochen. (28)

Die Ausbildung war für Männer und Frauen identisch. Unterschiede bestanden nur in der körperlichen Beanspruchung. Frauen mußten in der Regel 80 % der Normen der Männer erfüllen. Beim Leistungsmarsch hatten sie z. B. 80 % der Distanz bei gleichem Gepäck oder die gleiche Distanz mit um 20 % reduziertem Gepäck oder die gleiche Distanz bei gleichem Gepäck in einer um 20 % verlängerten Zeit zurückzulegen.

Die Schweizer Soldatinnen konnten zum Selbstschutz den Umgang mit der Pistole erlernen und diese auch tragen. Davon machten 99 % der Soldatinnen Gebrauch. (29) Die Ausbildung am Sturmgewehr blieb den Frauen vorbehalten, die für Führungsfunktionen (Kader) als Unteroffiziere, Feldwebel und Offiziere vorgesehen waren. Es wurde für undenkbar gehalten, daß die Frauen zur Gefechtsausbildung herangezogen werden könnten. (30)

Den Frauen standen seit 1996 70 % aller Verwendungen in den 13 Truppengattungen, inklusive der Luftwaffe, die organisatorisch das fünfte Schweizer Armeekorps bildet, offen: Nachrichtensoldat/ Infanterie, Trainsoldat/Infanterie, Schlagzeuger, Tambour, Trompeter/Infanterie, Pontonier/Genietruppen, Übermittlungspionier/Übermittlungstruppen, Informatikpionier/Übermittlungstruppen, Sekretär/Übermittlungstruppen, Büroordonanz/Übermittlungstruppen, Übermittlungssoldat/Sanitätstruppen, Spitalbetreuer (nur Frauen)/Sanitätstruppen, Müllersoldat/Versorgungstruppen, Buchhalter/Versorgungstruppen, Tankwagenfahrer/Versorgungstruppen, Truppenkoch/Versorgungstruppen, Hufschmied/Veterinärtuppen, Kuranstaltsoldat (Tierspitäler)/Veterinärtruppen, Motorfahrer/alle Truppengattungen, Straßenpolizeisoldat/Transporttuppen, Rettungssoldat/ Rettungstruppen, Baumaschinenführer/Rettungstruppen, Soldat/Materialtruppen, Fliergersoldat (nur Übermittlungssoldat)/Luftwaffe, Pilotenanwärter (nur Helikopter)/Luftwaffe, Nachrichtensoldat/Luftwaffe, Drohnensoldat/Luftwaffe. (31) Die Unteroffiziers-, Feldwebel- und Offiziersverwendungen in den Kaderverbänden umfaßten weitere Funktionen in den Kommandostäben, bei den Fliegerabwehrtruppen, bei der Sanitätstruppe, bei den Versorgungstruppen, im Territorialdienst und im Feldpostdienst. Die Armee verwendete ausschließlich die männlichen Bezeichnungen und Dienstgrade.

Im Normalfall begann die Militärdienstpflicht nach der von der „Dienststelle MFD" durchgeführten Aushebung und endete spätestens am Ende des Kalenderjahres, in dem die Angehörigen des MFD das 42. Lebensjahr vollendeten. (32) Wie beim FHD galten als Gründe für eine vorzeitige Entlassung aus dem MFD der Verlust der Schweizer Staatsbürgerschaft, Dienstuntauglichkeit oder eine zehnjährige ununterbrochene Befreiung von der aktiven Dienstpflicht. (33) Für die Kindererziehung und die Betreuung von nahen Familienangehörigen galten besondere Regelungen. In diesen Fällen konnten sich die Frauen in die Reserve einteilen lassen. (34)

Die Dienstvorschriften galten für weibliche und männliche Angehörige der Armee gleicherweise. Gemeinsam mit den Männern rückten die Reservistinnen jedes Jahr für 12 Tage oder alle zwei Jahre für 19 Tage in die Wiederholungskurse ein. Die gesamte Dienstpflicht betrug 1997 für beide Geschlechter 300 Tage. Die MFD-Angehörigen bekamen denselben Sold und die dieselben Unterstützungsleistungen wie die Männer.

1988 dienten 3 000 Frauen im MFD. Laut Organisationstabellen der Stäbe und Truppen besetzten sie damals 80 % der verfügbaren Stellen. (35) Daß Frauen erheblich weniger Diensttage zu leisten hatten, um befördert zu werden, als ihre männlichen Kameraden, führte zu bissigen Kommentaren.

36 % der Bewerberinnen kamen 1996 aus kaufmännischen Berufen. Über 80 % der Bewerberinnen waren deutscher Muttersprache, 15 % französisch sprechend und 3 % sprachen italienisch. (36) Als Motive gaben die Frauen an: Erfüllung einer Aufgabe im Dienst der Allgemeinheit, Vorbereitung für den Notfall, Kennenlernen einer wichtigen staatlichen Institution, psychische und physische Herausforderung, Abwechslung vom Alltag, Gemeinschaftserlebnis, Wunsch nach etwas Außergewöhnlichem. (37)

Die Umwandlung des FHD in den MFD löste in der Schweiz eine rege öffentliche Diskussion über die gesellschaftliche Stellung der Frauen im allgemeinen und in der Armee im besonderen aus. Frauen, die sich zum Dienst im MFD meldeten, mußten „nicht nur die Hänseleien und das Kopfschütteln ihrer männlichen und weiblichen Kollegen über sich ergehen lassen, sondern auch noch gegen den Widerstand von Arbeitgebern ankämpfen", die bisher nicht gewohnt waren, daß weibliche Arbeitnehmer wie die männlichen Wehrdienstpflichtigen und mit den gleichen Wiedereinstellungsberechtigungen für einige Monate ausfielen. (38) Außerdem schien es, daß „viele Ehemänner und Freunde ihre Gemahlinnen oder Geliebten darum nicht gerne beim Militär sehen wollen, weil sie aufgrund eigener Erfahrungen ihre Frauen nicht in der männlich rauhen soldatischen Umwelt wissen" mochten. (39) Das eigentliche Problem „für den Umgang mit den weiblichen Soldaten spiele das Frauenbild, das die Männer, vor allem die männlichen Kader, vom Zivilleben in den Militärdienst mitnehmen". (40) Es war auch eine „gewisse Konkurrenzangst zu beobachten". (41)

Die Auswirkungen der dem MFD abträglichen öffentlichen und privaten Diskussionen schlugen sich in sinkenden Rekrutierungszahlen nieder. 1984 meldeten sich 335 Frauen zum FHD, 1985 dagegen nur 221 zum MFD. Die Zahl sank 1989 auf 100. (42) In den folgenden Jahren ging es weiter bergab. Erst ab 1996 stiegen die Anmeldungen wieder. 1997 gehörten 1 500 Frauen der Armee an und 62 weibliche Rekruten rückten in die Rekrutenschule ein: 10 Nachrichten-, Train- und Spitalsoldaten, 7 Pilotenanwärter, je 2 Trompeter und Truppenköche sowie 1 Motorradfahrer, eine Büro-Ordonnanz und ein Fahr-Pontonier (zuständig für das Übersetzen von Truppen und Material über Flüsse und Seen mit Booten und Fähren).

Um die Steigerungsrate von jährlich etwa 3 % zu halten, wurden immer mehr Funktionen für Frauen geöffnet. Seit dem Sommer 1996 durften Frauen in allen Bereichen der Schweizer Armee eingesetzt werden, die keine direkten Kampffunktionen einschließen. Aber das Kampfverbot hat fließende Grenzen. (43) Frauen wurden als Pilotinnen und als Militärbeobachter in UNO-Blauhelmeinsätzen verwendet. In beiden Funktionen waren Kampfhandlungen nicht auszuschließen. Trotzdem dürfen Frauen bis auf weiteres nicht in der Infanterie und Artillerie, bei den Festungstruppen, bei der Panzertruppe, in der Fliegerabwehr, in den Mechanisierten und Leichten Truppen (MLT) und in den Feld- und Gebirgsdivisionen dienen. (44) Bei den anderen Waffengattungen war die Einteilung in Funktionen, die einen Waffeneinsatz mit sich bringen könnten, der über den Selbstschutz hinausgeht, nicht zulässig. Die Offiziersaspiranten nahmen jedoch am theoretischen Teil der Gefechtsausbildung teil. Die „sicherheitstechnische Waffenausbildung", der sie sich unterzogen, vermittelte ihnen die wesentlichen Einsatzbestimmungen der einzelnen Waffen, so daß sie in der Truppe zumindest Standschießübungen leiten konnten.

Nach der Umstrukturierung der Schweizer Armee zur „Armee 95" war im V-Fall der Einsatz von 1 700 Frauen bei einer Gesamtstärke von 400 000 Mann vorgesehen. Wenn man allerdings bedenkt, daß jährlich 10 000 junge Männer eingezogen wurden, war der Anteil der sich freiwillig zum Wehrdienst meldenden Frauen mit 0,005 % verschwindend gering. (45)

1997 dienten in der Luftwaffe 122 Frauen. Die erste Frau für die Pontoniere meldete sich erst 1997. (46) Weibliche Armeeangehörige nahmen seit 1996 auch an den Auslandseinsätzen der schweizerischen Armee teil, z. B. bei den Gelbmützen-Einsätzen der OSZE-Mission im ehemaligen Jugoslawien. (47) In einem Bericht zur „Armeereform 95" stellte der Bundesrat Adolf Ogi als Verteidigungsminister am 29. 10. 1996 fest, daß sich die Verwendungswünsche der Frauen denen der Männer annäherten. „Wenn sich früher neben den Fahrern viel Frauen zu den Übermittlungtruppen, der Luftwaffe oder als Spitalbetreuer gemeldet haben, sind heute neue Funktionen wie Trainsoldaten, Motorradfahrer der Kategorie III (über 7,5 Tonnen Gesamtgewicht) und Spitalsoldaten gefragt." (48)

Die Vorbehalte männlicher Offiziere in der schweizerischen Armee gegenüber weiblichen Rekruten verschwanden binnen eines Jahres. Den Frauen wurde „Organisationsgeschick sowie Durchhaltewillen" und eine „wohltuend positive Einstellung zur Sache" bescheinigt. Der Umgangston unter den Männern sei durch ihre Anwesenheit „leiser, höflicher und freundlicher" geworden. (49) Die Heerespsychologen stellten fest, daß die Unterschiede zwischen männlichen und weiblichen Soldaten eher im psychologischen als im physischen Bereich lägen. Das Verhalten der Frauen werde aufgrund ihrer unterschiedlichen Hormonausschüttung durch schwankende Stimmungslagen gekennzeichnet, sie zeigten eine andere Qualität der Aggressivität und sie bekennten sich stärker zu ihren Ängsten als die Männer. Auf der anderen Seite verfügten Frauen über eine bessere Sozialintelligenz, die sich besonders in der sprachlichen Ausdrucksfähigkeit und im sprachlichen Einfallsreichtum äußere. In der Raumvorstellung und bei den mathematischen Fertigkeiten zeigten sie dagen mehr Schwächen als die Männer. (50)

Um die Rolle der Frauen in der Schweizer Gesamtverteidigung zu festigen, richtete das Verteidigungsdepartement 1995 den Ausschuß „Frau und Gesamtverteidigung" ein. Er behandelt alle Frauenfragen in allen Bereichen der Gesamtverteidigung, vermittelt den Frauen in Tagungen, Seminaren und Dokumentationen sicherheitspolitische Kenntnisse und bemüht sich, die Rahmenbedingungen für dienstleistende Frauen zu verbessern. (51)

Der Zivilschutz

Trotz zahlreicher öffentlicher Diskussionen konnte sich die Schweizer Regierung nicht entscheiden, den Zivilschutzdienst für Frauen obligatorisch zu machen. Er blieb auf Freiwillige angewiesen. Die Einteilung der Zivilschutzdienstpflichtigen nahm die Wohngemeinde vor. Krankheiten schlossen die Tauglichkeit zum Zivilschutzdienst nicht aus.

Die Zivilschutzdienstpflichtigen unterlagen wie die Angehörigen des FHD der Einwohnerkontrolle. In das Dienstbüchlein wurden wie beim FHD alle mit der Diensterfüllung zusammenhängenden Angaben eingetragen.

Die Zivilschutzmaßnahmen bestanden unter anderem in der Aufklärung der Bevölkerung über ABC-Gefahren und -Schutzmöglichkeiten, in der Vorbereitung von Schutzmaßnahmen und in der Ausbildung von Zivilschutzdienstpflichtigen. Die Kantone organisierten in ihrem Hoheitsgebiet den Zivilschutz nach den Rahmenvorschriften des Bundes. Als Vollzugsorgane dienten die kantonalen Zivilschutzstellen, die in einigen Fällen der Militärverwaltung unterstehen. Sie leiteten die Ausbildung der Zivilschutzdienstpflichtigen, verwalteten das Zivilschutzmaterial und waren die Koordinationsinstanz aller Zivilschutzmaßnahmen im Kanton. Örtliche Schutzgemeinschaften waren allen Gemeinden von mehr als 11 000 Einwohnern vorgeschrieben. Die kleineren Gemeinden brauchten nur eine Kriegsfeuerwehr aufzustellen. Betriebe und Verwaltungen mit einer Belegschaft von mindestens 100 Personen und Spitäler mit mindestens 50 Betten waren verpflichtet, einen Betriebsschutz einzurichten. Alarmierung, Personenrettung, Erste Hilfe, Brandbekämpfung, Gütererhaltung und dergleichen gehörten zum Ausbildungsprogramm. Die kleinsten Zellen der Zivilschutzorganisation bildeten die Hauswehren. Ihre Hauptaufgabe bestand in der Brandbekämpfung und in der Hilfe für Verletzte und Kranke vor Ort. Sie hatten die privaten Schutzräume zu überwachen und das Verhalten der Hausbewohner im Alarmfall zu lenken.

Im Zeitalter des Kalten Krieges bis 1990 ging die Schweizer Regierung von einem personellen Umfang des Zivilschutz von 800 000 Männern und Frauen aus. (52) 1995 wurde die Personalstärke auf 380 000 Personen herabgesetzt. Unter ihnen waren nur 15 000 Frauen. Sie übernahmen diese freiwillige Verpflichtung in der Regel für fünf Jahre und konnten sie anschließend erneuern. Mit dem Personalabbau im Zivilschutz wurde auch das Lebensalter der dienstleistenden Männer auf die Spanne vom 20. bis zum 52. Lebensjahr begrenzt. Befürchtungen, daß mit dieser Festlegung alle Frauen über 52 Jahren aus dem Zivilschutz entfernt würden, entkräftete der Direktor des Bundesamtes für Zivilschutz, Paul Thüring. Um dem freiwilligen Engagement der Frauen gebührend Rechnung zu tragen, riet er, die Altersgrenze großzügig zu handhaben. (53) Das neue Zivilschutzgesetz sah keine obere Altersgrenze für die freiwillige Zivilschutzdienstleistung der Frauen vor. Das Eintrittsalter ist auf 20 Jahre fixiert.

Die Ausbildung der Angehörigen des Zivilschutzes erfolgt in Kursen, die vom Bund, von den Kantonen, Gemeinden und Betrieben durchgeführt werden. Der Einführungslehrgang dauert in der Regel zwei bis drei Tage. (54) Bei ihrer Arbeit sind die Frauen den schutzdienstpflichtigen Männern gleichgestellt. (55) Sie können Gruppenchefin, Dienstchefin und Chefin der Zivilschutzorganisation der Gemeinde werden. (56)

Belegstellen

(1) Verena Marty, Die politische Gleichberechtigung von Mann und Frau nach deutschem und schweizerischem Recht, Züricher Dissertation 1967, S. 61
(2) Bundesgesetz über den Militärpflichtersatz vom 29. 3. 1901, Artikel 1
(3) Maja Uhlmann-Coradi, Die Rechtsstellung der Schweizer Frau im Dienste der Landesverteidigung, Züricher Dissertation 1969, S. 50
(4) Manfred Gerner, Stichwort Schweiz, München 1992, S. 13
(5) Vgl. Frankfurter Allgemeine Zeitung vom 17. 9. 1973; Neue Zürcher Zeitung vom 1. 3. 1973
(6) Vgl. Elisabetta Pagnossin Aligisakis, Der Wandel in der sozialen und politischen Rolle der Frau, in: Anna Melich (Hrsg.), Die Werte der Schweizer, Bern u. a. 1991, S. 365
(7) Vgl. Elisabetta Pagnossin Aligisakis, a.a.O., S. 354 f.
(8) Vgl. Elisabetta Pagnossin Aligisakis, a.a.O., S. 352
(9) Dominique Battesti, La Défense Suisse, in: Revue de Défense Nationale 5/1970, S. 950 ff.
(10) Dominique Battesti, a.a.O., S. 970
(11) Karl Brunner, Heereskunde der Schweiz, Zürich 1940, S. 46
(12) Maja Uhlmann-Coradi, a.a.O., S. 17; Der Schweizer Soldat 3/1974, S. 12
(13) Maja Uhlmann-Coradi, a.a.O., S. 18
(14) Vgl. Maja Uhlmann-Coradi, a.a.O., S. 26
(15) Der Fourier 1963, S. 291
(16) Maja Uhlmann-Coradi, a.a.O., S. 19 ff.; Der Schweizer Soldat 3/1974, S. 12
(17) Vgl. Der Fourier 1963, S. 291 ff.; Maja Uhlmann-Coradi, a.a.O., S. 69 ff.

(18) I. Lendi, Ausbildung, Tätigkeit und Einsatz der FHD-Rechnungsführerinnen, in: Der Fourier 1963, S. 291
(19) Der Fourier 1963, S. 296
(20) Vgl. FHD/MFD aus Sicht des Ausbildungschefs, in: FHD-Zeitung 11/1982, S. 43
(21) Vgl. FHD-Zeitung 11/1982, S. 42 f.
(22) Der militärische Frauendienst – ein Dienst an der Gemeinschaft, in: Truppendienst 4/1988, S. 364
(23) Vgl. FHD-Zeitung 11/1982, S. 43
(24) Vgl. Hat der Militärische Frauendienst es nötig, sich zu rechtfertigen? in: Schweizer Soldat 5/1986, S. 3
(25) Vgl. Militärdienst. Das gute Recht für Frauen, S. 4
(26) Vgl. Vorbereitung und Aushebung, in Mitmachen, S. 6
(27) Der Fourier v. 2. 7. 1997, S. 2
(28) Vgl., Folie 12, Ausbildungsmaterial des MFD
(29) Vgl. Frauen in der Rekrutenschule, in: Satus die Sportzeitung vom 2. 7. 1997
(30) Vgl. Erika Hohmann-Holzer und Eugénie Pollak-Iselin: Rendez-vous mit Korpskommandant Jacques Dousse, in: Info. Frauen in der Armee 1. 5. 1997, S. 3
(31) Vgl.Mitmachen, S. 8 ff.
(32) Der Militärische Frauendienst – ein Dienst an der Gemeinschaft, in: Truppendienst 4/1988, S. 365
(33) Vgl. Der Militärische Frauendienst – ein Dienst an der Gemeinschaft, a.a.O., S. 366
(34) Vgl. Begleittext zu Folien 5/6, Ausbildungsmaterial des MFD
(35) Der Militärische Frauendienst – ein Dienst an der Gemeinschaft, a.a.O., S. 366
(36) Vgl. Info. Frauen in der Armee 4/1996, S. 10
(37) Weibliche Soldatinnen zwischen Anerkennung und Ablehnung, in: ASZM 1/1991, S. 29
(38) Hat der MFD es nötig, sich zu rechtfertigen?, in: Schweizer Soldat 5/1986, S. 3
(39) Vgl. Ebenda
(40) Weibliche Soldatinnen zwischen Anerkennung und Ablehnung, in: ASMZ 1/1991, S. 29
(41) Ebenda
(42) Vgl. Hélène Kett, Die Frau in der Schweizer Armee von 1939 bis heute, Hautrive 1990, S. 92
(43) Frauen an die Waffen, in: Focus 40/1996, S. 326
(44) Vgl. Der Fourier vom 19. 6. 1997, S. 2
(45) Vgl. Rekord: 50 Frauen in der RS, in: Blick vom 8. 2. 1997, S. 5; News & Facts, in: Info. Frauen in der Armee 1. 5. 1997, S. 10
(46) Vgl. Erstmals eine Frau. Bremgarten Rekrutenschule auf dem Genie-Waffenplatz im Zeichen einer Premiere, in: Aargauer Zeitung vom 11. 7. 1997
(47) Vgl. Susann Bossard-Kälin: Gelbmützen-Konvoi nach Sarajevo, in: Info. Frauen in der Armee vom 1. 5. 1997, S. 8 f.
(48) Schweizer Armee für Frauen wieder attraktiver, in: Schweizer Militärpersonal-Zeitung 11/1996
(49) Vgl. Info Frauen in der Armee vom 3. 10. 1996, S. 2 f.
(50) Vgl. Ernst Frise, Kann eine Frau Soldatin sein?, in: MFD-Zeitung 3/1995, S. 41
(51) Vgl. Frau und Sicherheitspolitik, in: Zivilschutz 5/1995, S. 54 f.
(52) Vgl. Maja Uhlmann-Coradi, a.a.O., S. 89; Frauen im Dienste der Gemeinschaft, hrsg. von Bundesamt für Zivilschutz, Bern 1993, S. 6 f.
(53) Vgl. Hans Jürg Münger, Mitmachen bringt persönlichen Gewinn, in: Zivilschutz 11–12/1993, S. 12
(54) Frau und Sicherheitspolitik, in: Zivilschutz 5/1995, S. 54 f.
(55) Vgl. Sonja Furger: Frauen-Dienste in der Gesamtverteidigung, in: Kein Ort für Frauen – immer weniger; hrsg. von der Frauenstelle für Friedensarbeit des Schweizerischen Friedensrates, Zürich 1989, S. 33 ff.
(56) Vgl. Hans Jürg Münger, Mitmachen bringt persönlichen Gewinn, in: Zivilschutz 11–12/1993, S. 12

Spanien

In Spanien gab es von jeher eine Wehrpflichtigenarmee. Die Länge des Wehrdienstes variierte. Seit 1990 dürfen auch Frauen einen freiwilligen Wehrdienst von neun Monaten absolvieren oder sich für mehrere Jahre zum Dienst in den Streitkräften verpflichten. Die besten von ihnen haben die Chance, als Berufssoldatinnen in der Unteroffiziers- oder Offizierslaufbahn beim Militär zu bleiben. Die Auswahl der Verwendungen ist beschränkt. Der Andrang der Frauen scheint nicht groß zu sein. Ob sich das ändern wird, wenn es in Spanien nach dem Vorbild vieler NATO-Staaten ab 2003 eine Berufsarmee geben wird, bleibt offen.

Von der Wehrpflichtarmee zur Berufsarmee

Die spanischen Streitkräfte mit einem Umfang von 206 800 Personen bestanden 1996 etwa zur Hälfte aus Wehrpflichtigen. Die Wehrdienstzeit betrug seit 1992 neun Monate. Aufgrund der Wehrpflicht verfügten das Heer über 420 000 Reservisten, die Marine über 10 000 und die Luftwaffe über 8 000. Die Guardia Civil als paramilitärische Organisation umfaßte 75 000 Angehörige. (1)

Nach dem Willen der spanischen Regierung soll die Wehrpflichtigenarmee bis zum Jahr 2003 in eine Berufsarmee umgewandelt werden. Zwei Gründe sprachen dafür. Der erste war, daß in keinem NATO-Land so viele junge Männer den Wehrdienst verweigerten wie in Spanien. 1996 waren es 100 000, mehr als die Hälfte des Wehrpflichtigenjahrgangs. Etwa 1 000 zählten zu den sogenannten Totalverweigerern, die sowohl den Wehrdienst wie den Zivildienst ablehnten, obwohl sie mit einer Haftstrafe von bis zu zwei Jahren und dem Entzug der Bürgerrechte bedroht wurden. Da die Justizbehörden jedoch hoffnungslos überlastet waren, brauchte niemand mit einer Bestrafung zu rechnen. (2) Auch wer sich für den Zivildienst entschied, konnte davon ausgehen, überhaupt nicht eingezogen zu werden, denn die verfügbaren Zivildienstplätze reichten bei weitem nicht aus.

Ein zweiter Grund für die Umwandlung der Wehrpflichtigenarmee in eine Berufsarmee war die beabsichtigte Einbeziehung von Frauen in die Streitkräfte. Seit dem Ende der Franco-Ära 1975 und der Redemokratisierung Spaniens wurden zahlreiche Forderungen der Frauenbewegung in der Gesetzgebung berücksichtigt, z. B. im Scheidungsrecht (3) und mit dem Gesetz vom 5. 7. 1985 über den Schwangerschaftsabbruch. Seit der Aufnahme des Landes in die Europäische Union näherten sich die arbeitsrechtlichen Bedingungen der Frauen denen der anderen Mitgliedstaaten. Von einer vollkommenen Gleichberechtigung im Arbeitsleben konnte jedoch auch 1997 noch nicht die Rede sein. Frauen dominierten zwar in den sogenannten weiblichen Berufen, d. h. im Kranken- und Pflegewesen, in den Büros und im Schulwesen, waren aber sonst unterrepräsentiert. Nur wenige leitende Stellen lagen in den Händen von Frauen. Auch in der Politik herrschten die Männer. Nur

5 % der Abgeordneten des „Congreso de los Diputados" waren Frauen. (4) Die Streitkräfte sollten zu einem Versuchsfeld für den Wettbewerb von Frauen und Männern in einer Organisation sein, wo die Gleichberechtigung überwacht werden konnte.

1987 versuchten einige junge Frauen, zu den Auswahlprüfungen für die Offizierslaufbahn zugelassen zu werden. Da es für den Dienst von Frauen in den spanischen Streitkräften keine gesetzlichen Regelungen gab, mußten sie abgelehnt werden. Die Medien nahmen sich ihrer an und übten Druck auf die Regierung aus.

1988 gab das Verteidigungsministerium eine Umfrage in Auftrag, um die Meinung der Bevölkerung und der Angehörigen der Streitkräfte über die Einstellung von Frauen in den Militärdienst in Erfahrung zu bringen. Die Antworten variierten nach Alter und Ausbildung der Befragten, jedoch nicht nach der Geschlechtszugehörigkeit. Insgesamt waren die Meinungen geteilt. Etwa die Hälfte der Befragten war dafür, die andere Hälfte dagegen. In bezug auf das Einsatzspektrum war die Mehrheit für eine Verwendung in den Kampfunterstützungs-, Führungs- und Logistikeinheiten und gegen einen Einsatz in den Kampftruppen. Obligatorischer Militärdienst wurde abgelehnt, aber mit Freiwilligenmeldungen war man einverstanden. Es wurde bezweifelt, daß die Frauen in den Streitkräften von den männlichen Kameraden ohne Widerstand akzeptiert werden würden. Die Mehrheit der Befragten erwartete, daß sich nur wenige Frauen für den Dienst in den Streitkräften entscheiden würden. (5)

In den Streitkräften kam von seiten des Heeres der geringste Widerstand. Die Marine hatte die größten Bedenken. (6)

Auf der Grundlage dieser Meinungsumfrage verabschiedeten die Cortes das Real Decreto Ley 1/1988 de 22 de febrero, por el que se regula la incorporación de la mujer a las Fuerzas Armadas. Mit diesem Gesetz über die Eingliederung von Frauen in die spanischen Streitkräfte wurde der „Plan für die Gleichberechtigung und Chancengleichheit von Frauen" (Plan para la igualdad de oportunidades de las mujeres) des Ministerrates vom 16. 9. 1987 im Bereich des Militärs umgesetzt. Von da an stand dem weiblichen Geschlecht der Dienst im Heer (Ejercito de Tierra), in der Marine (Armada), in der Luftwaffe (Ejercito del Aire) und in der Guardia Civil de segunda offen. Bereits wenige Monate später konnten sich Frauen für die 200 ausgeschriebenen Plätze der Offizierslaufbahn im Heer und für die 250 Plätze für Aspiranten der Guardia Civil melden. (7)

Bei der Guardia Civil, in der Frauen am willkommensten waren, aber die Auslese am schärfsten war, handelte es sich um eine paramilitärische Polizeitruppe, die mit der französischen Gendarmerie Nationale oder den italienischen Carabinieri vergleichbar ist. Sie ist zuständig für die Grenzsicherung, den Straßenverkehr und den miltärpolizeilichen Bereich. Außerdem bildet sie die Speerspitze im Kampf gegen den ETA-Terrorismus. Die Breite ihres Aufgabengebietes spiegelt sich auch in den Unterstellungsverhältnissen wieder. So ist sie neben dem für Polizeifragen zuständigen Innenministerium auch dem Verteidigungsministerium für militärische Einsätze im Land und auch dem Finanzministerium zur Steuerfahndung unterstellt. (8)

Die Aufnahme von Frauen in die Streitkräfte

Das Gesetz über die Eingliederung von Frauen in die spanischen Streitkräfte von 1988 legte fest, daß die Frauen in der Truppe unter Berücksichtigung ihrer geschlechtsspezifischen Besonderheiten („que las derivadas de sus condiciones fisiologicas") dieselben

Entwicklungs- und Aufstiegschancen haben wie die Männer. Nach Artikel 1 waren sie im Zugang zu den Truppengattungen (Cuerpos) und den Laufbahnen (Escalas) gleichberechtigt. Ihnen standen alle Dienstposten offen. Ihre Dienstgradbezeichnungen waren die gleichen wie die der Männer.

Artikel 2 des Gesetzes nannte die Truppengattungen, für die sich die Frauen bewerben konnten. Es handelt sich um eine eher restriktive Auswahl:

- der juristische Dienst in Heer, Marine und Luftwaffe (Cuerpo Juridico)
- die Finanz- und Haushaltabteilungen der Streitkräfte (Cuerpo militar de Intervención de la Defensa)
- die Instandsetzungstruppen (Cuerpo de Ingenieros de Armamento y Construción)
- die Laufbahn der Luftfahrtingenieure
- der Sanitätsdienst
- der veterinärärztliche Dienst
- die Militärmusik. (9)

Die Aufnahmebedingungen in die Streitkräfte wurden denen der Guardia Civil angeglichen. Die Verordnung 15/1988 vom 23. 2. 1988 legte die medizinischen und physischen Voraussetzungen fest. Die Bewerberinnen mußten mindestens 1, 55 m groß sein und durften nicht weniger als 43 Kilo wiegen. Für die sportlichen Tests gab es ein Punktesystem, nach dem die einzelnen Disziplinen bewertet wurden. So wurde z. B. nur ein Punkt vergeben, wenn die Bewerberin für den 1000 m-Lauf 4,55 Minuten benötigte; schaffte sie die Distanz in 3,55 Minuten, bekam sie 10 Punkte. Die Bewerberinnen durften nicht schwanger sein, durften keine Rückgratverkrümmungen, keine Nervenleiden, keine übergroßen Brüste und keine Verunstaltungen im Gesicht haben. Die Durchführungsverordnung für die Guardia Civil (Orden de 3 de marzo de 1988) enthielt neben den Bestimmungen für die sportlichen und medizinischen Überprüfungen umfangreiche Vorschriften für die Einstellungsuntersuchung. Die Guardia Civil verlangte z. B. eine Mindestgröße von 1,65 m.

Eine dritte Verordnung (Orden 16/1989 de 28 de febrero) regelte die Zulassungsvoraussetzungen von Offizierbewerbern zu den Militärakademien aller Teilstreitkräfte (Academia General Militar, Escuela Naval Militar, Academia General del Aire). Die physischen Anforderungen unterschieden sich nicht von den Zulassungskriterien der Bewerber für die niederen Laufbahnen. (10) Für die Aufnahmeprüfungen, die für Männer und Frauen gleich waren, gab das Verteidigungsministerium ins einzelne gehende Vorschriften heraus. Die 227 Studienplätze, die jedes Jahr zur Verfügung standen, wurden wie folgt aufgeteilt: 115 für das Heer, 35 für die Marine, 9 für die Marineinfanterie, 38 für die Luftwaffe und 30 für die Guardia Civil. (11)

Ab 1989 durften die Spanierinnen auf freiwilliger Basis als Wehrdienstleistende, als Zeitsoldatinnen oder als Berufssoldatinnen in den drei Teilstreitkräften dienen. 1992 handelte es sich um 200 Frauen. Die Guardia Civil nahm keine Wehrpflichtigen auf. Sie bestand ausschließlich aus Zeitangestellten und Berufsbeamten. (12)

Belegstellen

(1) Vgl. The Military Balance, hrsg. von The International Institute for Strategic Studies, London 1996, S. 68 f.
(2) Vgl. Info Frauen in der Armee 3/1996, S. 8

(3) Gesetz Nr. 30/1981

(4) Vgl. Dieter Nohlen und Andreas Hildebrand, Spanien. Wirtschaft – Gesellschaft – Politik, in: Grundwissen Länderkunde, Band 6, Opladen 1992, S. 403 ff.

(5) Vgl. Encuesta, Mujer y fuerzas armadas, hsg. von Ministerio de defensa, Juni 1988, S. 61

(6) Ebenda

(7) Vgl. La Mujer en el Ejército, in: Ejército 584/1988, S. 36

(8) Vgl.: Jan Boger, Elite- und Spezial-Einheiten international. Entwicklung, Ausrüstung, Einsatz, Stuttgart 1988, S. 207 f.

(9) BOE num. 46, S. 5672 f.

(10) Vgl. BOE num. 52, S. 5949 f.

(11) Vgl. Resolucion 442/38296/1996 vom 12. 4. 1996, in: BOE num. 94, S. 14102 ff.

(12) Vgl. World Defence Almanac 1991/92. The Balance of Military Power 1/1992, S. 119 f.

Tschechien

Die Tschechoslowakische Volksrepublik bekam nach dem Zweiten Weltkrieg im Rahmen des Warschauer Paktes die Verteidigungsaufgaben von der Sowjetunion vorgeschrieben. Gliederung und Ausrüstung der Streitkräfte erfolgten nach dem Muster der Roten Armee. Die Frauen, die in Uniform beim Militär dienten, erfüllten lediglich Hilfsfunktionen. Der vormilitärischen Ausbildung der Jugendlichen beiderlei Geschlechts wurde große Bedeutung beigemessen, zumal die ideologische Schulung damit Hand in Hand ging.

Nach dem Zusammenbruch des Kommunismus im Ostblock und nach der Abspaltung der Slowakei orientierte sich Tschechien am Westen. Die Verhandlungen über die Aufnahme in die NATO begannen 1997. Der Beitritt zur Europäischen Union wurde geplant. Der Umfang der tschechischen Streitkräfte belief sich zu dieser Zeit auf etwa 80 000 Soldaten. Unter ihnen waren 38 000 Wehrdienstleistende. Die Zahl der Angestellten und Arbeiterinnen in den Streitkräften ging bei gleichzeitiger Zunahme der Soldatinnen, insbesondere im Offizierkorps, zurück.

Die Truppen der CSSR

Unmittelbar nach dem Zweiten Weltkrieg machte die Regierung der aus den Trümmern des Protektorats Böhmen und Mähren, der Sudetenlande und der bis dahin selbständigen Slowakei wiedererstandenen Tschechoslowakischen Republik den Versuch, nach dem Vorbild der sozialistischen Länder geschlossene weibliche Milizformationen aufzustellen. Die Experimente schlugen fehl.

Frauen konnten sich jedoch als Freiwillige mit mittelfristigen Zeitverträgen oder als Berufssoldatinnen für den Dienst in den tschechoslowakischen Streitkräften bewerben. 1985 gab es 1 622 Soldatinnen. Das waren 2,7 % aller Berufssoldaten und 1,5 % aller in der Armee diensttuenden Zeitsoldaten. Der Gesamtumfang der tschechoslowakischen Streitkräfte betrug 1988 fast 200 000 Mann. 118 000 waren Wehrpflichtige, die für zwei Jahre eingezogen wurden. (1)

Wie in allen Ostblockstaaten hatte auch die Regierung der CSSR das Recht, Frauen und Mädchen im Alter von 18 bis 45 Jahren im Kriegsfall zum Militärdienst zu verpflichten. (2) Um für den Mobilisierungsfall ein ausreichendes Reservoir von ausgebildeten Frauen zur Verfügung zu haben, wurde die vormilitärische Schulung der Jugend staatlich reguliert. Sie lag in der Hand von drei Organisationen. Die Organisation „Militärjugend" wurde ursprünglich gegründet, um junge Soldaten, Schüler der militärischen Schulen (Hochschulen, Gymnasien und Oberschulen) und junge Zivilangestellte der Militärverwaltung in einen Verband zusammenzuführen. Als spezielle Aufgabe wurde ihr die ideologische Erziehung der Mitglieder – Frauen und Männer aus dem Bereich der Streitkräfte – zugewiesen. Führungsrivalitäten und eine schlechte Propagandaführung machten diese

Bemühungen in den sechziger Jahren zunichte. Übrig blieb der Auftrag der Parteiführung an diese Organisation, als Verbindungsglied der tschechischen Jugend zu den rund 50 sowjetischen Garnisonen in der Tschechoslowakei zu fungieren, von denen allein etwa 30 in der Nähe der Grenze der DDR und Polens lagen. (3) Weit effektiver arbeitete der „Verband für Zusammenarbeit mit der Armee" (SVAZARM). 1951 gegründet, war er das Pendant zur „Gesellschaft für Sport und Technik" in der DDR. Jugendliche vom 14. Lebensjahr an konnten sich in dieser Organisation in allen Sportarten ausbilden lassen, die einen militärischen Bezug hatten. Die Palette reichte vom Fallschirmspringen bis zur Brieftaubenzucht. Schießunterricht stand an erster Stelle. Die Armee stellte die Ausbilder und Material. (4) Auf die ideologische Schulung wurde besonderer Wert gelegt. Niemand konnte sich dem Unterricht in Marxismus-Leninismus entziehen. 1973 nahmen 250 000 Tschechen und Slowaken an den Aktionen des Verbandes teil. Gleichfalls 1951 entstand der Verband „Zivilverteidigung". Er war eine Mischung aus Bürgerwehr, freiwilliger Feuerwehr, Schützenverein und Technischer Nothilfe. Da er in jeder Gemeinde und in jedem Industriebetrieb vorhanden war, war er von Anfang an ein wichtiges Instrument der ideologischen Massenbeeinflussung. Jährlich nahmen etwa 200 000 Frauen und Männer an den Lehrgängen der Organisation teil. 1976 wurde die „Zivilverteidigung" aus dem Innenministerium herausgelöst und dem Verteidigungsministerium unterstellt.

Die „wehrpolitische Ausbildung" war seit September 1970 obligatorischer Lehrplanbestandteil an allen Schulen des Landes. Das Fach umfaßte nicht nur einen theoretischen Teil, sondern auch aktive Wehrübungen. Selbst aus gesundheitlichen Gründen konnte man davon nicht befreit werden. Die Teilnahme war für alle Schüler obligatorisch. Über dieses Fach wollte die Regierung der CSSR eine größere Wehrbereitschaft der jungen Menschen erreichen. Der Lehrplan der praktischen Übungen umfaßte drei Bereiche:

- Selbstschutzübungen, in denen z. B. der Kampf gegen radioaktiven Niederschlag, das Überqueren verseuchter Gebiete, Erste Hilfe und Krankentransport geübt wurden.
- Zivilverteidigungsübungen, zu denen Signalgebung, Evakuierung und Brandbekämpfung zählten.
- Sportübungen mit Gepäckmärschen, Skiwanderungen, Geländeübungen, Schießen, Handgranatenwerfen, Hindernislauf, militärischen Wettkämpfen udgl. (5)

Die Wehrerziehung an den Hochschulen begann in der sozialistischen Ära im 4. Semester mit einem einwöchigen Lager und einem Ferienkurs von 56 Stunden. Sie nahm von Semester zu Semester an Umfang zu. Von den Studenten wurde zwar der theoretische Teil nicht ernst genommen, aber im praktischen Teil wurden sie sportlich gefordert. In den pädagogischen Hochschulen und Fakultäten, an denen die Lehrer für das öffentliche Schulwesen ausgebildet werden, wurden besondere „Kabinette für Wehrerziehung" eingerichtet, die die kommenden Erzieher mit wehrkundlichen Vorträgen, Kursen und Übungen in Atem hielten. Mit Vorliebe wurden Angehörige der Militärhochschulen und der Militärverwaltung zu Vorträgen eingeladen. (6)

Das „Gesetz über die Wehrerziehung" aus dem Jahre 1973 bevollmächtigte die tschechoslowakische Regierung, „die Teilnahme der Bürger an der Wehrerziehung anzuordnen". Von dieser Ermächtigung wurde bis zum Untergang des Sozialismus in der CSSR kein Gebrauch gemacht. Wehrerziehung blieb bis zuletzt für die Erwachsenen fakultativ, selbst nach dem 15. Parteitag der KPC, der die militärischen Aspekte der Wehrerziehung für die Jugendlichen betonte und der Armee die Rolle einer Schule der Nation zuwies. (7) Das Symbol der Wehrerziehung war der tschechische Löwe, der vom BV (branná vychova) zum Sprung bewegt wird. (8)

Die Situation nach dem Ende der kommunistischen Ära

Nach der Befreiung des Landes von der sowjetischen Vormundschaft und nach der Entlassung der Slowakei in die Selbständigkeit blieb die Struktur der tschechischen Streitkräfte unverändert. Nach wie vor gab es Dienstposten für Berufssoldatinnen, Soldatinnen auf Zeit und Zivilangestellte. Allerdings nahm die Zahl der weiblichen Berufssoldaten zu und die der weiblichen Zivilangestellten ab. In der CSSR waren viele Frauen eingestellt worden, ohne daß sie eine wirkliche Beschäftigung hatten. Besonders unter den Zivilangestellten der Verteidigungsverwaltung gab es eine Menge ohne die notwendige Vorbildung. Nach 1991 wurde bei Neueinstellungen stärker als in der sozialistischen Ära auf die fachliche Qualifikation der Bewerberinnen geachtet.

Am Ende der kommunistischen Ära hatte die Gesamtzahl der weiblichen Zivilangestellten im Verteidigungsbereich der CSSR 23 102 betragen. Nach der Teilung des Staates blieben 15 228 Frauen übrig. Etwa 30 % hatten den Status von Arbeiterinnen. Ein Drittel aller weiblichen Zivilangestellten war 1994 bei den Kampftruppen beschäftigt, etwa ein Sechstel im Sanitätsdienst und der Rest im Schuldienst, in der Lagerhaltung und im Instandsetzungsdienst. Die Proportionen veränderten sich jedoch. Im Gesundheitswesen stieg die Zahl der Frauen von 11,2 % im Jahre 1985 auf 14,6 % im Jahre 1994. Im Schulwesen, in der Forschung, in der Öffentlichkeitsarbeit und im logistischen Bereich sank sie leicht, in den administrativen Funktionen dagegen um 7,5 %. In den Werkstätten änderte sich das Verhältnis von Frauen und Männern zwischen 1980 und 1994 nicht. In Leitungsfunktionen gab es um 1,8 % mehr Frauen als früher. Der größte Teil der weiblichen Zivilbediensteten war verheiratet (79 %), davon 28 % mit Soldaten oder Zivilangestellten der Streitkräfte. 78 % der Familien hatten ein oder zwei Kinder.

Die meisten Soldatinnen fanden sich in den niedrigeren technischen Funktionen, z. B. im Fernmelde- und Instandsetzungsdienst. Jede dritte Frau diente in einer Kampfeinheit. Die dort eingesetzten Soldatinnen nahmen aber nicht an den Gefechtsübungen teil und sollten im Ernstfall nicht an der Front verwendet werden.

Am 1. 1. 1985 hatte es in den Streitkräften der CSSR 1 622 Soldatinnen gegeben. In der tschechischen Armee dienten 1995 1 881 Soldatinnen. Das waren 5,9 % der Berufssoldaten. 93 % von ihnen verfügten über einen mittleren Schulabschluß. Die meisten hatten nach der Grundausbildung eine Fähnrichs- oder Unteroffizierschule absolviert. 12 % von ihnen stammten aus Familien, in denen bereits ein Elternteil in den Streitkräften diente. Bei der Wahl des Soldatenberufs spielte offensichtlich die Familientradition eine gewisse Rolle. 70 % aller Soldatinnen waren verheiratet.

In der tschechoslowakischen Armee waren 20 % aller Frauen slowakischer Nationalität gewesen. Dieser verhältnismäßig hohe Anteil entsprach dem hohen Prozentsatz der Männer slowakischer Nationalität, die in den tschechoslowakischen Streitkräften gedient hatten, vor allem in den unteren Dienstgraden. Nach der Teilung des Landes blieben noch 5,1 % Slowakinnen in der tschechischen Armee zurück. In den slowakischen Streitkräften dienten nur wenige Tschechinnen.

Vor der Wende hatte es in den tschechoslowakischen Streitkräften mehr Frauen mit Zeitverträgen bis zu 10 Jahren gegeben als von Frauen, die sich für länger verpflichtet hatten. Die Relation betrug etwa 60 zu 40. 1994 war es umgekehrt: 76,5 % der Frauen hatten Verträge über einen Zeitraum von mehr als 10 Jahren und nur 23,5 % mit einer geringeren Dauer.

1997 ging man im Verteidigungsministerium davon aus, daß der Anteil der Frauen in den tschechischen Streitkräften wachsen werde, weil die soziale Sicherheit dort größer ist als im industriellen Bereich. Auch das Bildungsniveau der Bewerberinnen werde wahrscheinlich steigen. 1997 besaßen nur zwei Prozent der in den Streitkräften dienenden Frauen ein Hochschuldiplom. Das Verteidigungsressort bemühte sich, Funktionen für Akademikerinnen bereitzustellen, z. B. im Bereich der Militärökonomie und des Finanzwesens. Der Zulassung von Frauen an den Militärhochschulen stand nichts im Wege. Von dem wachsenden Anteil von Frauen in leitenden Funktionen des Verteidigungsbereichs erhoffte man sich positive Auswirkungen auf die Rekrutierung von Soldatinnen.

Nach dem Vorbild der früheren Kadettenanstalten gab es in der Tschechoslowakei Militärschulen für den Offiziernachwuchs: Militärgymnasien, militärischen Fachoberschulen und die Militärmusikschule. Diese Internatschulen vermittelten in vier Jahren eine Sekundarschulbildung mit Abitur. Die meisten Absolventen besuchten anschließend eine militärische Hoch- oder Fachschule und blieben den Streitkräften erhalten. Um den Anteil an Frauen in den tschechischen Streitkräten zu erhöhen, erwog man, diese Schulen auch für Mädchen zu öffnen. Die Zahl von 471 Frauen im Offiziersrang, die 1994 in den tschechischen Streitkräften dienten, hielt man für zu niedrig. Der Nachwuchs an weiblichen Fähnrichen in gleicher Höhe ließ erkennen, daß Mädchen mit Hochschulreife lieber an eine Universität gingen als zum Militär.

Die weiblichen Offiziere arbeiteten überwiegend im Büro-, Bibliotheks- und Archivdienst des Heeres. Bei der Luftwaffe waren sie in der Flugsicherung eingesetzt.

Die Arbeitsbedingungen der Frauen in den Streitkräften richteten sich nach dem Bestimmungen des öffentlichen Dienstes. Es galten die Allgemeinen Bestimmungen der §§ 147 bis 162 des Arbeitsgesetzes. Die Rechtsstellung der Berufs- und Zeitsoldatinnen war im Gesetz Nr. 76 aus dem Jahr 1959 geregelt. Die wichtigsten Bestimmungen der beiden Gesetze besagten:

1. Während des Schwangerschafts- und Mutterschaftsurlaubs erhalten Frauen die ihnen zuerkannten Bezüge.
2. Das Dienstverhältnis von Frauen, die schwanger sind oder sich im Mutterschaftsurlaub befinden, kann nicht aufgelöst werden, es sei denn, daß die Betroffenen durch ein rechtskräftiges Urteil zu einer Freiheitsstrafe ohne Bewährung verurteilt wurden oder als Soldatinnen die Militärvorschriften fahrlässig verletzt haben.
3. Frauen mit den Dienstgraden Soldat und Gefreiter dürfen disziplinarisch nicht mit Freiheitsstrafen belegt werden.

Unter den tschechischen Soldaten, die 1996/97 in den Friedensstreitkräften auf dem Boden des ehemaligen Jugoslawiens eingesetzt waren, gab es Frauen nur im Funkdienst und im Sanitätsdienst. (9)

Belegstellen

(1) The Military Balance 1988–1989, hrsg. von The International Institute for Strategic Studies, London 1988, S. 47
(2) Peter Gosztony, Frauen im Wehrdienst in Osteuropa, in: Wehrforschung 6/1974, S. 177
(3) Vgl. Wolf Oschlies, Schule in Waffen, in: Wehrforschung 3/1971, S. 65 ff.
(4) Ebenda
(5) Wolf Oschlies, Schule in Waffen, a.a.O., S. 72
(6) Wolf Oschlies, Schule in Waffen, a.a.O., S. 72

(7) Wolf Oschlies, Paramilitärische Aktivitäten und vormilitärische Erziehung in der Tschechoslowakei, in: Paramilitärische Organisation im Sowjetblock, hrsg. von Peter Gosztony, Bonn 1977, S. 109

(8) Wolf Oschlies, Paramilitärische Aktivitäten, a.a.O., S. 100

(9) Vgl. Maschinenmanuskript Ženy v armádě, hrsg. vom Tschechischen Verteidigungsministerium, 1997

USA

In keinem anderen Land der Welt ist die Teilnahme der Frauen an den Diensten der Streit-
kräfte so eng verbunden mit der Frauenrechtsbewegung wie in den USA. 1918 konnte sich
der amerikanische Generalstab dem Druck der Frauenverbände, hilfsdienstwillige
weibliche Kräfte auf dem europäischen Kriegsschauplatz einzusetzen, nur entziehen, weil
das Kriegsende nahe war. Ähnlich intensiv arbeiteten die pressure groups der Frauen
während des Zweiten Weltkriegs. Noch vor dem Kriegseintritt der USA forderten sie den
Einsatz der Frauen beim Militär gleichberechtigt mit den männlichen Soldaten, aber in
Funktionen, die Waffengebrauch ausschlossen. Diese Agitation und die Einsicht des
Personalamts der US-Streitkräfte, daß bei einem länger dauernden Krieg Engpässe auf
dem Personalsektor unvermeidlich sein würden, veranlaßte den amerikanischen Kongreß
1942, einem Frauenhilfskorps die Zustimmung zu geben. Der Versuch, die Hilfskräfte ohne
militärischen Status im Women's Army Auxiliary Corps für die Armee arbeiten zu lassen,
war rechtlich problematisch. Deshalb wurde 1943 das Women's Auxiliary Corps an die
Stelle des Women's Army Auxiliary Corps gesetzt und die freiwillig sich meldenden
Frauen der Militärstrafgewalt unterstellt. In den beiden letzten Kriegsjahren arbeiteten
schließlich fast 300 000 Frauen in den Streitkräften, einschließlich der Angehörigen des
Nurse Corps.
  Am Ende des Krieges waren sich alle einig, daß der Einsatz von Frauen erfolgreich
gewesen war. So überstand das WAC die Demobilisierung. 1948 wurde es wieder als
ordentlicher Bestandteil von Heer und Marine anerkannt, 1949 in die Luftwaffe eingeführt.
Bis zur Abschaffung der Wehrpflicht 1973 war der Zustrom an Frauen jedoch gering.
Lediglich der farbige Bevölkerungsanteil erkannte die emanzipatorische Bedeutung des
Dienstes in den Streitkräften.
  Bei den Überlegungen zur Umwandlung der amerikanischen Wehrpflichtigenarmee in
eine Berufsarmee fand man heraus, daß bis zu einem Drittel aller Jobs in der Armee von
Frauen getan werden konnte. Das erleichterte der amerikanischen Regierung die Ent-
scheidung zugunsten einer Berufsarmee. Man entschloß sich, bei der Rekrutierung der
Freiwilligen weniger auf die Randgruppen der amerikanischen Gesellschaft zurück-
zugreifen als auf dienstwillige Frauen. Dazu paßte im Rahmen der Entspannung auch die
funktionelle Umwandlung der amerikanischen Verteidigung in ein perfektes Ab-
schreckungssystem, das sich immer weniger auf Kampfverbände herkömmlicher Art und
immer mehr auf technische Waffensysteme abstützte, zu deren Funktionieren eine große
Zahl von Spezialisten nötig war.
  Die Zahl der weiblichen Soldaten, die in die Streitkräfte integriert wurden, wuchs von
Jahr zu Jahr. Ende 1976 waren es bereits wieder so viele wie am Ende des Krieges. Unter
dem Druck höchstrichterlicher Entscheidungen mußte der Kongreß immer weitere Lauf-
bahnen, Einsatzplätze, Beschäftigungen und Funktionen für die Frauen öffnen. Selbst in
Positionen, die man bei der Gründung der Berufsarmee für ausschließliche Domänen des
männlichen Geschlechts gehalten hatte, drangen Frauen ein. Sie erhielten Zugang zu den
Eliteanstalten der amerikanischen Offiziersausbildung. Sie erstritten sich den Dienst an

Bord von Kriegsschiffen. Sie wurden als Bedienungspersonal der amerikanischen Inter-
kontinentalraketen zugelassen. Sie durften – mit Ausnahme von Kampfflugzeugen – alle
Flugzeugtypen fliegen. Immer mehr Karrierehemmnisse verschwanden und immer mehr
Frauen wurden zu Generalen (Generalinnen) befördert. Schwangerschaften waren keine
dienstlichen Hemmnisse. Alle Auslandsverwendungen standen den Frauen offen.

Weniger schnell als die rechtlichen und faktischen Hemmnisse gegen die gleichberech-
tigte Beschäftigung von Frauen in der Armee wurden die Vorurteile der Männer gegen
weibliche Soldaten abgebaut. Die unzweifelhafte Bewährung der weiblichen Soldaten
auch in Auslandseinsätzen ließ jedoch immer mehr Kritiker verstummen.

1983 dienten etwa 200000 Frauen in den US-Streitkräften. Das waren 11,1 % des
gesamten Personalbestandes. In den folgenden Jahren machten sich die sinkenden
Geburtsraten bemerkbar. Da z. B. 1987 aus den 1,7 Millionen achtzehnjährigen Männern
nicht die erforderlichen 225000 Soldaten gewonnen werden konnten, stieg der weibliche
Anteil weiter an. 1997 gab es nur noch wenige Verwendungen, die den 200000 Soldatin-
nen versperrt waren. Sie stellten fast 12 % des Streitkräftepersonals.

Das amerikanische Frauenhilfskorps im Zweiten Weltkrieg

Legislative Maßnahmen

Die USA waren das einzige Land, in dem während des Zweiten Weltkrieges der
Gedanken, Frauen in den Streitkräften arbeiten zu lassen, von der Frauenrechtsbewegung
ausging und nicht vom Generalstab. Den Frauenverbänden galt die Tätigkeit von weiblichen Kräften in der Armee als ein Zeichen der Emanzipation. In diesen Kreisen begannen die Planungen für ein Frauenhilfskorps bereits im Oktober 1939. (1) Die Armeeführung, die dem Gedanken zu diesem Zeitpunkt ablehnend gegenüber stand, brachte man
mit dem Argument in Verlegenheit, daß sie bereits am Ende des Ersten Weltkriegs die
Notwendigkeit solcher Maßnahmen zugegeben habe.*

---

* Der amerikanische General Pershing forderte am 8. 10. 1917 angesichts des britischen Beispiels im März 1917
erschienen die ersten Angehörigen des Women's Army Auxiliary Corps auf dem Kriegsschauplatz – 100 weibliche Telefonistinnen mit französischen Sprachkenntnissen, um die Kommunikation zwischen den Entente-Streit-
kräften zu erleichtern. Der US Quartermaster General konnte sich jedoch nicht entschließen, eine selbständige
weibliche Organisation wie das britische WAAC ins Leben zu rufen und entsandte Frauen mit Zivilverträgen nach
Frankreich. Ähnlich abweisend reagierte die Heeresführung im August 1918, als von der amerikanischen
Expeditionsarmee 5000 Frauen als Geschäftszimmerpersonal angefordert wurden. ohne legislative Grundlagen
wagte man nicht die Aufstellung eines Army Service Corps, wie es vorgeschlagen wurde. Daran änderte auch der
Druck einiger Frauenverbände nichts, die im Sommer 1918 mit der Waffenausbildung freiwilliger Frauen in
Garnisonen begannen, deren Kommandeure Waffen und Ausbilder stellten. Im Gegensatz zum Heer setzte sich
die Kriegsmarine über alle Skrupel hinweg. Binnen weniger Monate wurden 13000 Frauen als yeomen
(yeomanettes) in die Naval Reserve aufgenommen und mit dem gleichen Rechtsstatus versehen wie die wehrpflichtigen Männer. Der Auseinandersetzung mit der Kriegsmarine und den Frauenverbänden entkam das Kriegsministerium, als im November 1918 der Waffenstillstand geschlossen wurde: „Angesichts der gegenwärtigen
militärischen Situation ist es nicht weiter erforderlich, die Planungen für eine militärische Organisation der
Frauen weiterzuführen ... Aber die Fortführung des Krieges hätte von den USA einen umfangreicheren Einsatz
der Frauen verlangt, um Männer zu ersetzen, die nach Übersee entsandt oder an Arbeitsplätze gestellt wurden, die
nur von Männern ausgefüllt werden können." (Mattie E. Treadwell, The Women's Army Corps, Washington 1954,
S. 6 ff. Vgl. auch All Hands 8/1975, S. 70 ff.)

Am ehesten konnten sich die Militärs mit der Vorstellung befreunden, Frauen in der Luftverteidigung zu beschäftigen. Zur Sicherung der amerikanischen Städte glaubte man im
Luftwarnsystem tausende zu benötigen. (2)

Im Frühjahr 1941, fast ein Jahr vor dem Kriegseintritt der USA, entschloß sich die
Führung der Frauenrechtsbewegung, die Frage der „weiblichen Soldaten" im Kongreß zur
Sprache zu bringen. Eleonore Roosevelt, die Frau des amerikanischen Präsidenten, und
Frau Edith Nourse Rogers, Kongreßabgeordnete von Massachusetts, entwarfen eine
Gesetzesvorlage. Um dem zuvorzukommen, erarbeitete die D 1-Abteilung des amerikani-
schen Kriegsministeriums in aller Eile einen eigenen Gesetzesentwurf, nach dem für
dienstwillige Frauen ein Frauenhilfskorps auf freiwilliger Basis geschaffen werden sollte.
Die militärische Berechtigung dieser Planung lag darin, daß der Generalstab der amerika-
nischen Streitkräfte im Rahmen seiner Mobilisierungsplanungen herausgefunden hatte,
daß nach wie vor die größten Schwierigkeiten bei einer Kriegführung in Übersee auf dem
Personalsektor liegen würden. Er befreundete sich deshalb mehr und mehr mit dem
Gedanken,
Frauen für Arbeiten einzusetzen, für die Männer extra ausgebildet werden müßten, die
Frauen aber nicht. Der erste Gesetzesentwurf des amerikanischen Kriegsministeriums für
ein Frauenhilfskorps vom 28. 5. 1941 sah nur 25 000 Frauen vor. Sie sollten ohne
Kombattantenstatus tätig werden (women with the army). Aber die Zustimmung des
Finanzministeriums ließ auf sich warten. Am 11. 12. 1941, am Tage der deutschen Kriegs-
erklärung an die USA, gab es grünes Licht. Bis das Gesetz in den Kongreß kam, ver-
gingen weitere vier Monate. Erst im Mai 1942 wurde es verabschiedet.

Über das Gesetz gab es im Parlament und in der amerikanischen Öffentlichkeit erhebliche Meinungsverschiedenheiten. Die Militärs verwiesen insbesondere auf das Vorbild der
kanadischen und britischen Streitkräfte, wo Frauen seit Beginn des Weltkrieges Hilfsfunktionen wahrnahmen. Die Frauenverbände argumentierten mit dem Gleichheitsprinzip.
Sie sprachen davon, daß auch den Frauen Gelegenheit gegeben werden müsse, für das
Vaterland aktiv zu werden. Sie verwiesen auf das US-Army Nurse Corps und forderten die
gleichen Rechte für alle in den Streitkräften dienenden Frauen.

Die Gegnerschaft gegen das Gesetz nahm die Argumente aus der Opposition gegen die
amerikanische Frauenrechtsbewegung. Man sprach von der Schande, die der Einsatz von
Frauen in der Armee für die amerikanische Männerwelt darstelle. Man warnte davor, daß
der Sprung von der Passivität des Zivillebens in die Aktivität eines harten beruflichen
Lebens innerhalb der Streitkräfte zu psychischen Problemen führen könne, weil die
Frauen mit ihrem neuen Rollenverhältnis nicht fertig werden würden. Es tauchte das
Argument auf, daß sich für den Dienst in den Streitkräften gerade jene Frauen bewerben
würden, die sich dem Familienleben entziehen wollten, weil sie mit seinen Problemen nicht
fertig würden, oder die, die Ordnung und Sitte verwarfen. (3) Die schärfsten Attacken
erbrachten die Meinungsforschungsinstitute. Auf die Frage „Wenn sie eine 21jährige
Schwester hätten, würden sie ihr den Dienst in den Streitkräften empfehlen?" antworteten
40 % der Befragten mit einem eindeutigen „Nein" und nur 25 % mit „Ja". (4) Die von den
ablehnenden Befragten vorgebrachten Begründungen lauteten: Frauen können dem Land
mehr nützen in Industrie und Landwirtschaft; Frauen gehören ins Haus; die Armee ist kein
Platz für Frauen; in der Armee haben Frauen zu engen Kontakt mit den Soldaten; das Leben
in der Armee ist zu hart; ich hasse den Krieg usw. Gegen das Gesetz sprachen sich auch
staatliche Institutionen aus wie die War Manpower Commission, die vier Millionen
Frauen für die Industrie zu rekrutieren hatte und Schwierigkeiten befürchtete.

Ohne das Engagement des amerikanischen Präsidenten unter dem Druck seiner Frau hätte das Gesetz nicht so leicht die legislativen Hürden genommen. Es legte fest, daß weibliche Kräfte auf freiwilliger Basis in einem Frauenhilfskorps tätig werden dürften. Der Dienst mit oder an Waffen war jedoch untersagt. Die neue Organisation erhielt den Namen WAAC (Women's Army Auxiliary Corps). Die Mitglieder sollten Uniform tragen, aber keine Kombattanten sein. Sie konnten nur als Zivilpersonen bestraft werden und nicht nach dem Militärstrafrecht. Die soziale Absicherung war ungenügend.

Im Juli 1942 erhielt die Kriegsmarine ein eigenes Frauenhilfskorps (Women's Reserve) unter dem Namen „Women Accepted for Volunteer Emergency Service" (WAVES). Im November 1942 stellte auch die Coast Guard eine eigenständige Frauenabteilung auf, deren Mitglieder man scherzhaft SPARs nannte, eine Ableitung aus dem Motto der Küstenwache: Semper Paratus – Always Ready! Im Februar 1943 kamen schließlich die ersten Frauen zum Marinekorps. Sie hießen schlicht „marines (f)".

Da die Frauen nach der Gesetzeslage zwar zum Gefolge der Streitkräfte gehörten, aber außerhalb des direkten militärischen Befehlsstrangs standen, raffte sich der Generalstab Anfang 1943 dazu auf, für alle Angehörigen der Frauenhilfskorps den vollen militärischen Status zu beantragen (women in the army). Der Senat erklärte sich bereits am 15. 2. 1943 mit der Statusänderung einverstanden, aber das Repräsentantenhaus machte erhebliche Schwierigkeiten. Erst am 1. 7. 1943 konnte der amerikanische Präsident das Gesetz unterschreiben, das am 9. 11. 1943 als War Department circular 289 veröffentlicht wurde. Der Namen für die neue Organisation lautete WAC (Women's Auxiliary Corps). Die Zahl der Mitglieder wurde auf 150 000 erweitert. Frauen unter 20 Jahren durften nicht aufgenommen werden. Das Gesetz sollte zum 1. 1. 1945 auslaufen. Die verwaltungsmäßige und dienstliche Gleichstellung der Frauen mit den männlichen Soldaten wurde durch zahlreiche Einschränkungen der army regulations verwässert. Auf sechs Seiten war festgelegt, welche Bestimmungen unverändert für die Frauen beibehalten wurden und welche Ausnahmen galten. Einige Ausnahmeregelungen lauteten:

1. Die Frauen mußten in eigenen Einheiten unter Führung von WAC-Offizieren zusammengefaßt werden.
2. Nur in Krankenhäusern durften sie im gleichen Gebäude wohnen wie die Männer. Die Speisesäle mußten getrennt sein.
3. Die WACs durften nicht als Ordonnanzen in Offizierheimen und Kantinen eingesetzt werden.
4. Kein WAC-Offizier durfte den Rang eines Obersten überschreiten.
5. Nur in Ausnahmefällen durften Frauen das Kommando über Männer haben.
6. WACs durften nicht als Ärzte oder Krankenschwestern beschäftigt werden.
7. WAC-Offiziere mußten aus den Reihen des WAC kommen und eine Offizierschule besuchen.
8. Frauen mit Kindern durften nicht ins WAC aufgenommen werden.
9. Schwangere mußten sofort entlassen werden. (5).

Die Gesetzesnovelle war nur zu erreichen gewesen, weil die Erfahrungen mit dem WAAC gut gewesen waren. Seine Angehörigen waren von den Offizieren fast ausnahmslos gelobt worden. Während es im Sommer 1942 nur vier Tätigkeitsfelder für sie gegeben hatte, darunter Büroarbeit und Telefondienst, führten die WAACs im Sommer 1943 bereits 155 unterschiedliche Tätigkeiten in den Streitkräften aus. Der Inspekteur der Army Service Forces berichtete im Mai 1943 nach einem Besuch bei WAAC-Einheiten:

„Mein Eindruck über das WAAC-Personal lautet im großen und ganzen: Die Ausbildung ist gut. Die WAACs führen ihre Tätigkeiten ausgezeichnet aus. Offiziere und Soldaten, mit denen die WAACs zusammenarbeiten, sind mit der Leistungsfähigkeit und der Arbeitsweise der Frauen ebenso zufrieden wie mit ihren militärischen Umgangsformen. Die Frauen machen einen zufriedenen Eindruck. Sie führen sich in der Arbeitszeit und nach der Arbeitszeit zufriedenstellend. Die Einheiten wollen mehr WAACs als bisher." (6)

Die Washington Post schrieb am 10. Juli 1943:

„Die Geschichte des WAAC liest sich wie eine sprichwörtliche amerikanische Erfolgsgeschichte. Zu Beginn gab man den Frauen die Chance, eine Handvoll nichtkombattanter Tätigkeiten zu verrichten, die für Frauen geeignet schienen. In wenig mehr als einem Jahr erwiesen sie sich so effektiv, daß die Armee nun die Erhöhung ihrer Zahl auf 600 000 überprüft."

Im Verlauf des Krieges tauchten im amerikanischen Generalstab noch höhere Zahlen auf. Sollten sich die Kämpfe 1946 nach Asien, Afrika und Europa ausgedehnt haben, intendierte man die Erhöhung der WAC-Zahl auf 1,5 Millionen. Anfang Januar 1945 kam man zu der Überzeugung, daß etwa die Hälfte der von Männern wahrgenommenen Tätigkeiten in der Armee ebenso gut von Frauen getan werden könnte. (7) Über die Frage, ob jede WAC wirklich einen Mann ersetzte, gingen die Meinungen jedoch auseinander. Viele hielten die Relation 1:1 für eine Legende. Einige Offiziere behaupteten sogar, daß man für den Einsatz von Frauen mehr Männer brauche, um ihnen zuzuarbeiten und sie zu schützen. 3-4 GIs seien für jede WAC erforderlich. Dazu kämen die Sonderanschaffungen an Kleidung, infrastrukturellen Einrichtungen und dergleichen, die das WAC zu einer außerordentlich kostspieligen Einrichtung machten. (8)

Am Ende des Krieges waren die Frauen den Streitkräften jedoch soviel wert, daß kein Streitkräfteteil auf die Dienste seiner weiblichen Angehörigen verzichten wollte. Army und Navy beantragten beim Kongreß die Beibehaltung des WAC, als die Streitkräfte auf Friedensstärke herabgesetzt wurden. Am 12. 6. 1948 unterschrieb Präsident Harry S. Truman die „Women's Armed Forces Integration Act" als Bundesgesetz Nr. 625, das die WACs und WAVEs als ordentliche Bestandteile der aktiven Streitkräfte und der Reserven beließ. Die Luftwaffe, die sich 1947 als selbständige Teilstreitkraft aus der Armee herauslöste, stellte gleichfalls Mädchen in Uniform ein. Sie hießen WAF (Women in the Air Force).

Die Rekrutierung der Frauen

Die Personalstellen der Streitkräfte führten während des Krieges zahlreiche Propagandakampagnen zur Rekrutierung geeigneter Frauen für das WAAC bzw. WAC durch. Der Erfolg blieb insgesamt unter den Erwartungen, obwohl die erforderlichen Quoten gegen Ende des Krieges erreicht wurden. Am 20. 12. 1944 wurde die Werbung eingestellt. Die Rekrutierungsbüros schlossen ihre Pforten.

Die ersten Musterungsdienststellen für Frauen waren die gleichen, die für die Werbung freiwilliger Männer in allen größeren Orten eingerichtet waren. Auf diesen Personenkreis waren die Werbeoffiziere eingestellt. Im Gespräch mit den Frauen fanden sie vielfach nicht den richtigen Ton. Andere Frauen wurden durch die Unwissenheit der Informierenden abgeschreckt. Auf die medizinische Untersuchung der Frauen wurde vielerorts verzichtet. Erst als 1943 Frauenärzte und Psychiater hinzugezogen wurden, hörten Fehleinstellungen auf.

In der Presse nahm man die Gründung des WAC zum Anlaß für zahlreiche ironische Publikationen. Überschriften wie „Petticoat Army", „Wackies", „Powder Soldiers",

„Girdle Warriors", „Amazons", „Damoisels of the Isle of Lesbos" udgl. waren der Werbung nicht zuträglich. Das Ausbildungslager des WAAC/WAC wurde als „Fort Lipstick" bezeichnet. Die Presse des schwarzen Bevölkerungsteils bemängelte, daß die Farbigen unterrepräsentiert seien, daß das Hilfskorps also eine Sache der Weißen sei. Die Pressefotos der ersten uniformierten Frauen zeigten erhebliche Mängel an der Uniform: Die Größen waren unzureichend sortiert. Es gab keine Winteruniformen. Über die Frage „Gürtel, ja oder nein" kam es zum Modekrieg. Die hohe Mütze fand wenig Anklang. Lieferverzögerungen führten dazu, daß zahlreiche WAACs bis 1943 ohne Uniform Dienst taten. (9)

Mitte 1943 ließ der Zustrom an Bewerberinnen so drastisch nach, daß das Gallup-Institut mit Recherchen über die Gründe beauftragt wurde. Der Report machte hierfür fünf Einstellungen verantwortlich:

1. In weiten Kreisen sei die Einsicht verbreitet, daß Krieg keine Sache für Frauen ist.
2. Viele Frauen, die sich für das WAAC/WAC interessierten, seien den Härten des Dienstes nicht gewachsen.
3. Es herrsche die Meinung vor, daß die Haupttätigkeit der WAACs/WACs Küchendienst sei.
4. In der Öffentlichkeit glaube man, daß die Armee gegen das WAAC/WAC eingestellt sei und daß die Frauen in den militärischen Dienststellen frostig empfangen würden.
5. Einzelne Berichte über den Einsatz von WAACs ließen den Schluß zu, als dienten die Frauen als Prostituierte für Soldaten. (10)

Die negativen Gerüchte über das Leben der Frauen in den militärischen Einheiten waren am schwierigsten zu bekämpfen. Sogar in seriösen Zeitungen wurde angedeutet, daß die meisten WAACs in Übersee geschlechtskrank und 40 % von ihnen schwanger seien. Trotz aller Dementis berichteten vor allem konfessionelle Blätter weiter, daß den Mädchen vor ihrer Kommandierung in die Einheiten Anticonceptiva verteilt würden. Es wurde auch geschrieben, daß die Frau des amerikanischen Präsidenten die sexuelle Liberalität der Frauen im Sinne des New Deal zur Erreichung der vollen Gleichberechtigung unterstütze. Es war von einem Geheimbefehl die Rede, in dem die Funktion der WAACs/WACs als Marketenderinnen unterstrichen werde.

Die Wirkung dieser Gerüchte über die Moral des WAAC/WAC war fürchterlich. Nicht nur, daß der Zustrom fast völlig aussetzte. Zahlreiche Eltern riefen ihre Kinder zurück. Die Angehörigen des WAAC weinten über die ungerechten Demütigungen. Am 8. 6. 1943 verneinte Frau Roosevelt in einer großen Pressekonferenz, daß an den Gerüchten auch nur das Geringste wahr wäre. Staatssekretär Stimson gab eine ähnliche Erklärung heraus. (11) Wegen der Auswirkungen dieser Verleumdungskampagne beauftragte das War Department sogar den OSS mit Recherchen darüber, ob die deutsche Propaganda diese Kampagne inszeniert haben könne. (12)

Ein Bericht der G 2-Abteilung des Generalstabs des Heeres fand die Urheber der Verleumdungkampagne in folgenden Kreisen:

(1) Army personnel: „Army officers and men who resent members of the WAAC ... who have obtained equal or higher rank than themselves." „Men who fear they will be replaced by Waacs." „Male military personnel who are sometimes inclined to resent usurpation of their long-established monopoly." „Soldiers who had never dated Waacs ... or had trouble getting dates."
(2) Soldiers' Wives: „officers' wives over bridge tables." „Women whose husbands are shipped overseas."
(3) Jealous civilian women: „Local girls and women who resent having the Waacs around." „Younger to middle-aged women who deplore the extra competition." „Women who ordinarily

Schwangerschaften von Angehörigen des amerikanischen Women's Army Corps

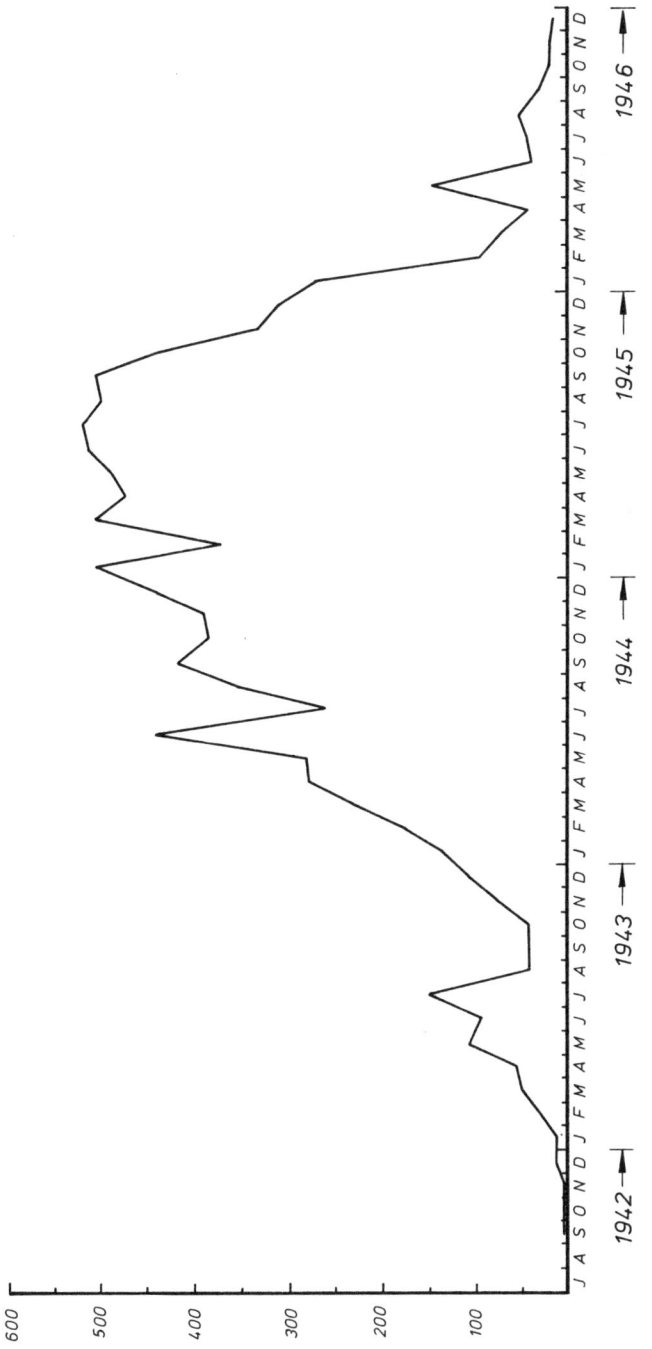

participate in community enterprise and who are losing publicity as a result of women in uniform." (4) Gossips: „Thoughtless gossiping men and women." „Men who like to tell off-color stories." (5) Fanatics: „Those who cannot get used to women being any place except the home." „Those whose rabid political convictions cause them erroneously to see in the WAAC another New Deal creation." (6) Waacs: „Disgruntled and discharged Waacs." (13)

Wahrscheinlich war es das Verdienst der Kriegsberichterstatter, die von den überseeischen Standorten des WAC positive Berichte in die amerikanische Presse lancierten, daß die Gerüchte, Verdächtigungen und Voreingenommenheiten im Lauf der zweiten Hälfte des Jahres 1943 abgebaut wurden. Die Einstellung der Öffentlichkeit gegenüber dem WAC wurde positiver. Je öfters die Soldaten mit den Frauen in Berührung kamen, desto günstiger wurde auch ihre Meinung. Während im April 1944, drei Monate nach der Ankunft der ersten WAC in Australien, z. B. nur 12 % der dort stationierten Soldaten dem Korps gegenüber eine freundliche oder neutrale Haltung einnahmen, wuchs die Zustimmung angesichts der Leistungen der Frauen bis zum August 1945 auf 70 % der Stimmen. (14)

Während des gesamten Krieges konnte jedoch das soziale Kastensystem der US-Streitkräfte als Hindernis für die Rekrutierung von Frauen nicht abgebaut werden. Nach der Tradition der Armee war es nicht erlaubt, daß eingezogene Wehrpflichtige und Offiziere miteinander Beziehungen hatten. Da viele WACs unter den Offizieren Freunde und Verwandte aus dem Zivilleben besaßen, war diese Bestimmung geradezu lächerlich. Viele Mädchen, die sich für das WAC interessierten, um ihren Freunden, Verlobten, Verwandten oder Ehemännern näher zu sein, wurden durch diese Beschränkung von einem Eintritt in das WAC abgeschreckt.

Anfang 1944 gab es in den USA noch etwa 5 1/2 Millionen Frauen, die zu keinem Kriegseinsatz herangezogen wurden. Um in die Kreise dieser müßiggängerischen Frauen einzudringen, startete das WAC im Januar 1944 die Kampagne „Women in War". Wie viele Aktionen während des Krieges zur Mobilisierung der Abwartenden war auch dieser Werbefeldzug fast umsonst. (15) Der wichtigste Grund dafür schien darin zu liegen, daß Frauen nicht freiwillig kamen, solange die Männer unfreiwillig kommen mußten. Wehrpflicht für die einen und Freiwilligkeit für die anderen, das vertrug sich nicht miteinander.

Immerhin dienten auf dem Höhepunkt des Krieges etwa 100 000 Frauen im WAC, 90 000 als WAVES, 19 000 im Marine Corps und 11 000 in der Coast Guard. Das Nurse Corps von Heer und Marine umfaßte Ende 1944 rund 68 000 Frauen. Unter ihnen waren auch zahlreiche Ärztinnen. (16)

Die Ausbildung

Die erste zentrale Ausbildungsstätte für das WAAC und das WAC war Fort de Moines in Iowa. Später kamen weitere fünf dazu, von denen am Kriegsende nur noch Fort Oglethorpe in Betrieb war. Vor dem ersten Lehrgang hielt die Leiterin des WAAC eine Ansprache an die Neuankömmlinge:

„Der heutige 14. Mai ist ein Datum aus den Geschichtsbüchern von morgen ... Die Notwendigkeiten der Zeit haben langgültige militärische Traditionen über Bord geworfen. Der totale Krieg ist, wie es seine Definition sagt, expansiv ... Sie sind die ersten Frauen, die Amerika dienen. Vergessen sie das nie! Vor wenigen Tagen haben sie ihr Leben von der Verfolgung friedlicher Ziele zur Verfolgung von Kriegsaufgaben umgewidmet, vom Individualismus des Zivillebens zur Anonymität des militärischen Lebens. Sie haben ein bequemes Heim aufgegeben, gut bezahlte Positionen und Freizeit. Sie haben Seide ausgezogen und Khaki angezogen. Und alle um des gleichen Grundes willen:

Stärke des amerikanischen Women's Army Corps 1942–1946

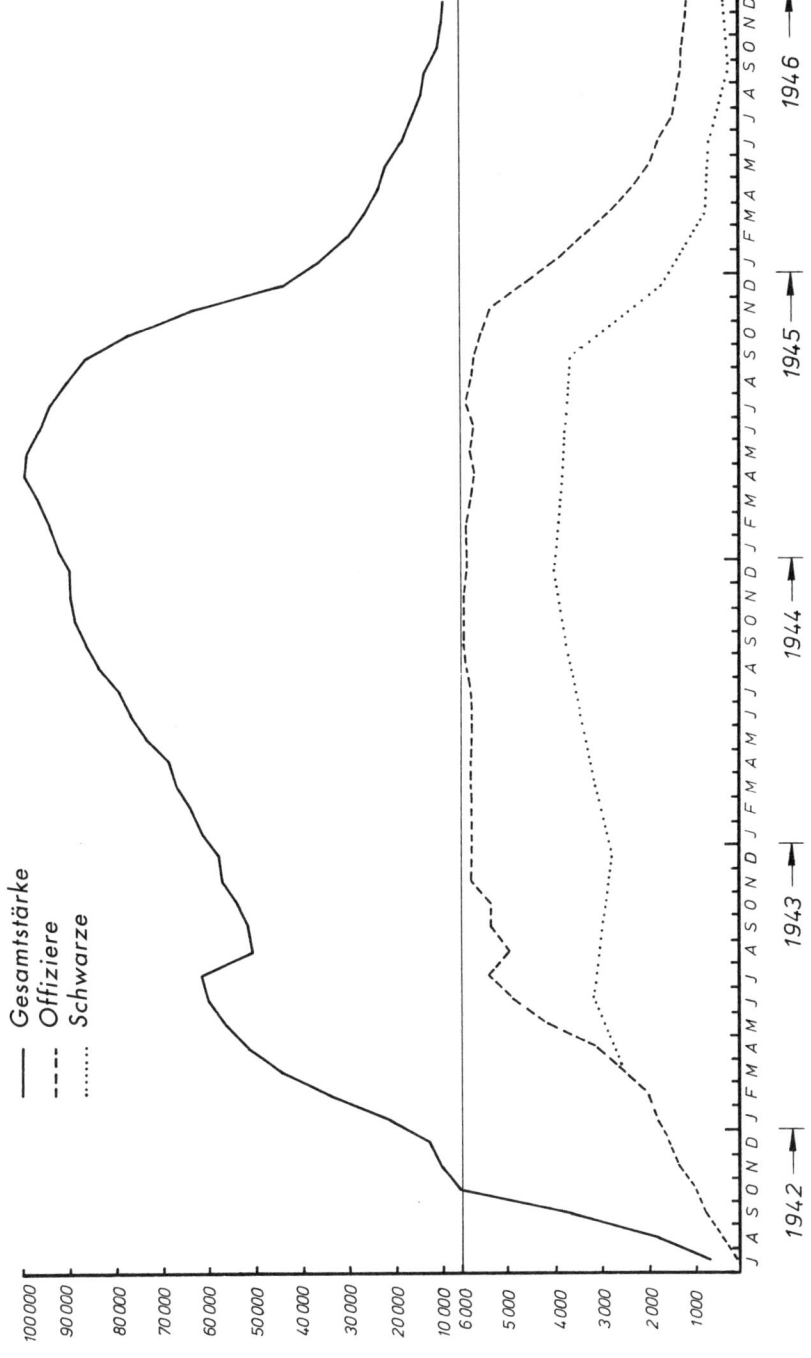

403

Sie haben eine Schuld und sie haben eine Verpflichtung. Eine Schuld gegenüber der Demokratie und eine Verpflichtung gegenüber dem Schicksal. Sie kommen nicht in ein Korps mit etablierter Tradition. Sie müssen die eigene Tradition finden. Dabei haben sie nur eine einzige Tradition zur Hilfe: die Integrität aller tapferen amerikanischen Frauen aller Zeiten, die ihr Land geliebt haben. Sie, die Sie hier versammelt sind, sind lebende Geschichte. Auf Ihren Schultern wird das militärische Ansehen und die zivile Anerkennung dieses Korps ruhen. Ich habe keine Angst, daß eine von Ihnen die Maßstäbe dieses Korps nicht erfüllen wird. Von jetzt an sind Sie Soldaten, die die Freiheit unserer Lebensgestaltung verteidigen. Ihr Auftreten wird die Maßstäbe für das Korps der Zukunft setzen. Sie werden im Rampenlicht leben. Obwohl die Lichter der Erfahrung nur klein sind, können Ihnen nur wenig Fehler erlaubt werden. Sie sind von jetzt ab keine Einzelpersönlichkeit mehr. Sie tragen die Uniform der Armee der Vereinigten Staaten. Respektieren Sie diese Uniform. Respektieren Sie alles, wofür sie steht. Dann wird die Welt alles das respektieren, wofür dieses Korps eintritt ... Machen Sie den Übergang vom Zivilleben zum militärischen Leben ohne Zögern und ohne Klage. Im letzten Rechenschaftsbericht wird das einzige Zeugnis, das ein freies Volk für die Errungenschaften der Freiheit ablegen kann, die Art und Weise sein, wie es den Kräften widersteht, die die Freiheit bedrängen." (17)

Die Grundausbildung der WAAC/WAC dauerte 288 Stunden in sechs Wochen. Das entsprach der Zeit für die Grundausbildung der Männer ohne den waffentechnischen Teil. Dafür erfuhren die Frauen fünfmal soviel über die Organisation der Streitkräfte, viermal soviel über Stil und Form und die Kriegsgesetze, dreimal soviel über Sicherheitsmaßnahmen, Erste Hilfe usw. als die Männer. Geringer als bei den Männern war die sportliche Ausbildung. Sie hatte nur etwa ein Drittel des bei den Männern üblichen Umfangs und bestand im wesentlichen aus Circuit-Training. Der Grundausbildung folgte für die Frauen, die keine Vorkenntnisse aus dem Berufsleben mitbrachten, die Spezialausbildung in Form einer technischen Ausbildung, eines Schreibmaschinenkurses, eines Stenographielehrganges, eines Kochkurses udgl. Die Spezialausbildung dauerte in der Regel vier Wochen. (18)

Der Bildungsstand der WACs war eindeutig höher als der der zu den Streitkräften eingezogenen Männer. Während bei den Soldaten 30 % eine höhere Schulbildung besaßen, waren es bei den Frauen 62 %. Graduates gab es bei den Frauen 5,3 % und bei den Männern 2,1 %. (19)

Der Umstellungsprozeß in der Armee war gerade für Frauen mit gehobenem Bildungsstand nicht einfach. Sie waren z. B. nicht gewohnt, in Eßsälen, Lobbies und anderen Räumen den Hut abzunehmen, wie das für Männer selbstverständlich ist. Sie akzeptierten, wenn ihnen Männer im höheren Rang die Tür öffneten, obwohl die Armeeregeln vorsahen, daß der Ranghöhere den Vortritt hat. Die Frauen beanspruchten eine größere Zahl von Waschtruhen und Bügelbrettern, als die Verwaltung vorgesehen hatte. Der Gebrauch eigener Bügeleisen mußte untersagt werden, weil in zahlreichen WAC-Baracken die Sicherungen durchbrannten. Die Leistungen in der Ausbildung waren in vielen Fällen abhängig von der psychischen Zufriedenheit der Frauen, die darin bestand, daß sie sich richtig gewaschen hatten, frische Wäsche trugen und die Frisur saß. Der Sauberkeitsfanatismus der Frauen war für die Armee, aber nicht für die Psychologen, eine neue Erkenntnis. (20)

Gegenüber den Unvollkommenheiten der Armee waren die Frauen weniger tolerant als die Männer. Diese Haltung zeigten sie auch gegenüber den Ausbildern. Da viele Frauen aufgrund ihres Bildungsstandes in einzelnen Disziplinen mehr wußten als die Ausbilder selbst, kam es zu zahlreichen Peinlichkeiten. Erst als das Lehrpersonal ausgewechselt wurde und an die Stelle der männlichen Ausbilder kompetente Frauen gesetzt werden konnten, änderte sich die Situation. Dafür traten andere Schwierigkeiten auf: Es schien in der ersten Zeit, als ob Frauen sich von Frauen weniger sagen ließen als von Männern, auch wenn die Frauen befähigter und erfahrener waren. (21)

Es war den Waffengattungen überlassen, die Frauen nach der Grundausbildung unmittelbar an die Einsatzorte zu schicken, wenn die Vorbildung ausreichend war, oder ihnen bei besonderer Befähigung eine Spezialausbildung zukommen zu lassen. Von der zweiten Möglichkeit machte die Army Air Force besonders reichen Gebrauch. In dieser Waffengattung konnten die Frauen alle Schulen außer den Kampfschulen besuchen. Sogar zu den Fallschirmjäger- und Pilotenschulen hatten sie Zutritt. Immerhin wurden von den 40 000 air-WACs fast 1 000 als air service pilots (WASP) ausgebildet. 2 000 Frauen kamen an die technischen Schulen und erhielten eine Schulung in Wetterdienst, Elektronik, Kryptographie, Funk- oder Radiomechanik. (22)

Am Ende des Krieges schlug die Luftwaffe vor, die Offizieranwärterinnen nicht mehr in WAC-Schulen auszubilden, sondern sie an die Offizierschulen der Luftwaffe zu schicken. Sie sollten dort die gleiche Aubildung erhalten wie die Männer. (23)

Gesundheit und Moral

Die gesundheitliche Fürsorge für die WACs gehörte in die Kompetenz des Surgeon General. In seinen Händen lagen die Musterungsmedizin, die Präventivmedizin und die Heilfürsorge. Auf die ersten vergleichenden Statistiken zwischen den krankheitsbedingten Ausfällen der Frau in den Streitkräften waren alle Dienststellen gespannt. Zum Erstaunen der meisten waren die Erkrankungen der Frauen zwar wie erwartet zahlreicher als bei den Männern, die Einlieferungen und Liegezeiten in den Krankenhäusern jedoch wider Erwarten geringer. Es wurden nur 2,2 % der WACs gegen 2,5 % der männlichen Soldaten in Krankenhäuser eingeliefert, wenn man von Verwundungen absieht. Ein Viertel aller Krankenhausbehandlungen betraf Unterleibsbeschwerden. In Übersee handelte es sich vor allem um menstruelle Komplikationen. Dieser Prozentzahl entsprach bei den Männern in etwa die Zahl der Hospitalisierungen wegen Geschlechtskrankheiten. Die Rate der venerischen Erkrankungen der Frauen betrug höchstens ein Sechstel der der Männer. Sie lag wider Erwarten erheblich unter den Zahlen der zivilen Frauen in den Vereinigten Staaten. Im ersten Jahr erkrankten von 6 000 Frauen nur 10 an Syphilis. Einer der Gründe lag mit Sicherheit darin, daß im WAC nur 4 % der Frauen Negerinnen waren, in der Gesamtbevölkerung jedoch 10 % und daß bei den Farbigen Geschlechtskrankheiten häufiger auftraten als bei Weißen. Ein weiterer Grund mag darin gelegen haben, daß Tripper bei Frauen schwerer identifizierbar ist als bei Männern und ohne die Anlage exakter Kulturen Fehldiagnosen unvermeidlich sind. (24)

Obwohl die Geschlechtskrankheiten unter den WACs keine Bedeutung hatten, schlug der Director of Veneral Diseases auch für Frauen Präventivmaßnahmen entsprechend denen für die Männer vor. Sowohl der Direktor des WAC wie der Direktor des Army Nurse Corps hielten diesen Aufwand nicht nur für nicht erforderlich, sondern wiesen solche Maßnahmen als rufschädigend und propagandistisch gefährlich zurück. Man ahnte, daß solche Maßnahmen in der öffentlichen Meinung diskutiert werden und auf die Rekrutierung negative Auswirkungen haben würden. Eine Broschüre, die schließlich vom Direktor des WAC in eigener Zuständigkeit über Gesundheitsfragen herausgegeben wurde, enthielt über die Geschlechtskrankheiten keinerlei Auskünfte, sondern nur Ermahnungen im viktorianischen Stil. (25)

Ebensowenig wie die Geschlechtskrankheiten erforderte die Schwangerschaft eine besondere Behandlung durch das Office of the Surgeon General. Von 1 000 WACs wurden monatlich höchstens sieben schwanger. Mehr als die Hälfte davon waren verheiratete Frauen. Was die Ledigen anging, betrug die Zahl der Schwangerschaften nicht einmal ein Sechstel der Zahlen unter den zivilen Frauen in den vergleichbaren Altersgruppen der USA. Während in den Staaten während des Krieges von 1 000 ledigen Frauen 117 schwanger wurden, betrug die Zahl bei den WACs selbst am Ende des Krieges nur 48 von 1 000. Das Ansteigen der Quote gegen Ende des Krieges wurde darauf zurückgeführt, daß viele Ehemänner die Entlassung ihrer Frauen aus der Armee erzwangen, indem sie sie schwängerten. Schwangerschaft gehörte nämlich zu den Fällen, in denen Frauen unverzüglich aus dem WAC entlassen und, wenn sie sich auf ausländischen Kriegsschauplätzen befanden, in die USA zurückgeführt werden mußten. (26)

Eine der prinzipiellen Lehren, die der Surgeon General aus den Gesundheitsberichten des WACs zog, war die Tatsache, daß die Erkrankungen der WACs an allen Standorten gering waren, wo die Moral der Truppe hoch war. Die Moral der Frauen war weitgehend abhängig von der Zufriedenheit am Arbeitsplatz. Job satisfaction erwies sich als das beste Präventivmittel gegen hohe Raten von petty illnesses. (27)

Neben Unzufriedenheit am Arbeitsplatz drückte das Fehlen von Behandlungseinrichtungen für Frauenkrankheiten auf die Einsatzmoral der WACs, vor allem auf den Kriegsschauplätzen in den Einheiten, die sich in ständiger Mobilität befanden. Auf dem asiatischen Kriegsschauplatz war der schlechte Nachschub an Bekleidung ein weiterer Grund für die Unzufriedenheit der Frauen. Viele WACs, die Männerkleidung übernehmen mußten, litten an Hautkrankheiten, weil sowohl das Wetter wie der Uniformstoff ihrer Haut unzuträglich waren. Auf diesem Kriegsschauplatz erreichte der Krankheitszustand der WACs im Februar 1945 die unglaublich hohe Rate von 20 %. (28) Im Schnitt betrug sie nur 98 von 1 000.

Eine extrem niedrige Krankheitsrate wiesen die WAC-Einheiten auf, die unmittelbar nach der Invasion in Frankreich kontinentalen Boden betraten. Während der ersten sechs Wochen nach seiner Landung am 14. 7. 1944 erreichte das Korps die niedrigste Rate des ganzen Jahres. Nur eine einzige Frau mußte wegen Krankheit nach England zurückgeschickt werden. Der wesentliche Grund dafür lag wohl darin, daß die Frauen spürten, daß sie gebraucht wurden. Sie hatten das Gefühl äußerster job satisfaction. (29) Trotz der harten Lebensumstände – Wohnen in Zelten, Arbeiten in Behelfsunterkünften, Kälte, Schmutz und wenig Hygiene –, machten alle WACs auf dem europäischen Kriegsschauplatz „einen glücklichen Eindruck". Besonders hohe Leistungen wurden von ihnen während der Ardennenoffensive verlangt, als das militärische Kommunikationssystem, das überwiegend in den Händen des WAC lag, zur Abwehr der deutschen Offensive Tausende von Nachrichten höchster Dringlichkeit in kürzester Zeit zu befördern hatte.

Eines der kuriosesten Phänomene im Gesundheitswesen des WAC war die Übergewichtigkeit zahlreicher Frauen. Sie rührte daher, daß viele von ihnen in sitzender Arbeitsweise tätig waren. aber wie Soldaten ernährt wurden, die im Freien arbeiteten und körperlichen Anstrengungen unterworfen waren. Die Statistik erwies, daß 82 % der Frauen bis zu sechs Pfund während des ersten halben Einsatzjahres an Gewicht zunahmen. (30)

Dienstunfälle traten bei den WACs etwa gleich häufig auf wie bei den Männern, etwa 50 auf 1 000. Die Mehrzahl davon waren Stürze aus Kraftfahrzeugen, von Übungsgeräten oder Verletzungen an den Extremitäten durch Prellungen und Quetschungen. Unerwartet viele Verletzungen rührten von Unfällen her, die durch ungeeignetes Schuhwerk ausgelöst wurden. Während des gesamten Krieges wurden dem WAC keine Schuhe geliefert, die die Zustimmung der Frauen fanden. (31)

Der Einsatz

In der amerikanischen Armee durften die Frauen den militärischen Einheiten nur gruppenweise zugeteilt werden. Jede Gruppe mußte unter dem Kommando eines WAC-Offiziers stehen.

Im Laufe des Krieges vergrößerte sich die Bandbreite der Einsatzmöglichkeiten für WACs von Monat zu Monat. Die ersten weiblichen Kräfte des WAAC übernahm 1942 die army air force für den Aufklärungs- und Telefondienst. Die zur Luftverteidigung eingerichteten Planquadrate mußten überwacht werden. Die Kommandeure glaubten zu dieser Zeit, daß die Frauen diese langweilige Tätigkeit, die nur gelegentlich von Telefonanrufen unterbrochen war, besser ertragen könnten als die Männer, die vor ihnen die Plätze eingenommen hatten. (32)

Mitte 1943 befanden sich WACs bereits in insgesamt 193 Luftwaffen- und 176 Armeedienststellen. Am Ende des Krieges waren die Frauen in 406 unterschiedlichen Tätigkeiten in fast allen Stäben und rückwärtigen Diensten beschäftigt. Mit Ausnahme des Totenbestatters gab es keine nichtkombattante Tätigkeit, für die WACs nicht herangezogen wurden. Ihre Einsatzbreite reichte vom Elektroingenieur über den Sozialarbeiter bis zum Pferdezureiter. Etwa die Hälfte der Funktionen lag im Verwaltungsbereich (stenographers, typists, clerks). Ein Viertel war im Fernmeldedienst. Gegen Kriegsende nahm die Zahl der Frauen zu, die in technischen Verwendungen eingesetzt waren. (33)

Von den WACs der army service forces dienten die meisten im signal corps. Insgesamt waren 5 % aller Frauen im Telefon- und im Funkdienst tätig. Diese Gruppe führte den Beweis, daß die Routinearbeiten im Vermittlungs- und Funkdienst von ihnen besser erledigt wurde als von Männern, solange in den Anlagen keine technischen Defekte auftauchten.

Das Transportkommando beschäftigte 5 000 Frauen in acht amerikanischen Häfen: New York, Boston, Hampton Roads, Charleston, Los Angeles, San Francisco, Seattle und New Orleans. Zu ihren Aufgaben gehörte die Verschiffung von 8 000 Gütersorten für die Überseestreitkräfte und die Organisation und Betreuung der Truppentransporte von dort und dorthin. Gegen Ende des Krieges wurden die WACs des Transportkommandos auch auf Truppen- und Verwundetentransporten eingesetzt, am häufigsten in der Funktion des Radiotechnikers und Bordfunkers. Ihre letzte Aufgabe vor der Entlassung nach dem Kriegsende war der Transport von Europäerinnen, die amerikanische GIs geheiratet hatten, auf den sogenannten war-bride ships nach den USA. Den Einwanderern hatten sie unter anderem Vorträge in Landeskunde zu halten und Sprachunterricht zu geben. Auch zu anderen Diensten wurden sie herangezogen: Babysitting, Krankenpflege usw. (34)

Das Medizinalwesen der US-Armee sträubte sich lange gegen die Einstellung von WACs. Man wollte den Krankenschwestern keine weibliche Konkurrenz zur Seite stellen. Im Verlauf des Krieges wurden jedoch insgesamt 20 000 Frauen in das ASF eingestellt, das war ein Fünftel des weiblichen Personals. Die WACs wurden jedoch nicht als Krankenschwestern, sondern nur als Hilfskräfte eingesetzt: Sozialarbeiterinnen, Assistentinnen, Labortechnikerinnen, Schreibkräfte usw. Der Einsatz als hospital orderlies mißlang, weil Frauen nicht in der Lage waren, die schweren Nachschubgüter zu heben. Ein Skandal deutete sich 1943 an, als dem ASF 1200 technische Kräfte überwiesen wurden, die statt in technischen Funktionen als Putzfrauen in den Krankenhäusern eingesetzt wurden. (35)

Am geringsten war die Zahl der Frauen in den army ground forces. Die meisten von ihnen arbeiteten in den Nachschubdepots. Allein in Fort Meade, wo der Nachschub für das WAC organisiert wurde, waren es 400. (36)

Von den Frauen, die im US-Ingenieurkorps eingesetzt waren, wurden die 422 WACs berühmt, die am Bau der Atombombe beteiligt waren. (37)

Nachdem die WACs den militärischen Status erhalten hatten, war es keine Frage, daß sie den Truppen auf den außeramerikanischen Kriegsschauplätzen folgen durften. Die ersten 5 WAACs waren bereits am 22. 12. 1942 nach Nordafrika ausgeschifft worden. Sie wurden nur mit Glück vor dem Ertrinken gerettet, weil ihr Transporter von einem deutschen U-Boot torpediert wurde. Die erste komplette WAAC-Kompanie erreichte Nordafrika im Januar 1943. Alle Frauen wurden im Hauptquartier General Eisenhowers in Algier eingesetzt, die meisten im Telefondienst und im Postdienst. Nach der Landung der Alliierten in Italien wurden alle Nachrichtentruppen in Nordafrika durch Frauen ersetzt. Zu dieser Zeit befanden sich 2 000 Frauen in Algerien und Marokko. Zusammen mit der 5. Armee gingen die ersten WACs im November 1943 nach Italien, wo auf der Höhe der Kämpfe 14 WAC-Kompanien eingesetzt waren. Sie arbeiteten in den Stäben, auch unweit der Front, wo sie teilweise mobile Nachrichtenfahrzeuge bedienten. Sie folgten den Fronttruppen in einer Entfernung von 12–35 Meilen. Die in den rückwärtigen Hauptquartieren beschäftigten WACs wurden im 2 629. WAC-Bataillon in Caserta zusammengefaßt. Diesem Bataillon wurden auch 400 britische Frauen und 250 Zivilangestellte zugeteilt. (38)

Zur Vorbereitung der Invasion in Nordfrankreich wurde das erste WAC-Bataillon mit 555 Frauen und 19 Offizieren am 16. 7. 1943 in Großbritannien angelandet. Die Frauen wurden kompanieweise verschiedenen Air Force-Einrichtungen zugeteilt. Ein zweites Bataillon erreichte Großbritannien Ende Oktober 1943. Genau ein Jahr nach der Ankunft in England wechselte die erste WAC-Einheit auf den Kontinent über. Sie erreichte die Normandie am 14. 7. 1944, 38 Tage nach dem Beginn der Invasion. Unmittelbar nach der Landung nahmen die Frauen, in Zelten untergebracht, ihre Tätigkeit als Telefonistinnen, Schreibkräfte und Bürohilfen auf. Als in den folgenden Wochen weitere WACs in Frankreich ankamen, folgte das mobile WAC-Detachment der 12. Armeegruppe unmittelbar hinter der Front. Am 1. 9. 1944 quartierten sich die ersten WACs in Paris ein. Sie übernahmen die Telefonzentralen, die Stunden vorher von deutschen Wehrmachthelferinnen verlassen worden waren. Viele Schreibkräfte arbeiteten mit deutschem Büromaterial. Im Oktober 1944 waren bereits 3 000 WACs in Frankreich eingesetzt. Das erste ausschließlich aus WACs bestehende ground forces batallion gehörte zur Nachrichtentruppe. Um den Nichtkombattantenstatus zu betonen, wurde es als 3341. Signal service batallion geführt. Ein zweites Frauenbataillon in Frankreich bestand aus Negerinnen. Es erschien Ende 1944 und übernahm einen Teil des Postdienstes auf dem europäischen Kriegsschauplatz. Zur Zeit der Ardennenoffensive im Dezember 1944 waren auf dem europäischen Kriegsschauplatz bereits 8 000 WACs eingesetzt. Im Frühling 1945 rückten sie in die Hauptquartiere nach Wiesbaden, Frankfurt, Heidelberg und Berlin vor.

99 % der auf dem europäischen Kriegsschauplatz eingesetzten WACs hatten eine Spezialausbildung. Mehr als die Hälfte von ihnen hatte die Abschlußtest-Punktzahl erhalten, die für Offiziere erforderlich war. Trotz der hohen Qualität des weiblichen Personals entschied sich das Hauptquartier Eisenhowers dafür, die Tätigkeitsbereiche der Frauen in den besetzten Gebieten zu beschränken. Im wesentlichen sollten sie Routinebüroarbeiten und Fernmeldefunktionen wahrnehmen. Von den in Europa eingesetzten Frauen waren 35 % als Schreibkräfte und Stenotypistinnen tätig, 26 % als Bürohilfskräfte und 22 % im Fernmeldedienst. Diese Politik führte dazu, daß einige hundert WACs mit technischen Spezialausbildungen nicht fachgerecht eingesetzt werden konnten und für Schreibtischaufgaben verwendet wurden. Andere Gruppen blieben überhaupt ohne Arbeit oder wurden dem air transport command für irgendwelche Hilfsdienste zugewiesen. (39)

Im Südwestpazifik wurden WACs erst Mitte 1944 eingesetzt. Während der Sammlung der Amerikaner in Australien bestand keine Notwendigkeit, weibliche Kräfte aus den USA heranzuziehen, weil der US-Armee 20 000 australische Frauen zur Verfügung standen. Erst als die australische Regierung den australischen Staatsbürgern verbot, den Vormarsch der Amerikaner zu begleiten, baten die Einheiten um die Entsendung von WACs. Man sprach von einer Zahl von etwa 10 000 Frauen. Zugestanden wurden General MacArthur jedoch nur 4 000. Auf dem Pazifikkriegsschauplatz folgten die WACs den Fronttruppen in noch näherer Entfernung als in Europa. General MacArthur rechtfertigte diese Maßnahme folgendermaßen: „Ich brauchte die Frauen und sie waren Soldaten im gleichen Sinne wie die Männer. Außerdem hätten die Frauen gemeutert, wenn ich sie nicht hätte mitgehen lassen. Sie waren sehr darauf bedacht, eingesetzt zu werden, wo man sie brauchte." (40)

Auf den Philippinen kamen die WACs am 26. 11. 1944 nur 36 Stunden später an als die erste Welle der Fronttruppen. Trotz der miserablen Unterkünfte und Arbeitsbedingungen war es für die Frauen eine Ehre, den Fronttruppen so schnell wie möglich zu folgen. Das führte dazu, daß auf dem asiatischen Kriegsschauplatz viel mehr Frauen ums Leben kamen als in Europa. Die meisten fielen bei japanischen Fliegerangriffen. Insgesamt waren auf dem asiatischen Kriegsschauplatz die Lebens- und Arbeitsbedingungen der WACs ungünstiger als in Europa. Die häufigen Verlegungen der Hauptquartiere und die kurzen Verweilzeiten am Ort verhinderten eine korrekte Betreuung der Frauen und trugen zu der sinkenden Moral der WACs bei. (41) Das war einer der Gründe dafür, daß sich fast alle unmittelbar nach dem Kriege zur beschleunigten Demobilisierung meldeten und nur 200 Frauen den Militärstatus mit dem Zivilstatus vertauschten, um als Zivilangestellte zurückzubleiben.

Disziplinfragen

Disziplinar- und Strafverfahren gegen WACs waren außerordentlich selten. Die meisten Frauen wurden wegen Verstöße gegen die Zensurbestimmungen bestraft. Aus den Statistiken der Luftwaffe geht hervor, daß Frauen 150mal weniger straffällig wurden als die Männer. In Prozentzahlen ausgedrückt überschritten Männer 89mal öfters den Zapfenstreich und 85mal häufiger die Trunkenheitsbestimmungen als die Frauen und verletzten die Kriegsartikel insgesamt 150mal öfters. Es kam ganz selten vor, daß sich Frauen in der Öffentlichkeit schlecht aufführten, so daß die Pläne zur Errichtung einer weiblichen Militärpolizei liegen bleiben konnten. Auch der Verdacht, daß die WAC-Offiziere Disziplinarfälle großzügiger handhaben als ihre männlichen Kollegen, ist nicht zu beweisen. Die wenigen Militärgerichtsverfahren, die gegen Frauen durchgeführt wurden, endeten meistens mit Freispruch. Um zu vermeiden, daß Frauen, vor allem wenn sie adrett aussahen und zu Tränen neigten, es leichter hatten als Männer, wurde die Einführung eines weiblichen Beisitzers in die Militärgerichtshöfe erwogen. Die Frage wurde jedoch bis zum Kriegsende nicht geklärt. (42)

Die häufigsten Disziplinarverstöße traten in den Einheiten auf, in denen die Frauen falsch eingesetzt waren. Nichts war der Moral der WAC so abträglich wie unbefriedigende Aufgaben. Selbst beste Unterkunfts- und Erholungsmöglichkeiten verhinderten nicht, daß sich in solchen Einheiten die Disziplinarverstöße häuften, z. B. bei den WAC, die zur Vorbereitung der alliierten Invasion in Frankreich ein ganzes Jahr in Großbritannien stationiert waren, ohne eine ihrer Ausbildung entsprechende Beschäftigung zu finden. Die Funktionen, die sie nach der Landung wahrnehmen sollten, wurden in Großbritannien von Männern durchgeführt oder von Mitgliedern des britischen Frauenhilfskorps.

In vielen Dienststellen erschienen die WACs als Eindringlinge, die von den Soldaten und den dort eingesetzten britischen Staatsbürgern als unerwünscht betrachtet wurden. (43) Während in dieser Wartezeit „zu wenig Arbeit" von den WACs als häufigster Grund für Disziplinarverstöße angegeben wurde, war es bei den in den USA zurückgebliebenen WACs der Einsatz außerhalb ihrer Ausbildungskompetenzen. Insgesamt wurden 23 % der Frauen auf Gebieten eingesetzt, für die sie nicht vorbereitet waren. Bei den Inspektionen kamen kuriose Fälle heraus. Frauen mit Hochschulabschlüssen arbeiteten in der Hauswirtschaft und Frauen mit 15jähriger Erfahrung in Nahrungsmittelbevorratung und Küchenplanung wurden als dritte Köche eingesetzt. Frauen mit mehrjähriger Erfahrung als Fotografinnen steckte man in die Dunkelkammer. Mehrsprachige Linguistinnen saßen in Telefonvermittlungen. (44) Ein drastisches Beispiel für die Fehlverwendung von Frauen ereignete sich, als die WACs in Neuguinea als Briefzensoren eingesetzt wurden. Sie sollten u. a. verhindern, daß die Männer ihren Familien Standortauskünfte gaben, die von der Abwehr genutzt werden konnten. Obwohl die eingesetzten Zensorinnen auf zahlreiche Tricks stießen, die von männlichen Zensoren nie gefunden worden wären, wurden sie durch die obszöne Sprache der Briefe so demoralisiert, daß viele von ihnen neurotisch krank wurden. Die hohen Ausfallquoten machten ihre Ablösung erforderlich. (45)

Die Disziplin der WACs war auch weit abhängiger von der Qualität der Führung als bei den Männern. WAC-Kompanien am gleichen Standort und mit den gleichen Möglichkeiten zur Erholung wiesen eine sehr unterschiedliche disziplinarische Haltung auf, wenn die Führerinnen unterschiedlich gut waren. Unfähige WAC-Offiziere waren nicht selten. Bis zum Ende des Krieges ist es dem WAC nicht gelungen, Richtlinien für die Ausbildung von WAC-Offizieren festzulegen. Man ging vielfach nach der Methode von trial und error vor. Über gute Führungskräfte freute man sich; unfähige Führerinnen wurden zurückgerufen. Eine der Führungsaufgaben der WAC-Offiziere war, ihren Untergebenen die langweiligen Routinearbeiten schmackhaft zu machen, den Sinn ihrer Tätigkeit im größeren Zusammenhang zu erklären und die individualistischen Neigungen der Frauen in die Gruppe zu integrieren. Mit Autorität allein war dabei nichts anzufangen. Mütterlichkeit wurde von den WACs ebenso abgelehnt wie Intelligenz. Alle Analysen des Verhältnisses von Führerinnen und Geführten im WAC des Zweiten Weltkriegs ergaben, daß Persönlichkeit und Charakter des einzelnen Offiziers den Ausschlag gaben. (46)

Die Bestimmungen der Streitkräfte untersagten den Frauen gesellschaftliche Zusammenkünfte mit Offizieren. Dating war nur innerhalb der gleichen Ranggruppe erlaubt. Krankenschwestern durften sich mit Soldaten außerhalb des Dienstes überhaupt nicht treffen. Auf dem Kriegsschauplatz in Neuguinea untersagte General MacArthur allen Frauen, mit Männern Kontakt aufzunehmen. Dort lebten die WACs in stacheldrahtumzäunten Lagern und wurden morgens wie Strafgefangene von Soldaten zu ihren Arbeitsplätzen begleitet und abends wieder zurück. (47)

Heiraten zwischen Soldaten und Frauen im WAC war praktisch unmöglich. Unmittelbar nach der Hochzeit wurde einer der Partner versetzt. Das führte dazu, daß viele Paare zusammenlebten, ohne die Ehe einzugehen. Trotz des Protestes der Geistlichen blieb es bis zum Kriegsende bei dieser Regelung. Als das Verbot nach dem Krieg aufgehoben wurde, stieg die Heiratsziffer der WAC-Angehörigen mit Soldaten von einem Monat zum anderen um das Vierfache. (48)

Ein weiteres Ärgernis für die Angehörigen des WAC, das sich auf die Disziplin niederschlug, war die Konkurrenz von weiblichen Zivilangestellten. Ursprünglich sollten keine Zivilisten außerhalb der USA für die Armee beschäftigt werden. Nach den Erfolgen der Invasion in Europa setzte sich im Kongreß die Ansicht durch, auch weibliche Angestellte nach Übersee zu führen, sobald die Bedingungen dort sicher wären. Voraussetzung war lediglich, daß diese Zivilangestellten Uniform trügen. Für angemessen hielt man die Uniform von Offizieren. Das löste im WAC erhebliche Unruhe aus. Man warf den Behörden Einseitigkeit zugunsten derer vor, die erst, nachdem die Gefahr vorüber war, ihren patriotischen Eifer entdeckten und sich zum Dienst für die Streitkräfte bereit erklärten. Diejenigen, die zum Teil seit Jahren in der Armee dienten, trugen den Dienstgrad von Soldaten und Unteroffizieren, während die Neuankömmlinge hochrangig eingestuft wurden. Zu den Zivilangestellten, die 1944 und 1945 in WAC-Offiziersuniformen auftauchten, gehörten auch Reporterinnen, Kongreßangehörige, Filmstars und Showtruppen. Diesen Zivilisten in Offiziersuniformen war es gestattet, mit Offizieren gesellschaftlichen Kontakt zu pflegen, höheren Unterkunftstandard zu beanspruchen und mit weniger Restriktionen zu leben als die WACs. Zum Beispiel entfielen für sie die Vorschriften des Disziplinar- und Militärstrafrechts. Ihr Gehalt betrug bis $ 745 monatlich, während die Mannschaftsdienstgrade des WAC höchstens $ 138 verdienten. (49) In den Dienststellen, in denen Zivilangestellte und WACs gemeinsam beschäftigt wurden, erhielten die WACs die weniger beliebten Tätigkeiten.

Führung und Organisation

In der US-Army betrug das Verhältnis von Offizieren zu Soldaten 1 : 11. Im WAC war jedoch nur eine von 20 Frauen Offizier. Gemessen an dem Personalbestand hätte das WAC am Ende des Krieges 20 Generäle, 139 Obristen, 136 Oberstleutnante und 131 Majore haben müssen. In Wirklichkeit besaß es nur 1 Oberst und 7 Oberstleutnante. (50) Die Ausbildung der WAC-Offiziere dauerte 3 Monate. Neben dem Spezialgebiet, z. B. technischer Dienst, Bürotätigkeit, Verwaltung, enthielt der Lehrplan die Fächer Sport, Kartenlesen, Führungslehre, Selbstverteidigung, Medizin und Organisation. (51) Die Offizierschule war in Fort Des Moines. Maßgebend für den Ausbildungszweig waren die Vorkenntnisse der Bewerberinnen. Viele hatten ein Hochschulstudium absolviert. Die erste Enttäuschung kam meistens mit dem ersten Einsatz. Nur sehr wenige wurden entsprechend ihrem Dienstgrad verwendet. Die meisten fühlten sich unterwertig beschäftigt, einige arbeiteten als Sekretärinnen oder Chauffeusen. Selbst Offiziere, die aus der Generalstabsschule kamen, erhielten manchmal nur Aufgaben als Fotoauswerterinnen, Kodieroffiziere oder Adjutantinnen für männliche Stabsoffiziere. Besonders schwer hatten es die weiblichen technischen Offiziere. Sie wurden von ihren männlichen Kollegen nicht für voll genommen. Ihre Zurücksetzung ging so weit, daß sich mehrere um ihre Rückführung vom Kriegsschauplatz in die USA bemühten. (52) Obwohl von der Möglichkeit selten Gebrauch gemacht wurde, kam es vor, daß Zivilangestellte verbündeter Nationen unmittelbar zu Offizieren im WAC berufen wurden. General Eisenhowers britische Sekretärin wurde auf diese Weise Offizier. (53) Eine weitere Zurücksetzung der Frauen im WAC bestand darin, daß sie zwar auf den Militärfriedhöfen begraben werden durften, aber nicht ihre Männer, wenn sie nicht in der Armee waren. Die Ehefrauen männlicher Offiziere dagegen hatten das Recht, neben ihren Männern begraben zu werden. (54)

Das Büro des WAAC gehörte bis 1943 zu den Army Service Forces. Mit der Leitung des Frauenhilfskorps wurde die texanische Redakteurin Oveta Culp Hobby betraut, die unmittelbar in den Rang eines Obersten übernommen wurde. Ab Februar 1944 gehörte ihr Stab zur G I-Abteilung des Generalstabes. Alle Versuche, für das WAC eine Extraabteilung im Generalstab einzurichten, scheiterten. Als Gruppe innerhalb der G I-Abteilung hatte das

WAC zahlreiche Schwierigkeiten bei den Verhandlungen mit den anderen Abteilungen des Generalstabs, z. B. mit der medizinischen Abteilung oder mit der Nachschubabteilung. Offizieller Verhandlungspartner für die anderen Abteilungen blieb der Chef des G I-Wesens, der die Angelegenheiten des WAC nicht immer so vertrat, wie Colonel Hobby das wünschte.

Da das Büro des WAC während des gesamten Krieges nie mehr als drei Offiziere umfaßte, blieben die Wirkungsmöglichkeiten nach innen und außen beschränkt. Zahlreiche Vorgänge liefen am WAC-Büro vorbei. In anderen Fällen machten sich die männlichen Offiziere innerhalb der G I-Abteilung zu fachunkundigen Sprechern von WAC-Angelegenheiten. Viele Weisungen wurden nicht darauf überprüft, ob sie auch für die Frauen paßten. Die Zusammenarbeit in der Abteilung war insgesamt mangelhaft. Die Wirksamkeit der WAC-Führung verlor sich spätestens auf der Ebene der Armeekorps. Dort gab es noch WAC-Offiziere mit Einfluß auf die Befehlshaber. Darunter begann die Männerwelt, in der die Frauen nur als Hilfskräfte fungierten.

Trotz dieser schmalen Führungsleiste gelang es Frau Hobby, viele Besonderheiten des WAC in den Streitkräften durchzusetzen. Die Vorschriften für die Unterbringung der WACs wurden z. B. während des gesamten Krieges verhältnismäßig streng beachtet, weil ihre Einhaltung eine Voraussetzung dafür war, daß den Einheiten WACs zugeteilt wurden. So mußten z. B. die Baracken der Frauen mindestens 50 m von den Soldatenbaracken entfernt sein. Die Toiletten mußten sich im Innern befinden. Für 150 Frauen waren zwei Badewannen vorgeschrieben. Für je 20 Frauen mußte ein Waschzuber und ein Bügelbrett bereitgestellt werden. In den Speisesälen der WACs durften nur Stühle an den Tischen stehen und keine Bänke wegen der engen Uniformröcke.

Die stärkste Minderheit im WAC waren die Negerinnen. Den höchsten Anteil erreichten sie mit 7 % im März 1944. Die numerisch höchste Zahl an Schwarzen gab es mit 4 040 Frauen im Dezember 1944. Die Höchstzahl an farbigen Offizierinnen erreichte das WAC mit 121 Frauen im September 1944.

Wie in der gesamten US-Armee herrschte auch im WAC bis zum Kriegsende die Rassentrennung. Farbige und Weiße hatten getrennte Unterkünfte, verschiedene Tische in den Speisesälen, unterschiedliche Sport- und Schwimmstunden. Im November 1942 wurden zwar die Offiziere des WAC zusammengeführt, aber die Marine akzeptierte bis 1943 überhaupt keine Farbigen.

Quantität und Qualität der Farbigen im WAC ließ während des gesamten Krieges zu wünschen übrig. Die meisten wurden in Küchen und Wäschereien eingesetzt. Die 800 Negerinnen, die im 6 888. WAC-Bataillon auf dem europäischen Kriegsschauplatz im Postdienst verwendet wurden, mußten nach kurzer Zeit abgelöst werden. Führungsfehler waren in farbigen WAC-Einheiten häufiger als in weißen. Der geringe Intelligenz- und Ausbildungsgrad mancher Unterführerinnen und Offiziere war schuld daran. Während die Negerinnen in eigenen Bataillonen zusammengefaßt waren, dienten die Puertorikanerinnen in eigenen Kompanien. Für diesen Personenkreis waren besonders die Sprachschwierigkeiten eine Barriere für den Aufstieg. (55)

Ebenso wie die farbigen WAC-Einheiten versagten auch viele männlichen Kampfeinheiten aus Farbigen. Aus dem Zweiten Weltkrieg ist das Beispiel der 92. Infanteriedivision am bekanntesten. Als im Koreakrieg ähnliche Fehlschläge mit Einheiten auftraten, die ausschließlich aus Farbigen bestanden, förderte das Pentagon die Integration von Weißen und Farbigen. Der Vietnamkrieg, in dem nur gemischte Einheiten eingesetzt wurden, bewies, daß das den Kampfwillen der rassischen Minderheiten hob. (59)

An vielen Stellen wurde am Ende des Krieges ein Resümee über den Einsatz von Frauen in den Streitkräften der USA gezogen. Die positiven Bilanzen überwogen. Sie würdigten, daß das WAAC/WAC für die amerikanische Gesellschaft ein einzigartiges Experiment war, Frauen für den Dienst fürs Vaterland zu mobilisieren. Obwohl keine Mob-Vorbereitungen vorhanden waren und keine nationalen Traditionen zur Verfügung standen, sei innerhalb kurzer Zeit eine einsatzfreudige Frauenhilfstruppe mit Korpsgeist entstanden. Die WACs hätten bewiesen, daß sie auch in schwierigen Situationen ihren Mann stehen. Man glaubte erkannt zu haben, daß die Streitkräfte eine Fülle von Verwendungen besaßen, die für Frauen besser geeignet waren als für Männer (Bürodienst, Telefondienst) oder gleich geeignet waren wie für Männer (technischer Dienst). Man verwies darauf, daß der Einsatz von Frauen dem Staat Millionen von Dollars gespart hatte, weil die WACs wegen der kürzeren Ausbildungszeit und der geringeren Zahl von abhängigen Familienangehörigen im Jahr pro Person mindestens um 77 Dollar billiger waren als Soldaten in gleichen Rängen. (59)

An kritischen Argumenten wurden im wesentlichen drei vorgebracht:

1. Die Soldaten hätten trotz guter Ansätze im ganzen nicht das richtige Verhältnis zu den in der Armee dienenden Frauen gehabt. Während die Öffentlichkeit spätestens 1944 den Dienst von Frauen in den Streitkräften akzeptierte, hätten Diffamierungen von seiten der Soldaten bis zum Schluß angehalten. In der Erziehung der Männer, in den Frauen gleichberechtigte Kameradinnen zu sehen, sah man ein wesentliches Anliegen in zukünftigen ähnlichen Fällen.
2. WAAC und WAC litten seit Beginn unter der übermäßigen Popularität. Die Massenmedien stürzten sich auf diese Organisation. Die amerikanische Prominenz nahm jede Gelegenheit wahr, sich bei den Feiern sehen zu lassen. Die öffentliche Aufmerksamkeit registrierte jeden Fehltritt und jede Schwäche. (56)
3. Das dritte Argument stand im Abschlußbericht der Hoover-Kommission, die 1948 ehemalige Generale über das WAC anhörte:

„Zweifellos kann der Einsatz von Frauen in den Streitkräften ... die militärische Effizienz und die nationale Leistung erhöhen. Die Zunahme an Kriegsstärke muß jedoch gewichtet werden gegen den Bruch mit der Philosophie der Vergangenheit und den möglichen Gefahren eines Zuwachses an Militarismus. Viele Vorschläge, die dieser Kommission gemacht wurden ... , würden zwar die militärische Schlagkraft erhöhen, aber alle würden den Einfluß des Militärs in den USA vergrößern und könnten nach einiger Zeit die nationale Denkweise militarisieren. Die Verwendung von Frauen im Krieg hat, wenn sie nicht richtig durchgeführt wird, gewisse gefährliche Auswirkungen auf unsere Lebensart." (57)

Vom Ende des Zweiten Weltkriegs bis zur Integration der Frauen in die Streitkräfte

Am 12. 6. 1948 unterschrieb Präsident Harry S. Truman das Bundesgesetz Nummer 625. Es trug den Namen Women's Armed Services Integration Act. Aufgrund dieses Gesetzes blieben das Women's Army Corps und die WAVES mit ihren 14 500 Angehörigen nicht nur als Organisationen bestehen, sondern verloren den Notstandscharakter der Kriegszeit und wurden ordentliche Bestandteile der aktiven Truppen und der Reserve. Ihr Umfang wurde auf 2 % der Gesamtstärke der Streitkräfte beschränkt. Höchstens 10 % aller Frauen durften warrant officers oder commissioned officers sein. In die Mobilmachungspläne wurde hinfort der weibliche Anteil fest eingearbeitet.

Bereits im Koreakrieg 1950–1952 wurden 32 000 ausgebildete WACs und WAVES, viele von ihnen aus der Reserve, den Streitkräften zur Verfügung gestellt: der Army 12 200, der Navy 7 800, der Air Force 10 800 und dem Marine Corps 2 800. Die Nurse Corps umfaßten damals etwa 8 000 Frauen. Zur Zeit der Kubakrise 1962 dienten rund 22 000 Mädchen und Frauen in den US-Streitkräften, 10 % von ihnen als Offiziere und Unteroffiziere.

Bis 1947 stellte ausschließlich das Amerikanische Rote Kreuz das Pflegepersonal für die US-Streitkräfte. Ab 1947 rekrutierten Army, Air Force, Navy und Marine Corps ihre Krankenschwestern selbst. Sie bekamen den Offizierstatus und trugen die Uniform ihrer Waffengattung. Das Rote Kreuz half den Offizierrekrutierungsabteilungen nur noch bei der Personalwerbung. Die Ausbildung und berufliche Fortbildung nahmen die Streitkraftteile selbst wahr. (58) Wenn das ausgebildete Friedenspersonal in einem Kriegsfall nicht ausreichte, durften in den USA Krankenschwestern des Roten Kreuzes zum „Sanitätsdienst für Sondereinsätze" verpflichtet werden.

An der Spitze der Frauenkorps in Heer, Luftwaffe, Marine, Marinekorps und Küstenschutz stand jeweils eine Direktorin im Rang eines Obersten. Als Gehilfinnen der jeweiligen Stabschefs in Washington hatten sie die Stäbe der Teilstreitkräfte über die Angelegenheiten der Frauenhilfskorps zu beraten. Sie erhielten ihren Rang nur für die Dauer dieses Kommandos. Wenn sie versetzt wurden, wurden sie wieder zu Oberstleutnanten bzw. Fregattenkapitänen zurückgestuft.

Die Direktorin des WAC war bereits 1949 Vorgesetzte von 800 weiblichen Offizieren und 9 000 Unteroffizieren und Mannschaften. Bei den Männern wären auf dieses Personal einige Generalstellen gekommen. Die niedere Dotierung der höchsten weiblichen Dienststelle rührte daher, daß die Frauen nach der Ausbildung nicht in eigenen Verbänden organisiert waren, sondern einzeln oder in kleinen Abteilungen auf die Truppe verteilt waren. (59)

Zur Koordinierung der weiblichen Angelegenheiten in den Teilstreitkräften wurde 1951 von Verteidigungsminister George C. Marshall ein beratender Ausschuß aus 50 wegen ihrer hervorragenden Leistungen ausgewählten Frauen zusammengestellt. Unter dem Namen „Defense Advisory Committee on Women in the Services" (DACOWITS) sollte er zweimal jährlich zusammentreten und Verbesserungsvorschläge für die in den Streitkräften dienenden Frauen machen. Außerdem oblag ihm ein wesentlicher Teil der Öffentlichkeitsarbeit. Fast alle status- und sozialrechtlichen Veränderungen zugunsten der Frauen wurden in den folgenden Jahren von DACOWITS angeregt oder aufgegriffen und befürwortet. (60)

Einen Hauptdiskussionspunkt in der amerikanischen Öffentlichkeit über die Frauen in den Streitkräften bildete – wie bereits während des Krieges – die .Frage, ob der schwarze Bevölkerungsteil der USA angemessen vertreten war. Auf die unterschiedlichen Prozentsätze in den Streitkraftteilen wurde wiederholt hingewiesen. Während in der Armee 1967 11,2 % Neger dienten, waren es in der Luftwaffe 9,6 % , im Marinekorps 9,1 % und in der Marine 4,3 %. Für die schwarze Bevölkerung, gleich ob männlich oder weiblich, schien die militärische Laufbahn nach dem Krieg eine zunehmende emanzipatorische Bedeutung zu haben. Die Zeitsoldaten-Bewerber für die Armee waren unter den Schwarzen doppelt so zahlreich wie unter den Weißen. Das Militär wurde als „a leading avenue of career opportunity for many black men" angesehen. (61)

Am 8. 11. 1967 wurde durch das public law 90/130 zwar das Limit beseitigt, daß nicht mehr als 2 % der Personalstärke der Streitkräfte Frauen sein dürften, aber der Anteil der Frauen wuchs nur geringfügig. 1967 betrug er 1,04 %, 1968 1,08 %, 1969 1,14 %, 1970 1,35 %, 1971 1,58 %, 1972 1,8 %. (66)

Die negative Einstellung der Bevölkerung zu den Streitkräften allgemein und zu den Soldatinnen speziell verhinderte einen qualifizierten Nachwuchs. Daran änderte sich wenig, als 1967 die Reserveoffizierausbildung für Frauen (ROTC) geöffnet wurde und 1969 Collegeabsolventinnen als Offiziere übernommen wurden. Auch die Tatsache, daß für Soldatinnen die Beförderung über den Oberst hinaus freigegeben und Frauen die Aufnahme in die Nationalgarde zugestanden wurde, mobilisierte die Frauen nicht. Selbst auf der Höhe des Vietnamkrieges 1968 betrug die Zahl der in den Streitkräften dienenden Frauen nur 33 000. Nur etwa 160 WACs gingen nach Vietnam und arbeiteten bei MACV bzw. USAHAC in Saigon und USARV in Long Binh. Als Vergleichszahl: Von den Krankenschwestern wurden 7 000 an den östlichen Kriegsschauplatz kommandiert. (66)

Im September 1971 wurde vom Heer die erste Stabsstudie ausgearbeitet, in der personelle Überlegungen für den Fall der Einführung einer Berufsarmee anstelle einer Wehrpflichtigenarmee angestellt wurden. Aus dieser Studie ging erneut hervor, daß zwischen 20 und 35 % aller Funktionen im Heer von Frauen wahrgenommen werden konnten. Als zum 1. 7. 1973 in den USA die Wehrpflicht aufgehoben wurde, entschlossen sich die Streitkräfte, die Frauenhilfskorps bisheriger Struktur aufzulösen und die weiblichen Soldaten wie die männlichen auszubilden und zu verwenden. Nur auf diese Weise glaubte man dem Nachwuchsmangel Herr zu werden und die Sicherheit der USA aufrechterhalten zu können. Man wußte, daß qualifizierter Nachwuchs nicht aus den Randgruppen der Gesellschaft kommen würde, z. B. aus der Landbevölkerung des Südens und dem farbigen Bevölkerungsteil. Das Kräftereservoir vermutete man eher beim weiblichen Geschlecht.

Frauen als Soldatinnen

Die Einbeziehung der Frauen als gleichberechtigte Mitglieder in die Streitkräfte spiegelte den Anfang der siebziger Jahre in der amerikanischen Gesellschaft vor sich gehenden Wandel wider. Auf ihren verfassungsmäßigen Gleichberechtigungsanspruch pochend, stießen sie in sämtlichen Bereichen des zivilen Lebens an Stellen vor, die herkömmlicherweise männliche Privilegien waren. Die Öffnung der Streitkräfte paßte in diesen Vorgang. Sie war möglich, weil sich der Charakter der Verteidigung zu Beginn der siebziger Jahre zur abgestuften Abschreckung verfeinerte. Die Betonung von Verwaltung, Logistik, Infrastruktur gegenüber den Formen der direkten kämpferischen Auseinandersetzung im Rahmen der amerikanischen Abschreckungsstrategie fand ihren Niederschlag in einer Umorganisation der Streitkräfte, bei der neue Verwendungen geschaffen wurden, in denen Frauen durchaus ihren Mann stehen konnten.

Es bedurfte einiger Entscheidungen des Supreme Courts, um Widerstände gegen die wachsenden Ansprüche der Frauen in den Streitkräften zu beseitigen. Viele männliche Soldaten und manche Politiker sahen in den Frauen nur einen Notbehelf für die Übergangszeit nach der Abschaffung der Wehrpflicht. Man sträubte sich gegen die Einführung der gleichen Sozialvergünstigungen für weibliche Soldaten, z. B. bei Wohnungsbeschaffung und bei Familienbeihilfen. Man beharrte auf Restriktionen für weibliche Offiziere. Man neigte dazu, Frauen aus Verwendungsbereichen nur deshalb auszuschließen, weil sie bisher ausschließlich von Männern besetzt waren.

Die Rechtsprechung erzwang Abhilfe. Die Teilstreitkräfte beugten sich: 1972 öffnete das Heer 434 von 483 Verwendungen für Frauen. In der Marine wurden den weiblichen Matrosen 66 von 88 Funktionen zugänglich. In der Luftwaffe gab man 230 von 243 Verwendungen bei den Mannschaften und 45 von 48 Offizierfunktionen frei und im Marinekorps 36 von 98 Mannschaftseinsatzformen. Verboten blieb den Frauen durch Gesetz und durch die Streitkräfterichtlinien vorerst die Wahrnehmung von unmittelbaren Kampfaufgaben. Title 10, U.S. Code of Federal Regulations, Section 6015, beschränkte den Dienst von Frauen in der Marine auf Hospital- und Transportschiffe und schloß bei der Marineinfanterie den Dienst in Kampfverbänden aus. Title 10, USCFR, Section 8549, versperrte Frauen den Dienst in Kampfflugzeugen (aircraft engaged in combat missions). (62) Im Heer blieben also die Waffengattungen Infanterie, Artillerie und Panzertruppe männliche Reservate. Die Marine startete den ersten Versuch, Frauen an Bord eines Schiffes dienen zu lassen, im November 1972. Auf dem in San Francisco wieder in Dienst gestellten 11 000 Tonnen großen Lazarettschiff Sanctuary durften unter den 70 Offizieren, 460 Unteroffizieren und Mannschaften erstmals zwei weibliche Offiziere und 60 weibliche Matrosen an Bord gehen. Der Versuch war erfolgreich, obwohl die amerikanische Presse sich über den weiblichen Matrosen lustig machte, der während der Reise schwanger wurde und ausgetauscht werden mußte. Von den Frauen auf der Sanctuary arbeiteten 25 an Deck, 12 im Schiffsversorgungsdienst, 21 im medizinischen Dienst, 3 im Bürodienst und 1 als Funkerin. (63) Auf gerichtlichem Wege erstritten sich die Matrosinnen in den Folgejahren auch den Zugang zu Versorgungsschiffen und schließlich 1977 zu Bordkommandos auf Kriegsschiffen, wo sie allerdings keine Kampffunktionen ausüben dürfen. (64) 1974 begann in der Marine die Ausbildung weiblicher Piloten, allerdings ebenfalls nicht für den Kampfeinsatz. (65)

1970 ernannte das Heer die ersten beiden weiblichen Offiziere zu Brigadegenerälen. Die Luftwaffe folgte mit einer Beförderung in den Generalsrang 1971 und die Marine kreierte den ersten weiblichen Admiral 1972. 1973 bekam die erste Frau in den amerikanischen Streitkräften zwei Generalsterne. (66) 1976 gab es bereits sechs Frauen im Generalsrang in den US-Streitkräften. Mehr Sterne waren schwer zu erwerben, weil die höherrangigen Generäle in ihren Verbänden auch Kampftruppen hatten, zu denen Frauen nicht zugelassen waren. (67) Erst 1996 kamen die ersten beiden Frauen in den Genuß von drei Sternen: Patricia Tracey, USN, und Carol Mutter, USMC.

Der United States Code, Titel 10, Armed Forces, enthielt keine Bestimmungen über die Einstellung von Frauen in die Streitkräfte, weil die Verfassung allen amerikanischen Staatsbürgern ohne Ansehen von Geschlecht, Rasse und Religion Zugang zu sämtlichen Berufen öffnete. Die Einschränkung, daß Frauen nicht zu Kampfaufgaben und kampfunterstützenden Funktion herangezogen wurden, leitete das Heer aus §§ 6015 und 8549 des Titels 10 des US-Codes in den army regulations 611–210, Section IV (combat specialities) ab. Dort wurde als Kampf der Dienst eines Soldaten oder einer Einheit definiert, „die/der als aktive/r Kampfeinheit/Kämpfer eingesetzt ist". Aufgrund ihrer Organisation und Ausbildung haben Gefechtseinheiten die Aufgabe, den Feind zu vernichten, Gelände in Besitz zu nehmen und zu halten bzw. den bodengewinnenden Truppen durch Feuerschutz oder andere praktische Unterstützung zu helfen. Gefechtseinheiten operieren in der Regel im vorderen Gefechtsraum. Das Heer schloß bis 1993 Frauen deshalb von allen Verbänden der Kategorie I aus, d. h. von Kampfeinheiten, die mit Gewehren, Mörsern, Panzerabwehrraketen, Panzern, gepanzerten Fahrzeugen, Panzeraufklärungsfahrzeugen, Maschinenwaffen und Feuerleitgeräten ausgestattet waren; von Pioniereinheiten mit Bau-, Sperr- und Lähmungsaufgaben im Kampf; von der Feldartillerie mit Geschützen, Haubitzen und deren Zusatzgeräten wie Feuerleitrechnern, automatischen Fahrzeugen und Kettenfahrzeugen und Boden-Boden-Raketen. Es handelte sich um 33 MOS (military occupation specialities) mit Kampfauftrag (combat mission) oder unmittelbarer Kampfunterstützung (close combat support). (73) Dazu zählten im einzelnen z. B. Infanterist, Panzeraufklärer, Panzersoldat, Kampfwaffenversorgungsunteroffizier, Kampfpionier, Brückenspezialist, Artillerist, Feldartillerist, Raketenartillerist, Bodenüberwachungsradarspezialist, Rauch- und Feuerspezialist und Artilleriebeobachter. Auch Verwendungen, in denen die Frauen in das Kampfgeschehen einbezogen werden konnten, z. B. im Bereich der Instandsetzung, fielen in die Verbotskategorie. Eine Reihe von Laufbahnen war für Frauen gesperrt, weil keine Beförderungen möglich waren, z. B. die Funktionen von technischen Raketenspezialisten, Radartechnikern und die Bedienung von schwerem technischen Gerät wie Zementmischer, Brückenkräne usw. Auf der anderen Seite konnten bereits in den siebziger Jahren Frauen für folgende ungewöhnliche Verwendungen ausgebildet werden: Taucher, Hundeführer, Luftüberwachungstechniker, Atomkraftingenieur, Militärpolizist, Hubschrauberpilot, Fallschirmspringer usw.

In der Luftwaffe blieb den Soldatinnen der Einsatz in Flugzeugen, die Kampfeinsätze flogen, gemäß § 8549 des United States Code untersagt. Für den Dienst im Cockpit von Transport- und Tankflugzeugen, meteorologischen Erkundungsflugzeugen, Ausbildungs- und Sanitätstransportern hatten bereits im September 1977 die ersten 10 weiblichen Piloten die Ausbildung abgeschlossen. Im Flugzeugwartungsdienst waren Frauen schon länger zugelassen. In den unterirdischen Raketensilos des Strategic Air Command nahmen die ersten weiblichen Luftwaffenoffiziere im Sommer 1977 den Dienst auf. Die Raketeninstandsetzung beschäftigte Frauen schon einige Jahre vorher.

Die Marine berief sich bei ihren Einschränkungen für weibliche Soldaten auf Titel 10, § 6015 des United States Code, der dem Marineminister das Recht gab, für Frauen (women members) die Art des Militärdienstes vorzuschreiben und die militärische Befehlsgewalt in seiner Teilstreitkraft abzustufen. Der Minister berief sich auf das seit 1956 geltende Gesetz, das Frauen den Dienst in Kampfflugzeugen und an Kampfwaffen an Bord von Schiffen untersagte. Combat wurde in der USM als eine Tätigkeit definiert, die den Einsatz von eigenen und gegnerischen Waffen beinhaltet.

Was das Marinekorps angeht, gestand die Rechtsprechung dem höchsten Kommandanten dieser Waffengattung das Recht zu, über den Einsatz von Frauen zu entscheiden: „Under the civilian direction of the Secretary of the Navy, the Commandant of the Marine Corps is best able to determine how the mission of that particular arm of service can be most competently performed and what personnel are qualified to completely execute its mission." (73)

Entsprechend der Zielsetzung der US-Innenpolitik, equal opportunities für alle Staatsbürger zu schaffen, wies der Assistant Secretary of Defense die Teilstreitkräfte bereits am 6. 4. 1972 an, nicht notwendige Ungleichheiten zwischen Männern und Frauen in den Streitkräften zu beseitigen. Diese Forderung ließ sich im Wohnungsbauprogramm leichter realisieren als in den Stellen- und Beförderungsplänen und im Ausbildungswesen. Besonders harten Widerstand leisteten die zentralen Offizierausbildungsstätten der US-Streitkräfte gegen die Aufnahme von Frauen. Gegen ihren Widerstand verabschiedete der Kongreß im Oktober 1975 eine Novelle zum Gleichberechtigungsgesetz. Nachdem es von Präsident Ford in Kraft gesetzt worden war, öffneten sich 1976 auch die Pforten der militärischen Eliteanstalten für Frauen. Obwohl ihre Kommandeure ein Absinken des Aus-bildungsniveaus befürchteten, stellten sie sich nolens volens auf die neue Rechtslage ein. Am leichtesten gelang das der Airforce Academy in Colorado Springs. Der Kommandeur der Schule sandte Rundschreiben an die Leiter aller höheren Schulen in den USA und bat sie, die Absolventinnen auf die neue Berufschance in der Luftwaffe aufmerksam zu machen. Außerdem führte er mit weiblichen Leutnants der Air Force einen Probeaus-bildungslehrgang durch. (68) 1980 erreichten 62,2 Prozent der weiblichen Kadetten den Abschluß und nur 55,6 % der Männer des gleichen Jahrgangs. Aus der Ablösungsstatistik ging jedoch hervor, daß prozentual gesehen mehr Frauen als Männer die Ausbildung abgebrochen hatten. (69).

Auch in West Point hielten 1976 die ersten Frauen Einzug. Obwohl die Schule mit ca. 1000–1100 Absolventen pro Jahr nur einen Teil des jährlichen Bedarfs von rund 7500 Offizieren im Heer abdeckt, stellen die West Point-Absolventen die Führungselite des US-Heeres. 1985 waren 10 % der Kadetten von West Point weiblichen Geschlechts. (70) 1989 wurde erstmals eine Frau „First Captain of the Corps of Cadets", das höchste Amt, das ein Student in Westpoint erreichen kann.

Auch die Marineakademie in Annapolis kam nicht umhin, 1976 die ersten Frauen zur Ausbildung aufzunehmen. 81 weibliche midshipmen begannen den Lehrgang zusammen mit 1 200 männlichen Crewkameraden. (71)

Abgesehen von Unterschieden, die auf die physiologischen Besonderheiten des weib-lichen Geschlechts zurückgingen, war der Lehrplan an allen Offizierschulen für die männ-lichen und weiblichen Offizieranwärter gleich. (72) Football, Boxen und Ringen blieb den Frauen erspart. In den folgenden Jahren wurden alle als diskriminierend empfundenen Trennungen zwischen den weiblichen und männlichen Studenten abgebaut, auch die getrennten Unterkünfte.

Ende 1977 verfügten die US-Streitkräfte über etwa 120 000 weibliche Soldaten. Von ihnen dienten im Heer 47 000, in der Marine 22 000, in der Luftwaffe 34 000, im Marine-korps 4 000, im Küstenschutz 500 und in den Sanitätsdiensten 14 000. (73)

Um herauszufinden, wieviele weibliche Offiziere das amerikanische Heer verkraften konnte, wurde ein Women Officers Strength Model (WOSM) erstellt. 5 600 männliche/weibliche Wechselstellen sollten Frauen und Männern die gleichen Beförde-rungs- und Versetzungschancen, z. B. nach Übersee, bieten wie den Männern.

Bis 1990 hatten die Frauen in den US-Streitkräften besonders gute Karrierechancen. Sie wurden überproportional rasch befördert. Im Rechnungsjahr 1976 wurden – gemessen an der Zahl weiblicher Soldaten – mehr als doppelt soviele Frauen zum Dienstgrad des Ober-sten befördert wie Männer. In den darunter liegenden Rängen war es ähnlich. (74) Die begehrten Auslandsverwendungen zwischen 12 Monaten und 36 Monaten waren für Frauen und Männer gleich lang. (75) Für die weiblichen Angehörigen der Armee erfolgte die Kontrolle durch das Women's Enlisted Expansion Model (WEEM). (76)

Die Meinung der Truppe über weibliche Soldaten

1976 waren zwar die rechtlichen und verwaltungsmäßigen Voraussetzungen für den Eintritt von Frauen als gleichberechtigte Mitglieder der Streitkräfte geschaffen, aber die Einstellung der Bevölkerung und des männlichen Personals der Streitkräfte hinkte hinter-her. In der Truppe stieß die Tatsache, daß viele Funktionen, die bisher von Männern wahrgenommen worden waren, nunmehr den Frauen offenstanden, z. B. der Ingenieurbereich, das Pionierwesen und die Munitionierung, auf eine geteilte Meinung. Die Zweifel an der Brauchbarkeit von Frauen entzündete sich im wesentlichen an fünf Fragen:

1. Der Einsatz von Frauen im Gefecht
2. Die Führungsfähigkeiten der Frauen
3. Die Probleme von Schwangerschaft und Elternschaft
4. Die Funktionsfähigkeit der Frauen bei Belastung
5. Die Veränderungen in der Ausbildung.

Mehrere Befragungen von Angehörigen der Streitkräfte zu diesen Punkten hatten folgende Ergebnisse:

Zu 1.
Behauptung 1: Frauen sind in vorderster Linie genauso gute Soldaten wie Männer, wenn sie die gleiche Ausbildung haben. Zustimmung: Offiziere 29,1 % , Soldaten 31,6 % Ablehnung: Offiziere 67,2 % , Soldaten 55,7 %.
Behauptung 2: Wenn Frauen in Kampfeinheiten dienten, wäre das Heer genau so schlagkräftig. Genauso schlagkräftig: Offiziere 35,5 %, Mannschaften 41,0 %, weniger schlagkräftig: Offiziere 61,9 % , Mannschaften 52,4 %.
71 % der befragten Armeeangehörigen waren der Ansicht, daß die amerikanische Öffentlichkeit sich im Laufe der Zeit mit dem Gedanken einer unmittelbaren Teilnahme von Frauen an Kampfhandlungen befreunden könnte. 73,9 % sahen in den Männern die ausschließlichen Waffenträger der Nation. 60,7 % glaubten, daß man von Frauen den Dienst in vorderster Linie nicht verlangen dürfe. 36,4 % der Offiziere und 38,6 % der Mannschaften meinten jedoch, daß die gesetzlichen Vorbehalte gegen die Eingliederung von Frauen in Kampfeinheiten fallen sollten. Die befragten weiblichen Armeeangehörigen hatten weniger Bedenken gegen die Beteiligung von Frauen am unmittelbaren Kampf als die männlichen. 49 % der weiblichen Offiziere und 44 % der weiblichen Mannschaften waren der Ansicht, daß Frauen auch in Kampfeinheiten ihren Mann stehen würden. Durch die Eingliederung von Frauen in die kämpfende Truppe erwarteten 59,4 % der weiblichen Offiziere und 64,9 % der weiblichen Mannschaften keine Beeinträchtigung der Kampfkraft. (77)

Zu 2. Was die Führungsfähigkeit der Frauen anging, differierten die Meinungen der männlichen und weiblichen Armeeangehörigen weniger stark. 51,1 % der männlichen Offiziere und 45,1 % der männlichen Mannschaften, 63,8 % der weiblichen Offiziere und 63,1 % der weiblichen Mannschaften glaubten, daß es auf die Einsatzbereitschaft und Schlagkraft der Armee keinen Einfluß hätte, wenn mehr Frauen in Kommandopositionen wären. Etwa 20 % mehr Frauen als Männer meinten allerdings, daß weibliche Offiziere von Männern weniger respektiert werden als männliche. 58 % der männlichen Mannschaftsdienstgrade würden sich im Gefecht weniger sicher fühlen, wenn sie einen weiblichen Kommandanten hätten. Verständlicherweise teilten diese Zweifel nur 30 % der weiblichen Mannschaftsdienstgrade. (78)

Zu 3. Nach den damals geltenden Bestimmungen konnten Soldatinnen, die schwanger wurden, bis zur Inanspruchnahme des Mutterschaftsurlaubs im Dienst bleiben. 68 % der befragten Armeeangehörigen hielten diese Regelung für richtig, 47 % für unpraktisch, 55 % als Verstoß gegen den Gleichheitsgrundsatz, 56 % als schädlich für die Einsatzbereitschaft der Truppe. Mannschaftsdienstgrade waren skeptischer als Offiziere. (79)

Zu 4. Nach der Qualität der weiblichen Dienstleistungen im Heer befragt, gaben 42,5 % der männlichen Offiziere und 42,7 % der Mannschaftsdienstgrade zu, daß die Leistungen der Frauen sehr gut seien. 50,6 % der Offiziere und 47,4 % der Mannschaftsdienstgrade stuften sie als brauchbar ein. Tadel übten 6,9 % der Offiziere und 9,9 % der Mannschaftsdienstgrade. (80)

Zu 5. Betreff Ausbildung stimmten die befragten männlichen und weiblichen Streitkräfteangehörigen überein, daß die Waffenausbildung obligatorisch, die gemeinsame Grundausbildung gleich und die Sportausbildung härter sein sollte. (81)

Eine Befragung der Luftwaffe im Dezember 1975 erbrachte zusätzliche Momente über das innere Gefüge des Militärs. Danach waren mehr weibliche Angehörige mit der Streitkraft Luftwaffe zufrieden als männliche. Die männlichen Ausbilder gaben zu, Frauen gegenüber toleranter zu sein und zurückhaltender bei der Verhängung von Disziplinarstrafen. (82) Als die Luftwaffe 1975 einige bisher den Männern vorbehaltene Funktionen für Frauen öffnete, nahm man das zum Anlaß, nach dem Lehrgang Ausgebildete und Ausbilder zu befragen. Die Männer klagten, daß die Frauen von den Ausbildern besser behandelt würden, und die Frauen hatten das Gefühl, ihre Arbeit werde von den Ausbildern schärfer unter die Lupe genommen als die der Männer. Die Ausbilder berichteten, daß Frauen die neuen Tätigkeiten genauso gut wie Männer lernten, daß ihre Fortschritte genauso groß seien wie die der Männer, daß sie gleich motiviert seien, aber von ihren Ausbildern weniger Aufmerksamkeit verlangten. (83) Während sich 1975 52 % der männlichen Soldaten durch die Anwesenheit der Frauen zurückgesetzt fühlten, herrschte im höheren Offizierskorps der amerikanischen Streitkräfte bereits damals die Ansicht vor, daß Frauen in einigen Bereichen bessere Arbeit leisteten als Männer, z. B. in Funktionen, die Handfertigkeit verlangten, wo sich Arbeitsgänge wiederholten und wo eine andauernde Konzentration erforderlich war. Nur in den Verwendungen, in denen körperliche Kraft verlangt werde oder für die sie schlecht ausgebildet worden seien, blieben ihre Leistungen hinter den Erwartungen zurück.

„Evidence indicates that women perform better in some areas, such as those requiring manual dexterity, accomplishment of repetition tasks, and continued concentration. Women tend to fall behind in those areas which have significant requirements for physical strength and stamina or for which they have not been prepared by training or experience. It is apparent that we must establish clear-cut physical, mental, and performance standards by MoS and insure all soldiers, men and women, measure up to them." (84)

Bedenken wurden von der Generalität geäußert über die Auswirkungen der Schwangerschaft von weiblichen Armeeangehörigen im Krisenfall. Während in Friedenszeiten improvisierte und geplante Aushilfen möglich seien, erfordere die Funktionsausrichtung der einzelnen Dienstposten im Einsatz die dauernde Anwesenheit der ausgebildeten Posteninhaber. Da schwangere Frauen nach dem 4. Monat keine Uniform mehr tragen dürften, gebe es z. B. bei der Militärpolizei fünfmonatige Ausfälle. Schwangerschaftsbedingte Minderleistungen der Soldatinnen könnten im Ernstfall kritisch werden, ganz abgesehen vom Ausfall der Frau während des gesetzlichen Schwangerschaftsurlaubes. Es wurde auch die Befürchtung geäußert, daß Einheiten, in denen besonders viele Frauen dienten, in besonderem Maße Ziel eines feindlichen Angriffs sein könnten:

„Depending on unit mission, female soldiers should not be assigned in such number that their inability to defend themselves detracts from the ability of the unit to do its job ... A unit with a high density of women may experience inordinate difficulty in defending itself on a modern battlefield and may in fact become a special target of enemy forces." (85)

420

Im Schnitt waren bis zu 8 % der weiblichen Militärangehörigen schwanger. Wenn sie ihren vollen Schwangerschaftsurlaub nahmen, der vier Wochen vor der Geburt begann und sechs Wochen nach der Geburt endete, fehlten sie der Truppe 70 Tage. Die wirklichen Berechnungen sprachen von einem durchschnittlichen Ausfall von 105 Tagen. Das Heerespersonalamt rechnete damit, daß von 55 000 Soldatinnen jeweils 2 100 wegen Schwangerschaft nicht voll verwendungsfähig sein und 900 wegen Schwangerschaftsurlaub völlig ausfallen würden. Nach den Erfahrungsgrundsätzen schieden jedoch 40 % aller Soldatinnen, die Kinder kriegten, aus der Truppe aus. (86) Daß Schwangere nicht nach Übersee versetzt werden durften, habe negative Auswirkungen auf die Einsatzbereitschaft der Verbände. Während eines Katastropheneinsatzes in Guatemala stellte sich heraus, daß ein Feldlazarett 14 % der weiblichen Soldaten nicht an den Einsatzort mitnehmen durfte. Im Ernstfall wäre das eine Katastrophe gewesen. Es schaffe auch Unzufriedenheit, wenn Männer zur Schwangerschaftvertretung an unbeliebte Standorte versetzt wurden oder wenn für Männer nur die schweren Funktionen übrig blieben, weil den schwangeren Kameradinnen die leichten Tätigkeiten zugewiesen würden. Sorgen machte – vor allem dem Generalstab des Heeres – auch der hohe Krankenstand der Frauen. Während die Männer im Durchschnitt 3,3 Stunden monatlich im Dienst fehlten, seien es bei den Frauen 9,5 Stunden, also dreimal soviel. Diese Ausfallquote falle bei den Einheiten nur deshalb nicht so sehr ins Gewicht, weil immer mehr männliche Soldaten – auch wenn sie im Dienst sind – unter Drogeneinwirkung stünden und deshalb gleichfalls nur beschränkt verwendungsfähig seien. Frauen seien weit weniger drogenanfällig als Männer.

Die Ausbildung von Mannschaften, Unteroffizieren und Offizieren

In allen Ausbildungsstufen hatten die Frauen Schwierigkeiten beim Sport. Sie waren schwächer als die Männer. Das rührt daher, daß Frauen weniger Knochenmasse und weniger Muskeln, aber mehr Fett als Männer besitzen. Männer verfügen über einen höher gelegenen Schwerpunkt, haben breitere Schultern, schmalere Hüften, längere Beine und eine größere Atemkapazität. Deshalb sind sie ausdauernder und nicht so leicht zu erschöpfen wie Frauen. Frauen ertragen weniger Hitze als Männer. Ihre Hauttemperatur ist geringer. Deshalb benötigen sie, besonders an den Extremitäten, eine wärmere Bekleidung als Männer. Eine ausgeprägte Armmuskulatur und mehr Kraft im Handgriff verschaffen den Männern Vorteile bei Klimmzügen und Liegestützen. Aufgrund dieser Tatsachen erreichten die Frauen während der Grundausbildung nur etwa 60 % der männlichen Leistung. Den Geländelauf über eine Meile mit Gefechtsausrüstung standen nur wenige durch, obwohl die Herz-Lungen-Kapazität bei beiden Geschlechtern annähernd gleich ist. (87) Die halbe Meile mußte in weniger als 4,45 Minuten bewältigt werden. Die Hindernisbahn, die u. a. einen sechs Fuß breiten Graben, zahlreiche Querbalken, eine 5 1/2 Fuß hohe Wand und Kriechstrecken umfaßte, erforderte sportliche Vielseitigkeit. Mehr Anklang fand bei den Frauen das dreitägige Zeltbiwak im Rahmen der Geländeübungen. Die Schießausbildung am Gewehr, für die beim Heer 40 Stunden angesetzt sind, wurde in vier Schießpositionen durchgeführt: stehend im Schützenloch, aufrecht stehend, kniend ohne Auflegen, liegend mit Auflegen und als Schnellfeuerübung. (88)
Am schwersten wurde die Grundausbildung von den Anwärterinnen für das Marinekorps empfunden, wo auf körperliche Fitneß und Schießfertigkeiten („every marine is a

basic rifleman") großer Wert gelegt wurde. Der physical fitness test, der nach der acht-wöchigen Grundausbildung in Boot Camp, Paris Island, South Carolina, abgenommen wurde, bestand u. a. aus Wertungen im Aufstehen aus dem Bodensitz mit gebeugten Knien, Hängen am Reck mit angewinkelten Armen und einem Langlauf. (89) Auch bei den Frauen, die sich bis zum letzten verausgabten, steigerte sich das physische Leistungsver-mögen während der Grundausbildung nur um 24 %. Bei den Männern waren Leistungs-verbesserungen um 50 % normal. Der Unterschied wurde im wesentlichen auf hormonale Ursachen zurückgeführt. (90)

Der Lehrplan der Grundausbildung der Marines sah folgendermaßen aus: Appelle und Paraden 14 Stunden, Charakterschulung 11 , Militärrecht 5, Formalausbildung (Drill) 36, Wissenschaftliche Auswertung 7, Erste Hilfe 4, Stil und Form 12,5, Allgemeine Informa-tionen 9, Besichtigungen 13,5, Wachdienst 5, Geschichte und Traditionspflege 12, Verwaltungswesen 11, militärischer Umgang 7, Nukleare, biologische und chemische Verteidigung 4, Sport 27, Uniformreglement 12, Gesundheitserziehung 4, Sonstiges 6. (91)

Während in der Grundausbildung die Uniformvorschriften streng gehandhabt wurden – Haar bis zum Kragenrand, Röcke maximal zwei Zoll oberhalb des Knies, keine Ohrringe, kein Schmuck – zeigte sich später, daß die Vorgesetzten desto großzügiger waren, je hübscher die Frauen waren. Verstöße wurden nur selten beanstandet.

Den größten Ausbildungstriumph feierten die Frauen, als 1976 die ersten Offizier-anwärterinnen an die zentralen Ausbildungsstätten der Streitkraftteile zugelassen wurden. Aus der Vielzahl von Bewerberinnen für Westpoint (Heer), Annapolis (Marine), Colorado Springs (Luftwaffe), New London (Coast Guard) wurden zum ersten Lehrgang, der für Frauen und Männer zugleich durchgeführt wurde, Mitte 1976 300 Bewerberinnen aus-gewählt. Nach Westpoint gingen 118 Mädchen, nach Annapolis 80. Am traditionellen Ausbildungsprogramm wurde nichts geändert, obwohl durch die Teilnahme junger Mädchen an der Ausbildung einige Traditionszöpfe besonders deutlich sichtbar wurden. Nach und nach wurden die Kuriositäten beseitigt. Die Spindordnung schrieb den Frauen vor: „Die Höschen müssen zu Dreiecken gefaltet, zwischen den Drillichhosen und den Arbeitsblusen liegen. Die Büstenhalter haben ihren Platz unter den Handschuhen, wobei das rechte Körbchen im linken lagert." (92) Zu den Unsinnigkeiten gehörte, daß jeder Weg im Dauerlauf zurückzulegen war, wobei der Kopf grundsätzlich im Nacken lag und der Mützenschirm direkt über den Augen ruhte. Gegessen wurde in Westpoint nur, solange der Tischälteste aß. Beim Essen durfte nur geradeaus geblickt werden. Während der Mahl-zeit durfte der Tischälteste Fragen stellen, die beantwortet werden mußten. Zu den Kadet-tenregeln gehörte auch, daß keine Zärtlichkeiten ausgetauscht werden durften. Rendez-vous mit Mitgliedern der höheren Jahrgänge waren überhaupt verboten. Schwanger-schaften führten zur sofortigen Entlassung. Antikonzeptionsmittel wurden jedoch kosten-los verteilt. (93)

Die Strapazen der sechswöchigen Grundausbildung an den drei Eliteschulen führten zu zahlreichen Abgängen. In Westpoint gaben 14,3 % der Frauen auf gegenüber 9,5 % bei den Männern. In groben Feldstiefeln und schlechtsitzenden Drillichanzügen hatten sie mehr zu leiden als die Männer. Mit dem Stahlhelm auf dem gestutzten Kopf und dem 5 kg schweren Sturmgewehr M 14 in den Händen über Hindernisstrecken, durch Schlamm-löcher, unter Stacheldrahtverhaue hindurch und über Eskaladierwände hinweg zu jagen, sich mit Seilen über Flußtäler zu hangeln, 10 m hohe Holzgerüste zu erklettern und sich in 5 m tiefe Sprunggruben fallen zu lassen, erschöpfte die Frauen selbstverständlich mehr als die Männer. Auch der tägliche 3-Meilen-Lauf überforderte die meisten. Unter dem fast pausenlosen Gebrüll ihrer Vorgesetzten mußten die gemischten Gruppen gehen, stehen, marschieren, laufen und sprechen lernen. Mit Fauststöcken und Knüppeln wurde der Nahkampf simuliert; die Partner droschen so lange aufeinander ein, bis einer der Kontrahenten kampfunfähig im Schmutz liegen blieb. Wie die Männer mußten die Mädchen auf den simulierten Feind zurennen und in den Schlachtruf „kill, kill" ausbrechen und ihm das simulierte Bajonett in den Leib stoßen. Knochenbrüche und Sehnenzerrungen bzw. -risse kamen unerwartet häufig vor, vor allem bei den weiblichen Kadetten. Den Ärzten wurde klar, daß Frauen zartere Knöchel und Handgelenke haben und über weniger Körperkraft im Oberkörper verfügten als Männer. Aufgrund dieser Erkenntnis wurden die Mädchen wenigstens von den Sportarten Boxen, Ringen, Fußball und Rugby befreit. An ihre Stelle traten Judo und Karate. Statt der Klimmzüge am Reck brauchten sie nur eine vorgeschriebene Mindestzeit mit angewinkelten Armen am Gerät zu hängen.

Die gymnastische Ausbildung konzentrierte sich bei den weiblichen Offizieranwärtern auf Koordinationsübungen, Wendigkeit und Reaktionsschulung. Ihre Leistungen wurden nach einem besonderen Punktsystem gemessen, das sich von dem der Männer unterschied. (94) Im Zweikampf mit den Fauststöcken gab man ihnen Brustpanzer. Tränen der Frustration flossen bei den Frauen und bei den Männern. Den Kadettinnen, die in Weinkrämpfe ausbrachen, wurde geraten, sich auf der Stube auszuheulen. Eines der Ausbildungsziele des harten basic training bestand darin, zu sehen, wie sich Kadetten bei großer Müdigkeit und unter Dauerstreß verhalten. Es gab wenig Schlaf. Zwischen 5.30 Uhr morgens und 22.00 Uhr abends waren alle Offizieranwärter dauernd auf Trab. Körperliche und geistige Strapazen wechselten sich ab. Einschlafen im Unterricht war nicht nur gegen den honor code, sondern wirkt sich auf das Abschlußzeugnis genauso negativ aus wie schlechte Schießleistungen mit dem Maschinengewehr M 60. (95) Trotz der Gleichartigkeit der Ausbildung von Männern und Frauen beteuerte der Schulkommandeur von Westpoint: „Die Frauen sollen ihre Weiblichkeit nicht opfern. An Zwitterwesen sind wir nicht interessiert. In den modernen Streitkräften gibt es viele Aufgaben, die von einer wirklichen Frau ausgefüllt werden können." (96)

Diejenigen Frauen, die die Grundausbildung überstanden, hatten auf Staatskosten eine phantastische Ausbildung vor sich, wie sie sonst nur auf den Spitzenuniversitäten Harward, Yale oder Princeton geboten wird. Ihnen eröffneten sich auch nach dem Ausscheiden aus den Streitkräften die besten Berufsaussichten. Immerhin verwendet der amerikanische Staat für die Ausbildung eines Kadetten einer der Eliteakademien pro Kopf $ 100 000.

Der Streit um den Kampfeinsatz von Frauen

Trotz der langen Geschichte weiblicher Soldaten in den amerikanischen Streitkräften und der Tatsache, daß die amerikanische Gesellschaft die Forderung nach Gleichberechtigung im Militär als normale gesellschaftliche Entwicklung akzeptierte, blieb das „combat exclusion act" von 1948, das Frauen untersagte, in Kampfeinheiten Dienst zu leisten, bis in die 90er Jahre in Kraft. (97) Das Defense Advisory Committee on Women in the Services (DACOWITS) ließ seit 1976 Untersuchungen anstellen, was unter „Gefecht" zu verstehen sei und in welcher Relation combat duty bzw. combat assignment zu den Stellen standen, die Frauen damals versperrt waren. Es sollten die Qualifikationsmerkmale des „Kämpfers" festgelegt werden, an denen der Einsatz von Frauen gemessen werden konnte. (98) Die Kampfsituation, wie sie sich im Vietnamkrieg darstellte – aber wie sie keinesfalls repräsentativ für künftige Gefechtssituationen sein mußte –, wurde folgendermaßen umschrieben:

Im Gefecht ist das Leben der Soldaten bedroht. Erschreckender für die meisten ist die Gefahr, verwundet zu werden. Der Soldat ist Zeuge von Verwundungen und vom Sterben seiner Kameraden. Zu den erschwerenden physischen Belastungen gehören das Gewicht des Gepäcks, eine geschmacklose Nahrung, Verdauungsstörungen, Wassermangel, Blutegel, Moskitos, Regen, trockene Hitze, Sumpf, Schlaflosigkeit. Während des Feuergefechts ist die Szenerie chaotisch und konfus. Tödliche Furcht geht Hand in Hand mit Taten der Tapferkeit. (99)

Die 1976 im Hauptquartier der US-Armee erstellte Studie „Women in the Army" nannte folgende Kampfbelastungen:

- Bedrohung des Lebens und der Gesundheit
- Unannehmlichkeiten aufgrund des Fehlens von Unterkunft, wegen großer Kälte oder Hitze, wegen Feuchtigkeit oder Trockenheit
- Unzureichende Nahrung, wenig Wasser, schmutzige Kleidung, Insektenplage und Unwohlsein, Schmutz, Verletzungen und Wunden, Müdigkeit und Schlafmangel.
- Fehlen sexueller und sozialer Befriedigungen
- Mangel an freundlicher Bestätigung (Lob)
- Verlust von Kameraden, Anschauen und Anhören von Verwundeten und Sterbenden
- Einschränkung der persönlichen Freiheit durch das Militärgesetz
- Still-Liegen bei feindlichem Feuer
- Mangel an umfassender Information
- Wertekollisionen zwischen den Erfordernissen des Dienstes und persönlichen Impulsen, zwischen militärischen Pflichten und den Verpflichtungen gegenüber der Familie, für die das Leben des Angehörigen wichtig ist, zwischen informellen Gruppenzwängen wie Kameradschaft und den formalen Erfordernissen der militärischen Situation, die gelegentlich kameradschaftliche Hilfe verbietet, zwischen Mitleid und den Erfordernissen des Kampfes
- Zwänge des Gehorsams und das Gefühl, nicht als Individuum zu zählen
- Mangel an Privatleben durch enges Zusammenleben in der Gruppe
- Zeiten der Langeweile zwischen hektischem Aktionismus
- Mangel an persönlichen Zielsetzungen. (100)

Drei psychophysische Besonderheiten erschwerten nach den Untersuchungen den Frauen das Leben als Soldatinnen im Gefecht:

- Frauen lassen ihren Gefühlen leichter Lauf als Männer, gegenüber Kritik sind sie empfindlicher.
- Frauen haben eine stärkere Bindung an ihr Zuhause als Männer und leiden stärker unter Heimweh.
- Unter besonderer körperlicher Beanspruchung brechen Frauen früher zusammen als Männer. (101)

Offenkundig war, daß Frauen nicht so lange auf Waschen verzichten wollten und konnten wie die Männer. Ihr größeres Reinlichkeitsbedürfnis wird durch den höheren Wasserverbrauch in den Kasernen bestätigt, in die Frauen einzogen. Die Vorschrift, daß ihnen täglich die Möglichkeit zum Waschen gegeben werden mußte, trug dem Rechnung. „Nichts gegen unsere Kameradinnen. Sie sind recht gut anzusehen. Aber seitdem sie bei der Truppe sind, haben wir mehr Arbeit", meinte der Leiter der amerikanischen Versorgungseinheit, die mit Spezialfahrzeugen die Einheiten im Manöver mit Wasser versorgte, damit die Soldatinnen warm brausen konnten. (102)

Zu bedenken war auch die Meinung des amerikanischen Surgeon General, daß Pärchenbildungen und Freunde-Freundinnen-Cliquen, wie sie in gemeinschaftlichen Einheiten ganz natürlich sind, in erschwerten Situationen zu Gruppenspaltungen und Unkameradschaftlichkeiten führen mußten. Über die psychologischen und soziologischen Faktoren des Zusammenwirkens von Frauen und Männern in gemeinsamen Notsituationen und unter Streß und Lebensgefahr gab es mehr Unbekanntes als Bekanntes. Eine Studie des Brookings-Institut in Washington verlangte Mitte 1977 den probeweisen Einsatz von Frauen in Kampfeinheiten, weil solche Tests für die Entscheidung erforderlich seien, ob Frauen völlig gleichberechtigte Soldaten werden könnten. Ohne de facto Erprobungen weiblicher Leistungsfähigkeit sei ein abschließendes Urteil nicht möglich. (103)

Unbestritten war die hohe Motivation der weiblichen Soldaten. Sie erwiesen sich als begeisterungsfähig, wettbewerbsfreudig und ehrgeizig. Disziplin, Anstrengung und ungewohnte Arbeiten erschreckten sie nicht, wenn sie sich „für voll genommen" fühlten. (104) In der Dienstausübung waren sie im allgemeinen vorbildlich. Die Anwesenheit von Frauen bewirkte, daß „viele der ehedem müden Krieger sich in der Gegenwart von Frauen zusammenreißen und ihren weiblichen Vorbildern in der korrekten Dienstausübung folgen." (105)

Um die Zusammenarbeit zwischen weiblichen und männlichen Soldaten in Streß-situationen zu testen, ließ die US-Army Gefechtsübungen von gemischten Einheiten unter möglichst realen Konditionen durchführen. Dabei wurde folgendes festgestellt: Die Empfindungen in Kampfsituationen waren bei beiden Geschlechtern zwar ähnlich, aber es gab eine Reihe geschlechtsspezifischer Reaktionen in bestimmten Situationen: „the identification of the self with one's gender along with the subsequent perception and normative reinforcement of the gender as of either high or low status, and therefore value, within the organization". (106) Andererseits glaubte man feststellen zu können, daß Frauen unter simulierten Gefechtsbedingungen genau so arbeiteten wie Männer. Ausschlaggebend sei nicht die Zugehörigkeit zu einem bestimmten Geschlecht, sondern die individuelle mentale Stärke und physische Kondition. Als die Frauen speziell in Funktionen eingesetzt wurden, die besonders wichtig für den Einsatz dieser Einheit waren, zeigte sich sogar eine erhöhte Kampfbereitschaft. Der Autor folgerte daraus: „This again relates to the dimensons of knowledge/experience, of willingness and ability to perform, and of interpersonal accepttance and cooperation." (107)

Verteidigungsminister Caspar Weinberger gab 1983 die Anweisung, daß die „combat exclusion rules" dahingehend interpretiert werden müßten, daß möglichst viele Berufspositionen den Frauen in der Armee offenstehen. (108) DACOWITS empfahl 1987, die erweiterte Verwendung von Frauen in den Streitkräften zu prüfen. Das Kommitee argumentierte, daß der demographische bedingte Rückgang an männlichen Rekruten zu einer Herabsetzung der Qualitätsstandards im Militär führen würde, wenn nicht mehr Frauen geworben werden könnten, weil die weiblichen Rekruten im Schnitt eine bessere Schulbildung mitbrächten und höhere IQ-Ergebnisse aufwiesen als die männlichen.

Daß Simulationen nicht den wirklichen Kampfeinsatz widergeben, waren allen Beteiligten klar. Weil sowohl die Kriterien des Kampfeinsatzes als auch und seine Auswirkungen auf die Reaktionen der Frauen nicht feststanden, blieb das Verbot, Frauen in combat forces und combat assisting forces einzusetzen, weiter bestehen.

Im Oktober 1983 wurden bei der Invasion von Grenada erstmals Frauen in Kampfhandlungen verwickelt. Transportflugzeuge des Typs C-141, die von Frauen geflogen wurden, landeten auf der Insel, als noch um den Flughafen gekämpft wurde. (109). 170 Soldatinnen nahmen als Militärpolizistinnen, Nachrichtenoffiziere, Helikopterbesatzungen, Wartungspersonal und ordnance specialists an der Besetzung teil. Das führte sofort zu einer heftigen Debatte, ob der U.S. Code 10-8549 verletzt worden sei, der besagte, „that female members of the Air Force may not be assigned to duty in aircraft engaged in combat missions". Die Luftwaffenführung beruhigte die Öffentlichkeit, daß die Soldatinnen zu keiner Zeit gefährdet waren. (110)

Bei der Panama-Invasion am 20. 12. 1989 waren 800 Frauen beteiligt. Zwei weibliche Offiziere kommandierten Infanteriekompanien. Ein weiblicher Offizier leitete eine wichtige Operation so, daß der Regierungssprecher Fitzwater meinte, sie habe „erstklassige Arbeit" geleistet. Nach dem U.S. Direct Combat Probability Code war das, was die Frau tat, verboten. (111)

Im Golfkrieg 1991 waren Frauen bereits als Kampfpilotinnen eingesetzt. Das wurde von der Frauenbewegung als großer Erfolg gefeiert. Insgesamt nahmen 41 000 Soldatinnen teil, von denen zwei in Gefangenschaft gerieten und zwölf starben. Diese Verluste zeigten der Öffentlichkeit, daß jeder Soldat, unabhängig von seiner Verwendung, im Krieg gefährdet ist und „daß die Trennung von combat duty und non-combat duty theoretisch ist". (112)

1991 verband der Senat die Verabschiedung des Verteidigungshaushaltes für 1992 mit einer Gesetzesnovelle, die das Combat Exclusion Act des Jahres 1948 aufhob und es dem Verteidigungsministerium freistellte, weibliche Besatzungsmitglieder auch Kampfeinsätze fliegen zu lassen. Im April 1993 leiteten der amerikanische Präsident Bill Clinton sowie der damalige Verteidigungsminister Les Aspin, nicht zuletzt aufgrund der Erfahrungen des Golfkrieges, eine Wende für die Frauen in den amerikanischen Streitkräften ein. Luftwaffe und Marine wurden jetzt angewiesen, Frauen als Kampfflieger auszubilden und Frauen auf Kriegsschiffen einzusetzen. (113) Mit dieser Anweisung wurden 260 000 Dienstposten für Frauen geöffnet.

Eine Umfrage der Roper Organisation 1992 billigte die Maßnahmen der Regierung. 71 % der Befragten befürworteten den wachsenden Anteil der Frauen in den Streitkräften. Auch der Kampfeinsatz von Frauen fand mehrheitlich Zustimmung: auf Schiffen zu 80 %, in Kampfflugzeugen zu 78 % und im Bodenkampfeinheiten zu 70 %. 70 % der Befragten glaubten nicht, daß die Verwendung von Frauen in Kampfverbänden die Kampfkraft schmälern würde. Bei den Militärs (active-duty military personnel) waren es dagegen nur 57 %. (114)

Gestützt von solchen Untersuchungen, gab das Pentagon im Oktober 1994 eine neue Regelung heraus: „Militärangehörige dürfen für alle Verwendungen eingesetzt werden, für die sie qualifiziert sind, mit der Einschränkung, daß Frauen nicht zu Einheiten abgestellt werden können, deren Hauptaufgabe der direkte Bodenkampf ist: Einheiten, die den Feind am Boden mit Waffen bekämpfen, gegnerischem Feuer ausgesetzt sind und mit hoher Wahrscheinlichkeit direkte Feindberührung haben. (115) Aber nur wenn alle drei oben genannten Kriterien erfüllt waren, durften Frauen von solchen Einsätzen ausgeschlossen werden. Die offizielle Definition für den direkten Bodeneinsatz wurde vom Pentagon mitgeliefert: „Direct ground combat is engaging an enemy on the ground with inidividual or crew served weapons, while being exposed to hostile fire and to a high probability of direct physical contact with the hostile force's personnel. Direct ground combat takes place well forward on the battlefield while locating and closing with the enemy to defeat them by fire, maneuver, or shock effect." (116)

Aufgrund der neuen Weisungen nahm der Anteil der Frauen in allen Teilstreitkräften zu. 1995 waren bereits 15 % des Air Force-Personals Frauen. Die Zahl der weiblichen Rekruten stieg 1997 auf 22,5 %. Als erste Frau erreichte 1993 eine Luftwaffengeneralin die Position des Secretary of the Air Force.

Im Heer drangen die Frauen in die Pioniertruppen, ABC-Truppen, die Militärpolizei und die Heeresflieger vor. Allein bei den Heeresfliegern winkten ihnen 9 000 Stellen.

Ende 1995 dienten bereits 2 000 Frauen auf Kampfschiffen, auch als Jet-Pilotinnen auf den Flugzeugträgern. Die weiblichen Kampfpiloten flogen F/A 18 „Hornet"-Flugzeuge und landeten und starteten auf den Flugzeugträgern genau so sicher wie ihre männlichen Kameraden. (117) Damit war es den Frauen gelungen, in eine der Eliteeinheiten der US Forces, die Marineflieger, einzudringen. Obwohl die Schiffe der U-Boot-Flotte nicht für Frauen geeignet erschienen, richtete die Marine auf den Booten der Trident-Klasse separate Frauenquartiere mit getrennten Schlafräumen und Duschen ein. (118)

Aufgrund der Regierungserlasse aus den Jahre 1994 und 1995 standen in der US-Air Force 99 % aller Verwendungen den Frauen offen; in der US-Navy waren es 90 %. In der US-Army durften Frauen dagegen nur in 67 % aller Verwendungen eingesetzt werden. Unter das „direct-combat Verbot" fielen hier vor allem Verwendungen bei der Infanterie unterhalb des Brigadebereichs, in der Panzertruppe, bei den Rangers, in den Special Forces sowie in der Feldartillerie. In der Coast Guard waren alle Laufbahnen für Frauen offen. Auf den Küstenwachschiffen dienten Frauen seit 1977. 1984–1987 gehörte eine Coast Guard-Angehörige zur Presidential Military Aide. 1985 graduierte eine Frau als beste Absolventin die Coast Guard Academy. 1989 wurde die erste Frau als Coast Guard Flight Officer zuständig für die Drogenabwehr. (119) Im US-Marine Corps gab es die wenigsten Frauen, da dort der Anteil der Kampftruppen am höchsten ist. 1989 kamen die ersten Frauen zum Marine Corps personnel, das die US-Botschaften in aller Welt bewacht. 1994 wurde die erste Frau des Marinekorps zum General befördert.

Anteil der Frauen in den US-Streitkräften (Stichtag 1. 10. 1997)

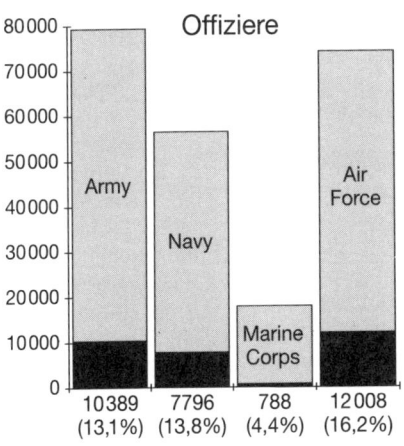

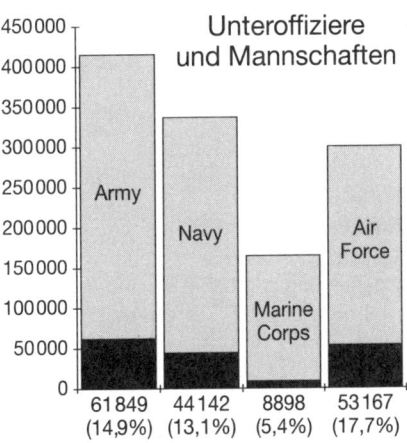

Die Zusammensetzung des weiblichen Personals der Streitkräfte

1996 war der Prozentsatz der Frauen aus den Minderheiten größer als der der Männer. 40 % der weiblichen Soldaten im aktiven Dienst waren Angehörige von Minderheiten: 30 % Farbige, 5 % Hispanics und 5 % andere, z. B. Chinesen. Bei den Männern betrug der Prozentsatz der Schwarzen nur 18 %. Bei den anderen Minderheiten war der Anteil der Männer etwas höher als bei den Frauen. Bei den weiblichen Offizieren stammten sogar 20 % aus den Minderheiten, davon 13 % aus der schwarzen Bevölkerung. Bei den männlichen Offizieren gab es nur 6 % Schwarze.

Anteil der Frauen verschiedener Hautfarbe an den Dienstgradgruppen

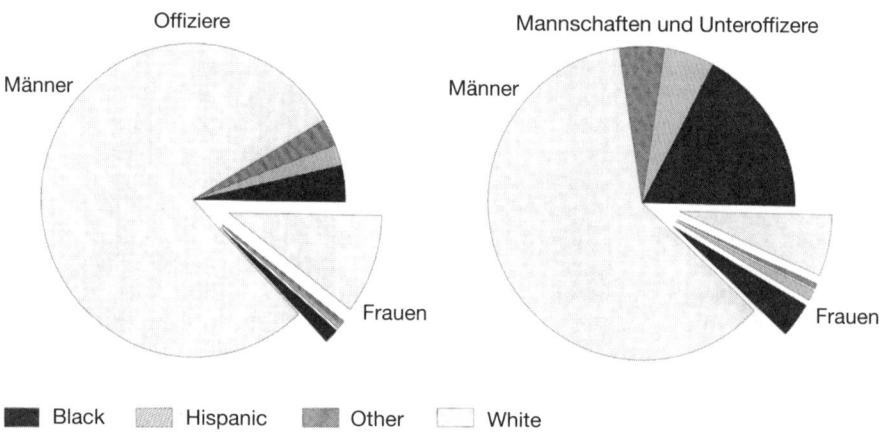

Im Heer waren 58 % aller Soldatinnen Farbige, von ihnen 48 % Schwarze. In der Marine gab es mehr Hispanics als Schwarze, zusammen insgesamt 39 %. In der Luftwaffe gehörten 31 % zu den Minderheiten, aber nur 17 % der Offiziere. Von den Coast Guard-Angehörigen waren 27 % Farbige und vom Offizierkorps 11 %. Im Marine Corps gab es 43 % Farbige, aber bei den Offizieren waren es nur 15 %. (122)

Die Zahlen machen deutlich, daß viele Frauen aus den ethnischen Minderheiten, die sich im zivilen Berufsleben benachteiligt fühlten, glaubten, im Militär einen Beruf ohne Diskriminierung zu finden.

33 000 Frauen gelang es, in den US-Streitkräften Offizier zu werden. Sie stellten 15 % des ganzen Offizierskorps. Anders als die unteren Chargen, die meist aus Arbeiterfamilien oder Minderheiten kommen, rekrutierten sie sich überwiegend aus Töchtern von Familien der unteren Mittelklassse. Sie waren es auch, die sich für die Abschaffung der sogenannten combat exclusion laws stark machten, weil ihnen durch das Verbot, Kampferfahrung bei der Truppe zu erwerben, viele höhere Positionen auf der militärischen Karriereleiter verschlossen blieben. (123) Da dies bis 1997 nicht ganz erreicht wurde, erkannten die Frauen, daß ihnen die top jobs verschlossen bleiben würden. Bei vielen weiblichen Offizieren erfolgte, möglicherweise auch deshalb, eine Umorientierung auf die Familie. Das Streben der weiblichen Soldaten nach verantwortungsvollen Posten ließ

nach. Führungspositionen waren nicht mehr so begehrt wie früher. Die verheirateten Frauen akzeptierten ein geringeres Einkommen, wenn sie mit ihrem Ehemann am gleichen Standort wohnen konnten. Ihre Flexibilität und Mobilität sanken. Obwohl die Topstellen beim Militär von der Kommandoerfahrung bei Kampfeinheiten abhängen, verzichteten viele Frauen auf diese Verwendung, weil ihnen der Dienst zu beschwerlich war oder weil sie nicht von ihrer Familie getrennt werden wollten. (124) Nur die Frauenverbände drängten um des Emanzipationsgedankens willen auf die Beförderung von weiblichen Offizieren in höchste Ränge. (125)

1996 dienten fast 200 000 Frauen in den Streitkräften der USA. Sie waren an allen UNO-Missionen beteiligt, die von amerikanischen Truppen wahrgenommen wurden. Es gibt keinen Standort und keine Ausbildungsrichtung, wo sie nicht vertreten sind. Ohne Frauen wären die US-Streitkräfte nicht funktionsfähig.

Am 1. Oktober 1997 betrug der Umfang der US-Streitkräfte 1,4 Millionen Soldaten. 200 000 waren weiblichen Geschlechts. Von den 227 000 Offizieren waren 31 000 Frauen. Unteroffiziere und Mannschaftsdienstgrade gab es 1,2 Millionen, von denen 167 000 weiblich waren. Bei den Stabsoffizieren und Generalen/Admiralen war die Relation von Männern zu Frauen so: Major 37 356 : 5 753, Oberstleutnant 39 893 : 3 216, Oberst 10 312 : 757, Brigadegeneral 428 : 12, Generalmajor 279 : 4, Generalleutnant 115 : 3. Unter den 33 Generalen bzw. Admiralen befand sich keine Frau.

Probleme der Soldatinnen

Trotz rapider Fortschritte der Frauenintegration in den amerikanischen Streitkräften gab es Problembereiche, die die Gleichstellungsbemühungen nachhaltig beeinträchtigten. Sexuelle Belästigungen, mangelnder Respekt vor weiblichen Vorgesetzten und Unsicherheit der Männer gegenüber den weiblichen Kameradinnen fielen immer wieder auf. Eine Umfrage an den Militärakademien ergab: Bei der Air Force beklagten sich 78 % aller Soldatinnen über sexuelle Anmache und bei der Navy 70 %. (126) Zwischen 1988 und 1995 wurden auf Anweisung des Verteidigungsministers mehrere Studien über das Problem erstellt. Zwar ließ sich über die Jahre eine rückläufige Tendenz feststellen, doch klagten auch 1995 noch 38 % der Frauen darüber, gegen ihren Willen angefaßt oder bedrängt zu werden und 4 % der Frauen sahen sich tätlichen Angriffen und versuchten Vergewaltigungen ausgesetzt. Um dem Problem abzuhelfen, gründete das Verteidigungministerium 1994 eine Defence Equal Opportunity Council Task Force on Discrimination and Sexual Harrasment to review the Military Services, die sich der Kontrolle und Bekämpfung dieser Vergehen widmete. Um eine gesetzliche Handhabe zu schaffen, wurde im Militärstrafgesetz der USA die „Absicht, die eigene Lust und/oder sexuelle Begierde mit einer anderen Person als der eigenen Ehefrau zu befriedigen", unter Strafe gestellt. Trotz aller Bemühungen erschütterten Anfang 1997 neue Skandale das Militär und die Öffentlichkeit. Einem Ausbilder der US-Armee wurden mehrere Vergewaltigungen vorgeworfen, die er an untergebenen Soldatinnen begangen haben sollte, und ein Stabsfeldwebel mußte sich wegen sexueller Belästigung und Grausamkeit gegen Untergebene verantworten. (127) Außer im Militärstützpunkt Aberdeen wurden Untersuchungen in weiteren 17 Rekrutencamps durchgeführt. Eine Studie, die aufgrund von Befragungen erstellt wurde, zeigte, daß Sexismus ein normaler Bestandteil des militärischen Alltags war. Mehr als drei Viertel der

Soldaten hatten „rohes und anstößiges Verhalten" erlebt; 72 % der Frauen beklagten sich über sexistischen Verhalten der männlichen Kameraden; 15 % der Soldatinnen und 8 % der Soldaten sahen sich sexueller Nötigung ausgesetzt. (128)

Das Pentagon befahl, daß weibliche Rekruten in der Ausbildung nur noch mit einer Freundin gemäß dem amerikanischen „buddy system" Dienstaufträge erledigen sollten. (129) Selbst bei der Besprechung mit einem dienstvorgesetzten männlichen Offizier durfte sich die weibliche Rekrutin von einer anderen weiblichen Person begleiten lassen. Außerdem sollte die bisher achtwöchige Grundausbildung im Heer um eine Woche verlängert werden, damit die Rekruten durch „ethische und moralische Erziehung" besser auf den Umgang zwischen den Geschlechtern vorbereitet werden könnten. (130)

Die US-Marine hatte 1991 ihren Skandal, als während der Tailhook-Konferenz an 83 Frauen und sieben Männern Notzucht begangen wurde. 117 Offiziere waren in Vergehen verwickelt, die von der Erregung öffentlichen Ärgernisses über Führungsversagen bis hin zur Notzucht reichten. 80 Offiziere, darunter 30 Generale wurden disziplinarisch bestraft und viele weitere verloren ihre Beförderungschancen. (131)

In der US-Air Force, der in Sachen Gleichberechtigung fortschrittlichsten Teilstreitkraft, sorgte 1997 das Sexualverhalten einer Soldatin für Aufregung. Es handelte sich um eine aussichtsreiche Karriereoffizierin und Renomiersoldatin in Sachen Gleichstellung, da es ihr als erster Pilotin gelungen war, das Kommando über einen strategischen Bomber zu erhalten. Sie hatte trotz des entsprechenden Verbots im Militärstrafgesetz ein Verhältnis zu einem verheirateten Militärangehörigen und belog, um den Verstoß zu vertuschen, ihre Vorgesetzten. Gerade weil die Luftwaffe in diesen Belangen ein bislang untadeliges Image hatte, griffen die Medien den Fall auf und spielten ihn zum Skandal hoch. Der Pilotin, für die sogar der Mehrheitsführer der Republikaner im Senat, Trend Lott, Partei ergriffen hatte, blieb schließlich nichts anderes übrig, als freiwillig aus der Truppe auszuscheiden. Auf diese Weise verlor sie in dem gegen sie eingeleiteten Ehrenverfahren zwar ihren Beruf, nicht aber auch noch ihre Versorgungsbezüge. (132)

Besonders ausgeprägt waren die Sexualprobleme an Bord von Schiffen. Die erhoffte zivilisierende Wirkung der Frauen auf ihre männlichen Kameraden war offenbar nicht eingetreten. Eher paßten sich die Frauen den rauhen Sitten der Männer an. „Fucking bastard" und ähnliche Schimpfwörter nahmen die Matrosinnen ohne Hemmungen in den Mund. (133)

Im Golf-Konflikt 1991 zeigte sich zum Erstaunen des Pentagon, daß 20 Prozent der Frauen in den für den Einsatz bestimmten Einheiten aufgrund von Schwangerschaft oder Krankheit nicht am Unternehmen Wüstensturm teilnehmen konnten. Mehrere weibliche Soldaten ließen sich schwängern, um dem Marschbefehl zu entgehen. (134) Pensionierte ältere Offiziere, die sich schon immer gegen das Einsickern von Frauen in die Streitkräfte gewehrt hatten, sahen darin eine Bestätigung des Protokolls der Kreuznacher Konferenz vom Juli 1943, in dem die damaligen WACs „in ihrer Haltung und Unterordnung als unzuverlässig" geschildert wurden und in dem die Meinung vertreten wurde, das wahre Interesse der Soldatinnen liege im Kennenlernen eines heiratsfähigen Mannes. (135) Es wurden auch andere alte Argumente aus der Klamottenkiste geholt: Frauen stören den Gruppenzusammenhalt (cohesion) und gefährden durch häufige Fehlzeiten die Einsatzbereitschaft der Einheiten. (136) Navy-Machos behaupteten, daß Frauen als Jetpilotinnen auf Flugzeugträgern nicht die gleiche Leistung erbrächten wie Männer und außerdem die Kameradschaft der Jet-Jockeys störten. Konservative Republikaner wie der Sprecher des Repräsentantenhauses Newt Gingrich wollten am liebsten die Soldatinnen „vom Steuerknüppel in die Schreibstube versetzen". (137) Alte Mythen wurden wieder ausgegraben:

Frauen an Bord bringen Unglück. Neue Unsicherheiten kamen dazu: Riskieren Soldaten, die einer Kameradin bei einem Sturz helfen wollen, beschuldigt zu werden, sie unsittlich begrapscht zu haben? (138)

Die überzeugendsten Widersacher fanden die Frauen bei der Marineinfanterie: Die Feminisierung der Streitkräfte dürfe den soziologischen Zielsetzungen der Frauenbewegungen und den Interessen der Politiker nicht mehr Rechnung tragen als den Forderungen der militärischen Schlagkraft. Der Wegfall arbeitsrechtlicher Einschränkungen für Frauen im zivilen Bereich sei eine logische Konsequenz der technischen Fortschritte gewesen, aufgrund deren es weniger auf die körperliche Leistungsfähigkeit ankomme als auf die intellektuellen Fähigkeiten, in denen die Frauen den Männern ebenbürtig sind. Das Militär könne sich jedoch nicht von den Prinzipien der Gleichberechtigung und des Liberalismus leiten lassen, die im Zivilleben akzeptiert werden. Angehörige des Militärs seien Einschränkungen unterworfen, die in der zivilen Berufwelt unbekannt sind, z. B. was die freie Arbeitsplatzwahl, die Bewegungsfreiheit, die Redefreiheit und die Fraternisierung zwischen den Rangebenen betreffe. Disziplin, Gehorsam, Kameradschaft seien Prinzipien des Militärischen, ohne die die Truppe ihre Aufgaben nicht erreichen könne, die aber in der zivilen Berufswelt sekundär seien. Gegen den Einsatz von Frauen in den Bodenkampfverbänden wurden insbesondere vier Argumente vorgebracht:

— die freie Wahl der Truppengattung durch Frauen müßte konsequenterweise bei der Einführung der Wehrpflicht dazu führen, daß die Frauen wie die Männer zu allen Truppengattungen einberufen werden könnten und kein Recht hätten, den Einsatz bei den Bodenkampftruppen zu verweigern.
— Frauen fehlten in aller Regel die körperlichen Voraussetzungen, um die Härten des Bodengefechts durchzustehen. In allen höheren militärischen Ausbildungsstätten seien die körperlichen Anforderungen heruntergeschraubt worden, damit dem geringeren Leistungsvermögen der Frauen im Sinne der Chancengleichheit Rechnung getragen werden könne. Wenn das auch bei den Untersuchungen für die Kampftruppentätigkeit der Fall wäre, würde die Schlagkraft der Truppe erheblich herabgesetzt.
— Die Anwesenheit von Frauen könnte sich im Kampf negativ auf die Gruppenkohäsion auswirken. Angesichts des Lebensrisikos im Krieg stelle die Kameradschaft unter Gleichen das A und O der Kampfmoral dar. Wenn männliche Soldaten sich unter Vernachlässigung des Einsatzauftrags zum Beschützer der weiblichen Soldaten machten oder als Sexualpartner in Konkurrenzkampf träten, würde der Zusammenhalt der Truppe unterminiert.
— Da der Einsatz von Müttern in den Kampftruppen von Heer und Marineinfanterie von der amerikanischen Gesellschaft abgelehnt werde, dürften dort keine Schwangerschaften auftreten. Entweder müßten die Schwangeren sofort abgelöst werden oder den weiblichen Soldaten müßte in diesen Verbänden die Schwangerschaft und Mutterschaft untersagt werden.
— Bei den Bodentruppen, die in unmittelbarem Kontakt zum Feind stünden, sei das Risiko der Gefangenschaft und der Vergewaltigung zu groß, als daß man es Frauen zumuten könne. Gefangene Soldatinnen seien Folterungen vielfältiger ausgesetzt als Männer. (139)

Eine Expertenkommission, die die Frauenskandale in den amerikanischen Streitkräften untersuchte, kam Ende 1997 zu dem Ergebnis, daß männliche und weibliche Rekruten zumindest während der sechs- bis neunwöchigen Grundausbildung getrennt werden sollten. In gemischten Einheiten würden die Rekrutinnen und Rekruten zu stark von den Trainingsinhalten abgelenkt. Während der Spezialausbildung und im Einsatz sollte jedoch am bisherigen System festgehalten werden. Verteidigungsminister William Cohen beauftragte die Führungsstäbe der Teilstreitkräfte, die Vorschläge zu prüfen und gegebenenfalls umzusetzen. (140)

Als 1997 auf dem Nationalfriedhof Arlington ein Denkmal zu Ehren der 1,8 Millionen Frauen errichtet wurde, die bis zu diesem Jahr beim US-Militär gedient hatten, wurde der amerikanischen Öffentlichkeit klar, daß nach der vollen Integration der Frauen in die Streitkräfte auch weibliche Soldaten als gefallene Heldinnen dort einen Platz beanspruchen könnten. (141)

Belegstellen

  (1) Mattie E. Treadwell, The Women's Army Corps, Washington 1954, S. 15
  (2) Ursula von Gersdorff, Frauen im Kriegsdienst, in: Wehrkunde 1975, S. 576
  (3) Treadwell, a.a.O., S. 643
  (4) Treadwell, a.a.0., S. 171
  (5) Treadwell, a.a.0., S. 264
  (6) Report Oberstleutnant Crane, in: Treadwell, a.a.O., S. 192
  (7) Treadwell, a.a.O., S. 95
  (8) Treadwell, a.a.O., S. 437
  (9) Treadwell, a.a.O., S. 155
 (10) Treadwell, a.a.O., S. 155
 (11) Treadwell, a.a.O., S. 200 ff.
 (12) Treadwell, a.a.O., S. 206
 (13) Treadwell, a.a.O., S. 206
 (14) Treadwell, a.a.O., S. 446
 (15) Treadwell, a.a.O., S. 254
 (16) Vgl. Women in the Armed Forces, hrsg. von Office of Information for the Armed Forces, Washington 1976, S. 40
 (17) „May fourteenth is a date already written into the history books of tomorrow... . Long-established precedents of military tradition have given way to pressing need. Total war is, by definition, endlessly expansive... . You are the first women to serve... . Never forget it... . You have just made the change from peacetime pursuits to wartime tasks – from the individualism of civilian life to the anonymity of mass military life. You have given up comfortable homes, highly paid positions, leisure. You have taken off silk and put on khaki. And all for essentially the same reason – you have a debt and a date. A debt to democracy, a date with destiny... . You do not come into a Corps that has an established tradition. You must make your own. But in making your own, you do have one tradition – the integrity of all the brave American women of all time who have loved their country. You, as you gather here, are living history. On your shoulders will rest the military reputation and the civilian recognition of this Corps. I have no fear that any woman here will fail the standards of the Corps. From now on you are soldiers, defending a free way of life. Your performance will set the standards of the Corps. You will live in the spotlight. Even though the lamps of experience are dim, few if any mistakes will be permitted you. You are no longer individuals. You wear the uniform of the Army of the United States. Respect that uniform. Respect all that it stands for. Then the world will respect all that the Corps stands for... . Make the adjustment from civilian to military without faltering and without complaint... . In the final analysis, the only testament free people can give to the quality of freedom is the way in which they resist the forces that peril freedom." Treadwell, a.a.O., S. 66

(18) Treadwell, a.a.O., S. 635
(19) Treadwell, a.a.O., S. 662
(20) Treadwell, a.a.O., S. 67
(21) Treadwell, a.a.O., S. 70
(22) Treadwell, a.a.O., S. 285
(23) Treadwell, a.a.O., S. 294
(24) Treadwell, a.a.O., S. 619
(25) Treadwell, a.a.O., S. 615
(26) Treadwell, a.a.O., S. 398 und 612
(27) Treadwell, a.a.O., S. 372
(28) Treadwell, a.a.O., S. 427
(29) Treadwell, a.a.O., S. 389
(30) Treadwell, a.a.O., S. 627
(31) Treadwell, a.a.O., S. 626
(32) Vgl. Treadwell, a.a.O., S. 79
(33) Vgl. Treadwell, a.a.O., S. 559
(34) Treadwell, a.a.O., S. 331
(35) Treadwell, a.a.O., S. 334
(36) Treadwell, a.a.O., S. 299
(37) Treadwell, a.a.O., S. 326
(38) Treadwell, a.a.O., S. 360
(39) Treadwell, a.a.O., S. 387 ff.
(40) Treadwell, a.a.O., S. 423
(41) Treadwell, a.a.O., S. 458
(42) Treadwell, a.a.O., S. 504
(43) Treadwell, a.a.O., S. 385
(44) Treadwell, a.a.O., S. 562
(45) Treadwell, a.a.O., S. 435
(46) Treadwell, a.a.O., S. 672
(47) Treadwell, a.a.O., S. 421
(48) Treadwell, a.a.O., S. 403
(49) Treadwell, a.a.O., S. 401
(50) Treadwell, a.a.O., S. 564
(51) Treadwell, a.a.O., S. 648
(52) Treadwell, a.a.O., S. 454
(53) Treadwell, a.a.O., S. 393
(54) Treadwell, a.a.O., S. 510
(55) Treadwell, a.a.O., S. 589 und 777
(56) Vgl. Treadwell, a.a.O., S. 708
(57) Treadwell, a.a.O., S. 763
(58) Vgl. Ann Magnussen, Krankenschwestern in der Landesverteidigung in: Deutsches Rotes Kreuz, Oktober 1964, S. 3
(59) Hans-Jürgen Laturner, Frauen in Uniform – Die weiblichen Soldaten der US-Streitkräfte, in: Wehrkunde 1963, S. 362 ff.
(60) Vgl. Nancy Goldmann, The Utilization of Women in the Military, in: Annals of the American Academy of Political and Social Science 1973, S. 107 ff.; Women in the Armed Forces; a.a.O., S. 62
(61) Charles C. Moskos, Minority Group in Military Organisation in: Handbook of Military Institutions, Beverly Hills 1971, S. 286
(62) Vgl. International Combat Arms 6/1986, S. 54 ff.
(63) Vgl. U.S. News & World Report vom 10. 12. 1973, S. 83
(64) Vgl. Deutsche Zeitung vom 17. 3. 1977

(65) Vgl. All Hands 8/1975, S. 73
(66) Women in the Armed Forces, a.a.O., S. 60
(67) Vgl. auch Better opportunity in the Military, in: U.S. News & World Report vom 26. 4. 1976
(68) Newsweek vom 26. 1. 1976, S. 31
(69) TP 2/ S.188
(70) Vgl. Jörg Kürsener, Berühmte Ausbildungsstätten der amerikanischen Streitkräfte, in: Schweizer Soldat 11/1985, S. 14
(71) Vgl. Adolf Dieckmann, Frauen in Streitkräften, in: Truppenpraxis 2/1988, S. 185
(72) Vgl. Women in the Army Study, hrsg. von US Headquarters, Department of the Army, Dezember 1976, 6–7
(73) Vgl. Women in the Army Study, a.a.O., 11-A-1; Women in the Allied Forces, hrsg. von NATO Information Service, Brüssel 1978, S. 48 f.
(74) Information Paper, hrsg. von Department of the Army, Washington 18/7/1977
(75) Vgl. army regulation 614-30
(76) Vgl. Women in the Army Study, a.a.O., 3–6
(77) Women in the Army Study, a.a.O., 11 ff.
(78) Women in the Army Study, a.a.O., 10–14 ff.
(79) Women in the Army Study, a.a.O., 10–14; vgl. auch Roger W. Little, The Military Family, in: Handbook of Military Institutions, Beverly Hills 1971
(80) Women in the Army Study, a.a.O., 10–17
(81) Women in the Army Study, a.a.O., 10–26
(82) Women in the Army Study, a.a.O., 10–23
(83) Women in the Army Study, a.a.O., 10 B-4
(84) TRADOC-Studie, in: Women in the Army Study, a.a.O., 11-4
(85) General Blanchard, in: Women in the Army Study, a.a.O., 11-10
(86) Women in the Army Study, a.a.O., 1-A-7; U.S. News & World Report vom 5. 6. 1978, S. 35
(87) Women in the Army Study, a.a.O., 12-9
(88) Vgl. WAC Basic, in: Soldiers 11/1975, S. 20 ff.
(89) Marine Corps Recruit Training for Women, hrsg. von Headquarters U.S. Marine Corps, Washington 1976, S. 7
(90) Vgl. Women in the Army Study, a.a.O., 12–14
(91) Marine Corps Recruit Training for Women, a.a.O., S. 10
(92) Ebenda
(93) Mannheimer Morgen vom 8. 7. 1976
(94) Vgl. DAPE-ZBN/LTC Gleichenhous 52661 vom 28. 6. 1977
(95) Vgl. A Day in Beast Barracks, in: The Stars and Stripes vom 6. 8. 1976
(96) Welt-Report vom 16. 4. 1976, S. IV
(97) Vgl. Adolf Dieckmann, Frauen in Streitkräften. Eine gesellschaftliche Normalität?, in: Truppenpraxis 2/1988, S. 183 ff.
(98) Women in the Armed Forces, a.a.O., S. 62
(99) Charles C. Moskos, The American Enlisted Man, Hartford 1970, S. 141
(100) Women in the Army Study, a.a.O., 12-A-1
(101) Women in the Army Study, a.a.O., W 12/24
(102) Rocksoldaten im Manöverkrieg, in: Augsburger Allgemeine vom 15. 10. 1974
(103) ap 66 vom 25. 7. 1977
(104) Vgl. Women in the Army Study, a.a.O., 12–23
(105) Heinz Lieberich, Frauen in der Landesverteidigung, in: Truppenpraxis 7/1980, S. 565. Der Aufsatz nimmt Bezug auf einen Artikel aus der Zeitschrift „Armed Forces and Society" aus dem Jahr 1985, in dem die Zusammenarbeit von männlichen und weiblichen Soldaten in einer Flugabwehreinheit während einer Gefechtsübung im Südwesten der USA dargestellt wird.
(106) M. C. Devilbiss, Gender Integration and Deployment. A Study of GI Jo, in: Armed Forces and Society 4/1985, S. 533

(107) M. C. Devilbiss, a.a.O., S. 544
(108) Vgl. Senator Proxmier, Myths of the Day, in: Congressional Record 21./24./25. 3. 1986
(109) Air Force Women Participated in Grenada Invasion, in: Minerva, Spring 1986, S. 67
(110) Ebenda
(111) Vgl. Frankfurter Allgemeine Zeitung vom 6. 1. 1990
(112) Vgl. Martina Sprengel, Eintritt in die Hochburg männlicher Werte, in: Süddeutsche Zeitung vom 10. 8. 1994, S. 10
(113) Women in the Military 1994, hrsg. von Women's Research and Education Institute, S. 3
(114) Vgl. Women in the Military 1994, a.a.O., S. 5
(115) Vgl. Sidney E. Dean: Sie wollen mehr als sie dürfen, in: Information für die Truppe 10/1994, S. 18
(116) Women in the Military 1994, a.a.O., S. 19 f.
(117) Vgl. Der Spiegel 22/1995, S. 127
(118) Information für die Truppe 10/1994, S.20
(119) Women in the Military 1994, a. a. O, S. 13 f.
(120) Vgl. Women in the Military 1994, a.a.O., S. 8 ff.
(121) Vgl. Women in the Military 1994, a.a.O., S. 3
(122) Women in the Military 1994, a.a.O., S. 16
(123) Vgl. Martina Sprengel, a. a. O., S. 10
(124) Vgl. Pamela A. Brills, Putting Women in Leadership Roles, in: Marine Corps Gazette 4/1985, S. 68 f.
(125) Vgl. Mackubin T. Owens, a.a.O., S. 13
(126) Vgl. Bettina Musall: Top Guns mit Lippenstift, in: Der Spiegel 22/1995, S.128
(127) Focus 19/1997, S. 334 und 21/1997, S. 270
(128) Vgl. Süddeutsche Zeitung vom 13./14. 9. 1997
(129) Unter „buddy-system" versteht man im Militär die kleinste denkbare Kampfeinheit. Vgl. Du und Dein Kamerad, in: Der Spiegel 47/1996
(130) Vgl. Süddeutsche Zeitung vom 13./14. 9. 1997
(131) Vgl. Women in Uniform. Conference: Washington, D.C. December 10-11 1996; Panel: Gender Integration, hrsg. von Women's Research and Education Institute, S. 8.
(132) Vgl. Süddeutsche Zeitung vom 12. 5. 1997 und 22. 5. 1997; Viechtacher Zeitung vom 20. 5. 1997; Focus 21/1997
(133) Vgl. Bettina Musall, a.a.O., S. 128
(134) Information für die Truppe 10/1994, S. 21
(135) Vgl. Adolf Dieckmann, Frauen in Streitkräften, in: Truppenpraxis 2/1988, S. 185
(136) Sidney E. Dean, Sie wollen mehr als sie dürfen, in: Information für die Truppe 10/1994, S. 20
(137) Bettina Musall, a.a.O., S.127
(138) Ebenda
(139) Vgl. Mackubin T. Owens, a.a.O., S. 32 ff.
(140) Vgl. Süddeutsche Zeitung vom 16. 12. 1997, S. 5
(141) Süddeutsche Zeitung vom 20. 10. 1997, S. 7

Bibliographie

Albrecht-Heide Astrid und Bujewski Utemaria, Militärdienst für Frauen?, Frankfurt u. a. 1982

Allon Yigal, The Making of Israel's Army, London 1970

Battesti Dominique, La Défense suisse, in: Revue de Défense Nationale 1970, S. 949 ff.

Beckmann O., Die Einbeziehung der Frau in das Militärwesen der SU und der SBZ (Manuskript)

Benz Wolfgang, Vom freiwilligen Arbeitsdienst zur Arbeitsdienstpflicht, in: Vierteljahreshefte für Zeitgeschichte 4/1968

Bericht zur zivilen Verteidigung, in: Notfallversorgung 4/1995

Binder-Wehberg Friedelin, Ungleichbehandlung von Mann und Frau, Berlin 1970

Binkin, Martin, Who will fight the next war?, Washington 1993

Birdwell Russell, Women in Battle Dress, New York 1942

Böhme Kurt W., Zum Schicksal der weiblichen Kriegsgefangenen, in: Die deutschen Kriegsgefangenen des Zweiten Weltkriegs – Eine Zusammenfassung, hrsg. von E. Maschke, München 1974

Brosius Hartmut, Die Rechtsstellung der Rotkreuz-Schwestern aus arbeitsrechtlicher Sicht, Kölner Dissertation 1968

Brunner Karl, Die Landesverteidigung der Schweiz, Frauenfeld und Stuttgart 1966

Bundesamt für Zivilschutz (Hrsg.): 43. und 44. Jahrestagung der Schutzkommission beim Bundesminister des Inneren. Vorträge 1994 und 1995, Bonn 1997

Cappis-Heberlein, Die Organisation der dänischen Heimwehr und des Lottekorps, in: Allgemeine schweizerische Militärzeitschrift 11/1969

Chafe William H., American Woman. Her changing social, economic and political roles 1920–1970, New York 1972

La condition de la femme dans le monde contemporain, (Aufsatzsammlung), in: Revue de droit contemporain, Juni 1960

Cowper J.M., The Lady of the Frying Pan, in: The Army Quarterly, Band 72 (1956), S. 102 ff.

Cowper J.M., Women in the Fighting Services, in: Brassey's Annual 1957, S. 289 ff.

Cowper T.D., Summary Punishment for Women, in: The Journal of the Royal United Service Institution 1957, S. 216 ff.

Demps Laurenz, Zahlen über den Einsatz ausländischer Zwangsarbeiter in Deutschland im Jahre 1943, in: Zeitschrift für Geschichtswissenschaft 7/1973

Dingwall Eric John, Die Frau in Amerika, Düsseldorf 1962

Drummond John D., Blue for all Girl – The Story of the W.R.N.S., London 1960

Edwards T.J., Women and the Army, in: The Army Quarterly, Band 71 (1955), S. 200 ff.

Ely Louis B., The Red Army today, Harrisburg 1953

Fechner Wolfgang, Für Frauen keine Chance? Der neue Ausbildungs- und Verwendungskatalog, in: Loyal 8/1975

Fischer W. – Stiller G., Vergiß, daß du ein Mädchen bist, in: Bild am Sonntag, Juni–Juli 1976

Foot Michael Richard, SOE in France – An Account of the Work of the British Special Operations Executive in France 1940–1944, London 1966

Forrer Friedrich, Sieger ohne Waffen – Das Deutsche Rote Kreuz im Zweiten Weltkrieg, Hannover 1962

Die Frau in Beruf, Familie und Gesellschaft, hrsg. von Presse- und Informationsamt der Bundesregierung, Bonn 1966

Frauen in der Armee, in: Frauen in Israel, hrsg. von Israelische Informationszentrale (1975)

Frauen in den Streitkräften, hrsg. von Johanna Hurni, Brugg 1992

Die deutschen Frauen und der Krieg, in: Bilanz des Zweiten Weltkriegs, Oldenburg 1953, S. 349 ff.

Gast Gabriele, Die politische Rolle der Frau in der DDR, Düsseldorf 1973

Gersdorff Ursula von, Frauen im Kriegsdienst 1914–1945, Stuttgart 1969

Gersdorff Ursula von, Frauen im Kriegsdienst, in: Wehrkunde 11/1965, S. 576 ff.

Gersdorff Ursula von, Frauen in der Landesverteidigung, in: Information für die Truppe 4/1975, S. 50 ff.

Gersdorff Ursula von, Die Frau im Zweiten Weltkrieg, in: Jahresbibliographie der Bibliothek für Zeitgeschichte, Stuttgart 1964, S. 470 ff.

Giniewski Paul, Training in the Israeli Army, in: NATO's Fifteen Nations 3/1971

Goldmann Nancy, Utilization of women in the military, in: Annals of the American Academy of Political and Social Science, Band 406, Chicago 1973

Gosztony Peter, Die Rote Armee 1945–1953, in: Österreichische Militärische Zeitschrift 2/1976

Gosztony Peter, Frauen in Uniform, in: Schweizer Soldat 3/1974

Gosztony Peter, Zur Geschichte der europäischen Volksarmeen, Bonn-Bad Godesberg o.J. (1975)

Gosztony Peter, Paramilitärische Organisationen im Sowjetblock, Bonn 1977

Haffner Sebastian, Wenn alle dienen, ist allen gedient, in: Stern v. 26.9.74

Half-way through the Transition: A mid-term Review of the Progress of Gender Integration in the Canadian Forces 1989–1994, hrsg. von The Minister's Advisory Board on Gender Integration in the Canadian Forces, April 1995

Halle Fannina W., Frauen des Ostens. Vom Matriarchat bis zu den Fliegerinnen von Baku, Zürich 1938

Handbook of Military Institutions, Beverly Hills 1971

Handbook on the Soviet Army, Washington 1959

Haswell Geof, Women in the Canadian Forces, in: Sentinel 5/1974, S. 16 ff.

Helwig Gisela, Zwischen Familie und Beruf – Die Stellung der Frau in beiden deutschen Staaten, Köln 1974

Hoffmann Karl Otto, Die Geschichte der Luftnachrichtentruppe, 3 Bände, Neckargemünd 1965 ff.

Holm Jeanne, Women in the Military. An unfinished Revolution, Novato 1982

Honegger E., Die Frau in der Armee, in: Der Schweizer Soldat 11/1964

Hosek James R. und Peterson, Christine E., Santa Monica 1990

International Labour Office, The War and Women's Employment, Montreal 1946

Jürgensen Hans, Dänischer Heimatschutz wird 25 Jahre alt, in: Loyal 1/1974

Kalisch Philip A. und Scobey Margaret, Female Nurses in American Wars, in: Armed Forces and Society wintr 1983, S. 215 ff.

Konieczny Jerzy R., Kobiety na podniebnych szlakach (Frauen in der Luftfahrt) in: Wojskowy Przeglad Lotniczy 3/1968, S. 81 ff.

Kraake Swantje, Frauen zur Bundeswehr, Frankfurt 1992

Laffin John, Women in Battle, London 1968

Laturner Hans-Jürgen, Frauen in Uniform – Die weiblichen Soldaten der US-Streitkräfte, in: Wehrkunde 6/1963

Lendi I, Was ist der Frauenhilfsdienst? Warum braucht unser Land FHD?, in: Der Fourier 1963, S. 291 ff.

Liddell Hart Basil H., Die rote Armee, Bonn 1956

Loch Walter, Die israelische Armee, in: Information für die Truppe 1971, S. 663 ff.

Löfgren Karin, Reichsverband der Lottakorps Schwedens, in: Wehrkunde 7/1963

Long John, Die sowjetischen Streitkräfte der 70er Jahre, in: Europäische Sicherheit, München 1968

Luttwak Eward, The Israeli Army, London 1975

Maimon Ada, Women Build a Land, New York 1962

Mandel William M., Soviet Women, New York 1975

Martensen-Larsen Else, Frauen in Uniform, in: NATO-Brief 7–8/1966, S. 7 ff.

Marty Verena, Die politische Gleichberechtigung von Mann und Frau nach deutschem und schweizerischem Recht, Züricher Dissertation 1967

Massell Gregory J., The Surrogate Proletariat – Moslem Women and Revolutionary Strategies in Soviet Central Asia, 1919–1929, New Jersey 1974

Muir, Kate, Arms and the Woman, London 1992

Müller-Beeck Edith, Mein kleines großes Tagebuch! Aufzeichnungen einer Nachrichtenhelferin, Chemnitz-Berlin 1944

Participation of Women in the Economic and Social Development of their Countries, hrsg. von United Nations, New York 1970

Petzina Dietmar, Die Mobilisierung deutscher Arbeitskräfte vor und während des Zweiten Weltkriegs, in: Vierteljahreshefte für Zeitgeschichte 4/1970, S. 443

Pfahlmann Hans, Fremdarbeiter und Kriegsgefangene in der deutschen Kriegswirtschaft 1939–1945, Darmstadt 1968

Pierre André, Les femmes en Union Soviétique. Leur rôle dans la vie nationale, Paris 1960

Piggot Juliet, Queen Alexandra's Royal Army Nursing Corps, London 1975

Pross Helge, Gleichberechtigung im Beruf?, Frankfurt 1973

Pruck Erich Ferdinand, Frauen im Wehrdienst der Sowjetunion, in: Wehrkunde 1/1975

Resch Irene, Die Stellung der Frau im neuen deutschen Wehrrecht, Dissertation Marburg 1940

Révész László, Militärische Ausbildung in Osteuropa, Tatsachen und Meinungen, Band 30, Bern 1975

Révész László, Die Frau im Sowjetreich, Bern 1969

Riegel Robert E., American Women – A Story of Social Change, Fairleigh Dickinson Press 1971

Rollbant Samuel, Der israelische Soldat – Profil einer Armee, Frankfurt 1970

Rowbotham Sheila, Women, Resistance and Revolution, London 1972

Ryba Ruth, Frauendienstpflicht – ein Wehrbeitrag, in: Neue Feuerwehr 1966, S. 6ff.

Schilling Gerhard F. – Hunt Kathleen, Women in Science and Technology: U.S./USSR Comparisons, Rand Collection P-5239 (Juni 1974)

Schoettler Horst, Notfallvorsorge und Zivile Verteidigung. Forschung, Organisation, Recht, in: Internationale Zeitschrift für Gefahrenabwehr 2/1990

Schuster Alice, Women's Role in the Soviet Union. Ideology and Reality. in: Russian review 3/1971

Sonnemann Theodor, Die Frau in der Landesverteidigung, Oldenburg und Berlin 1939

Steffen F.W., Der Einsatz von Frauen in den Streitkräften, in: Zeitschrift für Militärmedizin 1974, S. 158ff.

Stemann H.G., Lücke schließen, in: Loyal 8/1975

Die Streitkräfte der UdSSR, Ost-Berlin 1961

Stüssi-Lauterburg, Jürg, Helvetias Töchter, Frauenfeld 1989

Szepansky Gerda ‚Blitzmädel', ‚Heldenmutter', ‚Kriegerwitwe'. Frauenleben im Zweiten Weltkrieg, Frankfurt 1986

Treadwell Mattie E., The Women's Army Corps, Washington 1954

Uhlmann-Coradi Maja, Die Rechtsstellung der Schweizer Frau im Dienste der Landesverteidigung, Züricher Dissertation, Winterthur 1969

Verteidigung und Frauen – Ärztinnen als erste weiblichen Soldaten der Bundeswehr, in: Aktuelles Stichwort vom 6. 1. 1975

Das Wehrkonzept und die Wehrstruktur Israels, in: Truppenpraxis 6/1974

Weitzel Andrée, Der Frauenhilfsdienst in unserer Armee, in: Der Schweizer Soldat 3/1974

Winkler Dörte, Frauenarbeit im Dritten Reich, Hamburg 1977

Winterstein Werner, Die Beschäftigung von Frauen in den deutschen Streitkräften von 1914 bis 1945, in: Bundeswehrverwaltung 6/1976, S. 129ff.

Women in the Allied Forces, hrsg. von NATO Information Service, Brüssel 1978

Women in the Army, hrsg. von U.S. Headquarters, Department of the Army, Dezember 1976

Women in the Canadian Forces, hrsg. v. Director Women Personnel, Canadian Forces, November 1976

Women in the Soviet Armed Forces, hrsg. von US Intelligence Agency, Washington März 1976

Women Soldiers, hrsg. von Elisabeth Addis, Basingstoke 1994

Woods Dorothea E., Research Note: The Conscription of Women for National Defense, the Militarization of Woman, and some Ethical Perspectives on Women's Involvement in the Military, in: Current Research on Peace and Violence 3–4/1985, S. 149 ff.

Zirngast Waltraud, Frauen zum Militär – ein feministisches Dilemma?, in: Österreichische Zeitschrift für Politikwissenschaft 2/1997, S. 129 ff.

Zorn Gerda – Meyer Gertrud, Frauen gegen Hitler. Berichte aus dem Widerstand 1933–45, Frankfurt 1974

Personen- und Stichwortverzeichnis

Der Autor

Franz W. Seidler ist Professor für die Sozial- und Militärgeschichte der Neuzeit an der Universität der Bundeswehr München. In seinen zahlreichen Büchern beschäftigte er sich überwiegend mit Fragen des Zweiten Weltkriegs, unter anderem mit der personellen Bedarfsdeckung der Wehrmacht, mit der Militärgerichtsbarkeit und mit der Kollaboration in den besetzten Gebieten. Er dokumentierte die Greuel der Roten Armee 1941/42 und verfaßte biographische Abhandlungen über den Autobahnbauer und Rüstungsminister Fritz Todt und die Waffen-SS-Generale Felix Steiner und Herbert Gille. Mehr als ein Dutzend wissenschaftliche Monographien über militärhistorische Fragen liegen vom Autor vor.

Im Verlag Bernard & Graefe sind außerdem erschienen: „Das Militär in der Karikatur" (1982), „Blitzmädchen" (1996) und „Die Organisation Todt" (1997).

Historische Literatur für Kenner und Liebhaber

Günther W. Gellermann
... und lauschten für Hitler
Geheime Reichssache!
Die Abhörzentralen des Dritten Reiches
320 Seiten und 12 Bildtafeln,
zahlreiche Fotos und Dokumente. Geb.
Wer waren die Nachrichtendienste, von denen hier die Rede ist? Hier werden unbekannte oder weniger bekannte Tatsachen zur Geschichte, mit zum größten Teil unveröffentlichten Dokumenten, ans Tageslicht gebracht.

Fritz Hahn
Waffen und Geheimwaffen
des deutschen Heeres 1933–1945
3., überarbeitete Auflage/Sonderausgabe.
552 Seiten, 372 Fotos, Zeichnungen und Skizzen. Geb.
Infanteriewaffen, Pionierwaffen, Artilleriewaffen, Pulver, Spreng- und Kampfstoffe, Panzer- und Sonderfahrzeuge, „Wunderwaffen", Verbrauch und Verluste. Dieses Werk stellt einen besonders wichtigen Teilaspekt der deutschen Militärgeschichte dar. Zahllose Detailinformationen machen es zu einem Standard-Nachschlagewerk.

Peter Meyer
Luftschiffe
Die Geschichte der deutschen Zeppeline
2. Auflage/Sonderausgabe. 172 Seiten und 4 Farbtafeln, 175 Fotos, 5 Farbreproduktionen, 9 Karten und Skizzen. Geb.
Das Buch liefert eine lückenlose Biographie aller Luftschiffe, mit einem lebendigen Rückblick erfolgreicher deutscher Luftschiffahrtsgeschichte.

Dieter Martinetz
Der Gaskrieg 1914–1918
Entwicklung, Herstellung und Einsatz chemischer Kampfstoffe
200 Seiten und 20 Bildtafeln, 67 Fotos, zahlreiche Graphiken und Tabellen. Geb.
Dieses mit Fleiß und Akribie erarbeitete Werk basiert auf fundierten Quellen; es wird von einem ausführlichen, sehr übersichtlichen Anhang unterstützt. Die umfassende Bebilderung und die Vielfalt der Arten des neuen „Kampfmittels Giftgas" wirken beeindruckend-abstoßend. Der Gaseinsatz war ein grausames Experiment, das die Gefahren in zukünftigen Kriegen erahnen ließ, vielleicht auch dazu beitrug, Deutsche und Alliierte von einem nicht kalkulierbaren Einsatz im Zweiten Weltkrieg abzuhalten.

Günther W. Gellermann
Der Krieg, der nicht stattfand
Möglichkeiten, Überlegungen und Entscheidungen der deutschen Obersten Führung zur Verwendung chemischer Kampfstoffe im Zweiten Weltkrieg.
264 Seiten, 33 Abbildungen. Ln.
„Überraschung des Jahres." Der Spiegel

Karl Unruh
Langemarck
Legende und Wirklichkeit
3. Auflage. 216 Seiten und 8 Bildtafeln, 10 Abbildungen, 2 Kartenskizzen. Brosch.
Mit diesem Werk wird der auf dem Schlachtfeld von Flandern im November 1914 geborene und lange nachwirkende Mythos Langemarck auf die bittere Wahrheit zurückgeführt.
„Die Lektüre ist erschütternd, aufwühlend und nicht so schnell zu verdrängen ... verdienstvolle Untersuchung." Die Welt

Walter Nuhn
Flammen über Deutsch-Ostafrika
Der Maji-Maji-Aufstand 1905/06
280 Seiten und 16 Bildtafeln, zahlreiche Fotos und Skizzen. Geb.
Der Verfasser beschreibt unter Heranziehung vieler bislang unveröffentlichter Quellen sehr anschaulich die Kolonialgeschichte Deutsch-Ostafrikas bis zu deren Ende.

Winfried Vogel
Entscheidung 1864
3. Auflage. 163 Seiten, 11 Farb- und 14 Schwarzweißabbildungen. Geb.
Das Gefecht bei Düppel im Deutsch-Dänischen Krieg und seine Bedeutung für die Lösung der deutschen Frage.

Diese Titel bilden nur eine Auswahl aus unserem umfangreichen Buchprogramm. Fordern Sie bitte unverbindlich weitere Informationen zu den Themenbereichen Geschichte/Politik/Wehrwesen/Luftfahrt und Marine an.

Bernard & Graefe Verlag Bonn

Zur Geschichte des Zweiten Weltkrieges

Günther W. Gellermann
Moskau ruft Heeresgruppe Mitte ...
Was nicht im Wehrmachtbericht stand:
Die Einsätze des geheimen Kampfgeschwaders 200 im Zweiten Weltkrieg
326 Seiten, 78 Fotos, 61 Dokumente. Geb.
„ ... sauber recherchiert und ohne luftige Spekulationen ... "
Das Historisch-Politische Buch

Günther W. Gellermann
Die Armee Wenck —
Hitlers letzte Hoffnung
Aufstellung, Einsatz und Ende der
12. deutschen Armee im Frühjahr 1945
3. Auflage. 215 Seiten, 49 Fotos, 5 Kartenskizzen, 18 Dokumente (Faksimiledrucke). Brosch.
„ ... verdient dieser saubere und solide Beitrag zur Geschichte des Zweiten Weltkrieges ... besondere Beachtung. "
Frankfurter Rundschau

Erwin A. Schmidl
Der „Anschluß" Österreichs
Der deutsche Einmarsch im März 1938
3., überarbeitete und erweiterte Auflage.
336 Seiten und 32 Bildtafeln, 64 Fotos und 10 Karten. Geb.
Das Buch ist frei von pauschalen Verurteilungen. Es zeigt die Tragik, die Schuld jener Jahre, aber ohne Selbstüberhebung.
„ ... ist ein lesenswertes Stück jüngster Zeitgeschichte aus der Region und allen Interessierten in der Nachbarschaft zu empfehlen. "
Schweizer Soldat

Günther W. Gellermann
Der andere Auftrag
208 Seiten und 32 Bildtafeln, zahlreiche Fotos und Dokumente (z. T. Faksimiledrucke). Geb.
Agenteneinsätze deutscher U-Boote im Zweiten Weltkrieg.

Günther W. Gellermann
Geheime Wege zum Frieden
mit England ...
Ausgewählte Initiativen zur Beendigung des Krieges 1940/1942
215 Seiten, zahlreiche Dokumente (Faksimiledrucke). Geb.
Ein spannendes „Kriegstagebuch" des Versuches, mit England wieder zu Friedensverhandlungen zu gelangen.

Hans Breithaupt
Zwischen Front und Widerstand
149 Seiten, zahlreiche Dokumente und Skizzen. Brosch.
Ein Beitrag zur Diskussion um den Feldmarschall Erich von Manstein.

Erich von Manstein
Verlorene Siege
15. Auflage. 664 Seiten und 12 Bildtafeln, 42 Abbildungen, 13 Kartenskizzen. Geb.
Die Kriegserinnerungen des „gefährlichsten Gegners der Alliierten" (Sir Basil Liddell Hart).
„ ... ein Rechenschaftsbericht des wahrscheinlich größten Strategen auf deutscher Seite, zugleich eine phrasenlose Würdigung der Tapferkeit und der Leiden des deutschen Ostheeres. "
Die Welt

Andreas Hillgruber
Hitlers Strategie
Politik und Kriegführung 1940—1941
3. Auflage. 734 Seiten. Brosch.
Die Studie ist von der internationalen Fachwelt als grundlegendes Werk über das entscheidende Jahr des Zweiten Weltkrieges anerkannt worden.

Diese Titel bilden nur eine Auswahl aus unserem umfangreichen Buchprogramm. Fordern Sie bitte unverbindlich weitere Informationen zu den Themenbereichen Geschichte / Politik / Wehrwesen / Luftfahrt und Marine an.

Bernard & Graefe Verlag Bonn